LE CONTRÔLE DE RÉGULARITÉ INTERNATIONALE DES JUGEMENTS ÉTRANGERS

Collection « Droit international »

Collection fondée et dirigée par Gérard Teboul, professeur à l'université Paris-Est

Au regard du champ disciplinaire qu'elle couvre, la collection « Droit international » présente un caractère transversal : si elle accueille des ouvrages de droit international public ou de droit international privé, elle est ouverte également à des études portant sur des thématiques – nouvelles et de plus en plus nombreuses – se situant au confluent de ces deux disciplines. Par ailleurs, la collection « Droit international » n'entend aucunement privilégier des travaux de nature théorique ou de nature pratique : toute théorie maîtrisée doit reposer sur une connaissance sérieuse de la pratique tandis que toute analyse pratique ne saurait valablement éclairer une problématique juridique sans une compréhension de ses fondements théoriques. Ainsi, la présente collection se propose de contribuer à la connaissance de tous les aspects du droit international, branche du droit qui, au fil des ans, tient une place croissante au sein des disciplines juridiques.

Déjà parus

Ira Lymperopoulou, *L'européanisation du secteur de l'énergie. dans le contexte de crise de la dette Volume I, Les mutations structurelles : La création des marchés de l'énergie,* 2023.

Ira Lymperopoulou, *L'européanisation du secteur de l'énergie. dans le contexte de crise de la dette Volume II. Les mutations fonctionnelles : La nouvelle régulation des marchés de l'énergie*, 2023.

Hélène Sabalbal, *Le choix du droit applicable dans l'arbitrage d'investissement. Expérience euro-arabe*, 2022.

Bienvenu Okiemy, *La justice pénale internationale au prisme du parcours judiciaire de Jean-Pierre Bemba Gombo*, 2022.

Sinem Yargiç, *La visibilité des femmes au Parlement turc. Ordre juridique international et ordre juridique turc*, 2022

Alexandre Zourabichvili, *La sécurité nationale et le droit international. Tome 2 : La sécurité nationale dans la conduite unilatérale des États*, 2021.

Alexandre Zourabichvili, *La sécurité nationale et le droit international. Tome 1 : La sécurité nationale dans les traités internationaux*, 2021.

Alejandra Blanquet

LE CONTRÔLE DE RÉGULARITÉ INTERNATIONALE DES JUGEMENTS ÉTRANGERS

Étude comparée de droit international privé français et colombien

Préface de Marie Goré

L'Harmattan

5-7, rue de l'École-Polytechnique, 75005 Paris

www.editions-harmattan.fr

ISBN : 978-2-14-032530-4
EAN : 9782140325304

À Pierre
À Alba

REMERCIEMENTS

Si la rédaction d'une thèse est le fruit de recherches et de réflexions personnelles, cela ne condamne pas pour autant le travail doctoral à une expérience solitaire. Au contraire, ce travail impose d'arpenter des chemins plus ou moins balisés où il est bon d'être accompagné. À ce titre, il me faut remercier Madame le Professeur Marie Goré pour sa direction à la fois bienveillante et exigeante. Elle m'a permis de découvrir de nouvelles pistes, de nouveaux chemins, sans jamais craindre de me perdre totalement. Sa confiance, son expérience et son humanité m'ont permis de toujours me sentir accompagnée pour affronter la liberté, parfois inquiétante, inhérente à la recherche. Je lui en serai toujours profondément reconnaissante. Je remercie également Madame le Professeur Adriana Zapata qui a codirigé cette thèse. Ses conseils avisés ont été fondamentaux pour son achèvement. Nos échanges ont toujours enrichi mes réflexions. Qu'elle veuille trouver ici l'expression de ma sincère reconnaissance.

Je tiens ici à remercier aussi Angélica, Lina, Luisa et Ivan, et je veux qu'ils sachent combien leur amitié a été importante pour réaliser ce travail. Mes remerciements sincères s'adressent également à ceux rencontrés en France et qui ont su sublimer le chemin. Je pense à Natalia C., Jorge, Philippine, Vasilé, Santiago B. et Heli. Je tiens tout particulièrement à remercier Anabel, Daniel et Santiago R., pour leurs conseils, leur patience et leurs encouragements.

Je remercie également les membres du CRDI, ainsi qu'à toute l'équipe de l'Institut de droit comparé de l'Université Panthéon-Assas, qui ont grandement contribué à l'achèvement de cette thèse. Je pense, en outre, à l'Université Externado de Colombie sans qui ce travail n'aurait pas pu être réalisé dans les mêmes conditions.

Pour sa présence malgré la distance, pour son amour infini, et pour m'avoir appris l'importance de la discipline et du travail rigoureux, je veux remercier ma mère. À Marc et Brigitte Blanquet, pour leur accueil, leur soutien inconditionnel, pour les bons moments passés ensemble, je leur en serai toujours reconnaissante.

Je remercie Pierre, mon époux, qui est la plus belle rencontre que ce chemin m'ait réservée. Merci de m'encourager à voir toujours plus grand, toujours plus loin, pour rêver et construire ensemble.

Enfin, je remercie Mesdames et Messieurs les membres du jury qui ont accepté de lire, de discuter et de juger ce travail doctoral.

PRINCIPALES ABRÉVIATIONS

Aff.	Affaire
AJ Fam.	Actualité juridique famille
AEDIP	Anuario español de derecho internacional privado
Ass. Plén.	Assemblée plénière
BOE	Boletín oficial del Estado (Espagne)
c.	Contre
Cass. Ch. Req	Chambre des requêtes de la Cour de cassation
Cass. civ	Cassation civile
Cass. Com	Cassation commerciale
CE	Conseil d'État
CEDH	Cour européenne des droits de l'homme
Chron.	Chronique
CJCE	Cour de justice des communautés européennes
CJUE	Cour de justice de l'Union européenne
Comm.	Commentaire
Cons. Constit.	Conseil constitutionnel
Conv. EDH	Convention de sauvegarde des droits de l'homme et des libertés fondamentales
CPC	Código de procedimiento civil (Colombie)
C. pr. civ.	Code de procédure civile (France)
CSJC	Corte suprema de justicia colombiana
D.	Recueil Dalloz
D. Act.	Recueil Dalloz Actualité
Défrénois	La revue Notariat Défrénois
dir.	Direction
doctr.	Doctrine
Dr. fam.	Revue droit de la famille
éd.	Édition
GA	Grands arrêts de la jurisprudence française de droit international privé
Gaz.pal.	Revue la Gazette du Palais
Idem.	*Ibidem,* au même endroit
infra	Plus bas
Iprax	Praxis des Internationalen Privat- und Verfahrensrechts
J-Cl. dr.int.	JurisClasseur de droit international
J-Cl proc.civ	JurisClasseur de procédure civile
JCP G	Revue La semaine juridique, édition générale
JDI	Journal de droit international (Clunet)
JORF	Journal Officiel de la République française
JOUE	Journal Officiel de l'Union Européenne
n°	Numéro
NCGP	Nuevo Código general de procedimiento (Colombie)
obs.	Observations
OEA	Organisation des États américains
op.cit.	Opere citato, dans l'ouvrage cité
p.	Page
pan.	Pandectes
préc.	Précité (s)
Procédures	Revue Procédures
RabelsZ	Rabels Zeitschrift für ausländisches und internationales Privatecht
RCADI	Recueil des cours de l'Académie de droit international de La Haye

RCDIP.	Revue critique de droit international privé
RDAI	Revue droit des affaires internationales
RDC	Revue des contrats
RDP	Revue de droit public et de la science politique en France et à l'étranger
Rép.dr.eur.	Répertoire de droit européen
Rép.dr.int	Répertoire de droit international
Req.	Requête
Rev.chil.der.	Revista chilena de derecho
Rev.der.priv	Revista de derecho privado
Rev.int.dr.proc	Revue internationale de droit processuel
Rev.juri.com	Revue de jurisprudence commerciale
RIDC	Revue internationale de droit comparé
RTD civ.	Revue trimestrielle de droit civil
RTD.com.	Revue trimestrielle de droit commercial
RTD. Eur.	Revue trimestrielle de droit européen
s.	Suivant (s)
somm.	Sommaire
spéc.	Spécialement
supra	Plus haut
T.	Tome
T-	Acción de tutela
TCFDIP	Travaux du comité français de droit international privé
TEE	Titre exécutoire européen
TFUE	Traité sur le fonctionnement de l'Union européenne
TGI	Tribunal de grande instance
Trib. Civ.	Tribunal civil
v.	Voir
v°	Verbo
Vol.	Volume

SOMMAIRE

PRÈFACE

Lorsqu'il s'agit d'accorder des effets normatifs aux décisions judiciaires rendues à l'étranger, la réaction des ordres juridiques varie au gré de considérations politiques, économiques ou juridiques propres à chacun. Ce n'est pas le moindre des paradoxes relevés par Madame Alejandra Blanquet que certains États ouvrent leurs frontières aux capitaux étrangers, aux échanges culturels et universitaires, tout en faisant preuve d'une très grande réticence à l'égard des décisions étrangères. La Colombie est de ceux-là. La frilosité du « jeune droit colombien » se vérifie dans la difficulté à admettre que l'extranéité d'une relation juridique puisse conduire à l'application d'une loi étrangère et qu'une décision rendue par un tribunal étranger puisse bénéficier d'une efficacité simplifiée.

Eu égard à l'efficacité des jugements étrangers, le choix par Madame Blanquet d'un examen comparé des droits français et colombien est particulièrement pertinent. Du point de vue des sources du droit, le contexte colombien est effectivement marqué par l'importante empreinte juridique française, qui, bien que non exclusive, demeure fortement ancrée tant en droit public qu'en droit privé. Très présente dans la doctrine, elle constitue l'une des sources continues d'inspiration du législateur et de la jurisprudence colombienne. S'y ajoutent les progrès de l'adoption de conventions internationales sur ce point spécifique entre certains pays de l'Amérique Latine, lesquelles font écho au mouvement d'intégration en Europe, comme aux efforts d'harmonisation du droit international privé à l'échelle mondiale comme l'illustre la Convention de La Haye conclue le 2 juillet 2019, sur la reconnaissance et l'exécution des jugements étrangers en matière civile et commerciale. C'est dire toute l'actualité de la recherche comparative entreprise par Madame Alejandra Blanquet : l'influence d'un droit sur l'autre, la même aspiration à faciliter l'internationalisation des échanges privés devaient augurer d'une parenté dans l'efficacité des jugements étrangers en France et en Colombie. Et, de fait, les similitudes entre les deux droits sont réelles : régime spécifique des décisions étrangères prévu par le droit commun ou le droit conventionnel, refus possible de toute efficacité pour des raisons comparables, compétence réservée au juge du for et même instrument juridique entre les mains de celui-ci, le contrôle de la régularité internationale de la décision étrangère.

Précisément, esprit perspicace, Madame Blanquet concentre sa recherche sur le contrôle de régularité internationale qui est l'unique et commun moyen dont disposent, ici et là, les parties pour cristalliser de manière certaine et définitive l'efficacité normative de la décision étrangère au for. Un esprit un peu simple aurait pu être porté à se satisfaire des points communs, à conclure à un rapprochement artificiel laissant croire que la circulation des décisions bénéficie d'un traitement comparable dans les droits français et colombien. Telle n'est pas la voie choisie par Madame Blanquet. Avec beaucoup de finesse, cette dernière dénonce là encore un autre paradoxe : c'est le plus souvent au cœur des similitudes les plus criantes entre les droits français et colombien qu'émergent les oppositions les plus tranchées entre eux. L'auteur démontre en effet avec beaucoup d'acuité que les décisions étrangères doivent parcourir « un chemin sensiblement moins sinueux » en droit français qu'en droit colombien. Au demeurant, la Colombie ne connaît qu'une seule voie pour admettre l'efficacité d'une décision au for : l'instance judiciaire préalable en exequatur. Tant que le juge colombien n'est pas intervenu pour confronter la décision étrangère aux conditions de régularité colombiennes, celle-ci est privée en Colombie de toute existence normative. La synthèse comparative opérée par Madame Alejandra Blanquet est éloquente : le juge colombien doit intervenir pour intégrer la décision étrangère dans l'ordre juridique, alors que le juge français, quant à lui, ne s'interposera que pour exclure une décision qui pouvait d'ores et déjà produire ses effets dans le for.

L'une des idées forces du travail de Madame Alejandra Blanquet est d'avoir décelé l'asymétrie avec laquelle le droit international privé, et particulièrement l'efficacité normative des jugements étrangers, sont étudiés et développés dans ces deux ordres juridiques. Elle en témoigne en étudiant les apports asymétriques de la doctrine dans les deux droits, alors même qu'ils connaissent des contributions jurisprudentielles parallèles, bien que plus récentes pour la cour colombienne par rapport à la jurisprudence française. Elle démontre surtout cette asymétrie quant aux trois effets dits normatifs des jugements étrangers, à savoir l'efficacité substantielle, l'autorité de chose jugée et la force exécutoire. Seule la mise en œuvre du contrôle de régularité donne à la décision une efficacité définitive, et non plus précaire, que le for soit colombien ou français. Mais la différence est là. Ainsi, si l'on prend le cas de l'autorité de chose jugée, le défendeur, en droit français, pourra l'invoquer dans une procédure en cours et obtenir du juge du fond qu'il procède immédiatement au contrôle de sa régularité internationale sans devoir engager une procédure spécifique à cette fin devant un autre juge. En droit colombien, en revanche, le défendeur doit d'abord obtenir l'exequatur du jugement dans le cadre d'une procédure spécifique, avant de pouvoir se prévaloir de son autorité de chose jugée dans le contexte d'une procédure en cours.

Plus fondamentalement, Madame Alejandra Blanquet révèle la divergence majeure qui existe entre les deux droits : l 'efficacité des décisions étrangères est considérée en droit colombien comme une question relevant du droit public, liée aux relations entre États et non entre parties. Du reste, le droit colombien fait preuve d'une utilisation hasardeuse et contestable de la terminologie, les termes « efficacité », « exécution » et « exequatur » étant souvent employés comme synonymes, pour traduire la réception de la décision étrangère dans le for : en l'absence de toute distinction, il apparaît que tous les effets que la décision étrangère produit en Colombie impliquent son exécution. Avec beaucoup de rigueur et de clairvoyance, Madame Alejandra Blanquet y voit tant la cause que la conséquence de ce qu'elle nomme pudiquement la timidité colombienne, mais aussi et surtout la marque de la conception publiciste de l'efficacité des décisions étrangères en droit colombien. Précisément, et c'est là l'un des apports essentiels de la thèse, l'adoption d'une conception privatiste de l'efficacité du jugement étranger, à l'image de celle des droits français et européen, ou publiciste comme celle du droit colombien, influence l'évolution et la mise en œuvre du contrôle de régularité pour favoriser ou entraver la circulation des décisions et l'efficacité internationale de la justice. Ce faisant, la nature modulable du contrôle de régularité est mise à jour. Sa flexibilité lui permet de s'accommoder avec une conception publiciste ou privatiste. La contribution de Madame Alejandra Blanquet à la dynamique du droit international privé est on le voit décisive. Si l'analyse du contexte latino-américain permet de mettre en lumière l'hétérogénéité avec laquelle l'Europe et l'Amérique latine appréhendent et mettent en œuvre le même instrument d'efficacité, l'individualisation du contrôle de régularité conduit Madame Blanquet à en révéler toute l'importance jusqu'ici négligée. On relèvera à cet égard sa conviction que l'absence de précision dans la Convention de La Haye conclue le 2 juillet 2019 sur la conception de l'efficacité à retenir pour l'application de la convention risque de transformer la souplesse préconisée en défaut vital. Loin de s'en tenir à cette démonstration déjà très riche, Madame Blanquet y puise parallèlement un sursaut d'énergie pour mener une comparaison respectueuse de la diversité juridique en procédant à une étude prospective comparée, proposant d'éventuelles adaptations dans la perspective d'une meilleure circulation des décisions et coordination des ordres juridiques tout en formulant quelques inquiétudes face aux dangers qui guettent le système français confronté à une libéralisation toujours plus importante.

On l'aura compris, Madame Alejandra Blanquet nous propose une réflexion scientifique particulièrement profonde et aiguisée sur la nature juridique du contrôle de régularité et les éléments caractéristiques de l'efficacité normative des décisions étrangères. Le succès de l'entreprise atteste que l'auteur réunissait en sa personne de très grandes qualités, possédant une parfaite maîtrise des enjeux et techniques du droit international privé, une excellente connaissance des mécanismes procéduraux, et une dimension comparative innée. La hauteur à laquelle Madame Alejandra Blanquet a su conduire sa réflexion, dans un style limpide et pédagogique, inscrit cette recherche sur le plan auquel s'élaborent les grandes lignes du droit international privé contemporain. Pour celle qui a eu le bonheur d'accompagner l'élaboration de ce travail, aux côtés de Madame Adriana Zapata, doyen de la faculté de droit de l'Université Externado de Colombie, il reste à souhaiter que l'Université française sache offrir à Madame Alejandra Blanquet toute la place qu'elle mérite.

Marie Goré

1. « *Tierra* ! *tierra* ! ». À bord de La Pinta des cris de joie retentissent. Sur le pont de la Santa Maria, l'Amiral de la mer océane se félicite d'avoir enfin atteint l'archipel nippon ; les Indes ne sont plus très loin. Nous sommes dans la mer des Caraïbes, dans l'archipel des Bahamas, il est deux heures du matin et Christophe Colomb contemple l'Amérique, ces terres qui n'apparaissaient sur aucune carte. Parce que la carte n'est pas le territoire, les cartographes n'ont eu de cesse de corriger et de modifier les tracés déjà existants. Aux représentations géographiques s'ajoutèrent des lignes rouges permettant à chaque État de délimiter ses frontières. Lorsque, sur l'île des Faisans, le cardinal Mazarin, au nom du roi Louis XIV, signe le fameux traité des Pyrénées avec le représentant du roi Philippe IV, une ligne rouge apparaît sur les cartes, le long des « monts Pyrénées qui avaient anciennement divisé les Gaules des Espagnes [et qui] seront aussi dorénavant la division des deux mêmes royaumes »[1]. Songeons également à la « course aux géographes » dans laquelle se sont lancés les nouveaux pays d'Amérique du Sud après les guerres d'indépendance pour que, malgré la forêt amazonienne, la Cordillère des Andes, les chutes d'Iguazú, le désert d'Atacama, *etc.*, des lignes rouges soient tracées sur les nouvelles cartes du continent permettant de distinguer les territoires de chacun. Mais parce que le territoire n'est pas la carte, et ce malgré les efforts colossaux de bornage, il était possible pour le béarnais ou l'aragonais de franchir la frontière sans même s'en apercevoir et se retrouver sur les terres d'un royaume étranger. Au beau milieu de l'immensité amazonienne, vous pouvez indistinctement passer de la Colombie au Pérou, du Pérou au Brésil, du Brésil à la Guyane française, et si géographiquement rien ne change lors de cette longue traversée, juridiquement pourtant, tout est différent. Les lignes rouges tracées sur les cartes, aussi invisibles qu'elles peuvent être dans le paysage, représentent néanmoins ces frontières qui délimitent la souveraineté de chaque État et les limites de leurs ordres juridiques respectifs.

2. Cependant, ces frontières peuvent être tracées avec un rouge d'une intensité variable. Si pendant des siècles l'homme s'est battu pour cloisonner au mieux le territoire selon la carte, force est de constater aujourd'hui combien les échanges se multiplient entre les États, et combien les frontières ont tendance à s'estomper pour favoriser ce mouvement, malgré les crises internationales politiques ou sanitaires, qui nous rappellent bien vite qu'elles n'ont pas disparu pour autant. Or, cet accroissement des relations internationales ne repose pas uniquement sur les canaux diplomatiques ; il est surtout le fruit d'une intensification massive des interactions humaines et si le monde n'est pas encore un village, les liens toujours plus nombreux entre les ressortissants de différents États nous démontrent combien les États, et leurs ordres juridiques respectifs,

[1] Art. 42 – Traité des Pyrénées, 07/11/1659 *in* Archives nationales AE/III/45 (a).

coexistent[1]. Cette cohabitation implique un ensemble de règles pour permettre aux échanges de se développer. Pour ce faire, les États vont se doter de normes plus ou moins strictes pour plus ou moins les encadrer.

3. L'internationalisation des échanges humains entraîne la multiplication des situations dans lesquelles plusieurs ordres juridiques seront sollicités. Les liens contractuels, commerciaux ou familiaux unissant les personnes, morales ou physiques, de différents pays conduisent immanquablement à une hausse des antagonismes pouvant aller jusqu'au conflit et nécessitant l'intervention du juge. Une fois la décision du juge rendue, les personnes intéressées peuvent franchir des frontières en l'emportant avec eux et en espérant qu'elle puisse déployer ses effets au-delà du territoire national dans lequel elle a été prononcée[2].

4. Or, lorsqu'il est question de la réception de ces décisions, la réaction des ordres juridiques varie selon des considérations politiques, économiques ou législatives de chacun. Parmi eux, certains vont se montrer quelque peu réticents alors même qu'ils affichent la volonté de multiplier les échanges en facilitant l'établissement de liens internationaux par leurs ressortissants. En ce sens, l'étude de la réception des décisions étrangères permet de mettre en lumière le paradoxe de la politique de certains États qui ouvrent leurs frontières aux capitaux et ressortissants étrangers, qui favorisent les échanges culturels et universitaires mais qui continuent de regarder avec une grande fermeté les décisions étrangères. La Colombie est de ceux-là, où l'efficacité des jugements étrangers est soumise à un régime juridique strict et exigeant auquel les particuliers ne peuvent pas échapper si leur souhait est de continuer à profiter dans le for des effets juridiques du rapport de droit décidé à l'étranger. À l'inverse, certains pays ont mesuré l'importance de ces réceptions toujours dans le but de favoriser la coopération et les échanges entre leurs ressortissants et le reste du monde. C'est le cas de la France, où l'efficacité de la décision étrangère est possible grâce à un régime juridique souple et allégé. Le juriste est alors en droit de s'interroger face à cette différence entre le droit français et le droit colombien. Cette différence est d'autant plus intéressante qu'elle s'inscrit dans un contexte pour le moins particulier marqué, d'une part, par l'importante influence juridique française en Amérique latine et, particulièrement, en Colombie, et, d'autre part, par les efforts internationaux de plus en plus visibles pour parvenir à l'adoption de règles uniformes applicables à cette efficacité. Revenons sur ces deux éléments.

5. D'abord, les pays latino-américains sont les héritiers de la codification française[3]. L'empreinte juridique française est effectivement visible en droit colombien, et ce à plusieurs niveaux. Présente aussi bien en droit public qu'en droit privé, elle irrigue la doctrine et constitue, assurément, l'une des sources

---

[1] H. Batiffol, « La méthode comparative en droit international privé et la coordination des systèmes », *in* « Principes de droit international privé », *RCADI*, 1959, Vol. 97, p. 444.

[2] M. Monroy Cabra, *Derecho procesal civil internacional*, Ediciones Libreria el profesional, 2000, p. 117.

[3] C. Larroumet, « France-Colombie, une histoire d'inspiration… », *Panthéon Assas, le magazine de l'université*, mars 2017, n° 4, p 59 et s.

traditionnelles d'inspiration du législateur et de la jurisprudence colombienne[1]. Si cette influence n'est pas exclusive, nous pensons notamment au droit espagnol, elle demeure fortement ancrée dans le paysage juridique colombien.

6. Ensuite, l'internationalisation des relations privées de leurs ressortissants incite les États à construire des règles communes afin de faciliter à la fois lesdites relations mais également leur régime juridique. L'efficacité des décisions étrangères est, sans doute, l'un des domaines qui témoignent le plus de ces efforts. Ainsi, les différents congrès internationaux organisés par les pays latino-américains après leurs indépendances respectives, traduisaient déjà des liens de solidarité que les anciennes colonies espagnoles voulaient entretenir et renforcer, grâce, notamment, à l'intensification des relations internationales privées. Pour ce faire, ils cherchent à se doter de règles communes encadrant la circulation des jugements étrangers, qu'ils savaient être un élément essentiel de ce projet[2]. Ces efforts ont progressivement abouti à l'adoption d'un certain nombre de conventions internationales, dont quelques-unes sont toujours en vigueur entre les pays de l'Amérique latine[3]. Ce souci de faire de l'internationalisation des relations privées un instrument de progrès et un gage de paix n'est pas inconnu en Europe, loin de là. Porte-étendard d'une telle approche, l'Union européenne est le fruit d'efforts inégalés pour rapprocher les ordres juridiques des États membres. Grâce aux objectifs communs poursuivis par l'Union[4], il a été possible d'établir des liens fermes de confiance mutuelle entre les États membres permettant, dans le respect de leurs différences, la formulation d'un principe de reconnaissance mutuelle des jugements, pierre angulaire de l'espace de liberté de sécurité et de justice.

7. Outre ces mouvements régionaux d'intégration et de coopération, l'effervescence des relations privées internationales a aussi fait naître des initiatives d'unification du droit au sein de certaines organisations mondiales comme la Conférence de La Haye de droit international privé qui milite en faveur de l'harmonisation du droit international privé à l'échelle mondiale. La Convention conclue au sein de cette organisation le 2 juillet 2019, à propos de l'efficacité des décisions étrangères rendues en matière civile ou commerciale[5], et qui est ouverte à la signature de tous les États de la planète, illustre assurément cette entreprise[6]. Cette Convention comporte une série de dispositions destinées à faciliter et à favoriser l'efficacité des décisions étrangères entre les pays signataires afin de rendre les frontières entre les ordres juridiques plus perméables. Sur ce point, nous aurons l'occasion de mettre en lumière combien

---

[1] Sur l'influence française dans la jurisprudence colombienne à propos de l'ordre public international *v. infra* p. 302.

[2] J. Samtleben, *Derecho internacional privado en América Latina. Teoría y práctica del Código Bustamante, Parte General,* Ediciones Depalma, Vol. 1, 1983, p. 7 et s. *v. infra* p. 68.

[3] *v. infra* p. 92 et 101.

[4] M. Blanquet, *Droit général de l'Union Européenne*, Sirey Université, 11ème éd., 2018, p. 906 § 1572 s.

[5] Convention de La Haye du 2 juillet 2019, portant sur la reconnaissance et l'exécution des jugements étrangers en matière civile ou commerciale.

[6] A. Bonomi et C. Mariottini, « A game changer in international litigation ? Roadmap to the 2019 Hague Jugdments Convention », *Yearbook of Private international law*, 2018-2019, Vol. 20, p. 546.

les adhésions de l'Union européenne ou de la Colombie produiraient des effets contrastés. Alors que pour l'Union européenne et ses États membres, l'adhésion à la Convention de 2019 n'apporterait aucun changement significatif sur leurs régimes, déjà sensiblement allégés, elle représente, en revanche, une occasion très importante de modernisation pour des pays tels que la Colombie, dans lesquels le régime d'efficacité apparaît comme dépassé et, parfois, inutilement très exigeant[1]. De plus, remarquons que cette Convention peut représenter une solution envisageable pour suppléer à la disparition des Règlements Bruxelles I et Bruxelles I bis dans le cadre des relations entre l'Union européenne et le Royaume-Uni post Brexit[2].

8. C'est dans ce contexte de parenté entre l'ordre juridique français et l'ordre juridique colombien que les premières similitudes à propos de l'efficacité des jugements étrangers apparaissent. En effet, les deux droits réservent aux décisions étrangères un traitement juridique différent de celui qui est accordé aux décisions nationales[3]. Dans les deux ordres juridiques, les règles applicables à la question sont prévues par le droit commun, ou par le droit conventionnel[4]. La mise en place de ces régimes juridiques spécifiques nous prouve qu'en France, comme en Colombie, l'efficacité de ces décisions est admise. De plus, les deux droits se réservent la possibilité de refuser ladite efficacité pour des raisons qui sont, pour la plupart, comparables[5]. La compétence pour prononcer ce refus est confiée, dans les deux droits, au juge du for qui est à cette fin doté d'un instrument juridique commun : le contrôle de régularité internationale de la décision étrangère. Ce contrôle permet aux juges français et colombien de confronter la décision étrangère aux exigences formulées par l'ordre juridique d'accueil afin d'admettre son efficacité certaine et définitive ou pour déclarer son inefficacité dans le for. Comme nous le verrons ci-après, ce contrôle constituera l'élément central de notre étude[6].

9. Les ressemblances entre les deux droits, ajoutées à l'influence de l'un sur l'autre et à un souci partagé de favoriser l'internationalisation des échanges privés, auraient pu nous conduire à présager un développement comparable de l'efficacité des jugements étrangers en France et en Colombie. Cependant, il n'en fut rien, et force est de constater que pour parvenir à l'efficacité, les décisions étrangères doivent parcourir un chemin sensiblement moins sinueux en droit français qu'en droit colombien. Pour preuve, avançons l'exemple d'un jugement étranger de divorce, l'une des hypothèses les plus classiques en matière de demande d'efficacité des jugements étrangers dans les deux droits étudiés. Pensons à un divorce prononcé en Colombie à l'égard d'un couple franco-colombien. Les ex-conjoints souhaitent que le relâchement de leur lien conjugal

---

[1] G. Cuniberti, « Le fondement de l'effet des jugements étrangers », *RCADI,* 2018, Vol. 394, p. 129 §183.

[2] H. Van Loon, « Le Brexit et les Convention de La Haye », *RCDIP,* 2019.353 ; C. Nourissat, « Festival estival pour la circulation internationale des jugements, des actes authentiques ou des accords de médiation », *Procédures,* 2019, n° 10, Alertes n° 12.

[3] P. de Vareilles-Sommières, *Rép.dr.int.,* Dalloz, *v°* « Jugement étranger », § 2.

[4] A. Cock, *Tratado de derecho internacional privado,* Ediciones de la Universidad de Antioquia, 1935, p. 192.

[5] *v. infra* p. 253.

[6] *v. infra* p. 35

soit enregistré devant les autorités colombiennes et françaises afin, notamment, de mettre à jour leur état civil, et pour que les effets personnels et patrimoniaux de la désunion soient opposables *erga omnes*. En France, les parties peuvent parvenir à leurs objectifs selon deux régimes, l'un dans lequel l'efficacité est obtenue de plein droit mais comporte un caractère précaire car la régularité internationale de la décision n'a pas été établie, et l'autre, dans lequel cette régularité a été appréciée et établie, et l'efficacité accordée est alors définitive. Au cœur du premier régime, les frontières entre les ordres juridiques d'origine et d'accueil du jugement sont quasiment imperceptibles car, s'il n'y a pas de contestation par rapport aux qualités de la décision en cause, les parties pourront s'adresser directement à l'officier de l'état civil français qui procédera à l'inscription du divorce. Le second régime est plus exigeant. En effet, si l'une des parties, ou si le Ministère public, conteste la conformité de la décision colombienne aux exigences de régularité internationale fixées par l'ordre juridique français[1], l'intervention du juge du for sera nécessaire. Une instance judiciaire sera donc déclenchée dans le but de vérifier si le divorce colombien respecte les conditions de l'efficacité, sans quoi elle sera refusée.

10. Regardons à présent l'hypothèse inverse d'un jugement français de divorce dont l'efficacité serait demandée en Colombie. La reconnaissance d'une telle efficacité est possible mais pour l'obtenir, les parties devront observer un régime plus exigeant qu'en France. En effet, contrairement à la pluralité de régimes du droit français, la Colombie n'a prévu qu'une seule option pour conduire la décision vers son efficacité dans le for : l'instance judiciaire préalable en exequatur. Cela signifie donc que tant que le juge colombien n'est pas intervenu pour l'analyser, la décision étrangère est privée en Colombie de toute existence, du moins dans sa dimension normative[2]. Or, si à l'instar du droit français, l'intervention du juge colombien consiste dans une confrontation entre la décision étrangère et les exigences de régularité fixées par le for, il n'en demeure pas moins que ces deux interventions se distinguent nettement. Alors que dans notre exemple, le juge français intervient pour exclure une décision qui pouvait d'ores et déjà produire ses effets dans le for, au sein du droit colombien, en revanche, le juge intervient pour permettre à la décision étrangère d'intégrer l'ordre juridique.

11. Par cet exemple, nous mesurons combien l'étude des ressemblances peut être le moyen de découvrir de profondes divergences. Pour introduire cette entreprise comparative, il convient au préalable de délimiter la portée de notre étude (§ I), avant d'expliquer la démarche qui l'anime (§ II).

---

[1] *v. infra* p. 85.

[2] Sur les inconvénients de cette disparité des solutions *v.* H. Batiffol, « La méthode comparative en droit international privé… », *op.cit.*, p. 442.

§ 1. La portée de l'étude

12. La comparaison franco-colombienne que nous envisageons sur le contrôle de régularité internationale comme instrument d'efficacité, ne peut avoir lieu qu'à condition de définir et de déterminer quelles sont les décisions concernées par notre travail (A), ainsi que de préciser l'efficacité que nous étudierons (B).

A. Les décisions concernées par l'étude

13. Pour notre étude, les termes « jugement » et « décision judiciaire » constituent des synonymes. Dans leur acception large, ces termes désignent « toute décision rendue par une autorité judiciaire, dans ses rapports avec le justiciable »[1], ce qui comprend, notamment, « les actes de pure administration judiciaire »[2]. Une acception plus restreinte permet de considérer qu'ils désignent seulement l'acte juridictionnel rendu par « un collège de magistrats ou par un magistrat statuant comme juge unique »[3], tranchant sur « une contestation principale ou incidente »[4]. Cette dernière définition, certes plus étroite, n'empêche pas de distinguer plusieurs catégories de jugements en fonction de critères tels que l'office du juge ou la matière décidée. Ainsi, l'on parle de jugement rendu en amiable composition lorsque le juge ne tranche pas le litige en droit mais en équité[5], de jugement de donné acte lorsque « le juge se borne à donner acte aux parties de leur accord [...] sans élaborer une véritable sentence [...] », c'est-à-dire que « le juge se contente alors de constater l'accord, de l'authentifier »[6], ou encore de jugement définitif qui est, selon Natalie Fricero, l'« acte essentiel qui dessaisit le juge et met fin à l'instance »[7].

14. Dans le cadre de notre étude comparée, nous retiendrons l'acception restreinte de décision judiciaire, et nos réflexions porteront plus spécialement sur la catégorie dite « des jugements étrangers ». Avant de définir cette catégorie, précisons à ce stade que, contrairement au droit français, le droit colombien n'a pas véritablement entrepris un travail de conceptualisation de cette notion. Ceci nous permet d'ores et déjà de mettre en lumière l'asymétrie avec laquelle le droit international privé est abordé dans ces deux ordres juridiques. Se confirmant à plusieurs reprises dans notre étude[8], l'asymétrie dont nous parlons signifie l'inégalité et le déséquilibre[9] avec lesquelles le droit international privé, et particulièrement l'efficacité des jugements étrangers, sont étudiés et développés en droit colombien par rapport au droit français. Or, le silence colombien à

---

[1] F. Eudier et N. Gerbay, *Rep.pr.civ.*, Dalloz, *v°* « Jugement », § 2.
[2] S. Guinchard, F. Ferrand, C. Chainais et L. Mayer, *Procédure civile*, Dalloz, 34ème éd., 2018, p. 736 §1061.
[3] *v°* « jugement », *in*, S. Guinchard et Th. Debard, *Lexique des termes juridiques*, Dalloz, 27ème éd., 2019-2020, p. 617 et s.
[4] *v°* « jugement définitif », S. Guinchard et Th. Debard, *op.cit.*, p. 268,
[5] S. Guinchard, F. Ferrand, C. Chainais et L. Mayer, *op.cit.*, p. 757 §1083.
[6] *Idem.*, p. 759 § 1085.
[7] N. Fricero, *J-Cl proc.civ.*, LexisNexis, *v°* « Effets du jugement », §13.
[8] Par exemple, *v. infra* p. 136.
[9] *v° « asymétrie »,in*, *Centre national de ressources textuelles et lexicales*, disponible en ligne sur: https://www.cnrtl.fr/definition/asymétrie//0.; *v° « symétrie »*, *in*, *Dictionnaire Larousse*, disponible en ligne sur : https://www.larousse.fr/dictionnaires/francais/symétrie/76062#locution.

propos de la définition des jugements étrangers ne s'oppose pas à ce que les analyses menées par les juges et par la doctrine française pour définir la catégorie soient, à quelques exceptions que nous indiquerons, aussi applicables à la Colombie. Ainsi, relèvent de cette catégorie toutes les décisions émanant d'un État étranger[1] « qui ont un caractère juridictionnel et intéressent le droit privé »[2]. La catégorie est dès lors triplement délimitée, d'abord, par l'origine du jugement, ensuite, par la fonction juridictionnelle de l'autorité étrangère l'ayant prononcé, et, enfin, par la matière tranchée.

15. Le premier de ces trois éléments distinctifs renvoie aux frontières qui séparent les États et les ordres juridiques. Cette origine étrangère traduit combien les frontières, si elles ont pu être comme masquées lors de la conclusion de la relation juridique ayant conduit au prononcé de la décision en cause, n'avaient pas disparu pour autant. Cet élément d'extranéité présente néanmoins une particularité, car, tel que l'indiquent Bernard Audit et Louis d'Avout, ce qui est déterminant pour qu'une décision soit étrangère n'est pas tant le lieu où elle a été physiquement prononcée que « la souveraineté dont relève l'autorité qui a statué »[3]. Cette affirmation mérite une précision supplémentaire en ce qui concerne les jugements des tribunaux internationaux comme la Cour de justice de l'Union européenne (CJUE), la Cour européenne des droits de l'homme (CEDH), ou encore la Cour interaméricaine des droits de l'homme (CIDH). N'étant pas rendues au nom de la souveraineté française ou colombienne, nous pourrions regarder les décisions qui émanent de ces tribunaux comme étant « étrangères » pour ces deux pays. Cependant, le fait qu'elles aient été prononcées par des tribunaux dont l'existence répond à l'intérêt partagé des États membres d'assurer le respect de certaines normes communes contenues dans les instruments internationaux, justifie de les regarder différemment des « décisions étrangères », c'est-à-dire de celles émises par les juges relevant d'une autre souveraineté. En ce sens leur efficacité sera réglée par des dispositions spéciales, généralement, déterminées au sein des Traités internationaux[4]. Dès lors, nous ne nous intéresserons pas à ces décisions dans notre étude.

16. Le deuxième élément distinctif de la catégorie des jugements étrangers est le caractère juridictionnel de l'autorité d'origine. À cet égard, les deux droits s'accordent pour estimer que les décisions judiciaires de nature gracieuse ou contentieuse rentrent dans cette catégorie[5]. En 2000, la Cour de cassation française a pu affirmer, au visa de l'article 509 du Code de procédure civile, que : « constitue une décision pouvant recevoir exequatur toute intervention du juge qui produit des effets à l'égard des personnes ou sur les biens, droits ou

---

[1] A. Huet, *J-Cl. dr.int.*, LexisNexis, *v°* « Effets en France du jugement étranger – Introduction générale, délimitation de l'étude », §12.

[2] B. Audit et L. d'Avout, *Droit international privé*, LGDJ, 8ème éd., 2018, p. 457 §543.

[3] *Idem.*, p. 457 §544.

[4] *Idem.*, p. 458 §544 ; A. Huet, *J-Cl. dr.int.*, LexisNexis, *v°* « Effets en France du jugement étranger – Introduction générale, délimitation de l'étude », §15 ; P. de Vareilles-Sommières, *Rép.dr.int.*, Dalloz, *v°* « Jugement étranger », §27.

[5] M. Monroy Cabra, *op.cit.*, p. 119 ; B. Audit et L. d'Avout, *op.cit.*, p. 458 §545 ; A. Huet, *J-Cl dr.int.*, LexisNexis, *v°* « Effets en France du jugement étranger – Introduction générale, délimitation de l'étude », §21.

obligations »[1]. Au sein du droit colombien, c'est le législateur qui a explicitement prévu, à l'article 605 du Nouveau Code général de la procédure (NCGP)[2], que les décisions étrangères dont l'efficacité est acceptée en Colombie sont celles qui ont été rendues dans le cadre d'une procédure judiciaire contentieuse ou gracieuse[3].

17. Pour autant, en dépit de ce point commun, une différence oppose les deux droits étudiés en ce qui concerne la nécessaire qualification juridictionnelle de l'autorité étrangère d'origine. En effet, dans la conception traditionnelle de la notion de jugement, l'autorité d'origine est toujours juridictionnelle, à savoir un juge ou un tribunal. Cependant, il apparaît qu'en droit international privé français, le caractère juridictionnel de l'autorité d'origine n'est pas indispensable pour admettre son efficacité dans le for. Il suffit que l'autorité étrangère accomplisse une fonction juridictionnelle susceptible d'être « dévolue en France à l'autorité judiciaire »[4]. Par exemple, la jurisprudence française a pu estimer, à propos de la matière familiale, que les divorces prononcés par des autorités religieuses à l'étranger, à l'image des répudiations musulmanes[5], ou par des autorités administratives, comme dans l'arrêt Rivière de 1953[6], ou encore la déclaration de viduité par un tribunal rabbinique[7], sont des décisions judiciaires dont l'efficacité est déterminée par les règles applicables à la reconnaissance et à l'exécution des jugements étrangers[8]. La spécificité propre au domaine matrimonial peut expliquer, selon certains auteurs[9], cette délimitation souple et compréhensive de la catégorie des décisions étrangères.

18. Dans le prolongement de cette interprétation, les Règlements européens Bruxelles II bis et Bruxelles II ter disposent que toute « décision rendue par une juridiction d'un État membre », indépendamment de sa dénomination, entre dans leur champ d'application[10]. La définition assez large de la notion de décision s'accompagne également d'une définition souple de la notion de juridiction. Ainsi, les deux règlements entendent par juridiction : « toute autorité dans un État membre qui est compétente dans les matières relevant du champ

[1] Cass. 1re civ., 17 octobre 2000, *RCDIP* 2001.121 obs. J-P Rémery et H. Muir Watt.

[2] Nous allons par la suite nous référer au Nouveau Code général de la procédure colombien par son acronyme NCGP. Il s'agit de la Loi n° 1564 du 12 juillet 2012, relative à l'adoption du Code général de la procédure, publiée au Journal Officiel n° 48 489 du 12 juillet 2012.

[3] Article 605 NCGP, *préc.*

[4] B. Audit et L. d'Avout, *op.cit.*, p. 458 §545.

[5] Cass. 1ère civ., 4 juillet 2018, *Dr. fam.* 2018.270 obs M. Farge. En doctrine *v.* J. Lemontey, « Le volontarisme en jurisprudence : l'exemple des répudiations musulmanes devant la Cour de cassation », *TCFDIP*, 2004-2005, p. 63.

[6] Cass. 1re civ., 17 avril 1953 *Rivière, RCDIP* 1953.412 obs. H. Battifol ; *JDI* 1953.860 obs. Plaisant ; *JCP* 1953.II.7863 obs. Buchet ; *GA* n° 26, p. 240 et s.

[7] Cass. 1ère civ., 4 mai 2017, *RCDIP* 2017.459 obs D. Bureau et H. Muir Watt.

[8] P. Hammje, *Rép.dr.int.*, Dalloz, *v°* « Divorce et séparation de corps », §241.

[9] P. de Vareilles-Sommières, *Rép.dr.int.*, Dalloz, *v°* « Jugement étranger », §32.

[10] Article 2.1, Règlement (UE) n° 1111 du 25 juin 2019 *Bruxelles II ter*, relatif à la compétence, la reconnaissance et l'exécution des décisions en matière matrimoniale et en matière de responsabilité parentale, ainsi qu'à l'enlèvement international d'enfants, *JOUE* n° L 178, 2 juillet 2019, p. 1 ; Article 2, Articles 26 et 31, Règlement (CE) n° 2201 du 27 novembre 2003 *Bruxelles II bis*, relatif à la compétence, la reconnaissance et l'exécution des décisions en matière matrimoniale et en matière de responsabilité parentale abrogeant le règlement (CE) n° 1347/200, *JOUE* n° L 338, 23 décembre 2003, p. 1.

d'application du présent règlement »[1]. Par conséquent, tant les décisions rendues par les autorités judiciaires que celles rendues, par exemple, par les autorités administratives compétentes pour des litiges relatifs à la responsabilité parentale ou à la désunion des couples[2], relèvent de la catégorie « jugements étrangers ». Leur efficacité dans les États membres bénéficie, dès lors, du système allégé et rapide mis en place par les dispositions européennes.

19. Contrairement à cette interprétation souple du droit français, le droit colombien demeure fidèle à l'investiture judicaire de l'autorité d'origine et a opté, à ce titre, pour une interprétation plus stricte de la notion de jugement, ne visant que les actes publics émanant d'un juge ou d'un tribunal étranger. C'est pourquoi, sans le dire explicitement, les auteurs colombiens comme Cock ou Herrán envisagent l'efficacité en parlant uniquement de décisions de justice rendues par des tribunaux judiciaires comparables à ceux de la Colombie[3]. Pour autant, à l'instar de l'ancien Code de procédure civile colombien (CPC), le NCGP de 2012 dispose dans son article 605 que « les jugements ainsi que les ordonnances de nature similaire rendus par des autorités étrangères à l'occasion de procédures contentieuses ou relatives à la matière gracieuse [...] » peuvent produire des effets en Colombie. L'on aurait pu penser, au regard de cette rédaction, qu'en se référant explicitement aux « ordonnances de nature similaire » aux jugements, le droit colombien adoptait une délimitation de la catégorie des jugements étrangers comparable à celle du droit français, en faisant de l'exercice d'une fonction judiciaire et non du caractère juridictionnel de l'autorité d'origine, l'élément déterminant. Cependant, il n'en est rien. Le même Code précise, à son article 278, que le terme *« ordonnances »* désigne l'ensemble des actes judiciaires pris par le juge pendant le déroulement de la procédure judiciaire[4]. Le résultat en est que le champ d'application des normes relatives à l'efficacité des jugements étrangers s'avère plus restreint qu'en droit français ; seules sont couvertes les décisions rendues par un juge appartenant au pouvoir juridictionnel[5] .

20. L'exemple de la réception des divorces japonais permet de mettre en lumière les effets pratiques de cette différence. En effet, le droit japonais admet que le divorce par consentement mutuel des parties puisse être enregistré devant le maire du lieu du domicile conjugal. Le relâchement du lien est donc le résultat de la manifestation de volonté des conjoints que l'autorité administrative se limite à enregistrer. Confrontés à l'efficacité de tels divorces, les droits français et

[1] Article 2.2, Règlement (UE) n° 1111 du 25 juin 2019 *Bruxelles II ter, préc.* ; Article 2, Règlement (CE) n° 2201 du 27 novembre 2003 *Bruxelles II bis, préc.*

[2] P. Hammje, *Rép.dr.int.*, Dalloz, *v°* « Divorce et séparation de corps », §313.

[3] A. Cock, *op.cit.*, p. 191; A. Herrán, *Compendio de derecho internacional privado,* Temis, 1959, p. 260.

[4] L'article 278 du NCGP dispose que les ordonnances du juge sont de deux types : les *« autos »* et les jugements. Les derniers sont ceux qui statuent sur les prétentions de la demande, sur les exceptions relatives au fond de l'affaire présentées par les parties, ceux qui se prononcent sur le montant des dommages et intérêts pour réparer les préjudices, et ceux qui décident des recours extraordinaires de cassation et de révision. Cet article dispose ensuite que tous les autres actes émis par le juge qui ne sont pas des jugements sont donc des *« autos »*. En doctrine *v.* H. López Blanco, *Instituciones de derecho procesal colombiano. Parte especial.* Dupre ediciones, 8ème éd., T. II, 2004, p. 826, Miguel Rojas, *Lecciones de derecho procesal,* Esaju, 6ème éd., T. II, 2017, p. 336.

[5] A. Aljure, «Exequatur de providencias judiciales», *in*, *Teoría general del derecho internacional privado,* sous la dir. de L. García et A. Aljure, Legis, 2016, p. 422.

colombien ont adopté deux solutions différentes. En France, le TGI de Paris a considéré, dans un jugement de 1991, que l'acte japonais de divorce était un jugement étranger et que son efficacité devait, dès lors, être soumise au régime classique de l'efficacité des décisions judiciaires[1]. À propos de cette décision, Horatia Muir Watt signale combien le caractère judiciaire et juridictionnel du divorce n'est pas considéré, en France, comme étant d'ordre public international[2], et que le caractère juridictionnel de l'autorité ayant produit l'acte n'est pas décisif pour le qualifier de jugement étranger.

21. La Cour suprême de justice colombienne, l'équivalent de la Cour de cassation en France, quant à elle, a adopté une solution différente. Depuis l'arrêt *Kumagai* de 2001[3], elle refuse de qualifier l'acte japonais de divorce en tant que jugement. La raison est que le maire qui a procédé à son enregistrement n'est pas une autorité judiciaire. Par conséquent, elle estime que l'efficacité de ces divorces échappe aux dispositions du NCGP, qui ne vise que les décisions judiciaires étrangères. Ainsi, elle déclare systématiquement comme étant irrecevables toutes les demandes portant sur l'efficacité en Colombie de ce type de divorces administratifs. Par l'arrêt *Pereira-Amaya* de 2015, elle a adopté la même solution à l'égard des divorces étrangers enregistrés au rang des minutes d'un notaire[4].

22. Par ailleurs, si nous regardons l'article 3 de la Convention de La Haye de 2019, nous observons que cet instrument a adopté une définition du « jugement » comparable à celle du droit colombien, en exigeant que l'autorité d'origine soit judiciaire. Au sens de cet article le terme de « jugement » désigne : « [...] toute décision sur le fond rendue par un tribunal, quelle que soit la dénomination donnée à cette décision [...] »[5]. Si la Convention ne définit pas ce que recouvre la notion de « tribunal » d'un État contractant, la question a néanmoins été abordée pendant les négociations. La définition admise semble être la suivante : « un tribunal relevant du pouvoir judiciaire d'un État contractant, à quelque niveau que ce soit, ainsi que tout autre tribunal permanent qui, selon le droit d'un État contractant, exerce des fonctions juridictionnelles relativement à un objet particulier, selon des règles procédures préétablies, de manière indépendante et impartiale »[6]. En ce sens, ni les autorités administratives, ni les notaires ne peuvent être considérés comme des tribunaux et, par conséquent, l'efficacité des actes qu'ils rendent ne relève pas du champ d'application de ladite Convention[7].

---

[1] TGI Paris, 17 octobre 1991, *RCDIP* 1992. 508 obs. H. Muir Watt.

[2] H. Muir Watt note sous TGI Paris, 17 octobre 1991, *RCDIP* 1992. 508.

[3] CSJC. Cass. Ch. Civ., 13 décembre 2001 *Kumagai*, Magistrat Rapporteur : Manuel Ardila, Dossier n° 0224-01. *v. infra* p. 369.

[4] CSJC. Cass. Ch. Civ., 10 septembre 2015 *Pereira-Amaya*, Magistrat Rapporteur : Fernando Giraldo, Dossier n° 01802-00. *v. infra* p. 369.

[5] Article 3.1.b, Convention de La Haye du 2 juillet 2019, *préc.* ; P. Nielsen, « The Hague 2019 judgements convention – from failure to success ? », *Journal of private international law*, Mai 2020, p. 7 ; F. Garcimartin, « The Judgments Convention : Some open questions », *Netherlands International Law Revieuw*, 2020, n° 67, p. 21.

[6] S. Clavel et F. Jault-Seseke, « La convention de La Haye du 2 juillet 2019 sur la reconnaissance et l'exécution des jugements étrangers en matière civile et commerciale : que peut-on en attendre ? », *in, Comité français de droit international privé, séance du 4 octobre 2019 [Version provisoire]*, p. 15. Disponible en ligne sur http://www.cfdip.fr/offres/file_inline_src/717/717_pj_111119_211616.pdf.

[7] F. Garcimartin et G. Saumier, *« Convention sur les jugements – Rapport explicatif préliminaire »*, Vingt deuxième session 18 juin – 2 juillet 2019, p. 23 §88.

Il appartiendra à chaque État signataire de préciser ce qu'il entend par tribunal, ce qui pourrait compromettre l'application uniforme de la Convention de 2019, et par conséquent, son objectif d'harmonisation.

23. Pour ce qui est, enfin, du troisième élément permettant d'identifier les décisions concernées par notre étude, le droit français et le droit colombien s'accordent pour considérer qu'il doit s'agir des décisions étrangères relatives à la matière privée. Selon Danièle Alexandre, « il s'agit de toutes les décisions judiciaires rendues par une juridiction étrangère dans un litige d'intérêt privé », ce qui permet d'exclure de la catégorie « les décisions d'ordre purement administratif ou répressif ». Cet auteur conclut que la qualification se fait « en fonction de la nature du litige et non de la nature de la juridiction dont émane la décision étrangère »[1]. Dans le prolongement de cette délimitation, le Règlement européen Bruxelles I bis[2], ainsi que l'article 1.1 de la Convention de La Haye de 2019, excluent de leur champ d'application les matières « fiscales, douanières ou administratives »[3]. Au sein de la Convention de 2019 il est précisé, en plus, que le fait que la décision en cause ait été rendue dans le cadre d'une procédure où l'État, le gouvernement, ou une agence étatique a été partie, ne suffit pas pour l'exclure du champ d'application de la Convention[4].

24. En outre, en ce qui concerne les sentences arbitrales rendues par des tribunaux siégeant à l'étranger, les droit français et colombien ont choisi de soumettre leur efficacité à des dispositions spéciales et différentes de celles applicables aux jugements judiciaires. En France, les règles adoptées par le législateur relatives à la reconnaissance et à l'exécution des sentences arbitrales ont été ajoutées au sein du C. pr. Civ.[5]. En droit colombien, leur reconnaissance et leur exécution se fait selon un régime juridique allégé et rapide[6] prévu au statut d'arbitrage entrée en vigueur en 2012[7]. La même orientation est suivie par le Règlement Bruxelles I bis[8] et par la Convention de La Haye de 2019[9] qui excluent, eux aussi, les sentences arbitrales de leur champ d'application. En effet, leur reconnaissance et leur exécution ne soulèvent pas les mêmes défis et enjeux que ceux soulevés par les décisions judiciaires. C'est pourquoi notre étude ne les analysera pas.

---

[1] D. Alexandre, « L'exequatur des jugement étrangers », *in, Travaux et recherches de l'institut de droit comparée de Paris. VIIIem Congrès international de droit comparé -Pescara 1970*, Les éditions de l'épargne, 1970, T. XXXIII, p. 120. Dans le cadre de la Convention de La Haye de 2019, *v.* S. Clavel et F. Jault-Seseke, « La convention de La Haye du 2 juillet 2019… », *op.cit.*, p. 15.

[2] Article 1er, Règlement (UE) n° 1215 du 12 décembre 2012 *Bruxelles I bis*, concernant la compétence judiciaire, la reconnaissance et l'exécution des décisions en matière civile et commerciale, *JOUE* n° L 351, 20 décembre 2012, p. 1.

[3] Article 1.1, Convention de La Haye du 2 juillet 2019, *préc.* ; A. Bonomi et C. Mariottini, « A game changer in international litigation ? ... », *op.cit.*, p. 541.

[4] Article 2.4, *Idem.*

[5] Il s'agit des articles 1514 et suivants du Code de procédure civile, issus du Décret n° 2011-48 du 13 janvier 2011, publié au *JORF* n° 0011 du 14 janvier 2011.

[6] A. Aljure, «Exequatur de laudos arbitrales», *in, Teoría general… op.cit.*, p. 431.

[7] Loi n° 1563 du 12 juillet 2012, relative à l'adoption d'un statut d'arbitrage national et international, publiée au Journal Officiel n° 48 489 du 12 juillet 2012.

[8] Article 1.2.d, Règlement (UE) n° 1215 du 12 décembre 2012 *Bruxelles I bis, préc.*

[9] Article 2.3, Convention de La Haye du 2 juillet 2019, *préc.* ; F. Garcimartin et G. Saumier, *op.cit.*, p. 8, §28.

25. Les décisions visées par notre étude étant précisées, il convient à présent de définir l'efficacité qu'elles sont susceptibles de produire dans le for et que nous retenons pour notre étude.

B. *L'efficacité concernée par l'étude*

26. À l'image de la loi, les décisions judiciaires s'insèrent dans l'ordre juridique qui les a vu naître. Cependant, si les jugements sont rendus dans le cadre d'un litige de nature privée et internationale, ils « ont toute chance d'être invoqués dans un autre pays »[1]. Dès lors, étudier leur efficacité consiste à s'interroger sur les effets qu'ils sont susceptibles de produire dans un ordre juridique qui n'est pas le leur. Cette question repose sur la différence indéniable qui existe entre les jugements rendus par les tribunaux étrangers et ceux qui le sont par les tribunaux nationaux. L'extranéité qui caractérise les premiers met en lumière combien les frontières entre les ordres juridiques demeurent fondamentales, justifiant qu'un traitement spécial leur soit réservé[2]. Bien entendu, ce traitement spécial relève de la liberté de chaque ordre juridique qui peut choisir de refuser ou d'accepter l'efficacité de ces décisions, et dans ce dernier cas, de fixer les règles selon lesquelles celle-ci peut avoir lieu[3].

27. « Accueillir » peut recouvrir des réalités très diverses et c'est pourquoi il est important de déterminer, une fois l'accueil admis dans le for, quels sont les effets que les décisions étrangères peuvent y déployer. À ce propos, il convient de revenir sur la différence, classique en France mais peu étudiée en Colombie, entre le jugement comme norme juridique et le jugement comme document juridique. Lorsqu'il tranche définitivement les prétentions des parties, le jugement étranger est une norme juridique particulière qui peut avoir une efficacité dite « normative »[4]. Celle-ci se matérialise de trois manières : par l'autorité de chose jugée du jugement, par sa force exécutoire et par son efficacité substantielle. Mais, outre ces effets, le jugement étranger est aussi un document établi par une autorité publique dont l'existence et le contenu ne peuvent pas être ignorés dans le for, et sont susceptibles d'être pris en considération dans le cadre, par exemple, d'autres instances judicaires. Cette efficacité est dénommée par Bernard Audit et Louis d'Avout comme étant « l'efficacité matérielle » de la décision[5]. Elle se concrétise également de trois manières, car le jugement peut produire un effet de fait, un effet de titre et être assorti de la force probante.

28. La différence entre les deux catégories d'effets est fondamentale : tandis que l'efficacité normative est conditionnée par la régularité internationale de la décision étrangère[6], au moins lorsqu'il s'agit d'une efficacité définitive, ladite régularité n'est pas exigée aux fins de l'efficacité matérielle de la décision en

[1] B. Audit et L. d'Avout, *op.cit.*, p. 539 §555.
[2] P. de Vareilles-Sommières, *Rép.dr.int.*, Dalloz, *v°* « Jugement étranger », §1.
[3] B. Audit et L. d'Avout, *op.cit.*, p. 455 §539, C. Bueno Guzmán, « El derecho internacional privado interno en Colombia. Comentarios de derecho comparado», *Rev. Universitas,* Pontificia Universidad Javeriana, 1977, p. 162 et s.
[4] P. Mayer, V. Heuzé et B. Remy, *Droit international privé,* LGDJ, 12ème éd., 2019, p. 319 §469.
[5] B. Audit et L. d'Avout, *op.cit.*, p. 460 §549.
[6] Pour une définition de cette notion *v. infra* p. 144.

cause[1]. Puisque l'efficacité matérielle découle de la simple existence du jugement et ne dépend en rien de sa régularité internationale, aucun instrument d'efficacité n'est nécessaire pour qu'elle lui soit accordée. Cet argument suffit, à notre sens, pour exclure l'efficacité matérielle de notre travail.

29. L'efficacité normative, en revanche, demeure liée à la mise en œuvre d'un instrument d'efficacité[2] et sera, à ce titre, concernée par notre étude. À ce propos, une apparente asymétrie oppose les deux droits quant aux trois effets dits normatifs des jugements étrangers, à savoir l'efficacité substantielle, l'autorité de chose jugée et la force exécutoire[3]. Cette opposition dissimule une appréciation différente de la définition de l'efficacité normative par le droit international privé français et le droit international privé colombien.

30. En effet, contrairement à la doctrine et à la jurisprudence françaises qui ont, depuis longtemps, entrepris un travail de systématisation de chacun des effets normatifs du jugement étranger, le droit colombien, quant à lui, est resté en retrait. Tant la doctrine que la jurisprudence abordent l'efficacité de manière générale pour désigner l'opération de réception de la décision étrangère sans pour autant analyser chacun des effets que celle-ci peut produire dans le for. Cause et conséquence de cette timidité colombienne, le vocabulaire employé révèle une utilisation hasardeuse et contestable de la terminologie. Les mots « efficacité », « exécution » et « exequatur » sont souvent employés comme synonymes[4], et renvoient tous à la réception de la décision étrangère dans le for. L'absence d'une distinction claire entre ces notions conduit la jurisprudence et la doctrine à considérer que tous les effets que la décision étrangère produit en Colombie impliquent son exécution[5]. La définition très large de la notion d'exécution, et l'emploi imprécis de la terminologie, renforcent, comme nous le démontrerons,

---

[1] Pascale de Vareilles-Sommières affirme, à propos de l'efficacité normative, que : *« c'est donc une efficacité normative sous condition que le droit français accorde aux jugements étrangers »*. P. de Vareilles-Sommières, *Rép.dr.int.*, Dalloz, *v°* « Jugement étranger », §46. *v.* E. Fohrer-Dedeurwaerder, *La prise en considération des normes étrangères*, LGDJ, 2008, p. 216 §305.

[2] P. Mayer, *La distinction entre règles et décisions et le droit international privé*, Dalloz, 1973, p. 14 §18 ; H. Péroz, *La réception des jugements étrangers dans l'ordre juridique français*, LGDJ, 2005, p. 24 §14 ; P. Mayer, V. Heuzé et B. Remy, *Droit international privé*, LGDJ, 12ème éd., 2019, p. 319 §469. D. Bureau et H. Muir Watt, *Droit international privé. Partie générale*, Themis droit PUF, 4ème éd., 2017, p. 271 §233-1 ; B. Audit et L. d'Avout, *op.cit.*, p. 456 §540 ; M. Monroy Cabra, *op.cit.*, p. 117.

[3] A. Huet, *J-Cl. dr.int.*, LexisNexis, *v°* « Effets en France des jugements étrangers subordonnés à leur régularité internationale », §1 ; B. Audit et L. d'Avout, *op.cit.*, p. 460 §548 ; Y. Loussouarn, P. Bourel et P. de Vareilles-Sommières, *Droit International Privé*, Dalloz, 10ème éd., 2013, p. 863 §856 ; J. Héron, *Droit judiciaire privé*, Montchrestien, 2ème éd., 2002, p. 241 § 321 et s. Un débat existe en doctrine quant à la nature de ces trois effets. Pour certains auteurs comme Marie-Laure Niboyet, Géraud de Geouffre de la Pradelle, Hélène Péroz, Corine Bléry, Dominique Bureau et Horatia Muir Watt, l'efficacité substantielle est un effet du jugement à part entière tandis que l'autorité de chose jugée et la force exécutoire ne sont que des attributs. Selon Hélène Péroz, la qualification de l'efficacité substantielle en tant qu'effet du jugement s'explique parce qu'elle *« fait l'objet d'une décision du juge »*. Le rapport de droit est modifié grâce au travail intellectuel de celui-ci. L'autorité de chose jugée et la force exécutoire, en revanche, ne sont pas le résultat de l'office du juge mais, plutôt, une *« attribution »* du législateur. En tant qu'attributs, l'auteur estime que la chose jugée et la force exécutoire *« sont extérieures au jugement et ont une nature fonctionnelle »*. Or, indépendamment de leur qualification, le fait est que tant en droit français qu'en droit colombien, ces trois effets ne sont accordés à la décision étrangère avec un caractère définitif que si sa régularité internationale a été établie.

[4] A. Aljure, «Exequatur de providencias judiciales», *in*, *Teoría general… op.cit.*, p. 419. *v. infra* p. 345.

[5] D. Rojas Tamayo, « Las deficiencias del derecho internacional privado colombiano : principios inapropiados y sus consecuencias en la eficacia de sentencias extranjeras », *AEDIP* 2016.876.

la conception publiciste de l'efficacité des décisions étrangères qui prévaut en droit colombien[1]. Pour autant, la timidité colombienne ne signifie pas que les effets normatifs produits par la décision étrangère en Colombie soient différents de ceux que le droit français accepte.

31. À propos, d'abord, de l'efficacité substantielle, elle a été définie par la doctrine française comme « la modification des droits substantiels des parties qui résulte du jugement »[2]. Elle insiste sur le fait que le jugement en cause consiste dans « la déclaration d'un droit subjectif préexistant ou la création d'un rapport juridique nouveau »[3]. Il s'agit, par exemple, de faire valoir dans le for le lien de filiation déclaré à l'étranger, la nullité ou l'inexécution contractuelle constatée par le juge étranger[4], ou encore le relâchement du lien conjugal prononcé. Dans ce dernier cas, le divorce apporte bien une modification substantielle dans l'état civil des parties. De plus, la désunion met également fin aux effets personnels et patrimoniaux du mariage. Or, lorsque le couple en cause se rattache à plusieurs ordres juridiques, les modifications apportées par la décision étrangère doivent aussi être consacrées au sein de chacun de ces ordres juridiques concernés, et ce, parce que l'unité du statut personnel le commande, et parce que le lien matrimonial et ses effets ne peuvent exister ou ne pas exister en fonction du pays où l'on se place[5].

32. Dans ce contexte, les droits français et colombien acceptent que le divorce prononcé à l'étranger emporte aussi le relâchement du lien matrimonial dans le for avec ses conséquences personnelles et patrimoniales. Dans les deux droits, la modification du rapport de droit, c'est-à-dire la reconnaissance de la désunion, demeure conditionnée à l'établissement de la régularité internationale de la décision en cause. Cependant, nous avons déjà indiqué qu'une divergence majeure existe à cet égard entre les deux droits étudiés, car, contrairement au droit colombien où cette vérification doit intervenir sans exception de manière préalable à toute efficacité, en droit français, la modification du rapport de droit peut intervenir en dehors de tout contrôle judiciaire en amont. Dans ce dernier cas, l'efficacité de la décision étrangère est accordée de plein droit mais comporte un caractère précaire en ce sens qu'elle demeure susceptible d'être contestée ultérieurement. La seule manière pour que l'efficacité substantielle de la décision soit définitive dans le for est donc, dans les deux droits, la mise en œuvre du contrôle de régularité.

---

[1] *v. infra* p. 198.

[2] M-L Niboyet et G. Geouffre de la Pradelle, *Droit international privé*, LGDJ, 7e éd., 2020, p. 524 §766 ; M. López de Tejada, *La disparition de l'exequatur dans l'espace judiciaire européen*, LGDJ, 2013, p. 88 §106; C. Bléry, *L'efficacité substantielle des jugements civils*, LGDJ, 2000, p. 97 §139 ; P. Mayer, « Les méthodes de la reconnaissance en droit international privé » *in Mélanges en l'honneur de Paul Lagarde, Le droit international privé : esprit et méthodes*, Dalloz, 2005, p. 550 §8.

[3] A. Huet, « L'autorité (négative) de chose jugée des jugements étrangers : Réflexions sur le droit international privé commun français », *in, Mélanges en l'honneur du Doyen Georges Wiederkehr*, Dalloz, 2009, p. 397. *v.* H. Gaudemet-Tallon et M-E Ancel, *Compétence et exécution des jugements étrangers. Règlements 44/2001 et 1215/2012, Conventions de Bruxelles (1968) et de Lugano (1998 et2007)*, LGDJ, 6ème éd., p. 582 §407.

[4] S. Bollée, note sous Cass. 1re civ., 22 mars 2012, *RCDIP* 2012.894.

[5] Cass. 1ère civ., 20 novembre 2019 n° 18-20810.

33. Dans la pratique, la divergence entre les deux droits se traduit par le fait que, tel que nous l'avons dit, le divorce étranger demeure inexistant en Colombie et ne peut être inscrit sur les actes de naissance des parties, ni mettre fin aux effets patrimoniaux ou personnels du mariage, tant que la Cour n'a pas rendu un jugement acceptant son efficacité. En droit français, en revanche, depuis les arrêts *Bulkley* de 1860[1], et *De Wrède* de 1900[2], le divorce étranger peut avoir une efficacité substantielle indépendamment du contrôle préalable de régularité. Bien entendu, l'efficacité substantielle ainsi reconnue ne signifie pas que les parties soient dépourvues de toute possibilité de s'opposer à la réception définitive de la décision en cause. Il s'agit, en effet, d'une efficacité précaire susceptible d'être contestée devant le juge qui aura l'obligation, le cas échéant, de mettre en œuvre le contrôle de régularité[3].

34. Si nous regardons ensuite l'autorité de chose jugée, il apparaît que les droits français et colombien sont à nouveau d'accord pour y voir un autre effet normatif du jugement étranger. Dans les deux droits, l'autorité de chose jugée est définie comme l'effet « d'incontestabilité »[4] du jugement qui « empêche le contentieux, déjà décidé par un jugement, d'être à nouveau porté à débat judiciaire »[5]. Selon Miguel Rojas, l'autorité de chose jugée permet à l'État de garantir l'exercice des droits reconnus en évitant notamment l'abus du droit d'agir en justice[6]. Au sein de l'efficacité des jugements étrangers, l'autorité de chose jugée implique dans la pratique que la décision rendue à l'étranger empêche les parties de porter le même litige tranché à la connaissance d'un tribunal national.

35. En dépit de cette définition comparable de l'autorité de chose jugée, les divergences entre les deux droits apparaissent lorsqu'il est question de déterminer la manière dont elle est reconnue aux jugements étrangers. À l'instar de ce que nous avons indiqué pour l'efficacité substantielle, le jugement étranger ne peut pas avoir l'autorité de chose jugée en droit colombien en dehors de l'intervention préalable du juge du contrôle. Le fait que selon certains auteurs, notamment Hernán Fabio López Blanco, l'autorité de chose jugée « caractérise la souveraineté étatique »[7], implique que sa reconnaissance de plein droit soit considérée comme contraire à la souveraineté nationale. Dans ce contexte, l'exigence d'un contrôle préalable démontre combien l'efficacité des décisions étrangères est appréhendée en droit colombien comme une question appartenant

---

[1] Cass. 1ère civ., 28 février 1860 *Bulkley*, *S.* 1860.1.210 ; *D.* 1860.1.57 ; *GA* n° 4, p 30.

[2] Cass. 1ère civ., 9 mai 1900 *De Wrède*, *JDI* 1900.613 ; *S.* 1901.1.185 obs. E. A. ; *D.* 1905.1.101 obs. L. S ; *GA* n° 10, p. 79.

[3] Cass. 1ère civ. 19 décembre 1972 *Guarte*, *RCDIP* 1975.83 obs. D. Holleaux.

[4] A. Huet, *J-Cl dr. int.*, LexisNexis, *v°* « Effets en France du jugement étranger subordonnés à leur régularité internationale – Efficacité substantielle et autorité de chose jugée », §54 ; S. Guinchard, F. Ferrand, C. Chainais et L. Mayer, *Procédure civile*, Dalloz, 34ème éd., 2018, p. 811 §1162.

[5] A. Cock, *op.cit.*, p. 191. Dans le même sens *v.* C. Cabello Matamala, *op.cit.*, p. 810 et s.; M. Rojas, *op.cit.*, p. 363; F. Gascón-Inchausti, « La reconnaissance et l'exécution des décisions dans le Règlement Bruxelles I bis », *in*, *Le nouveau règlement Bruxelles I bis*, sous la dir., de E. Guinchard, Bruylant, 2014, p. 205 ; H. Gaudemet-Tallon et M-E. Ancel, *op.cit.*, p. 583 §408.

[6] M. Rojas, *op.cit.*, p. 363. *v.* H. López Blanco, *Instituciones de derecho procesal colombiano. Parte general*, Dupre editores, 7ème éd., T. I, 1997, p. 591 ; Huet, *J-Cl dr. int.*, LexisNexis, *v°* « Effets en France du jugement étranger subordonnés à leur régularité internationale – Efficacité substantielle et autorité de chose jugée », §55.

[7] H. López Blanco, *op.cit.*, p. 591.

au droit public, parce qu'elle concerne davantage les relations entre États qu'entre parties. Nous retrouverons cette lecture tout au long de notre étude.

36. Alors que cette incompatibilité entre l'autorité de chose jugée et la souveraineté étatique fut également avancée en France, force est de constater que la question y a évolué, et ce, dans le sens d'un allégement remarquable. Certains jugements étrangers bénéficient non seulement d'une efficacité substantielle de plein droit mais aussi d'une autorité de chose jugée qui opère de la même manière. Ainsi l'arrêt *Hainard* de 1930 a affirmé que « les jugements rendus par un tribunal étranger, relativement à l'état et à la capacité des personnes, produisent leurs effets en France indépendamment de toute déclaration d'exequatur sauf les cas où ces jugements doivent donner lieu à des actes d'exécution sur les biens ou de coercition sur les personnes »[1]. Par l'arrêt *Gibsonia* de 2018, la Cour de cassation semble avoir étendu le bénéfice d'une efficacité substantielle et d'une autorité de chose jugée de plein droit à tous les jugements, et plus uniquement à ceux relatifs à l'état et à la capacité des personnes[2].

37. Cependant, si contrairement au droit colombien, l'autorité de chose jugée du jugement étranger n'est pas conditionnée en France à une action préalable en exequatur, il n'en demeure pas moins que pour conduire effectivement à la conclusion de la procédure française et au dessaisissement du juge du for, il faut que le jugement en cause soit internationalement régulier. Tout comme pour l'efficacité substantielle, le caractère définitif de l'autorité de chose jugée est réservé aux seules décisions internationalement régulières[3]. Ainsi, la différence avec le droit colombien est très nette. Elle consiste dans la possibilité pour le défendeur, en droit français, d'invoquer l'autorité de chose jugée de la décision étrangère dans une procédure en cours, et d'obtenir que le juge du fond procède immédiatement au contrôle de sa régularité internationale sans devoir initier une procédure spécifique à cette fin devant un autre juge. En droit colombien, en revanche, le défendeur doit d'abord obtenir l'exequatur du jugement dans le cadre d'une procédure spécifique en efficacité de la décision étrangère, avant de pouvoir se prévaloir de son autorité de chose jugée dans le cadre d'une procédure en cours.

38. En ce qui concerne le dernier des effets normatifs de la décision étrangère, c'est-à-dire sa force exécutoire, le droit colombien est moins en retrait. La doctrine définit cet effet comme « le droit dont dispose la partie qui a obtenu une décision favorable à l'étranger pour faire respecter les obligations qui ont été reconnues en sa faveur et à la charge de l'autre partie au procès »[4]. Antonio Aljure confirme ceci en indiquant que l'exécution est « l'utilisation des outils judiciaires

---

[1] Cass. 1ère civ., 30 mars 1930 *Hainard*, *S.* 1930.1.377 obs. Niboyet ; *D* 1930.981. *v.* H. Gaudemet-Tallon, « La reconnaissance des jugements étrangers portant sur une somme d'argent, en matière civile et commerciale », *RIDC* 1986.487 ; A. Herrán, *Compendio de derecho internacional privado*, Temis, Bogotá, 1959, p. 260 §49. *v. infra* p. 378.

[2] Cass. 1ère civ., 10 janvier 2018 *Gibsonia*, *D.* 2018.966 obs. F. Jault-Seseke ; *D.* 1028.1934 obs. L. d'Avout ; *JDI* 2019.783 obs. B. Remy. *v. infra* p. 385.

[3] A. Huet, *J-Cl dr. int.*, LexisNexis, *v°* « Effets en France du jugement étranger subordonnés à leur régularité internationale – Efficacité substantielle et autorité de chose jugée », §58.

[4] A. Cock, *op.cit.*, p. 191.

en vue du respect de la décision »[1]. La doctrine française suit une définition comparable. Pour Bernard Audit et Louis d'Avout, la force exécutoire « [...] permettra d'obtenir que le débiteur satisfasse à ce qui est jugé, au besoin avec le concours de la force publique »[2]. Dans les deux droits la force exécutoire est alors associée à la réalisation de mesures dont le but est d'assurer le respect de ce qui a été décidé à l'étranger.

39. De plus, à l'exception de certains règlements européens[3], les deux droits coïncident pour estimer que la force exécutoire du jugement est tributaire de l'intervention préalable du juge du for. Autrement dit, ni en droit français, ni en droit colombien, le jugement étranger ne peut donner lieu à des mesures d'exécution tant que sa régularité internationale n'a pas été établie par le juge du for. Ce point de convergence est pourtant justifié différemment de chaque côté de l'Atlantique. En Colombie, l'intervention préalable du juge s'explique, selon Herrán, parce que la force exécutoire constitue une manifestation de la souveraineté étatique en ce sens qu'elle permet de recourir à la force publique pour contraindre à l'exécution de la décision[4]. En droit français, en revanche, si le lien entre l'exécution et la souveraineté n'a pas été ignoré[5], il n'est pas le seul argument avancé pour justifier le contrôle de régularité préalable. En effet, en droit français, l'accent est mis sur des considérations d'ordre pratique, plus spécifiquement sur la difficulté qui consisterait à devoir défaire les actes exécutés sur le fondement d'une décision ultérieurement déclarée irrégulière[6]. Pour éviter ces complications pratiques, l'exécution de la décision est uniquement possible lorsqu'il est certain qu'elle respecte toutes les conditions exigées pour l'efficacité normative définitive. Il n'en demeure pas moins que dans les deux droits, c'est le contrôle de régularité qui permet aux autorités du for d'autoriser l'exécution de la décision en cause. À ce titre, il agit comme un instrument de coordination[7] et de coopération[8] des ordres juridiques, permettant d'exécuter dans un ordre juridique ce qui a été décidé dans un autre[9].

40. De ce fait, la réalisation des mesures d'exécution nécessite, tant en droit français qu'en droit colombien, que le contrôle judiciaire de régularité soit préalablement opéré. Une exception peut néanmoins être notée, car au sein de certains règlements européens comme Bruxelles I bis ou Bruxelles II ter, la force exécutoire est reconnue de plein droit aux jugements étrangers intra-communautaires rendus dans certains domaines[10].

---

[1] A. Aljure, « Exequatur de providencias judiciales », *in, Teoría general...op.cit.*, p. 419.
[2] B. Audit et L. d'Avout, *op.cit.*, p. 460 §548.
[3] Nous parlons notamment du Règlement (UE) n° 1215 du 12 décembre 2012 *Bruxelles I bis, préc.*, et du Règlement (UE) n° 1111 du 25 juin 2019 *Bruxelles II ter, préc.*
[4] A. Herrán, *op.cit.*, p. 260. Dans le même sens *v.* A. Cock, *op.cit.*, p. 192.
[5] P. Mayer, V. Heuzé et B. Remy, *op.cit.*, p. 294 §416.
[6] B. Audit et L. d'Avout, *op.cit.*, p. 483 §581.
[7] P. Mayer, « Le phénomène de la coordination des ordres juridiques étatiques en droit privé », *RCADI*, 2007, Vol. 327, p. 54 §35.
[8] *Idem.*, p. 56 §37.
[9] M. López de Tejada, *La disparition de l'exequatur dans l'espace judiciaire européen*, LGDJ, 2013, p. 86 §102 ; K. Mehtiyeva, *La notion de coopération judiciaire*, LGDJ, 2020, p. 7 §6, p. 152 §149.
[10] *v. infra* p. 389.

41. Au regard des développements précédents, il s'avère que l'étude du contrôle de régularité en tant qu'instrument d'efficacité commande de restreindre nos analyses à l'efficacité normative du jugement étranger. En effet, ce contrôle est, en dépit de l'asymétrie avec laquelle le droit international privé est développé dans les deux droits, l'instrument juridique permettant de véhiculer la décision étrangère vers son efficacité normative définitive dans le for. Des soucis pratiques issus des droits français et colombien confortent aussi cette délimitation de la portée de notre travail. En effet, au regard de leur jurisprudence, il est indéniable que lorsqu'il est question de la réception d'une décision étrangère, c'est son efficacité normative qui est en cause dans la grande majorité des cas.

42. Ainsi, le contrôle de régularité se révèle un instrument juridique fondamental, au cœur de l'efficacité normative des décisions étrangères en droit français et en droit colombien. Agissant comme un outil de coordination des ordres juridiques, il témoigne de la volonté de l'État d'accueil pour accepter la réception de la décision étrangère et autoriser son intégration à l'ordre juridique du for, malgré la méfiance légitime suscitée par son extranéité. Néanmoins, cette faveur est susceptible de varier en fonction des États. En ce sens, le contrôle de régularité présente une nature modulable lui permettant de s'adapter aux différentes conceptions possibles de l'efficacité.

43. Avant d'approfondir l'analyse, encore faut-il expliquer la démarche qui nous anime.

§ 2. La démarche de l'étude

44. Si l'entreprise de délimitation de la portée de notre étude a permis d'éclairer son objet, il est à présent nécessaire de compléter nos propos introductifs en précisant la problématique à laquelle nous tenterons de répondre (A) et la méthode que nous utiliserons pour y parvenir (B).

A. *La problématique de l'étude*

45. Alors que dans les deux droits, le contrôle de régularité internationale est prévu comme étant le seul moyen dont disposent les intéressés pour cristalliser de manière certaine l'efficacité normative de leur décision étrangère dans le for, nous aurions pu en déduire que la circulation de telles décisions présenterait un traitement comparable en droit français et en droit colombien. Cependant, il n'en est rien. Nous avons déjà mis en lumière l'asymétrie qui caractérise le développement de l'efficacité normative de ces jugements dans les deux droits étudiés et qui se traduit, concrètement, comme nous le démontrerons, par la mise en place d'un régime d'efficacité bien plus exigeant et aléatoire en droit colombien, en comparaison avec le régime allégé du droit français.

46. Ce contraste nous conduit nécessairement à nous interroger sur les raisons qui l'expliquent. Plus spécifiquement, il s'agit de savoir pourquoi, si les deux droits ont adopté un même instrument juridique d'efficacité normative, l'état actuel de la question se révèle si différent de chaque côté de l'Atlantique. Se posera alors la question de savoir si ces différences sont d'une intensité telle qu'elles conduisent finalement à abandonner l'idée qu'il s'agisse d'un même

instrument d'efficacité. Étudier les particularités du contrôle dans ces deux droits nous amènera, nécessairement, à apprécier la manière la plus adéquate de l'organiser au regard, notamment, de l'objectif de favoriser la circulation des décisions étrangères. Ainsi, notre travail comparé cherche, en étudiant le contrôle de régularité comme instrument d'efficacité, à identifier les particularités fondamentales qui régissent l'efficacité normative des décisions étrangères en droit français et en droit colombien, et les raisons des possibles divergences.

47. Ce champ d'investigation nous obligera à étudier la place qui est accordée au contrôle de régularité, en tant qu'instrument d'efficacité, au cœur des traités et des conventions internationales bilatérales et multilatérales auxquelles participent ces deux pays, principalement au sein des Règlements européens et des Traités latino-américains. À ce propos, notre étude prétend contribuer à une meilleure compréhension du système européen en Amérique latine dans le but de promouvoir l'importance et l'opportunité d'envisager une modernisation régionale de la circulation des décisions étrangères[1]. En outre, l'analyse du contexte latino-américain permet de mettre en lumière l'hétérogénéité avec laquelle l'Europe et l'Amérique latine appréhendent et mettent en œuvre le même instrument d'efficacité.

48. Dans cette perspective, nous allons notamment nous intéresser à la Convention de La Haye conclue le 2 juillet 2019, portant sur la reconnaissance et l'exécution des décisions étrangères rendues en matière civile et commerciale. Cette Convention entend faciliter la circulation des décisions étrangères dans un environnement international fondé sur la prévisibilité de la justice et la sécurité juridique[2]. Pour atténuer l'hétérogénéité avec laquelle l'efficacité des décisions est appréhendée par les différents États, elle adopte le contrôle de régularité internationale comme instrument d'efficacité et formule des règles uniformes destinées à encadrer sa mise en œuvre dans les États contractants. Si nous nous intéressons à cette Convention en particulier, c'est parce qu'au regard de l'état actuel du droit colombien, son adoption peut représenter un vecteur important de modernisation.

49. Grâce à une analyse critique et comparée du contrôle de régularité en droit français et en droit colombien, nous pourrons, d'une part, mesurer combien cet instrument d'efficacité est important pour faciliter la coordination des ordres juridiques. En ce sens, ce sera aussi l'occasion d'analyser les avantages et les inconvénients, dans les deux droits étudiés, de suivre l'expérience européenne clairement orientée vers une réduction importante du champ d'application de ce contrôle[3]. D'autre part, en répondant à ces questions, nous allons pouvoir nous procurer les éléments nécessaires pour envisager quelques pistes de réflexion quant à une possible adaptation de cet instrument d'efficacité tant en droit français qu'en droit colombien.

---

[1] H. Gaudemet-Tallon, « Un trio d'inséparables : droit comparé, droit international privé, droit de l'Union européenne », *in*, *Mélanges en l'honneur de Camille Jauffret-Spinosi*, Dalloz, 2013, p. 534 et s.

[2] A. Bonomi et C. Mariottini, « A game changer in international litigation ?... », *op. cit.*, p. 540.

[3] H. Gaudemet-Tallon, « L'irrésistible ascension des conflits de juridictions », *in*, *Mélanges en l'honneur du Professeur Bertrand Ancel. Le droit à l'épreuve des siècles et des frontières*, LGDJ, 2018, p. 746.

B. *La méthode de l'étude*

50. Selon René David, Camille Jauffret-Spinosi et Marie Goré, la comparaison entre deux droits « permet de mieux connaître et améliorer notre droit national [...] »[1], ainsi que de rendre accessibles les droits étrangers afin d'assurer « un meilleur régime aux relations de la vie internationale »[2], tout en sachant qu'une telle démarche comparative est « indispensable pour toute tentative d'harmonisation ou d'uniformisation du droit »[3]. Le travail que nous entreprenons consiste en une étude de droit international privé comparé[4]. Nous prétendons, grâce à cette étude, contribuer à une meilleure compréhension du contrôle de régularité en tant qu'instrument d'efficacité, ainsi qu'à mettre en évidence son importance au cœur de la circulation des décisions étrangères[5].

51. Grâce au rapprochement et à la confrontation entre le contrôle français et le contrôle colombien de régularité internationale, nous voulons, d'une part, analyser sa nature juridique en tant qu'instrument juridique d'efficacité[6], et, d'autre part, identifier les principaux éléments qui caractérisent l'efficacité normative des décisions étrangères dans chacun de ces deux droits. Pour ce faire, la méthode comparative sera utilisée de différentes manières et au service de plusieurs finalités[7]. Elle le sera, d'abord, pour mener un travail de déconstruction. Il s'agira de procéder à une observation comparée de la manière dont le contrôle de régularité est prévu et utilisé en droit français et en droit colombien pour découvrir les particularités qui le caractérisent de chaque côté de l'Atlantique. Ensuite, cette méthode sera utilisée pour réaliser un travail d'appréciation comparée. Nous tâcherons alors de faire une analyse critique des expériences du droit français et du droit colombien pour déterminer si, conformément aux objectifs poursuivis, le contrôle de régularité favorise, ou risque d'entraver, l'efficacité normative des décisions étrangères dans le for. Enfin, la méthode comparative rendra possible l'entreprise d'un travail de construction à partir des éléments recueillis. Il s'agit ainsi de procéder à une étude prospective comparée qui cherchera à mettre en lumière les éventuelles adaptations possibles, et ce, dans l'intérêt de favoriser la circulation des décisions concernées, et la coordination des ordres juridiques.

---

1 R. David, C. Jauffret-Spinosi et M. Goré, *Les grands systèmes de droit contemporains*, Dalloz, 12ème éd., 2016, p. 3 § 3.

2 *Idem.*

3 *Idem.*

4 S. Godechot-Patris, « Le droit international privé comme vecteur d'influence pour le droit comparé : alliance ou mésalliance ? », *in, Mélanges en l'honneur de Camille Jauffret-Spinosi, op.cit.*, p. 503 § 5, B. Fauvarque-Cosson, « Droit comparé et droit international privé : la confrontation de deux logiques à travers l'exemple des droits fondamentaux », *RIDC* 2000.797 spéc. p. 818 § 32 ; B. Fauvarque-Cosson, « Le droit comparé et le droit international : alliés ou ennemis ? La réponse », *RIDC* 2003.530.

5 À propos du droit comparé et de ses méthodes *v.* : B. Fauvarque-Cosson, « La société de législation comparée dans le XXIe siècle », *RIDC* 2015, p. 652 et s. M. Fromont, « Réflexions sur l'objet et les méthodes du droit comparé », *in, Mélanges en l'honneur de Camille Jauffret-Spinosi,* Dalloz, 2013, p. 377.

6 Selon Batiffol *« l'avenir du droit international privé est donc dans l'étude méthodique et persévérante du droit comparé. Cette voie est celle qui permettra d'arriver à un droit plus juste et plus efficace ».* H. Batiffol, « La méthode comparative en droit international privé... », *op.cit.*, p. 443.

7 B. Fauvarque-Cosson, « La société de législation comparée dans le XXIe siècle », *op.cit.*, p. 651 ; R. David, C. Jauffret-Spinosi et M. Goré, *op.cit.*, p. 10 §9.

52. La comparaison franco-colombienne que nous entreprenons comporte, cependant, un défi particulier qui puise sa source dans la parenté qui lie les deux droits étudiés. Si ces similitudes, qui sont parfois éclatantes, peuvent faciliter notre entreprise comparative[1], elles emportent également le risque d'avoir un effet négatif sur notre travail. En effet, il pourrait être tentant de considérer comme acquises les évidences, mais ce serait là une erreur qu'un chercheur ne peut se permettre.

53. Se contenter d'accepter les points communs, de les regarder comme les simples fruits de l'inspiration française du législateur, de la doctrine et de la jurisprudence colombiennes, pourrait amener notre étude vers des résultats biaisés et contestables. En effet, et de manière paradoxale, c'est souvent au cœur des similitudes les plus éclatantes entre le droit français et le droit colombien qu'émergent les oppositions les plus radicales entre eux. Ce paradoxe est, sans doute, l'une des particularités de notre étude. Nous choisissons donc de douter des ressemblances, de ne pas nous contenter des similitudes, mais de les analyser systématiquement. Cette démarche nous a conduite, dans certains cas, bien sûr, à confirmer la parenté étroite qui unit le droit français et le droit colombien. Mais, dans d'autres cas, elle nous a permis de révéler de profondes divergences.

54. Enfin, nous devons indiquer que, tout le long de notre étude comparée, nous allons être confrontée à un développement doctrinal et jurisprudentiel asymétrique entre le droit français et le droit colombien à propos de l'efficacité normative des jugements étrangers[2]. Cela représente, il faut l'avouer, une complication importante qui nous conduira parfois à aborder des sujets classiques et dépourvus de nouveauté pour le droit français mais qui n'ont pas, jusqu'alors, été traités en Colombie. En effet, il est sûrement difficile de mener une comparaison lorsque les solutions adoptées dans un ordre juridique correspondent à des questions qui n'ont pas été soulevées ou envisagées dans l'autre. Cependant, au lieu d'en rester là, nous décidons de voir dans les développements asymétriques du droit colombien, une invitation au travail prospectif[3]. La comparaison que nous envisageons cherchera à contribuer à l'amélioration de l'instrument d'efficacité analysé, et par ce moyen, à celle des deux droits étudiés[4]. Ainsi, nous entendons faire du développement asymétrique entre les deux droits un outil utile à une comparaison constructive et respectueuse de la diversité juridique.

55. Cette méthode et le champ d'investigation que nous avons retenu nous a permis de construire notre étude selon la logique suivante. L'étude comparée de droit international privé dans laquelle nous nous engageons n'est envisageable que si nous établissons que le contrôle de régularité internationale de la décision

---

[1] M. Fromont, « Réflexions sur l'objet et les méthodes du droit comparé », *op.cit.*, p 387.

[2] Selon Michel Fromont, *« la comparaison est nécessairement dissymétrique »*. *Idem.*, p. 381.

[3] R. David, C. Jauffret-Spinosi et M. Goré, *op.cit.*, p. 8 §8 ; B. Fauvarque-Cosson, « Droit international privé et droit comparé : brève histoire d'un couple à l'heure de l'Europe », *in, Vers de nouveaux équilibres entre ordres juridiques. Mélanges en l'honneur d'Hélène Gaudemet-Tallon*, Dalloz, 2008, p. 43, spéc. p. 56.

[4] Jean-Sébastien Borghetti, « La responsabilité du fait des choses, un régime qui a fait son temps », *RTD civ.* 2010, p. 1.

étrangère constitue, effectivement, l'instrument d'efficacité adopté dans le droit français et dans le droit colombien. Grâce à cela, l'étude de la manière dont cet instrument est utilisé de chaque côté de l'Atlantique sera alors possible.

Première partie : Le contrôle de régularité internationale comme instrument commun d'efficacité

Seconde partie : La mise en œuvre différenciée de l'instrument commun d'efficacité

PREMIÈRE PARTIE
Le contrôle de régularité internationale comme instrument commun d'efficacité

56. Le rayonnement du droit français sur le droit colombien est éclatant à plusieurs égards. Pour autant, si les points communs entre la France et la Colombie ne sont pas rares, les différences qui les séparent sont, également nombreuses. En ce qui concerne le droit international privé, en général, et l'efficacité des jugements étrangers, en particulier, la France a toujours été confrontée à l'existence de relations privées internationales dans une pluralité de matières, notamment familiale, mais aussi contractuelle. La jurisprudence française a ainsi très tôt été familiarisée avec les enjeux du droit international privé. Contrairement, au sein du droit colombien, le droit international privé a traditionnellement été abordé avec une grande réserve, et ce n'est que depuis peu que l'internationalisation des relations privées est devenue notable. En ce qui concerne l'efficacité des décisions étrangères, ce n'est qu'à partir des années 1990 que la jurisprudence colombienne a commencé à être saisie régulièrement de cette question. La timidité dont les juges et les auteurs colombiens témoignent s'incarne dans la difficulté qu'ils éprouvent pour admettre que l'extranéité d'une relation juridique puisse conduire à l'application d'une loi autre que celle du for, ou à admettre qu'une décision rendue par un tribunal étranger puisse bénéficier d'une efficacité simplifiée. Cette attitude puise son origine dans l'approche même du droit international privé retenue par le droit colombien, une approche fortement influencée par l'idée de protéger la souveraineté étatique[1].

57. Malgré ces oppositions, le droit colombien et le droit français ont adopté un même instrument juridique pour organiser la réception des jugements étrangers en vue de leur efficacité normative définitive dans le for. Cet instrument est le contrôle de la régularité internationale de la décision étrangère. Il est également choisi par la Convention de La Haye de 2019 qui met en place un système d'efficacité afin de favoriser à l'échelle internationale l'efficacité des jugements étrangers rendus en matière civile et commerciale.

58. Ce contrôle comporte, selon nous, une nature adaptable que les cas des droits français et colombien illustrent parfaitement. En effet, de chaque côté de l'Atlantique, l'instrument commun comporte des spécificités qui l'individualisent et qui lui permettent de répondre au contexte spécifique de chaque ordre juridique. Ces spécificités du contrôle de régularité ne compromettent pas son caractère commun, mais sont parfois à l'origine de différences très sensibles entre la France et la Colombie. Le caractère commun du contrôle de régularité internationale s'établit au regard du fait, d'une part, que ces deux droits l'ont expressément consacré comme étant leur instrument d'efficacité (Titre I), et, d'autre part, que ledit instrument poursuit les mêmes finalités de chaque côté de l'Atlantique (Titre II).

---

[1] *v. infra* p. 198 et 199.

Titre I
L'adoption de l'instrument commun

59. Déterminer la manière dont les jugements étrangers vont être reconnus et exécutés dans le for est une question dont la réponse est librement décidée par chaque État[1]. Cependant, il apparaît qu'au regard de la dynamique actuelle des relations et des affaires internationales privées, la possibilité pour un État d'opter pour le refus absolu des effets des jugements étrangers devient de plus en plus inenvisageable. Les effets regrettables qu'un tel refus généralisé entraîne pour l'unité de l'état civil des personnes, pour la sécurité juridique des citoyens, ainsi que pour la continuité des situations, entre autres, expliquent que les États organisant ce système soient très rares[2].

60. Les droits français et colombien ont opté, en revanche, pour le système que certains auteurs qualifient d'*« évaluatif »*[3]. Selon ce système, l'efficacité de la décision étrangère est conditionnée à la satisfaction de certaines exigences fixées par le for. L'étendue des conditions exigées, ainsi que celle de l'intervention de l'autorité chargée de vérifier qu'elles soient respectées s'avèrent fondamentales dans un tel système. En effet, lorsque le for entend conditionner l'efficacité de la décision à certaines exigences, il a le choix entre plusieurs possibilités de contrôle. Il peut soumettre la décision à une révision juridictionnelle assez profonde sur le fond et la forme, ou bien, il peut mettre en place une simple vérification de réciprocité entre le pays d'origine du jugement et celui d'accueil, ou encore mettre en œuvre un contrôle de la régularité internationale du jugement destiné à écarter les décisions étrangères incompatibles avec le for.

61. Si l'appartenance des droits français et colombien au système dit *« évaluatif »* marque un point commun indéniablement important entre eux, les particularités contextuelles de chaque droit les ont amenés à parcourir des chemins différents au sein de ce système d'efficacité. En dépit de ces différences, les rapports entre le droit français et le droit colombien se caractérisent par le refus de la révision au fond de l'affaire en tant qu'instrument d'efficacité (Chapitre I), et par la consécration du contrôle de la régularité internationale du jugement étranger comme instrument d'efficacité (Chapitre II).

---

[1] H. Péroz, *La réception des jugements étrangers dans l'ordre juridique français*, LGDJ, 2005, p. 75 §121, S. Sentis Melendo, *La sentencia extranjera*, Ediciones Jurídicas Europa-América, 1958, p. 151, D. Guzmán Latorre, *Tratado de derecho internacional privado*, Editorial Jurídica de Chile, 3ème éd., 1997, p. 561.

[2] *Idem.*, p. 562 et s. *v.* H. Alsina, *Tratado Teórico-Práctico de Derecho Procesal Civil y Comercial*, Editar S.A, 2ème éd., T. V, 1962, p. 161 et s.

[3] Cette qualification est retenue par plusieurs auteurs colombiens et français, notamment par D. Guzmán Latorre, *op.cit.*, p. 562 ; A. Herrán, *Compendio de derecho internacional privado*, Editorial Temis, 1959, p. 261; M. Monroy Cabra, *Derecho Procesal Civil Internacional*, Ediciones Librería del Profesional, 2000, p. 118; P. Fiore et A. García Moreno, *Ejecución de las sentencias extranjeras*, Centro Editorial de Góngora, 1896, p. 23; A. Weiss, *Manuel de Droit International Privé*, Librairie de la Société Recueil Sirey, 7ème éd., 1914, p. 676 ; P. Lerebours-Pigeonnière et Y. Loussuarn, *Droit International Privé*, Dalloz, 9ème éd., 1970, p. 551.

Chapitre I
Le refus de la révision au fond de l'affaire

62. Au regard des règles applicables à l'efficacité des jugements étrangers en droit français et en droit colombien, une similitude apparaît : dans les deux droits, les décisions étrangères parviennent à leur efficacité, au moins celle de type définitif et irrévocable[1], grâce au contrôle de leur régularité internationale. Cette similitude aurait pu être retenue comme le point de départ de notre raisonnement. Cependant, cela nous aurait conduit à négliger une grande partie de l'évolution que l'efficacité des jugements étrangers a suivie en France et en Colombie. L'inadéquation d'un tel raisonnement aurait été d'autant plus grave que l'organisation actuelle et la mise en œuvre du contrôle de régularité sont, en effet, les résultats de cette évolution.

63. De ce fait, un détour par l'étude de certains aspects qui ont marqué l'évolution de l'efficacité des jugements étrangers dans ces deux droits est utile et nécessaire pour notre analyse comparée. En effet, nous cherchons à mettre en évidence la manière dont ces deux droits ont progressivement consolidé leur conception de la circulation internationale des jugements étrangers et combien l'instrument d'efficacité adopté y participe. Ainsi, si les deux droits convergent actuellement pour refuser la révision au fond de l'affaire comme instrument d'efficacité, force est de constater que cela n'a pas toujours été le cas.

64. Afin de mieux comprendre le contexte ayant entouré l'adoption du contrôle de régularité dans les deux droits, il convient d'étudier la manière dont le droit français (Section I), et le droit colombien (Section II) écartent la révision au fond de l'affaire en tant qu'instrument d'efficacité.

Section I : La révision au fond et le droit français

65. Membre de l'Union Européenne, la France est caractérisée par une dualité des règles juridiques applicables à l'efficacité des jugements étrangers dont le champ d'application varie selon que la réception concerne une décision issue d'un État membre de l'Union ou d'un État tiers. Dans ce dernier cas, l'efficacité des jugements est régie par l'application du droit commun français où la révision au fond de l'affaire a connu une importance remarquable au début du XIXe siècle (§ 1). Le contraste avec les règlements de l'Union Européenne est intéressant à cet égard. Les enseignements qu'elle a pu tirer de l'expérience des droits des États membres l'ont conduite à exclure la révision au fond de l'affaire en tant qu'instrument d'efficacité (§ 2).

§ 1. Un instrument d'efficacité connu du droit commun

66. Alors que la France a traditionnellement accepté l'efficacité des décisions étrangères dans le for, cette faveur ne signifie pas, et n'a d'ailleurs jamais signifié, une acceptation incontrôlée et absolue de la totalité des jugements étrangers. Pour permettre aux juges du for de surveiller la réception des jugements

[1] Sur ce type d'efficacité *v. infra* p. 400 et s., 402 et s.

étrangers, la mise en place d'un instrument d'efficacité s'est très rapidement révélée nécessaire et essentielle. Afin de satisfaire cette nécessité, la France a initialement confié cette mission de filtrage et de sélection des jugements à la révision au fond de l'affaire. Elle a été pratiquée dès le début du XIXe siècle[1] jusqu'à l'arrivée du contrôle de la régularité[2]. L'adoption de la révision comme instrument d'efficacité était révélatrice d'une conception assez stricte de l'efficacité internationale des jugements étrangers qui, telle que nous aurons l'occasion de la mettre en évidence, caractérise encore le droit colombien.

67. Or, depuis son adoption en tant qu'instrument d'efficacité, la révision au fond de l'affaire a connu une évolution remarquable au sein du droit commun français. Initialement pratiquée sans restriction (A), la révision a ensuite été l'objet d'une atténuation progressive de sa portée jusqu'à sa disparition, voire sa transition vers le contrôle de régularité (B).

A. *La révision sans restriction*

68. Le système de la révision au fond consistait dans l'attribution au juge du for d'un pouvoir d'examiner le bien-fondé du jugement étranger tant en droit qu'en fait[3], en vue de son efficacité en France. Alors que le pouvoir de révision des juges n'a été expressément consacré qu'en 1819 avec l'arrêt *Parker*[4], cet instrument puise son origine bien avant cette décision. Un premier antécédent peut être trouvé au sein de l'Ordonnance Royale de Louis XIII de France, dite *« Code Michau »*, du 15 janvier 1629. En dépit du fait qu'elle n'a jamais été appliquée, cette ordonnance avait pour but de réformer plusieurs aspects prévus sous l'Ancien Régime. Concernant l'efficacité des jugements étrangers, l'Ordonnance prévoyait un principe de non-efficacité des décisions étrangères assorti, cependant, d'une exception. En effet, l'article 121[5] de l'ordonnance classait les décisions étrangères en deux catégories afin de traiter différemment leur efficacité. La première catégorie regroupait les décisions ayant été rendues à l'égard des parties de nationalité étrangère, ou portant condamnation d'un étranger au bénéfice d'un français. La seconde catégorie couvrait, en revanche, les jugements rendus à l'étranger entre personnes de nationalité française, ou portant condamnation d'un français au bénéfice d'un étranger. Alors que les décisions de la première catégorie pouvaient être efficaces à condition qu'un

---

[1] D. Holleaux, « Les conséquences de la prohibition de la révision », *TCFDIP*, 1980-1981, p. 54.

[2] Cass. 1ère civ. 4 janvier 1964 *Munzer*, *GA* n° 41 ; *RCDIP* 1964.344 obs. Batiffol ; *JDI* 1964.302 obs. Goldman ; *JCP* 1964.II.13590 obs. Ancel.

[3] A. Marmisse, *La libre circulation des décisions de justice en Europe*, PULIM, 2000, p. 165 §304 ; Ph. Francescakis, note sous Cass. Ass. Plén., 7 mai 1958 et Cass. 1ère civ., 17 juin 1958, *RCDIP* 1958.736 spéc. p. 748 et 749. *v.* D. Holleaux, « Les conséquences de la prohibition… », *op.cit.* p. 54.

[4] Cass. 1ère civ., 19 avril 1819 *Parker*, *GA* n° 2 ; *S.* 1819.1.129.

[5] Batiffol reprend la formulation de l'article 121 de la manière suivante : *« les jugements rendus, contracts ou obligations ès royaumes et souverainetés étrangères pour quelque cause que ce soit, n'auraient aucune hypothèque ny exécution en nostre dit royaume ; ainsi tiendront les contracts lieu de simples promesses, et nonobstant les jugements nos sujets contre lesquels ils auront été rendus pourront de nouveau débattre leurs droits comme entiers par devant nos officiers »*. H. Batiffol, *Droit International Privé*, LGDJ, 4e éd., 1967, p. 805 §711. *v.* M. Lopez de Tejada, *La disparition de l'exequatur dans l'espace judiciaire européen*, LGDJ, 2013, p. 35 §39 et p. 39 §45 ; D. Alexandre, *Les pouvoirs du juge de l'exequatur*, LGDJ, 1970, p. 2 §2 ; F. Riad, *La valeur internationale des jugements en droit comparé*, Sirey, 1955, p. 16.

tribunal français ait autorisé leur reconnaissance et leur exécution de manière préalable[1], les jugements appartenant à la deuxième catégorie demeuraient *« dénués de toute efficacité »*[2].

69. La doctrine voit dans cette disposition une manifestation de la théorie du juge naturel ainsi que le précurseur des articles 509 du Code de Procédure Civile, et 2412 du Code Civil, qui allaient être par la suite associés à l'efficacité des décisions étrangères[3]. Selon la première de ces normes la loi détermine la manière et les cas dans lesquels les jugements étrangers peuvent être exécutoires en France, et selon la seconde, pour que les jugements étrangers puissent servir d'hypothèque judiciaire en France en faveur de celui qui les a obtenus à l'étranger, ils doivent être préalablement déclarés exécutoires par un tribunal français. Or, étant très *générales* et *imprécises,* ces deux dispositions ne pouvaient pas constituer le seul cadre juridique prévu pour réguler l'efficacité des jugements étrangers en droit commun[4]. L'inexistence presque absolue[5] de normes positives au sein du droit interne explique que la détermination de l'instrument d'efficacité soit le résultat d'une initiative essentiellement jurisprudentielle[6]. En effet, c'est par l'arrêt *Parker* de la Cour de cassation en date du 19 avril 1819[7], que la révision au fond de l'affaire fut consacrée en tant qu'instrument d'efficacité. Dans cet arrêt, la Cour a reconnu aux tribunaux français le pouvoir d'examiner l'affaire en droit comme en fait, toujours de manière préalable à la déclaration d'exécution en France, et indépendamment de la nationalité des parties impliquées[8]. L'attendu de cet arrêt a permis à la Cour de cassation de répondre aux inquiétudes que la réception des décisions étrangères avait suscitées dans la pratique des tribunaux de l'époque, en affirmant que « [...] ces articles [2123 et 2128 du Code civil et 546 du Code de procédure] n'autorisent pas les tribunaux à déclarer les jugements rendus en pays étranger exécutoires en France sans examen [...] »[9].

70. Les considérations que le juge d'origine avait faites sur le fond de l'affaire tranchée, sa motivation, la loi appliquée, et le respect de la procédure, constituaient, entre autres, les points principaux sur lesquels le juge du for opérait

---

[1] Foelix, *Traité du Droit International Privé*, Joubert - Librairie de la Cour de Cassation, 1847, p. 397 §348 ; H. Batiffol, *op.cit.*, p. 805 §711 ; D. Holleaux, *Compétence du juge étranger et reconnaissance des jugements*, Dalloz, 1970, p. 204 §203.

[2] D. Holleaux, *Compétence du juge étranger... op.cit.* p. 204 §203.

[3] Foelix, *op.cit.*, p. 398 §348 ; D. Holleaux, « Remarques sur l'évolution de la jurisprudence en matière de reconnaissance des décisions étrangères d'état et de capacité », *TCFDIP*, 1948-1952, p. 179.

[4] H. Gaudemet-Tallon, « La reconnaissance des jugements étrangers portant sur une somme d'argent, en matière civile et commerciale », *RIDC* 1986.488.

[5] À ce propos *v.* : Foelix, *op.cit.*, p. 409 §353, L. d'Avout, note sous Cass. 1ère civ. 13 janvier 2009 *Agrogabon*, *RCDIP* 2009.331. *v.* M. Lopez de Tejada, *La disparition de l'exequatur...op.cit.*, p. 46 §55.

[6] L. d'Avout, note sous Cass. 1ère civ. 13 janvier 2009 *Agrogabon, préc.* ; Ph. Francescakis, note sous Paris, 2 février 1961, *RCDIP* 1961.566. *v.* J.B. Sialelli, note sous Paris, 21 octobre 1955, *JDI* 1956.164. En doctrine *v.* Foelix, *op.cit.*, p. 406 §353 ; Y. Loussouarn, P. Bourel et P. De Vareilles-Sommières, *Droit International Privé*, Dalloz, 10e éd., 2013, p. 854 §844.

[7] Cass. 1ère civ., 19 avril 1819 *Parker, préc. v.* M. Lopez de Tejada, *op.cit.*, p. 48 §57.

[8] D. Holleaux, *Compétence du juge étranger... op.cit.*, p. 208 et 216 §207 et §217.

[9] Cass. 1ère civ., 19 avril 1819 *Parker, préc.*

sa révision[1]. Les aspects révisés devaient permettre à ce dernier de répondre à la question de savoir si, dans le cas où il avait été saisi de la même affaire, il aurait décidé pareillement que le juge étranger. Si une réponse positive à cette question était donnée, la reconnaissance et l'exécution de la décision étaient admises. Cette dernière s'intégrait, par conséquent, à l'ordre juridique français[2]. Cependant, en cas de réponse négative, le juge du for disposait d'un pouvoir assez étendu lui permettant de reprendre le raisonnement du juge étranger dans son ensemble pour le préciser, voire le corriger. Il pouvait dès lors modifier les droits reconnus ou les sommes accordées, entre autres[3]. Ainsi configurée, la révision au fond ne comportait aucune restriction. Ceci impliquait, dans l'opinion de Bartin, par exemple, que « l'intervention d'un tiers est possible, la demande en garantie également et j'en dirais autant de la demande reconventionnelle »[4]. Suivant la même orientation, Danièle Alexandre explique que le pouvoir de révision était une manière pour le juge du for de « s'approprier » du jugement étranger. En le faisant propre, il pouvait alors rendre « [...] une nouvelle décision modifiant complètement la décision étrangère », ou en y apportant « [...] une modification partielle »[5].

71. Cette appropriation du jugement étranger se justifie encore davantage lorsqu'il avait été rendu à l'encontre d'un plaideur de nationalité française. En effet, les privilèges fondés sur la nationalité française prévus aux articles 14 et 15 du Code civil, ont été souvent invoqués à l'appui du pouvoir de révision sans restriction du juge du for. Ainsi, « dès lors qu'un Français se trouve en cause et que l'affaire aurait pu être portée directement devant eux, les tribunaux français n'hésitent donc pas à traiter le litige jugé à l'étranger comme entièrement nouveau »[6]. Nous retrouvons ici, d'une manière moins flagrante, l'idée avancée par l'Ordonnance de 1629 consistant à opérer un classement des décisions en fonction de la nationalité des parties concernées. L'idée était de faire de la nationalité un critère pour traiter différemment l'efficacité des décisions.

72. Permettre au juge du for de reprendre le raisonnement du juge étranger pour se l'approprier, voire le corriger, témoigne de la vision très stricte que le droit français avait de l'efficacité des jugements étrangers. Si la révision au fond a été adoptée comme instrument d'efficacité c'est parce qu'elle permettait de protéger le défendeur de nationalité française, de défendre la souveraineté étatique[7], de protéger l'ordre juridique contre la menace que représentait l'accueil des jugements étrangers, et d'empêcher que des autorités juridictionnelles

---

[1] Ph. Francescakis, « Remarques sur la reconnaissance et l'exécution des jugements étrangers à l'occasion de l'arrêt Lambrino de la Chambre Civile », *JCP* 1964.I.1813. *v.* U. Rocco, *Tratado de Derecho Procesal Civil*, Editorial Temis - Bogotá et Dipalma -, Buenos Aires, T. VI, 1981, p. 345 ; A. Huet, *J-Cl dr. int.*, LexisNexis, *v°* « Effets en France du jugement étranger subordonnés à leur régularité internationale », §1.

[2] D. Holleaux, J. Foyer et G. de Geouffre de la Pradelle, *Droit International Privé*, Masson, 1987, p. 431 §940.

[3] L. d'Avout, note sous Cass. 1ère civ. 13 janvier 2009 *Agrogabon*, *préc.*

[4] E. Bartin, *Principes de Droit International Privé*, Éditions Domat-Montchrestien, 1930, p. 599 §215.

[5] D. Alexandre, *op.cit.*, p. 22 §20.

[6] M. Lopez de Tejada, *La disparition de l'exequatur...op.cit.*, p. 54 §63. *v.* M. Wolff, *Derecho Internacional Privado*, Bosch Casa Editorial, 1958, §251 : Trib. civ. Seine, 7 juillet 1885, *JDI* 1886.447 ; Trib. Civ. Seine, 27 juin 1905, *RCDIP* 1906.520.

[7] Foelix, *op.cit.*, p. 407 §353 ; D. Holleaux, *Compétence du juge étranger...op.cit.*, p. 204 §202.

étrangères puissent se substituer aux autorités françaises[1]. Le pouvoir de révision était dès lors la manifestation de la réticence avec laquelle le droit français appréhendait la circulation des décisions étrangères[2]. L'adoption de la révision au fond de l'affaire était, en conclusion, révélatrice d'une conception publiciste de l'efficacité construite sur la protection de la souveraineté de l'État d'accueil.

73. Dans la pratique, cette vision restreinte et publiciste de l'efficacité impliquait qu'en dehors de la révision au fond de l'affaire, la seule option dont les parties disposaient pour mettre fin à leur litige, était de le soumettre à la connaissance des tribunaux français pour qu'il soit décidé, à nouveau, mais selon les règles françaises applicables au fond et à la procédure. Il s'agissait d'une option complètement détachée du droit international privé et qui s'avérait beaucoup plus incertaine. L'intérêt d'une telle option était, sans doute, celui d'obtenir une décision de justice rendue par l'administration de la justice nationale dont l'efficacité n'était pas soumise à l'épreuve de la révision au fond[3]. Cette option comportait néanmoins un bémol : l'incertitude du résultat de l'instance directe.

74. Accorder au juge un pouvoir de révision sans restriction laissait apercevoir, selon Louis d'Avout, une regrettable confusion entre l'instance directe et l'instance indirecte[4]. Le fait que le juge du for puisse reprendre le raisonnement du juge étranger dans son ensemble témoignait, assurément, d'un mélange des objectifs visés par chacune de ces deux instances, et conduisait à méconnaître le procès déjà achevé à l'étranger.

75. Ces inconvénients de la révision au fond de l'affaire sans restriction n'ont pas, pour autant, empêché la jurisprudence de l'époque de la confirmer en tant qu'instrument d'efficacité. Il était dès lors courant de lire dans les décisions de la Cour de cassation à l'époque que le juge du for avait le devoir, lorsqu'il était saisi de l'exécution d'un jugement étranger, « de réviser cette décision, tant en la forme qu'au fond, en vertu des lois françaises relatives à l'exécution des jugements émanant de juridictions étrangères »[5]. En 1933, la Cour confirme l'étendue large du pouvoir de révision. Elle a approuvé une Cour d'appel ayant refusé toute efficacité à un jugement anglais pour des raisons tenant aux divergences d'interprétation des faits de l'espèce, et à l'appréciation des moyens de preuve apportés lors de la procédure étrangère. En l'espèce, la Cour d'appel a estimé que les preuves apportées pouvaient être appréciées différemment et conduire, en définitive, à trancher autrement l'affaire. Le pourvoi a été rejeté au motif que le juge d'appel « n'a fait qu'user à la fois de son pouvoir souverain d'appréciation et du droit qui appartient aux tribunaux français [...] d'accorder ou de refuser

[1] B. Ancel et Y. Lequette, note sous Cass. 1ère civ., 19 avril 1819 *Parker*, *GA* n°2, *préc.*
[2] H. Batiffol, *op.cit.* p. 805 §711.
[3] F. Riad, *La valeur internationale des jugements en droit comparé*, Sirey, 1955, p. 26. Pour une illustration de ces justifications en jurisprudence *v.* Cass. 1ère civ., 8 octobre 1940, *JDI* 1940-1945.108, obs. Tanger ; *RCDIP* 1946.100, obs. Niboyet ; Lyon, 29 avril 1964, *JDI* 1965.131, obs. Sialelli ; *RCDIP* 1965.379, obs. Simon-Depitre.
[4] L. d'Avout, note sous Cass. 1ère civ. 13 janvier 2009 *Agrogabon*, *préc.*
[5] Cass. Req., 24 décembre 1930, *JDI* 1931.681 obs. J.P.

l'exequatur en se fondant sur des motifs tirés soit du fait, soit du droit, aux sentences étrangères qui leur sont soumises »[1].

76. Bien que cette décision s'inscrive dans le prolongement d'un pouvoir de révision sans restriction, certains auteurs comme Danièle Alexandre estiment que l'expression « *motifs de droit* » utilisée dans l'attendu, témoigne d'une intention de limiter l'étendue des pouvoirs du juge. Dans la pensée de l'auteur, cette expression pouvait évoquer l'idée de la formulation des conditions de régularité internationale du jugement pour cantonner l'office du juge[2]. La révision de la loi appliquée au fond par le juge étranger était pour elle, l'un de ces motifs pouvant être considérés de *« droit »*[3]. Concernant les *« motifs de fait »* aussi mentionnés dans l'arrêt[4], le professeur Alexandre estime qu'ils concernaient plutôt les faits déclencheurs du litige et de la procédure, les arguments plaidés par les parties, et surtout les preuves apportées, ainsi que la façon dont elles ont été appréciées par le juge étranger[5].

77. En définitive, le choix de la révision au fond de l'affaire en tant qu'instrument d'efficacité a eu le mérite de confirmer la position du droit français quant à l'efficacité normative des décisions étrangères dans le for. Interprétée de manière stricte, et soumise à un contrôle exhaustif du bien-fondé de la décision, l'efficacité normative était acceptée. Or, l'adoption de la révision au fond a soulevé de manière pertinente la question de l'étendue des pouvoirs du juge du for. La rigidité d'une révision pratiquée sans restriction se révélait incompatible avec les idées de coopération judiciaire[6] et de coordination entre ordres juridiques qui commençaient déjà à parsemer le droit français. Dans ce contexte, la reformulation du pouvoir de révision des juges au cœur du droit commun français était le cap à suivre.

B. La limitation du pouvoir de révision

78. Permettre au juge du for d'étudier le fond du litige conduisait, dans un nombre important de cas, à des désaccords entre le juge de l'efficacité et le juge du fond. Ceci a amené certains auteurs à estimer que le pouvoir de révision dont disposait le juge du for devait trouver sa limite dans le constat d'une différence

[1] Cass. Req., 29 juin 1933, *JDI* 1934.1186 obs. J.P. ; *RCDIP* 1933.638.

[2] L'émergence des conditions de régularité se perçoit dans certains arrêts, notamment : Cass. Ass. Plén. 7 mai 1958 et Cass. 1ère civ., 17 juin 1958, *RCDIP* 1958.736 obs. Ph. Francescakis, spéc. p. 749 ; Trib. Sup. Seine. 5e civ. 26 novembre 1959, *RCDIP* 1960. 388 obs. Ph. Francescakis.

[3] Bien que les cas d'un tel contrôle soient assez rares au sein de la jurisprudence française de l'époque, cet auteur cite certains arrêts dans lesquels un contrôle de la loi appliquée semble être effectué lors de la procédure d'exequatur. Ainsi, un arrêt du 28 juillet 1921 a accordé l'exequatur à un jugement du « *Tribunal Suprême de Madrid, après avoir notamment vérifié qu'il était « conforme aux prescriptions de la loi espagnole »*. Dans le même sens, un jugement allemand s'est vu refuser l'exequatur par la Cour de Colmar en date du 24 mars 1931, car le juge du fond *« n'avait pas tenu compte de l'exception « plurium concubentium »* ordonnée par la loi applicable au fond. D. Alexandre, *op.cit.*, p. 31 §34.

[4] Cass. 1ère civ., 22 décembre 1953, *RCDIP* 1954. 399 obs. Ph. Francescakis ; Cass. Ass. Plén. 7 mai 1958 et Cass. 1ère civ., 17 juin 1958, *préc.*

[5] D. Alexandre, *op.cit.*, p. 27 §31.

[6] Sur la notion de coopération judiciaire *v.* B. Hess, « Nouvelles techniques de la coopération judiciaire transfrontière en Europe », *RCDIP* 2003.215, spéc. p. 217 ; M.L. Niboyet, La globalisation du procès civil international dans l'espace judiciaire européen et mondial, *JDI* 2006.937, spéc. p. 941 et s.

entre la décision rendue et celle qu'il aurait rendue s'il avait été saisi du litige. Ce constat n'entraînait pas, contrairement à ce que nous avons indiqué précédemment dans la conception de la révision sans restriction, un pouvoir de modification de la décision étrangère. Le juge ne « s'appropriait » pas du jugement en cause. Ainsi, lorsqu'après interprétation et appréciation des faits de l'affaire et des moyens de preuve présentés par les parties, le juge français « constatait qu'il n'aurait pas statué de la même façon, en fait ou en droit, que le juge étranger, il refusait de prononcer l'exequatur »[1].

79. De cette manière, l'on limitait l'office du juge et les effets négatifs de la révision au fond. En effet, toute possibilité du juge de modifier la décision étrangère excédait son pouvoir et lui était, par conséquent, interdite[2]. Ainsi, si le juge exerçait une révision, il s'agissait d'une révision dans le but uniquement de *contrôle*. Certains arrêts confirment cette lecture en estimant que le pouvoir du juge de l'efficacité ne lui accordait que « le droit et le devoir d'examiner s'il [le jugement] est justifié au fond »[3], sans qu'il puisse « ajouter une condamnation à celle qui a été prononcée »[4]. Dans cette logique, le juge du for doit « écarter toute demande qui serait nouvelle, soit par son objet, soit par l'adjonction au débat d'une partie qui n'aurait pas été condamnée par le jugement étranger »[5]. Cette nouvelle lecture de la mission du juge rejoignait la position défendue par les détracteurs de la révision sans restriction qui estimaient que celle-ci « n'a jamais permis au juge français de *« réviser »*, c'est-à-dire de modifier, le jugement étranger comme le ferait un juge d'appel »[6].

80. Cette diversité d'appréciations à propos de l'étendue des pouvoirs du juge de for est révélatrice d'une transformation de l'instrument d'efficacité, et surtout, de la manière dont l'efficacité était, elle-même, conçue en France. Ainsi, en passant d'un pouvoir de révision sans restriction à un pouvoir de révision encadré, le droit commun français adopte une vision moins stricte de l'efficacité, plus respectueuse de la distinction entre l'instance directe et l'instance indirecte. À ce propos, un arrêt rendu par la Chambre des requêtes de la Cour de cassation en 1933 nous permet de mettre en lumière ce changement. En l'espèce, il s'agissait de l'efficacité en France d'une décision anglaise ayant condamné une société russe, ultérieurement absorbée par l'Union des Républiques socialistes soviétiques – URSS –, à payer un montant déterminé à la société Hertzfeld.

---

[1] P. Mayer, V. Heuzé et B. Remy, *Droit international privé*, LGDJ, 12e éd., 2019, p. 268 §377 ; H. Gaudemet-Tallon, « La reconnaissance des jugements étrangers… », *op.cit.*, p. 497.

[2] Dans un jugement rendu le 24 novembre 1977, le Tribunal de Grande Instance de Paris a confirmé cet avis. Néanmoins, il a aussi considéré qu'il appartenait aux tribunaux d'exequatur de fixer le taux légal des intérêts afin de faciliter le paiement de la condamnation étrangère, lorsque le juge du fond avait omis de se prononcer à cet égard, et sans que cela ne puisse être interprété comme une modification de la décision ou comme un abus du pouvoir de révision. TGI Paris, 24 novembre 1977, *RCDIP* 1980.337 obs. G. Couchez. *v.* Cass. 1ère civ., 29 mai 1985, *RCDIP* 1986.520 obs. Santa-Croce.

[3] Paris, 19 février 1931, *RCDIP* 1931.329 ; *RCDIP* 1933.639.

[4] Cass. Ch. Req. 29 juin 1933, *JDI* 1934.1186 obs. J.P. ; *RCDIP* 1933.638.

[5] Paris, 19 février 1931, *préc. v.* Cass. 1ère civ., 22 décembre 1953, *RCDIP* 1954. 399 obs. Ph. Francescakis ; Cass. 1ère civ., 9 janvier 1951, *D.* 1952.I.53 obs. A. Ponsard ; D. Alexandre, *op.cit.*, p. 24 §26.

[6] A. Huet, *J-Cl dr. int.*, LexisNexis, *v°* « Effets en France du jugement étranger subordonnés à leur régularité internationale », §2.

L'exécution de la décision est demandée à Paris, et le juge français lui accorde l'exequatur. Le défendeur russe fait grief à l'arrêt d'exequatur de ne pas avoir étendu la condamnation prononcée à l'étranger à l'URSS qui était venue aux droits de la société défenderesse. Pour rejeter le pourvoi, la Cour de cassation affirme que l'inclusion d'une nouvelle partie dans l'affaire constitue une prétention susceptible d'être admise dans une instance directe mais qui « ne saurait trouver sa place dans une instance aux fins d'exequatur d'un jugement étranger »[1]. La Cour affirme, en plus, que la compétence dont dispose le juge de l'efficacité exclut toute possibilité de trancher des litiges entre les parties, et qu'elle se limite à examiner le fond de la décision pour lui accorder ou lui refuser l'exequatur sans qu'il n'ait « le pouvoir d'ajouter une condamnation à celle qui a été prononcée »[2].

81. Or, si la révision au fond de l'affaire était profondément enracinée au sein de la jurisprudence française, son cantonnement progressif s'est imposé au nom de la difficulté de plus en plus évidente de trouver un compromis entre cet instrument d'efficacité et l'intention de favoriser la circulation des jugements étrangers. En outre, la révision était à l'origine d'un phénomène de rétorsion à l'encontre des jugements français dont l'efficacité était invoquée à l'étranger[3]. Ces difficultés pratiques ont conduit la jurisprudence à y apporter des nuances importantes. L'arrêt *Bulkley* de 1860[4], par exemple, compte parmi ses nombreux enseignements, le mérite d'avoir été l'un des premiers à supprimer le pouvoir de révision, au moins à l'égard des jugements étrangers relatifs à l'état et à la capacité des personnes[5]. Confirmé quelques années plus tard, en 1900 par l'arrêt *De Wrède*[6], la Cour regarde différemment l'office du juge de l'efficacité pour estimer qu'il ne consiste que dans la vérification de la régularité du jugement d'après certaines conditions fixées, « sans qu'il y ait lieu, du reste, de réviser quant au fond, la sentence étrangère »[7].

82. Ce mouvement jurisprudentiel plaidait, sans doute, en faveur de l'abandon du pouvoir de révision en tant qu'instrument d'efficacité. La Cour d'appel de Paris, qui réprouvait la révision au fond de manière explicite, n'a pas manqué de soulever l'inconvenance de cet instrument à l'occasion de plusieurs de ses arrêts dont l'un des plus célèbres est l'arrêt *Charr* de 1955[8]. Cette décision a été l'occasion pour le tribunal parisien de dénoncer combien le pouvoir de révision conduisait à « nier et réduire, au moins provisoirement, à néant la valeur et l'autorité internationale des décisions étrangères même les plus régulières et les

---

[1] Cass. Ch. req., 11 avril 1933, *RCDIP* 1933.638. *v.* D. Alexandre, *op.cit.*, p. 25 §27.

[2] *Idem.*

[3] Cass. 1ère civ. 8 janvier 1963, *RCDIP* 1963.109 obs. D. Holleaux.

[4] Cass. 1ère civ., 28 février 1860 *Bulkley*, *S.* 1860.1.210 ; *D.* 1860.1.57 ; *GA* n° 4, p 30.

[5] *v.* M. Caleb, « Le sort des jugements rendus en Alsace-Lorraine pendant l'occupation allemande », *RCDIP* 1951.245.

[6] Cass. 1ère civ., 9 mai 1900 *De Wrède*, *JDI* 1900.613 ; *S.* 1901.1.185 obs. E.A. ; *D.* 1905.1.101 obs. L.S ; *GA* n° 10, p. 79.

[7] *Idem.* ; M. Lopez de Tejada, *op.cit.*, p. 51 §60.

[8] Paris, 21 octobre 1955 *Charr*, *RCDIP* 1955.769 obs. H. Batiffol ; *JDI* 1956.164 obs. Sialelli ; *D* 1956.61 obs. Ph. Francescakis.

mieux rendues »[1]. La Cour d'appel affirme que la fonction des juges saisis d'une demande d'exequatur doit consister à « contrôler la régularité de ce jugement » sans pour autant « réviser la sentence étrangère, c'est-à-dire apprécier son bien-fondé en fait et en droit »[2]. Enfin, l'arrêt Charr a permis à la Cour d'appel de Paris d'insister sur le fait que la révision au fond forçait la partie qui était intéressée à obtenir l'efficacité dans le for « à recommencer à courir en France les aléas d'un nouveau procès »[3], ce qui heurte directement le « principe d'une bonne coopération judiciaire internationale, laquelle ne saurait s'accommoder de la défiance systématique envers les juridictions étrangères qu'implique le pouvoir de révision »[4].

83. Malgré ces progrès jurisprudentiels, et en dépit des inconvénients bien connus de la révision au fond, sa suppression définitive en droit français ne s'est pas pour autant effectuée aisément. En effet, certains auteurs restaient encore assez fidèles au maintien de la révision. Ponsard, par exemple, affirmait qu'au-delà des critiques « ce n'est guère qu'en matière d'état et de capacité de personnes que tout pouvoir de révision au fond lui [au juge] était sans conteste refusé »[5]. Dans le même sens, Bellet qualifiait de *« prématuré »* l'abandon du pouvoir de révision. Or, si cet auteur contestait tout abus de ce pouvoir, il estimait qu' « il faut se garder cette arme, notamment pour les cas où la loi appliquée par les juges étrangers est la loi française »[6]. À ce propos, il est assez curieux de voir que, comme nous l'étudierons ultérieurement, en dépit du fait que le droit colombien n'ait jamais consacré la révision au fond comme instrument d'efficacité, les arguments avancés par Bellet, sont souvent utilisés pour justifier l'utilité du contrôle de régularité, ainsi que pour déterminer l'office du juge colombien[7].

84. La réticence de cette partie de la doctrine continuait, malgré tout, à trouver écho dans la jurisprudence. Un arrêt du Tribunal de grande instance de la Seine, rendu le 26 novembre 1959, confirme le soutien important dont le pouvoir de révision bénéficiait encore en droit commun. En effet, dans l'intention de trouver un compromis entre celui-ci et le contrôle de la régularité internationale qui commençait déjà à se faire une place dans ce droit, le Tribunal de la Seine a fini par configurer un panaché difficile à justifier. Il accordait au juge du for la possibilité d'exercer son pouvoir de révision pour contrôler les conditions de régularité du jugement. Autrement dit, l'arrêt intégrait aux conditions de régularité le pouvoir du juge d'estimer « si les faits n'ont pas été appréciés avec une injustice évidente »[8].

85. Le maintien du pouvoir de révision du juge ne fait que dissimuler une absence de confiance à l'égard des autorités judiciaires étrangères. La jurisprudence a finalement répondu à la nécessité d'abandonner la révision au

---

[1] *Idem.*
[2] *Idem.*
[3] *Idem.*
[4] *Idem.*
[5] A. Ponsard, note sous Cass. 1ère civ., 9 janvier 1951, *préc.*
[6] P. Bellet, note sous Trib. Sup. Seine, 12 juin 1957, *RCDIP* 1958.351, spéc. p. 357.
[7] *v. infra* p. 170 et s., 346 et s.
[8] Trib. Sup. de la Seine, 5e civ. 26 novembre 1959, *RCDIP* 1960.388 obs. Ph. Francescakis.

fond en s'orientant vers l'adoption d'un instrument d'efficacité plus cohérent avec une conception moins publiciste de l'efficacité et du droit international privé. Ainsi, grâce à des considérations d'ordre pratique[1], c'est par la voie jurisprudentielle, la même qui auparavant lui avait permis de s'implanter au sein du droit français, que la révision au fond a été supprimée. Les arrêts *Bulkley, De Wrède* et *Charr*, notamment, ont été décisifs pour permettre à la Cour de cassation de condamner définitivement le pouvoir de révision[2] dans l'arrêt *Munzer*[3] rendu en 1964. Avec l'énumération des conditions que le juge saisi de l'efficacité doit désormais vérifier pour permettre à la décision étrangère de déployer ses effets normatifs dans le for, l'arrêt *Munzer* a entraîné un double changement en droit commun : une nouvelle détermination de l'office du juge, puis, et surtout, une nouvelle approche du système d'efficacité internationale des jugements étrangers. Nous y reviendrons après[4].

86. Depuis l'arrêt *Munzer*, la question de l'efficacité est regardée avec une nouvelle perspective, selon laquelle le contrôle confié au juge comprend une révision qui est uniquement exercée aux fins de contrôler la régularité internationale de la décision étrangère. Les modifications jurisprudentielles apportées aux conditions de régularité, notamment en ce qui concerne la compétence directe[5], et la loi applicable au fond[6], ont renforcé l'encadrement de l'exercice de ce pouvoir du juge de réviser le jugement pour en contrôler la régularité internationale. Ainsi, il n'est pas correct aujourd'hui de parler d'un pouvoir de révision au fond en ce sens que, tel que l'indique Louis d'Avout, l'office du juge « n'est, par ses prérogatives, ni assimilable à un juge d'appel, ni même au juge de cassation [...] car sa mission est enserrée dans des cas d'ouverture limitatifs [...]. Au juge de l'exequatur est proscrit tout second regard sur le litige résolu à l'étranger ; sa nature de juge objectif de la régularité s'affirme plus nettement encore »[7]. Cela signifie, autrement dit, que lorsque le juge vérifie la régularité, il procède à une certaine révision du jugement étranger mais que celle-ci doit être entendue dans un contexte positif, c'est-à-dire pour désigner l'étude que le juge du for doit nécessairement entreprendre de la décision étrangère afin de mener le contrôle de régularité qui lui a été confié. Louis d'Avout reprend à ce propos les mots de Gothot pour rappeler que la révision consiste dans « la réitération du travail intellectuel du juge étranger ; c'est pourquoi tout contrôle du juge français sur le jugement étranger comporte une part de révision »[8].

---

[1] D. Alexandre, *op.cit.*, p. 67 §82.
[2] D. Holeaux, J. Foyer et G. de Geouffre de la Pradelle, *op.cit.*, p. 431 §940. *v.* L. d'Avout, note sous Cass. 1ère civ. 14 janvier 2009 *Agrogabon, préc. ; D* 2009.1567 obs. Courve, et Jault-Seseke ; Cass. 1ère civ. 20 mai 2009.
[3] Cass. 1ère civ. 4 janvier 1964 *Munzer, préc.*
[4] *v. infra* p. 200 et 207.
[5] Cass. 1ère civ. 6 février 1985 *Simitch, GA* n° 70 ; *RCDIP* 1985.369 ; *RCDIP* 1985.243 obs. Ph. Francescakis ; *JDI* 1985.460 obs. A. Huet.
[6] Cass. 1ère civ. 20 février 2007*Cornelissen, RCDIP* 2007.420 obs. B. Ancel et H. Muir Watt ; *D.* 2007.1115 obs. L. d'Avout et S. Bollée ; *Gaz. Pal.* 3 mai 2007 p. 2. *v. infra* p. 306.
[7] L. d'Avout, note sous Cass. 1ère civ. 13 janvier 2009, *préc. v. infra* p. 135.
[8] *Idem.*

87. Nous acceptons cependant, que l'utilisation du mot *« révision »* pour caractériser l'office du juge dans le nouvel instrument d'efficacité peut être contestable. Ce mot reste en effet marqué par son passé. Il est dès lors automatiquement associé à la révision au fond de l'affaire dont les inconvénients pour la circulation des jugements étrangers étaient nombreux et importants. Ainsi, dans l'intérêt d'assurer une harmonie au sein de l'ordre juridique français, il demeure peu conseillé de parler du contrôle de régularité en termes de révision, bien qu'il ne soit pas, en soi, inexact.

88. Or, au regard du double composant du droit français, il convient également d'étudier la manière dont le droit européen a abordé la révision au fond de l'affaire. Cette étude est intéressante pour deux raisons principales. La première est qu'elle nous permet de mesurer combien la simplification européenne de la circulation des jugements étrangers exerce une influence sur l'évolution de la question en droit commun. La seconde est qu'elle nous permet de mettre en lumière les fondements sur lesquels la circulation des jugements étrangers est organisée au sein de l'Union. Une telle analyse se justifie d'autant plus que la Convention de La Haye de juin 2019 poursuit, à l'instar de l'Union, la mise en place d'une circulation de plus en plus simplifiée des décisions à l'échelle internationale ce qui représente, pour certains pays comme la Colombie, un défi majeur.

§ 2. Un instrument d'efficacité exclu du droit conventionnel et européen

89. Les accords bilatéraux ou multilatéraux permettent aux États de faciliter la circulation de leurs décisions étrangères. La France se montre très active sur ce terrain avec la conclusion d'un nombre très important de conventions bilatérales ou multilatérales à ce propos[1]. En ce qui concerne les accords avec des pays de l'Amérique latine, la France est liée par des traités bilatéraux avec l'Argentine[2], le Brésil[3] et l'Uruguay[4].

90. Pour ce qui est des accords multilatéraux, l'exemple de l'Union Européenne est le plus marquant. Depuis la signature du Traité de Rome en 1957, l'un des objectifs visés par l'Union est, en effet, de parvenir à une coopération judiciaire solide entre les États membres[5]. En effet, les règlements européens

---

[1] Pour une liste des Conventions bilatérales signées par la France en matière de reconnaissance et d'exécution des jugements étrangers *v.* P. de Vareilles-Sommières, *Rép.dr.int.*, Dalloz, *v°* « Jugement étranger - Efficacité internationale du jugement étranger - », §13.

[2] Décret n° 92-1213, 12 novembre 1992, portant publication de la Convention de coopération judiciaire entre le Gouvernement de la République française et le Gouvernement de la République d'Argentine, signée à Paris le 2 juillet 1991, *RCDIP* 1993.90.

[3] Décret n° 2000-940, 18 septembre 2000, portant publication de la Convention d'entraide judiciaire en matière civile entre le Gouvernement de la République française et le Gouvernement de la République fédérative du Brésil, signée à Paris le 28 mai 1996, *JORF* n° 223 du 26 septembre 2000, p. 15158.

[4] Décret n° 99-663, 28 juillet 1999, portant publication de la Convention d'entraide judiciaire en matière civile et commerciale entre le Gouvernement de la République française et le Gouvernement de la République orientale de l'Uruguay, signée à Montevideo le 16 septembre 1991, *JORF* n° 175 du 31 juillet 1999, p. 11471, *RCDIP* 1999. 844.

[5] Y. Loussouarn, P. Bourel et P. De Vareilles-Sommières, *op.cit.*, p. 920 §930 ; P. Bellet, « L'élaboration d'une convention sur la reconnaissance des jugements dans le cadre du marché commun », *JDI* 1965.833.

prévoient un système remarquablement simplifié de reconnaissance et d'exécution des jugements intra-européens.

91. La Convention de La Haye de 2019 suit l'exemple européen et songe également à la création d'un environnement international de coopération entre les États et de prévisibilité de la justice afin de faciliter la reconnaissance et l'exécution des jugements étrangers.

92. Qu'ils soient bilatéraux ou multilatéraux, les accords internationaux relatifs à l'efficacité des décisions étrangères sont fondés sur le sentiment de confiance mutuelle entre les États contractants. Leur existence est dès lors incompatible avec l'adoption de la révision au fond de l'affaire en tant qu'instrument d'efficacité. Le droit européen le confirme avec clarté. Les particularités propres au contexte européen, et notamment le fait que la mise en œuvre de la circulation allégée prévue par les règlements est très sollicitée devant le juge français, nous amènent à faire de l'expérience du droit de l'Union notre référent principal à propos du droit conventionnel français. En effet, au sein de celui-ci, l'exclusion de la révision au fond de l'affaire est une règle générale (A), dont la portée a été précisée par la jurisprudence (B).

A. *Le refus de la révision comme règle générale*

93. Au sein du vaste réseau normatif qui constitue l'ordre juridique européen, l'importance de la reconnaissance et de l'exécution des jugements judiciaires étrangers n'a pas été ignorée. L'organisation de la Communauté Économique Européenne, lors de la signature du Traité de Rome en 1957, a été l'occasion pour les États signataires de prévoir l'adoption d'une règlementation commune pour simplifier l'efficacité des jugements étrangers[1]. Les six pays signataires, à savoir, la Belgique, l'Allemagne, la France, l'Italie, le Luxembourg et les Pays-Bas, ont ainsi choisi la voie conventionnelle pour se donner des règles communes dans ce domaine[2].

94. La Convention de Bruxelles du 27 septembre 1968, entrée en vigueur le 1er février 1973 témoigne de cet intérêt d'harmonisation[3]. Elle a été, en effet, le premier instrument adopté sur « la compétence judiciaire et l'exécution des décisions en matière civile et commerciale »[4]. Son importance réside dans le fait que sa préparation, et son entrée en vigueur, matérialisent l'ambition qu'avait déjà à l'époque la CEE de faire de la libre circulation des décisions une liberté assurée au même titre que celles qui caractérisaient déjà le marché commun, et qui

---

[1] Article 220, Traité de Rome du 25 mars 1957. *v.* B. Goldman, « Un traité fédérateur : la Convention entre les États membres de la C.E.E. sur la reconnaissance et l'exécution des décisions en matière civile et commerciale », *RTD. Eur.* 1971.1.

[2] Avant l'entrée en vigueur de la Convention de Bruxelles de 1968, les six pays étaient déjà liés par un nombre important de conventions bilatérales. *v.* M.P. Jenard, *Rapport sur la convention du 27 septembre 1968 concernant la compétence judiciaire et l'exécution des décisions en matière civile et commerciale, JOUE*, C-59, 5 mars 1979, p. 1 et s.

[3] P. Gothot et D. Holleaux, *La convention de Bruxelles du 27 septembre 1968 : Compétence judiciaire et effets des jugements dans la CEE*, Jupiter, 1985, p. 3. *v.* P. Jenard, *op.cit.*, p. 1.

[4] Convention de Bruxelles, 27 septembre 1968, concernant la compétence judiciaire et l'exécution des décisions en matière civile et commerciale, *JOUE* n° L 299 du 31 décembre 1972, p. 32. Sur l'histoire de la Convention de Bruxelles *v.* G. Droz, *Compétence judiciaire et effets des jugements dans le marché commun (Étude de la Convention de Bruxelles du 27 septembre 1968*, Dalloz, 1972, p. 8 et s. §11 et s.

concernaient la circulation des biens, des services, des capitaux et des personnes. Dans le prolongement de cet objectif, les rédacteurs de la Convention de Bruxelles ont décidé d'ériger la confiance mutuelle entre États comme l'un de ses principes fondamentaux. Les grandes lignes directrices de cet instrument étaient la formulation de règles communes de compétence directe internationale, l'établissement d'une « reconnaissance de plein droit des décisions rendues dans les États contractants »[1], et la mise en place d'« une procédure commune d'exécution pour les six États »[2]. La Convention de Bruxelles a de ce fait marqué le premier pas, et sans doute l'un des plus importants, dans la construction d'un véritable système de libre circulation des jugements en Europe.

95. Pour répondre à cette logique de confiance mutuelle, la Convention exclut, aux articles 29 et 34, la révision au fond de l'affaire comme instrument d'efficacité. Ce choix européen s'oppose à ce que nous avons pu exposer à propos du droit commun français où la révision a été ouvertement adoptée et pratiquée en tant qu'instrument d'efficacité au cours d'une certaine période. Contrairement à cette position, et certainement au regard des expériences des États membres[3], le droit européen a décidé d'emprunter un chemin différent en excluant de manière radicale tout recours du juge à la révision au fond de l'affaire. En effet, un tel instrument s'avérait difficilement justifiable au cœur du mouvement de coordination, de simplification et d'harmonisation normative entrepris par les États membres de la CEE.

96. L'élargissement progressif du marché commun a dès lors été l'occasion pour ces six États de confirmer l'importance de la libre circulation des jugements, de la Convention de Bruxelles, et de l'exclusion de la révision au fond. Ainsi, toutes les fois qu'il a été question de l'intégration d'un nouvel État, il a été procédé à la signature d'une Convention par laquelle le nouveau membre adhérait non seulement aux règles institutionnelles de la CEE, mais aussi aux règles uniformes applicables à la reconnaissance et à l'exécution des décisions étrangères. Il en a été ainsi, par exemple, lors de l'intégration du Royaume-Uni, de l'Irlande et du Danemark à la CEE en 1978 ayant donné lieu à la signature d'une Convention à Luxembourg le 9 octobre de cette année pour officialiser leur adhésion à la Convention de Bruxelles de 1968[4]. Dans la même logique, une Convention d'adhésion a été signée entre la Grèce et les États signataires de la Convention de Bruxelles, le 25 octobre 1982[5] après l'intégration de celle-ci à la

---

[1] M. Weser, « La libre circulation des jugements dans le marché commun », *TCFDIP*, 1966-1969, p. 357.

[2] *Idem.* p. 357 ; P. Bellet, « L'élaboration d'une convention… », *op.cit.*, p. 833.

[3] H. Gaudemet-Tallon, « Un trio d'inséparables : droit comparé droit international privé, droit de l'Union européenne », *in, Mélanges en l'honneur de Camille Jauffret-Spinosi,* Dalloz, 2013, p. 438 et s.

[4] P. Schlosser, « Rapport sur la convention du 9 octobre 1978 relative à l'adhésion du royaume de Danemark, de l'Irlande et du Royaume-Uni de Grande-Bretagne et d'Irlande du Nord à la convention concernant la compétence judiciaire et l'exécution des décisions en matière civile et commerciale, ainsi qu'au protocole concernant son interprétation par la Cour de justice », *JOUE* n° C-59, 5 mars 1979, p. 71.

[5] Convention de Luxembourg, 25 octobre 1982, relative à l'adhésion de la République hellénique à la Convention concernant la compétence judiciaire et l'exécution des décisions en matière civile et commerciale, ainsi qu'au protocole concernant son interprétation par la Cour de justice, avec les adaptations y apportées par la convention relative à l'adhésion du Royaume de Danemark, de l'Irlande et du Royaume-Uni de Grande

Communauté du Traité de Rome. La Convention de Lugano du 16 septembre 1988[1] a marqué la suite en permettant de lier les États communautaires et les États membres de l'Association Européenne de libre échange – AELE – par rapport à l'application de la Convention de 1968. La similitude entre les textes de Bruxelles et de Lugano est, selon Bernard Audit et Louis d'Avout, remarquable[2]. L'*« effet réflexe »* entre les deux Conventions a rendu possibles certaines améliorations du texte de la Convention de Lugano qui ont ensuite été reprises et intégrées « dans la Convention de Bruxelles à l'occasion de l'adhésion de l'Espagne et du Portugal par la Convention de San Sebastian »[3]. Cette dernière Convention, signée le 26 mai 1989[4], est le dernier instrument conclu entre les États membres avant que la Convention de Bruxelles ne soit transformée sous forme d'un règlement européen, suite aux remaniements opérés par l'entrée en vigueur du Traité d'Amsterdam sur l'organisation interne de l'Union Européenne[5].

97. Dans cette nouvelle ère de l'Union européenne, la promulgation du Règlement Bruxelles I[6] a confirmé la place que la confiance mutuelle entre États occupe au cœur de l'espace judiciaire européen. À l'instar de la Convention de Bruxelles, et de tous les accords et instruments conclus sous son modèle, la révision au fond de l'affaire est exclue en tant qu'instrument d'efficacité tant pour la reconnaissance que pour l'exécution des décisions[7]. De plus, le considérant n° 16 de ce Règlement dispose que : « la confiance réciproque dans la justice au sein de la Communauté justifie que les décisions rendues dans un État membre soient reconnues de plein droit, sans qu'il soit nécessaire, sauf en cas de contestation, de recourir à une procédure ». L'objectif de faciliter encore plus la reconnaissance et l'exécution des jugements a conduit le législateur européen à procéder à une

---

Bretagne et d'Irlande du Nord, *JOUE* n° L 388, 31 décembre 1982. Le Rapport sur son contenu a été fait par D. Evrigeis et K.D. Kerameus, *JOUE* n° C-298, 24 août 1986.

[1] Publié au *JOUE* n° 319, 25 novembre 1988. Le Rapport sur cette convention a été fait par P. Jenard et G. Möller, *JOUE* n° C-189, 28 juillet 1990.

[2] B. Audit et L. d'Avout, *Droit International Privé*, Economica, 8e éd., 2018, p. 497 §599.

[3] *Idem.*

[4] M. de Almeida Cruz, M. Desantes Real et P. Jenard, « Rapport sur la Convention relative à l'adhésion du royaume d'Espagne et de la République portugaise à la convention concernant la compétence judiciaire et l'exécution des décisions en matière civile et commerciale, ainsi qu'au protocole concernant son interprétation par la Cour de justice, avec les adaptations y apportées par la convention relative à l'adhésion du royaume de Danemark, de l'Irlande et du Royaume-Uni de Grande-Bretagne et d'Irlande du Nord et les adaptations y apportées par la convention relative à l'adhésion de la République hellénique », *JOUE* n° C-189/35, 28 juillet 1990.

[5] À propos de cette transformation *v.* : B. Hess, « Nouvelles techniques de la coopération judiciaire transfrontière en Europe », *RCDIP* 2003.215, p. 217. *v.* M. Lopez de Tejada, *La disparition de l'exequatur…op.cit.*, p. 119 et s. §139 et s.; F. Paulino Pereira, « La coopération judiciaire en matière civile dans l'Union européenne : bilan et perspectives », *RCDIP* 2010.1 ; A-M. Rouchaud. « Le renforcement de la coopération judiciaire », *in, Les effets des jugements nationaux dans les autres États membres de l'Union européenne, Colloque du vendredi 24 mars 2000 organisé par le Centre d'Études européennes avec le concours du Conseil général, du Conseil régional et de la CEDECE*, Bruylant, 2001, p. 19.

[6] Règlement (CE) n° 44 du 22 décembre 2000 *Bruxelles I*, concernant la compétence judiciaire, la reconnaissance et l'exécution des décisions, *JOUE* n° L 012 du 16 janvier 2001, p. 1.

[7] Dans une formulation identique à celle des articles 29 et 34 de la Convention de Bruxelles, les article 36 et 45 du Règlement Bruxelles I disposent qu'*« En aucun cas, la décision étrangère ne peut faire l'objet d'une révision au fond »*.

refonte du Règlement Bruxelles I, qui est entrée en vigueur le 10 janvier 2015[1]. Le Règlement Bruxelles I bis renforce la confiance mutuelle entre États[2] et refuse de manière ferme tout pouvoir de révision du juge du for[3]. En admettant une reconnaissance et une exécution de plein droit, Bruxelles I bis contribue au projet de simplification de l'efficacité des jugements intra-européens, qui est ancré dans l'esprit de l'Union Européenne depuis sa création.

98. Pour autant, l'existence d'une règle générale portant exclusion de la révision au fond de l'affaire n'est pas une exclusivité de la matière civile et commerciale. Une telle exclusion est reprise, avec une formulation très similaire, voire parfois identique, dans l'ensemble des Règlements européens adoptés avant comme après les rénovations institutionnelles opérées à l'intérieur de l'Union[4] par les Traités de Nice de 2001, et de Lisbonne de 2009[5]. Le pouvoir de révision est ainsi exclu de l'efficacité des décisions rendues en matière familiale selon le Règlement Bruxelles II bis[6], ainsi que selon le récent Règlement Bruxelles II ter de 2019[7]. Le même principe est suivi en ce qui concerne la circulation des décisions concernant les obligations alimentaires[8], la matière successorale[9], les régimes matrimoniaux[10], et les effets patrimoniaux des partenariats enregistrés[11].

99. Au regard de ce contexte européen guidé par la confiance mutuelle entre États et par l'intérêt de faciliter et de simplifier la reconnaissance et l'exécution des jugements intracommunautaires, nous mesurons pleinement combien il aurait été contradictoire d'accorder au juge un pouvoir de révision[12]. Faire confiance à l'État membre d'origine de la décision signifie, dans la pratique, que « la compétence et l'honnêteté professionnelles d'un tribunal européen ne

---

[1] Règlement (UE) n° 1215 du 12 décembre 2012 *Bruxelles I bis*, concernant la compétence judiciaire, la reconnaissance et l'exécution des décisions en matière civile et commerciale, *JOUE* n° L 351, 20 décembre 2012, p. 1.

[2] Le considérant n° 26 de ce Règlement reprend de manière générale le considérant n° 16 du Règlement Bruxelles I.

[3] Article 52, Règlement (UE) n° 1215 du 12 décembre 2012 *Bruxelles I bis*, *préc.*

[4] *v.* M. Blanquet, *Droit général de l'Union Européenne*, Sirey Université, 11ᵉ éd., 2018, p. 33 et s §45 et s.

[5] Sur le Traité de Lisbonne *v.* B. Nascimbene, « Le traité de Lisbonne et l'espace judiciaire européen : le principe de confiance réciproque et de reconnaissance mutuelle » *Revue des affaires européennes*, 2011 n° 4, p. 787.

[6] Articles 26 et 31, Règlement (CE) n° 2201 du 27 novembre 2003 *Bruxelles II bis*, relatif à la compétence, la reconnaissance et l'exécution des décisions en matière matrimoniale et en matière de responsabilité parentale abrogeant le règlement (CE) n° 1347/200, *JOUE* n° L 338, 23 décembre 2003, p. 1.

[7] Article 71, Règlement (UE) n° 1111 du 25 juin 2019 *Bruxelles II ter*, relatif à la compétence, la reconnaissance et l'exécution des décisions en matière matrimoniale et en matière de responsabilité parentale, ainsi qu'à l'enlèvement international d'enfants, *JOUE* n° L 178, 2 juillet 2019, p. 1.

[8] Article 42, Règlement (CE) n° 4 du 18 décembre 2008, relatif à la compétence, à la loi applicable, la reconnaissance et l'exécution des décisions et la coopération en matière des obligations alimentaires, *JOUE* n° L 7, 10 janvier 2009, p. 1.

[9] Article 41, Règlement (UE) n° 650 du 4 juillet 2012, relatif à la compétence, à la loi applicable, la reconnaissance et l'exécution des décisions et à l'acceptation et l'exécution des actes authentiques en matière de successions et à la création d'un certificat successoral européen, *JOUE* n° L 201, 27 juillet 2012, p. 107.

[10] Article 40, Règlement (UE) n° 1103 du 24 juin 2016, mettant en œuvre une coopération renforcée dans le domaine de la compétence, de la loi applicable, de la reconnaissance et de l'exécution des décisions en matière de régimes matrimoniaux, *JOUE* n° L 183, 8 juillet 2016, p. 1.

[11] Article 40, Règlement (UE) n° 1104 du 24 juin 2016, mettant en œuvre une coopération renforcée dans le domaine de la compétence, de la loi applicable, de la reconnaissance et de l'exécution des décisions en matière d'effets patrimoniaux des partenariats enregistrés, *JOUE* n° L 183, 8 juillet 2016, p. 30.

[12] A. Marmisse, *La libre circulation des décisions de justice en Europe*, PULIM, 2001, p. 165 §305.

sauraient être mises en doute dans les autres États européens et [que] le juge de l'État requis n'a pas de leçon à donner à son collègue étranger »[1]. C'est pourquoi, la compétence du juge de l'État requis doit être limitée à la simple étude des « points limitativement énumérés par le Règlement »[2].

100. Puisque le juge de l'État requis ne dispose d'aucun pouvoir pour modifier la décision au fond, il n'a pas *a fortiori* le pouvoir d'accueillir ou de juger des nouvelles prétentions liées au litige tranché à l'étranger[3]. Hélène Gaudemet-Tallon et Marie-Élodie Ancel estiment ainsi que l'exclusion de la révision entraîne l'impossibilité pour le juge requis d'accueillir « un moyen de compensation ou de prescription déjà présenté devant le juge étranger ou qui a dû l'être »[4], ou encore de se prononcer sur « ce qui a ou n'a pas été plaidé »[5]. Autrement dit, l'interdiction de toute révision au fond ne laisse qu'une seule option à la partie qui demeure insatisfaite de la décision obtenue à l'étranger et dont la régularité internationale n'est pas contestable : initier une nouvelle procédure au fond devant les tribunaux nationaux. Or, tel que nous l'avons indiqué à l'égard du droit commun français, cette option se détache complètement du droit international privé et s'éloigne également de tout effort de coordination des ordres juridiques.

101. La clarté avec laquelle le droit européen écarte la révision au fond en tant qu'instrument d'efficacité rayonne sur le droit commun des États membres ainsi que sur les instruments internationaux qui cherchent la simplification de la circulation des décisions étrangères, à l'image des règlements européens. En ce qui concerne le droit commun des États membres, la Convention de Bruxelles de 1968 a facilité l'épuration du contrôle de régularité français, prévu par l'arrêt *Munzer* de 1964[6]. Confirmant l'inadéquation de la révision comme instrument d'efficacité, cette Convention a assurément participé à la transformation de l'approche publiciste de l'efficacité qui était alors en cours en droit commun. Elle a permis aux juges français de prendre encore plus conscience du fait qu'en dehors de la souveraineté étatique, l'efficacité des décisions étrangères concerne directement les intérêts des particuliers, qui méritent alors d'être aussi protégés. L'instrument d'efficacité adopté doit dès lors, être capable d'assurer la protection de la cohésion de l'ordre juridique d'accueil et, en même temps, celle des intérêts des particuliers.

102. Ces mêmes enseignements s'appliquent aux autres instruments bilatéraux et multilatéraux relatifs à la reconnaissance et à l'exécution des jugements étrangers comme celui de La Haye de 2019. En effet, l'adoption des

---

[1] A. Huet et R. Kovar, note sous TGI Troyes. 4 octobre 1978, *préc.* spéc. p. 633.

[2] Y. Loussouarn, P. Bourel et P. De Vareilles-Sommières, *op.cit.*, p. 924 §934. *v.* P. Gothot et D. Holleaux, *La convention de Bruxelles du 27 septembre 1968 : Compétence judiciaire et effets des jugements dans la CEE,* Jupiter, 1985, p. 178 §315.

[3] TGI Paris, 23 février 1990, *D.* 1990. IR., p. 90.

[4] H. Gaudemet-Tallon et M-E Ancel, *Compétence et exécution des jugements étrangers. Règlements 44/2001 et 1215/2012, Conventions de Bruxelles (1968) et de Lugano (1998 et2007),* LGDJ, 6e éd., p. 590 §412.

[5] *Idem.* Pour autant, la Cour d'appel de Paris a considéré, dans un arrêt du 16 mars 1979, que l'examen opéré par le juge de l'État requis des faits intervenus postérieurement au prononcé de la décision étrangère, comme par exemple une compensation réalisée entre les parties, ne constitue pas une révision au fond de l'affaire. Paris, 16 mars 1979, *RCDIP* 1980.121 obs. E. Mezger.

[6] Cass. 1ère civ., 4 janvier 1964 *Munzer, préc.*

normes communes à ce propos n'est envisageable que si les États contractants acceptent de faire confiance à l'administration de la justice des systèmes étrangers. Or, nous l'avons indiqué, et l'expérience européenne le confirme avec netteté, le pouvoir de révision incarne la négation de tout lien de confiance mutuelle et de tout effort de coopération. C'est pourquoi, la Convention de 2019 interdit au juge toute possibilité de réviser le fond de l'affaire et prévoit l'obligation des États signataires de reconnaître et d'exécuter, sauf dans les cas prévus, les décisions rendues dans un autre État signataire[1]. Confirmant que l'établissement et le renforcement des liens de confiance mutuelle entre États sont indispensables pour que l'efficacité des jugements étrangers soit en effet facilitée, cette Convention s'inscrit dans le prolongement de la logique européenne.

103. Ce regard sur la réglementation européenne applicable à la reconnaissance et à l'exécution des décisions intra-européennes nous permet de conclure que l'exclusion de la révision au fond en tant qu'instrument d'efficacité, constitue une règle générale sur laquelle repose la solidité du système européen de circulation simplifiée. Fondée sur la confiance mutuelle entre États, cette règle générale est fermement confirmée par la doctrine et par la jurisprudence européenne. Or, tel que nous l'avons précisé pour le droit commun, l'interdiction de la révision ne signifie pas la négation de tout pouvoir d'appréciation de la décision par le juge requis. Pour trancher sur l'efficacité, le juge est en effet conduit à étudier certains aspects de la décision en cause. Il s'agit là d'une reprise du travail du juge d'origine qui ne risque pas d'incarner une manifestation de la révision au fond pour autant. La reprise admise ne l'est qu'aux fins de contrôle.

104. Puisque la ligne qui divise l'appréciation aux fins du contrôle et la révision au fond est très fine, les précisions de la jurisprudence européenne sont à ce propos éclairantes. Confirmant la règle générale d'interdiction de la révision au fond, elles rendent possible la délimitation du pouvoir d'appréciation dont dispose le juge.

B. Les précisions jurisprudentielles

105. Malgré la clarté des dispositions quant à l'exclusion de la révision au fond de l'affaire, la pratique a révélé que la ligne qui sépare les appréciations autorisées en vue de contrôler la régularité du jugement, et celles qui configurent une révision au fond interdite, est parfois très mince. En effet, il apparaît que chaque fois que le juge est saisi de l'efficacité d'une décision étrangère intra-européenne, et qu'il doit contrôler sa régularité internationale, il procède à une forme de révision. Cependant, il s'agit d'une révision qui est positive d'abord, en ce sens qu'elle consiste dans une étude ayant pour but de permettre l'intégration du jugement dans l'ordre juridique d'accueil, et limitée ensuite, car elle n'est acceptée que lorsqu'elle porte sur les points expressément indiqués par les règlements européens. Ainsi, il n'y a pas de doute sur le fait que la révision négative qui

[1] Article 4 de la Convention de La Haye du 2 juillet 2019 sur la reconnaissance et l'exécution des jugements étrangers en matière civile ou commerciale.

permettrait au juge du for, comme c'était le cas au sein du droit commun français à une époque, de modifier, voire de remplacer la décision étrangère lorsqu'un désaccord surgit par rapport au fond du dispositif rendu, est complètement exclue en droit européen.

106. Un arrêt rendu le 20 mai 1985 par la Cour de cassation nous permet de voir l'étroitesse de cette frontière entre la révision au fond négative et la révision positive aux fins de contrôle de régularité[1]. Il s'agissait en l'espèce de l'exequatur d'un jugement italien ayant déclaré la résolution d'un contrat de vente signé entre une société française et une société italienne, et qui condamnait la première à payer diverses sommes à la seconde. La procédure, ainsi que le jugement, ont été adressés contre M. Yun en sa qualité de propriétaire et représentant juridique de la société française défenderesse. Lors de la procédure d'exequatur, Mme. Lemel, épouse de M. Yun, est intervenue volontairement pour faire valoir que la Société condamnée est une entreprise individuelle dont elle assure exclusivement l'exploitation, comme en fait preuve le Registre du commerce. En conséquence, elle prétendait que la condamnation prononcée par le tribunal italien s'entendait à son encontre et non à celle de son époux, défendeur dans l'instance à l'étranger. Considérant que la substitution de la personne condamnée constitue une révision au fond, le juge français a refusé la pétition. Nonobstant, saisie de la question, la Cour de cassation a cassé et annulé pour fausse application des articles 29 et 34 de la Convention de Bruxelles. Elle a estimé qu'en l'occurrence, la substitution de la personne condamnée dans le jugement étranger par une autre, ne constitue pas une révision au fond du fait que c'est contre cette dernière que l'action aurait dû être dirigée dès le début[2]. Ainsi, il appartient au juge de l'exequatur « sans modifier la substance de la décision étrangère, de déterminer à qui s'appliquait la condamnation »[3]. Il lui revient, selon la Cour de cassation, de régulariser, si besoin, le jugement étranger en rectifiant les erreurs pour qu'il puisse être exécuté en France. Cela signifie donc, que « le juge de l'exequatur peut changer un élément du jugement étranger du moment qu'il n'en modifie pas la substance »[4]. Autrement dit, sans altération de la substance de la décision, il n'y a pas de révision au fond.

107. Toujours sous l'emprise de la Convention de Bruxelles, l'étroitesse de la ligne distinctive entre les appréciations du juge de l'efficacité qui sont autorisées et celles qui lui sont interdites, s'appréciait particulièrement à propos du contrôle de la loi appliquée au fond de l'affaire[5], qui était prévu par l'article 27.4. Selon cette disposition, l'efficacité d'un jugement pouvait être refusée dans le cas où, pour trancher le litige, le juge étranger avait dû se prononcer sur une question relative à l'état ou à la capacité des personnes, aux régimes matrimoniaux, aux testaments, ou aux successions et, qu'en faisant ainsi, il avait méconnu une règle

---

[1] Cass. 1ère civ., 29 mai 1985, *RCDIP* 1986.520 obs. M. Santa-Croce.

[2] *Idem.*

[3] *Idem.*

[4] M. Santa-Croce, note sous Cass. 1ère civ., 29 mai 1985, *préc.* spéc. p. 525.

[5] G. Cuniberti, C. Normand et F. Cornette, *Droit international de l'exécution. Recouvrement des créances civiles et commerciales*, LGDJ, 2011, p. 54 §114.

de droit international privé de l'État requis. Il est certain qu'une interprétation très large de cette disposition aurait pu représenter un danger significatif et ouvrir la porte à la révision au fond de l'affaire, surtout dans les États membres qui comme la France, avaient été familiarisés avec cet instrument d'efficacité dans le passé. Pour maîtriser ce danger, et afin de bien délimiter l'office du juge, il a été établi qu'aucune vérification de l'interprétation faite de la loi appliquée n'était permise, excepté lorsque, comme en droit commun, il s'agissait d'une interprétation tellement viciée et fausse que la loi s'en trouvait dénaturée[1].

108. En outre, les rédacteurs de la Convention ont pris le soin d'indiquer que l'efficacité devait être accordée au jugement étranger lorsque, malgré la violation de la loi de l'État requis, le juge du fond avait abouti au même résultat auquel aurait conduit l'application de la règle de droit de l'État requis[2]. Il n'en demeure pas moins que l'établissement de cette *équivalence* était aussi dangereux car il pouvait déboucher sur une véritable révision au fond. En effet, pour conclure à cette *équivalence,* le juge pouvait être tenté de reprendre les analyses faites par le juge du fond et réviser ainsi le bien-fondé du jugement étranger. La doctrine, notamment Gothot et Holleaux, ont nuancé ce risque en estimant que plus qu'une analyse, voire une reprise du syllogisme du juge du for, ce qui est demandé et autorisé au juge de l'État requis, c'est de faire une *« comparaison abstraite »* entre la décision effectivement rendue et la décision qui aurait été prononcée si la loi vraiment applicable l'avait été. L'attention du juge de l'État requis devait se concentrer sur le résultat des deux décisions pour vérifier l'équivalence, et non sur le travail et le raisonnement faits par le juge de fond[3].

109. La CJCE a pu intervenir pour clarifier la situation dans l'arrêt *Krombach* du 28 mars 2000[4]. En réaffirmant la règle générale d'interdiction de la révision, la CJCE confirme que le juge de l'État requis ne peut contrôler ni la loi appliquée par le juge de fond, ni l'interprétation qu'il en a faite[5]. Elle fonde sa position sur les articles 29 et 34, alinéa 1er de la Convention, et précise que le juge de l'État requis ne peut « refuser la reconnaissance ou l'exécution de cette décision au seul motif qu'une divergence existerait entre la règle de droit appliquée par le juge de l'État d'origine et celle qu'aurait appliquée le juge de l'État requis s'il avait été saisi du litige »[6]. La CJCE précise cependant, que le juge dispose de la possibilité de se prévaloir de la notion d'ordre public pour repousser une décision étrangère qui méconnaitrait un principe jugé fondamental pour l'ordre juridique de l'État requis. Afin d'éviter de fragiliser l'interdiction de la révision au fond, l'atteinte dont il est question « devrait constituer une violation manifeste d'une règle de

---

[1] P. Gothot et D. Holleaux, *La convention de Bruxelles…, op.cit.*, p. 155 §270. *v.* H. Gaudemet-Tallon et M-E Ancel, *op.cit.*, p. 590 §412.
[2] *v.* P. Gothot et D. Holleaux, *La convention de Bruxelles… op.cit.*, p. 168 §296.
[3] *Idem.* p.168 §296. *v.* P. Gothot et D. Holleaux, « La Convention entre les États membres de la Communauté Économique Européenne sur la compétence judiciaire et l'exécution des décisions en matière civile et commerciale », *JDI* 1971.747, spéc. p. 778.
[4] CJCE, 28 mars 2000, Aff. C-7/98 *Krombach, JDI* 2001.690; *RCDIP* 2000.481 obs. H. Muir Watt; *JCP* 2001.I.342 ; *JCP* 2001.II.10608.
[5] TGI Troyes, 4 octobre 1978, *préc.*
[6] *Idem.*, point n° 36. *v.* CJCE, 11 mars 2000, Aff. C-38/98 *Renault c. Maxicar*, point n° 29.

droit considérée comme essentielle dans l'ordre juridique de l'État requis ou d'un droit reconnu comme fondamental dans cet ordre juridique »[1]. Dans ces circonstances, le refus d'efficacité est accepté sans pour autant considérer que, pour qualifier cette violation de manifeste, le juge de l'État requis procède à une révision au fond de l'affaire. Les arrêts *FlyLAL* de 2013[2], *Diageo Brands* de 2015[3], et *Rüdolfs Meroni* de 2016[4], ont permis à la CJUE de confirmer, sous le Règlement Bruxelles I, l'actualité de cette position et l'autorité de la règle générale d'interdiction.

110. Le débat sur les limites de l'office du juge requis à propos du contrôle de la loi appliquée par le juge étranger s'est en quelque sorte apaisé grâce à la suppression de l'article 27.4 à l'occasion de la transformation de la Convention de Bruxelles en Règlement européen. Cependant, la disparition de cette disposition n'a pas dissipé toutes les hésitations quant à la ligne qui sépare la révision au fond des appréciations aux fins de contrôle. La difficulté qu'il y a parfois à les distinguer explique que la CJCE, devenue CJUE, prenne le soin, à chaque fois qu'elle en a l'occasion, de rappeler l'autorité de la règle générale d'interdiction de toute révision au fond de l'affaire. Ainsi, dans l'affaire *Van Loon* du 4 octobre 1991[5] rendu à propos de l'interprétation de l'article 38 alinéa 1er de la Convention de Bruxelles qui permettait au juge requis, sur demande d'une partie, de surseoir à statuer sur l'efficacité de la décision lorsque cette dernière fait l'objet d'un recours dans le pays d'origine[6], la CJCE a estimé que permettre au juge de prendre en considération des moyens que les parties ont fait valoir dans la procédure étrangère constituerait « un risque réel que cette juridiction procède, directement ou indirectement, à une révision au fond de la décision étrangère, laquelle est formellement prohibée par la convention »[7]. Pour décider de la demande de sursis à statuer, le juge ne peut prendre en considération que des moyens « que la partie qui a introduit le recours n'était pas en mesure de faire valoir devant le juge de l'État d'origine »[8].

111. Alors que cette décision réaffirme l'exclusion de la révision au fond de l'affaire, elle a été qualifiée par certains auteurs, notamment André Huet de *malheureuse*[9]. Hélène Gaudemet-Tallon justifie cette qualification car, à son avis,

---

[1] *Idem.*, point n° 37.
[2] CJUE, 23 octobre 2014, Aff. C-302/13 *FlyLAL*, points n° 48 et 49, *Procédures* 2015.42 obs. C. Nourissat, *Europe* 2014.38 obs. L. Idot.
[3] CJUE, 16 juillet 2015, Aff. C-681/13 *Diageo Brands*, points n°43 et 44, *JDI* 2016.155 obs. J. Heymann ; *RTD Eur.* 2015.872 obs. É. Treppoz, *Europe* 2015.46 obs. L. Idot,
[4] CJUE, 15 mai 2016, Aff. C-559/14 *Rüdolfs Meroni*, points n° 41 et 42, *Procédures* 2016.23 obs. C. Nourissat.
[5] CJCE, 4 octobre 1991, Aff. C-183/90 *Van Loon*, *JDI* 1992.499 obs. A. Huet ; *RCDIP* 1992.128 obs. H. Gaudemet-Tallon.
[6] Article 38, Convention de Bruxelles, 27 septembre 1968, *préc.* H. Gaudemet-Tallon explique dans sa note sur cette décision que cette possibilité de surseoir à statuer a été consacrée pour *« éviter que la décision étrangère soit exécutée alors qu'elle est dans son pays d'origine frappée d'un recours ordinaire et qu'il y a donc une possibilité que, finalement, la solution donnée au fond à l'étranger soit modifiée »*. H. Gaudemet-Tallon, note sous CJCE, 4 octobre 1991, Aff. C-183/90 *Van Loon*, *RCDIP* 1992.128, sépc. p. 131.
[7] CJCE, 4 octobre 1991, Aff. C-183/90 *Van Loon*, *préc.*, point n° 32.
[8] *Idem.*, point n° 37.
[9] L'auteur estime aussi qu'*« il y a là, à notre avis, un usage tout à fait abusif de la notion de révision au fond »*. A. Huet, note sous CJCE, 4 octobre. 1991, Aff. C-183/90 *Van Loon*, *préc.*, p. 504.

en limitant ainsi le pouvoir d'appréciation du juge, on le prive de la possibilité de déterminer avec un certain degré de certitude si un « doute raisonnable » existe sur le caractère définitif du jugement, et s'il est convenable ou non de surseoir à statuer[1]. De plus, le risque d'arriver, par ce biais, à une révision au fond de l'affaire ne semble pas significatif à partir du moment où la prise en compte des moyens déjà examinés par le juge du fond n'autorise pas le juge de l'État requis à infirmer la décision rendue. Les éléments étudiés ne lui permettent que d'adopter une seule décision : surseoir ou non à statuer[2].

112. Ainsi, il apparaît que l'intérêt d'assurer le respect de la règle générale d'interdiction de la révision au fond ne doit pas entraîner une réduction excessive du pouvoir d'appréciation du juge de l'efficacité. En effet, l'unification normative inaboutie dans le cadre européen confirme la nécessité de conserver un contrôle de régularité qui permet au juge requis de regarder – *réviser* - certains des éléments de droit et de fait qui ont conduit le juge d'origine à rendre le jugement dont la régularité et l'efficacité sont désormais discutées dans le for. Or, cette « révision à fin de contrôle »[3] se limite à une appréciation destinée à dissiper les doutes qui portent sur la régularité du jugement. Cependant, nous estimons avec Hélène Gaudemet-Tallon que l'interdiction de la révision au fond ne doit pas devenir un prétexte pour vider « de toute sa substance » le contrôle confié au juge de l'efficacité[4].

113. Pour préserver l'utilité du contrôle, la CJCE a précisé dans ses arrêts *Pendy Plastics Products* de 1982[5] et *Lebek* de 2016[6] que l'efficacité simplifiée des décisions ne peut pas se faire au détriment des droits de la défense des plaideurs. Ainsi, le juge requis doit, au stade de l'appréciation de la régularité et de l'opportunité de la signification de l'acte introductif d'instance, par exemple, s'assurer que les droits de la défense et à une procédure équitable des parties aient été respectés[7]. Pour y parvenir, ce dernier n'est pas lié par les considérations faites par le juge d'origine du jugement[8]. Le juge requis doit reconsidérer tous les éléments qu'il estime nécessaires, de fait et de droit, pour établir la régularité de cette notification. Dans la décision *Pendy Plastics Products*, la CJCE rajoute que dans l'accomplissement de ce devoir, les appréciations du juge ne doivent pas franchir la ligne de la révision au fond du jugement. Cette affirmation témoigne, sans doute, de l'intérêt de la Cour de délimiter l'étendue des appréciations autorisées au juge requis pour prévenir toute révision au fond. Cependant, à notre

---

[1] H. Gaudemet-Tallon, note sous CJCE, 4 octobre 1991, Aff. C-183/90 *Van Loon*, *RCDIP* 1992.128, spéc. p. 131.

[2] H. Gaudemet-Tallon, note sous CJCE, 4 octobre 1991, *Van Loon*, *préc.*, spéc. p. 131 et 132.

[3] H. Gaudemet-Tallon et M-E Ancel, *op.cit.*, p. 591 §413 ; P. Gothot et D. Holleaux, *La convention de Bruxelles… op.cit.*, p. 179 §318. Contre cette dénomination, Anne Marmisse considère que *« Le terme de pouvoir de révision est trop associé à une analyse du bien-fondé de la décision d'origine pour trouver à s'appliquer au système de contrôle de la Convention »*. A. Marmisse, *La libre circulation des décisions de justice en Europe*, PULIM, 2000, p. 167 §308.

[4] H. Gaudemet-Tallon et M-E Ancel, *op.cit.*, p. 591 §413

[5] CJCE, 15 juillet 1982, Aff. C-228/82 *Pendy Plastics Products*, *JDI* 1982.966 obs. A. Huet.; *RCDIP* 1983.521 obs. G. Droz.

[6] CJUE, 7 juillet 2016, Aff. C-70/15 *Lebek*, *préc.*, point n° 34.

[7] CJCE, 15 juillet 1982, Aff. C-228/82 *Pendy Plastics Products*, *préc.*, point n° 13.

[8] H. Gaudemet-Tallon et M-E Ancel, *op.cit.*, p. 591 §413.

sens, elle témoigne également des difficultés, voire des craintes que la CJUE éprouve pour effectuer cette délimitation. André Huet considère, par exemple, que les précisions de la Cour sont superflues car en appréciant la régularité de la notification, le juge requis contrôle uniquement des aspects qui portent sur la procédure suivie à l'étranger sans pour autant regarder le sens de la décision rendue au fond[1]. Ceci suffit, selon l'auteur, pour exclure toute possibilité de révision au fond. Droz est encore plus sévère envers la Cour, et estime qu'elle fait preuve de pudeur et qu'elle « n'ose appeler un chat un chat ». Selon lui, « [...] tout contrôle de la manière dont le juge étranger a apprécié soit son propre droit soit les circonstances qui ont justifié sa prise de position ne peut être qu'une révision au fond, permise dans certains cas, interdite dans d'autres »[2].

114. Nous partageons ces avis, mais nous estimons nécessaire d'y apporter des nuances. En effet, selon l'ensemble des normes européennes, le juge de l'État requis doit, dans l'exercice de son office, regarder certains points déjà examinés par le juge d'origine dans l'intérêt d'établir la régularité de la décision, et ainsi assurer la primauté de certaines garanties dont le respect doit être assuré[3]. S'il est certes vrai que ce regard constitue une révision *lato sensu,* elle n'en configure pas une *stricto sensu.* Autrement dit, le pouvoir de *révision* du juge ne concerne que l'appréciation de certains aspects du jugement, limitativement déterminés par le règlement applicable. Il ne lui est pas possible, au nom de cette révision aux fins de contrôle, de modifier le fond de la décision, et encore moins de refuser la reconnaissance ou l'exécution du fait qu'il aurait tranché l'affaire autrement. C'est dans cette perspective de révision limitée, que l'arrêt *Rüdolfs Meroni* de 2016 a permis à la CJUE de préciser que le juge de l'État requis ne peut apprécier « l'existence d'éventuels droits qu'un tiers, qui n'est pas impliqué dans la procédure engagée devant la juridiction de l'État d'origine, fait valoir à l'encontre de la reconnaissance et de l'exécution de la décision étrangère ». Cela entraîne, selon la Cour, un risque considérable pour ce juge, d'« examiner le bien-fondé de cette décision »[4], et de violer, par conséquent, l'interdiction de révision au fond[5].

115. Il s'agit, en conclusion, d'une révision positive et limitée[6] dont l'utilité est de rendre possible l'appréciation de la régularité internationale de la décision. Ces deux caractères permettent de la différencier de la révision que le droit commun français a connue et qui consistait à refaire et à corriger le travail du juge d'origine. L'arrêt *Bohez* de la CJUE en 2015 rappelle la limite en précisant que dans un espace judiciaire commun comme l'espace judiciaire européen, la confiance mutuelle entre les États membres s'oppose à ce que l'office du juge requis soit dénaturé pour aller au-delà d'une révision positive aux fins de contrôle[7].

---

[1] A. Huet, note sous CJCE, 15 juillet 1982 *Pendy Plastics Products, préc.* p. 965.

[2] G. Droz, note sous CJCE, 15 juillet 1982 *Pendy Plastics Products, préc.*, p. 528.

[3] B. Hess, « Nouvelles techniques de la coopération judiciaire... », *op.cit.,* spéc. p. 221 et 222.

[4] CJUE, 15 mai 2016, Aff. C-559/14 *Rüdolfs Meroni, préc.,* points n° 52.

[5] *Idem.,* point n° 53.

[6] A. Marmisse, *op.cit.*, p. 166 §308.

[7] CJUE, 9 septembre 2015, Aff. C-4/14 *Bohez,* point n° 44 et 58, *RTD Eur.,* 2017.374 obs. F. Benoît-Rhomer ; *Procédures* 2015.21 obs., Cyril Nourissat. *v.* B. Nascimbene, « Le traité de Lisbonne et l'espace judiciaire

116. **Conclusion de la section.** La révision au fond de l'affaire, entendue comme l'expression d'une puissance sans restriction du juge de l'efficacité pour refaire et corriger le travail du juge d'origine, est bannie dans le droit français commun, comme dans le droit européen. L'exclusion de cet instrument d'efficacité répond à l'objectif de simplifier et de favoriser la reconnaissance et l'exécution des jugements étrangers, ainsi qu'à celui de mieux protéger les intérêts privés des particuliers. L'interdiction très claire de la révision soulève cependant quelques complications dans la pratique. Étant donné que tout contrôle incarne, en quelque sorte, une opération de révision, la démarcation entre les deux instruments d'efficacité réside dans le fait que, contrairement à la révision sans restriction, celle aux fins de contrôle poursuit une finalité diamétralement opposée : dissiper les hésitations qui peuvent entourer la régularité internationale de celle-ci sans juger le bien-fondé du jugement.

117. Si nous regardons maintenant le contexte colombien, il apparaît que, contrairement à l'expérience française, ce droit n'a jamais consacré la révision au fond de l'affaire en tant qu'instrument d'efficacité. Les motifs d'un tel choix ne renvoient pas tous, comme en droit français, à l'intention de favoriser la circulation des décisions.

Section II : Le refus colombien de la révision au fond

118. Contrairement à ce que le droit commun français a pu connaître avec l'arrêt *Parker*, le droit colombien n'a jamais accordé au juge du for la possibilité de réviser le jugement étranger pour apprécier son bien-fondé, pour le corriger ni, encore moins, pour le remplacer. L'expérience du droit colombien se rapproche plutôt de celle du droit européen en ce sens que la révision au fond de l'affaire a toujours été exclue en tant qu'instrument d'efficacité, même si les raisons justifiant ce choix ne sont pas identiques dans les deux cas.

119. L'attitude que le droit commun français et le droit colombien ont adoptée à l'égard de la révision au fond de l'affaire constitue un premier point de comparaison et d'opposition entre eux. En effet, en dépit de l'importance que le droit colombien accorde à la loi comme source principale de droit, le refus de la révision au fond de l'affaire en tant qu'instrument d'efficacité n'a pas été affirmé par le législateur (§ 1), mais puise son origine dans le travail jurisprudentiel de la Cour suprême de justice qui, tel qu'indiqué, est l'équivalent de la Cour de cassation en France (§ 2).

§ 1. Le silence de la loi

120. Des considérations principalement historiques, liées au contexte de l'Independence des anciennes colonies espagnoles, nous permettent d'expliquer la raison pour laquelle la révision au fond de l'affaire n'a pas été adoptée en tant qu'instrument d'efficacité en droit colombien. Ces mêmes raisons historiques justifient, au moins au départ, le silence de la loi quant à son interdiction expresse

---

européen : le principe de confiance réciproque et de reconnaissance mutuelle » *Revue des affaires européennes,* 2011 n° 4, p. 790.

en droit commun (A), en même temps qu'elles rendent évidente l'existence d'une proximité juridique entre les pays latino-américains qui faisait paraître la révision au fond un peu excessive pour régir les relations entre les nouvelles républiques (B).

A. L'absence d'interdiction expresse en droit commun

121. L'avènement de l'indépendance a représenté en Colombie, ainsi que dans tous les pays de l'Amérique latine, un bouleversement sur les plans politique, économique et législatif. Après avoir été sous domination espagnole pendant plus de trois cents ans, « le système juridique n'a pas changé immédiatement : au contraire, une grande partie du droit castillan-indien est resté en vigueur pendant le XIXe siècle, jusqu'à son abrogation progressive »[1]. Dans le cas colombien, il a fallu attendre jusqu'à 1887 pour que les lois espagnoles soient abrogées complètement et définitivement, et pour que l'unification de la législation nationale soit proclamée[2].

122. Depuis la *Recopilación de Leyes de la Nueva Granada* élaborée par Lino de Pombo et publiée en 1845[3], en passant par le Code judiciaire de l'État souverain de Cundinamarca de 1858[4], puis le Code judiciaire des États Unis de Colombie de 1872[5], le Code judiciaire de 1931[6], le Code de procédure civile de 1970, entré en vigueur en 1971[7], et récemment abrogé par le NCGP de 2012[8], la loi colombienne n'a jamais accordé au juge compétent pour connaître d'une demande d'efficacité d'un jugement étranger, le pouvoir de réviser le fond de l'affaire.

123. Si la révision au fond n'a pas été adoptée, et si elle a été ignorée par le droit positif, c'est bien parce que le législateur colombien de l'époque avait une conception *réduite* de la circulation internationale des jugements. « Réduite » d'abord, parce qu'au sein du contexte post-indépendantiste, le travail du législateur s'est majoritairement consacré à l'organisation interne de l'État, et que la question de l'efficacité internationale des décisions étrangères n'apparaissait

---

[1] F. Mayorga, « Codificación de la legislación en Colombia », *Revista Credencial*, octobre 2016, Disponible en ligne sur : http://www.revistacredencial.com/credencial/historia/temas/codificacion-de-la-legislacion-en-colombia.

[2] Loi n° 57 du 15 avril 1887, portant sur l'unification de la législation nationale, publiée au Journal Officiel n° 7 019 du 20 avril 1887. Quelques mois après, fut promulguée la Loi n° 153 du 15 août 1887, publiée au Journal Officiel n° 7 151 et 7 152 du 28 août 1888. Dans son article 15, elle disposait que : *« Toutes les lois espagnoles sont abrogées »*. Cette disposition a consolidé l'unification législative de la Colombie.

[3] L. De Pombo, *Recopilación de Leyes de la Nueva Granda, legislación vigente hasta el año 1844 inclusive*, Tratado Segundo, Parte Segunda, Lei 6a de 8 de abril de 1826, Imprenta de Zoilo Salazar, 1845, p. 139. Disponible sur http://www.bdigital.unal.edu.co/5729/.

[4] L'État souverain de Cundinamarca a promulgué son Code Judiciaire par la Loi n° 29 du 1858.

[5] La Loi n° 57 de 1872 a permis à la Colombie d'adopter le Code judiciaire de l'État de Cundinamarca de 1858 comme Code judiciaire de l'Union, c'est-à-dire comme Code national. Par une Loi n° 57 de 1887, a fait du Code judiciaire de l'Union de 1872, le nouveau Code de la République de Colombie. *v.* L. Moreno Moreno, « Reflexiones sobre la creciente congestión de la administración de justicia en materia civil para el caso colombiano », *Revista Prolegómenos, Derechos y valores*, Universidad Militar Nueva Granada, juillet-décebre 2009, Vol. XII, n° 24, p. 213-228.

[6] Loi n° 103 de 1931, publiée au Journal Officiel du 24 octobre 1931 a proclamé le Code judiciaire de 1931.

[7] Décret n° 1400 du 6 août 1970, portant promulgation du Code de Procédure Civile, publié au Journal Officiel n° 33 150 du 21 septembre 1970.

[8] Loi n° 1564 du 12 juillet 2012, relative à l'adoption du NCGP, publiée au Journal Officiel n° 48 489 du 12 juillet 2012.

pas comme une priorité. Face à l'instabilité politique de l'époque, il est certain que le volet international des rapports juridiques privés ne revêtait pas la même importance qu'aujourd'hui[1]. En ce sens, au cours de nos recherches nous avons pu identifier que les premiers jugements en matière d'efficacité des jugements étrangers ont été rendus en 1932 ; et à compter de cette date, et ce jusqu'en 1994, les décisions relatives à l'efficacité des jugements étrangers sont peu nombreuses, une dizaine par an en moyenne.

124. « Réduite » ensuite, parce que pour protéger son ordre juridique encore instable, la jeune République envisageait les rapports internationaux comme devant être essentiellement noués avec les pays voisins qui étaient tous des anciennes colonies espagnoles, ainsi qu'avec l'Espagne. Cela explique que la quasi-totalité des conventions bilatérales et multilatérales auxquelles participe la Colombie, et qui sont encore en vigueur aujourd'hui, aient été conclues avec ces pays. Or, puisque l'influence du droit espagnol dans le sud du continent n'a pas cessé après la formation des nouveaux États souverains, et puisque la révision au fond ne leur avait pas été transmise par le biais des lois espagnoles pendant la période coloniale, nous comprenons qu'un tel pouvoir soit demeuré inconnu. De plus, au regard de la proximité juridique qui a toujours uni les pays latino-américains, l'adoption de la révision au fond se révélait excessive. Nous voyons là, la preuve d'un sentiment de confiance mutuelle entre États comparable, en quelque sorte, à celui qui constitue le fondement de l'espace judiciaire européen.

125. Si nous examinons la *Recopilación de Leyes de la Nueva Granada* à ce propos, nous verrons que la réception des décisions étrangères était au départ, fondée sur la confiance encore existante entre les anciennes colonies espagnoles et le Royaume d'Espagne. L'article 2 de la Loi n° 6 du 8 avril 1826 prévoyait, par exemple, que les jugements, les ordonnances et les actes prononcés, pendant la période révolutionnaire, par les juges espagnols sur les territoires sous domination espagnole étaient efficaces en Colombie[2]. De ce fait, l'efficacité était conçue comme une simple autorisation légale à produire des effets. En conséquence, il est difficile d'estimer que la Colombie avait, à cette époque, mis en place une procédure ou ne serait-ce qu'un véritable instrument d'efficacité destiné à permettre aux décisions étrangères d'obtenir une efficacité. Puisque celle-ci dérivait directement d'une détermination de la loi, il s'agissait plutôt d'une présomption de légalité en faveur des jugements provenant des anciennes autorités judiciaires espagnoles, dès l'instant qu'ils étaient définitifs[3]. De ce fait, il apparaît que la reconnaissance, l'exécution, et enfin l'intégration du jugement étranger à l'ordre juridique colombien s'effectuaient par l'effet de la loi et que l'intervention du juge n'était pas prévue. Dans cette perspective, il est compréhensible que la révision au fond ait été ignorée par la loi.

---

[1] D'aucuns considèrent, en revanche, que la législation colombienne a toujours été moderne en matière de droit international. F. Puertas, «Las sentencias extranjeras y el Código procesal colombiano», *Revista Jurídica*. Universidad Nacional, n° 6, 4 mars 1990, p. 148.

[2] L. De Pombo, *op.cit.*, p. 139.

[3] M. Romero Maldonado, *Exequátur de Sentencias y Laudos Extranjeros*, Mémoire, Pontificia Universidad Javeriana, 1987, p. 6 et 7.

126. Par la suite, l'introduction d'une condition de réciprocité dans le Code judiciaire de l'État souverain de Cundinamarca de 1858, allait marquer l'évolution de l'efficacité des jugements en Colombie. Inspiré directement du Code chilien et de la *Ley de Enjuiciamiento Civil* espagnole[1], ce Code prévoyait l'exigence de réciprocité dans le but principal de faciliter l'efficacité des jugements rendus par les États membres de la Confédération Grenadine. Alors que la condition de réciprocité allait par la suite devenir l'une des caractéristiques principales du système colombien, perdurant au travers des différentes codifications et réformes législatives[2], il est certain que son introduction en 1858 a servi à fermer implicitement la porte à la révision au fond. Il en est ainsi car l'existence de réciprocité conduisait à une efficacité quasiment assurée de la décision en Colombie.

127. La doctrine colombienne n'a pas été indifférente à la question de la révision au fond de l'affaire. Elle a toujours fait preuve d'un scepticisme à l'égard d'un tel instrument d'efficacité. José Hoyos Muñoz, cite à ce propos la pensée du professeur Mantilla Rey pour qui la révision au fond est fortement critiquable du fait qu'elle dénature la question de l'efficacité des décisions étrangères. En effet, si l'on accorde au juge de l'exequatur le pouvoir de modifier, et de corriger le jugement étranger, l'on arrive à la situation dans laquelle ce n'est pas la décision étrangère « qui trouve application, mais la nouvelle décision rendue par le juge de l'exequatur ». Or, le risque d'un tel pouvoir est « de porter création d'un droit nouveau qui déforme ou qui méconnaît le droit étranger »[3]. Dans la même logique, Herrán[4] voit dans la révision au fond de l'affaire la preuve du manque de confiance de la part des juges du for à l'égard de la rigueur et des capacités juridiques des juges étrangers. Nous verrons cependant, que cette idée de confiance s'avère curieusement affaiblie lorsqu'il est question d'envisager l'allégement du contrôle de régularité[5].

128. En conclusion, il apparaît qu'en raison des particularités du contexte post indépendantiste, caractérisé par un sentiment de confiance mutuelle entre les pays latino-américains, la révision au fond n'a pas pu se forger une place au sein du droit positif colombien. D'un point de vue politique, le législateur colombien a toujours conçu l'efficacité comme une manière de confirmer la proximité avec les États voisins. Cela explique le fait que le pouvoir accordé au juge de l'exequatur n'ait jamais été de la même ampleur que celui dont dispose le juge du fond. Cette distinction entre la procédure d'exequatur et la procédure sur le fond a aussi contribué, assurément, à l'inexistence de la révision au fond.

---

1 Pour Cock il n'est pas possible de conclure à l'existence d'un système colombien de droit international privé, et ce, car la Colombie n'a pas eu l'occasion de développer une véritable culture juridique dotée de principes propres. A. Cock, *Tratado de derecho internacional privado,* Tipografía Sanson, 2e éd., 1940, p. 191.

2 *v. infra* p. 219.

3 J. Hoyos Muñoz, *La Sentencia Extranjera,* Señal Editora, 1998, p. 22.

4 A. Herrán, *op.cit.*, p. 261 et s.

5 *v. infra* p. 111.

129. Or, les instruments internationaux auxquels participe la Colombie confirment qu'à l'image du droit commun, la révision au fond a été écartée en tant qu'instrument d'efficacité.

B. *L'absence d'interdiction expresse en droit conventionnel*

130. Après la proclamation de leur indépendance, les anciennes colonies espagnoles se sont rapidement intéressées à l'organisation d'une série de congrès sud-américains ayant pour but la formulation d'une réglementation uniforme sur plusieurs domaines[1]. Cette initiative des États latino-américains répondait, d'une part, à leur intention de construire un droit uniforme applicable à toutes les nouvelles républiques, et, d'autre part, à la nécessité d'établir une union inter-républicaine afin de repousser les intentions espagnoles de reconquête, ainsi que les prétentions hégémoniques des États-Unis d'Amérique. L'idée de parvenir à une unification législative était, sans doute, un moyen de confirmer l'Indépendance des États latino-américains et d'établir entre eux des liens solides d'amitié et d'entraide[2].

131. Le Traité *« de Unión, Liga i Confederación perpetua »*, signé sous l'initiative de Simon Bolívar à l'occasion du Congrès de Panama en 1826[3], déclarait que l'adoption d'une normativité uniforme relative au droit international privé était l'un des projets que les autorités du continent devaient entreprendre lors des congrès et des conventions à venir. Le Congrès Américain de Juristes qui s'est tenu à Lima en 1878 a permis d'apprécier les premiers résultats pratiques des efforts latino-américains. La signature d'un traité relatif à la matière civile avec des dispositions uniformes formulées sur la base du Code civil chilien qui était bien répandu dans les États du continent, a alors été proposée. Malheureusement la portée pratique du Traité de Lima s'est révélée considérablement restreinte[4] du fait qu'il n'a été signé que par le Pérou et le Costa Rica[5].

132. Loin de s'arrêter là, les efforts d'harmonisation et d'unification normative ont continué par la suite avec l'organisation encore d'un nombre important de Congrès, et la conclusion d'une quantité significative de conventions panaméricaines portant, notamment, sur le droit international privé[6]. À cet égard, le Congrès célébré en 1888 à Montevideo[7] a été, sans hésitation, l'un des plus productifs. Il a donné lieu à la signature de huit traités

---

[1] *v.* G. Parra-Aranguren, « La primera etapa de los tratados sobre Derecho Internacional Privado en América (1826-1940) », *Revista de la Facultad de Ciencias Jurídicas y Políticas*, Universidad Central de Venezuela, 1996, § 98.
[2] J. Samtleben, *Derecho internacional privado en América Latina…*, *op. cit.*, p. 7.
[3] *Idem.*, p. 8.
[4] Le texte de ce Traité fut adopté, quelques années plus tard, par la Colombie et par l'Équateur dans le cadre d'une Convention bilatérale.
[5] *v.* J. Samtleben, « Métodos de armonización del derecho internacional privado en América latina, Roma e América. Diritto Romano Comune », *Revista de derecho de la integración y unificación del derecho en Europa y América Latina*, Universidad Externado de Colombia, 2010, n° 30, p. 190 et s.
[6] R. Viñas Farré, « El reconocimiento y la ejecución de decisiones extranjeras en Latinoamérica », *in*, *La idea de América en el pensamiento ius naturalista del siglo XXI*, Institución Fernando el Católico-Collección Actas, 2010, p. 167. Disponible en ligne http://ifc.dpz.es/recursos/publicaciones/30/12/12vinas.pdf..
[7] Ce congrès a été nommé le *« Premier Congrès Sud-Américain »*. L'Argentine, la Bolivie, le Chili, le Paraguay, le Pérou et l'Uruguay y ont participé.

qui constituent, encore aujourd'hui, la base fondamentale du droit international privé conventionnel de la plupart des législations des pays de l'Amérique latine.

133. Or, si nous analysons la participation de la Colombie dans ce mouvement d'harmonisation latino-américain, force est de constater qu'elle n'est pas remarquable. La Colombie fait partie des pays qui se sont le moins impliqués dans le mouvement d'unification législative. Plusieurs raisons expliquent cela. En ce qui concerne les raisons politiques, il est certain que le début du conflit armé interne qui, était le plus ancien du continent et allait se prolonger jusqu'en 2016, ainsi que la conjoncture politique interne, marquée par de nombreux changements constitutionnels au cours du XIXe siècle, ont lourdement contribué au faible rôle de la Colombie sur le plan international. Pour ce qui est des raisons substantielles, plus spécifiquement sur le contenu des instruments conclus, il apparaît que le droit colombien de l'époque privilégiait déjà une conception du droit international privé fondée sur les principes de la territorialité de la loi et de la souveraine étatique[1]. Ainsi, les Traités de Montevideo proposant une normativité de droit international privé basée sur la règle bilatérale de conflit de lois et de juridictions, la Colombie a refusé la ratification d'une partie importante de ces instruments internationaux. En effet, en admettant la possibilité d'appliquer la loi étrangère ou d'accorder une compétence directe à un tribunal autre que le colombien, cette méthode conflictuelle de droit international privé aurait pu aboutir à menacer la souveraineté étatique.

134. Résultat de cette faible participation, les instruments relatifs à la reconnaissance et l'exécution des jugements étrangers auxquels participe la Colombie sont peu nombreux. Ils ne sont que six en tout, à savoir, le Traité de droit international privé conclu entre la Colombie et l'Équateur en 1903[2], la Convention sur l'exécution de jugements civils entre la République de Colombie et le Royaume d'Espagne de 1908[3], le Traité sur l'exécution des actes étrangers de 1911 conclu entre la Bolivie, l'Équateur, la Colombie, le Pérou et le Venezuela[4], le Traité de Montevideo sur le droit international de la procédure de 1889 et qui est l'un des huit traités souscrits lors du premier congrès de droit international privé réalisé à Montevideo le 11 janvier 1889. Il a été ratifié par l'Uruguay, l'Argentine, la Bolivie, le Brésil, le Chili, le Paraguay, le Pérou, et quelques années plus tard par la Colombie[5]. De plus, la Colombie a aussi ratifié

[1] D. Rojas Tamayo, « Las deficiencias del derecho internacional privado colombiano : principios inapropiados y sus consecuencias en la eficacia de sentencias extranjeras », *AEDIP* 2016.873.

[2] Ce Traité a été signé le 18 juin 1903 et approuvé par la Loi n° 13 du 8 avril 1905, publiée au Journal Officiel n° 12 327 du 14 avril 1905. Il est entré en vigueur le 31 juin 1907 et prévoit des règles applicables à plusieurs domaines du droit international privé, notamment à l'efficacité des jugements et d'autres actes juridictionnels.

[3] Cette convention a été adoptée le 30 mai 1908 et approuvée par la Loi n° 7 du 13 août 1908, publiée au Journal Officiel n° 13 366 du 19 août 1908 et 13 744 du 27 juillet 1909. Elle est entrée en vigueur le 16 avril 1909 et porte uniquement sur l'exécution des jugements civils rendus par les tribunaux des deux pays.

[4] Ce Traité a été conclu lors du Premier Congrès Bolivarien réalisé à Caracas le 18 juin 1911. Son contenu est calqué sur celui du Traité de droit de la procédure internationale adopté à Montevideo en 1889, avec certaines modifications légères. Ce Traité a été ratifié en Colombie par la Loi n° 16 du 1er octobre 1913, publiée au Journal Officiel n° 15 013 du 7 octobre 1913.

[5] Il a été approuvé par la Loi n° 68 du 11 novembre 1920, publiée au Journal Officiel n° 17 406 du 11 novembre 1920.

la Convention interaméricaine relative à l'efficacité extraterritoriale des jugements et des décisions arbitrales étrangères proposée à Montevideo le 8 mai 1979 par l'Organisation des États Américains[1]. Outre la Colombie, cette Convention a aussi été ratifiée par l'Argentine, le Brésil, l'Équateur, le Mexique, le Paraguay, le Pérou, l'Uruguay et le Venezuela. Enfin, sans être membre de la Conférence internationale de La Haye, la Colombie a adhéré à la Convention relative à la protection de l'enfant et à la coopération en matière d'adoption internationale de 1993[2], et à celle portant sur l'abrogation de l'exigence de légalisation des documents publics étrangers de 1961[3]. Étant toutes en vigueur, l'application de ces conventions est obligatoire.

135. À l'image des droits internes des pays latino-américains, la plupart de ces instruments internationaux témoigne d'une influence remarquable du Code civil chilien, lui-même fortement inspiré de la *Ley de Enjuiciamiento Civil* espagnole de 1855 et du Code civil de Napoléon. C'est en effet par le biais de ce Code que les enseignements européens, notamment français, sont arrivés en Amérique latine. Il est indéniable qu'entre l'inexistence de la révision au sein du droit espagnol, et le laconisme avec lequel la loi française régule la reconnaissance et l'exécution des jugements étrangers, le législateur chilien a opté pour exclure la révision au fond en tant qu'instrument d'efficacité. Notons que l'exclusion dont nous parlons ici consiste plus spécifiquement dans l'ignorance de la figure de la révision au fond plus que dans son interdiction. Inexistant au Chili, le pouvoir de révision l'est également au sein des codes nationaux et des instruments latino-américains ayant suivi le modèle chilien.

136. En effet, si nous regardons les conventions signalées, force est de constater qu'aucune ne prévoit une disposition autorisant, limitant, ou portant interdiction générale de la révision au fond de l'affaire. La question est passée sous silence, et ce parce qu'elle ne s'est en réalité jamais posée en Amérique latine. Le seul Traité qui prévoit une règle à ce propos est celui de 1903 conclu entre la Colombie et l'Équateur. Selon celui-ci, si la loi du pays d'exécution du jugement le prévoit, les parties peuvent former un recours contre la décision étrangère devant le juge de l'État requis. Cependant, ce Traité limite immédiatement l'étendue du pouvoir d'appréciation du juge en indiquant que pour répondre aux parties, il ne peut se prononcer que sur la régularité de la décision étrangère au regard des conditions fixées par le Traité[4]. L'intention des négociateurs était, sans doute, celle d'éviter que, par le truchement des recours judiciaires prévus, le débat sur le fond de l'affaire soit rouvert.

137. Mais, si la révision au fond de l'affaire a été ignorée par le législateur en droit commun et en droit conventionnel, la jurisprudence colombienne n'a pas

[1] Elle a été approuvée par la Loi n° 16 du 22 janvier 1981, publiée au Journal Officiel n° 35 711 du 27 février 1981.

[2] Conclue à La Haye le 29 mai 1993 lors de la 17e session de Conférences de La Haye sur le droit international privé, cette Convention a été approuvée en Colombie par la Loi n° 265 du 25 janvier 1996, publiée au Journal Officiel n° 42 703 du 30 janvier 1996.

[3] Elle a été conclue à La Haye le 5 octobre 1961 et approuvée en Colombie par Loi n° 455 du 4 août 1998, publiée au Journal Officiel n° 43 360 du 11 août 1998.

[4] Article 41, Traité du 18 juin 1903, *préc.*

hésité pour affirmer son interdiction. En effet, la Cour condamne de manière constante toute intention des parties cherchant à réouvrir, à l'occasion de la procédure d'exequatur, le débat sur le fond de l'affaire.

§ 2. L'origine jurisprudentielle du refus explicite

138. Depuis 1931, les différents Codes de procédure civile ont attribué à la Cour suprême de justice une compétence exclusive pour connaître de l'efficacité des jugements étrangers en Colombie. Dans l'exercice de sa compétence, la Cour a constamment condamné la révision au fond de l'affaire en tant qu'instrument d'efficacité. Or, qu'il s'agisse du droit commun ou du droit conventionnel, la Cour fonde cette interdiction sur le fait que tout pouvoir de révision du juge dépasse, d'une part, la mission qui lui a été attribuée par la loi pour décider de l'efficacité des décisions étrangères (A), et conduit, d'autre part, à une confusion regrettable entre l'instance directe sur le fond et l'instance indirecte portant sur l'efficacité (B).

A. La révision au fond outrepasse la mission du juge de l'efficacité

139. La Cour affirme que l'office du juge saisi de l'efficacité d'une décision étrangère ne comprend ni la révision des moyens de preuve présentés lors de l'instance directe à l'étranger, ni l'appréciation du bien-fondé du jugement rendu. Un tel office exclut également l'examen des arguments que les parties ont développés à l'occasion de la procédure initiale, ainsi que les raisons qui ont été retenues par le juge étranger pour trancher l'affaire.

140. Cependant, si nous regardons les premiers arrêts rendus en matière de reconnaissance et d'exécution des décisions étrangères, il apparaît que la question de la révision au fond de l'affaire s'est posée tardivement, en 1950 dans l'affaire *Gutiérrez*[1]. En effet, les espèces étudiées par la Cour avant cette date ne lui ont pas permis de formuler un attendu de principe portant interdiction explicite de la révision au fond. Or, s'il est vrai que dans l'arrêt *Gutiérrez* la question est traitée avec une certaine ambiguïté, cette décision marque, à notre sens, le premier pas de la Cour colombienne pour délimiter l'office du juge de l'efficacité. En l'espèce, outre l'efficacité en Colombie à des fins successorales d'un jugement français de séparation de corps, la demanderesse sollicitait également que le juge de l'efficacité se prononce sur la valeur que ledit jugement français devrait se voir accorder au sein d'une procédure parallèle de réouverture de succession qui était en cours devant un autre tribunal colombien. Pour refuser cette prétention, la Cour estime, au visa de l'article 32.3 du Code de l'organisation judiciaire alors en vigueur, que la compétence que la loi lui attribue pour décider de l'efficacité ou de la non-efficacité des jugements étrangers sur le territoire colombien, ne comprend pas la faculté d'examiner, et encore moins de qualifier, ni de se prononcer sur la valeur probatoire qui doit être accordée à un jugement étranger dans une procédure en cours devant un autre juge national[2]. Alors qu'en l'espèce,

[1] CSJC. Cass. Ch. Civ., 27 mars 1950 *Gutierrez*. Magistrat Rapporteur : Arturo Silva.
[2] *Idem.*

l'intéressée ne demandait pas au juge d'apprécier, ni de se prononcer sur le bien-fondé de la décision française, et que dans ce contexte, elle ne demandait pas à la Cour d'exercer un pouvoir de révision, l'importance de cette décision est indéniable. Elle confirme que pour la Cour colombienne, la compétence du juge de l'efficacité est loin d'être illimitée et que le juge requis n'est pas un juge d'appel.

141. Le nombre très réduit d'affaires relatives à l'efficacité des jugements étrangers portées à la connaissance du tribunal colombien avant les années 1990 explique que la Cour n'ait pas eu l'occasion de clarifier plus tôt sa position sur la révision au fond de l'affaire. L'arrêt *FAI Insurances Limited contre Compañía Agrícola de Seguros* de 1996[1] a été, à cet égard, d'une grande utilité. En l'occurrence, la Cour a été saisie d'une demande d'addition et de clarification d'un arrêt d'exequatur qu'elle avait précédemment rendu, et par lequel elle avait accepté l'efficacité en Colombie d'une décision anglaise ayant condamné un défendeur colombien à payer des dommages et intérêts à plusieurs compagnies anglaises et australiennes d'assurances, suite à l'inexécution d'un contrat de réassurance signé à Londres. Le défendeur colombien s'opposait à l'exécution de la décision, et demandait à la Cour de clarifier certains points qui l'avaient amenée à accorder l'exequatur à la décision en cause. Le problème était que les précisions sollicitées concernaient directement l'appréciation que le juge anglais avait faite des faits et des arguments présentés par les parties lors de la procédure étrangère sur le fond. Le défendeur soulevait, par exemple, l'existence d'un pacte arbitral entre les parties que le tribunal anglais avait incorrectement privé d'effet. La Cour répond au défendeur en précisant, pour la première fois, que le juge ne dispose d'aucun pouvoir pour réviser le fond de l'affaire. Elle affirme explicitement que l'office du juge de l'exequatur se limite à « déterminer si les paramètres indiqués dans l'article 694 du C.de P. Civile sont satisfaits, et sous prétexte dudit examen, il n'est pas licite pour cette Cour de pénétrer dans le fond du jugement dont l'accueil est demandé et, moins encore, d'en rendre un nouveau, et ce parce que l'exequatur ne cherche que l'adoption du jugement »[2].

142. La portée de cet arrêt concerne deux points principaux. D'une part, il constitue la première décision qui, à notre connaissance, a affirmé de manière directe, précise et sans équivoque que l'office du juge de l'exequatur n'est pas comparable à celui du juge du fond. La Cour confirme qu'une distinction très claire existe entre l'instance directe à l'étranger et l'instance indirecte dans le for. D'autre part, elle précise que dans l'instance indirecte, l'office du juge colombien consiste uniquement à décider si oui ou non la décision étrangère peut déployer ses effets normatifs dans le for. En ce sens, il doit opérer un choix entre deux options : *« accorder »* ou *« refuser »* cette efficacité[3]. Pour ce faire, les arguments présentés par les parties lors de l'instance directe, les preuves qu'elles ont pu y apporter, ainsi que le raisonnement du juge étranger sont sans importance. Il en est ainsi car, pour respecter son office et choisir entre les deux options dont il

---

[1] CSJC. Cass. Ch. Civ., 17 mai 1996 *FAI Insurances Limited c. Compañía Agrícola de Seguros,* Magistrat Rapporteur : Nicolás Bechara Simancas, Dossier n° 3626.

[2] *Idem.*

[3] *Idem.*

dispose, le juge ne tient compte que des seuls aspects que la loi colombienne l'autorise à regarder. Puis, il apparaît qu'en dehors de faire ce choix, la loi colombienne ne lui a pas accordé le pouvoir de modifier, d'adapter ni de substituer la décision étrangère.

143. Or, le fait de limiter ainsi l'office du juge contribue à mettre en lumière l'autonomie de l'action et de l'instance en efficacité par rapport à la procédure étrangère d'origine. En effet, si le juge du for n'a pas le droit de réviser le fond de l'affaire, et si son office est délimité, c'est bien parce que la procédure dont il a connaissance n'est aucunement identique à celle que le juge étranger a pu trancher.

B. *La révision au fond entraîne une confusion des procédures*

144. Outre l'argument tiré de l'office du juge de l'efficacité, l'autonomie qui caractérise la procédure d'exequatur renforce l'exclusion de la révision au fond de l'affaire en tant qu'instrument d'efficacité en droit colombien. La Cour colombienne estime à ce propos que réouvrir, au stade de l'instance en efficacité, le débat sur les éléments qui ont fait l'objet de la procédure étrangère au fond aboutit à une confusion contestable des deux procédures.

145. Cette idée a été évoquée pour la première fois dans un arrêt du 2 février 1994[1] par lequel la Cour devait se prononcer sur l'efficacité d'un jugement panaméen ayant déclaré le divorce entre deux époux de nationalité colombienne. Hormis le fait que l'efficacité de la décision ait été refusée faute de preuve de réciprocité diplomatique ou législative entre la Colombie et le Panama, cette affaire a permis à la Cour de mettre en lumière que « le jugement étranger qui a tranché le fond du litige est complétement différent de celui qui statue sur la demande d'exequatur »[2]. Cette distinction entre les deux décisions n'est, selon la Cour, que le prolongement de la différence qui existe entre la procédure étrangère sur le fond et la procédure d'efficacité dans le for. Ceci explique alors qu'« à l'occasion de la procédure d'exequatur, la justice ou bien-fondé du jugement étranger ne sont pas analysées »[3], et que le juge effectue un contrôle sélectif sur certains aspects de la décision. La procédure de reconnaissance et d'exécution est une procédure à part entière. Elle ne doit pas être réduite à être la simple continuation de celle déjà finie à l'étranger[4].

146. Deux années après cette décision, le premier arrêt rendu dans l'affaire *FAI Insurances Limited contre Compañía Agrícola de Seguros* du 29 février 1996, allait permettre à la Cour de préciser encore plus sa position. Il s'agissait, en effet, de la première demande par laquelle les compagnies britanniques et australiennes ayant obtenu des dommages et intérêts à l'étranger prétendaient obtenir

---

[1] CSJC. Cass. Ch. Civ., 2 février 1994, Magistrat Rapporteur : Héctor Marín, Dossier n° 4150.

[2] *Idem.*

[3] *Idem.*

[4] La Cour utilise cette même formulation dans un nombre important de décisions. *v.* CSJC. Cass. Ch. Civ., 26 juillet 1995, Magistrat Rapporteur : Héctor Marín, Dossier n° 4948 ; CSJC. Cass. Ch. Civ., 30 janvier 2004, Magistrat Rapporteur : José Fernando Ramírez Gómez, Dossier n° 2002-0008-01 ; CSJC. Cass. Ch. Civ., 11 mars 2014, Magistrat Rapporteur : Jesús Vall de Ruten Ruiz, Dossier n° 2013-01024-00.

l'exequatur du jugement anglais. Contrairement à ce que nous avons vu précédemment sur cette affaire, à cette occasion la discussion a porté principalement sur l'absence de réciprocité entre le Royaume-Uni et la Colombie et, sur la possible contrariété de la décision anglaise à l'ordre public colombien. C'est dans ce contexte que, reprenant une formulation similaire à celle utilisée en 1994, mais qui a le mérite d'être plus claire en faisant référence aux limites de l'office du juge, la Cour a affirmé que l'exequatur doit être accordé si « les exigences indiquées dans l'article 694 du Code de procédure civile sont respectées, sachant que le but de ces exigences n'est que d'établir la régularité internationale du jugement étranger, sans pour autant permettre au juge d'apprécier le bien-fondé de la décision juridictionnelle »[1]. Ces mots de la Cour sont précis : la procédure d'exequatur ne constitue pas une instance supplémentaire permettant aux parties de débattre sur le fond du litige. Il ne leur est pas permis de reprendre la défense des intérêts litigieux tranchés à l'étranger.

147. L'autonomie de l'action et de la procédure en efficacité a permis à la Cour de préciser, quelques années plus tard, que pour respecter l'objet de celle-ci, la partie demanderesse doit se limiter à demander que l'exequatur soit octroyé, et que la seule possibilité dont dispose la partie défenderesse est de s'opposer à cette demande. La formulation de toute autre prétention ou demande nouvelle dépasse l'objet du litige et crée une confusion entre l'instance directe et l'instance indirecte. Ainsi, dans l'arrêt *World Fuel Services* de 2004[2] la Cour a estimé que « le jugement étranger qui décide sur une prétention est un « tout » entièrement différent de celui qui décide de la demande d'exequatur [...] »[3], et que, par conséquent, les arguments avancés à l'encontre de l'efficacité de la décision « sont complètement étrangers au but précis et direct recherché par l'exequatur qui est la vérification de la régularité internationale du jugement et non la révision du contenu du jugement comme s'il s'agissait d'une instance additionnelle de la procédure [...] »[4].

148. Deux autres arrêts ont servi à la Cour pour insister sur la démarcation qui existe, et qui doit être respectée, entre la procédure étrangère sur le fond et celle en efficacité dans le for. Le premier est un arrêt rendu le 17 juillet 2001[5] relatif à l'exequatur d'un jugement vénézuélien de divorce. La particularité de cette affaire est que lors de l'instance directe étrangère, le juge vénézuélien est resté silencieux par rapport à la situation patrimoniale des ex-conjoints. Il s'est limité à relâcher le lien matrimonial sans pour autant régler l'ensemble des conséquences patrimoniales qui en dérivaient. Pour combler ce vide, les parties ont voulu profiter de l'instance indirecte en Colombie pour obtenir, outre l'efficacité de la décision, la dissolution et la liquidation de la communauté des

[1] CSJC. Cass. Ch. Civ., 29 février 1996 *FAI Insurances Limited c. Compañía Agrícola de Seguros*, Magistrat Rapporteur : Nicolás Bechara Simancas, Dossier n° 3626.
[2] CSJC. Cass. Ch. Civ., 30 janvier 2004 *World Fuel Services,* Magistrat Rapporteur : José Fernando Ramírez Gómez, Dossier n° 0008-01.
[3] CSJC. Cass. Ch. Civ., 30 janvier 2004 *World Fuel Services, préc.*
[4] *Idem.*
[5] CSJC. Cass. Ch. Civ., 17 juillet 2001, Magistrat Rapporteur : Carlos Jaramillo, Dossier n° 0012.

biens réduite aux acquêts. La Cour a reconnu l'efficacité du divorce mais a déclaré ne pas pouvoir se prononcer à propos de ses effets patrimoniaux du fait qu'une telle prétention correspond « à une procédure distincte de celle en cours laquelle n'a pour but que l'homologation des jugements étrangers. Rien d'autre »[1].

149. Le second arrêt est celui rendu dans l'affaire *Prodeco* du 6 août 2004[2]. En l'espèce, la Cour a accordé l'exequatur à un jugement portugais ayant déclaré que la société colombienne Prodeco–Productos avait manqué aux obligations assumées dans le cadre du contrat d'agence commerciale qui la liait à la Société portugaise García Fernandes Internacional Importaçâo e Exportaçâo S.A. La société Prodeco a été condamnée au paiement des dommages et intérêts, ainsi qu'à celui des intérêts de retard. Au stade de l'exequatur, Prodeco allègue que la condamnation portugaise est contraire à certaines dispositions civiles colombiennes d'ordre public car le juge portugais a imposé le paiement des intérêts de retard à partir d'une date autre que celle à laquelle le jugement étranger, prononcé le 19 mai 2000, est devenu définitif. Or, selon la loi colombienne de tels intérêts commencent à courir à partir du moment où la décision est devenue définitive[3]. Néanmoins, la Cour estime qu'il s'agit là d'« une problématique étrangère à l'exequatur»[4] et que l'entreprise colombienne ne peut pas, sous prétexte de l'action d'exequatur, « prétendre à la protection de la justice colombienne pour se soustraire au respect des obligations que lui ont été imposées par un jugement définitif à l'occasion duquel elle a eu l'opportunité de se défendre »[5].

150. En outre, la Cour estime que le risque de confusion des deux procédures peut également résulter de la non-pertinence des moyens de preuve que les parties apportent au soutien du refus d'efficacité. Par deux arrêts, l'un de 2000[6] et l'autre de 2010[7], la Cour estime que l'interdiction de révision au fond de l'affaire justifie que tout moyen de preuve qui n'est pas relatif à la régularité de la décision étrangère a un caractère superflu devant être refusé[8].

151. **Conclusion de la section.** Sans être autorisée, la révision au fond de l'affaire n'était pas non plus, formellement interdite dans la loi colombienne. La pratique a relevé, cependant, que ce silence était problématique. C'est pourquoi, la Cour colombienne a interdit au juge de l'efficacité, tout pouvoir de révision au fond de l'affaire. Cette interdiction repose sur deux fondements en droit colombien : le fait, d'une part, qu'une telle révision dépasse la mission du juge de l'efficacité et, le fait, d'autre part, qu'elle méconnaît l'autonomie de l'instance indirecte par rapport à l'instance directe étrangère.

---

1 *Idem.*

2 CSJC. Cass. Ch. Civ., 6 août 2004 *Prodeco*, Magistrat Rapporteur : Edgardo Villamil, Dossier n° 2001-0190-01.

3 Sur la portée de cette décision en matière d'ordre public international *v. infra* p. 299 et s.

4 CSJC. Cass. Ch. Civ., 6 août 2004 *Prodeco, préc.*

5 *Idem.*

6 CSJC. Cass. Ch. Civ., 6 avril 2000, Magistrat Rapporteur : Jorge Antonio Castillo Rugeles, Dossier n° 7548.

7 CSJC. Cass. Ch. Civ., 27 mai 2010, Magistrat Rapporteur : Edgardo Vilamil, Dossier n° 2008 01760-00.

8 *Idem.*

Conclusion du Chapitre I

152. L'admission et la pratique de la révision au fond de l'affaire en droit commun français marque une opposition indéniable entre ce droit, le droit européen et le droit colombien. Le choix de cet instrument d'efficacité au sein du droit commun français s'explique, notamment, par l'existence, à l'époque, d'un faible esprit internationaliste qui commandait une conception très stricte de l'efficacité des jugements étrangers. Selon celle-ci, la réception des jugements étrangers représentait un danger pour la souveraineté étatique. La multiplication des relations privées internationales a pourtant rendu évident l'inadéquation de cet instrument d'efficacité, et a animé son abandon.

153. L'expérience française a certainement influencé le droit européen. Depuis la Convention de Bruxelles de 1968, celui-ci interdit la révision au fond de l'affaire au moyen d'une règle générale. Or, la pratique ayant montré qu'en dépit de la clarté de la règle, son application n'était pas sans contrainte, la CJCE est intervenue pour confirmer l'interdiction de la révision. Que ce soit en droit commun ou en droit européen, la révision au fond de l'affaire est incompatible avec la confiance mutuelle entre les États et avec la sécurité juridique des citoyens. Elle méconnaît l'efficacité de la justice et empêche de parvenir aux objectifs d'entraide judiciaire et de coordination des ordres juridiques.

154. En droit colombien, les particularités politiques, sociales et législatives de la Colombie après le mouvement indépendantiste, expliquent que l'efficacité des jugements étrangers ait été conçue de manière réduite. À l'image du législateur français, le législateur colombien témoignait d'un faible esprit internationaliste. Cette lecture restrictive colombienne ne s'est pas généralisée au sein des autres pays du sud du continent qui ont pris une série d'initiatives cherchant à adopter des lois uniformes applicables, entre autres domaines, à celui de l'efficacité des jugements étrangers. Pareillement au droit européen, la confiance mutuelle qui servait de socle aux initiatives latino-américaines d'uniformisation a exclu par principe toute idée de révision au fond de l'affaire. Ceci explique, assurément, qu'elle n'ait pas été expressément interdite. Afin de délimiter le travail du juge, d'éviter tout risque de confusion entre l'instance directe et l'instance indirecte, et de réaffirmer, enfin, l'autonomie de cette dernière, la jurisprudence colombienne a estimé nécessaire de combler le silence des droits commun et conventionnel en interdisant, de manière explicite, tout pouvoir de révision du juge de l'efficacité.

155. Or, si la place accordée à la révision au fond de l'affaire a marqué, dans le passé, une opposition très claire entre les deux droits étudiés, son exclusion actuelle des deux côtés de l'Atlantique constitue un point commun fondamental entre eux. C'est, en effet, sur la base de cette exclusion que le contrôle de régularité s'affirme en tant qu'instrument commun d'efficacité.

Chapitre II
L'avènement du contrôle de régularité

156. L'arrêt *Munzer* de 1964 marque l'exclusion définitive de la révision au fond de l'affaire et l'adoption d'un nouvel instrument d'efficacité en droit commun français[1]. Ce changement de paradigme au sein du droit commun français revêt une importance remarquable pour notre étude comparée. En effet, à partir de cet arrêt, l'efficacité des décisions étrangères est abordée en France comme en Colombie, au moyen d'un même instrument juridique : le contrôle de la régularité internationale de la décision étrangère.

157. Précisons dès à présent que le caractère commun de l'instrument que nous prétendons démontrer ici n'emporte pas avec lui une identité parfaite entre les contrôles de régularité français et colombien. En effet, en tant qu'instrument d'efficacité, le contrôle possède une nature malléable grâce à laquelle chaque État peut l'adapter à son ordre juridique sans pour autant effacer son caractère commun. Les adaptations peuvent ainsi concerner, par exemple, les conditions de régularité qui le structurent, leur appréciation, ou encore, le régime procédural applicable à sa mise en œuvre.

158. Cette nature adaptable du contrôle guidera notre analyse comparée. Dans cette perspective, afin d'identifier et d'analyser ces particularités de l'instrument commun d'efficacité en France et en Colombie, nous allons commencer par étudier certains aspects des contextes français et colombien ayant entouré son adoption. À ce propos, nous allons nous concentrer sur le rôle de la loi et de la jurisprudence dans l'avènement de cet instrument d'efficacité dans les deux droits étudiés. L'utilité de cette analyse est double pour notre entreprise comparée. D'abord, elle nous permet de montrer combien le contrôle de régularité provient d'une source différente en France et en Colombie[2]. Ensuite, elle est utile pour comprendre l'évolution que ce contrôle a suivi au sein de chaque droit étudié.

159. Nous verrons ainsi que, contrairement au contrôle colombien, la source jurisprudentielle du contrôle français de droit commun lui a permis de s'adapter rapidement à l'effervescence de la circulation simplifiée des jugements étrangers[3]. De plus, l'étude du droit européen démontrera combien une source principalement législative du contrôle ne rend pas impossible tout apport de la jurisprudence. Les contributions jurisprudentielles européennes à l'organisation et à la simplification du contrôle de régularité sont nombreuses, et permettent de

---

[1] Cass. 1ère civ. 4 janvier 1964 *Munzer*, *GA* n° 41; *RCDIP* 1964.344 obs. Batiffol; *JDI* 1964.302 obs. Goldman; *JCP* 1964.II.13590 obs. Ancel.

[2] Selon le vocabulaire Cornu, le mot source signifie : *« Forme sous l'action de laquelle la règle naît au Droit ; moule officiel dit source formelle qui préside, positivement, à l'élaboration, à l'énoncé et à l'adoption d'une règle de Droit : fonction reconnue, selon les systèmes juridiques, à la loi, à la coutume, à la jurisprudence ou à la doctrine »*. *v°* « source », *Vocabulaire juridique de l'Association Henri Capitant par Gérard Cornu*, PUF, 13e éd, 2020, p. 972.

[3] M-L Niboyet et G. Geouffre de la Pradelle, *Droit international privé*, LGDJ, 7e éd., 2020, p. 550 §803. *v.* H. Gaudemet-Tallon, « La reconnaissance des jugements étrangers portant sur une somme d'argent… », *op.cit.*, p. 487.

mieux saisir la réserve de la jurisprudence colombienne qui se montre réticente à l'idée d'adapter la loi et de simplifier le contrôle par la voie interprétative.

160. Les réflexions qui vont suivre seront consacrées, dès lors, à analyser la manière dont la source essentiellement jurisprudentielle du contrôle en droit commun français (Section I), et principalement, mais non exclusivement, législative du contrôle en droit colombien et européen (Section II) participent à l'adaptation de l'instrument d'efficacité sans compromettre pour autant son caractère commun.

Section I : L'origine jurisprudentielle en droit commun français

161. En véhiculant l'exclusion de la révision au fond de l'affaire, et en portant consécration du contrôle de régularité internationale, la jurisprudence française s'affirme en tant que source essentielle de l'instrument d'efficacité en droit commun[1]. L'arrêt *Munzer* de 1964[2] constitue à ce propos un point de référence incontournable. En adoptant officiellement le contrôle de régularité, cette décision a entériné « la tendance générale de la jurisprudence antérieure »[3] qui se montrait déjà favorable à un changement d'instrument d'efficacité.

162. Analyser le rôle de la jurisprudence dans la transition entre la révision au fond et le contrôle de régularité (§ 1), ainsi que dans la consécration et l'organisation de ce dernier (§ 2) permet d'apprécier combien, contrairement à ce que nous verrons pour le droit colombien, la jurisprudence française assume un pouvoir créateur de droit international privé qui favorise l'adaptation de l'instrument d'efficacité.

§ 1. La transition vers le contrôle

163. L'internationalité de plus en plus courante des rapports privés a rendu évident l'inadéquation de la révision au fond de l'affaire pour continuer à traiter l'efficacité des jugements étrangers en droit commun français[4]. Le pouvoir de révision des juges empêchait l'ordre juridique français d'apporter une réponse rapide à la question de l'efficacité normative des jugements étrangers, ainsi que de moduler la sévérité de cette réponse. Les faiblesses de la révision ont sans doute encouragé certains tribunaux français à envisager le changement d'instrument d'efficacité.

164. L'abandon de la révision au fond en tant qu'instrument d'efficacité a été le résultat d'une transition amorcée par certains arrêts qui ont progressivement assoupli le pouvoir de révision du juge jusqu'à sa disparition définitive. Ainsi, dans l'arrêt *Bulkley* de 1860[5], par exemple, la Cour de cassation avait déjà établi

---

[1] *v.* P. Chevalier, « La nouvelle cartographie des voies ouvertes pour la reconnaissance ou l'exécution en France des décisions étrangères », *RCDIP* 20014.1, spéc. p. 5 et 6.

[2] Cass. 1ère civ., 7 janvier 1964 *Munzer*, *préc.*

[3] D. Alexandre, *Les pouvoirs du juge de l'exequatur*, LGDJ, 1970, p. 157 §181 et 182. *v.* G. Cuniberti, « The liberalization of the French law of foreign judgements », *International and comparative law quarterly*, n° 4, Vol. 56, octobre 2007, p. 931 - 939. Disponible en ligne sur : http://www.jstor.org/stable/4498119.

[4] P. Chauveau, *La notion de droit internationalement acquis et le rôle du tribunal d'exequatur*, Alger, Baconnier Frères, 1926, p. 13.

[5] Cass. 1ère civ., 28 février 1860 *Bulkley*, *S.*1860.1.210 ; *D.* 1860.1.57 ; *GA* n° 4, p. 30.

une distinction fondée sur la nature des jugements étrangers pour admettre que l'efficacité des décisions relatives à l'état et à la capacité des personnes pouvait opérer de plein droit. Cette même décision constitue aussi la genèse de la condition de conformité du jugement étranger à l'ordre public français. En l'espèce, il s'agissait de l'efficacité en France d'un divorce prononcé aux Pays-Bas à l'époque où le relâchement du lien conjugal était interdit selon la loi française. Il était affirmé que la décision hollandaise était contraire aux principes fondamentaux de l'ordre juridique français en ce sens qu'elle méconnaissait ladite interdiction française. En affirmant que l'interdiction française du divorce ne s'applique que « pour l'avenir et pour la France »[1], et que la loi étrangère qui autorise le divorce n'est contraire ni à l'ordre public français, ni aux mœurs françaises, d'autant plus que le législateur n'a pas expressément prohibé la célébration de mariages entre personnes divorcées[2], la Cour de cassation accepte l'efficacité de la décision et limite le pouvoir de révision du juge. Par conséquent, le fait que le divorce soit interdit en France ne fait pas obstacle à la reconnaissance d'une décision de divorce obtenue *« légalement »* à l'étranger selon la loi nationale des parties.

165. Dans le prolongement de cette limitation du pouvoir de révision pour favoriser l'efficacité simplifiée des jugements concernant l'état et la capacité des personnes, l'arrêt *De Wrède* de 1900[3], a estimé que le juge du for devait vérifier, sans revoir le bien-fondé de la décision, la compétence directe du juge d'origine ainsi que la régularité de la procédure suivie à l'étranger pour accepter son efficacité normative en France. L'arrêt *Hainard* de 1930 est venu par la suite délimiter l'étendue de cette efficacité simplifiée. Selon cet arrêt, les jugements déclaratifs ou constitutifs relatifs à l'état ou à la capacité des personnes bénéficient d'une efficacité *de plano* sauf lorsque « [...] ces jugements doivent donner lieu à des actes d'exécution matérielle sur les biens ou de coercition sur les personnes »[4]. Au cœur de ce mouvement d'assouplissement du pouvoir de révision, certains arrêts témoignaient encore d'une certaine réticence quant à la limitation de l'office du juge. Les arrêts *Bach* et *Schabel,* rendus par la Cour de cassation le 11 avril et du 1er mai 1945[5], et l'arrêt *Rivière* de 1953[6] prévoyaient ainsi que l'appréciation de la décision étrangère faite par le juge du for devait aussi porter sur la loi appliquée au fond de l'affaire par le juge étranger. Ce motif de contrôle assurait d'une certaine manière la survie de la révision au fond.

166. L'évolution en quelque sorte éparpillée de la jurisprudence reflétait, à notre sens, la transformation de la conception française de l'efficacité des

---

1 *Idem.*

2 *Idem.*

3 Cass. 1ère civ., 9 mai 1900 *De Wrède, JDI* 1900.613; *D.* 1905.1.101 obs. L.S ; *GA* n° 10.

4 Cass. 1ère civ., 30 mars 1930 *Hainard, S.*30.1.377 obs. Niboyet ; *D* 1930.981. *v.* H. Gaudemet-Tallon, « La reconnaissance des jugements étrangers portant sur une somme d'argent... », *op.cit.,* p. 487.

5 Cass. 1re civ., 11 avril 1945 *Bach* et Cass., 1re civ. 1er mai 1945 *Schabel, JDI* 1940-1945 obs. R. Tanger ; *D.* 1945.245 obs. P.L.P.

6 Cass. 1ère civ., 17 avril 1953 *Rivière, GA* n°26 ; *RCDIP* 1953.412 obs. H. Batiffol ; *JDI* 1953.860 obs. Plaisant ; *JCP* 1953.II.7863 obs. Buchet ; *RabelsZ* 1955.520 obs. Francescakis. *v.* H. Batiffol, note sous Paris, 21 octobre 1955 *Charr, RCDIP* 1955.769, spéc. 772.

jugements étrangers qui était en train de s'opérer au sein du droit commun. L'abandon de la révision au fond emportait celui de la conception stricte de l'efficacité, fondée sur la protection de la souveraineté étatique. L'arrêt *Charr* rendu par la Cour d'appel de Paris en 1955[1], a été, à cet égard, le réceptacle de la voix de ceux qui plaidaient pour un contrôle concentré sur la régularité du jugement au lieu d'un système correcteur du travail du juge étranger[2]. Outre les arguments avancés par cette décision contre la révision au fond de l'affaire, et que nous avons déjà soulevés[3], l'arrêt *Charr* a fait une systématisation remarquable de l'évolution jurisprudentielle de l'efficacité normative des jugements étrangers en droit commun français[4]. Grâce à cet effort de systématisation, la Cour d'appel énonce une première liste des conditions dont le respect s'avère nécessaire pour permettre à la décision de bénéficier d'une efficacité définitive en France. Selon ce tribunal, l'office du juge doit consister dans la vérification de la compétence indirecte du juge étranger, de la loi qui a été appliquée au fond de l'affaire, du respect des règles de procédure du pays d'origine, de la conformité de la décision aux « principes de l'ordre public international français », et de l'inexistence de toute fraude[5]. En ce faisant, la Cour d'appel fait preuve du pouvoir créateur de droit de la jurisprudence et confirme la source jurisprudentielle de l'instrument français d'efficacité. La voix du tribunal parisien a eu un écho au sein de la jurisprudence de la Cour de cassation et l'arrêt *Hohenzollern-Lambrino* de 1963[6] en est une première illustration. Selon G. Holleaux, cette décision conditionne l'efficacité du jugement étranger au respect de « [...] trois points bien déterminés ; 1° la compétence du tribunal étranger au regard de nos règles françaises de compétence internationale ; 2° l'application de la loi désignée par nos principes de conflits de lois [...], 3° la non-contrariété à l'ordre public français »[7].

167. De ce fait, il apparaît qu'en guidant la transition entre la révision au fond de l'affaire et le contrôle de régularité, la jurisprudence française se confirme en tant que source essentielle de l'instrument d'efficacité et du droit international privé français en général[8]. Ce statut se confirme avec l'avènement du contrôle de régularité.

---

[1] Paris, 21 octobre 1955 *Charr*, *RCDIP* 1955.769 obs. H. Batiffol ; *JDI* 1956.164 obs. Sialelli ; *D* 1956.61 obs. Ph. Francescakis.

[2] H. Batiffol, note sous Paris, 21 octobre 1955 *Charr*, *RCDIP* 1955.769, spéc. 774.

[3] *v. supra* p. 49.

[4] Y. Loussouarn, « La reconnaissance et l'exécution des jugements étrangers », *in Rapport aux 5e journées juridiques franco-polonaises (séance du 30 octobre 1964) à la Faculté de Rennes.*

[5] Paris, 21 octobre 1955 *Charr*, *préc.*

[6] Cass. 1ère civ., 8 janvier 1963 *Lambrino*, *RCDIP* 1963.109.

[7] G. Holleaux, note sous Cass. 1ère civ. 8 janvier 1963 *Lambrino*, *préc.*, p. 112.

[8] *v.* R. Libchaber, *L'ordre juridique et le discours du droit. Essai sur les limites de la connaissance du droit*, LGDJ, 2013, p. 356 et s. §267 et s. ; Ph. Jestaz, « La jurisprudence : réflexions sur un malentendu », *D.* 1987, chron, p. 11 ; P. Deumier, *Introduction générale au droit*, LGDJ, 5e éd., 2019, p. 314 et s. §344 et s.

§ 2. La consolidation du contrôle

168. Illustrant le pouvoir créateur du juge, l'arrêt *Munzer* a marqué l'aboutissement du mouvement réformateur de l'efficacité, et ce par la consécration officielle du contrôle de régularité internationale en droit commun français (A). Ce faisant, il a, en même temps, débuté l'écriture d'un nouveau chapitre dans l'évolution jurisprudentielle française de l'efficacité des jugements étrangers (B)[1].

A. La consécration du contrôle

169. Ayant opéré le changement d'instrument d'efficacité, l'arrêt *Munzer*[2] est, assurément, l'une des décisions le plus importantes du droit international privé français. La consécration officielle du contrôle de régularité a entraîné une redéfinition de l'efficacité des jugements étrangers, et par conséquent, de l'office du juge. Dans cette affaire, le débat portait sur l'efficacité en France de deux jugements américains : un premier de 1926 ayant déclaré la séparation de corps des époux Munzer, et ayant également condamné l'époux à payer une pension alimentaire en faveur de son ex-épouse. Le second jugement avait été prononcé quelques années après, en 1958, suite aux manquements de l'ex-époux débiteur par rapport au paiement de l'obligation alimentaire. Le jugement rendu obligeait celui-ci à payer à la créancière l'arriéré de pension depuis 1930, date à laquelle le défendeur avait arrêté d'honorer sa dette. Puisque M. Munzer avait établi son domicile à Nice, Mme Munzer invoque l'efficacité des jugements en France afin d'y poursuivre ensuite le recouvrement de la créance. Au regard du droit positif en vigueur à l'époque, l'efficacité desdits jugements était soumise à deux régimes différents : « pour le premier, s'agissant d'une question d'état, un simple contrôle suffit. Par contre, pour le second, il s'agirait d'une question d'ordre patrimonial et d'une condamnation pécuniaire. On était donc dans le domaine normal de la révision »[3].

170. Fidèle à cette dualité, le tribunal compétent a traité différemment l'efficacité des deux jugements. Celle de la séparation de corps a été acceptée, mais l'exequatur du jugement patrimonial a été refusé car la condamnation au paiement de l'arriéré de pension a été jugée contraire, d'une part, à la règle selon laquelle « aliments ne s'arréragent point », et, d'autre part, à « la limitation à cinq années de la prescription posée par l'article 2277 du Code civil »[4]. En appel, la cour d'Aix-en-Provence a fait application de l'effet atténué de l'ordre public et reconnaît l'efficacité des décisions américaines. En cassation, M. Munzer allègue que l'efficacité des jugements en cause devait être précédée d'une révision de leur bien-fondé. Or, le juge aurait méconnu son office en ayant eu recours à l'effet atténué de l'ordre public pour accepter l'efficacité de la décision étrangère[5].

---

[1] *v.* B. Audit et L. d'Avout, *op.cit.*, p. 464 §556.

[2] Cass. 1ère civ., 7 janvier 1964 *Munzer, préc.*

[3] M. Issad, *« Le jugement étranger devant le juge de l'exequatur : De la révision au contrôle »*, LGDJ, 1970, p. 80 §118.

[4] Cass. 1ère civ., 7 janvier 1964 *Munzer, préc.*

[5] *Idem.*

171. C'est dans ce cadre que, en s'inspirant assurément de la systématisation faite par l'arrêt *Charr*, la Cour de cassation assume la volonté de simplification de la circulation des décisions étrangères dont témoigne l'ensemble de l'évolution jurisprudentielle, et formule les cinq conditions que tout jugement étranger doit remplir pour produire des effets normatifs en France. Il s'agit donc de la vérification de la compétence indirecte du juge étranger, de la régularité de la procédure suivie à l'étranger, de l'identité entre la loi appliquée par le juge étranger et celle désignée par la règle française de conflit de lois, de la conformité de la décision à l'ordre public français, et de l'absence de fraude à la loi[1]. Cette liste de conditions est applicable à tout jugement étranger dont l'efficacité est demandée devant les tribunaux français, et ce indépendamment de sa nature déclarative ou constitutive, patrimoniale ou extrapatrimoniale, ou encore de la nationalité des plaideurs.

172. Marquant l'achèvement de la transition entre deux instruments d'efficacité, l'adoption officielle du contrôle de régularité a représenté pour le droit commun français un double changement dans la conception de l'efficacité des jugements étrangers, et dans la détermination de l'office du juge. En effet, en ce qui concerne la vision de l'efficacité, nous avons indiqué combien la révision stricte et sans restriction au fond de l'affaire associait l'efficacité à une question de relations entre États, et était donc liée au respect de la souveraineté étatique. Contrairement à ceci, le contrôle de régularité de l'arrêt *Munzer*, préfère analyser l'efficacité des jugements étrangers comme une question qui appartient davantage au droit privé. Ce changement de conception de l'efficacité, que nous aurons l'occasion d'étudier plus en détail par la suite[2], est le résultat d'une prise de conscience progressive des tribunaux français du fait que le jugement étranger n'est pas seulement un acte public émanant d'un pouvoir juridictionnel étranger, mais aussi une norme juridique individuelle qui a été spécialement conçue pour les parties au litige[3]. De ce fait, l'efficacité de la décision ne regarde pas exclusivement les intérêts de l'État d'accueil mais elle concerne aussi et davantage, ceux des particuliers concernés par le rapport de droit décidé à l'étranger.

173. Cette transformation dans l'appréhension privatiste de l'efficacité a permis à l'arrêt *Munzer* de redéfinir l'office du juge de l'efficacité. Désormais, ce dernier ne consiste plus à refaire le travail du juge du fond mais se limite à apprécier la régularité de la décision étrangère pour établir si oui ou non, elle peut s'intégrer au sein de l'ordre juridique français. Cette nouvelle manière de comprendre l'office du juge a conduit certains auteurs à comparer le travail du juge de l'efficacité à celui de la Cour de cassation. En effet, n'étant pas saisi de l'affaire en elle-même, le juge de l'efficacité doit, comme la Cour de cassation,

---

[1] L'attendu exacte de l'arrêt est : *« [...] Pour accorder l'exequatur, le juge français doit s'assurer que cinq conditions se trouvent remplies, à savoir la compétence du tribunal étranger qui a rendu la décision, la régularité de la procédure suivie devant cette juridiction, l'application de la loi compétente d'après les règles françaises de conflit, la conformité à l'ordre public international et l'absence de fraude à la loi »*. Cass. 1ère civ., 7 janvier 1964 *Munzer, préc. v.* D. Alexandre, *op.cit.*, p. 159 §182.

[2] *v. infra* p. 200 et 207.

[3] *v.* P. Mayer, *La distinction entre règles et décisions et le droit international privé*, Dalloz, 1973, p. 164 §215.

rester en dehors des questions de fond pour ne se concentrer que sur le jugement rendu[1]. Les bienfaits procurés par cette nouvelle vision de l'office du juge de l'efficacité ont été notables à plusieurs égards. Les relations internationales de la France, et notamment les rapports avec l'Allemagne, par exemple, témoignent de cette amélioration, « [...] les juridictions allemandes n'opposant plus à l'exequatur des décisions françaises le défaut de réciprocité »[2]. De plus, les enseignements de l'arrêt *Munzer* sont encore d'actualité. La Cour de cassation ne manque pas de rappeler lorsqu'elle en a l'occasion, comme dans l'arrêt *Enfant Viola* de 2006, que pour remplir son office au stade de la reconnaissance et de l'exécution, l'office du juge consiste à chercher si la décision étrangère remplit « toutes les conditions de régularité internationale »[3].

174. L'importance des transformations emportées par l'arrêt *Munzer* ont confirmé que cet arrêt n'a fait que débuter l'écriture d'une nouvelle page dans l'évolution de l'efficacité des jugements étrangers en droit commun français. Consacré et organisé par la jurisprudence, le nouvel instrument d'efficacité a, dans la jurisprudence, sa source essentielle, voire exclusive d'adaptation. À ce propos, la Cour de cassation n'hésite pas pour façonner le contrôle de régularité du droit commun afin de faciliter la réception simplifiée des décisions étrangères.

B. ***L'évolution non achevée du contrôle***

175. Après l'arrêt *Munzer*, la pratique a révélé qu'il était nécessaire de procéder à une adaptation du contrôle, notamment de ses conditions de régularité. En effet, les cinq conditions initialement formulées représentaient les exigences qui selon l'ordre juridique français étaient nécessaires, au moment de l'arrêt *Munzer*, pour assurer la régularité internationale de la décision étrangère. Cependant, l'internationalité de plus en plus courante des relations privées a favorisé la consolidation progressive de la volonté de l'ordre juridique français d'améliorer la reconnaissance et l'exécution des jugements étrangers. Résultat de cette faveur, le contenu de la régularité internationale évolue[4], entraînant la suppression de certaines exigences et la redéfinition de la portée de certaines autres. Loin d'être achevée, l'adaptation des conditions de régularité internationale est permanente et s'oriente, dans le cas du droit commun français, vers leur modernisation simplificatrice.

176. La source essentiellement jurisprudentielle de l'instrument d'efficacité en droit commun français s'avère être un avantage pour cette évolution. L'ensemble des remaniements et des précisions réalisés sur les conditions de régularité, depuis leur formulation en 1964, sont, en effet, l'œuvre des tribunaux juridictionnels. Moins formaliste que la loi, la jurisprudence peut mieux assurer

---

[1] M. Issad, *op.cit.*, p. 90 §119.

[2] P. Lerebours-Pigeonnière et Y. Loussuarn, *Droit international privé*, Dalloz, 9e éd., 1970, Paris, p. 455-456. *v.* Francfort-sur-le-Main, 6 juillet 1966, *RCDIP* 1967.367 note Francescakis ; Cour de la République Fédérale d'Allemagne 8e Cham. civ., 8 mai 1968, *RCDIP* 1969.118 note J. Einmahl.

[3] Cass. 1ère civ. 4 juillet 2006 *Enfant Viola*, *D.* 2007.1751 obs. P. Courbe et F. Jault-Seseke. *v.* M. López de Tejada, *op.cit.*, p. 66 §78.

[4] H. Péroz, *La réception des jugements étrangers dans l'ordre juridique français*, LGDJ, 2005, p. 173 § 323 et p. 174 § 325.

l'adaptation du contrôle, à condition, bien entendu, que les tribunaux judiciaires assument ouvertement leur pouvoir normatif. C'est à ce propos que l'opposition est sensible entre le droit commun français et le droit colombien. En effet, tel que nous le verrons plus tard, l'absence d'évolution du contrôle colombien de régularité ne tient pas complètement à sa source principalement législative, mais au fait que les juges colombiens refusent de participer à sa modernisation[1]. Contrairement au droit français, nous verrons qu'en droit colombien l'inactivité législative, et les ambiguïtés de la jurisprudence, renforcent la rigidité du cadre normatif en vigueur[2].

177. Or, si nous revenons au droit commun français, il apparaît que l'évolution de la conception de l'efficacité s'oriente dans le sens de sa simplification, et que pour adapter le contrôle à cette évolution, la jurisprudence procède à l'épuration progressive des conditions de régularité. L'arrêt *Bachir* de 1967[3], rendu à propos de l'efficacité en France d'un jugement de divorce prononcé au Sénégal, a marqué le point de départ de ce mouvement d'épuration. En l'espèce, le défendeur contestait la régularité du jugement étranger parce qu'il avait été rendu en méconnaissance des règles sénégalaises relatives à la correcte assignation du défendeur, et parce que le devoir de procéder à une tentative préalable de conciliation entre les parties n'avait pas été respecté. Alors qu'au regard de la formulation des conditions de régularité du droit positif français, ces irrégularités compromettaient l'efficacité de la décision[4], la Cour accepte qu'elle produise ses effets en France. Si la violation des règles sénégalaises de procédure n'entraîne pas le refus de la décision c'est parce que désormais, lorsque le juge français vérifie la régularité procédurale de la décision étrangère, il doit le faire « par rapport à l'ordre public international français et au respect des droits de la défense »[5]. Autrement dit, la méconnaissance des règles étrangères de procédure est critiquable du point de vue de l'ordre juridique étranger, mais cela ne constitue pas un motif susceptible de compromettre la régularité internationale de la décision, et son efficacité, selon les règles françaises, pour autant, bien entendu, qu'aucune violation du droit de la défense du défendeur n'ait été commise[6].

178. L'arrêt *Bachir* a permis à la Cour de redéfinir la manière dont la conformité procédurale de la décision étrangère doit être appréciée dans le for. Parmi les raisons ayant motivé l'adaptation du contrôle sur ce point, la doctrine signale notamment, l'impossibilité dans laquelle se trouve le juge français d'avoir une meilleure connaissance et une meilleure maîtrise du droit étranger pour juger, corriger, ou apprécier la bonne ou mauvaise application qu'en a faite le juge étranger[7]. Puis, à quel titre le juge français s'arrogerait-il un tel pouvoir de correction ? En outre, Bertrand Ancel et Yves Lequette soulèvent à ce propos

[1] *v. infra* p. 111.
[2] *v. infra* p. 117.
[3] Cass. 1ère civ., 4 octobre 1967 *Bachir, GA* n° 45 ; *RCDIP* 1968.98 obs. P. Lagarde ; *JDI* 1969.102 obs. Goldman ; *D* 1968.95 obs. Mezger ; *JCP* 1968.II15634 obs. Sialelli.
[4] *Idem.*
[5] *Idem., v.* H. Péroz, *op.cit.*, p. 174 §326.
[6] *v. infra* p. 273.
[7] B. Ancel et Y. Lequette, note sous Cass. 1ère civ., 4 octobre 1967 *Bachir, GA* n° 45, p. 405 §4.

que, persister dans la détermination de la régularité procédurale de la décision selon les lois étrangères laisse ouverte la question de savoir « pourquoi la violation du droit judiciaire étranger devrait-elle empêcher l'exequatur de la décision étrangère ? »[1].

179. L'épuration des conditions allait connaître un nouvel épisode avec l'arrêt *Cornelissen* de 2007[2]. Cet arrêt porte suppression de tout contrôle, par le juge de l'efficacité, de la loi appliquée au fond pendant l'instance directe à l'étranger. Cette décision a été rendue à l'occasion de l'exequatur en France d'un jugement américain ayant déclaré la responsabilité patrimoniale d'un défendeur de nationalité colombienne, qui était le dirigeant de la société colombienne ayant été assignée en justice aux États-Unis. Pour contester le jugement français d'exequatur et échapper ainsi au paiement de la condamnation américaine prononcée à son encontre, M. Cornelissen soulève que « l'exequatur d'un jugement étranger ne peut être accordé que si le juge étranger a appliqué la loi désignée par la règle française de conflit ou une loi conduisant à un résultat équivalent [...] »[3]. En l'espèce le juge américain a appliqué la loi états-unienne sans se demander « si, s'agissant d'apprécier la responsabilité d'un dirigeant de société, la loi compétente n'était pas la loi colombienne du siège de la société [...] », comme prévu par la règle française de conflit de lois. La Cour saisit cette occasion pour reformuler encore la liste des conditions de l'arrêt *Munzer*. Elle supprime de manière explicite tout contrôle de la loi appliquée au fond de l'affaire. La Cour de cassation a indiqué à ce propos que, hormis la vérification de la compétence indirecte du juge étranger, le juge de l'efficacité doit contrôler la conformité de la décision à l'ordre public international de fond et de procédure, ainsi que l'absence de fraude à la loi mais qu'il « [...] n'a donc pas à vérifier que la loi appliquée par le juge étranger est celle désignée par la règle de conflit de lois française »[4]. Ce faisant, elle rejette les arguments du défendeur et confirme l'efficacité de la décision américaine.

180. Nous reviendrons ultérieurement sur cette décision, notamment sur son importance dans la mise en œuvre du contrôle de régularité en droit français[5]. Cependant, il convient de soulever d'ores et déjà que ce contrôle de la loi appliquée prévu par *Munzer* était la cible de nombreuses interrogations de la part de la doctrine. Il était accusé par certains auteurs comme Paul Lagarde d'entretenir une proximité dangereuse avec la révision au fond de l'affaire[6]. L'étendue de ce contrôle de la loi appliquée était à l'origine de plusieurs hésitations, notamment sur le fait de savoir si à ce titre, le juge pouvait refuser l'efficacité de toute décision étrangère ayant été rendue en application d'une loi autre que celle désignée par les règles françaises de conflit de lois, et si le refus

---

[1] *Idem.*, p. 406 §5. À ce propos *v.* H. Batiffol, note sous Trib. Civ. de la Seine. 5e ch., 29 septembre 1959, *RCDIP* 1960.591, spéc. p. 594, G. Cuniberti, « The liberalization of.. », *op.cit.*, p. 932.

[2] Cass. 1ère civ., 20 février 2007 *Cornelissen*, *D* 2007.1115 obs. L. d'Avout et S. Bolée ; *D* 2007.891 obs. P. Chauvin ; *RCDIP* 2007.420 obs. B. Ancet et H. Muir Watt.

[3] *Idem.*

[4] *Idem.*

[5] *v. infra* p. 306.

[6] P. Lagarde, note sous Cass. 1ère civ., 24 novembre 1985, *RCDIP* 1966.289, spéc. p. 295.

s'imposait également pour les décisions qui avaient été effectivement rendues en application de la loi française mais en la dénaturant. En outre, ce contrôle était difficile à justifier dans l'hypothèse où les lois en question, c'est-à-dire la loi appliquée et la loi désignée par la règle française de conflit étaient deux lois étrangères. En conclusion, ces questions ne faisaient que confirmer combien le maintien de cette condition au sein du contrôle était problématique[1]. Elle avait dû mal à s'accommoder à l'objectif simplificateur de l'efficacité qui guide la jurisprudence française. L'arrêt *Cornelissen* a dès lors servi à la Cour pour affirmer que la règle de conflit française n'a pas une valeur universelle[2], et qu'il n'y a donc pas de raison, pour exiger « l'identité de la solution donnée par le juge étranger avec celle qu'aurait consacrée le juge français saisi du même litige »[3]. En redéfinissant encore l'office du juge, cet arrêt précise que l'instrument d'efficacité est satisfait lorsqu'un lien sérieux existe entre l'État qui a appliqué sa règle de conflit de lois et la question litigieuse[4]. Ce faisant, la jurisprudence supprime la condition qui selon certains était la dernière empreinte de la révision au fond de l'affaire[5].

181. Outre la suppression de certaines conditions de régularité, l'adaptation jurisprudentielle du contrôle de régularité est assurée au moyen des précisons interprétatives pour guider le juge de l'efficacité dans l'appréciation de la décision étrangère. La régularité de la compétence indirecte du juge étranger est, à ce propos, une illustration de cette modalité d'adaptation du contrôle. Sans vouloir développer à ce stade l'ensemble de l'évolution dont cette condition a été l'objet[6], signalons cependant qu'elle a été interprétée selon une pluralité de critères plus ou moins stricts. Elle fut initialement vérifiée d'après les règles de compétence de l'État d'origine[7], avant d'être appréciée selon les règles françaises de compétence[8]. Actuellement, et ce depuis l'arrêt *Simitch* de 1985[9], elle est l'objet d'un contrôle *in concreto* qui cherche à établir que le litige ne relève pas de la compétence exclusive des tribunaux français et qu'il « se rattache d'une manière caractérisée au pays dont le juge a été saisi et si le choix de la juridiction n'a pas

---

[1] *Idem.*, p. 295. Dans le même sens *v.* Grenoble, 20 janvier 1966, *RCDIP* 1966.655 obs. J. Déprez ; Poitiers, 13 décembre 1967, *RCDIP* 1969.94 obs. P. Lagarde.

[2] L. d'Avout et S. Bollée, « L'abandon du contrôle de la loi appliquée par les jugements étrangers », *D* 2007.1115.

[3] P. Mayer, V. Heuzé et B. Remy, *Droit international privé*, LGDJ, 12e éd., 2019, p. 269 §378. *v.* T. Vignal, *Droit international privé*, LGDJ, 2017, p. 401 §682 ; B. Ancel et H. Muir Watt, « Les jugements étrangers et la règle de conflit de lois : Chronique d'une séparation », *in*, *Vers de nouveaux équilibres entre ordres juridiques. Mélanges en l'honneur à Hélène Gaudemet-Tallon*, Dalloz, 2008, p. 135.

[4] Cette précision avait été déjà été proposée par la Cour d'appel Paris dans un arrêt du 22 novembre 1990. Elle avait alors indiqué que : *« Sauf à donner au système français de conflit de lois une portée qu'il ne peut avoir, pour en imposer le respect au juge étranger, le contrôle de l'exequatur quant au choix de la règle de droit applicable par la juridiction étrangère doit se limiter à la vérification de l'adéquation du droit choisi à la situation litigieuse hors de toute fraude »*. Paris, 22 novembre 1990, *D* 1992.169 obs. B. Audit.

[5] B. Ancel et H. Muir Watt, note sous Cass. 1ère civ., 20 février 2007 *Cornelissen*, *RCDIP* 2007.420.

[6] *v. infra* p. 255.

[7] Montpellier, 17 mars 1949, *RCDIP* 1950.228 ; *S*.1951.2.125 obs. Ph. Francescakis ; *JCP* 1950.II.5739 obs. Guiho.

[8] Paris, 18 juin 1964 *Gunzbourg*, *RCDIP* 1967.340 obs. Déprez ; *JDI* 1964.810 obs. Bredin.

[9] Cass. 1ère civ., 6 février 1985 *Simitch*, *GA* n° 70 ; *RCDIP* 1985.369 et 1985.243; *JDI* 1985.460 obs. A. Huet ; *D* 1985.469 obs. J. Massip.

été frauduleux »[1]. Par l'arrêt *Gazprombanck* de 2013, la Cour de cassation aurait modifié le critère d'appréciation en affirmant que la compétence indirecte est « fondée sur le rattachement du litige au juge saisi »[2]. Chacune de ces interprétations, ainsi que l'introduction et le développement du critère du lien caractérisé, ont été le résultat du travail des juges et participent l'adaptation simplificatrice de l'instrument d'efficacité.

182. **Conclusion de la section.** Afin de remédier au silence de la loi française sur l'efficacité des décisions étrangères, la jurisprudence a assumé un rôle prépondérant dans l'organisation de la circulation des jugements. Elle a conduit le droit français vers la consécration d'un nouvel instrument d'efficacité : le contrôle de la régularité internationale. Responsable de son adoption et de son organisation, la jurisprudence est une source essentielle pour celui-ci. Que le contrôle provienne d'une source jurisprudentielle représente, pour le droit commun français, l'avantage de son adaptation rapide et permanente. La source jurisprudentielle du contrôle a dès lors véhiculé la transformation de la conception française de l'efficacité des jugements étrangers, ainsi que la redéfinition de la mission confiée au juge français. En effet, l'adaptation de l'instrument d'efficacité cherche à faciliter et à simplifier la réception des décisions étrangères[3].

183. Or, si nous regardons désormais le droit européen et le droit colombien, nous verrons que le contrôle de régularité a également été adopté en tant qu'instrument d'efficacité, mais que, contrairement à ce que nous avons démontré en droit commun français, celui-ci provient d'une source principalement législative.

Section II : L'origine législative en droit colombien et en droit européen

184. En Colombie, comme au sein de l'Union européenne, l'organisation et la régulation de l'efficacité des jugements étrangers est, à la différence du droit commun français, l'œuvre principale du législateur. En ce sens, les règles grâce auxquelles les jugements étrangers peuvent déployer leurs effets normatifs dans le for sont formalisées dans la loi, que ce soit par le législateur colombien ou européen. L'existence de ces cadres normatifs permet d'affirmer que la source du contrôle de régularité est, en droit colombien et européen, principalement d'ordre législatif.

185. Cette affirmation n'exclut pas pour autant toute possibilité pour la jurisprudence de contribuer à l'adaptation du contrôle de régularité. C'est à ce propos que les différences entre le droit colombien et le droit européen sont les plus flagrantes. En effet, l'existence d'un cadre normatif fixé par le législateur implique, pour la jurisprudence colombienne et européenne, un encadrement spécifique de son pouvoir créateur et normatif qui contraste avec la liberté dont

---

[1] *Idem.*
[2] Cass. 1ère civ., 30 janvier 2013 *Gazprombank*, *D.* 2013.1503 obs. F. Jaul-Seseke ; *D.* 2013. 2293 obs. S. Bollée ; *JCP* 2013. 165 obs. D. Akchoti.
[3] Cass. 1ère civ., 30 janvier 2013 *Gazprombank*, *D.* 2013.1503 obs. F. Jaul-Seseke ; *D.* 2013. 2293 obs. S. Bollée ; *JCP* 2013. 165 obs. D. Akchoti. *v.* Cass. 1ère civ., 29 janvier 2014, *D.* Act. 17 février 2014 obs. Melin.

jouit le juge français de droit commun. Cependant, il apparaît que cet encadrement est différemment appréhendé de chaque côté de l'Atlantique. Alors que le juge européen entend participer à l'évolution du contrôle de régularité en facilitant son adaptation par la voie interprétative, la jurisprudence colombienne se montre ambiguë et réticente pour contribuer à cette adaptation.

186. Étudier les principaux aspects du cadre normatif par lequel les législateurs colombien et européen entendent organiser l'instrument commun d'efficacité, nous permettra de mettre en lumière comment, dans ces deux droits, l'instrument évolue différemment (§1). Ceci nous permettra également de saisir pleinement combien l'existence de ce cadre normatif a conduit les juges colombiens et européens à assumer différemment leur rôle dans l'adaptation du contrôle (§2).

§ 1. Un contrôle prévu et différemment encadré par les législateurs

187. La source législative du contrôle de régularité est à l'origine de conséquences contrastées au sein du droit colombien et du droit européen. Depuis sa rapide consécration en droit colombien, le contrôle de régularité n'a pas connu de modifications sensibles. La source législative se révèle, à cause d'une pluralité de facteurs, notamment historiques et politiques, être une entrave à l'évolution de l'instrument d'efficacité (A). En revanche, l'expérience européenne s'éloigne de la rigidité colombienne. Grâce à la confiance mutuelle grandissante entre les États membres, le législateur européen a opté par un contrôle de régularité organisé de manière plus allégée. Le cadre normatif favorise ainsi l'évolution simplificatrice de l'instrument d'efficacité (B).

A. *La source législative et l'adaptation limitée du contrôle colombien de régularité*

188. Aussitôt que le mouvement d'indépendance a touché à sa fin, l'État colombien a entrepris la difficile mission de construire un ordre juridique national. L'efficacité des jugements étrangers ne fut pas ignorée, et quelques dispositions lui ont été réservées au sein du premier Code de procédure civile promulgué. Or, le contexte politique de l'époque, effervescent et agité du fait de la menace encore présente d'une reconquête espagnole, a déclenché de multiples réformes de la loi de procédure civile. Malgré l'instabilité juridique, le législateur colombien s'est toujours efforcé de conforter le contrôle de régularité en tant qu'instrument d'efficacité. Alors qu'il avait une vision réduite de la circulation des jugements étrangers, l'intention *éveillée* du législateur du XIXe siècle peut s'interpréter comme une manifestation de sagesse : conscient du fait que l'efficacité des jugements étrangers allait prendre de plus en plus d'importance en raison des nouvelles relations juridiques que les nouveaux États d'Amérique du Sud et leurs citoyens étaient appelés à nouer, il cherchait à éviter de futures lacunes juridiques en réglant la question par la voie législative. Cependant, au regard de l'évolution dont le contrôle de régularité a été l'objet par la suite, force

est de constater que les législateurs successifs n'ont pas hérité de cet esprit visionnaire dont avaient pu faire preuve leurs aînés.

189. Un regard rétrospectif des lois ayant organisé cet instrument d'efficacité avant (1) et après l'entrée en vigueur du CPC en 1971 (2) permet d'affirmer que le contrôle colombien de régularité n'a pas connu de modification sensible depuis longtemps. Si la date de 1971 est prise comme référente c'est bien parce qu'elle correspond à l'année de la promulgation du CPC qui était censé répondre aux intentions modernisatrices du législateur colombien. Ayant été à l'origine de changements importants dans le droit de la procédure civile, cette date, et ce Code, ont marqué une rupture entre le droit colombien ancien et celui que nous pouvons appeler moderne.

1. Le contrôle prévu avant le Code de procédure civile de 1971

190. L'instabilité politique des premières décennies de la République colombienne a imposé un changement permanent des lois internes jusqu'alors adoptées[1]. Ainsi, entre 1819 et 1887, l'organisation étatique a traversé une période d'hésitations caractérisée par la promulgation de plusieurs constitutions politiques et de diverses lois de procédure civile. Pendant cette période, l'activité législative s'est contentée de suivre de près le Code civil chilien, fortement inspiré du Code civil français, et la loi de procédure civile espagnole. Cependant, cette période a servi à fonder les bases du contrôle de régularité du droit commun, telles l'exigence de réciprocité et la conformité à l'ordre public (a). En ce qui concerne le droit conventionnel, la plupart des conventions auxquelles participe la Colombie en matière d'efficacité des jugements étrangers ont été signées pendant cette période. Elle a dès lors servi à façonner le contrôle de régularité aussi pour ce droit (b).

a. Le droit commun

191. Organisée sous la forme d'un État fédéral, consacré par les Constitutions politiques de 1853, d'inspiration libérale, et de 1858 fortement influencée par le parti politique conservateur, la Colombie a entrepris l'élaboration des Codes de procédure civile au sein de chaque État fédéré[2]. Le Code judiciaire de l'État souverain de Cundinamarca de 1858 prévoyait un titre destiné à l'exécution des jugements au sein duquel les articles 719 à 725 concernaient les décisions étrangères. Dans ce Code, l'organisation de l'efficacité était fondée sur l'exigence de réciprocité internationale qui pouvait être diplomatique ou législative. En cas de réciprocité diplomatique, l'efficacité accordée au jugement étranger était celle déterminée par le traité conclu entre le gouvernement d'origine de la décision et la Confédération Granadine. À défaut de traité, il fallait donc vérifier la réciprocité législative : le juge du for accordait au jugement étranger les mêmes

[1] *v.* L. Moreno Moreno, « Reflexiones sobre la creciente congestión de la administración de la justicia en materia civil para el caso colombiano », *Revista Prolegómenos, derechos y valores,* juillet-décembre 2009, Vol. XII, n° 24, p. 214 et s.

[2] O. Pardo Martínez, *El sistema jurídico en el Estado de Santander 1857-1886*, División editorial y de publicaciones Universidad Industrial de Santander, T. I, 2008, p. 25.

effets que ceux que la législation de l'État d'origine reconnaissait à un jugement de l'État de Cundinamarca. Dans le prolongement de cette exigence de réciprocité, l'efficacité des jugements rendus par les juges des États qui refusaient d'accorder une quelconque efficacité aux jugements prononcés par les juges de l'État de Cundinamarca était exclue. Ces dispositions étaient applicables tant aux décisions prononcées par les États fédérés de la Colombie qu'à celles rendues par des États étrangers, notamment les anciennes colonies espagnoles.

192. Le législateur prévoyait également une solution pour les cas où l'exigence de réciprocité n'était pas satisfaite ; il s'agissait d'un contrôle de régularité. Ainsi, le jugement rendu par un État qui, sans refuser toute efficacité aux décisions judiciaires de l'État de Cundinamarca, n'avait pas conclu de traité avec cet État, et dont la législation était restée muette quant à la question de l'efficacité des jugements étrangers, avait encore une possibilité de produire des effets normatifs dans le for. Il devait remplir trois exigences définies par le législateur colombien. La première était que la décision devait avoir été rendue dans le cadre d'une action personnelle et respecter la compétence exclusive du juge colombien pour connaître des litiges portant sur les biens situés dans sa juridiction. La deuxième condition exigeait que l'action personnelle exercée à l'étranger soit licite selon le droit colombien. Enfin, la troisième condition consistait à vérifier que le jugement étranger remplisse toutes les exigences de l'ordre juridique d'origine pour être exécuté. Pour le déroulement de la procédure, la citation et l'intervention de la personne contre laquelle la décision a été rendue, et celle d'un agent du Ministère Public – *Procureur délégué aux affaires civiles* -, étaient obligatoires. Le juge compétent pour connaître de l'efficacité était le juge judiciaire du circuit judiciaire qui est l'équivalent du tribunal judiciaire français, et la décision rendue était susceptible d'appel[1].

193. Ultérieurement, la Convention de Rionegro du 4 février 1863 a emporté plusieurs réformes de l'État, notamment la promulgation d'une nouvelle Constitution et l'adoption d'une nouvelle dénomination pour le pays qui allait dorénavant s'appeler les États-Unis de Colombie. Afin d'organiser les relations entre les États fédérés et entre ceux-ci et l'État fédéral, le Code judiciaire de Cundinamarca a été désigné comme le Code judiciaire de l'Union en 1872. En ce qui concerne l'efficacité des jugements étrangers, l'exigence de réciprocité a été supprimée et le contrôle de régularité est devenu, par conséquent, le seul moyen dont les décisions étrangères disposaient pour être efficaces en Colombie. Les trois conditions prévues par le Code de Cundinamarca, et que nous avons précédemment indiquées, ont été conservées telles quelles. En ce qui concerne les documents devant accompagner le dossier de demande d'efficacité, il était désormais exigé d'accompagner l'assignation d'un certificat expédié par l'agent diplomatique de la Colombie dans le pays d'origine de la décision et, à défaut d'agent colombien, par celui d'une Nation amie. Dans le document devait

[1] *v.* P. Cétares Salas, *El exequátur de sentencias extranjeras*, Mémoire, Universidad Externado de Colombia, 1998, p. 10 et s; M. Romero Maldonado, *Exequátur de Sentencias y Laudos Extranjeros*, Mémoire, Pontificia Universidad Javeriana, 1987, p. 6 et s. ; J. Alonso Mendez, Y. Castillo Guerrero, S. Rosa Sarmiento et G. Vallejo Pedraza, *El exequatur*, Mémoire, Pontificia Universidad Javeriana, 1996, p. 11 et s.

apparaître la double affirmation que le jugement avait été rendu en conformité avec les lois du pays d'origine et que la décision était définitive.

194. En 1887 une nouvelle Constitution est proclamée et la Colombie devient un État unitaire : la République de Colombie. Le Code Judiciaire de Cundinamarca de 1858, puis Code Judicaire des États-Unis de Colombie, fut alors désigné comme le Code Judiciaire de l'État de Colombie, par la Loi n° 57 de 1887[1]. Les dispositions sur les jugements étrangers ont été conservées à l'identique. Il a fallu attendre les années 1920 pour que des modifications plus sensibles soient apportées au contrôle de régularité. Sur le plan de la procédure, la Loi n° 90 de 1920 relative à l'organisation de la compétence judiciaire, a confirmé la compétence des juges du circuit pour mettre en œuvre le contrôle de régularité mais a confié le recours en appel aux nouveaux Tribunaux Supérieurs des districts judiciaires. Le recours en cassation fut introduit pour la première fois, et la compétence pour en connaître fut accordée à la Chambre civile de la Cour suprême de justice. Sur le plan substantiel, la Loi n° 103 de 1923[2] a réintroduit, d'une part, la condition de réciprocité qui avait disparu auparavant, et a rajouté, d'autre part une nouvelle condition de régularité : la conformité de la décision à l'ordre public colombien. L'efficacité du jugement était refusée dès lors que celui-ci était manifestement contraire à l'ordre public ou aux bonnes mœurs de la République de Colombie[3].

195. Très proche du contrôle de régularité prévu initialement par le Code judiciaire de Cundinamarca, la nouvelle rédaction de la loi paraissait faire de l'exigence de réciprocité une condition de plus du contrôle et non une exigence indépendante et autonome. Rappelons-nous que selon la version initiale du Code de Cundinamarca, le contrôle de régularité intervenait de manière supplétive, uniquement lorsque l'exigence de réciprocité n'était pas remplie. Avec l'entrée en vigueur de la Loi n° 103 de 1923, le système nous semble avoir été considérablement alourdi dans le sens où dorénavant, l'existence de la réciprocité ne suffit plus pour accorder l'efficacité au jugement étranger et qu'outre cette exigence, la décision doit aussi respecter les autres conditions du contrôle.

196. La promulgation d'un nouveau Code judiciaire, par la Loi n° 105 du 17 octobre 1931[4], allait être l'occasion de clarifier la formulation des conditions du contrôle de régularité. L'article 555 de ce Code destinait une disposition entière à l'exigence de réciprocité selon laquelle « Le jugement rendu en pays étranger a en Colombie, la force que lui accordent les respectifs Traités conclus avec le pays qui l'a rendu, et à défaut de Traité, il aura la force que l'État d'origine reconnaît

[1] Loi n° 57 du 15 avril 1887, *préc.*

[2] Loi n° 103 du 5 décembre 1923, sur « l'organisation judiciaire et la procédure civile », publiée au Journal Officiel n° 19 498 à 19 509 du 18 février 1924.

[3] Article 540, Loi n° 57 du 15 avril 1887, *préc.*

[4] Loi n° 105 du 17 octobre 1931, portant sur l'organisation judiciaire et la procédure civile, publiée au Journal Officiel n° 21 823 du 24 octobre 1931. *v.* A. Herrán, *Compendio de derecho internacional privado*, Temis, 1959, p. 262 §52.

aux jugements rendus en Colombie »[1]. L'article suivant demeure très proche du Code de Cundinamarca en refusant tout effet à un jugement rendu par un État dont la loi nationale refuse aux jugements colombiens de produire effet[2]. Enfin, l'article 557 indiquait qu'outre l'existence de réciprocité, le jugement devait aussi être contrôlé dans sa régularité internationale et énonçait, à ce propos, la liste des conditions qui devaient être vérifiées[3]. Ainsi, selon cette disposition « [...] l'exécution ne sera ordonnée que si les conditions suivantes sont remplies : Première, que le jugement soit le résultat de l'exercice d'une action personnelle, seconde : qu'il ne soit pas contraire à la juridiction nationale ni ne porte atteinte à l'ordre public ou aux bonnes mœurs, troisième : le jugement doit être rendu en conformité avec la législation du for d'origine, doit être définitif et authentique »[4].

197. Une modification importante a été introduite à propos de la compétence pour connaître de l'action en efficacité car, elle a été attribuée en exclusivité à la chambre civile de la Cour suprême de justice, sauf s'il en est disposé autrement dans un Traité signé à cet égard par la Colombie[5]. Puisque la Cour de cassation est au sommet de la hiérarchie, lui accorder une compétence exclusive à ce sujet implique que le jugement d'efficacité n'est susceptible d'aucun recours[6].

198. Le Code de 1931 est resté en vigueur jusqu'en 1970, date à laquelle le CPC fut promulgué par le Décret n° 1400[7] et dont l'article 698 abrogeait expressément la législation précédente. La période écoulée avant l'adoption du CPC, assez agitée politiquement, a consolidé le contrôle de régularité en tant qu'instrument d'efficacité. Les modifications apportées témoignent de la construction progressive d'une conception colombienne de l'efficacité des jugements étrangers et de l'intérêt du législateur pour adapter l'instrument d'efficacité à cette conception. En conclusion, la source législative du contrôle n'empêchait pas, à cette époque, son évolution : l'instrument n'était pas figé. C'est aussi durant cette période qu'ont été signées quatre conventions internationales en matière d'effets des jugements étrangers, deux de type bilatéral et deux multilatérales.

b. *Le droit conventionnel*

199. Les conventions bilatérales et multilatérales auxquelles participe la Colombie en matière de reconnaissance et d'exécution des jugements étrangers organisent toutes l'efficacité des jugements étrangers autour d'un même instrument juridique : le contrôle de régularité internationale. Cependant, tel que

---

[1] Article 555, Loi n° 105 du 17 octobre 1931, *préc.* *v.* A. Pardo, *Tratado de derecho procesal civil*, Editorial Universidad de Antioquia, T. II, 1956, p. 331; J. González Velásquez, *Institución procesal civil colombiana*, Editorial Teoría, 1946, p. 264.

[2] L'article 556 disposait ainsi que *« Si le jugement est en provenance d'un État où la loi ne reconnaît pas les jugements des Tribunaux colombiens, ils n'auront aucun effet en Colombie »*. Loi n° 105 du 17 octobre 1931, *préc.*

[3] *v.* A. Herrán, *op.cit.*, p. 262 §51; A. Pardo, *op.cit.*, p. 331 et s ; J. González Velásquez, *op.cit.*, p. 264 H. Morales Molina, *Curso de derecho procesal civil*, Lerner, 5e éd., 1965, p. 113.

[4] Article 557, Loi n° 105 du 17 octobre 1931, *préc.* *v.* H. Morales Molina, *op.cit.*, p. 114 et 115.

[5] Article 558, Loi n° 105 du 17 octobre 1931, *préc.*

[6] *v. infra* p. 427.

[7] Décret n° 1400 du 6 août 1970 publié au Journal Officiel n° 33 150 du 21 septembre 1970 *« Pour laquelle se dicte le Code de Procédure Civile »*.

nous avons pu l'indiquer précédemment, les engagements internationaux de la Colombie dans ce domaine ne sont pas nombreux[1]. Alors que l'adoption et le maintien d'une condition de réciprocité au sein du droit commun auraient pu nous faire penser à l'existence d'un réseau important de conventions internationales justifiant sa présence dans le contrôle colombien de régularité, force est pourtant de constater qu'il n'en est rien. Le droit conventionnel colombien ne compte que deux accords bilatéraux assez anciens, l'un avec l'Équateur conclu en 1903, et l'autre avec l'Espagne signé en 1908. En ce qui concerne les instruments multilatéraux, deux ont été conclus pendant la période antérieure à 1971. Il s'agit, d'une part, du Traité d'exécution d'actes étrangers de 1911 et, d'autre part, du Traité de Montevideo de 1889.

200. Le faible nombre d'accords internationaux suggère donc que l'exigence de réciprocité diplomatique prévue en droit interne n'est pas en réalité très souvent sollicitée et que, par conséquent, les liens de confiance mutuelle que la Colombie entretient avec les ordres juridiques étrangers ne sont pas, hormis ceux noués avec les pays latino-américains, très développés, du moins pour l'instant. Dans ce contexte, l'utilité d'adhérer à la récente Convention de La Haye du 2 juillet 2019 se perçoit facilement, au moins en ce qui concerne la matière civile et commerciale. À ce propos, nous tâcherons de montrer tout au long de cette étude, combien l'adoption de cet instrument peut représenter pour la Colombie, des changements sensibles dans la conception même de l'efficacité des décisions étrangères mais, surtout, combien un tel bouleversement est nécessaire et opportun en vue d'une modernisation des normes colombiennes.

201. Déterminer le sens de cette modernisation impose d'identifier les caractéristiques principales du contrôle de régularité prévu en droit conventionnel colombien. Pour y parvenir nous estimons nécessaire de dresser un tableau récapitulatif de la manière dont chaque instrument international prévoit ledit contrôle. De ce fait, si nous regardons d'abord le Traité bilatéral conclu entre la Colombie et l'Équateur[2], il apparaît que cet instrument a pour ambition de réguler un grand nombre des domaines du droit international privé, notamment l'efficacité des jugements et des résolutions judiciaires rendus en matière civile[3]. Sans donner une définition de la matière civile visée, les articles 39 à 49 organisent le contrôle de régularité en prévoyant les exigences auxquelles l'efficacité des décisions étrangères est conditionnée en Colombie et en Équateur. Ainsi, le juge doit vérifier que la décision ne porte pas atteinte à la juridiction nationale, que la partie contre laquelle le jugement a été rendu ait été légalement assignée, et enfin, que le jugement en cause soit définitif selon la loi du pays d'origine[4]. Une disposition différente a été réservée pour indiquer que le juge est également chargé de vérifier qu'outre ces trois conditions, la décision ne porte

---

[1] *v.* P. Orejudo Prieto de los Mozos, « Le droit international privé colombien et le projet de loi modèle de l'OHADAC » *in*, *L'harmonisation du droit international privé dans le Caraïbe*, sous la dir. de J. Fernandez Rozas, Iprolex, 2015, p. 129.

[2] Ratifié par la Loi n° 13 du 8 avril 1905, *préc.*

[3] Article 39, *Idem.*

[4] Article 41, *Idem.*

atteinte ni à la Constitution, ni aux lois d'ordre public, ni aux bonnes mœurs de l'État requis[1].

202. La particularité principale de cet instrument consiste dans le régime procédural prévu pour la mise en œuvre du contrôle. Contrairement au droit commun colombien, le contrôle de régularité mis en place dans ce Traité n'est pas opéré à l'occasion d'une action en efficacité formée devant la Cour suprême de justice, mais à la suite d'une commission rogatoire que le juge d'origine adresse à son homologue équatorien ou colombien du lieu de l'exécution du jugement[2]. Cette particularité procédurale permet d'accélérer l'octroi ou le refus de l'efficacité de la décision en ce sens que le même juge qui contrôle sa régularité internationale est également compétent pour ordonner et procéder à son exécution. Le texte comporte néanmoins une imprécision. Il ne fait référence qu'à l'exécution de la décision sans pour autant mentionner la reconnaissance de celle-ci. Cependant, nous estimons qu'en dépit de la rédaction, les dispositions de ce Traité s'appliquent aux deux manifestations de l'efficacité. Cette imprécision viendrait, selon nous, du fait que la distinction entre ces notions de reconnaissance et d'exécution n'a été envisagée que de manière très timide et confuse en droit colombien[3].

203. Contrairement au Traité colombo-équatorien, la Convention signée entre la Colombie et l'Espagne en 1908[4] ne concerne que l'exécution des jugements civils et ne comporte que quatre articles. Le contrôle de régularité prévu comporte uniquement deux conditions : selon la première, le jugement étranger doit être définitif et remplir toutes les exigences prévues par la loi d'origine pour être exécuté ; selon la deuxième, le jugement ne doit pas contrarier les lois en vigueur dans l'État où l'exécution est demandée[5]. Afin de satisfaire à la première des conditions, la partie intéressée à l'efficacité de la décision a la charge d'obtenir un certificat expédié par le Ministre du Gouvernement ou de Grâce et de la Justice, aujourd'hui Ministre de la Justice, qui atteste du caractère définitif du jugement. Les formalités dudit certificat ne sont pas simples car la signature du Ministre qui le délivre doit être légalisée par le Ministre d'État ou celui des Relations Extérieures du lieu où le jugement a été rendu, et la signature de ce dernier par l'Agent diplomatique colombien du lieu de la légalisation[6]. La lourdeur de ces formalités de preuve complique grandement l'obtention de l'efficacité car, outre imposer aux parties de longues démarches bureaucratiques, la disposition est rédigée de manière inintelligible. Étant souvent mal comprise par les intéressés, l'absence du certificat exigé, ou le défaut des exigences formelles, sont à l'origine d'un nombre important de décisions de refus

---

1 Article 53, *Idem.*

2 Article 40, Loi n° 13 du 8 avril 1905, *préc. v.* S. Santis Melendo, *La sentencia extranjera. Exequatur*, Ediciones Jurídicas Europa-América, 1958, p. 209

3 *v. infra* p. 360 et s.

4 Signée le 30 mai 1908, cette Convention a été approuvée par la Loi n° 7 du 13 août 1908, publiée au Journal Officiel n° 13 366 du 19 août 1908 et 13 744 du 27 juillet 1909.

5 Article 1er, *Idem.* Sur cette disposition *v.* J. Caicedo Castilla, *Derecho internacional privado*, Temis, 5e éd., 1960, p. 495 §318

6 Article 2, Loi n° 7 du 13 août 1908, *préc.*

d'efficacité[1]. Dans un arrêt du 26 avril 2010[2], par exemple, la Cour déclare internationalement irrégulier un jugement d'adoption d'un mineur du fait de l'absence de ladite certification. Sans même avoir étudié le jugement en lui-même, la Cour refuse son efficacité. Contrairement à ceci, dans un arrêt du 4 février 2014, portant sur l'efficacité d'un jugement espagnol de divorce par consentement mutuel, l'absence du certificat exigé n'a pas conduit la Cour à déclarer la décision comme internationalement irrégulière mais à prononcer l'irrecevabilité de la demande. À cette occasion, la Cour justifie sa décision car l'absence du certificat exigé par le Traité empêche d'établir avec certitude le caractère définitif de la décision dont l'efficacité est demandée[3]. L'étude de la jurisprudence colombienne montre ainsi que l'absence du certificat exigé par la Traité de 1908 n'est pas toujours sanctionnée de la même manière. Dans certains cas, la Cour refuse définitivement l'action en exequatur[4]. Parfois elle déclare l'irrecevabilité de la demande[5], et dans d'autres cas elle se prononce sur le fond de la question pour déclarer que la décision en cause est internationalement irrégulière et qu'elle ne peut pas être efficace en Colombie[6].

204. En outre, le caractère excessif de ces formalités se confirme lorsque nous voyons que tant la Colombie que l'Espagne ont signé la Convention de La Haye du 5 octobre 1961 qui supprime l'exigence de la légalisation des actes publics étrangers et met en place le système de l'apostille[7]. Une renégociation du Traité est alors possible afin de, entre autres modifications, remplacer l'exigence dudit certificat par la simple apostille du jugement étranger. Il s'agit, en effet, d'une démarche beaucoup plus adéquate dans l'intérêt de faciliter la réception des décisions judiciaires espagnoles en Colombie. Il n'en demeure pas moins que cette vérification stricte des formalités du certificat, et les ambiguïtés qui existent quant à la sanction de leur méconnaissance, montrent combien la jurisprudence colombienne se montre timide pour participer à l'adaptation du contrôle de régularité.

205. Or, en plus de la conclusion de ces deux instruments bilatéraux, la période qui va depuis l'Indépendance du pays jusqu'à 1971 a signifié pour la Colombie la participation dans deux accords multilatéraux : le Traité d'exécution

---

[1] Par exemple *v.* CSJC. Cass. Ch. Civ., 15 juin 2010, Magistrat Rapporteur : William Namén, Dossier n° 805-00 ; CSJC. Cass. Ch. Civ., 28 novembre 2014, Magistrat Rapporteur : Ariel Salazar, Dossier n° 2680-00 ; CSJC. Cass. Ch. Civ., 12 juin 2015, Magistrat Rapporteur : Álvaro García, Dossier n° 0978-00.

[2] CSJC. Cass. Ch. Civ., 26 avril 2010, Magistrat Rapporteur : William Namén, Dossier n° 2009-00466-00.

[3] CSJC. Cass. Ch. Civ., 4 février 2014, Magistrat Rapporteur : Jesús Vall de Rutén Ruiz, Dossier n° 3000-00.

[4] *v.* CSJC. Cass. Ch. Civ., 15 juin 2010, *préc.* ; CSJC. Cass. Ch. Civ., 26 janvier 2015, Magistrat Rapporteur : Fernando Giraldo, Dossier n° 2884-00 ; CSJC. Cass. Ch. Civ., 14 janvier 2016, Magistrat Rapporteur : Margarita Cabello, Dossier n° 1801-00.

[5] *v.* CSJC. Cass. Ch. Civ., 13 février 2012, Magistrat Rapporteur : Jaime Alberto Arrubla Paucar, Dossier n° 0263-00 ; CSJC. Cass. Ch. Civ., 14 mars 2012, Magistrat Rapporteur : Ariel Salazar, Dossier n° 0494-00.

[6] CSJC. Cass. Ch. Civ., 13 octobre 1999, Magistrat Rapporteur : Carlos Ignacio Jaramillo, Dossier n° 7298-00 ; CSJC. Cass. Ch. Civ., 17 juillet 2009, Magistrat Rapporteur : William Namén, Dossier n° 589-00 ; CSJC. Cass. Ch. Civ., 12 septembre 2013, Magistrat Rapporteur : Margarita Cabello, Dossier n° 1228-00.

[7] En Colombie ladite Convention a été approuvée par la Loi n° 455 du 4 août 1998, publiée au Journal Officiel n° 43360 du 11 août 1998, entrée en vigueur le 30 janvier 2001. En Espagne, la Convention de la Haye du 5 octobre 1961 a été approuvée par la loi du 10 avril 1978 et, son entrée en vigueur s'est effectuée le 25 septembre 1978.

d'actes étrangers de 1911, et le Traité de droit international de la procédure de Montevideo de 1889. Cependant, le contenu de ces deux traités est, sauf certaines légères modifications, identique. Nous pouvons ainsi les analyser simultanément[1]. En effet, le premier instrument fut proposé lors du Premier Congrès Bolivarien réalisé à Caracas le 18 juin 1911, mais son contenu était calqué sur celui du Traité de Montevideo de 1889 à quelques mots près. Il a été ratifié par la Bolivie, l'Équateur, le Pérou, le Venezuela et la Colombie, qui l'a adopté en 1913[2]. Le second, en revanche, a été conclu lors du Premier Congrès de droit international privé réalisé à Montevideo le 11 janvier 1889. Il a été ratifié à cette occasion par l'Uruguay, l'Argentine, la Bolivie, le Brésil, le Chili, le Paraguay, le Pérou, et quelques années plus tard, en 1920, par la Colombie[3].

206. À l'instar des deux traités bilatéraux que nous avons présentés, le champ d'application de ces deux instruments ne vise que la matière civile et commerciale sans qu'aucun des deux ne donne une définition de cette matière. L'article 3 des deux instruments prévoit une règle générale d'efficacité des jugements étrangers en disposant que les jugements civils et commerciaux rendus dans un pays signataire produisent des effets dans les autres pays signataires pour autant que les règles fixées par le Traité soient respectées, et que les documents exigés au dossier soient dûment légalisés[4]. La rédaction de cette disposition nous permet d'affirmer qu'aucun des deux instruments ne prévoit l'hypothèse d'une efficacité accordée de plein droit. Ceci signifie dès lors que, contrairement au droit commun français et à ce que nous verrons pour le droit européen, la mise en œuvre du contrôle de régularité est toujours nécessaire pour la reconnaissance et pour l'exécution de la décision. À ce propos, les deux textes fixent, à l'article 5, les quatre conditions de régularité qui intègrent le contrôle. Ainsi, le jugement doit être rendu par le tribunal internationalement compétent, il doit être définitif ou passé en force de chose jugée dans l'État d'origine, la partie contre laquelle le jugement a été rendu doit être régulièrement assignée et représentée, ou déclarée défaillante selon la loi du pays dans lequel la procédure s'est effectuée, et enfin, le jugement ne peut pas porter atteinte à l'ordre public du pays d'exécution[5]. En ce qui concerne les aspects procéduraux de la mise en œuvre de cet instrument, la compétence de la Cour suprême colombienne reste inaltérée car aucune disposition ne règle le sujet. La procédure d'efficacité devra respecter les normes de procédure du pays où l'efficacité est demandée[6], et l'exécution matérielle du jugement est soumise aux règles procédurales de l'État dans lequel celle-ci doit

---

[1] *v.* A. Herrán, *Compendio de derecho internacional privado*, Temis, 1959, p. 264 §2.

[2] Loi n° 16 du 1er octobre 1913, portant sur l'adoption du Traité sur l'exécution d'actes étrangers, publiée au Journal Officiel n° 15 013 du 7 octobre 1913.

[3] Loi n° 68 du 11 novembre 1920, sur l'adhésion de la République de Colombie au Traité relatif au droit processuel conclu lors du Congrès national sud-américain de Montevideo, publiée au Journal Officiel n° 17 406 du 11 novembre 1920.

[4] Article 3, Loi n° 68 du 11 novembre 1920, *préc.*, et Loi n° 16 du 1er octobre 1913, *préc.*

[5] Article 5, *Idem.*

[6] Article 1er, *Idem.*

s'effectuer[1]. Autrement dit, la procédure comme le Tribunal compétent restent déterminés par le droit du pays requis.

207. Un aspect nous semble important à soulever à propos de ces deux Traités. Si nous regardons les pays signataires, il apparaît que celui de Montevideo est aujourd'hui applicable dans 9 des 11 pays de l'Amérique du Sud, seul la Guyana et le Surinam ne l'ont ni signé, ni ratifié. Ainsi, depuis 1889 les pays de l'Amérique du Sud bénéficient d'une réglementation commune destinée à faciliter la circulation et l'efficacité des jugements sud-américains entre eux. L'appartenance de l'ensemble de ces pays à la même tradition juridique, entre autres facteurs comme le partage d'une même langue, expliquent, assurément que ce projet ait été entrepris aussi tôt en Amérique latine[2], par rapport, par exemple, au continent européen. En effet, au sein de l'Union européenne, la proximité dominante entre les États n'est pas forcément juridique ou linguistique, mais avant tout territoriale. Pour autant, depuis l'entrée en vigueur desdits Traités, les liens juridiques entre les pays de l'Amérique latine, notamment de l'Amérique du Sud se sont renforcés et la circulation des jugements sud-américains s'est développée. Or, puisque les deux Traités cités n'ont malheureusement pas connu de renégociation depuis plus de cent ans, le contrôle de régularité qu'ils prévoient n'a pas pu suivre l'évolution latino-américaine. L'instrument se trouve en décalage avec son temps, et ce malgré la proximité juridique qui relie les pays de ce continent, et qui rendrait possible sa modernisation, notamment sa simplification.

208. Ayant vu la manière dont le contrôle de régularité a été érigé en tant qu'instrument d'efficacité au sein du droit colombien avant 1971, il apparaît que l'intervention du législateur a permis l'établissement de ses aspects fondamentaux et a accompagné leur évolution. Il convient désormais de regarder la manière dont le législateur contemporain a confirmé son rôle au cœur de l'efficacité des jugements étrangers après l'entrée en vigueur du CPC. L'importance de cette étude rétrospective se confirme lorsque nous voyons que malgré la promulgation en 2012 du NCGP, les normes du CPC relatives au contrôle de régularité et à l'efficacité des jugements étrangers ont été, *grosso modo*, conservées à l'identique. Le contrôle de régularité colombien est, dès lors, figé depuis 1970.

2. *Le contrôle prévu après le Code de procédure civile de 1971*

209. Le 1er juillet 1971 est entré en vigueur le CPC. Il a mis en place une nouvelle organisation judiciaire, ainsi qu'une réforme de la procédure civile dont l'objectif était de réduire la durée excessive des instances juridictionnelles et de rendre la justice plus accessible et efficace. Cependant, les intentions modernisatrices du législateur étaient limitées. Par exemple, l'efficacité des jugements étrangers n'a pas connu de changement remarquable. Le droit

---

[1] Article 7, *Idem.*

[2] *v.* R. Viñas Farré, «El reconocimiento y la ejecución de decisiones extranjeras en Latinoamérica», *in La idea de América Latina en el pensamiento ius internacionalista del siglo XXI*, Institución Fernando el católico ediciones, 2010, p. 166 et s ; T. Maekelt. «El rol de la codificación interamericana en el mundo globalizado», *in Comité Jurídico interamericano XXV. Curso de derecho internacional,* Organización de los Estados Americano, 1998, p. 65 et s.

applicable en la matière est resté le même que celui organisé par les anciens codes. On peut faire la même analyse après la promulgation, en 2012, du NCGP.

210. Deux remarques peuvent être formulées au regard de ces deux derniers Codes de procédure civile. D'abord, l'efficacité des jugements et le contrôle de régularité demeurent organisés directement par le législateur. Ensuite, contrairement à la période antérieure à 1971, le législateur contemporain a cessé de moderniser le contrôle de régularité : l'instrument d'efficacité souffre d'un manque d'évolution. Les dispositions déterminant ses conditions et son régime procédural[1] demeurent inchangées depuis bientôt cinquante ans. Ceci montre combien la source législative du contrôle empêche son évolution en droit commun (a). En ce qui concerne le droit conventionnel, l'esprit d'ouverture et de renouveau du législateur colombien s'est également avéré limité. La preuve en est que depuis 1971, la Colombie n'a signé qu'une seule convention internationale dans la matière (b). Le faible nombre d'instruments internationaux auxquels participe la Colombie mettent en lumière l'opportunité de l'adoption de la Convention de La Haye de 2019 par la Colombie.

a. Le droit commun

211. Le législateur de 1970 a organisé l'efficacité des jugements étrangers en Colombie autour de trois articles, du 693 au 695 du CPC. Le système est resté fidèle à l'orientation des Codes précédents. Pour produire des effets dans le for, le jugement étranger doit satisfaire un contrôle préalable de régularité, et notamment, l'exigence de réciprocité[2]. À ce propos, la première des trois dispositions prévoit : « les jugements ainsi que les ordonnances de nature similaire rendus par des autorités étrangères lors de procédures contentieuses ou relatives à la matière gracieuse ont en Colombie la force qui leur est accordée par les Traités conclus avec le pays qui les a rendus, et à défaut, ils ont la force que les lois de ce pays reconnaissent aux jugements colombiens »[3]. Un alinéa additionnel prévoyait l'application de cette disposition et des deux articles suivants à l'efficacité des sentences arbitrales. Il a été abrogé lorsqu'en 2012 un statut d'arbitrage national et international fut adopté[4].

212. La deuxième des dispositions, l'article 694, énonce les conditions qui structurent le contrôle de régularité. Il s'agit désormais de sept conditions dont certaines sont indiquées pour la première fois, mais dont la rédaction est nouvelle pour l'ensemble de la liste. Selon cette disposition, l'efficacité normative du jugement étranger est admise en Colombie s'il ne tranche pas une question relative aux droits réels constitués sur des biens qui, au moment du début de la

[1] Précisons dès maintenant que contrairement au droit français et au droit européen, le droit colombien ne connaît qu'une seule action aux fins d'efficacité des décisions étrangères et c'est l'action en exequatur. Nous ne manquerons pas de revenir sur cet aspect dans la seconde partie de notre étude. *v. infra* p. 340.

[2] *v.* H. López Blanco, *Instituciones de derecho procesal civil colombiano*, DUPRE editores, T. II, 8e éd., 2004, p. 826 ; P. Cardona Galeano, *Manual de derecho procesal*, Leyer, T. II, 5e éd., 2003, p. 619 et s. ; F. Canosa Torrado, *Procesos de ejecución de providencias judiciales*, Ediciones doctrina y ley, 2e éd., 2004, p. 107.

[3] Article 693, CPC, *préc.*

[4] Loi n° 1563 du 12 juillet 2012, relative à l'adoption d'un statut d'arbitrage national et international, publiée au Journal Officiel n° 48 489 du 12 juillet 2012.

procédure à l'étranger, se situaient sur le territoire colombien, s'il est respectueux des lois et des autres dispositions colombiennes d'ordre public à l'exception des normes de procédure, s'il est définitif selon la loi du pays où il a été rendu et s'il a été apporté en copie authentifiée et légalisée au dossier de demande d'efficacité, si l'affaire décidée au fond ne relève pas de la compétence exclusive des tribunaux colombiens, s'il n'existe pas de procédure en cours devant un tribunal national portant sur le même litige, ou s'il n'y a pas de jugement national définitif déjà rendu sur la même affaire, si lors de la procédure étrangère l'assignation et la notification du défendeur ont été régulières et si les droits de la défense des parties ont été respectés selon les normes du pays d'origine de la décision, et, enfin, si la procédure d'exequatur a été respectée en Colombie[1].

213. Selon nous, le contrôle colombien souffre actuellement d'un manque d'évolution. Cela ne nous empêche pas pour autant de reconnaître que ces deux dispositions du CPC ont contribué, en 1971, à améliorer l'organisation de l'instrument d'efficacité. Deux remarques sont à ce propos pertinentes à ce stade de notre travail. La première est que l'augmentation indéniable du nombre des conditions de régularité témoigne d'une définition plus structurée de la notion de régularité internationale. À côté des conditions héritées du Code judiciaire antérieur, le CPC intègre de nouvelles exigences telle la protection des compétences exclusives des juges colombiens, ou encore la conformité procédurale de la décision consistant, notamment, dans le respect des droits de la défense des plaideurs. La liste colombienne est, en effet, assez large en comparaison avec celle que l'arrêt *Munzer* de 1964 avait prévue pour le droit commun français, et encore plus large au regard de sa version actuelle issue de l'arrêt *Cornelissen* de 2007. Elle énonce, en plus, certaines exigences qui ne concernent pas vraiment la régularité internationale du jugement étranger. Nous pensons notamment à l'exigence de réciprocité, aux formalités d'authentification et de légalisation de la copie qui contient le jugement, ou encore à la procédure d'exequatur dans le for. Ces exigences sont, selon nous, des *« fausses conditions de régularité »* qui empêchent l'allégement du contrôle colombien. Nous verrons à ce propos[2], que si leur inobservation peut compromettre la recevabilité de la demande d'efficacité[3], elle n'est pas vraiment déterminante de l'irrégularité internationale de la décision et ne doit pas conduire au refus d'efficacité. Cependant, en dépit du nombre des conditions et des imprécisions du texte, le

[1] Article 694, CPC, *préc. v.* A. Jaramillo Castañeda, *Procedimiento civil aplicado*, Librería Doctrina y Ley, 1997, p. 223. CSJC. Cass. Ch. Civ., 5 août 2015, Magistrat Rapporteur : Margarita Cabello, Dossier n° 10191-2015.

[2] *v. infra* p. 238.

[3] L'article 85 du CPC et l'articlent 90 du NCGP énoncent les causes exhaustives d'irrecevabilité de la demande. Certaines de ces causes sont : la demande ne remplit pas l'ensemble des formalités exigées par le Code, elle n'est pas accompagnée des pièces indiquées par la loi, le demandeur est frappé d'incapacité et n'agit pas par l'intermédiaire de son représentant légal, entre autres. Dans ce cas, le demandeur dispose d'un délai de 5 jours pour compléter ou corriger sa demande afin que le juge étudie à nouveau sa recevabilité. Contrairement à l'irrecevabilité, le droit colombien prévoit aussi l'hypothèse d'un refus définitif de la demande sans étudier le fond de l'affaire. Une telle décision s'impose lorsque la demande ne concerne pas la juridiction judicaire, lorsque le juge manque de compétence judiciaire, dans le cas de prescription de l'action, ou encore lorsque, suite à l'irrecevabilité de l'assignation, le demandeur a laissé expirer le délai prévu sans corriger les défauts de l'irrecevabilité.

fait est que les efforts du législateur de 1970 pour déterminer les exigences de justice qu'une décision étrangère doit respecter pour produire des effets en Colombie, sont notables.

214. La seconde remarque concerne la formulation des conditions du contrôle qui sont rédigées de manière plus spécifique et claire que sous la législation antérieure. Alors que des critiques demeuraient possibles, nous pensons que cet avancement quant à l'intelligibilité des dispositions est, peut-être, l'indicateur d'une prise de conscience de la part du législateur colombien qui commençait, malgré sa vision réduite de l'efficacité des jugements étrangers, à se familiariser de plus en plus avec la réception desdits jugements. L'écart existant entre les exigences du contexte international et l'état de la législation nationale se révélait problématique et le législateur colombien a certainement voulu rattraper le retard. Dans le but de rendre l'organisation de l'efficacité plus solide, et de mieux assurer la protection de son ordre juridique, le législateur colombien a cherché à clarifier l'énoncé des conditions du contrôle, seules à pouvoir permettre à la décision étrangère de déployer ses effets dans le for.

215. La dernière des trois dispositions qui traitait de l'efficacité et du contrôle de régularité au sein du CPC, concernait les aspects procéduraux de la mise en œuvre du contrôle. Elle déterminait les délais et les étapes de la procédure d'efficacité. L'action en efficacité – ou en exequatur selon le CPC et le NCGP[1] – doit être intentée par l'intéressé devant la Cour suprême de justice sauf si un traité international attribue cette compétence à un autre juge. Le défendeur et le Ministère public – *Procureur délégué aux affaires civiles* – sont notifiés de la recevabilité de l'action et doivent comparaître à la procédure[2]. La décision par laquelle la Cour décide de la régularité internationale de la décision est adoptée par l'ensemble des magistrats qui la composent[3] et n'est susceptible que du recours extraordinaire de *« révision »* devant le même tribunal. Si l'efficacité de la décision impose de procéder à des mesures d'exécution matérielle, la compétence pour y procéder est déterminée, à l'instar des Codes précédents, selon les règles internes de compétence[4].

216. En 2012, le CPC de 1971 a été remplacé par le NCGP[5]. Les apports de ce dernier en matière d'efficacité des jugements étrangers sont très légers, quasiment imperceptibles. Pour ce qui est d'abord des conditions du contrôle, les anciens articles 693 et 694 sont devenus les nouveaux articles 605 et 606 du NCGP. Outre ce changement dans la numérotation, les dispositions ont gardé leur contenu à l'identique, si ce n'est une simple modification à propos des

---

[1] *v. infra* p. 340.

[2] J. González Velásquez, *Institución procesal civil colombiana*, Editorial Teoría, 1946, p. 265.

[3] *v.* M. Monroy Cabra, *Derecho Procesal Civil Internacional*, Ediciones Librería del Profesional, 2000, p. 125 et s.; P. Cardona Galeano, *op.cit.*, p. 633; F. Canosa Torrado, *op.cit.*, p. 129 et 130.

[4] Hernán Fabio López Blanco estime à ce propos que, compte tenue de la durée parfois excessive des procédures civiles en Colombie, il serait normal de permettre au défendeur à l'instance indirecte de soulever, par exemple, qu'il a déjà exécuté la décision dont l'efficacité est demandée. Il appartiendrait donc à la Cour Suprême de vérifier que l'exécution du jugement ait déjà eu lieu effectivement pour mettre fin à la procédure. H. López Blanco, *op.cit.*, p. 836 et s.

[5] Loi n° 1564 du 12 juillet 2012, sur l'adoption du Code général de la procédure, publiée au Journal Officiel n° 48 489 du 12 juillet 2012.

formalités que le document contenant le jugement doit respecter. Alors que le CPC exigeait un document authentifié et légalisé, le NCGP sollicite seulement un document légalisé.

217. L'inactivité du législateur contraste ouvertement avec l'augmentation exponentielle du nombre de jugements étrangers dont l'efficacité est invoquée en Colombie, notamment en matière familiale. La discrétion qui caractérise le travail législatif en droit commun se prolonge également sur le plan du droit conventionnel. En effet, contrairement aux attentes d'ouverture vers l'international issues du changement constitutionnel de 1991, la Colombie n'a participé qu'à une seule convention internationale sur ce domaine depuis l'entrée en vigueur du CPC en 1971.

b. La Convention interaméricaine sur l'efficacité extraterritoriale des jugements et des décisions arbitrales de 1979

218. Signée à Montevideo le 8 mai 1979, cette Convention a été élaborée au sein de l'Organisation des États Américains, et adoptée en Colombie en 1981[1]. Elle est applicable aujourd'hui dans 9 États de l'OEA, à savoir l'Argentine, le Brésil, l'Équateur, le Mexique, le Paraguay, le Pérou, l'Uruguay, le Venezuela et la Colombie. Il s'agit, exception faite du Mexique qui s'y rajoute et de la Bolivie qui en est absente, des mêmes États parties aux deux autres conventions multilatérales que nous avons indiquées. Cette Convention, qui est fondée sur la coopération mutuelle entre États, prétend assurer et faciliter l'efficacité extraterritoriale des jugements judiciaires et des sentences arbitrales rendus en matière civile, commerciale et sociale entre les pays signataires[2].

219. Pour y parvenir, le choix de la Convention a été, à l'instar des autres Traités étudiés, de consacrer le contrôle de régularité comme seul mécanisme juridique permettant à un jugement étranger rendu dans un État signataire de déployer ses effets normatifs dans un autre État signataire. En effet, aucune hypothèse d'efficacité de plein droit n'a été prévue. Quant aux conditions de l'instrument choisi, l'article 2 de la Convention en précise huit. Pour être efficace, le jugement doit remplir toutes les formalités externes pour être considéré comme un acte authentique dans l'État d'origine. De plus, le jugement et toutes les pièces accompagnant le dossier doivent être traduits dans la langue officielle de l'État où leur réception est demandée. Ils doivent être aussi légalisés conformément à la loi de l'État où ils vont produire des effets. Le jugement doit avoir été rendu par le juge internationalement compétent selon la loi de l'État d'accueil. Le défendeur doit avoir été régulièrement notifié et informé de la procédure directe d'une manière équivalente à celle prévue par l'État d'accueil. Le droit des parties à la défense doit avoir été respecté dans l'instance directe, et le jugement doit être définitif ou passé en force de chose jugée dans l'État

---

[1] Loi n° 16 du 22 janvier 1981, sur l'adoption de la Convention interaméricaine sur l'efficacité extraterritoriale des jugements et des sentences arbitrales souscrite à Montevideo le 8 mai 1979, publiée au Journal Officiel n° 35 711 du 27 février 1981.

[2] R. Viñas Farré, *op.cit.*, p. 169.

d'origine. Enfin, le jugement ne doit pas être manifestement contraire aux principes et aux lois d'ordre public de l'État d'accueil[1].

220. La liste des conditions prévues par cet instrument garde une similitude remarquable avec celle des deux conventions sud-américaines précédemment mentionnées. La ressemblance est aussi indéniable par rapport aux conditions du contrôle mis en place en droit commun colombien. Il n'en demeure pas moins que, conclue il y a longtemps, cette Convention et notamment le contrôle de régularité qu'elle prévoit, peuvent ne plus répondre, d'une part, à la réalité des liens qui unissent les États signataires, et, d'autre part, au flux grandissant des décisions étrangères qui ont vocation à circuler entre les pays signataires. Ces deux facteurs rendent évidente l'opportunité de procéder à un effort souhaitable d'assouplissement et de modernisation des Traités.

221. Au regard des développements que nous avons présentés jusqu'ici, il apparaît qu'en prévoyant un contrôle de régularité de source principalement législative, le droit colombien parvient à certains effets positifs. La prévisibilité de la loi permet de protéger la sécurité juridique des citoyens qui sont à l'abri de toute modification inattendue des conditions de régularité. Pour le juge, l'existence d'un cadre normatif facilite son travail d'appréciation de la décision étrangère. Cependant, des effets regrettables peuvent aussi apparaître. La lenteur de la procédure législative colombienne, et la timidité avec laquelle le législateur colombien appréhende l'efficacité des décisions étrangères se traduisent, au sein du droit colombien, par l'absence de toute initiative modernisatrice de l'instrument d'efficacité[2]. Les règles colombiennes sont restées inchangées depuis bien longtemps alors que l'internationalisation des relations privées connaît, en revanche, un développement exponentiel et commande l'allégement de l'instrument d'efficacité. Or, pour pallier cette inactivité législative, nous aurions pu espérer retrouver dans la jurisprudence un cheval de bataille décidé à concilier le contenu de la loi avec la réalité, en l'adaptant. Néanmoins, nous verrons ultérieurement que la situation est tout autre.

222. Pour autant, si nous regardons l'expérience européenne, nous verrons que la source législative du contrôle n'est pas toujours incompatible avec une simplification et une évolution progressive.

B. *La source législative et l'adaptation constante du contrôle européen de régularité*

223. L'expérience du droit européen est originale. Elle montre que la consolidation d'une confiance mutuelle renforcée entre les États est possible, et combien celle-ci rend envisageable l'organisation d'un contrôle de régularité sensiblement allégé. Au sein du droit européen, l'instrument d'efficacité a été prévu pour servir à la réalisation d'un principe de reconnaissance des jugements intra-européens[3]. Selon la CJUE, ce principe signifie que les États membres ont

---

[1] Article 2, Loi n° 16 du 22 janvier 1981, *préc.*

[2] *v. infra* p. 248.

[3] La simplification de la circulation des décisions judicaires intra-européennes régulières constitue l'un des objectifs visés par l'Union dès son organisation. Cet objectif est indiqué à l'article 220 du Traité de Rome, au

le devoir de garantir que la circulation des décisions soit dénuée, autant que possible, de contrôles excessifs[1].

224. Consacré par la Convention de Bruxelles[2], le contrôle de régularité a été confirmé en tant qu'instrument d'efficacité par l'ensemble des Règlements européens ultérieurs relatifs à la circulation des décisions intra-européennes. Afin d'assurer la prévisibilité de l'instrument, le contrôle est organisé au moyen de règles communes, applicables à tous les États membres. L'existence de ce cadre normatif permet d'affirmer que le contrôle européen de régularité provient d'une source principalement législative, à l'image du contrôle colombien. Cependant, contrairement à ce dernier, le législateur européen entend contribuer à l'adaptation progressif de son instrument d'efficacité. La formulation des motifs de refus d'efficacité en témoigne. Alors que certains motifs sont largement partagés par l'ensemble des règlements européens (1), le législateur européen n'ignore pas la spécificité des matières traitées, et prévoit, afin de permettre au contrôle de s'y adapter, des motifs de refus spécifiques (2).

1. *La formulation de motifs partagés de refus*

225. L'ensemble des règlements européens relatifs au conflit de juridictions confirment, de manière unanime, l'engagement de l'Union en faveur de la simplification de la circulation des jugements rendus dans les États membres[3]. L'élargissement progressif de l'efficacité de plein droit dans les dernières années, notamment en matière civile et commerciale, constitue, sans doute, une illustration importante de cette simplification menée en Europe. La formulation de conditions de régularité uniformes, qui dans le contexte européen sont appelées des motifs de refus d'efficacité, matérialisent aussi les efforts européens pour parvenir à une circulation simplifiée des jugements. Concrétisant les éléments de la régularité internationale européenne, les motifs de refus partagent, dans l'ensemble des règlements, une même inspiration et une formulation très proche, voire identique[4]. Afin de présenter les motifs de refus prévus par les règlements, nous allons prendre comme point de référence le Règlement Bruxelles I bis, héritier de la Convention de Bruxelles et l'un des principaux rouages de l'espace judiciaire européen.

226. L'article 45 de ce Règlement prévoit que le refus d'efficacité a lieu lorsque le jugement est manifestement contraire à l'ordre public de l'État

293 du TCE, et 81 du TFUE. *v.* B. Audit et L. d'Avout, *op.cit.*, p. 494 §598 ; F. Paulino Pereira, « La coopération judiciaire en matière civile dans l'Union Européenne : bilan et perspectives », *RCDIP* 2010.1 ; H. Gaudemet-Tallon, « La refonte du Règlement Bruxelles I », *in La justice civile européenne en marche,* sous la dir. de M. Douchy-Oudot et E. Guinchard, Dalloz, 2012, p. 21 ; *v.* K. Mehtiyeva, *La notion de coopération judiciaire,* LGDJ, 2020, p. 190 §175.

[1] CJUE, 13 octobre 2011, Aff. C-139/10 *Prism Investments, préc.*, point n° 27.

[2] M-L. Niboyet, « L'européanisation du droit international privé des conflits de juridictions. Les frontières de l'espace européen de justice », *in, Union Européenne et droit international, en l'honneur de Patrick Daillier*, Pedone, 2012, p. 815.

[3] *v.* En matière civile et commerciale, les Considérants n° 16 et 17, Règlement (CE) n° 44 du 22 décembre 2000 *Bruxelles I, préc.* À propos de la matière matrimoniale et d'autorité parentale, le considérant n° 21, Règlement (CE) n° 2201 du 27 novembre 2003 *Bruxelles II bis, préc.*

[4] H. Gaudemet-Tallon et M-E Ancel, *op.cit.*, 573 §689.

membre requis. Notons que sous la Convention de Bruxelles, la contrariété dont il était question n'était pas qualifiée. L'adverbe *« manifestement »* n'a été introduit que par le Règlement Bruxelles I, et maintenu par les Règlements postérieurs, même par ceux qui ne concernent pas la matière civile et commerciale[1]. L'exigence d'une contrariété manifeste cherche à limiter le recours à l'ordre public pour conclure facilement à une irrégularité internationale de la décision qui aurait pour effet d'empêcher son efficacité dans le for. Seules les contrariétés les plus fortes et insurmontables doivent donc justifier l'éviction de la décision au nom de l'ordre public international.

227. En deuxième lieu, ne sont ni reconnus, ni exécutés les jugements rendus par défaut dont la signification de l'acte introductif d'instance, ou de son équivalent, n'a pas été faite en temps au défendeur, ni d'une manière telle qu'il n'ait pu se défendre. Les irrégularités dans la signification ne sont pas décisives lorsque le défendeur a eu connaissance de celles-ci mais a délibérément décidé de ne pas utiliser les recours dont il disposait pour les contester[2]. Dans ce cas, l'inactivité et le désintérêt du défendeur rendent envisageable l'efficacité du jugement, malgré les défauts dans la notification. Cette condition était plus exigeante, nous semble-t-il, sous la Convention de Bruxelles[3]. En effet, selon cette dernière, seul l'acte introductif d'instance était concerné, c'est-à-dire que les irrégularités dans la notification des actes qui, sous une autre dénomination, avaient une valeur et une fonction équivalentes à celles de l'acte introductif d'instance étaient indifférentes et n'entraînaient pas le refus d'efficacité de la décision. Pour assouplir cette condition, le Règlement Bruxelles I a élargi son champ d'application pour couvrir les irrégularités affectant la signification de l'acte introductif d'instance ou de tout autre acte équivalent. En outre, le comportement du défendeur défaillant n'était pas pris en compte dans la Convention de Bruxelles. L'irrégularité dans la notification rendait obligatoire le refus de reconnaissance et d'exécution même lorsque le défendeur avait délibérément choisi l'inactivité. Il était donc assez intéressant pour le défendeur de ne pas contester les irrégularités afin de les soulever ultérieurement dans l'instance indirecte pour faire ainsi échec à l'efficacité du jugement. L'assouplissement de ce motif de refus participe assurément à l'idée d'allégement qui guide l'évolution du contrôle de régularité européen.

228. En troisième lieu, l'ensemble des règlements refusent la reconnaissance et l'exécution d'un jugement lorsqu'il est inconciliable avec un jugement ayant déjà été rendu entre les mêmes parties dans l'État requis. Il s'agit d'une inconciliabilité que nous qualifions d'*interne* par opposition à l'inconciliabilité

---

[1] C'est ainsi le cas pour l'ensemble des règlements européens à l'exception du Règlement n° 4 de 2009 sur les obligations alimentaires en ce qui concerne l'efficacité des décisions rendues dans un État membres lié par le Protocole de La Haye de 2007. Pour ces derniers, le contrôle de régularité n'est pas exigé.

[2] À propos de ce motif de refus, la rédaction du Règlement Bruxelles II bis exige, dans son article 22.b, que le défendeur ait accepté *« la décision de manière non équivoque »*. Cette même exigence se retrouve au sein du Règlement Bruxelles II ter de 2019 aux articles 38.b pour les décisions en matière matrimoniale et 39.b en matière de responsabilité parentale.

[3] L'article 27.2, dans sa rédaction issue de la Convention de Bruxelles disposait : *« Si l'acte introductif d'instance n'a pas été signifié ou notifié au défendeur défaillant, régulièrement et en temps utile, pour qu'il puisse se défendre »*.

externe qui constitue le quatrième motif commun de refus. Celle-ci empêche l'efficacité d'un jugement lorsqu'il est inconciliable avec une décision rendue antérieurement dans un État membre différent de l'État requis, ou dans un État tiers. Selon cette disposition pour qu'il y ait inconciliabilité, il est nécessaire que les deux jugements concernés aient été rendus entre les mêmes parties à l'égard d'un litige ayant identité d'objet et de cause, et qu'en plus, la décision rendue antérieurement respecte toutes les conditions de régularité fixées dans l'État requis, c'est-à-dire qu'il puisse y avoir une efficacité normative. Cette inconciliabilité *externe* n'était pas prévue au sein de la Convention de Bruxelles. Elle fut introduite par le Règlement Bruxelles I, et maintenue dans les autres règlements construits sur son modèle. Cependant, il faut noter que dans les Règlements Bruxelles II bis et Bruxelles II ter, relatifs à la matière matrimoniale, à la responsabilité parentale et à l'enlèvement international d'enfants, la configuration de ce type d'inconciliabilité présente certaines particularités. Ainsi, lorsqu'il est question de l'efficacité d'une décision relative à la matière matrimoniale, la simple antériorité de la décision rendue dans un autre État membre ou dans un État tiers, sa régularité internationale et l'identité des sujets, suffissent pour la configurer[1]. En revanche, lorsqu'il est question de caractériser l'inconciliabilité *externe* d'un jugement relatif à la responsabilité parentale, ces deux règlements prévoient qu'elle doit exister à l'égard d'une décision rendue non pas antérieurement à celle dont l'efficacité est sollicitée mais ultérieurement. Cette variation se comprend afin d'accorder l'efficacité à la décision la plus récente qui est censée correspondre le mieux à la situation actuelle de l'enfant concerné. Puis, dans le cadre de ces règlements, l'inconciliabilité ne peut exister que si la dernière décision a été rendue par le juge de l'État où l'enfant a sa résidence habituelle, et que si elle respecte les conditions de régularité de l'État requis[2].

229. Ainsi, la contrariété manifeste à l'ordre public de l'État requis, l'irrégularité dans la signification, et l'inconciliabilité interne ou externe du jugement étranger avec un autre jugement, sont les conditions de régularité que nous pouvons considérer comme étant partagées par les différents règlements européens. La réalisation d'une ou plusieurs de ces quatre exigences conduit le juge à refuser la reconnaissance ou l'exécution de la décision dans son for, et ce malgré qu'elle ait été rendue dans un État membre[3]. Pour autant, afin de répondre à la spécificité de certaines matières, le législateur européen adapte le contrôle de régularité en prévoyant de motifs de refus supplémentaires.

2. *Les motifs spécifiques de refus*

230. Le législateur européen contribue à l'adaptation de l'instrument d'efficacité par la formulation de motifs de refus de reconnaissance et d'exécution

[1] Article 22.d, Règlement (CE) n° 2201 du 27 novembre 2003 *Bruxelles II bis, préc.* ; Article 38.d, Règlement (UE) n° 1111 du 25 juin 2019 *Bruxelles II ter, préc.*

[2] Article 23.f, Règlement (CE) n° 2201 du 27 novembre 2003 *Bruxelles II bis, préc.* ; Article 39.e, Règlement (UE) n° 1111 du 25 juin 2019 *Bruxelles II ter, préc.*

[3] P. Mayer, V. Heuzé et B. Remy, *op.cit.*, p. 322 §476.

spécifiques à la matière traitée (a), formulation que l'on retrouve également dans certaines procédures simplifiées prévues en droit européen (b).

a. *La spécificité selon la matière concernée*

231. Outre les motifs de refus indiqués, le Règlement Bruxelles I bis prévoit, pour la matière civile et commerciale, que l'efficacité de la décision est refusée lorsque les compétences spéciales et exclusives prévues par le règlement n'ont pas été respectées[1]. Les compétences spéciales sont celles établies d'abord, en faveur du preneur de l'assurance, de l'assuré, du bénéficiaire et de la victime dans le cadre du contrat d'assurance lorsqu'ils sont assignés en justice[2], ensuite, en faveur du consommateur défendeur dans le cadre des contrats conclus avec lui[3], et, enfin, en faveur du travailleur défendeur dans le cadre des contrats de travail[4]. En outre, pour ce qui est des compétences exclusives des États membres, l'article 24 de Bruxelles I bis dresse une liste desdites compétences qui ne tient aucun compte du domicile des parties. C'est le cas, par exemple, de la compétence qui appartient à l'État du lieu de situation des biens immeubles lorsqu'il s'agit des actions concernant les droits réels ou les contrats de bail immobilier, ou encore la compétence exclusive qui est accordée, dans le cadre de l'exécution des jugements, à l'État membre du lieu où l'exécution doit intervenir. Le refus de reconnaissance ou d'exécution procède de ce que le juge qui a rendu le jugement a tranché une affaire qui selon ces règles relevait de la compétence spéciale ou exclusive des tribunaux d'un autre État membre.

232. Il est pertinent d'indiquer à ce propos que sous la Convention de Bruxelles, les compétences qualifiées comme spéciales concernaient uniquement les contrats d'assurance et les contrats de vente et de prêt à tempérament. La protection au consommateur ne fut instituée à part entière que par le Règlement Bruxelles I. En revanche, la méconnaissance de la compétence spéciale en faveur du travailleur, bien que prévue dans Bruxelles I, n'autorisait pas le refus de reconnaissance et d'exécution du jugement. Ce n'est que depuis le Règlement Bruxelles I bis que sa violation entraîne l'irrégularité de la décision et fait, par conséquent, échec à son efficacité[5].

233. Si nous portons notre regard vers la matière familiale, il apparaît que tant Bruxelles II bis que Bruxelles II ter prévoient deux listes de motifs de refus d'efficacité. La première est destinée à l'appréciation de la régularité internationale des jugements rendus à propos de la matière matrimoniale, c'est-à-dire les jugements de divorce, de séparation de corps ou d'annulation de mariage. Cette liste correspond, dans sa formulation, aux motifs communs que nous avons déjà évoqués précédemment. La seconde vise l'appréciation de la régularité internationale des jugements rendus en matière de responsabilité

[1] Article 45, Règlement (UE) n° 1215 du 12 décembre 2012 *Bruxelles I bis, préc.*
[2] *v.* articles 10 et s., Règlement (UE) n° 1215 du 12 décembre 2012 *Bruxelles I bis, préc.*
[3] *v.* articles 17 et s., *Idem.*
[4] *v.* articles 20 et s., *Idem.*
[5] Hélène Gaudemet-Tallon et M-E Ancel qualifient cette nouveauté de Bruxelles I bis comme « heureuse ». H. Gaudemet-Tallon et M-E Ancel, *op.cit.*, p. 596 §420.

parentale. Ainsi, la contrariété du jugement à l'ordre public de l'État requis doit être manifeste « eu égard aux intérêts supérieurs de l'enfant »[1]. En outre, le refus de l'efficacité a lieu lorsqu'à l'exception des cas d'urgence, elle a été rendue sans que l'enfant ait eu l'occasion d'être entendu alors qu'il est capable de discernement[2]. L'efficacité est également compromise lorsque la décision fait obstacle à ce que quelqu'un puisse exercer « [...] sa responsabilité parentale, si la décision a été rendue sans que cette personne ait eu la possibilité d'être entendue »[3]. Un dernier motif spécial de refus d'efficacité est prévu à propos des décisions rendues en matière de responsabilité parentale lorsque la procédure de placement de l'enfant dans un État membre étranger, instaurée par ces instruments, n'a pas été observée[4].

234. Les particularités liées au domaine des obligations alimentaires, notamment la nécessité de parvenir à l'efficacité rapide des décisions rendues à ce propos, justifient que certaines précisions aient été apportées aux motifs de refus d'efficacité. Ainsi, pour aboutir à cette circulation rapide des jugements, le règlement 4 de 2008[5] a instauré un double régime d'efficacité selon que la décision a été rendue par un État membre lié ou non par le Protocole de La Haye de 2007 relative à la loi applicable aux obligations alimentaires. Tandis que la régularité internationale des décisions rendues par un État membre non lié par ledit Protocole est appréciée au regard des mêmes motifs prévus par Bruxelles I bis, à l'exception de la protection des compétences spéciales et exclusives, la régularité de celles rendues dans un État membre lié par le Protocole de La Haye mérite une analyse à part. En effet, ces décisions bénéficient d'une circulation plus rapide et plus simplifiée car leur reconnaissance et leur exécution se fait de plein droit et sans qu'il soit possible de s'y opposer, en tout cas pour la reconnaissance. Pour ce qui est de la force exécutoire de la décision, la suppression de l'exequatur préalable permet que des actes d'exécution matérielle soient directement sollicités devant le juge du for[6].

235. Cependant, le règlement a prévu la possibilité, pour le débiteur de l'obligation alimentaire, d'obtenir la révision de l'affaire devant le juge d'origine, lorsqu'il n'a pas été régulièrement notifié de l'acte introductif d'instance, ou lorsque, pour des raisons extraordinaires, il n'a pas été en mesure de contester l'obligation alimentaire[7]. Si une demande de révision de la décision est acceptée,

---

[1] Article 23.a, Règlement (CE) n° 2201 du 27 novembre 2003 *Bruxelles II bis, préc.* ; Article 39.a, Règlement (UE) n° 1111 du 25 juin 2019 *Bruxelles II ter, préc.*

[2] Article 23.b, Règlement (CE) n° 2201 du 27 novembre 2003 *Bruxelles II bis, préc.* ; Article 39.2, Règlement (UE) n° 1111 du 25 juin 2019 *Bruxelles II ter, préc.*

[3] Article 23.d, Règlement (CE) n° 2201 du 27 novembre 2003 *Bruxelles II bis, préc.* ; Article 39.c, Règlement (UE) n° 1111 du 25 juin 2019 *Bruxelles II ter, préc.*

[4] Article 23.g et 56, Règlement (CE) n° 2201 du 27 novembre 2003 *Bruxelles II bis, préc.* ; Article 39.f et 82, Règlement (UE) n° 1111 du 25 juin 2019 *Bruxelles II ter, préc.* En effet, il s'agit d'exiger du juge compétent qui décide de placer l'enfant dans un établissement ou dans une famille d'accueil localisé dans un État membre différent du sien, de consulter préalablement l'autorité centrale de l'État membre destinataire à propos du placement de l'enfant.

[5] Règlement (CE) n° 4 du 18 décembre 2008, *préc.*

[6] Article 17, *Idem.*

[7] Article 19, *Idem.*

ce recours finira avec le prononcé d'un jugement dont l'exécution est susceptible d'être envisagée, à nouveau, dans l'État requis s'il porte confirmation de l'obligation alimentaire. En revanche, si à la suite de la révision, le juge d'origine constate l'inexistence de l'obligation alimentaire, la décision rendue dans ce cas constatera cette situation et ne sera susceptible d'aucune exécution dans l'État requis. Dans ce cas, la question de la régularité internationale de ce dernier jugement ne se posera pas devant le juge de l'État requis, raison pour laquelle il n'y a pas, à proprement parler, de refus d'efficacité.

236. Par ailleurs, il est possible que l'exécution de la décision soit refusée ou suspendue pour les raisons indiquées à l'article 21 de ce règlement. Il s'agit, notamment, des hypothèses de prescription du droit du créancier alimentaire pour prétendre l'exécution de la décision étrangère, d'inconciliabilité *externe,* de demande de révision de l'affaire sollicitée devant le juge étranger, et, enfin, de suspension à l'étranger de la force exécutoire de la décision. La réalisation d'un de ces motifs rend la force exécutoire de la décision inenvisageable dans le for. Nous retrouvons ainsi la logique des motifs classiques de refus d'efficacité prévus dans les autres règlements européens avec la particularité, néanmoins, d'être remarquablement simplifiés.

237. En outre, à côté de ces précisions tenant aux particularités de la matière concernée, une adaptation aussi importante des motifs de refus est également prévue en considération des particularités liées au type de procédure dans lequel la décision a été prononcée.

b. La spécificité liée aux « procédures simplifiées »

238. La dénomination de *« procédures simplifiées »* est proposée par les professeurs Bernard Audit et Louis d'Avout[1]. Appartiennent à cette catégorie la circulation simplifiée du Titre exécutoire européen[2], de l'injonction de payer européenne[3], ainsi que la procédure instituée pour le règlement des petits litiges[4]. La simplification consiste dans l'accélération de la procédure prévue pour obtenir le TEE, l'IPE ou une décision réglant un petit litige, dans la réduction des frais judiciaires[5], ainsi que dans la circulation allégée, au sein de l'Union, des décisions rendues en application des dispositions prévues dans ces règlements[6]. Pour accélérer et simplifier la circulation desdits jugements, les trois règlements

[1] B. Audit et L. d'Avout., op.cit., p. 590 §710.

[2] Règlement Européen (CE) n° 805 du 21 avril 2004, portant création d'un titre exécutoire européen pour les créances incontestées, *JOUE* n° L 143 du 30 avril 2004, p. 15.

[3] Règlement Européen (CE) n° 1896 du 12 décembre 2006, instituant une injonction européenne de payer, *JOUE* n° L 399 du 30 décembre 2006, p. 1.

[4] Règlement (CE) n° 861 du 11 juillet 2007, instituant une procédure européenne de règlement des petits litiges, *JOUE* n° L 199 du 31 juillet 2007, p. 1

[5] Cette intention est indiquée aux considérants n° 8 du Règlement (CE) n° 805 du 21 avril 2004, *préc.* ; n° 9 du Règlement (CE) n° 1896 du 12 décembre 2006, *préc.* ; et n° 8 du Règlement (CE) n° 861 du 11 juillet 2007, *préc. v.* L. d'Avout, « La circulation automatique des titres exécutoires imposée par le règlement 805/2004 du 21 avril 2004 », *RCDIP* 2006.1 §2.

[6] Considérants n° 18 et article 1er du Règlement (CE) n° 805 du 21 avril 2004, *préc*, le considérant n° 27 et l'article 1er.b du Règlement (CE) n° 1896 du 12 décembre 2006, *préc,* et les considérants n° 25 et 30 ainsi que l'article 1er du Règlement (CE) n° 861 du 11 juillet 2007, *préc.*

prévoient une reconnaissance qui opère de plein droit, et qui est, en plus, incontestable[1]. En effet, ces règlements ne prévoient qu'une liste limitative des motifs de refus d'exécution qui sont identiques dans les trois instruments[2].

239. Ainsi, le juge de l'État requis peut refuser l'exécution pour cause d'incompatibilité *externe* ou *interne* du jugement en cause[3]. À l'instar des règlements que nous avons déjà abordés, l'inconciliabilité dont il est question ici nécessite, pour être caractérisée, une identité des parties et de cause du litige, et que la décision à l'égard de laquelle le TEE, l'IPE ou la décision d'un petit litige est inconciliable, soit antérieure et internationalement régulière selon les exigences de l'État requis pour y être exécutée. Une condition supplémentaire est exigée dans le cadre de ces procédures simplifiées, elle consiste dans le fait que l'inconciliabilité entre les décisions n'ait pas été soulevée, et n'ait pas pu l'être, lors de la procédure judiciaire directe dans l'État membre où la décision a été rendue[4]. Enfin, le Règlement relatif à l'IPE prévoit également le paiement de la dette comme un motif permettant de faire échec à l'efficacité de l'injonction[5].

240. L'objectif de simplification et d'accélération de la procédure s'est ainsi traduit par la réduction indéniable, d'une part, des motifs pouvant donner lieu au refus d'exécution, et, d'autre part, des voies permettant à l'une des parties de contester la régularité des jugements prononcés. Il n'en demeure pas moins que, même dans le cadre de ces procédure simplifiées, le droit européen réserve toujours une possibilité aux intéressés d'obtenir l'application de l'instrument d'efficacité. Ceci confirme le propos par lequel nous avons initié cette sous partie et selon lequel, malgré l'originalité de l'expérience européenne, déterminée par l'existence d'une confiance mutuelle renforcée entre les États membres, il demeure difficile d'affirmer que cette confiance est absolue. En effet, l'intervention du juge du for est toujours possible afin de protéger les intérêts des parties et la cohésion de l'ordre juridique d'accueil à l'occasion de la réception d'une décision affectée d'irrégularité.

241. Ceci dit, indépendamment du règlement et de la matière régulée, trois conclusions peuvent être formulées à propos du contrôle de régularité en tant qu'instrument d'efficacité en droit européen. La première est qu'il s'agit bien d'un contrôle dont la source est principalement législative, à l'image du droit colombien. Le législateur européen détermine l'organisation du contrôle, et

[1] C'est ce qui est indiqué par l'article 5 du Règlement (CE) n° 805 du 21 avril 2004, *préc* , par l'article 19 du Règlement (CE) n° 1896 du 12 décembre 2006, *préc.*, et par l'article 20 du Règlement (CE) n° 861 du 11 juillet 2007, *préc. v.* L. d'Avout, « La circulation automatique… », *op.cit.*, spéc. §7 ; H. Péroz, « Le Règlement CE 805/2004 du 21 avril 2004 portant création d'un titre exécutoire européen pour les créances incontestées », *JDI* 2006.637.

[2] Concernant le Règlement 805/2004, l'expédition d'un TEE par le juge d'origine ne peut pas avoir lieu que lorsque celui-ci a contrôlé le respect de certains normes minimales indiquées aux articles 12 au 19 du règlement. Il s'agit, notamment, à la correcte notification et signification, au défendeur, de la procédure de créance incontestée. Par conséquent, le contrôle se fait plutôt devant le juge d'origine avant d'émettre le TEE et non devant le juge de l'État requis de l'exécution.

[3] Article 21 du Règlement (CE) n° 805 du 21 avril 2004, *préc.*, article 22 du Règlement (CE) n° 1896 du 12 décembre 2006, *préc.*, et article 22 du Règlement (CE) n° 861 du 11 juillet 2007, *préc.*

[4] *Idem.*

[5] Article 22.2 Règlement (CE) n° 1896 du 12 décembre 2006, *préc.*

contribue à son adaptation en fonction des spécificités de la matière traitée. L'établissement de ce cadre normatif commun et applicable à tous les États membres a l'avantage de diminuer les risques d'antinomies et de complications qui peuvent potentiellement découler de l'intervention des droits nationaux[1]. La seconde conclusion concerne les motifs de refus de reconnaissance et d'exécution. En effet, méthodologiquement parlant, le droit européen établit ces motifs au moyen des listes qu'il s'efforce de formuler de la manière la plus concrète possible afin d'éviter que les objectifs de simplification de la circulation des jugements intra-européens ne soient compromis[2]. Alors que certains règlements[3] évoquent la possibilité du défendeur, pour s'opposer à la reconnaissance ou à l'exécution du jugement, d'invoquer, outre les motifs de refus prévus directement par la norme européenne, ceux prévus par le droit de l'État membre, cette possibilité n'est envisageable que si le motif de droit commun vient à l'appui de celui prévu par le droit européen. Il est donc impératif que le premier soit compatible avec ce dernier. Le considérant n° 30 du Règlement Bruxelles I bis indique à ce propos, par exemple, que s'il est bien possible d'invoquer des motifs de refus prévus par le droit de l'État membre, « la reconnaissance d'une décision ne devrait être refusée qu'en présence d'un ou de plusieurs des motifs de refus prévus par le présent règlement »[4]. De ce fait, la liste fixée par les règlements européens demeure le guide du juge dans l'exercice de son office. Elle lui indique la grille de lecture qu'il doit respecter dans l'accomplissement de sa mission.

242. La troisième conclusion tient au fait qu'en dépit de la confiance mutuelle renforcée qui existe entre les États membres de l'Union, l'ensemble des règlements européens conservent la possibilité de saisir le juge du for afin de constater l'irrégularité d'une décision intra-européenne. Ceci confirme que la confiance mutuelle renforcée entre les États membres n'est pas pour autant absolue et sans limites. C'est justement parce qu'en dépit de cette confiance renforcée il demeure encore très difficile d'effacer toute frontière entre les ordres juridiques, que la nécessité du contrôle de régularité s'avère confirmée.

243. Enfin, nous dirons simplement que les divergences entre le droit colombien et le droit européen montrent combien, d'une part, le contrôle de régularité est un instrument d'efficacité adaptable et, d'autre part, que la source législative du contrôle ne doit pas être synonyme de frein, ou devenir un obstacle empêchant cette adaptation du contrôle de régularité. À ce propos, puisque la loi est complétée par la jurisprudence, les contributions de cette dernière sont également fondamentales dans ladite adaptation de l'instrument. Nous verrons

---

[1] K. Kerameus. « La convention de Bruxelles et l'harmonisation par la jurisprudence en Europe », *in Vers de nouveaux équilibres entre ordres juridiques. Mélanges en l'honneur de Hélène Gaudemet-Tallon*, Dalloz, 2008, p. 337 §2.

[2] B. Ancel et L. d'Avout., *op.cit.*, p. 572 §688.

[3] Nous faisons référence notamment au considérant 30 du Règlement (UE) n° 1215 du 12 décembre 2012 *Bruxelles I bis, préc ;* au considérant 54 du Règlement (UE) n° 1111 du 25 juin 2019 *Bruxelles II ter, préc,* et à l'article 21 du Règlement (CE) n° 4 du 18 décembre 2008, *préc.*

[4] Considérant n° 30, Règlement (UE) n° 1215 du 12 décembre 2012 *Bruxelles I bis, préc.*

cependant, que la jurisprudence colombienne et le juge européen participent différemment à l'évolution du contrôle de régularité.

§ 2. Un contrôle différemment saisi par les juges

244. L'impossibilité de tout prévoir dans la loi[1] confirme combien il est souhaitable, voire nécessaire de reconnaître à la jurisprudence un rôle important dans la construction des ordres juridiques[2]. Le droit international privé constitue, sans doute, l'une des matières dans lesquelles le statut de la jurisprudence en tant que source créatrice de droit s'affirme avec le plus de clarté, au moins en droit français. Le régime applicable à l'efficacité des jugements étrangers en droit commun l'illustre, car l'ensemble des dispositions applicables dans ce domaine, sont l'œuvre du travail des juges. À ce propos, il est certain que l'existence d'un cadre législatif applicable à l'efficacité des jugements étrangers en droit colombien et en droit européen limite l'étendu du pouvoir normatif des juges. En effet, dans l'exercice de son office, le juge ne peut pas méconnaître la loi.

245. Néanmoins, s'il est vrai qu'en vertu de sa légitimité démocratique, la loi doit toujours guider le travail des tribunaux, il est également vrai que dans ses silences le juge doit agir pour les combler[3], et qu'afin de la préciser dans ses ambiguïtés et sa généralité, il doit l'interpréter afin d'identifier sa correcte application à l'espèce. En ce qui concerne la circulation des décisions étrangères, les contributions de la jurisprudence sont aussi nécessaires pour assurer l'adaptation du contrôle de régularité.

246. La source principalement législative de l'instrument en doit colombien et en droit européen n'exclut pas que les juges s'approprient, sans méconnaître la loi, l'instrument d'efficacité pour participer à son évolution. Il existe à ce propos une différence remarquable entre le droit colombien et le droit européen. Alors que le juge colombien se montre réservé pour participer à l'adaptation du contrôle, aggravant le manque d'évolution législative dont l'instrument souffre au sein de ce droit (A), le juge européen se révèle, sans surprise, entreprenant pour assurer, par la voie interprétative, la continuité de l'adaptation législative (B).

A. *La réserve de la jurisprudence colombienne pour adapter le contrôle*

247. Nous avons démontré combien le fait que le contrôle de régularité possède une source législative en droit colombien a limité son évolution. Face à l'inactivité législative, nous aurions pu espérer que la jurisprudence colombienne

[1] J-E-M Portalis, « Discours préliminaire sur le projet de Code civil », *Les grands discours de la culture juridique,* sous la dir. de W. Mastor, P. Egéa, et X. Magnon, Dalloz, 2007, n° 56, p. 692.

[2] R. Libchaber, *L'ordre juridique et le discours du droit. Essai sur les limites de la connaissance du droit*, LGDJ, 2013, p. 356 et s., §267 et s ; Ph. Jestaz, « La jurisprudence : réflexions sur un malentendu », *D.* 1987, chron., p. 11 ; P. Deumier, *Introduction générale au droit*, LGDJ, 2019, 5e éd., p. 314 et s., §344 et s.

[3] Selon l'article 4 du Code civil français, le juge a le devoir, sous peine d'être coupable de déni de justice, de rendre une décision même en cas de silence, d'obscurité ou d'insuffisance de la loi. Le même devoir est consacré en droit colombien, à l'article 12 du NCGP. Cette disposition impose au juge le devoir, en cas de lacune des dispositions de ce Code, de chercher les dispositions qui ont pu servir, dans d'autres domaines, à trancher des litiges similaires. Si une telle solution n'est pas envisageable, il doit procéder en conformité avec les principes constitutionnels et généraux du droit.

soit à l'initiative d'un mouvement de modernisation du contrôle de régularité. Cependant, la clarté dont la Cour suprême de justice a fait preuve pour exclure la révision au fond de l'affaire fait défaut lorsqu'il s'agit de contribuer à l'adaptation du contrôle de régularité. En effet, la Cour se révèle réservée et hésitante à ce propos (1), aggravant le manque d'évolution dont le contrôle souffre en droit colombien (2).

1. Les hésitations jurisprudentielles

248. Nous l'avons indiqué, la Cour suprême de justice dispose, dans sa chambre civile, d'une compétence exclusive pour connaître des demandes relatives à l'efficacité des jugements étrangers en Colombie. Au sommet de la hiérarchie judiciaire, les décisions qu'elle rend dans ce domaine ne sont pas susceptibles d'appel, ni de cassation. Sept magistrats composent la chambre civile. Ils siègent de manière collégiale pour toutes les demandes d'efficacité des jugements étrangers. Alors que les magistrats qui composent la Cour sont élus pour leur formation reconnue et leur remarquable parcours dans la pratique et l'enseignement du droit, il est étonnant de voir combien la jurisprudence de la Cour est, selon nous, hésitante à plusieurs égards lorsqu'il s'agit de l'organisation et de la mise en œuvre du contrôle de régularité. Appelée à interpréter et à appliquer les normes du NCGP, ou de l'ancien CPC, la Cour colombienne change assez facilement de lecture, ce qui rend difficile la consolidation d'une ligne jurisprudentielle claire qui puisse contribuer à l'adaptation du contrôle : elle se montre réservée, voire réticente, à l'idée d'interpréter la loi dans un souci de modernisation.

249. Les réticences de la Cour à propos de l'adaptation du contrôle de régularité sont nombreuses. Nous n'en citerons que deux à ce stade de notre travail. La première consiste dans l'absence de toute adaptation du discours de la Cour lorsqu'il s'agit de l'application du contrôle de régularité prévu dans les conventions internationales auxquelles participe la Colombie et celle du contrôle de droit commun. Qu'il s'agisse de l'application de l'un ou de l'autre contrôle, le raisonnement et les considérations de la Cour demeurent identiques. L'absence de tout changement de discours révèle combien la Cour ignore la spécificité du traité face à la loi. En effet, elle refuse de prendre en considération le contexte particulier de faveur pour la circulation des décisions étrangères qui a motivé la Colombie à conclure les conventions internationales.

250. Selon nous, cette position contestable de la Cour témoigne de son fort attachement à l'application de la loi nationale. Le tribunal colombien essaye, à chaque fois qu'il est saisi de l'efficacité d'un jugement étranger, de garantir l'application des dispositions du NCGP. Preuve en est, la pratique pour le moins regrettable mais classique, qui consiste à contrôler doublement la régularité internationale du jugement étranger au regard, d'abord, des conditions exigées par la convention applicable et, ensuite, au regard de celles prévues par la loi

interne, c'est-à-dire par le NCGP[1]. Alors que les effets de ce *contrôle cumulatif* seront abordés plus tard[2], indiquons dès à présent qu'il conduit à des situations assez paradoxales comme celle des jugements espagnols. Ces derniers bénéficient, grâce au Traité conclu en 1908, d'un contrôle de régularité allégé qui ne comporte que deux conditions : le caractère définitif de la décision et sa conformité à l'ordre public colombien[3]. Soumettre l'efficacité des décisions espagnoles à une double contrôle conduit au résultat fâcheux de multiplier, sans raison, les exigences que celles-ci doivent respecter pour être efficaces en Colombie.

251. La deuxième illustration de la réticence avec laquelle la Cour appréhende l'adaptation du contrôle tient à la détermination des conditions qui forment le contrôle de régularité. En effet, la Cour colombienne éprouve certaines difficultés au moment de déterminer, notamment, la place que l'exigence de réciprocité occupe au sein de l'instrument d'efficacité, et la manière dont celle-ci s'articule avec les autres conditions de régularité. Alors que la rédaction des normes du CPC et du NCGP y est pour beaucoup, le fait est que si la Cour n'est pas certaine de la composition du contrôle, elle peut difficilement contribuer à son adaptation.

252. Selon les Codes de procédure civile, les exigences de régularité sont indiquées dans deux dispositions différentes. Tandis que l'article 605 du NCGP, ancien 693 du CPC, porte exclusivement sur la condition de réciprocité, les autres conditions de régularité sont énoncées à l'article 606 NCGP, ancien 694 du CPC. Confrontée à la question de savoir si, oui ou non, l'exigence de réciprocité constitue une condition de régularité au même titre que les autres, la Cour a envisagé trois réponses différentes, trois lectures différentes des deux dispositions.

253. Selon la première lecture, elle affirme que la loi colombienne a adopté, en matière d'efficacité des jugements étrangers, le régime de réciprocité diplomatique combiné avec celui de la réciprocité législative[4]. Elle ne mentionne point les autres conditions de régularité. Cette interprétation conduit à affirmer deux choses. D'une part, que la réciprocité constitue l'instrument colombien d'efficacité en niant cette qualification au contrôle de régularité. D'autre part, cette affirmation suggère que la vérification des autres conditions exigées par la loi n'est aucunement décisive, ni déterminante pour permettre à un jugement étranger de produire ses effets dans le for. Dans le prolongement de cette analyse,

---

[1] Les exemples dans lesquels la Cour opère ce contrôle sont nombreux. Par exemple, dans un arrêt rendu le 30 novembre 2001 à propos de l'efficacité en Colombie d'un jugement vénézuélien de divorce, la Cour a pu affirmer, par exemple, que : *« pour produire l'effet indiqué [l'efficacité du jugement], la seule existence de la réciprocité dans l'une de ses deux manifestations ne suffit pas ; il est aussi nécessaire que la décision qui prétend déployer ses effets en Colombie respecte également les conditions prévues par l'article 694 du Code de Procédure Civile* ***et*** *celles prévues par le Traité ou par la loi étrangère, si tel est le cas ».* CSJC. Cass. Ch. Civ., 30 novembre 2001, Magistrat Rapporteur : José Fernando Ramírez Gómez, Dossier n° 7641.

[2] *v. infra* p. 159.

[3] *v. supra* p. 94.

[4] CSJC. Cass. Ch. Civ., 23 mars 1960, Magistrat Rapporteur : Enrique Coral Velasco ; CSJC. Cass. Ch. Civ., 17 mai 1978 *De Narvaez-Steuer*, Magistrat Rapporteur : Humberto Murcia Ballén; CSJC. Cass. Ch. Civ., 13 février 2004, Magistrat Rapporteur : Pedro Munar, Dossier n° 0198.

nous serions amenés à affirmer qu'il existe entre la réciprocité et les conditions de régularité, un lien de hiérarchie en faveur de la première.

254. Cependant, cette lecture de la Cour est contestable. Elle peut être démentie par le fait que la Cour n'a jamais octroyé l'efficacité normative à un jugement étranger sur le fondement de la simple existence d'une réciprocité diplomatique ou législative. Loin de se contenter de la preuve de la réciprocité, le tribunal colombien vérifie toujours que l'ensemble des conditions de régularité fixées par la convention applicable, par le droit interne, et le plus souvent par les deux textes, soit respecté. Or, dans l'hypothèse où l'une de ces conditions est violée, la Cour ne manque pas de refuser l'efficacité au jugement concerné. Ainsi, dans un arrêt du 17 juillet 2009[1], la Cour n'a pas reconnu l'efficacité à un jugement espagnol de divorce au motif que les parties n'avaient pas prouvé le caractère définitif de celui-ci tel qu'exigé par l'une des conditions indiquées à l'article 694 de l'ancien CPC, applicable à l'espèce.

255. Dans le même sens, l'affaire *Micheli*[2] de 1999 confirme notre position. Cette décision met en lumière combien l'existence de réciprocité n'est pas une garantie, pour la décision étrangère, de parvenir à l'efficacité normative en Colombie. En l'espèce, il était question de l'efficacité d'un jugement italien ayant prononcé l'adoption d'une personne majeure de nationalité colombienne par Mme Micheli de nationalité italienne. En dépit de l'absence de convention internationale entre l'Italie et la Colombie, le demandeur a prouvé que l'efficacité des jugements colombiens est acceptée en Italie selon la législation de ce pays. Malgré l'existence de réciprocité législative, l'efficacité de la décision a été refusée pour cause de contrariété à l'ordre public colombien. Selon le tribunal colombien, la contrariété vient du fait que l'adoption demeure révocable selon la loi italienne. Or, pour la Cour, le caractère irrévocable de l'adoption est d'ordre public international en Colombie. En dehors de toute considération liée à l'interprétation que la Cour fait de l'exigence de conformité à l'ordre public[3], le fait est que l'arrêt *Micheli* montre bien combien la réciprocité n'est pas l'instrument colombien d'efficacité. Le respect de cette exigence ne conduit pas le jugement étranger à déployer ses effets de manière inexorable dans le for. Le respect des autres conditions de régularité est décisif.

256. La deuxième lecture que la Cour fait de l'organisation des conditions de régularité consiste à dire que l'instrument d'efficacité adopté en Colombie est bien le contrôle de régularité internationale de la décision étrangère. Cette affirmation apparaît pour la première fois, au moins de manière limpide, dans l'arrêt *Duque Peña* rendu le 19 juillet 1994[4]. En l'espèce M. Duque Peña, de nationalité colombienne et résidant en Colombie, s'est porté garant de la société américaine *General Coffee Corporation* qui, pour financer son activité d'importation et de vente de café aux États-Unis, avait souscrit un certain nombre de prêts auprès de différentes banques qu'elle n'a pas par la suite honorés. Assigné en

---

[1] CSJC. Cass. Ch. Civ., 17 juillet 2009, Magistrat Rapporteur : William Namén, Dossier n° 2007-00589-00.

[2] CSJC. Cass. Ch. Civ., 22 septembre 1999 *Micheli*, Magistrat Rapporteur : Jorge Santos, Dossier n° 6702.

[3] *v. infra* p. 298 et 315.

[4] CSJC. Cass. Ch. Civ., 19 juillet 1994 *Duque Peña,* Magistrat Rapporteur : Carlos Jaramillo, Dossier n° 3894.

justice, M. Duque Peña est condamné, dans sa qualité de garant, à payer aux banques créancières un montant proche de 26 millions de dollars américains. Saisie de l'efficacité en Colombie de ce jugement, la Cour affirme que le contrôle de régularité internationale est l'instrument adopté en Colombie pour permettre aux jugements étrangers de déployer leurs effets normatifs dans le for. Elle poursuit son raisonnement en indiquant que cet instrument « consiste à accepter dans le for, et par disposition légale, l'efficacité des jugements étrangers pour autant que certaines conditions minimales et préalablement fixées par la législation soient remplies ». Elle conclut en précisant que l'objectif de ce contrôle est de « protéger [l'ordre juridique récepteur] contre les « irrégularités internationales » pouvant affecter ces jugements »[1].

257. Outre le fait d'affirmer de manière très nette que le contrôle de régularité est l'instrument d'efficacité, cette décision nous permet de faire deux remarques. D'abord, en renvoyant aux conditions fixées préalablement par la loi, elle confirme que l'instrument d'efficacité a une source législative en droit colombien. Ensuite, l'arrêt passe sous silence la question de la réciprocité. Il ne fait référence qu'aux conditions prévues à l'article 606 NCGP, ancien 694 CPC. Nous pourrions donc nous demander si cette omission de la Cour signifie, contrairement à la première lecture que nous avons évoquée, que les conditions figurant dans la liste de l'article 606 du NCGP bénéficient, au sein du contrôle colombien, d'une meilleure position par rapport à l'exigence de réciprocité. Ou encore, est-ce que la réciprocité ne fait pas partie du contrôle ? Nous estimons qu'une telle interprétation peut difficilement être retenue et que, dans les deux cas, la réponse qu'il convient de donner doit être négative.

258. Alors que l'attendu de l'arrêt *Duque Peña* est confirmé à plusieurs reprises, il mérite d'être nuancé. En effet, en dépit du silence de l'arrêt par rapport à la condition de réciprocité, la Cour colombienne n'hésite pas pour sanctionner son défaut avec le refus de l'efficacité. Un arrêt du 16 août 1988[2] illustre ceci. À cette occasion, la Cour a nié l'efficacité à un jugement suédois de divorce au motif qu'aucune convention internationale ne liait ce pays à la Colombie et que, au regard de la législation suédoise, cet ordre juridique était hostile à l'efficacité des jugements étrangers dans son for. Sans regarder si le jugement en cause remplissait les conditions formulées à l'article 694 du CPC, la Cour a refusé la demande sur le fondement de l'absence de réciprocité. Le même traitement est, en outre, réservé aux jugements rendus aux Pays-Bas dont l'efficacité est systématiquement refusée en Colombie du fait de l'inexistence de réciprocité diplomatique et législative entre les deux pays[3]. Alors que les inconvénients de l'exigence de réciprocité seront abordés dans la seconde partie de cette étude[4],

---

[1] *Idem.* Dans le même sens *v.* CSJC. Cass. Ch. Civ., 13 juillet 1995, Magistrat Rapporteur : Javier Tamayo. Dossier n° 4868.

[2] CSJC. Cass. Ch. Civ., 16 août 1988. Magistrat Rapporteur : Rafael Romero.

[3] CSJC. Cass. Ch. Civ. 18 septembre 2007. Magistrat Rapporteur : César Valencia ; CSJC. Cass. Ch. Civ. 17 septembre 2007. Magistrat Rapporteur : César Valencia ; CSJC. Cass. Ch. Civ. 17 janvier 2012. Magistrat Rapporteur: Margarita Cabello. *v. infra* p. 224.

[4] *v. infra* p. 221.

indiquons simplement à ce stade de notre étude qu'il est indéniable, au regard de la loi colombienne, que cette exigence occupe bien une place au sein du contrôle de régularité. Son inobservation conduit, à l'instar de la violation de n'importe laquelle des autres conditions de régularité, à la non-efficacité du jugement.

259. La troisième lecture des conditions de régularité retenue par la Cour est celle de l'arrêt *Holland* du 1er décembre 1995. Rendu à propos de l'efficacité en Colombie d'un jugement américain de divorce, la Cour a affirmé dans cette décision que pour parvenir à l'efficacité dans le for, le jugement étranger doit respecter « certains principes substantiels et procéduraux [...] qui dans le cas colombien sont énumérés aux articles 693 et 694 du Code de Procédure Civile »[1]. La Cour procède immédiatement à un récapitulatif de ces principes substantiels et procéduraux énonçant, indistinctement, la réciprocité, diplomatique ou législative, et les exigences de l'article 694 CPC, reprises par l'article 606 du NCGP. Par ce biais, elle fait de la condition de réciprocité une condition du contrôle de régularité au même titre et au même niveau que les autres exigences figurant dans la liste dressée par le législateur.

260. Parmi les trois lectures faites par la Cour, cette dernière est, selon nous, celle qu'il convient de retenir en intégrant, sans ambiguïté, l'exigence de réciprocité à la liste des conditions du contrôle. Malgré les hésitations de la jurisprudence, la pratique montre que l'efficacité d'un jugement étranger n'est accordée que si l'ensemble des exigences est respecté. Cette dernière analyse permet de placer toutes les conditions du contrôle sur un pied d'égalité, et ce, indépendamment de l'article où elles sont consacrées. À cet égard, nous estimons que l'exigence de réciprocité comporte un caractère préalable par rapport aux autres conditions de l'instrument d'efficacité. En effet, lorsque le juge colombien opère le contrôle de régularité, il suit l'organisation proposée par le NCGP, ou par l'ancien CPC. Il vérifie d'abord l'existence de réciprocité avant de procéder, si cette dernière est établie, à l'étude des exigences signalées à l'article suivant[2].

261. La réciprocité est, dès lors, une condition du contrôle dont la spécificité est d'être vérifiée la première. Autrement dit, l'instrument colombien a la particularité d'être un contrôle de régularité fondé sur une exigence préalable de réciprocité. Cette formule est parfois employée par la Cour suprême de justice, notamment dans un arrêt du 16 janvier 1995 où, devant décider de l'efficacité d'une décision espagnole de divorce, elle a affirmé qu'en matière de reconnaissance et d'exécution de jugements étrangers, la Colombie a adopté le « [...] système de « la régularité internationale des jugements étrangers » sur une base préalable de réciprocité »[3].

---

[1] CSJC. Cass. Ch. Civ., 1er décembre 1995 *Holland*, Magistrat Rapporteur : Carlos Jaramillo, Dossier n° 5302.
[2] *v.* CSJC. Cass. Ch. Civ., 12 décembre 2014, Magistrat Rapporteur : Jesús Vall de Rutén, Dossier n° 2654-00 ; CSJC. Cass. Ch. Civ., 10 juin 2015, Magistrat Rapporteur : Ariel Salazar, Dossier n° 2829-00 ; CSJC. Cass. Ch. Civ., 15 février 2016, Magistrat Rapporteur: Ariel Salazar, Dossier n° 514-00.
[3] CSJC. Cass. Ch. Civ. 16 janvier 1995, Magistrat Rapporteur: Carlos Jaramillo. Dossier n° 4939. Dans le même sens *v.* CSJC. Cass. Ch. Civ. 27 octobre 2015, *préc.*

262. Cependant, il n'en demeure pas moins que ces hésitations jurisprudentielles empêchent la Cour de contribuer à l'adaptation, voir à la modernisation de la loi.

2. *Les conséquences sur l'évolution du contrôle*

263. La réticence des juges colombiens à adapter le contrôle de régularité accentue son manque d'évolution. Les hésitations de la Cour quant à l'organisation du contrôle, par exemple, entraînent la coexistence d'une multiplicité d'interprétations de l'instrument d'efficacité qui empêche son adaptation. En effet, il est difficile d'exiger de la Cour qu'elle participe à l'adaptation d'un instrument d'efficacité dont elle n'a pas complètement saisi l'enjeu et dont l'organisation semble encore susciter des doutes. Le fait que l'analyse du contrôle varie d'un magistrat à l'autre surprend du fait, notamment, que la Cour est un tribunal collégial qui remplit une mission d'uniformisation de la jurisprudence.

264. Le manque de continuité dans l'interprétation de l'instrument d'efficacité est révélateur de la timidité avec laquelle les juges colombiens appréhendent la circulation des jugements étrangers. En effet, la Cour se limite, dans l'ensemble de sa jurisprudence, à vérifier les conditions de régularité signalées par la loi sans pour autant s'interroger sur leur éventuelle modernisation. La réticence de la Cour à ce propos est, à notre sens, le résultat de la conception qu'elle retient de la réception des jugements étrangers. Tel que nous le verrons à l'occasion de l'étude des finalités du contrôle de régularité, dans l'esprit de la Cour colombienne, la circulation des jugements étrangers représente une menace pour la souveraineté étatique[1]. Ainsi, si la réception de ces jugements est admise, sa simplification reste associée à une potentielle méconnaissance des intérêts étatiques. Cette vision souverainiste n'est pas propre au conflit de juridictions. Elle rejaillit sur l'ensemble du droit international privé colombien. Daniel Rojas affirme à ce propos qu' « en dépit du fait que les normes [de droit international privé colombien] témoignent d'une pluralité de méthodes de droit international privé et de l'ouverture de la Colombie vers les échanges internationaux, la jurisprudence défend une vision qui invite à l'indifférence »[2].

265. Ce décalage entre la loi et la jurisprudence existe également à propos de la loi applicable au contrat international. Au sein du droit colombien, aucune règle législative, ni jurisprudentielle, ne consacre le principe d'autonomie de la volonté pour permettre aux contractants choisir la loi applicable à leur contrat[3]. Le régime construit par la jurisprudence l'a été sur la base du principe de la territorialité de la loi. Daniel Rojas cite à ce propos l'arrêt *Tia* du 30 septembre

---

[1] *v. infra* p. 199.

[2] D. Rojas Tamayo, « Las deficiencias del derecho internacional privado colombiano : principios inapropiados y sus consecuencias en la eficacia de sentencias extranjeras », *AEDIP* 2016.859.

[3] J. Marín Fuentes, *Derecho internacional privado*, Universidad de Medellín, 2014, p. 150 §1.13.1 ; D. Rojas, *El derecho aplicable al contrato. Estudio comparado, crítico y prospectivo en Derecho internacional privado colombiano*, Universidad Exterando de Colombia, 2018, p. 218 §273.

1947[1], rendu à propos d'un litige relatif à un contrat de travail conclu entre la chaîne de supermarchés Tia et l'un de ses salariés. En tant que défendeur, le représentant du magasin demandait au juge l'application de la loi tchécoslovaque, loi nationale de l'employeur. Cependant, le juge du fond a appliqué la loi colombienne. Saisi d'un pourvoi en cassation, la Cour colombienne valide l'application de la loi colombienne sur le fondement du principe de territorialité. Le fondement de ce principe se trouve, selon elle, dans l'article 18 du Code civil qui prévoit l'application de la loi colombienne pour tous les citoyens dans le territoire national, indépendamment du fait qu'ils soient colombiens ou étrangers[2]. C'est pourquoi le professeur Rojas conclut que la méthode adoptée par la jurisprudence colombienne est unilatérale en ce sens qu'elle est fondée sur la territorialité[3].

266. Ainsi, la réticence dont témoigne la Cour colombienne pour contribuer à l'adaptation du contrôle est le prolongement de cette approche publiciste de l'efficacité des décisions étrangères et de cette vision unilatérale du droit international privé. Cependant, malgré cela, nous sommes convaincue que la jurisprudence peut jouer un rôle déterminant dans l'évolution du contrôle. Sans méconnaître la loi, elle peut, par le biais interprétatif, l'adapter et contribuer à sa modernisation. Pour ce faire, encore faut-il, et nous en sommes consciente, qu'elle accepte de transformer sa vision de la circulation des décisions étrangères.

267. Contrairement à l'expérience colombienne, la source législative du contrôle en droit européen n'a pas empêché le juge européen de contribuer à son adaptation. La raison en est que tant les règlements que la jurisprudence sont guidés par une ligne directive commune : simplifier et favoriser, autant que possible, la circulation des décisions rendues par les États membres.

B. *Les entreprises de la jurisprudence européenne pour compléter l'adaptation du contrôle*

268. Alors que la source principale du contrôle de régularité en droit européen est, comme en droit colombien, de type législatif, nous avons montré combien cela n'a pas empêché son adaptation dans le sens d'un allégement. La dynamique simplificatrice qui guide les règlements européens est confirmée par le juge européen. Contrairement à la jurisprudence colombienne, la Cour de justice assure, par la voie interprétative (1), la continuité de l'évolution de l'instrument d'efficacité (2).

1. *Le travail interprétatif du juge européen*

269. Contrairement au contexte latino-américain où les différents États ont été les héritiers d'une même tradition juridique, et où la quasi-totalité d'entre eux

[1] CSJC. Cass. Ch. Civ., 30 septembre 1947 *Tia*, Magistrat Rapporteur : Gabriel Rodriguez Hernandez.

[2] D. Rojas Tamayo, « Las deficiencias del derecho… », *op.cit.*, p. 860; D. Rojas, *El derecho aplicable…*, *op.cit.*, p. 111 §110.

[3] *Idem.*, p. 862. Sur la possibilité de choisir la loi applicable au contrat en droit colombien : *v.* A. Zapata, « La ley aplicable al contrato internacional », *in*, *Teoría general del derecho internacional privado*, sous la dir. de L. García et A. Aljure, Legis, 2016, p. 201.

partagent une même langue et une culture semblable, le contexte européen se caractérise par la disparité des traditions juridiques, des cultures et des langues. La diversité qui caractérise l'Union est l'un de ses éléments fondamentaux mais représente, en même temps, l'un des défis les plus importants auxquels elle est confrontée dans la construction d'un ordre juridique commun à tous les États membres. Il faut assurer qu'en dépit des particularités des droits nationaux, les institutions et les mécanismes juridiques communs fonctionnent de manière comparable dans tous les États membres.

270. En ce qui concerne la circulation des décisions, le juge européen contribue au bon fonctionnement de l'instrument commun d'efficacité par ses interprétations. En effet, afin de limiter les interférences des ordres juridiques nationaux et, par conséquent, les risques d'hétérogénéité, il assure l'interprétation uniforme des règles européennes. Grâce à cette interprétation uniforme, le juge européen participe à l'adaptation du contrôle de deux manières. D'une part, il garantit que son appréhension et sa mise en œuvre soient cohérentes avec l'objectif que l'Union européenne s'est fixé de simplifier l'efficacité des jugements intra-communautaires[1], en supprimant progressivement toute entrave à leur circulation[2]. D'autre part, il favorise l'application du contrôle de régularité la plus uniforme possible dans tous les États membres[3].

271. La formulation des questions préjudicielles constitue le canal dont disposent les États membres pour interroger la Cour de justice sur l'interprétation des dispositions européennes[4]. La méthode des interprétations autonomes est celle privilégiée par la Cour. Celle-ci consiste, selon l'arrêt *Eurocontrol* de 1976, à retenir une interprétation en se référant « non au droit d'un quelconque des États concernés, mais, d'une part, aux objectifs et au système de la convention et, d'autre part, aux principes généraux qui se dégagent de l'ensemble des systèmes de droit nationaux »[5]. Au sein de la matière civile et commerciale, par exemple, cette méthode a permis d'éclaircir notamment les définitions des notions *« décision »*, ou encore *« matière civile et commerciale »* qui sont formulées dans la Convention de Bruxelles[6], le Règlement Bruxelles I[7], le Règlement Bruxelles I bis[8]. Les arrêts *Denilauler*[9], *Gambazzi*[10]et *Gothaer*[11], ont ainsi servi à la Cour pour préciser que les *« décisions judiciaires »* qui bénéficient du système d'efficacité simplifiée sont celles « qui, avant le moment où leur

---

[1] A. Marmisse, *La libre circulation des décisions de justice en Europe,* PULIM, 2001, p. 87 et s. §127 et s.

[2] A. Borrás, « La utilización de medios diversos para ayudar a la interpretación y aplicación de los instrumentos convencionales y de la Unión Europea », *in, Le droit à l'épreuve des siècles et des frontières, Mélanges en l'honneur du Professeur Bertrand Ancel,* LGDJ, 2018, p. 243.

[3] B. Audit et L. d'Avout, *op.cit.*, p. 503 §609.

[4] H. Gaudemet-Tallon et M-E. Ancel, *op.cit.,* p. 53 §35.

[5] CJCE, 14 octobre 1976, Aff. C-29/76 *Eruocontrol,* point n° 5, *RCDIP* 1977.772 obs. Droz.

[6] Article 25, Convention de Bruxelles, *préc.*

[7] Article 32, Règlement (CE) n° 44 du 22 décembre 2000 *Bruxelles I, préc.*

[8] Article 2.a, Règlement (UE) n° 1215 du 12 décembre 2012 *Bruxelles I bis, préc.*

[9] CJCE, 21 mai 1980, Aff. C-125/1979 *Denilauler,* point n° 13, *RCDIP* 1980.787 obs. Mezger ; *JDI* 1980.939 obs. A. Huet ; *D.* 1981.IR.158 obs. Audit.

[10] CJCE, 2 avril 2009, Aff. C-394/2007 *Gambazzi,* point n° 23, *D.* 2010.1587 obs. Courbe et Jault-Seseke ; *RCDIP* 2009.785 spéc. §29 à 34 obs. Cuniberti ; *Gaz.Pal.* 28 novembre 2009, n° 332 obs. Nioche et Sinopoli.

[11] CJUE, 15 novembre 2012, Aff. C-456/2011 *Gothaer, RCDIP* 2013.686 obs. Nioche.

reconnaissance et leur exécution sont demandées dans un État autre que l'État d'origine, ont fait, ou étaient susceptibles de faire, dans cet État d'origine, l'objet, sous des modalités diverses, d'une instruction contradictoire »[1]. La formulation d'une interprétation autonome de cette notion se justifie afin d'assurer l'objectif de l'Union de simplifier la reconnaissance et l'exécution des jugements[2]. En effet, « une interprétation de cette notion fondée sur les particularités de chaque droit national constituerait une entrave importante à la réalisation de cet objectif »[3]. Des considérations semblables ont motivé le juge européen à formuler une interprétation autonome de la « matière civile et commerciale »[4] afin de délimiter le champ d'application de la Convention de Bruxelles et des règlements Bruxelles I et Bruxelles I bis. Les arrêts *Eurocontrol*[5] et *Rüffer*[6], *Rina*[7], entre autres[8], ont dès lors permis à la Cour de formuler le critère de l'« autorité publique agissant dans l'exercice de la puissance publique »[9], à partir duquel la définition de cette notion s'est progressivement développée. La méthode des interprétations autonomes constitue dès lors, une manière dont la jurisprudence européenne participe à l'adaptation des normes européennes. Cette adaptation cherche à assurer la réalisation des objectifs poursuivis par l'Union[10]. Autrement dit, l'interprétation autonome est un outil au service d'une autre méthode d'interprétation des normes européennes, celle téléologique.

272. Dans le prolongement de cette entreprise d'adaptation, l'intervention de la Cour de justice est également remarquable en ce qui concerne la liste des motifs de refus d'efficacité qu'elle interprète avec fermeté. Ses contributions sont guidées par deux idées. La première est que les motifs énoncés par les textes ont un caractère exhaustif[11]. La seconde est que l'objectif du législateur européen de simplifier l'efficacité des décisions rendues dans les États membres peut s'avérer méconnu si une interprétation très large des motifs de refus est retenue[12]. Afin

---

[1] CJCE, 2 avril 2009, Aff. C-394/2007 *Gambazzi*, point n° 23, *préc. v. supra* p. 23.
[2] CJUE, 15 novembre 2012, Aff. C-456/2011 *Gothaer*, points n° 25 et 26, *préc.*
[3] *Idem.*
[4] M. Audit, « L'interprétation autonome du droit international privé communautaire », *JDI* 2004.789, spéc., p. 792 §5 et s.
[5] CJCE, 14 octobre 1976, Aff. C-29/76 *Eruocontrol*, *préc.*
[6] CJCE, 16 décembre 1980, Aff. C-814/79 *Rüffer*, *JDI* 1982.463 obs. Bischoff. Dans le même sens *v.* CJCE, 15 février 2007, Aff. C-292/05 *Lechouritou*, *Europe* 2007.125 obs. L. Idot ; *RCDIP* 2008.61.
[7] CJUE, 7 mai 2020, Aff. C-641/18 *Rina.*
[8] CJCE, 21 avril 1993, Aff. C-172/91 *Hans Waidmann c. Volker Sonntag*, point n°21 et n°22 ; CJCE, 28 avril 2009, Aff. C-420/07 *Apostolides*, point n°43 et n°44, *RCDIP* 2010.377 obs. Pataut ; CJCE, 18 octobre 2011, Aff. C-406/09 *Realchemie Nederland BV c. Bayer CorpScience AG*, point 39, *Europe* 2011 com. 498 obs. L. Idot ; *JDE* 2012.301 obs. Nuyts et Boularbah ; CJCE, 13 novembre 2013, Aff. C-645/11 *Land Berlin*, point n° 32, *RCDIP* 2014.110 obs. M. Laazouzi; *D.* 2013.1010; *D.* 2014.1059 obs. H. Gaudemet-Tallon et F. Jault-Seseke ; CJCE, 23 octobre 2014, Aff. C-302/13 *FlyLAL*, point n° 26, *Europe* 2014 com. 560 obs. L. Idot.
[9] H. Gaudemet-Tallon et M-E Ancel, *op.cit.*, p. 62 § 41.
[10] M. Audit, « L'interprétation autonome... », *JDI* 2004.789, spéc. p. 790 §2.
[11] CJCE, 13 octobre 2011, Aff. C-139/10 *Prism Investments*, *Europe* 2011 com. 500 obs. L. Idot; *RTD.Eur.* 2011.871 obs. Guinchard; *JCP* 2012.I.84 obs. A. Devers; *D.* 2012.1238 obs. H. Gaudemet-Tallon ; CJCE, 2 juin 1994, Aff. C-414/92 *Solo Kleinmotoren GmbH*, *JDI* 1995.466 obs. A. Huet ; CJUE, 6 septembre 2012, Aff. C-619/10 *Trade Agency*, *D.* 2012.2181; *Europe* 2012 comm. 469 obs. L. Idot .
[12] CJCE, 2 juin 1994, Aff. C-414/92 *Solo Kleinmotoren GmbH*, point n° 20, *préc.* Cet attendu a été confirmé aussi par : CJCE, 28 mars 2000, Aff. C- 7/98 *Krombach*, point n° 21, *préc.* ; CJUE, 6 septembre 2012, Aff. C-619/10 *Trade Agency*, point n° 48, *préc.*

d'éviter ce risque, la Cour intervient pour signaler la manière dont ceux-ci doivent être compris et appréciés. Ainsi, en ce qui concerne, par exemple, la conformité de la décision à l'ordre public international, elle précise qu'en dépit de la liberté dont disposent les États membres pour déterminer le contenu de leur ordre public, « les limites de cette notion relèvent de l'interprétation de la Cour »[1]. Les arrêts *Krombach* et *Renault c. Maxicar*, lui ont ainsi permis d'affirmer que ce motif de refus doit demeurer exceptionnel[2]. Son emploi ne se justifie que lorsque « la reconnaissance ou l'exécution de la décision rendue dans un autre État contractant heurterait de manière inacceptable l'ordre juridique de l'État requis, en tant qu'elle porterait atteinte à un principe fondamental [...] l'atteinte devra constituer une violation manifeste d'une règle de droit considérée comme essentielle dans l'ordre juridique de l'État requis ou d'un droit reconnu comme fondamental dans cet ordre juridique »[3].

273. La Cour est également intervenue en matière d'inconciliabilité des décisions pour déterminer le cas dans lequel deux décisions sont effectivement inconciliables. Dans l'arrêt *Hoffman c. Krieg* de 1986[4], confirmé plus tard par l'arrêt *Italian Leather* de 2000[5], elle indique que deux décisions sont inconciliables lorsqu'elles « entrainent des conséquences juridiques qui s'excluent mutuellement »[6]. Le champ d'application de l'inconciliabilité comme motif de refus d'efficacité a également été précisé par la voie interprétative. À ce propos, la Cour de justice considère que l'inconciliabilité visée par les normes européennes ne peut exister qu'entre décisions judiciaires à l'exclusion, par exemple, des transactions judiciaires[7].

274. Ces contributions du juge européen permettent d'avancer dans l'application uniforme du contrôle de régularité au sein de l'espace judiciaire européen. Remarquons également à ce propos, que l'argument fondé sur la confiance mutuelle renforcée est aussi utilisé par ce tribunal afin de justifier l'« interprétation stricte »[8] de la liste des motifs de refus. En effet, admettre l'interprétation large ou non concertée des motifs de refus peut entraîner la

---

[1] CJCE, 28 mars 2000, Aff. C-7/98 *Krombach*, point n° 22, *préc. v.* D. Alexandre et A. Huet, *Rép.dr.int.*, Dalloz, *v°* « Compétence européenne, reconnaissance et exécution : matières civile et commerciale ».

[2] Dans l'arrêt *Kormbach* la Cour affirme que : *« S'agissant plus précisément du recours à la clause de l'ordre public, figurant à l'article 27, point 1, de la convention, la Cour a précisé qu'il ne doit jouer que dans des cas exceptionnels »*. CJCE, 28 mars 2000, Aff. C- 7/98 *Krombach*, point n° 21, *préc.* ; CJCE, 11 mai 2000, Aff. C-38/98 *Renault c. Maxicar*, point n° 26, *RCDIP* 2000.497 obs. H. Gaudemet-Tallon ; *JDI* 2001.696 obs. A. Huet, *JCP* 2001.II.10607 obs. Nourissat. Dans le même sens *v.* CJCE, 6 septembre 2012, Aff. C-619/10 *Trade Agency*, *préc.*

[3] CJCE, 28 mars 2000. Aff. C- 7/98 *Krombach*, point n° 37, *préc.* ; CJCE. 11 mai 2000, Aff. C-38/98 *Renault c. Maxicar*, point n° 30, *préc.* ; CJUE, 28 avril 2009, Aff. C-420/07 *Apostolides*, point n° 59, *préc.* ; CJUE, 6 septembre 2012, Aff. C-619/10 *Trade Agency*, point n° 51, *préc.*

[4] CJCE, 4 février 1988, Aff. C- 145/86 *Hoffmann c. Krieg*, *RCDIP* 1988.605 obs. H. Gaudemet-Tallon ; *JDI* 1989.449 obs. A. Huet.

[5] CJCE, 6 juin 2002, Aff. C- 80/00 *Italian Leather*, *RCDIP* 2002.704 obs. H. Muir Watt ; *JDI* 2003.671 obs. A. Huet ; *RTD com.* 2002.591 obs. A. Marmissa.

[6] CJCE, 4 février 1988, Aff. C-145/86 *Hoffmann c. Krieg*, point n° 22, *préc.* ; CJCE, 6 juin 2002, Aff. C- 80/00 *Italian Leather*, point n° 40, *préc.*

[7] CJCE, 2 juin 1994, Aff. C-414/92 *Solo Kleinmotoren GmbH*, points 21 et 25, *préc.* Pour une application de cette définition en droit français *v.* Cass. 1ère civ., 20 juin 2006, *RCDIP* 2007.164 obs. Rémery.

[8] CJCE, 28 avril 2009, Aff. C-420/07 *Apostolides*, point n° 43 et n° 44, *préc*, CJCE, 13 octobre 2011, Aff. C-139/10 *Prism investments*, point n°33, *préc.* ; CJCE, 23 octobre 2014, Aff. C-302/13 *FlyLAL*, point n° 46, *préc.*

transformation du contrôle prévu par les textes européens en un contrôle strict ou excessivement exigeant, incompatible avec ladite confiance réciproque et, par conséquent, avec les objectifs européens.

275. En outre, il convient d'indiquer que la CEDH participe aussi à l'adaptation du contrôle de régularité. En effet, l'interprétation et l'application des règlements européens doivent être conformes non seulement aux objectifs recherchés par l'Union dans chaque domaine, mais également aux exigences de la Conv. EDH. Le respect du droit à la vie privée et familiale dans les affaires relatives au droit de la famille[1], ainsi qu'à une procédure équitable, notamment les droits de la défense dans le cadre de la notification et de la signification régulières de la procédure au défendeur, sont, sans doute, les domaines dans lesquels la Cour strasbourgeoise est intervenue le plus souvent pour exiger que l'efficacité des décisions étrangères soit respectueuse des Droits de l'homme.

276. Saisie directement par les ressortissants des États signataires de ladite Convention, la CEDH cherche à assurer la protection des droits et des garanties consacrés dans cet instrument. Les affaires *Wagner* de 2007[2] et *Négrépontis* de 2011[3], par exemple, illustrent de manière très claire combien l'efficacité des jugements étrangers peut, dans certains cas, entraîner une méconnaissance des garanties consacrées par la Conv. EDH. Dans chacune de ces deux décisions, l'efficacité d'un jugement d'adoption prononcé à l'étranger a été refusée au motif d'une contrariété avec les normes du pays d'accueil. Dans l'affaire *Wagner*, il s'agissait d'une adoption plénière prononcée au Pérou en faveur d'une femme célibataire de nationalité luxembourgeoise. L'efficacité de ce jugement fut refusée, car il n'avait pas été rendu en application de la loi luxembourgeoise, pourtant désignée par la règle de conflit de ce pays, et au regard de laquelle l'adoption est réservée aux couples. Dans l'affaire *Négrépontis*, le jugement en cause avait été rendu aux États-Unis et concernait l'adoption par un moine grec de son neveu, lui aussi de nationalité grecque. L'efficacité de cette adoption a été largement discutée en Grèce au moment de liquider la succession du père adoptif. Après une longue procédure, elle a été refusée car contraire à l'ordre public grec, en ce sens que selon la loi de ce pays, l'adoption est incompatible avec la vie monacale[4].

277. Dans les deux cas, la CEDH a tenu un raisonnement semblable pour considérer que le refus de reconnaissance d'un jugement étranger portant sur un lien de famille « constituait une ingérence dans le droit au respect de la vie familiale »[5] qui n'est pas justifiée en ce sens qu'elle ne répondait pas « à un besoin

---

[1] A. Panet, « La reconnaissance des situations de statut personnel constituées au sein des États tiers », *in, les frontières du droit international privé européen,* Bruylant, 2015, p. 690.

[2] CEDH, 28 juin 2007, Req., n°76240/01 *Wagner, D.* 2007.2700 obs. F. Marchadier ; *RCDIP* 2007.807 obs. Kinsch ; *JDI* 2008.183 obs. L. d'Avout. *v.* S. Fulli-Lemaire, *Le droit international privé de la famille à l'épreuve de l'impératif de reconnaissance de situations*, LGDJ, 2022, p. 254 §366.

[3] CEDH, 3 mai 2011, Req., n°56759/08 *Négrépontis, RCDIP* 2011.817 obs. Kinsch ; *D.* 2012.1228 obs. H. Gaudemet-Tallon et F. Jault-Seseke.

[4] CEDH, 3 mai 2011, Req., n°56759/08 *Négrépontis,* point n° 23 et n° 28, *préc.*

[5] CEDH, 28 juin 2007, Req., n°76240/01 *Wagner,* point n° 123, *préc.* ; CEDH, 3 mai 2011, Req., n°56759/08 *Négrépontis,* point n° 60, *préc.*

social impérieux »[1]. La CEDH va encore plus loin dans ses considérations en affirmant que « les juges nationaux ne pouvaient raisonnablement passer outre au statut juridique créé valablement à l'étranger et correspondant à une vie familiale au sens de l'article 8 de la Convention, ni refuser la reconnaissance des liens familiaux qui préexistent de facto et se dispenser d'un examen concret de la situation »[2]. Ces mots pourraient témoigner de l'intention de la CEDH de consacrer un droit à la reconnaissance du jugement étranger lorsque ce dernier est rendu à propos de certaines matières en lien avec l'article 8 de la Conv. EDH. Remarquons qu'une affirmation similaire avait également été avancée par la Cour, à propos de l'article 6 de la Conv. EDH, dans l'arrêt *Mc. Donald* de 2008. En effet, à cette occasion, la CEDH estima que le droit à une procédure équitable couvre la reconnaissance et l'exécution des jugements. En l'espèce, même si la CEDH déclare irrecevable la requête formée par M. Mc. Donald contre la France, elle considère que « le refus d'accorder l'exequatur des jugements américains a représenté une ingérence dans le droit au procès équitable du requérant »[3].

278. Au regard de cette jurisprudence européenne, d'aucuns en ont conclu que pour la CEDH, l'exequatur était un droit des citoyens. Les États signataires seraient alors contraints de reconnaître et d'exécuter l'ensemble des jugements étrangers[4]. Cependant, une telle lecture nous paraît dangereuse. Pensons à la situation dans laquelle la décision a été obtenue à l'étranger dans des conditions douteuses. Obliger l'État récepteur à lui accorder l'efficacité serait comme lui demander de fermer les yeux sur des actes pouvant méconnaître les droits que la Convention garantit aussi à l'autre partie. Pour s'en convaincre, il suffit de penser, par exemple, à l'adoption plénière prononcée à l'étranger sans que les parents biologiques de l'adopté n'aient été notifiés de la procédure, et sans qu'ils n'aient eu l'occasion de se manifester contre l'anéantissement de leur lien de filiation. Pour appuyer notre lecture, remarquons la nuance qu'apporte l'arrêt *Selin Asli Ozturk contre Turquie*[5], dans lequel la CEDH considère que plus qu'à une obligation de reconnaissance et d'exécution, les États sont tenus à un devoir de mettre en place un instrument d'efficacité accessible aux citoyens dont l'organisation et le fonctionnement soient fixés par la loi dans le respect des droits fondamentaux[6].

279. Le débat quant à l'existence d'un droit à l'efficacité ou d'un droit à l'instrument d'efficacité témoigne assurément de l'emprise de plus en plus

---

[1] CEDH, 3 mai 2011, Req., n°56759/08 *Négrépontis*, point n° 76, *préc.*

[2] *Idem.*, point n° 74, *préc.* CEDH, 28 juin 2007, Req., n°76240/01 *Wagner*, point n° 133 et n° 135, *préc. v.* R. Legendre, *Droits fondamentaux et droit international privé. Réflexion en matière personnelle et familiale*, Dalloz, 2020, p. 106 §161 et s. ; S. Fulli-Lemaire, *op.cit.*, p. 254 et s. §366 et s.

[3] CEDH 29 avril 2008, Req., n° 18648/04 *Mc. Donald c. France*, p. 9 ; *RCDIP* 2008.830 obs. P. Kinsh; *JDI* 2009.193 obs. F. Marchadier; *D.* 2009.1557 obs. P. Courbe et F. Jault-Seseke. *v.* G. Cuniberti, « Le fondement de l'effet des jugements étrangers », *op.cit.*, p. 135 §55 et 139 §65.

[4] A. Panet, *op.cit.*, p. 698.

[5] CEDH 13 octobre 2009, Req., n° 39523/09 *Selin Asli Ozturk c. Turquie*, point n° 41, *RCDIP* 2010.498 obs. F. Marchadier. *v.* P. Kinsch, « Droits de l'homme, droits fondamentaux et droit international privé », *RCADI*, 2005, Vol. 318, p. 101 §68.

[6] *v. infra* p. 193.

importante des droits fondamentaux sur la circulation des décisions étrangères. En outre, cet élargissement ne va pas sans créer des tensions entre la CJUE et la CEDH à propos, notamment, de la marge de manœuvre dont disposent les États membres pour refuser la reconnaissance ou l'exécution d'un jugement étranger sans que cela n'entraîne une violation systématique desdits droits. L'avis numéro 2/13 de la Cour de Justice[1], ainsi que les arrêts de la CEDH *Bosphorus*[2] et *Avontins*[3], sont autant d'exemples qui illustrent non seulement ces frictions entre les deux Cours, mais également les efforts de la CEDH pour assurer une protection équivalente des droits fondamentaux indépendamment que l'affaire s'inscrive dans le cadre de la Conv. EDH ou de la Charte des droits fondamentaux de l'Union européenne[4]. Cette confrontation entre les deux Cours est indéniablement intéressante, notamment en ce qui concerne les implications d'un contrôle des droits fondamentaux sur la confiance mutuelle entre les États membres[5], cependant il ne nous appartient pas d'approfondir son étude dans ce travail, dès lors que cette analyse dépasse notre champ d'investigation. En effet, lorsqu'il est question de déterminer la compatibilité de l'accord ou du refus d'efficacité d'un jugement étranger avec les droits fondamentaux protégés par la Conv. EDH, notamment avec le droit à une procédure équitable et celui au respect de la vie privée et familiale, alors ce n'est plus le contrôle de régularité qui est étudié, mais un autre mécanisme : celui du contrôle *in concreto* de proportionnalité.

En ce sens, il convient de préciser que la possible intervention d'un contrôle de proportionnalité en aval ne change pas la finalité objective de l'instrument d'efficacité, à savoir l'établissement de la régularité internationale de la décision étrangère selon les règles du for. Autrement dit, selon nous, il est difficile d'affirmer que tous les cas où l'efficacité est refusée, parce que le juge requis a constaté la méconnaissance de l'une ou de plusieurs conditions de régularité, sont nécessairement contraires aux droits fondamentaux. Selon Gilles Cuniberti le droit à l'efficacité des jugements étrangers qui, selon la CEDH, est prévu par l'article 6 de la Conv. EDH « n'est pas absolu [pouvant dès lors être] limité dans un but légitime, et s'il existe un rapport raisonnable de proportionnalité entre les moyens employés et le but visé »[6]. Or, si des controverses sur cette compatibilité surgissent, le débat qui s'engagerait ne relèverait pas de l'instrument d'efficacité mais bien du contrôle *in concreto* de proportionnalité qui se distingue du contrôle

[1] CJUE, Avis n° 2/13 du 18 décembre 2014, sur l'adhésion de l'Union européenne à la Conv. EDH, ECLI :EU :C :2014 :2454, §191 et s.

[2] CEDH 30 juin 2005, Req., n° 45036/05 *Bosphorus c. Irlande.*

[3] CEDH 23 mai 2016, Req., n° 17502/07 *Avontins c. Lettonie.*

[4] Dans l'arrêt *Bosphorus,* la Cour formule une présomption selon laquelle, toute mesure prise par un État signataire de la Conv. EDH afin de respecter les obligations qui découlent de son *« appartenance à une organisation internationale à laquelle il a transféré une partie de sa souveraineté […] doit être réputée justifiée dès lors qu'il est constant que l'organisation en question accorde aux droits fondamentaux une protection à tout le moins équivalente à celle assurée par la Convention ».* Cette présomption peut, cependant, être renversée selon la Cour *« dans le cadre d'une affaire donnée si l'on estime que la protection des droits garantis par la Convention était entachée d'une insuffisance manifeste ». Idem,* points n° 154, 155 et 156.

[5] G. Cuniberti, « Le fondement de l'effet des jugements étrangers », *op.cit.,* p. 259 §266.

[6] *Idem.* p. 143 §72.

de régularité, en ce qu'il intervient après celui-ci. La même analyse est également possible, selon nous, lorsque c'est l'accord de l'efficacité qui est considéré comme contraire aux droits fondamentaux.

280. Qu'il s'agisse des considérations de la Cour de justice, ou de la CEDH, le fait est que le travail jurisprudentiel contribue à l'adaptation du contrôle de régularité.

2. *Les conséquences sur l'évolution du contrôle*

281. La simplification de la circulation des décisions intra-européennes s'inscrit dans une construction plus vaste qui est celle d'un ordre juridique commun aux États européens. Les objectifs de cet ordre juridique reposent essentiellement sur la confiance mutuelle entre les États membres. Chargée de l'interprétation des règlements, la Cour de justice participe de manière décisive à assurer le renforcement de ladite confiance, et ce, afin de parvenir à la réalisation des objectifs européens[1]. Ainsi, grâce à la formulation d'interprétations autonomes, la Cour réduit le risque de dénaturation de la loi, favorise son application uniforme et participe à la consolidation de l'ordre juridique européen et, spécialement de son autonomie par rapport aux ordres juridiques nationaux des États membres[2].

282. Les précisions interprétatives du juge européen favorisent l'adaptation du contrôle. Elles constituent un référent obligatoire pour les juges des États membres lorsqu'ils appliquent les dispositions européennes[3]. Ceci met en lumière combien la Cour contribue, par ses interprétations à garantir l'adaptation permanente du texte par rapport à la variété des situations auxquelles il est censé s'appliquer.

283. En outre, le travail interprétatif de la Cour de justice remplit une fonction supplémentaire consistant à assurer la continuité et l'homogénéité interprétative dans les cas de changement de texte normatif[4]. En effet, au regard du renouvellement permanent des textes européens, la jurisprudence accompagne ce mouvement en facilitant l'articulation entre les différents instruments européens. Ainsi, pour la matière civile et commerciale, par exemple, les Règlements Bruxelles I[5] et Bruxelles I bis[6], confirmés par les arrêts *German Graphics Graphische Maschinen GmbH*[7], *FlyLAL*[8], *Draka NK Cables Ltd*[9] et *Brogsitter*[10], prévoient la continuité des interprétations faites à propos de la Convention de Bruxelles « lorsque les dispositions de ces instruments

---

[1] M. Audit, *op.cit.*, p. 798 §17.

[2] Sur l'autonomie de l'ordre juridique européen *v.* M. Blanquet, *Droit général de l'Union européenne*, Sirey Université, 11e éd., 2018, p. 462 §769 et s.

[3] K. Kerameus, *« La convention de Bruxelles et l'harmonisation par la jurisprudence en Europe »*, *in*, *Vers de nouveaux équilibres entre ordres juridiques. Mélanges en l'honneur de Hélène Gaudemet-Tallon*, Dalloz, 2008, p. 339.

[4] H. Gaudemet-Tallon et M-E Ancel, *op.cit.*, p. 56 §35.

[5] Considérant n° 19, Règlement (CE) n° 44 du 22 décembre 2001 *Bruxelles I*, *préc.*

[6] Considérant n° 34, Règlement (UE) n° 1215 du 12 décembre 2012 *Bruxelles I bis*, *préc.*

[7] CJCE, 10 septembre 2009, Aff. C-292/08 *German Graphics Graphische Maschinen GmbH*, point n° 27.

[8] CJCE, 23 octobre 2014, Aff. C-302/13 *FlyLAL*, point n° 25, *préc.*

[9] CJCE, 23 avril 2009, Aff. C-167/08 *Draka NK Cables Ltd*, point n° 20.

[10] CJCE, 13 mars 2014, Aff. C-548/12 *Brogsitter*, point n° 39.

[Règlements Bruxelles I et Bruxelles I bis] peuvent être qualifiées d'équivalentes »[1]. Une telle continuité favorise l'application uniforme des règlements et assure la continuité évolutive du contrôle de régularité.

284. Les contributions des juges européens à l'adaptation du contrôle de régularité sont à l'origine d'une divergence notable avec le droit colombien. La différence entre ces deux droits est éclatante. En effet, contrairement au droit colombien où le contrôle est figé dans le temps à cause de l'inactivité du législateur et de la réticence de la jurisprudence, au sein du droit européen, législateur et juge participent à son adaptation permanente. L'évolution de l'instrument d'efficacité est guidée par l'objectif de simplifier progressivement l'efficacité des jugements intra-européens. Le travail des juges européens marquera également une différence sensible avec la Convention de La Haye de 2019. En effet, outre l'absence d'un Tribunal central chargé d'assurer l'interprétation uniforme de cette Convention, il apparaît que le texte adopté manque de clarté à plusieurs égards. Ainsi, l'article 3 dédié aux définitions s'avère particulièrement maigre pour une Convention qui songe à mettre en place un système d'efficacité mondiale. Cette disposition définit uniquement la notion de *« défendeur »* et celle de *« jugement »*. Ainsi, portant sur la circulation des décisions étrangères en matière civile ou commercial - et non civile *et* commerciale -, cette Convention n'avance pas une définition de cette matière. Le silence règne également à propos de la définition *d' « efficacité »*. À ce propos, le texte final ne détermine pas les effets que les décisions étrangères couvertes par son champ d'application peuvent produire dans les États signataires. De plus, le système d'efficacité mis en place est construit sur la distinction entre reconnaissance et exécution, mais ces notions ne sont définies dans la Convention et aucun effet n'a été attribué à leur distinction. Certaines précisions sont indiquées dans le rapport explicatif qui accompagne la Convention[2]. Cependant, étant donné qu'il s'agit d'une Convention ouverte à la signature de tous les États sur la planète, l'on peut se demander s'il n'aurait pas été plus opportun et utile d'inclure ces définitions dans le texte final. L'absence de ces définitions va, selon nous, compromettre l'interprétation et l'application uniformes de la Convention, d'autant plus que les critères d'interprétation indiqués à l'article 20[3] sont également insuffisants[4].

285. **Conclusion de la section :** Les contributions du juge européen à l'adaptation du contrôle de régularité contrastent avec la réticence dont témoigne la jurisprudence colombienne. Contrairement à l'expérience colombienne où le juge se montre hésitant pour interpréter les normes applicables à l'instrument d'efficacité et refuse de remédier à ses défauts, l'intervention du juge européen

---

[1] CJCE, 23 octobre 2014, Aff. C-302/13 *FlyLAL*, point n° 25, *préc.*

[2] F. Garcimartin et G. Saumier, *« Convention sur les jugements - Rapport explicatif préliminaire »*, Vingt-deuxième session 18 juin – 2 juillet 2019, p. 27, § 105.

[3] L'article 20 de la Convention de La Haye de 2019 indique qu' *« aux fins de l'interprétation de la présente Convention, il sera tenu compte de son caractère international et de la nécessité de promouvoir l'uniformité de son application »*.

[4] J. RIBEIRO-BIDAOUI, « The international obligation of the uniform and autonomous interpretation of Private International Law Conventions: consequences for domestic courts and international organizations », *Netherlands International Law Review*, n° 67, 2020, p. 140.

assure l'interprétation et l'application uniformes des normes relatives au contrôle dans tous les États membres. Il apparaît donc que, contrairement à l'expérience colombienne, l'exemple du droit de l'Union révèle combien la source principalement législative du contrôle de régularité n'exclut pas la participation de la jurisprudence dans son évolution.

Conclusion du Chapitre II

286. Le droit français et le droit colombien ont adopté le même instrument d'efficacité pour permettre aux décisions étrangères de produire leurs effets normatifs dans le for : le contrôle de régularité internationale du jugement étranger. L'adoption de cet instrument commun nous conduit à trois observations. La première est que, malgré les divergences contextuelles qui ont entouré sa consécration dans les deux droits étudiés, et en dépit des hésitations de la jurisprudence colombienne, le contrôle partage une organisation comparable dans les deux droits. En effet, en droit français comme en droit colombien, il est organisé au moyen d'une liste exhaustive de conditions de régularité dont le respect conditionne l'efficacité de la décision étrangère.

287. La deuxième observation tient à la source de l'instrument commun d'efficacité qui peut être jurisprudentielle ou législative. Ainsi, alors qu'au sein du droit commun français, la consécration, l'organisation et l'évolution de l'instrument d'efficacité sont l'œuvre de la jurisprudence, au sein du droit colombien en revanche, comme au sein du droit européen, le contrôle provient d'une source principalement législative.

288. La troisième observation concerne les effets que cette divergence de source entraîne pour l'adaptation de l'instrument commun d'efficacité. Il a été démontré à ce propos que la source jurisprudentielle du contrôle facilite son évolution rapide et continue. L'épuration progressive que les conditions du contrôle ont connue en droit français commun en témoigne. Au contraire, la source législative du contrôle est à l'origine de conséquences contrastées sur l'adaptation du contrôle en droit colombien et en droit européen. Ces conséquences sont de deux ordres. En premier lieu, en ce qui concerne le cadre normatif prévu par le législateur, la source législative conduit, en droit colombien, à figer l'instrument dans le temps. En revanche, au sein du droit européen, la source principalement législative du contrôle ne représente pas un obstacle pour son évolution. Outre la simplification des conditions de régularité communes à tous les règlements européens, le législateur européen modèle le contrôle selon les matières traitées, et élargit progressivement l'efficacité de plein droit des jugements européens.

289. En second lieu, les conséquences sont aussi contrastées quant à la participation de la jurisprudence dans l'adaptation du contrôle. En effet, le juge colombien et le juge européen *« s'approprient »* différemment l'instrument d'efficacité. Alors que le juge européen participe effectivement à son adaptation, le juge colombien se montre réticent à cet égard. Là où le juge européen intervient pour assurer l'interprétation et l'application uniformes des règlements afin de parvenir à l'objectif européen de simplification de l'efficacité, le juge colombien se révèle hésitant quant à la structure du contrôle et refuse d'ajuster son discours lorsqu'il s'agit d'appliquer les conventions internationales.

Conclusion du Titre I

290. L'avènement du contrôle de régularité internationale en tant qu'instrument s'est différemment opéré en France et en Colombie. Au sein du droit commun français, la consécration du contrôle de régularité a marqué l'abandon d'un autre instrument d'efficacité : la révision au fond de l'affaire. Assurément incompatible avec l'idée de coopération judiciaire et de coordination des ordres juridiques, cet instrument d'efficacité fut progressivement limité, puis abandonné par l'arrêt *Munzer* de 1964. En revanche, l'adoption du contrôle de régularité en droit colombien, commun et conventionnel, et en droit européen, n'est pas le résultat d'un changement d'instrument d'efficacité. Ces deux droits n'ont jamais consacré, ni pratiqué, la révision au fond de l'affaire. Au sein du droit colombien, l'exclusion de la révision au fond est l'œuvre de la jurisprudence. En droit européen, l'expérience des États membres ayant adopté la révision a certainement conduit à la formulation, dans tous les règlements européens, d'une règle générale portant son exclusion. La révision au fond de l'affaire est effectivement incompatible avec un ordre juridique intégré, construit sur la confiance mutuelle renforcée entre États membres, comme celui de l'Union.

291. Les spécificités qui ont entouré l'adoption du contrôle de régularité dans chaque droit rejaillissent dans son organisation. En effet, malgré le fait qu'il s'agisse du même instrument, cela ne l'empêche pas d'être caractérisé par certaines particularités qui l'individualisent de chaque côté de l'Atlantique. C'est le cas notamment de la source ayant rendu possible son adoption et qui commande son évolution. De source essentiellement jurisprudentielle en droit commun français, le contrôle provient d'une source principalement législative en droit colombien et en droit européen. La souplesse de la jurisprudence face à la formalité de la loi explique que l'adaptation du contrôle soit rapide et permanente en droit commun français comparé, notamment, au contrôle colombien qui n'a pas connu de modification récente. Ayant rapidement pris conscience des enjeux qui entourent la circulation des décisions, la jurisprudence française suit le mouvement européen vers un simplification de l'efficacité.

292. Contrairement au droit commun français, le contrôle colombien est enfermé dans la rigidité de la loi. Or, si le législateur du XIXe siècle modifiait régulièrement les normes applicables afin de les adapter à l'évolution de la politique et de la diplomatie colombienne, force est de constater que celui du XXe siècle se caractérise plutôt par son inactivité à cet égard. L'ancienneté et le nombre très réduit de conventions internationales auxquelles participe la Colombie en matière de circulation des décisions étrangères, compliquent encore un peu plus la situation. À ce propos, l'adoption de la Convention de la Haye de 2019 peut aider à la modernisation du droit colombien. Cette Convention, qui adopte également le contrôle de régularité comme instrument d'efficacité, peut, dès lors, représenter un point de départ pour le droit colombien afin de multiplier ses liens avec des pays étrangers et de simplifier ainsi la circulation des jugements étrangers. Bien entendu, ceci est conditionné à ce que cette Convention soit amplement ratifiée.

293. À l'absence de toute initiative modernisatrice du législateur s'ajoute la réticence de la jurisprudence pour contribuer à l'adaptation du contrôle. Contrairement à la clarté avec laquelle elle exclut la révision au fond de l'affaire, la Cour colombienne est hésitante et timide pour interpréter les conditions du contrôle de régularité et pour simplifier leur mise en œuvre. Pour autant, le nombre de demandes d'efficacité de décisions étrangères confirme combien la modernisation de l'instrument d'efficacité est une nécessité.

294. L'expérience du droit européen montre, en revanche, que la source législative du contrôle n'est pas inévitablement synonyme de rigidité ou d'absence d'évolution. Pour parvenir à une efficacité plus simple et facile des décisions intra-européennes, les règlements européens prévoient un contrôle de régularité allégé que, contrairement au droit colombien, le législateur européen fait évoluer. L'opposition avec le droit colombien se confirme davantage du fait que la source principalement législative du contrôle n'a pas conduit le juge européen à refuser de participer à cette évolution. L'interprétation uniforme des normes applicables au contrôle favorise, de fait, l'uniformité de leur application dans les États membres et répond au souci de simplification du législateur.

295. Ainsi, les particularités qui ont entouré l'avènement du contrôle de régularité en droit colombien et en droit français l'individualisent sans pour autant compromettre son caractère commun. Elles confirment sa nature adaptable, et suggèrent l'existence d'une opposition majeure entre ces deux droits concernant la conception même de l'efficacité des décisions étrangères et du droit international privé. L'étude des finalités que le contrôle de régularité poursuit en droit français et en droit colombien nous permettra d'étudier et de pleinement saisir cette opposition.

Titre II
Les finalités de l'instrument adopté

296. En dépit des divergences identifiées quant à l'adaptation du contrôle de régularité, le fait est que son adoption même matérialise, en droit colombien comme en droit français, une position favorable commune à l'admission de l'efficacité des décisions étrangères dans le for. Selon Catherine Kessedjian, l'intérêt des États à accepter l'efficacité de ces jugements répond à trois raisons[1]. La première est de « favoriser les relations socio-économiques à travers les frontières en tenant compte du fait que cela correspond à la réalité de la vie de la communauté internationale et aux intérêts agrégés de ses citoyens »[2]. La deuxième consiste à « assurer le caractère définitif d'une procédure judiciaire donnée, et renforcer la stabilité et la sécurité engendrées par des décisions de justice qui ne peuvent plus être contestées »[3]. Enfin, la troisième est de garantir le respect de la « justice (fairness) due aux parties en cause et, plus généralement, aux justiciables »[4]. Applicables aux droits français et colombien, ces raisons confirment combien l'admission de l'efficacité des décisions étrangères relève d'une décision libre de chaque État[5]. À ce propos, Hélène Péroz affirme qu'« un jugement étranger ne produit des effets que parce que l'ordre juridique français accepte qu'il en produise »[6], et que « la valeur normative des jugements étrangers dans un ordre juridique dépend de la seule volonté de l'État récepteur »[7].

297. Dans le prolongement de cette liberté, les États décident de l'organisation de leur instrument d'efficacité[8] ainsi que des finalités qu'il poursuit. À ce dernier égard, il apparaît que le contrôle de régularité prévu en droit français et celui prévu en droit colombien cherchent à satisfaire les mêmes finalités, qu'il est possible de classer en deux catégories. D'abord, dans les deux droits étudiés, l'instrument d'efficacité poursuit une finalité que nous qualifierons d'objective et qui consiste dans l'établissement de la régularité internationale de la décision

---

[1] C. Kessedjian, *La reconnaissance et l'exécution des jugements en droit international privé aux États-Unis,* Economica, 1987, p. 202 §343. *v.* G. Jèze. « De la force de vérité légale attachée par la loi à l'acte juridictionnel », *RDP.* 1913.437, spéc. p. 497 ; G. Cuniberti, « Le fondement de l'effet des jugements étrangers », *RCADI,* 2018, Vol. 394, p. 101 §2.

[2] C. Kessedjian, *op.cit.*, p. 202 §343. *v.* A. Zapata, « La internacionalización del derecho y el orden jurídico internacional –aproximación doctrinaria- », *in, Derecho internacional de los negocios. Alcances,* Universidad Externado de Colombia, 2005, T. II, p. 17 et s.

[3] C. Kessedjian, *op.cit.*, p. 202 §343.

[4] *Idem. v.* J-P. Niboyet, « Le rôle de la justice internationale en droit international privé : conflit des lois », *RCADI,* 1932, Vol. 040, p. 158 §2.

[5] J. Guillaumé, *L'affaiblissement de l'État-nation et le droit international privé,* LGDJ, 2011, p. 2 §3. *v.* Ph. Théry, *Pourvoir juridictionnel et compétence. Étude de droit international privé,* thèse Paris II Panthéon-Assas, 1981, p. 256 §272 ; A. Bonnichon, « La notion de conflit de souverainetés dans la science des conflits de lois (seconde partie) », *RCDIP* 1950.19.

[6] H. Péroz, *La réception des jugements étrangers dans l'ordre juridique français,* LGDJ, 2005, p. 10 §VIII. *v.* F. Delpech, *Le rôle de la règle de conflit de lois dans l'efficacité des décisions étrangères,* thèse Paris I Panthéon-Sorbonne, 1999, p. 4 §5.

[7] H. Péroz. *op.cit,* p. 76 §123. *v.* M-L Niboyet-Hoegy, *L'action en justice dans les rapports internationaux de droit privé,* Economica, 1986, p. 330 §601 ; L. d'Avout, *Sur les solutions du conflit de lois en droit des biens,* Economica, 2006, p. 220 §158.

[8] D. Bureau et H. Muir Watt. *Droit international privé. Partie générale,* Themis droit PUF, 4e éd., 2017, p. 266 §233.

étrangère. Le caractère objectif de cette finalité s'explique, selon nous, par la dimension manifestement évidente qui l'accompagne. D'aucuns pourraient considérer comme superfétatoire de consacrer un premier chapitre à l'étude de cette finalité, précisément en raison de son évidence. Pourtant, force est de constater qu'en Colombie l'identification de cette finalité demeure vague et que ces incertitudes se retrouvent également au sein de la Convention de La Haye de 2019. Revenir sur cette finalité objective du contrôle permet alors de confirmer combien l'efficacité que l'instrument commun entend favoriser est celle des décisions internationalement régulières (Chapitre I).

298. En outre, cette finalité objective est accompagnée de deux autres finalités sous-jacentes également partagées par les deux droits, à savoir la protection des intérêts de l'État récepteur et la protection des intérêts des particuliers concernés par le rapport de droit décidé à l'étranger. Nous aurions pu qualifier ces deux finalités de subjectives. Une telle qualification aurait directement répondu au caractère objectif qui caractérise l'établissement de la régularité internationale. Cependant, elle ne correspond pas à notre pensée. En effet, la subjectivité implique, nécessairement, l'existence d'une appréciation faite par un sujet déterminé. Les finalités du contrôle pourraient dès lors varier selon qu'elles sont envisagées du point de vue de l'État d'accueil, ou de celui des particuliers concernés par la décision étrangère. Or, notre analyse de ces finalités du contrôle doit être impartiale, et ne doit pas, notamment, privilégier un point de vue sur l'autre. C'est pourquoi nous préférons qualifier ces deux finalités protectrices de sous-jacentes. « Sous-jacentes » en ce qu'elles animent le contrôle autant que la finalité objective, mais de manière plus diffuse. Ainsi, permettant l'établissement certain de la régularité internationale du jugement étranger, l'instrument d'efficacité cherche à protéger les intérêts de l'État d'accueil et ceux des particuliers qui invoquent la décision étrangère dans le for. C'est grâce à l'étude de ces deux finalités sous-jacentes que nous mesurerons combien elles sont différemment hiérarchisées dans les deux droits analysés. Cette hiérarchisation différenciée permettra de relever, avec plus de clarté, l'opposition qui sépare le droit français et le droit colombien quant à la conception de l'efficacité des jugements étrangers (Chapitre II). Saisir pleinement cette opposition s'avère indispensable pour la suite de notre étude, tant elle conditionne la mise en œuvre du contrôle de régularité que nous analyserons dans la seconde partie de notre travail.

Chapitre I
La finalité objective du contrôle

299. L'extranéité du jugement suscite chez le juge du for un sentiment de méfiance qui peut être qualifié de légitime[1]. Florence Delpech reprend à cet égard les mots du Doyen Batiffol pour affirmer qu'« un ordre juridique ne peut certainement pas accorder aveuglement tous leurs effets « aux décisions de tous les juges de l'univers, dont il ignore qui ils sont et comment ils jugent » »[2]. Face à l'impossibilité d'affirmer l'existence d'une confiance mutuelle absolue entre tous les États de la planète, le maintien de l'instrument d'efficacité demeure une nécessité. Même au sein de l'espace judiciaire européen, où la circulation des décisions est de plus en plus facilitée et simplifiée, le contrôle de régularité est maintenu. Il constitue, en effet, le moyen permettant au juge du for de maîtriser, ou de surmonter, la possible méfiance que peut susciter l'origine étrangère de la décision en cause[3]. Il lui procure les éléments nécessaires et suffisants pour s'assurer que, en dépit de son extranéité, le jugement invoqué remplit toutes les exigences pour être traité, du point de vue de ses effets, de manière comparable à un jugement national[4]. Dans ce contexte, affirmer que l'établissement de la régularité internationale de la décision étrangère constitue la finalité objective du contrôle dans les deux droits analysés[5], permet de mettre en lumière, dans le cadre d'une approche pragmatique, sa nature instrumentale.

300. Malgré son objectivité, cette finalité n'est pas étudiée pareillement en droit français et en droit colombien. En effet, au sein de ce dernier droit, l'attention des juges et de la doctrine se concentre principalement sur les finalités sous-jacentes de l'instrument d'efficacité, plus spécifiquement sur la protection de la souveraineté étatique. L'établissement de la régularité internationale en tant que finalité du contrôle est rarement analysée par la doctrine et s'avère parfois oubliée dans le discours des juges. En outre, au sein de la Convention de La Haye de 2019, cette finalité se révèle incertaine. En effet, au cœur du système d'efficacité prévu par cette dernière, les conditions de régularité ne sont pas obligatoires. Le juge de l'État requis dispose donc de la faculté de sanctionner, ou non, l'irrégularité de la décision étrangère[6]. Or, concevoir la sanction de l'irrégularité internationale du jugement comme une simple faculté, conduit à

---

[1] A. Levasseur, « L'effectivité des décisions de justice. Rapport général », *in, Travaux de l'Association Henri Capitant. Journées françaises,* Economica, 1985, T. XXXVI, p. 361. *v.* : A. Remiro Brotons, *Ejecución de sentencias extranjeras en España*, Editorial Tecnos, 1974 p. 17.

[2] F. Delpech, *op.cit.*, p. 8 §11. *v.* : H. Péroz. *op.cit.*, p. 80 §132 et 133.

[3] *v.* D. Alexandre, *Les pouvoirs du juge de l'exequatur*, LGDJ, 1970, p. 157 §181 ; B. Audit et L. d'Avout, *op.cit.*, p. 456 §540.

[4] D. Holleaux affirme que *« la fonction du procès de reconnaissance est [...]de vérifier que la décision étrangère, quoique différente de celle qu'eût déterminée le droit du pays de reconnaissance, est néanmoins tolérable quant à la compétence du juge qui l'a rendue, quant à la procédure qui y a mené, et quant au fond ».* D. Holleaux, *Compétence du juge étranger et reconnaissance des jugements,* Dalloz, 1970, p. 408.

[5] S. Sentis Melendo. *La sentencia extranjera*, Ediciones Jurídicas Europa-América, 1958, p. 132-133. En droit colombien *v.* L. Álvarez Londoño et D. Galán Barrera, *Derecho internacional privado. Parte general,* Pontificia Universidad Javeriana, 2001, p. 196. En droit français *v.* M-L Niboyet-Hoegy, *L'action en justice...op.cit.,* p. 329 §601.

[6] Article 7, Convention de La Haye du 2 juillet 2019, *préc.*

altérer la finalité objective de l'instrument d'efficacité, son esprit donc, et, *in fine*, son utilité. Il permettrait l'établissement des irrégularités internationales de la décision étrangère, sauf que, celles-ci peuvent n'entraîner aucune conséquence pour l'efficacité du jugement. L'importance de la régularité internationale comme élément déterminant de l'efficacité du jugement s'avère pour le moins fragilisée, et par là, c'est l'opportunité du contrôle en tant qu'instrument d'efficacité qui est mis en cause.

301. Étudier les éléments qui permettent de qualifier l'établissement de la régularité internationale de la décision étrangère comme finalité objective du contrôle de régularité en droit français et en droit colombien (Section I), permettra d'identifier les conséquences que ladite objectivité entraîne pour l'organisation de l'instrument d'efficacité (Section II). Ce sera également l'occasion de démontrer combien, au regard des imprécisions de la jurisprudence colombienne, une systématisation des décisions relatives à l'efficacité des jugements étrangers est nécessaire dans ce droit.

Section I : Les éléments de l'objectivité

302. Nous l'avons dit, l'extranéité de la décision[1] justifie que son efficacité normative définitive dans le for soit soumise à une appréciation préalable de certains aspects relatifs à la manière dont elle a été élaborée à l'étranger, et à la compatibilité de son dispositif avec les principes fondamentaux de l'ordre juridique d'accueil[2]. En dehors de toute considération relative aux aspects de la décision étrangère qui sont effectivement analysés, le fait est que la mise en œuvre du contrôle permet au juge de passer de l'incertitude à la certitude à propos de la régularité internationale du jugement étranger. Et ce faisant, le contrôle contribue à l'efficacité des jugements étrangers ainsi qu'à la coordination et à la coopération entre les ordres juridiques. Grâce à ces contributions, le contrôle peut être qualifié d'instrument d'efficacité. À ce titre, deux éléments caractérisent, en droit français et en droit colombien, l'objectivité de cette finalité d'établir la régularité internationale du jugement. L'étendue limitée de l'intervention du juge du for est le premier élément, ce qui nous amène à analyser la manière dont la notion de contrôle est définie dans ces deux droits (§ 1). Le second élément est l'objet que le juge entend établir grâce à son contrôle, c'est-à-dire la régularité internationale de la décision étrangère. Il sera donc également nécessaire de préciser la définition de cette notion (§ 2).

---

[1] Bartin explique qu'ayant été rendue par un tribunal étranger, la décision en cause obéit à des règles, procédurales et de fond, différentes de celles du for. En effet, *« La loi du juge saisi détermine la procédure, parce que cette loi est la loi qui a été imposée à ce juge par les pouvoirs publics de l'État au nom duquel il rend la justice ; quand ils ont institué le juge, ils lui ont prescrit, et même pas implicitement, de remplir ses fonctions, de rendre la justice, dans telles et telles conditions, c'est-à-dire suivant les règles de procédure établies par les mêmes autorités qui lui donnent pouvoir de juger »*. Bartin, *Répétitions écrites de droit international privé*, Paris, 1930-1931, p. 165.

[2] H-J Lucas, « L'efficacité juridictionnelle des décisions étrangères », *in*, *Mélanges offerts à Pierre Hébraud*, Université de sciences sociales de Toulouse, 1981, p. 532 §3.

§ 1. L'étendue limitée de l'intervention du juge

303. En tant qu'instrument d'efficacité, le contrôle prévoit l'intervention du juge afin d'établir la régularité internationale du jugement étranger. Dans ce contexte, la définition de la mission qui lui est confiée se révèle particulièrement importante pour caractériser l'objectivité de cette finalité. Déterminer les contours dans lesquels s'inscrit l'intervention du juge de l'efficacité permet de rappeler combien celle-ci implique une nécessaire appréciation de la décision étrangère.

304. Au regard de la signification du mot contrôle en langue française et en langue espagnole, il est possible d'affirmer qu'une définition comparable existe des deux côtés de l'Atlantique[1]. En effet, dans son acception courante en langue française, le mot *« contrôle »* signifie « vérification, inspection, pointage »[2]. En langue espagnole, la signification de ce mot est identique, renvoyant aux notions de « vérifier, inspecter, fiscaliser, intervention »[3]. En matière juridique, les deux langues définissent le contrôle comme la « vérification de la conformité à une norme d'une décision, d'une situation, d'un comportement. Vérification, par le juge français, de la conformité d'un tel jugement à un certain nombre de conditions de régularité internationale, à l'exclusion de sa révision au fond »[4], ou encore, comme la « faculté attribuée aux tribunaux et autres institutions et organismes de vérifier l'adéquation à la Constitution et à la légalité des décisions rendues par les pouvoirs publics »[5]. La proximité entre les deux langues est certaine. Transposée au cadre de la reconnaissance et de l'exécution des jugements étrangers, le contrôle confié au juge du for peut être défini comme une opération de vérification. L'objectif de cette vérification est, dans les deux droits étudiés, d'établir avec certitude si la décision étrangère respecte l'ensemble des exigences de régularité internationale fixées par le for. L'enjeu de la vérification consiste dans l'admission ou le refus de l'efficacité de la décision.

305. Au-delà de cette signification comparable du mot *« contrôle »*, et de l'évidence qui semble entourer cette finalité du contrôle, la détermination de la mission confiée au juge de l'efficacité n'a pas été étudiée avec la même rigueur au sein des deux droits. Résultat, assurément, de l'expérience vécue en droit commun avec la révision au fond de l'affaire, la doctrine et la jurisprudence française sont résolues à définir et délimiter l'étendue de l'intervention du juge de l'efficacité. En revanche, la question est moins étudiée en Colombie, au moins par la doctrine. Le fait de ne jamais avoir adopté la révision au fond comme instrument d'efficacité explique, certainement, ce manque d'intérêt. L'asymétrie avec laquelle l'étendue de l'intervention du juge a été analysée au sein de la doctrine française et colombienne (A) contraste avec les contributions

---

[1] M. Goré, « La langue », *in, Hommage à Georges Rouhette,* Dalloz, 2013, p. 71.

[2] Il s'agit d'un nom dérivé du verbe *« contrôler »* signifiant *« soumettre à un contrôle. Examiner, inspecter, pointer, vérifier ».* *v°* « contrôle », *in, Dictionnaire alphabétique et analogue de la langue française,* Dictionnaires Le Robert, 2011, p. 535.

[3] *v°* « contrôle », *in,* Real Academia Española, *Diccionario de la lengua española,* disponible en ligne sur: http://dle.rae.es/?id=AeYZ09V..

[4] *v°* « contrôle », *in, Vocabulaire juridique de l'Association Henri Capitant par Gérard Cornu,* Puf, 13e éd., 2020, p. 262,

[5] *v°* « contrôle », *Real Academia Española, Diccionario del español jurídico,* disponible en ligne sur http://dej.rae.es/#/entry-id/E80380.

jurisprudentielles, plus claires à cet égard dans les deux droits, et qui permettent de mieux saisir le caractère objectif de la finalité que nous étudions (B).

A. *Les apports asymétriques de la doctrine*

306. L'étude du contrôle confié au juge de l'efficacité n'a pas suscité le même intérêt chez les auteurs français et colombiens. Ayant connu la révision au fond de l'affaire, la doctrine française a estimé nécessaire et urgent de préciser les contours de l'intervention du juge. L'abandon de la révision et l'adoption du contrôle de régularité, ont interrogé les auteurs français sur les modifications que ce changement d'instrument d'efficacité emportait quant à la mission confiée au juge du for. Afin de fermer définitivement les portes à la révision au fond, et à ses effets négatifs, la doctrine a rapidement estimé que le juge ne peut pas, sous prétexte du contrôle, dépasser les limites de la vérification. C'est dans cette perspective que Philippe Théry affirme que « l'office du juge de l'exequatur ne consiste pas tellement à trancher les contestations qui pourraient surgir quant à la régularité de la décision en général, mais, de manière précise et définie, à en vérifier la régularité sur des points prédéterminés. Non seulement la vérification juridictionnelle est obligatoire, mais encore, la Cour de Cassation descend au détail en précisant sur quels éléments elle doit porter »[1]. Malaurie partage cette vision et considère que l'intervention du juge se limite « à vérifier la conformité du jugement étranger aux règles françaises de conflit »[2]. Danièle Alexandre va dans le même sens lorsqu'elle affirme que le contrôle demandé est destiné « à vérifier si le jugement [...] a respecté un certain nombre de conditions de régularité internationale »[3]. Les professeurs Pierre Mayer, Vincent Heuzé et Benjamin Remy définissent également l'intervention du juge comme une opération de vérification et ajoutent que le juge « doit vérifier d'office, et point par point, que le jugement ne comporte pas d'irrégularité »[4]. Pour Dominique Bureau et Horatia Muir Watt, enfin, l'intervention du juge cherche à « vérifier d'office que les conditions de régularité sont bien remplies »[5].

307. Nous l'avons vu précédemment, la ligne qui divise la révision au fond interdite de la révision qui est autorisée aux fins du contrôle demeure parfois très tenue[6]. Cependant, l'intérêt que la doctrine française a porté à la définition de la mission confiée au juge du contrôle, permet d'affirmer que ce qui est attendu de l'intervention du juge est un prononcé certain sur la régularité internationale de la décision. Les apports de la doctrine française ont également été utiles en droit européen pour délimiter la mission de contrôle confiée au juge dans le cadre des règlements européens. Ainsi, indépendamment du règlement applicable, l'intervention du juge de l'efficacité consiste à « vérifier qu'elles [les décisions

[1] Ph. Théry, *Pourvoir juridictionnel et compétence… op.cit.*, p. 321 §340 bis.
[2] Ph. Malaurie, « Le contrôle des jugements étrangers. La règle du roi Carol », *D.* 1963 Chron. 129.
[3] D. Alexandre, *op.cit.*, p. 326 §354.
[4] P. Mayer, V. Heuzé et B. Remy, *op.cit.*, p. 308 §445.
[5] D. Bureau et H. Muir Watt, *op.cit.*, p. 349 § 299.
[6] P. de Vareilles-Sommières, *Rép.dr.int.*, Dalloz, *v°* « Jugement étranger », §196. *v. supra* p. 58.

judiciaires] respectent bien certains critères de régularité »[1]. Hélène Gaudemet-Tallon et Marie-Élodie Ancel parlent aussi d'une intervention consistant dans une opération de vérification lorsqu'elles signalent qu'en droit européen, « la vérification de la régularité de la décision est très libérale »[2]. Ultérieurement, à propos du contrôle de la compétence du juge d'origine, elles indiquent à nouveau que « le juge requis pourra vérifier les points de droit, en particulier la qualification du litige retenue par le juge d'origine pour fonder sa compétence. Mais il ne pourra pas vérifier les constatations de fait retenues par le juge d'origine »[3]. Ainsi, qu'il s'agisse du droit commun ou du droit européen, la doctrine française n'ignore pas que ce qui anime l'intervention du juge est l'établissement de la régularité internationale du jugement. L'objectivité de cet établissement s'apprécie dès lors que l'incertitude qui existait à propos de la régularité du jugement avant l'intervention du juge, se dissipe à la suite de celle-ci grâce, notamment, à la mise en œuvre du contrôle. Ainsi, c'est en fonction des résultats obtenus lors de ladite opération de vérification, que le juge est en mesure de choisir entre l'acceptation ou le refus de l'efficacité normative du jugement étudiée.

308. Contrairement à la doctrine française, les auteurs colombiens ne se montrent pas très intéressés pour définir et délimiter l'intervention du juge du contrôle. Plutôt concentrées sur l'étude des finalités sous-jacentes, sur celle des conditions de régularité et des étapes de la procédure d'efficacité, les réflexions des auteurs colombiens à propos de la nature et des limites du contrôle confié au juge sont rares. L'indifférence de la doctrine colombienne à cet égard est, cependant, spécifique à la procédure d'efficacité des jugements étrangers. En effet, lorsqu'il s'agit des procédures civiles traditionnelles et classiques comme celles déclaratives ou celles d'exécution, les pouvoirs du juge en tant que directeur de la procédure, ainsi que ses limites, sont abondamment étudiées et développées par la doctrine.

309. Deux raisons expliquent, selon nous, cette indifférence. La première est que les auteurs colombiens spécialistes de droit international privé sont encore peu nombreux. De ceci découle l'inexistence d'une véritable théorie générale du droit international privé colombien, et le fait que la plupart des auteurs qui abordent son étude privilégient une conception publiciste de ce droit. Il est dès lors appréhendé, principalement, comme un droit relatif à l'aménagement des souverainetés étatiques. Ceci explique que les auteurs soient beaucoup plus enclins à affirmer, suivant à ce propos la jurisprudence, que le contrôle de régularité est opéré pour protéger la souveraineté colombienne, et pour défendre l'ordre juridique national contre les décisions étrangères irrégulières[4]. Aucune analyse n'affirme spécifiquement que la mission immédiate du juge consiste dans l'établissement de la régularité internationale de la décision étrangère.

---

[1] F. Mélin, « Reconnaissance d'une décision rendue dans l'Union et exception d'ordre public », *D. Act.* 9 septembre 2015.
[2] H. Gaudemet-Tallon et M-E Ancel, *op.cit.*, p. 587 §410.
[3] *Idem.*, p. 591 §413.
[4] *v. infra* p. 170.

310. La seconde raison est que la Colombie n'a jamais consacré la révision au fond de l'affaire. Curieusement, le fait de ne pas avoir été confrontée à l'hostilité de cet instrument d'efficacité a conduit la doctrine colombienne à développer une certaine indifférence quant à la définition de la mission confiée au juge de l'efficacité. Ayant toujours consacré le contrôle de régularité comme instrument d'efficacité et étant donné, en plus, que celui-ci souffre d'un manque d'évolution, la doctrine n'a pas jugé nécessaire de définir l'étendue de l'intervention du juge. Ceci révèle combien nombre d'auteurs colombiens ne mesurent pas l'importance de la détermination des pouvoirs de contrôle du juge dans la circulation des jugements étrangers.

311. Malgré cette indifférence généralisée de la doctrine, nous avons identifié, au cours de nos recherches, une étude, certes succincte, mais néanmoins certaine, de la mission confiée au juge du contrôle dans l'œuvre de deux auteurs colombiens. Le premier de ces auteurs est Cock Arango. Il affirme qu'en droit colombien l'autorité compétente du contrôle de régularité ne cherche pas « à réaliser une révision du fond du jugement, mais à s'assurer de la régularité de celui-ci »[1]. Partant d'une définition négative de l'intervention du juge, cet auteur estime que la mise en œuvre de l'instrument d'efficacité doit lui permettre d'obtenir la conviction positive de ce que la décision étudiée est internationalement régulière. Cette affirmation met en évidence la nature instrumentale du contrôle en droit colombien. En effet, si la décision étrangère est confrontée aux conditions de régularité, c'est afin de permettre au juge colombien de se prononcer, de *« s'assurer »* selon les mots de l'auteur, de la régularité internationale de celle-ci. La régularité obtenue est ainsi le résultat objectif de la réalisation du contrôle.

312. Le second auteur colombien est Hernán Fabio López Blanco qui, sans vraiment se concentrer sur la définition, ni sur la caractérisation de l'intervention du juge, a pu affirmer, qu'au stade de la procédure d'exequatur « il est uniquement analysé si le jugement peut être accueilli en Colombie au regard des conditions précédemment indiquées [les conditions de régularité] »[2]. Selon le professeur López Blanco, le juge de l'efficacité se limite à apprécier si la décision étrangère respecte les conditions de régularité. Cette appréciation, que l'auteur définit comme une analyse, équivaut à l'opération de vérification que nous évoquons et que la doctrine française étudie avec plus de rigueur et de profondeur. Or, en limitant l'appréciation du juge aux aspects signalés par le législateur dans les conditions de régularité, le professeur López Blanco confirme que le contrôle est conçu pour conduire le juge vers la certitude que la décision concernée est, oui ou non, internationalement régulière. Puisque son appréciation exclut, assurément, tout changement ou modification de la décision étrangère, le résultat auquel elle amène est purement objectif.

---

[1] A. Cock, *Tratado de derecho internacional privado*, Ediciones de la Universidad de Antioquia, 2e éd., 1940, p. 22.
[2] H. López Blanco, *Instituciones de derecho procesal civil colombiano*, *Partie spéciale*, Dupre editores, 8e éd., T. II, 2004, p. 837.

313. L'asymétrie avec laquelle la doctrine des deux droits étudiés a abordé l'étude de l'intervention du juge de l'efficacité est à mettre en parallèle avec les contributions jurisprudentielles. En effet, la jurisprudence colombienne et la jurisprudence française témoignent des efforts entrepris, dans les deux droits, pour délimiter la mission confiée au juge du contrôle. Elles permettent de mieux apprécier le caractère objectif de la finalité que nous étudions, en même temps qu'elles attirent notre attention sur le lien unissant la régularité internationale de la décision étrangère à son efficacité normative dans le for.

B. *Les contributions décisives de la jurisprudence*

314. Indépendamment de la source jurisprudentielle ou principalement législative du contrôle de régularité, les contributions de la jurisprudence française et colombienne permettent de mieux saisir la définition de la mission du juge du contrôle. Elles suivent une même orientation dans les deux droits : la mise en œuvre du contrôle doit conduire le juge du for à établir la régularité internationale du jugement étranger.

315. En droit commun français, l'arrêt *Munzer* a permis d'affirmer que, contrairement au système de la révision, l'intervention du juge consiste à vérifier que le jugement étranger respecte les conditions de régularité internationale formulées. Cette vérification, qui constitue en même temps la limite du pouvoir du juge de l'efficacité[1], doit être accomplie toutes les fois que ce dernier est saisi de l'efficacité d'une décision étrangère. Le juge doit y procéder même lorsque la régularité internationale de la décision n'est pas contestée. Dans un arrêt du 9 novembre 1971, la Cour de cassation a affirmé que : « le juge de l'exequatur doit, d'office, vérifier si la décision étrangère remplit les conditions requises »[2]. L'actualité de cette position a été confirmée dans un arrêt du 17 mai 2017, rendu à propos du contrôle de régularité prévu en droit conventionnel, plus spécifiquement, de celui de la Convention franco-marocaine de 1957[3].

316. Au fur et à mesure que la jurisprudence contribuait à l'adaptation du contrôle par l'épuration de ses conditions de régularité, les limites de l'intervention du juge et le caractère instrumental du contrôle étaient précisés. Dans l'arrêt *Bachir*, par exemple, la Cour de cassation indique que le juge doit établir la régularité procédurale de la décision étrangère en ayant comme point de référence l'ordre juridique français, et plus spécifiquement l'ordre public international français et les droits de la défense[4]. Dans le même sens, en signalant les trois conditions de régularité que le juge doit vérifier[5], l'arrêt *Cornelissen* précise

[1] En effet, dans l'arrêt *Munzer*, la Cour de cassation affirme que *« Cette vérification qui suffit à assurer la protection de l'ordre juridique et des intérêts français, objet même de l'institution de l'exequatur, constitue en toute matière à la fois l'expression et la limite du pouvoir de contrôle du juge chargé de rendre exécutoire en France une décision étrangère, sans que ce juge doive procéder à une révision au fond de la décision ». Idem.*

[2] Cass. 1ère civ., 9 novembre 1971, *RCDIP* 1972. 314 obs. Holleaux.

[3] Cass. 1ère civ., 17 mai 2017 n° 16-18 239.

[4] Cass. 1ère civ., 4 octobre 1967 *Bachir, préc.* ; *v.* Cass. 1ère civ. 31 janvier 2006, *D.* 2006.1662 obs. C. Montfort.

[5] La vérification du juge ne peut porter que sur les conditions de régularité de droit commun ou de la Convention applicable. La Cour de cassation confirme ceci dans un arrêt du 14 janvier 2009. En l'espèce, elle casse la décision d'un tribunal français ayant refusé d'accorder l'exequatur à une décision gabonaise au motif que le demandeur n'a pas précisé *« les circonstances et justifications contractuelles »* de la créance dont l'exécution était

que l'intervention du juge est nécessaire pour admettre l'efficacité normative de la décision étrangère dans le for[1]. Autrement dit, l'intervention du juge est nécessaire pour mettre en œuvre le contrôle de régularité, sachant que celui-ci est le seul moyen que l'ordre juridique a prévu pour établir la régularité internationale de la décision.

317. La jurisprudence européenne partage cette même manière d'encadrer l'intervention du juge[2]. Dans l'"arrêt *Diageo Brands* de 2015, par exemple, la CJUE confirme que la mise en œuvre du contrôle de régularité cherche à permettre au juge d'identifier les possibles irrégularités internationales du jugement afin de refuser son efficacité dans l'État requis. En l'espèce, la société néerlandaise Diageo Brands reprochait au juge bulgare d'avoir rendu une décision lui imposant une condamnation pécuniaire sur une mauvaise application du droit de l'Union. Du fait de cette mauvaise application de la loi, le jugement était, selon la société néerlandaise, contraire à l'ordre public international des Pays-Bas. Son efficacité devait dès lors être refusée. Interrogée sur l'étendue du pouvoir d'appréciation du juge du contrôle, la CJUE rappelle qu'en ce qui concerne la conformité de la décision à l'ordre public international, son intervention consiste à vérifier « l'existence éventuelle d'une violation manifeste de l'ordre public de l'État requis »[3]. Dans la continuité de la jurisprudence française de droit commun, l'intervention du juge doit conduire vers un résultat objectif : l'établissement de la régularité internationale du jugement intra-européen. Pour ce faire, le juge a été pourvu du contrôle de régularité.

318. Les spécificités de l'ordre juridique européen, notamment la confiance mutuelle renforcée entre États membres, expliquent que l'intervention du juge soit parfois définie en termes de simple constat de la régularité internationale. Ainsi, la cour d'appel de Reims a affirmé, dans un arrêt du 9 juillet 2009 rendu à propos de la circulation allégée prévue par le Règlement Bruxelles I, qu'« en cas de contestation, toute partie intéressée qui invoque la reconnaissance à titre principal peut faire constater, selon les procédures prévues aux sections 2 et 3 du présent chapitre, que la décision doit être reconnue »[4]. Affirmer que le juge du for intervient pour simplement constater la régularité de la décision se comprend en raison du contexte européen et de la présomption de régularité qui accompagne les jugements rendus dans les États membres. Cette présomption permet aux décisions européennes de bénéficier d'une reconnaissance de plein

---

demandée en France. Selon la Cour, une telle appréciation dépasse la mission du juge car, au regard des règles de la Convention franco-gabonaise du 23 juillet 1963 applicable, les causes de l'obligation ne sont pas prises en compte pour admettre l'efficacité du jugement. La Cour conclut qu'en révisant le fond de l'affaire, le juge du contrôle a violé la Convention. Cass. 1ère civ., 14 janvier 2009, *D.* 2009.303 obs. Gallmeister. Dans le même sens *v. :* Cass. 1ère civ., 27 octobre 1993, *D.* 1994.13 ; Cass. 1ère civ., 19 janvier 2009, *D.* 2009.26 obs. I. Gallmeister.

[1] Cass. 1ère civ. 20 février 2007 *Cornelissen, préc.* Dans le même sens *v.* : Cass. 1ère civ. 30 janvier 2013 n° 11-10.588.

[2] P. Chevalier, « La nouvelle cartographie des voies ouvertes pour la reconnaissance ou l'exécution en France des décisions étrangères », *RCDIP* 2014.1.

[3] CJUE, 16 juillet 2015, Aff. C-681/13 *Diaegeo Brands,* point n° 68, *D. Act.* 9 septembre 2015 obs. F. Mélin.

[4] Reims, 9 juillet 2009, n° 12-021130. Dans le même sens *v. :* Paris, 13 janvier 2011, n° 09-28 539.

droit dans tous les États membres[1]. Certains jugements, ceux relatifs à la matière civile et commerciale, ou encore à la matière matrimoniale et de la responsabilité parentale, jouissent aussi d'une exécution également de plein droit.

319. L'existence de ladite présomption implique, pour la partie qui s'oppose à l'efficacité de la décision, le devoir de la renverser en prouvant que l'un des motifs de refus se réalise en l'espèce. Si la présomption n'est pas renversée, l'intervention du juge consistera, au moins lorsqu'il est question de la simple reconnaissance de la décision, ou de l'exécution d'un jugement rendu dans l'une des matières qui admet l'exécution de plein droit, en une simple constatation de la régularité qui était jusque-là présumée. Cette manière de limiter l'intervention du juge est une particularité du droit de l'Union qui démarque le travail du juge européen de celui confié au juge français du droit commun et, bien évidemment, de celui qui appartient au juge colombien du contrôle. Pour autant, cette manière de limiter l'intervention du juge ne compromet pas le caractère instrumental du contrôle ni le caractère objectif de la finalité que nous étudions. En effet, même lorsqu'il s'agit d'une simple constatation, elle n'est possible qu'au moyen du contrôle et le résultat obtenu par sa mise en œuvre consiste dans la certitude de la régularité ou de l'irrégularité du jugement.

320. Au sein de la jurisprudence colombienne, l'indifférence de la doctrine à propos de la mission confiée au juge du contrôle et, surtout, à propos de l'établissement de la régularité internationale de la décision comme finalité du contrôle, n'a pas empêché la Cour d'avancer quelques précisions à cet égard. Remarquons cependant que les contributions de la Cour sont assez récentes en comparaison du droit français. En effet, ce n'est que dans les arrêts rendus à partir des années 1990 que des analyses de la mission du juge peuvent être identifiées. Ainsi, le 14 juillet 1995, la Cour fut saisie de l'efficacité d'un jugement vénézuélien de divorce et, à cette occasion, elle a pu considérer qu'une fois la réciprocité diplomatique établie, ce qui en l'espèce était possible grâce à la Convention Interaméricaine signée par les deux pays, le juge doit vérifier que toutes les conditions de régularité exigées par la Convention sont respectées, et ce, « afin que l'extraterritorialité des décisions judiciaires puisse opérer »[2]. Alors que dans cette décision la Cour est claire pour signaler que l'établissement de la régularité est décisif pour l'efficacité de la décision, d'autres arrêts se concentrent davantage sur la mission du juge.

321. C'est le cas d'un arrêt du 11 juillet 2000 qui, portant sur l'efficacité d'un jugement allemand de divorce, se limite à affirmer qu'à l'occasion de la procédure d'exequatur il « appartient à la Cour de vérifier, au cœur du jugement étranger dont l'exequatur est sollicité, si les exigences de l'article 694 du Code de Procédure Civile sont respectées »[3]. Certaines décisions colombiennes ne parlent

---

[1] La CJUE a pu signaler à cet égard, dans l'arrêt *Diageo Brands* que : *«Une telle confiance exige notamment que les décisions judiciaires rendues dans un État membre soient reconnues de plein droit dans un autre État membre »*. CJUE., 16 juillet 2015, Aff. C-681/13 *Diaegeo Brands BV c. Simiramida-04 EOOD*, point n° 40, *préc.*

[2] CSJC. Cass. Ch. Civ., 14 juillet 1995, Magistrat Rapporteur : Rafael Romero, Dossier n° 4 644.

[3] CSJC. Cass. Ch. Civ., 11 juillet 2000, Magistrat Rapporteur : Jorge Santos. Dossier n° 6484. Cet arrêt a été confirmé à de nombreuses reprises, notamment, *v. :* CSJC. Cass. Ch. Civ., 3 décembre 2001, Magistrat

pas de l'intervention du juge comme d'une vérification, mais comme d'un *« examen »* ou d'une *« étude »*. Ainsi, la Cour a pu estimer que lorsque la réciprocité est établie, le juge doit répondre à la question de savoir « si le jugement étranger est apte à produire des effets en Colombie, et à cet effet il doit examiner s'il remplit les conditions de l'article 694 du Code de procédure civile »[1]. Dans d'autres cas, elle varie sa formulation pour affirmer qu'afin de savoir si la décision étrangère peut ou non être efficace en Colombie, le juge doit d'abord analyser « si les exigences de l'article 693 CPC sont satisfaites, pour ensuite étudier les conditions de l'article 694 *ibidem* »[2]. Cette diversité d'expressions n'altère en rien la délimitation de la mission du juge. Qu'elle soit définie en termes de vérification, d'examen ou d'étude, l'intervention du juge se justifie, dans l'esprit de la Cour colombienne, afin d'établir la régularité internationale de la décision concernée. Cette définition demeure la même qu'il s'agisse du contrôle de droit commun ou de droit conventionnel. De plus, la Cour se montre claire pour affirmer que l'étendue de la vérification du juge est limitée par le législateur. Elle ne peut concerner que les aspects qu'il a identifiés et indiqués dans les conditions de régularité. À ce propos, un arrêt du 17 mai 1996 le rappelle en affirmant que l'office du juge « se limite à confirmer la concurrence des paramètres établis à l'article 694 CPC, sans qu'il lui soit permis, sous prétexte dudit examen, de pénétrer le fond du jugement »[3]. Cette précision montre combien le contrôle agit en tant qu'instrument, conduisant le juge vers le constat d'une réalité objective : la régularité ou l'irrégularité du jugement étranger. C'est grâce à l'accomplissement de cette finalité objective que l'efficacité de la décision sera acceptée ou refusée dans le for.

322. Les réflexions conduites ici démontrent que l'intervention du juge du contrôle est limitée, en droit français et en droit colombien, à une opération de vérification. Celle-ci a été conçue, en effet, pour permettre au juge d'établir si la décision étrangère respecte, ou non, l'ensemble des conditions de régularité fixées par la jurisprudence ou par le législateur. Selon Marie-Laure Niboyet, l'utilité du contrôle est de permettre au juge « d'indiquer s'il convient de reconnaître l'efficacité et l'autorité au jugement étranger »[4]. Il s'agit donc de le mettre en mesure de trancher entre deux solutions : soit la décision est internationalement régulière et son efficacité normative est admise dans le for, soit elle ne l'est pas, et dans ce cas toute efficacité dans le for lui sera refusée, au moins en tant qu'acte normatif juridictionnel[5]. Sans le dire expressément, cette

---

Rapporteur : Jorge Santos, Dossier n° 0153 ; CSJC. Cass. Ch. Civ., 29 juillet 2016, Magistrat Rapporteur : Fernando Giraldo, Dossier n° 1712.

[1] CSJC. Cass. Ch. Civ., 13 août 1995, Magistrat Rapporteur : Rafael Romero, Dossier n° 4787. Cet attendu est repris par la suite dans certaines décisions, notamment, *v. :* CSJC. Cass. Ch. Civ., 22 septembre 1999, Magistrat Rapporteur : Jorge Santos, Dossier n° 6702 ; CSJC. Cass. Ch. Civ., 30 septembre 2010, Magistrat Rapporteur : César Valencia, Dossier n° 1930.

[2] CSJC. Cass. Ch. Civ., 4 décembre 2000, Magistrat Rapporteur : Jorge Santos, Dossier n° 7647. Dans le même sens *v.*: CSJC. Cass. Ch. Civ., 25 février 2011, Magistrat Rapporteur : Jaime Arrubla, Dossier n° 1989.

[3] CSJC. Cass. Ch. Civ., 17 mai 1996, Magistrat Rapporteur : Nicolas Bechara, Dossier n° 3626.

[4] M-L Niboyet-Hoegy, *L'action en justice dans les rapports internationaux de droit privé*, Economica, 1986, p. 235 §457.

[5] J. Hoyos Muñoz, *La sentencia extranjera: El exequátur*, Señal Editora, 1ère éd., 1998, p. 31. Dans le même sens *v.* P. Chevalier, « La nouvelle cartographie… », *RCDIP* 2014.17.

manière dont les jurisprudences française et colombienne appréhendent la mission du juge, confirme la nature instrumentale du contrôle de régularité. En permettant au juge de passer de l'incertitude à la certitude à propos de la régularité de la décision, le contrôle satisfait sa finalité objective.

323. L'importance d'une définition de l'intervention du juge se comprend au regard de l'objet qu'il cherche à établir au moyen de sa vérification, c'est-à-dire la régularité internationale de la décision étrangère. Elle constitue le second élément permettant de caractériser l'objectivité de la finalité que nous étudions.

§ 2. L'élément à établir : la régularité internationale du jugement

324. En droit français comme en droit colombien, la vérification du jugement étranger répond à l'intérêt d'affirmer, avec certitude, s'il est internationalement régulier selon les exigences du for. La régularité internationale constitue, dès lors, l'élément que le juge cherche à établir. Elle est le second aspect qui permet de caractériser l'objectivité de la finalité que nous étudions.

325. Sans l'établissement de sa régularité internationale, la décision étrangère ne peut pas parvenir à une efficacité normative définitive dans le for[1]. Elle comporte à cette fin un caractère indispensable, essentiel, qui justifie son étude dans le cadre de notre travail. Cette étude peut, cependant, nous conduire à nouveau vers certains des développements classiques pour le droit français, mais qui n'ont pas été clairement explorés en droit colombien. Or, étant donné que l'un des objectifs de notre comparaison consiste à mieux saisir l'instrument d'efficacité et à proposer certaines pistes de réflexion pour moderniser le droit colombien, revenir sur ces aspects classiques se révèle utile et opportun. En outre, l'étude de la régularité internationale comporte un intérêt supplémentaire au regard de la Convention de La Haye de 2019. En formulant des conditions communes de régularité, cette Convention définit un contenu uniforme de la régularité internationale dans les États signataires. Pour autant, en réduisant la sanction de l'irrégularité à une simple faculté du juge, le caractère essentiel de la régularité internationale se révèle ébranlé.

326. Arrêter la définition de la régularité internationale (A) est nécessaire afin de mesurer son enjeu dans la finalité objective du contrôle (B).

A. La définition de régularité internationale

327. Tout au long de nos recherches, il est apparu que, contrairement à la délimitation de l'intervention du juge, la notion de régularité internationale n'est pas définie plus précisément en droit français ni en droit colombien. Lorsque l'on en parle, au sein de la doctrine ou de la jurisprudence des deux pays, c'est souvent dans la perspective d'étudier ses conditions, c'est-à-dire les aspects que le juge doit vérifier et qui sont déterminants pour accepter l'efficacité du jugement en

---

[1] En matière européenne, par exemple, Hélène Gaudemet-Tallon et Marie-Élodie Ancel affirment que *« n'est reconnue de plein droit, et ne peut bénéficier d'un jugement d'exequatur ou d'une dispense d'exequatur qu'une décision « régulière » au regard du système mis en place par la convention de Bruxelles et les règlements 44/2001 et 1215/2012 »*. H. Gaudemet-Tallon et M-E Ancel, *op.cit.*, p. 587 §410.

cause. Or, si les conditions de régularité indiquées par la jurisprudence ou dans les textes matérialisent le contenu de la régularité internationale[1], elles ne la définissent pas pour autant.

328. Selon nous, cette notion signifie la conformité de la décision étrangère à la règle juridique du for. En effet, d'un point de vue sémantique, le mot régularité est défini de manière comparable en langue française et en langue espagnole. Il signifie la « conformité aux règles »[2], ou encore « l'exacte observance de la règle »[3]. La conformité dont il est question ici s'établit donc par rapport à la règle juridique du for. C'est elle qui détermine les qualités que le jugement étranger doit comporter, c'est-à-dire les conditions de régularité, pour que son efficacité normative soit reçue dans le for[4]. Puisqu'en droit colombien, comme en droit français, l'efficacité normative définitive de la décision est précédée d'un contrôle favorable de régularité internationale, l'on mesure combien cette dernière possède un caractère essentiel et indispensable dans les deux droits[5]. Affirmer ce caractère conduit à affirmer qu'en tant qu'instrument juridique, le contrôle vise à faire circuler uniquement les décisions étrangères qui sont internationalement régulières. *A contrario*, cela implique que l'efficacité normative des décisions qui ne sont pas conformes aux exigences du for doit être exclue.

329. À ce propos, il convient d'évoquer l'une des oppositions fondamentales qui existe entre le droit français et le droit colombien en matière de régime procédural applicable au contrôle de la régularité. Ce régime et ses divergences dans les droits analysés seront étudiés dans la seconde partie de notre étude[6], c'est pourquoi nous signalerons simplement à ce stade que, contrairement au droit colombien, le droit français et le droit européen admettent la possibilité d'une efficacité de la décision étrangère de plein droit, c'est-à-dire en dehors de tout établissement préalable de sa régularité internationale. Cette efficacité *de plano*, qui se justifie par l'intérêt de faciliter la circulation des jugements étrangers, ne contredit pas le caractère essentiel que nous venons d'identifier pour la régularité internationale. En effet, l'efficacité accordée de plein droit est une efficacité provisoire, précisément car il n'y a pas de certitude quant à la régularité internationale du jugement. De ce fait, le seul moyen pour qu'elle devienne définitive est que le juge intervienne pour établir la régularité internationale du jugement en cause. La précarité de l'efficacité accordée *de plano* confirme le caractère indispensable et essentiel de la régularité internationale. Indépendamment des spécificités procédurales, le fait est que l'établissement de

---

[1] P. de Vareilles-Sommières, « Exception d'ordre public et régularité de la loi étrangère », *RCADI*, 2015, Vol. 371, p. 175 §14.

[2] *v°* « Régularité », *in*, *Dictionnaire alphabétique et analogue de la langue française*, *op.cit.*, p. 2170,

[3] Real Académie de la langue espagnole, *Diccionario de la lengua española*, disponible en ligne sur: http://dle.rae.es/?id=VkNiMNT.

[4] Lorsque le jugement étranger est invoqué aux fins de son efficacité matérielle, le contenu de la régularité est différent et comporte des exigences regardant, notamment, l'authenticité de l'acte dressé. *v.* P. Chevalier, « La nouvelle cartographie… », *op.cit.*, p. 12.

[5] A. Huet, « Les procédures de reconnaissance et d'exécution de jugements étrangers et de sentences arbitrales, en droit international privé français », *JDI* 1988.6. En droit colombien, *v.* M. Monroy Cabra, *Tratado de derecho internacional privado*, Temis, 4e éd., 1995, p. 246.

[6] *v. infra* p. 348.

la régularité internationale est, dans les deux droits étudiés, la condition *sine qua non* de l'efficacité normative définitive du jugement étranger. Cela explique, par exemple, que l'efficacité accordée puisse être totale ou partielle. Dans ce dernier cas, seuls les chefs du dispositif qui satisferont entièrement les exigences de régularité internationale pourront déployer des effets dans le for[1].

330. En ce qui concerne le contenu de la régularité internationale, force est de constater qu'il peut varier d'un ordre juridique à l'autre[2]. Le juge du for vérifie la conformité de la décision selon les exigences de sa propre règle juridique[3]. En déterminant les conditions de régularité, le for adapte l'instrument d'efficacité aux particularités de son ordre juridique. Pour ce qui est des droits français et colombien, les décisions étrangères ne sont pas tenues de respecter les exigences de type formel[4], relatives aux délais[5] et à la durée de la procédure[6], aux informations contenues dans la décision[7], ou encore, au respect de certaines formalités de l'assignation en justice[8], que les jugements nationaux doivent respecter pour être réguliers et efficaces. En effet, soumettre leur efficacité aux

---

[1] Puisque la régularité internationale consiste dans la conformité normative du jugement à la règle du for, il apparaît que les droits français et colombien sont favorables à l'admission de l'efficacité partielle d'une décision. Plus précisément, le cas visé est celui d'un jugement étranger dont le dispositif comporte plusieurs chefs dissociables les uns des autres et dont uniquement certains sont respectueux des exigences du for. Le juge du contrôle peut dès lors, accorder la reconnaissance ou l'exécution de la décision mais uniquement aux chefs internationalement réguliers. Il s'agit, selon Holleaux, Foyer et Géraud de Geouffre de la Pradelle, d'un *« exequatur partiel sélectif »*. C'est le cas, par exemple, des jugements étrangers condamnant une partie au payement des dommages et intérêts compensatoires ainsi qu'à des dommages et intérêts punitifs. Le juge du contrôle peut considérer que le jugement est internationalement régulier par rapport aux dommages et intérêts compensatoires mais irrégulier en ce qui concerne les dommages et intérêts punitifs. Ces auteurs évoquent aussi l'existence d'un *« exequatur partiel réductif »* qui concernerait l'hypothèse dans laquelle, afin d'accorder l'exequatur à un jugement étranger, le juge du for réduit le montant de la condamnation prononcée car *« il la trouverait excessive »*. Cette dernière possibilité reste, contrairement à la première, interdite. D. Holleaux, J. Foyer et G. de Geouffre de la Pradelle, *Droit international privé*, Masson, 1987, p. 468 §1033. À propos des dommages et intérêts punitifs *v.* Cass. 1ère civ., 1er décembre 2010 *Société Fountaine-Pajot, D.* 2011.423 obs. Licari ; *D.* 2011.423 obs. I. Gallmeister.

[2] Sur ce point, Holleaux, Foyer et Géraud de Geouffre de la Pradelle ont affirmé que *« les conditions de régularité internationale des décisions étrangères sont, malgré le terme « régularité internationale », celles que le droit de l'État où la décision est invoquée, met à la reconnaissance et à l'exécution (« efficacité internationale ») de cette dernière sur son territoire ». Idem.* p. 431 §940.

[3] D. Bureau et H. Muir Watt, *op.cit*, p. 347 §298.

[4] H. Péroz, *op.cit.*, p. 80 §132.

[5] À ce propos, l'article 117 du NCGP prévoit, par exemple que : *« Les délais signalés dans ce Code pour la réalisation des actes processuels des parties ou des agents de la justice sont péremptoires et non renouvelables sauf disposition contraire [...] L'inobservation des délais produit les effets prévus par ce Code ainsi que les autres conséquences qui en découlent [...] ».*

[6] Quant à la durée de la procédure, l'article 121 du NCGP colombien dispose que *« [...] le jugement de première ou unique instance doit être rendu dans l'année qui suit la notification de l'assignation de la demande ou du titre exécutoire au défendeur [...] le délai pour résoudre la seconde instance, ne pourra pas dépasser les 6 mois à partir de la réception du dossier dans le secrétariat du tribunal. Si le délai signalé à l'alinéa précédent s'écoule sans que le jugement ait été rendu, le juge perdra automatiquement sa compétence pour connaître de la procédure [...] ».*

[7] L'article 454 du C. pr. Civ., signale les éléments que tout jugement français doit nécessairement contenir. Figurent dans cette disposition, entre autres l'indication de la juridiction dont il émane, le nom des juges, la date à laquelle il a été rendu, le nom des parties et celui des avocats. L'article 458 de ce même Code dispose que l'inobservation de ces éléments est sanctionnée avec la nullité du jugement.

[8] L'article 56 du C. pr. Civ., dispose que l'assignation doit contenir *« à peine de nullité, outre les mentions prescrites pour les actes d'huissier de justice : 1. L'indication de la juridiction devant laquelle la demande est portée ; 2. L'objet de la demande avec un exposé des moyens des fait et de droit ; 3. L'indication des modalités de comparution devant la juridiction et la précision que, faute pour le défendeur de comparaître, il s'expose à ce qu'un jugement soit rendu contre lui sur les seuls éléments fournis par son adversaire [...] ».*

mêmes exigences que la régularité interne serait excessivement lourd[1]. L'extranéité de la décision explique alors la sélectivité qui caractérise la régularité internationale[2]. Dans le cas des deux droits étudiés, les conditions de régularité adoptées incarnent les aspects dont la protection est estimée indispensable pour assurer la cohésion de l'ordre juridique d'accueil et le respect d'une certaine idée de la justice. Selon Florence Delpech, cela explique qu'il soit possible d'admettre l'efficacité d'une décision étrangère « même si elle heurte, non un principe essentiel universel [...] mais les valeurs particulières qui animent la *lex fori* »[3].

331. Certains estiment que cette liberté dont jouissent les ordres juridiques pour déterminer le contenu de la régularité internationale n'empêche pas pour autant la consolidation d'un mouvement d' « harmonisation spontanée »[4]. Ce mouvement, qui se manifeste par la formulation de conditions de régularité comparables dans la plupart des États, est confirmé par l'exemple du droit français et du droit colombien. À l'exception de l'exigence colombienne de réciprocité, et de l'exigence française de l'absence de fraude, les autres conditions de régularité internationale sont similaires dans les deux droits[5]. Cependant, il faut préciser, à propos de ladite harmonisation spontanée, que la formulation de conditions de régularité similaires ne garantit aucunement une mise en œuvre également similaire. Les expériences française et colombienne le démontrent[6]. De plus, précisons que le fait que le contenu de la régularité internationale ne soit pas identique en France et en Colombie ne contredit pas le caractère commun de l'instrument d'efficacité adopté. La malléabilité du contenu de la régularité internationale participe de la nature adaptable qui caractérise l'instrument commun d'efficacité.

332. C'est au regard de cette définition de la régularité internationale que nous allons mesurer son enjeu pour l'organisation du contrôle de régularité.

B. *L'enjeu particulier de la régularité internationale*

333. Le fait que la régularité internationale possède un caractère essentiel révèle son enjeu : elle conditionne l'efficacité définitive des jugements étrangers dans le for. Deux affirmations en découlent : la première est que l'efficacité normative définitive que l'instrument d'efficacité entend faciliter est uniquement celle des décisions étrangères qui respectent les exigences de conformité du for. La seconde est qu'en permettant d'identifier les décisions irrégulières, l'instrument d'efficacité impose au juge le devoir de les sanctionner en refusant leur efficacité. En effet, il serait pour le moins contradictoire avec le caractère essentiel reconnu à la régularité internationale d'admettre, par exemple, que malgré l'établissement de la conformité, l'efficacité des décisions étrangères soit

---

[1] H. Péroz, *op.cit.*, p. 80 §133.
[2] H-J. Lucas, *L'office du juge de l'exequatur*, thèse Université de Poitiers, 1966, p. 155.
[3] F. Delpech, *op.cit.*, p. 10 §14.
[4] B. Elbalti, « Armonización espontánea de los requisitos para el reconocimiento y ejecución de decisiones judiciales extranjeras y la necesidad de un convenio global sobre decisiones judiciales », *AEDIP*, 2011, p. 229 §235.
[5] *v. infra* p. 253.
[6] *v. infra* p. 332.

finalement refusée, ou au contraire, que l'irrégularité établie ne compromette pas la réception d'un jugement. Ce serait déstabiliser la cohérence, l'utilité et la finalité objective de l'instrument d'efficacité. Ce n'est pas le cas des droits étudiés. Qu'il s'agisse du droit colombien, du droit français ou du droit européen, la régularité internationale conditionne l'efficacité définitive de la décision. Le contrôle prévu dans ces droits commande au juge de sanctionner la méconnaissance d'au moins l'une des conditions de régularité avec le refus de l'efficacité. Les juges français, colombiens et européens n'hésitent pas à statuer ainsi lorsque le contrôle les conduit à établir l'irrégularité internationale du jugement. Le fait de sanctionner le défaut de régularité internationale confirme combien l'établissement de celle-ci constitue une finalité objective de l'instrument d'efficacité en France et en Colombie. Il garantit également l'utilité et l'opportunité de l'instrument.

334. L'enjeu de la régularité mérite une appréciation particulière lorsqu'il s'agit du contrôle prévu dans le cadre des conventions internationales[1]. Dans ce cas l'adoption de l'instrument d'efficacité constitue un double défi : celui de parvenir à déterminer un contenu uniforme de la régularité internationale, et celui d'en arrêter une interprétation également uniforme[2]. Ces deux éléments sont nécessaires pour assurer que l'application du contrôle de régularité soit la plus homogène possible dans les États signataires et, de ce fait, que la finalité de la convention de favoriser la circulation des jugements soit accomplie.

335. Dans le cadre des conventions internationales, la détermination du contenu de la régularité doit être guidée par un esprit de confiance mutuelle entre États. Pierre Chevalier affirme à ce propos que l'efficacité des décisions étrangères doit répondre à « la recherche d'une conception commune et idéale d'une justice civile universelle »[3]. L'auteur estime que l'idée d'établir une sorte d'équivalence entre la décision étrangère et la décision du for doit être exclue pour privilégier celle d'établir « la présence minimale de garanties analogues »[4]. Alors que le mouvement d'harmonisation spontanée que nous avons évoqué facilite la formulation des conditions de régularité, il n'anéantit pas pour autant le risque de décalage qui peut exister entre celles du droit commun et celles fixées dans la convention. Cette discordance, qui se prolonge à propos de leur interprétation, peut devenir un obstacle pour l'application uniforme des conventions internationales. C'est pourquoi l'émergence d'une régularité internationale commune à plusieurs ordres juridiques est délicate. Elle doit être le résultat de la construction préalable d'une base conceptuelle commune aux États contractants afin de garantir, d'une part, qu'ils retiennent tous la même conception de l'efficacité et, d'autre part, qu'ils entendent tous reconnaître à la régularité internationale son caractère essentiel et indispensable. En effet, même au cœur des conventions internationales, le contrôle de régularité est un

---

[1] S. Godechot-Patris, « Le droit international privé comme vecteur d'influence pour le droit comparé : alliance ou mésalliance ? », *in, Mélanges en l'honneur de Camille Jauffret-Spinosi*, Dalloz, 2013, p. 507 et s §18 et s.

[2] B. Elbalti, « Armonización espontánea…», *op.cit.*, p. 236.

[3] P. Chevalier, « La nouvelle cartographie… », *op.cit.*, p. 21.

[4] *Idem.*

instrument qui doit favoriser et faciliter la circulation des jugements internationalement réguliers.

336. À ce propos, la Convention de La Haye de 2019 illustre la difficulté de parvenir à la construction d'une régularité internationale commune à plusieurs ordres juridiques. Les négociations, dont la durée a été particulièrement longue, en témoignent[1]. En effet, l'idée d'une Convention sur l'efficacité des jugements étrangers a été envisagée pour la première fois en 1992, mais elle avait, à l'époque, un champ d'application très large et ambitieux qui couvrait la reconnaissance et l'exécution des décisions étrangères, ainsi que la formulation de règles communes de compétence directe[2]. Diverses complications, notamment la difficulté de trouver un accord parmi les États négociateurs à propos de l'orientation que devaient suivre les normes de compétence directe, ont conduit à la transformation du projet et à la division de son objet. Ainsi, une Convention sur les accords d'élection de for a vu le jour en 2005[3], et, en 2012, un groupe de travail a, à nouveau, été formé afin de faire revivre l'idée d'une Convention universelle sur l'efficacité des jugements étrangers.

337. Outre le renforcement des liens diplomatiques et économiques entre États, l'élaboration de cette Convention a été motivée par l'objectif d'atténuer l'hétérogénéité avec laquelle l'efficacité des décisions étrangères est abordée dans les États signataires[4]. À l'instar des règlements européens qui prévoient un système d'efficacité commun et allégé, ladite Convention de 2019 met en place un système d'efficacité commun pour favoriser l'efficacité des décisions étrangères entre les États signataires dans un contexte de sécurité juridique et de prévisibilité[5]. Pour ce faire, la Convention adopte le contrôle de régularité et formule des conditions exhaustives de régularité. Ce faisant, la Convention cherche à établir une régularité internationale à vocation universelle[6]. Le contenu de celle-ci comprend notamment la compétence indirecte du juge d'origine selon des filtres juridictionnels préétablis[7], la correcte et opportune notification de l'acte introductif d'instance au demandeur, l'absence de fraude, la compatibilité de la décision avec l'ordre public international de l'État d'accueil, notamment avec les exigences d'une procédure équitable, le respect des accords d'élection de

---

[1] A. Borrás, «El *judgements project* de la conferencia de La Haya de derecho internacional privado : lecciones del pasado y desafíos para el futuro », *AEDIP*, 2013.922.

[2] *Idem.*, p. 923 et s ; S. Clavel et F. Jault-Seseke, « La convention de La Haye du 2 juillet 2019 sur la reconnaissance et l'exécution des jugements étrangers en matière civile et commerciale : que peut-on en attendre ? », *in, Comité français de droit international privé, séance du 4 octobre 2019 [Version provisoire]*, p. 1. Disponible en ligne sur http://www.cfdip.fr/offres/file_inline_src/717/717_pj_111119_211616.pdf; R. Brand, « Jurisdiction developments and the new Hague judgments project », *in, Un engagement au service du droit international privé. Mélanges en l'honneur de Hans van Loon*, Intersentia, 2013, p. 90 et s.

[3] D. Goddard, « The fruits of the Judgments project », *in, Un engagement au service du droit international privé…, op.cit.*, p. 195.

[4] B. Elbalti, « Armonización espontánea…", *op.cit.*, p. 231; D. Goddard, *op.cit.*, p. 200.

[5] A. Borrás, *op.cit.*, p. 932. *v. :* N. de Araujo et M. de Nardi, « 22ª sessão diplomática da conferência da Haia e a Convenção sobre sentenças estrangeiras : primeiras reflexões sobre as ventagens para o brasil da sua adoção », *Revista de la secretaria del Tribunal permanente de revisión*, 2019.202.

[6] A. Borrás, *op.cit.*, p. 932 ; N. de Araujo et M. de Nardi, *op.cit.*, p. 202.

[7] À ce propos, l'article 5 de la Convention de La Haye du 2 juillet 2019 dresse une liste des liens admis pour apprécier la compétence du juge d'origine de la décision.

for conclus entre les parties, la conciliabilité *interne* et *externe*[1] du jugement étranger avec les décisions efficaces dans le for, et la préférence, sous certaines conditions, pour les procédures en cours devant les tribunaux nationaux[2].

338. À propos du contenu de la régularité internationale, certains estiment que le mouvement unilatéral et spontané d'harmonisation que nous avons évoqué a contribué, dans la plupart des États ayant participé à l'élaboration de la Convention de 2019, à libéraliser leur droit commun de l'efficacité des jugements étrangers[3]. Ce mouvement a assurément facilité la formulation d'une régularité internationale universelle. Si ces auteurs reconnaissent l'importance des conventions internationales pour améliorer les relations entre États et pour renforcer leur confiance réciproque, ils s'interrogent sur l'utilité de conclure une Convention à cet égard. Dans leur pensée, ledit mouvement de libéralisation et d'harmonisation spontanées conduit les États à obtenir, de manière individuelle, des résultats comparables à ceux attendus de la Convention[4]. Nous ne partageons pas l'avis de ces auteurs. Nous ne doutons pas de la consolidation d'un mouvement de modernisation du droit commun des États vers une circulation allégée des décisions étrangères. Cependant, il est exagéré d'affirmer que ce mouvement est généralisé au point de remettre en cause l'utilité de la Convention. Le droit colombien l'illustre puisqu'il montre que l'efficacité des jugements n'évolue pas dans le sens d'une simplification dans tous les États susceptibles d'être signataires de la Convention. C'est pourquoi, l'utilité de multiplier les efforts pour aboutir à la conclusion de conventions multilatérales en ce domaine demeure d'actualité.

339. Cependant, la Convention risque de fragiliser l'enjeu de la régularité internationale et de déstabiliser l'instrument d'efficacité en ce qui concerne la sanction de la méconnaissance des conditions de régularité. En effet, selon le texte ouvert à la signature des États, la régularité de la compétence indirecte du juge d'origine du jugement rend la décision « susceptible d'être reconnue et exécutée »[5] dans l'État requis, mais la méconnaissance de l'une des autres conditions de régularité n'entraîne pas forcément le refus d'efficacité. Selon l'article 7 de cette Convention, les conditions de régularité ne sont pas obligatoires et le juge *peut* refuser la décision s'il conclut que l'un des motifs de refus se réalise en l'espèce[6]. Ce choix de la Convention cherche, certainement, à confirmer que le système d'efficacité mis en place est adaptable et souple. Néanmoins, en réduisant la sanction de l'irrégularité à une simple faculté du juge, cette disposition risque d'être comprise par les États signataires comme un blanc-seing leur permettant de procéder à la reconnaissance et à l'exécution des

---

[1] *v. supra* p. 288.

[2] L'ensemble de ces exigences est indiqué à l'article 7 de la Convention. Il s'agit d'une reprise des motifs formulés par la Convention de 2005 relative aux clauses d'élection de for.

[3] Béligh Elbalti estime, par exemple, que ce mouvement de libéralisation unilatérale et spontanée a favorisé l'identification des points partagés par un grand nombre d'États, et de ce fait, l'émergence d'un cadre normatif uniforme. B. Elbalti, « Armonización espontánea… », *op.cit.*, p. 233.

[4] *Idem.*, p. 262.

[5] Article 5, Convention de La Haye du 2 juillet 2019, *préc.*

[6] Selon l'article 7 de la Convention *« la reconnaissance et l'exécution peut être refusée si[…] »*.

décisions qui ne respectent pas les exigences élémentaires de justice qu'elle-même détermine.

340. Ceci est, selon nous, à l'origine de trois conséquences. La première est la mise en cause du caractère essentiel de la régularité internationale. En effet, si malgré la réalisation d'un motif de refus, la reconnaissance et l'exécution du jugement demeure possible, force est de conclure que l'efficacité n'est pas conditionnée par la régularité internationale, comme c'est le cas en droit français et en droit colombien.

La deuxième conséquence découle de la précédente et consiste dans la fragilisation de la finalité objective du contrôle de régularité. Nous avons montré combien, en permettant de déterminer si la décision étrangère remplit ou non les conditions de régularité, l'intervention du juge confirme le caractère instrumental du contrôle de régularité. Or, conférer au juge la possibilité de choisir entre sanctionner ou ne pas sanctionner l'irrégularité du jugement, implique d'accepter que sa mission dépasse l'établissement objectif de la régularité du jugement aux fins de son efficacité. Afin de déterminer dans quels cas la violation des conditions de régularité compromet effectivement l'efficacité du jugement, le juge pourra procéder à diverses appréciations qui seront forcément différentes en fonction de l'État signataire.

Ceci nous amène, enfin, à la troisième conséquence qui est l'impossibilité d'assurer une application uniforme du contrôle de régularité. Les conditions de régularité formulées seront interprétées, appréciées et sanctionnées différemment dans les États signataires. Alors que certains États entendront les sanctionner fermement, d'autres se montreront plus souples à cet égard. Le résultat est que l'hétérogénéité que la Convention songeait à vaincre risque de s'installer au cœur du système d'efficacité prévu. L'absence d'une autorité unique qui soit chargée d'interpréter la Convention de La Haye complique davantage la situation et compromet, dès lors, ses objectifs[1].

341. À propos, encore, de l'interprétation de la Convention, remarquons que les critères d'interprétation signalés à l'article 20 risquent d'être insuffisants pour assurer son uniformité. Cette disposition indique que l'interprétation des règles de la Convention doit être guidée par son *« caractère international »* et par *« la nécessité de promouvoir l'uniformité de son application »*. Pour autant, ces critères ne permettent pas de parvenir à l'interprétation uniforme de certaines notions comme le *« temps utile »* dans la notification de la demande au défendeur[2]. L'insuffisance de ces critères peut conduire, en effet, à privilégier des interprétations de droit commun et à compromettre ainsi tant l'interprétation que l'application uniformes. Certains auteurs estiment que ces inconvénients peuvent être évités si le juge se réfère systématiquement au rapport explicatif et aux travaux préparatoires de la Convention de 2019[3]. D'autres estiment, en plus, que le juge doit également

[1] A. Borrás, *op.cit.*, p. 940.

[2] N. Meier, « Notification as a ground for refusal », *Netherlands International Law Review*, n° 67, 2020, p. 87.

[3] P. Beaumont, « Judgements Convention : Application to Governments », *Netherlands International Law Review*, n° 67, 2020, p. 124; A. Borrás, « La utilización de medios diversos para ayudar a la interpretación y aplicación

prendre en considération la manière dont d'autres États signataires appliqueront ladite Convention[1]. Nous estimons, en revanche, que si la Convention avait inclus dans son article 3 dédié aux définitions, celles d'efficacité, de reconnaissance, d'exécution, entre autres, et si elle avait limité, ou pour le moins, précisé l'étendue de la faculté sanctionnatrice du juge face à l'irrégularité internationale de la décision, les juges des États contractants seraient en mesure d'interpréter et d'appliquer de manière plus homogène ces dispositions. Certes, l'argument selon lequel un texte très détaillé risque de se révéler dissuasif, conduisant certains États à abandonner l'idée de le ratifier, est recevable. Cependant, à notre sens, la formulation de règles précises peut également avoir un effet rassurant pour certains États, notamment ceux qui se montrent réticents à l'efficacité, et qui pourront ainsi mesurer pleinement ce à quoi ils s'engagent.

342. Il n'en demeure pas moins que cette Convention de 2019 cristallise un effort d'uniformisation louable. Alors que l'adoption de cette Convention en France n'entraînera assurément pas une libéralisation majeure du système d'efficacité déjà prévu en droit commun, ou en droit européen[2], nous sommes convaincue qu'elle pourra, et nous l'espérons, encourager la modernisation de l'efficacité des décisions étrangères au sein des pays comme la Colombie où les règles applicables demeurent très strictes et conservatrices[3].

343. **Conclusion de la section** : Conduire le juge du for à établir avec certitude la régularité internationale de la décision étrangère constitue la finalité objective de l'instrument d'efficacité adopté en droit français et en droit colombien. L'évidence de cette affirmation participe de son caractère objectif et permet, surtout, de mettre en lumière la nature instrumentale du contrôle de régularité. Deux éléments permettent de caractériser l'objectivité de cette finalité : l'étendue limitée de l'intervention du juge du contrôle et le caractère essentiel de la régularité internationale. Cela signifie donc, que l'instrument adopté en droit français et en droit colombien favorise uniquement l'efficacité des décisions étrangères internationalement régulières. Dès lors, celles qui méconnaissent les conditions de régularité doivent être sanctionnées par le refus d'efficacité.

344. La Convention de La Haye de 2019, quant à elle, risque de fragiliser le caractère essentiel de la régularité internationale et d'altérer la finalité objective du contrôle. En prévoyant que les conditions communes de régularité formulées ne sont pas obligatoires, la Convention réduit la sanction de leur violation à une faculté du juge. Cela signifie que le juge requis peut reconnaître et exécuter un jugement en dépit du fait qu'il ne soit pas internationalement régulier. En plus de compromettre l'application uniforme de la Convention, la faculté sanctionnatrice du juge soulève une interrogation quant à l'utilité du contrôle de régularité.

---

uniforme de los instrumentos convencionales y de la Unión Europea », in, *Le droit à l'épreuve des siècles et des frontières, Mélanges en l'honneur du Professeur Bertrand Ancel,* LGDJ, 2018, p. 255.

[1] J. Ribeiro-Bidaoui, « The international obligation of the uniform and autonomous interpretation of Private International Law Conventions: consequences for domestic courts and international organizations », *Netherlands International Law Review*, n° 67, 2020, p. 146.

[2] S. Clavel et F. Jault-Seseke, « La convention de La Haye du 2 juillet 2019…», *op.cit.,* p. 5.

[3] Elbalti, « Armonización espontánea … », *op.cit.*, p. 239.

345. Au regard des éléments qui permettent de qualifier l'établissement de la régularité internationale de la décision comme une finalité objective du contrôle, il convient désormais de s'intéresser aux conséquences que cette objectivité emporte sur l'instrument commun d'efficacité.

Section II : Les conséquences de l'objectivité

346. En tant que finalité objective du contrôle, l'établissement de la régularité internationale de la décision étrangère conditionne l'efficacité définitive dans le for. De ce fait, l'instrument d'efficacité doit être opéré par le juge français et colombien à chaque fois qu'il est question de permettre à une décision étrangère de déployer des effets normatifs. De plus, le caractère essentiel de la régularité internationale exclut *a priori* la possibilité pour les particuliers de disposer de l'instrument d'efficacité en aménageant différemment ses conditions de régularité ou la procédure de contrôle.

347. L'impérativité du contrôle de régularité (§ 1), et son indisponibilité (§ 2) sont, dès lors, les deux conséquences qui découlent du caractère objectif de la finalité que nous étudions.

§ 1. L'impérativité du contrôle

348. L'impérativité de l'instrument s'entend du devoir du juge du for de procéder à sa mise en œuvre pour permettre à la décision étrangère de produire ses effets dans le for. Ce caractère obligatoire découle du fait, d'une part, que l'efficacité définitive de la décision est conditionnée à sa régularité internationale et, d'autre part, que le seul moyen prévu par le for pour l'établir est la mise en œuvre du contrôle de régularité. Notons à ce propos que la décision par laquelle le juge déclare la régularité ou l'irrégularité internationale du jugement, « ne substitue pas une décision française à la décision étrangère »[1]. À l'instar du jugement étranger, celui qui tranche la question de son efficacité dans le for est une norme juridique particulière et concrète pour les parties[2] qui proclame « l'individualisation et l'inconditionnalisation de la normativité en France du jugement étranger »[3]. À ce titre, Hélène Péroz qualifie le contrôle de régularité de norme juridique de type *habilitante*[4]. Dans la pensée de l'auteur, une telle norme est celle qui signale la procédure qui doit être observée dans la création d'autres normes[5]. Puisque la normativité de la décision étrangère est conditionnée au respect des conditions du contrôle, le contrôle est bien une norme habilitante[6].

---

[1] D. Holleaux, J. Foyer et G. de Geouffre de la Pradelle, *op.cit.*, p. 468 §1033. Contre cette position, Pierre Mayer estime que *« reconnaître un jugement étranger serait émettre un jugement de contenu identique »* à celui du jugement étranger. P. Mayer, « Le phénomène de la coordination des ordres juridiques étatiques en droit privé », *RCADI*, 2003, Vol. 327, p. 117 §105.

[2] H. Péroz, *op.cit.*, p. 24 §14.

[3] *Idem.*, p. 181 §340.

[4] H. Péroz, *Idem.*, p. 77 §125.

[5] *Idem.*, p. 38 §37 et s.

[6] *Idem.*, p. 181 §340. *v.* E. Fohrer-Dedeurwaerder, *La prise en considération des normes étrangères*, LGDJ, 2008, p. 173 §245.

Ceci justifie que sa mise en œuvre relève de la compétence exclusive du juge de l'ordre juridique d'accueil.

349. Alors que les droits français et colombien confirment l'obligation pour le juge d'opérer le contrôle de régularité (A), celle-ci connaît certaines particularités de chaque côté de l'Atlantique (B).

A. *L'affirmation de l'impérativité*

350. L'admission, au sein du droit français et du droit européen, d'une efficacité de plein droit de la décision étrangère, c'est-à-dire d'une efficacité qui n'est pas précédée de l'établissement de la régularité internationale, aurait pu nous conduire à refuser de qualifier l'instrument d'efficacité d'obligatoire. Cependant, une telle affirmation aurait été exagérée. En effet, conformément à ce que nous verrons dans la seconde partie de notre travail[1], la précarité de l'efficacité accordée de plein droit, implique que la régularité internationale de la décision soit susceptible d'être contrôlée par le juge. Ainsi, si à l'occasion de son contrôle, le juge établit la méconnaissance de l'une ou de plusieurs des conditions de régularité, l'efficacité dont la décision bénéficiait tombe pour cause d'irrégularité internationale. En revanche, si le contrôle conduit le juge à confirmer sa régularité, l'efficacité qui n'était que précaire devient certaine et définitive. C'est pourquoi il convient d'affirmer, à ce stade de notre étude, et à l'image de ce que nous avons conclu à propos du caractère essentiel de la régularité internationale, que si l'efficacité de plein droit nuance l'impérativité du contrôle, elle ne la remet pas en cause pour autant. Au sein du droit colombien, en revanche, cette dualité d'efficacités n'existe pas. Ce droit ne connaît que l'efficacité définitive. De ce fait, l'impérativité du contrôle ne comporte aucune nuance.

351. Ainsi, dans les deux droits, la mise en œuvre du contrôle est obligatoire lorsqu'il est question de l'efficacité définitive de la décision étrangère. Cette obligation découle du devoir du juge de trancher la question de droit que lui est posée en application de la loi indiquée par son ordre juridique[2]. Toute exception risque de constituer un déni de justice[3]. Catherine Kessedjian explique à ce propos que « le juge a l'obligation d'appliquer la règle de droit à l'instance qu'il doit juger. En matière d'exequatur, cela veut dire qu'il doit apprécier les conditions posées par la règle de droit international privé français et ne prononcer l'exequatur que s'il les estime remplies »[4].

352. La jurisprudence des deux ordres juridiques étudiés confirme l'impérativité du contrôle de régularité. En France, la Cour de cassation utilise depuis l'arrêt *Cornelissen* une phrase devenue classique, selon laquelle « l'accueil d'un jugement étranger dans l'ordre juridique français exige le contrôle de la

---

[1] *v. infra* p. 400.

[2] P. Mayer, V. Huezé et B. Remy, *op.cit.*, p. 308 §447.

[3] En droit français, le fondement du devoir du juge d'appliquer la loi se trouve aux articles 12 du C. pr.civ et 4 du Code civil. En droit colombien, les articles 7 et 13 du NCGP servent de fondement à l'application impérative du contrôle de régularité.

[4] C. Kessedjian, « La reconnaissance et l'exécution des jugements étrangers en France – hors les Conventions de Bruxelles et de Lugano », *in Reconnaissance et exécution des jugements étrangers hors des conventions de Bruxelles et de Lugano*, sous la dir. de W. Gerhard et S. Baumgartner, Kluwer Law International, 2000, p. 191.

compétence internationale indirecte du juge étranger fondé sur le rattachement du litige au juge saisi, de sa conformité à l'ordre public international de fond et de procédure, ainsi que l'absence de fraude »[1]. La mise en œuvre du contrôle est une exigence. Le juge doit l'observer pour accorder l'efficacité définitive à la décision étrangère. Le contrôle est également obligatoire lorsqu'il est prévu par des conventions internationales. Un arrêt du 17 février 2004[2] à propos des Conventions franco-marocaines du 10 août 1981 et du 5 octobre 1957, l'illustre. En l'espèce, une cour d'appel avait déclaré l'irrecevabilité de la demande de divorce introduite en France par une demanderesse de nationalité marocaine, mais résidant en France. L'irrecevabilité tenait à l'existence d'une décision marocaine, invoquée par le défendeur, ayant relâché précédemment l'union maritale. La Cour de cassation censure la cour d'appel d'avoir reconnu l'efficacité normative au jugement étranger sans avoir vérifié et établi au préalable sa régularité internationale au regard des conditions prévues par la Convention franco-marocaine applicable. La mise en œuvre du contrôle s'imposait, selon la Cour, de manière impérative. La décision étrangère ne pouvait pas produire l'effet de chose jugée et compromettre la procédure en France sans ce contrôle préalable. Le devoir du juge comprend la confrontation de la décision à toutes les conditions de régularité prévues, ainsi que l'explication de ses appréciations.

353. La Cour colombienne défend également, et ce de manière systématique, l'impérativité du contrôle. Le fondement de cette obligation du juge est, outre son devoir de rendre la justice en application de la loi, la protection de la souveraineté étatique[3]. L'affaire *Grajales-Jaramillo* de 2015 nous permet d'illustrer cette impérativité absolue[4]. En l'espèce, la Cour colombienne devait décider de l'efficacité d'une décision vénézuélienne ayant prononcé le divorce du couple Grajales-Jaramillo, tous deux ressortissants colombiens. Alors qu'aucun des deux ne contestait la régularité de la décision, la Cour contrôle sa régularité internationale parce que, selon elle, la protection de la souveraineté étatique commande que le respect des conditions de régularité soit établi avant d'accorder l'efficacité à la décision étrangère. Le caractère impératif du contrôle est certain en droit colombien. Il révèle, en outre, que contrairement au droit français, il accorde une importance fondamentale à la protection de la souveraineté étatique comme finalité du contrôle de régularité, tel que nous le verrons dans le chapitre suivant.

354. Si les deux droits étudiés s'accordent pour affirmer l'impérativité du contrôle de régularité, l'obligation du juge présente certaines particularités.

---

[1] Cass. 1ère civ., 20 février 2007 *Cornelissen, préc.* Dans le même sens *v.* : Cass. 1ère civ., 29 janvier 2014, *RCDIP* 2014.609 obs. C. Chalas ; *AJ Famille* 2014.185 obs. A. Bioché ; Cass. 1ère civ., 6 juillet 2016 n° 15-15850.

[2] Cass. 1ère civ., 17 février 2004, *D.* 2004.824 obs. F. Cavarroc, *D.* 2004.815 obs. P. Courbe ; *JDI* 2004.1200 obs. L. Gannagé.

[3] *v. infra* p. 170.

[4] CSJC. Cass. Ch. Civ., 5 août 2015 *Grajales-Jaramillo*, Magistrat Rapporteur : Margarita Cabello, Dossier n° 2012-0988-00. Dans le même sens *v.* : CSJC. Cass. Ch. Civ., 21 mai 2013, Magistrat Rapporteur : Ariel Salazar, Dossier n° 028-00.

B. *Les particularités de l'impérativité*

355. L'impérativité qui caractérise à la fois le contrôle en droit français et en droit colombien n'est pas identique. En effet, certaines particularités permettent de distinguer les deux droits. En ce sens, lorsqu'il s'agit d'appliquer le contrôle prévu par le droit conventionnel, ces deux droits appréhendent différemment cette obligation. Alors que dans le cadre du droit européen, cette obligation peut connaître une certaine modulation (1), en droit colombien l'application d'une convention internationale se traduit, paradoxalement, par un alourdissement de l'impérativité du contrôle (2).

1. *En droit français*

356. En France, la confiance mutuelle renforcée qui existe entre les États membres de l'Union européenne a conduit à une divergence entre l'impérativité du contrôle de régularité de droit commun et celle du contrôle de droit européen. En effet, le juge de droit commun à l'obligation de contrôler la décision étrangère au regard de toutes les conditions de régularité de l'instrument d'efficacité, alors qu'en droit européen l'idée d'une modulation de ladite obligation est envisageable.

357. Au sein du droit commun, la Cour de cassation est constante pour affirmer que l'impérativité du contrôle implique que le juge doit vérifier les trois conditions de régularité qui le composent actuellement[1]. L'arrêt *Enfant Viola* de 2006[2], rendu à propos de l'efficacité d'une décision suédoise de filiation, l'illustre. Saisie de l'action en inopposabilité dudit jugement, une cour d'appel a débouté la demanderesse et a déclaré que le jugement suédois respectait les conditions françaises de régularité et qu'il pouvait, par conséquent, être efficace[3]. La cassation a été prononcée au motif que la cour d'appel n'a apprécié la régularité du jugement qu'au regard de la conformité de la décision à l'ordre public international français de fond, et surtout procédural, alors qu'elle aurait dû aussi le faire à la lumière des autres conditions du contrôle. Cette vérification inachevée justifie la cassation pour absence de base légale[4]. Dans cet arrêt, la Cour confirme que l'obligation du juge de contrôler la régularité internationale de la décision aux fins de son efficacité dans le for, couvre toutes les conditions de régularité[5].

---

[1] Il est de jurisprudence constante que l'affirmation de la régularité internationale de la décision ne peut être affirmée que si toutes les conditions de régularité ont été vérifiées par le juge. *v.* : Paris, 23 mai 1989 *Compagnie de signaux et d'entreprises électriques c. Sorelec, RCDIP* 1990.117 obs. H. Gaudemet-Tallon.

[2] Cass. 1ère civ., 4 juillet 2006 *Enfant Viola, D.* 2007.1751 obs. P. Courbe et F. Jault-Seseke ; *RCDIP* 2007.413.

[3] Au moment où la Cour de cassation a décidé de cette affaire, les conditions du contrôle étaient la régularité de la compétence indirecte selon l'arrêt *Simitch*, la conformité entre la loi applicable au fond et celle désignée par la règle française de conflit de lois, la conformité à l'ordre public international français – de fond et de procédure –, et l'absence de fraude.

[4] Les textes visés dans l'espèce sont les articles 3 du Code civil et 509 du C. pr. civ.

[5] La Cour affirme dans son attendu qu': *« En se déterminant ainsi sans rechercher si le jugement étranger remplissait toutes les conditions de régularité internationale tant au regard de la compétence du juge saisi, que de l'application au litige de la loi appropriée, la cour d'appel a privé sa décision de base légale au regard des textes susvisés ».* Cass. 1ère civ., 4 juillet 2006 *Enfant Viola, préc.* Cette position a par la suite été réaffirmée. *v.* Cass. 1ère civ., 10 mai 2007, n° 06-11.323, *D.* 207.1432 obs. I. Gallmeister ; *D.* 2008 pan. 1516 obs. F. Jault-Seseke.

358. La position de la Cour demeure la même lorsqu'il s'agit de l'impérativité du contrôle prévu dans une Convention internationale. L'arrêt *Camus* de 1971[1] confirme que le caractère obligatoire du contrôle commande une vérification de toutes les conditions de régularité. Il s'agissait en l'espèce d'un jugement de divorce rendu à Madagascar à l'égard de deux époux français. L'instance de divorce avait été initiée par l'époux qui prétendait au relâchement du lien aux torts de son épouse. Une fois le divorce prononcé, l'efficacité de la décision malgache est demandée en France où le TGI de Limoges affirme la régularité internationale du jugement. L'épouse défenderesse se pourvoit en cassation sous le double motif de l'incompétence du juge d'origine[2], et de l'absence de vérification de la régularité de la décision au regard de toutes les conditions prévues dans la Convention applicable. Alors que la Cour de cassation approuve le TGI d'avoir estimé que le juge malgache était compétent pour connaître du divorce[3], elle le censure en ce qui concerne la vérification des autres conditions applicables. En effet, le TGI s'est limité à identifier la règle applicable au sein de la Convention, et à indiquer que la défenderesse ne contestait la régularité de la décision qu'au regard de la compétence indirecte du juge d'origine, raison pour laquelle ses appréciations portaient uniquement sur ce point. Ce raisonnement a amené la Cour de cassation à affirmer que : « le juge de l'exequatur doit d'office[4] vérifier si la décision étrangère remplit les conditions requises pour être déclarée exécutoire en France et constater le résultat de son examen dans sa décision »[5]. Ainsi, est condamnée à la cassation pour absence de base légale la décision du juge français qui se borne à identifier la règle applicable sans détailler sa mise en œuvre, ou qui se limite à affirmer la régularité de la décision sous l'argument que les parties n'ont formulé aucune contestation à l'encontre de l'efficacité de la décision. Les griefs formulés par les parties sont sans incidence sur l'impérativité du contrôle. L'impérativité de l'instrument d'efficacité implique que la décision soit toujours contrôlée au regard de toutes les conditions de régularité.

359. Au sein du droit européen, en revanche, l'impérativité est susceptible d'être modulée. Grâce à la confiance mutuelle renforcée qui domine les rapports entre les États membres, les jugements intra-européens bénéficient de la présomption de régularité. Celle-ci accélère la circulation des décisions en leur permettant de bénéficier d'une reconnaissance de plein droit, sachant qu'au sein de certains règlements, cette possibilité s'étend aussi à leur exécution. La

---

[1] Cass. 1ère civ., 9 novembre 1971 *Camus*, *RCDIP* 1972.314 obs. D. Holleaux.

[2] Dame Camus conteste la compétence des tribunaux malgaches au motif que peu de temps après l'introduction de l'instance en divorce le demandeur a quitté Madagascar pour s'installer en France. En changeant de lieu de résidence, M. Camus aurait aussi déplacé le domicile conjugal. Par conséquent, le divorce relevait de la compétence des juges français et non de celle des juges malgaches.

[3] La Cour de cassation suit le TGI et retient la compétence des juges malgaches. En effet, le déménagement du demandeur n'était pas de nature à provoquer la compétence des tribunaux français parce qu'intervenu qu'après l'introduction de l'instance. En outre, la compétence française ne pouvait pas être retenue, non plus, au nom du privilège de juridiction prévu à l'article 15 du Code civil. Dame Camus a participé à l'instance directe sans faire appel à ce privilège, ce qui sous-entendait qu'elle avait entendu y renoncer. Le jugement du TGI de Limoges était dûment motivé à cet égard. *Idem.*

[4] Sur le contrôle d'office du juge *v.* : D. Bureau et Muir Watt, *op.cit.*, p. 349 §299.

[5] Cass. 1ère civ., 9 novembre 1971 *Camus*, *préc.*

présomption de régularité se traduit, entre autres, par le fait que lorsque l'une des parties s'oppose à l'efficacité de la décision dans l'État membre requis, elle a la charge de la renverser. À cette fin, elle doit prouver que l'un des motifs de refus d'efficacité énoncés par le règlement se réalise en l'espèce[1]. Le débat s'est ouvert autour de la question de savoir si dans ce cas, la vérification à laquelle le juge a l'obligation de procéder concerne tous les motifs de refus d'efficacité, ou si elle se limite aux seules irrégularités dénoncées par l'intéressé[2].

360. Certains auteurs estiment qu'à l'image du droit commun le devoir du juge est d'appliquer la règle, et qu'en vertu de l'impérativité du contrôle, il doit « se prononcer sur tous les points de contrôle prévus, sans qu'il soit nécessaire que ces points puissent être considérés comme d'ordre public interne »[3]. D'autres auteurs ont considéré, en revanche, que l'impérativité du contrôle peut être modulée au sein du droit européen pour ne couvrir que les motifs qualifiés d'ordre public[4]. Ainsi, en cas de silence des parties, le juge ne doit contrôler que ces motifs. Dans un arrêt du 5 avril 1994, la jurisprudence française a eu à traiter de cette question[5]. La cour d'appel de Paris a dû se prononcer sur l'efficacité en France d'une décision rendue par la Cour de cassation Grecque ayant déclaré la responsabilité civile contractuelle de la société française Comptoir Commercial de l'Orient. La société française avait refusé d'accepter la livraison d'une commande de boites d'abricots au sirop de la part de la succursale suisse de la société libérienne Medtrafina, en raison de la non-conformité de la marchandise. Cette dernière société assigne la société française devant les tribunaux grecs, lieu d'exécution de la prestation caractéristique du contrat, et y obtient un jugement favorable dont elle demande ensuite l'exécution en France.

361. Au stade de la procédure d'exequatur, la société défenderesse conteste la régularité de la décision, car elle aurait été rendue par un juge incompétent, sur le fondement d'une loi qui n'était pas applicable, et, enfin, car elle serait contraire à l'ordre public international français. Après avoir répondu aux griefs de la partie demanderesse, la cour d'appel a affirmé que : « Considérant que toutes les autres conditions exigées pour la reconnaissance et l'exécution en France d'une décision étrangère sont réunies, que l'ordonnance doit donc être confirmée ». Selon cet arrêt, l'impérativité du contrôle européen de régularité est la même que celui du contrôle de droit commun, c'est-à-dire, qu'elle commande la vérification de toutes les conditions de régularité. Néanmoins, dans sa note sous cette décision, Catherine Kessedjian s'interroge sur la raison d'être de cette affirmation, « alors

---

[1] Cass. 1ère civ., 9 novembre 1983, *RCDIP* 1974.501 obs. B. Ancel ; Cass. 1ère civ., 17 novembre 1999, *RCDIP* 2000.52 obs. B. Ancel.

[2] Notons que cette question ne se posait pas, ou en tout cas pas avec la même ampleur, sous la Convention de Bruxelles. Prévoyant une procédure en deux phases, la Convention permettait, dès le départ, une étude de la régularité internationale de la décision. À l'issue de cette première étape, les parties étaient informées des appréciations du juge, et elles pouvaient, à ce moment-là, démarrer la deuxième phase de la procédure qui était de nature contradictoire. Elle était destinée à entendre les arguments des parties par rapport à la décision prise par le juge.

[3] H. Gaudemet-Tallon et M-E Ancel, *op.cit.*, p. 675 §492.

[4] Hélène Gaudemet-Tallon et Marie-Élodie Ancel attribuent cette position à Gothot et Holleaux. *Idem.*

[5] Paris, 5 avril 1994, *RCDIP* 1995.573 obs C. Kessedjian. Dans le même sens *v.* : Cass. 1ère civ., 12 janvier 1994, *RCDIP* 1994.372 obs. A. Huet.

que, hormis l'exception d'ordre public, le juge ne doit pas se prononcer que sur les moyens de défense présentés par le défendeur à la procédure d'exécution »[1].

362. En effet, afin d'alléger la circulation des jugements intra-européens, l'impérativité qui découle de la finalité objective de l'instrument d'efficacité doit être modulée. Ainsi, la régularité de la décision ne doit être vérifiée et établie qu'au regard des seuls griefs d'irrégularité formulés par la partie qui provoque le contrôle. Bertrand Ancel affirme à ce propos que : « face à la contestation, la présomption dispensera la partie qui se prévaut du jugement de rapporter la preuve des éléments de sa régularité, le risque probatoire se déplaçant vers la partie qui s'oppose à l'efficacité et qui devra donc établir les obstacles que celle-ci rencontre »[2]. Ce changement de dynamique répond, assurément, à l'existence de la présomption de régularité. En effet, celle-ci implique, dans le cas où aucun grief n'est formulé à l'encontre de la régularité internationale de la décision en cause, que le juge n'intervient pas et que le contrôle n'est pas opéré[3]. Or, il n'en demeure pas moins que si la régularité internationale de la décision n'est pas nécessairement vérifiée dans tous les cas, il est possible que des éventuelles décisions irrégulières soient par-là même tolérées. Il s'agit néanmoins du risque à prendre pour aboutir à une circulation allégée et rapide des décisions.

363. Ainsi, il apparaît qu'en France, le caractère obligatoire du contrôle de régularité peut connaître une certaine modulation au sein des règlements européens. Contrairement au droit commun et aux conventions internationales, le juge européen ne vérifie la régularité internationale de la décision que si elle est contestée, et exclusivement au regard des griefs formulées par la partie qui s'oppose à son efficacité. Lorsqu'il n'est pas question de ce droit, l'impérativité du contrôle couvre toutes les conditions de régularité, et ce, indépendamment des griefs formulés par les parties.

364. Se démarquant de l'expérience française, et surtout, européenne, l'impérativité du contrôle colombien ne connaît pas de modulation, mais plutôt un alourdissement dans le cadre du droit conventionnel.

2. *En droit colombien*

365. La question d'une éventuelle modulation de l'impérativité du contrôle de régularité n'a pas été abordée par la jurisprudence, ni par la doctrine. Le juge colombien contrôle systématiquement toutes les conditions de régularité, indépendamment des griefs formulés par les intéressés. L'arrêt *Holland* du 1er décembre 1995[4], rendu à propos de la reconnaissance d'un jugement américain

---

[1] C. Kessedjian, note sous Paris, 5 avril 1994, *préc.*

[2] B. Ancel, note sous Cass. 1ère civ., 17 novembre 1999, *préc.* p. 52. Dans le cas de l'exécution des jugements Hélène Gaudemet-Tallon et Catherine Kessedjian affirment que, sous le Règlement Bruxelles I bis : *« […] la procédure permettant de ne pas exécuter la décision de l'État membre d'origine est entièrement entre les mains du débiteur de la décision (art. 46). S'il n'agit pas, les mesures d'exécution seront prises »*. H. Gaudemet-Tallon et C. Kessedjian, « La refonte du règlement… », *op.cit. spéc.* p. 453 §62.

[3] H. Gaudemet-Tallon et M-E Ancel, *op.cit.*, p. 651 §473. Dans le même sens *v* H. Gaudemet-Tallon et C. Kessedjian, « La refonte du règlement Bruxelles I », *RTD. Eur.* 2013.435.En jurisprudence *v.* Cass. 1ère civ., 12 janvier 1994, *RCDIP* 1994.372 obs. A. Huet. *v.*

[4] CSJC. Cass. Ch. Civ., 1er décembre 1995 *Holland*, Magistrat Rapporteur : Carlos Jaramillo. Dossier n° 5302.

de divorce prononcé en Pennsylvanie, illustre ceci. Alors qu'aucun des ex-conjoints ne contestait la régularité internationale de la décision, la Cour contrôle le respect de toutes les exigences prévues par le Code colombien. Elle refuse l'efficacité car « d'après les preuves apportées, le jugement [...] ne remplit pas l'ensemble des exigences » du contrôle[1]. Dans sa motivation, le jugement de la Cour décrit aussi bien les conditions satisfaites que celles qui ne le sont pas. La Cour indique que le refus de toute efficacité s'explique parce que la demanderesse n'a apporté aucune preuve de la réciprocité diplomatique ou législative entre les États-Unis et la Colombie. Elle aurait également omis de prouver que le jugement n'était plus susceptible de recours aux États-Unis, et, enfin, que le défendeur avait été régulièrement notifié de la procédure et du jugement du fond.

366. Dans un arrêt du 3 décembre 2001[2], la Cour confirme encore que l'impérativité du contrôle couvre toutes les conditions de régularité. Il s'agissait, en l'espèce, de l'efficacité d'un jugement français de divorce. Alors que la partie demanderesse se limitait à affirmer que la décision remplissait toutes les exigences de la loi colombienne sans que l'autre partie ne formule de contestation, la Cour a vérifié chacune des conditions de régularité. Ainsi, en dépit du défaut de convention bilatérale entre les deux pays, une attestation délivrée par le Ministère français des Affaires Étrangères, fournie par la partie demanderesse, a permis à la Cour d'établir l'existence de réciprocité législative. Selon ce document, « il est de jurisprudence constante que les décisions judiciaires étrangères produisent des effets en France indépendamment de tout exequatur »[3]. Sur cette base de réciprocité, la Cour soulève que le jugement a été apporté au dossier selon toutes les conditions de forme exigées par la loi colombienne aux fins d'établir son authenticité, et son caractère définitif ; qu'il n'y a pas de décision ou de procédure en cours devant les tribunaux nationaux portant sur la même affaire, et entre les mêmes parties. Enfin, la Cour vérifie, d'une part, le lieu de résidence des conjoints afin de contrôler la compétence du juge français pour prononcer le divorce, et affirme, d'autre part, que « le divorce ne contrarie ni dans la forme ni dans la substance les dispositions colombiennes d'ordre public, de surcroit qu'en Colombie le divorce par consentement mutuel, comme celui en l'espèce, est aussi admis »[4]. Satisfaisant toutes les conditions de régularité, l'efficacité normative définitive du jugement ne peut qu'être admise en Colombie.

367. L'impérativité du contrôle s'avère, cependant, paradoxalement alourdie lorsqu'il s'agit du contrôle de régularité de droit conventionnel. Cette spécificité colombienne, pour le moins surprenante, distingue nettement le droit colombien du droit français, et plus spécifiquement du droit européen. En effet,

[1] *Idem.*
[2] CSJC. Cass. Ch. Civ., 3 décembre 2001, Magistrat Rapporteur : Carlos Ignacio Jaramillo, Dossier n° 0048.
[3] *Idem.* Pour autant, une telle affirmation n'est que partiellement correcte. Elle l'est par rapport aux jugements dont l'efficacité se manifeste par leur reconnaissance, et qui bénéficient dès lors d'une efficacité de plein droit. En revanche, elle n'est pas correcte par rapport aux jugements dont l'efficacité se manifeste par leur exécution matérielle. Pour ceux-ci le contrôle préalable est obligatoire pour leur accorder la force exécutoire. Cette imprécision de la Cour colombienne est regrettable mais ne risque pas d'affecter l'existence de réciprocité entre les deux ordres juridiques.
[4] *Idem.*

contrairement au droit européen, lorsque l'établissement de la régularité se fait à l'égard d'une décision rentrant dans le champ d'application d'une convention, le juge colombien ne se limite pas aux conditions soulevées par l'intéressé, mais vérifie l'ensemble des conditions prévues par la convention. Ainsi, de manière classique, la Cour colombienne débute son raisonnement par un récapitulatif des conditions de régularité à propos desquelles elle « procède à l'examen de l'ensemble des preuves recueillies afin de déterminer si les conditions signalées sont réunies »[1]. La différence avec le droit français et le droit européen est encore plus étonnante, car le juge colombien ne se contente pas de cette seule vérification : il contrôle, en plus, le respect des conditions de droit commun. Il opère ce fameux *contrôle cumulatif* de régularité que nous avons évoqué auparavant. Ce procédé est, selon nous, une manière de renforcer l'impérativité du contrôle de droit interne qui montre combien la jurisprudence est attachée à la loi de droit commun.

368. L'arrêt *Cruz*, rendu le 15 août 2017[2] à propos de l'efficacité d'une décision vénézuélienne de divorce, illustre ce procédé très curieux de la Cour colombienne. En l'espèce, la Cour a d'abord conclu à l'existence de la réciprocité diplomatique entre les deux pays sur le fondement de la Convention interaméricaine sur l'efficacité extraterritoriale des jugements et des décisions arbitrales de 1979. Elle a ensuite énuméré toutes les conditions de régularité signalées à l'article 2 de cette Convention pour, ensuite, confronter la décision étrangère à chacune d'entre elles. Après avoir vérifié la régularité internationale de la décision vénézuélienne, elle l'a aussi confrontée aux conditions de régularité formulées par le CPC alors en vigueur[3]. La Cour conclut son raisonnement en affirmant que la décision est respectueuse de l'ensemble des conditions exigées et que, par conséquent, l'efficacité de la décision vénézuélienne est admise en Colombie[4]. Le procédé de la Cour interroge d'autant plus que la similitude entre les conditions de la Convention et celles du CPC est flagrante.

369. Pour autant, ce qui est encore plus curieux dans ce *contrôle cumulatif* de régularité est que la Cour colombienne affirme qu'en raison de leur hiérarchie et de leur spécialité, les normes conventionnelles ont une primauté sur celles du droit commun[5]. Ainsi dans un arrêt du 16 janvier 1995 elle a pu affirmer que l'existence d'un traité international implique, pour les États signataires, que l'efficacité des décisions doit s'effectuer selon les conditions qui y sont prévues, et que « son application doit régir toutes les questions relatives à l'exequatur, même dans le cas où les normes de l'instrument ne suivent pas exactement les dispositions de « droit commun » des pays signataires »[6]. La clarté de cette affirmation n'empêche pas la Cour d'opérer son *contrôle cumulatif*.

---

[1] CSJC. Cass. Ch. Civ., 13 juillet 1995, Magistrat Rapporteur : Javier Tamayo Jaramillo, Dossier n° 4868.
[2] CSJC. Cass. Ch. Civ., 15 août 2017 *Cruz*, Magistrat Rapporteur : Luis Rico, Dossier n° 3591.
[3] *v. supra* p. 98.
[4] CSJC. Cass. Ch. Civ., 15 août 2017 *Cruz*, *préc.*
[5] CSJC. Cass. Ch. Civ., 14 décembre 1995, Magistrat Rapporteur : Pedro Lafont, Dossier n° 5382. Dans le même sens *v.* : CSJC. Cass. Ch. Civ., 9 août 1995, Magistrat Rapporteur : Nicolás Bechara, Dossier n° 5083.
[6] CSJC. Cass. Ch. Civ., 16 janvier 1995, Magistrat Rapporteur : Carlos Jaramillo Schloss, Dossier n° 4939.

370. Un arrêt du 2 mai 2017[1], rendu à propos d'un jugement espagnol de divorce démontre toute l'actualité de cette pratique. Après avoir déclaré prouvée la réciprocité diplomatique entre le l'Espagne et la Colombie, la Cour affirme qu'au regard du Traité conclu entre les deux États, l'efficacité du jugement étranger est uniquement soumise à deux exigences : son caractère définitif, et sa conformité à l'ordre public du pays d'accueil[2]. Au lieu de se limiter à la vérification de ces deux exigences, notablement moins nombreuses que celles du droit commun, elle affirme qu'« il convient de vérifier, ensuite, la régularité internationale de la décision au regard des exigences prévues à l'article 694 du Code de procédure civile »[3]. Cette démarche de la Cour revient à soumettre l'efficacité de la décision espagnole à un régime bien plus strict que celui prévu par le Traité qui lui est applicable. Nous aurions pu penser que dans le cadre du Traité de 1908, le *contrôle cumulatif* pouvait se justifier en raison de son ancienneté et du caractère très allégé des conditions de régularité qu'il prévoit. Cependant, il n'en est rien. Cette pratique contestable se renouvelle sans cesse à l'égard de toutes les conventions internationales auxquelles participe la Colombie[4], et, il n'y a pas de raison pour qu'il n'en soit pas de même avec la Convention de La Haye de 2019 si elle est adoptée un jour par la Colombie.

371. Il est indéniable que ce *contrôle cumulatif* compromet l'objectif de simplification poursuivi par ces conventions. Le procédé de la Cour de cassation surprend, car il est non seulement révélateur d'une méconnaissance de la hiérarchie des normes conventionnelles, mais, surtout, parce que la Cour méconnaît la faveur que l'ordre juridique colombien entend porter à l'efficacité internationale des jugements étrangers par l'adoption des conventions internationales. La volonté de simplification de l'efficacité qui motive les États à participer à l'élaboration de ces instruments est écartée chaque fois que la Cour colombienne opère son *contrôle cumulatif*. Cette pratique nous amène à la situation ubuesque dans laquelle les décisions rentrant dans le champ d'application d'une convention internationale, devant à ce titre bénéficier d'une efficacité allégée, sont finalement soumises à un contrôle de régularité plus exigeant que celles dont l'efficacité relève du régime du droit commun.

372. Enfin, remarquons à propos de la Convention de La Haye de 2019 que l'impérativité de son contrôle n'a pas été clairement définie. Le fait que les conditions de régularité ne soient pas obligatoires suggère que le juge requis ne doit pas les vérifier dans son ensemble. Si tel est le cas, force est de constater que la Convention ne précise pas si le juge doit limiter sa vérification aux seuls motifs contestés par les parties ou à ceux qui, selon son droit commun, doivent être

---

[1] CSJC. Cass. Ch. Civ., 2 mai 2017, Magistrat Rapporteur : Margarita Cabello, Dossier n° 2902-00.

[2] *Idem.*

[3] *Idem.*, Dans le même sens *v.* : CSJC. Cass. Ch. Civ., 11 août 2017, Magistrat Rapporteur : Margarita Cabello, Dossier n° 0270-00 ; CSJC. Cass. Ch. Civ., 5 août 2015, Magistrat Rapporteur : Margarita Cabello, Dossier n° 1415-00 ; CSJC. Cass. Ch. Civ., 13 octobre 1999, Magistrat Rapporteur : Carlos Ignacio Jaramillo, Dossier n° 7298.

[4] À propos des différentes conventions signées entre les pays latino-américains *v.* : CSJC. Cass. Ch. Civ., 15 août 2017 *Cruz*, Magistrat Rapporteur : Luis Rico, Dossier n° 3591-00 ; CSJC. Cass. Ch. Civ., 23 août 2013, Magistrat Rapporteur : Arturo Solarte Rodríguez, Dossier n° 1971-00.

nécessairement vérifiés. L'absence de clarté à ce propos pourrait conduire à la situation dans laquelle l'application des mêmes normes juridiques ne serait pas uniforme et ne se traduirait pas par une circulation des décisions étrangères également simplifiée dans tous les États signataires. Ainsi, le juge français pourrait se limiter aux contestations des parties, mais le juge colombien, en revanche, n'y serait pas enclin. Les objectifs poursuivis par la Convention de 2019 seraient assurément fragilisés.

373. En conclusion, le faible nombre de conventions internationales auxquelles participe la Colombie, et la pratique du contrôle cumulatif de régularité, mettent en lumière toute la timidité de l'ouverture du droit colombien par rapport à la réception des jugements étrangers[1]. Relevons cependant que ces spécificités colombiennes n'effacent pas le fait que, à l'heure actuelle, c'est grâce à son impérativité que l'instrument d'efficacité parvient à sa finalité objective en droit français et en droit colombien, c'est-à-dire, l'établissement de la régularité internationale de la décision étrangère. Or, cette objectivité entraîne une autre conséquence, à savoir l'indisponibilité du contrôle.

§ 2. L'indisponibilité du contrôle

374. Puisque l'établissement par le juge de la régularité internationale de la décision est indispensable pour son efficacité définitive dans le for, l'instrument d'efficacité est obligatoire, mais également indisponible. L'indisponibilité s'entend de l'impossibilité pour les sujets concernés par le rapport de droit décidé à l'étranger de déroger en amont au contrôle de régularité, ou de choisir de soumettre l'établissement de la régularité internationale de leur jugement à une loi autre que celle du for. Dans le prolongement de cette indisponibilité, les particuliers ne peuvent pas aménager différemment le contrôle. Ils ne peuvent pas se mettre d'accord pour modifier, ni pour supprimer les conditions de régularité afin de les rendre plus ou moins exigeantes.

375. L'indisponibilité du contrôle s'explique en ce que l'efficacité irrévocable d'une décision étrangère dans le for consiste dans la réception d'une norme juridique étrangère. C'est dans cette perspective que l'établissement de sa régularité internationale est nécessaire dans l'ordre juridique d'accueil. Or, comme nous l'avons vu, cette régularité permet au for de s'assurer que la norme étrangère ne se heurte pas aux éléments de son ordre juridique qu'il a jugés fondamentaux et dont il a estimé la protection nécessaire. D'où l'importance que le contenu de la régularité internationale soit suffisamment délimité afin de matérialiser, effectivement, les éléments qui sont vraiment fondamentaux pour garantir la cohésion de l'ordre juridique interne et la compatibilité de la décision étrangère. Le caractère fondamental desdits éléments justifie que leur détermination relève, au moins en droit commun, de la compétence exclusive du législateur ou de la jurisprudence, selon la source du contrôle. Ceci explique que

---

[1] Signalons à ce propos que la Cour de cassation française a récemment cassé un arrêt de la Cour de Paris ayant refusé l'exequatur d'une décision gabonaise en application des conditions de régularité du droit commun, alors que l'efficacité des décisions étrangères est régie par les normes d'une Convention bilatérale signée en 1963. Cass. 1ère civ., 10 janvier 2018, n° 15-29 509.

les particuliers soient dépourvus de la possibilité d'adapter les conditions de régularité ou de *« désactiver »* le contrôle.

376. L'indisponibilité du contrôle de régularité n'a pas été abordée en droit colombien. La loi reste silencieuse et la question n'a été soulevée ni par la doctrine, ni par la jurisprudence. Ce silence ne nous empêche pas d'affirmer que l'instrument d'efficacité est indisponible dans ce droit. La manière très stricte avec laquelle l'intervention préalable du juge est appréhendée, la confirmation systématique de l'impérativité du contrôle par la jurisprudence et par la doctrine, le fait qu'elle couvre toutes les conditions de régularité et qu'elle soit même renforcée dans le cadre du contrôle de régularité de droit conventionnel, sont autant d'indices qui nous permettent de l'affirmer. De plus, le contrôle de régularité est appréhendé en Colombie comme un outil de protection de la souveraineté étrangère. Dans ce contexte, il est difficile d'imaginer que les intéressés disposent de la liberté pour écarter le contrôle ou pour aménager les conditions de régularité ou la procédure d'efficacité. Toute modification de ce dernier risquerait de porter atteinte à la souveraineté colombienne.

377. En droit français, en revanche, l'indisponibilité du contrôle a donné lieu à des avis divergents. Pierre Chevalier, par exemple, suit la position de la Cour de cassation et estime que lorsque le juge est saisi de l'efficacité de la décision, il « doit rechercher si toutes les conditions de sa régularité internationale sont remplies » [1]. Selon l'auteur, ce devoir « résulte de l'arrêt Munzer mais aussi de décisions plus récentes »[2] et s'applique à toutes les hypothèses dans lesquelles le contrôle doit être opéré, indépendamment du fait qu'il s'agisse d'un contrôle par voie d'action ou d'un contrôle incident de régularité. Dans sa pensée, l'impérativité du contrôle entraîne nécessairement son indisponibilité. Contrairement à cet avis, certains auteurs considèrent que les intéressés doivent bénéficier de la possibilité de limiter l'appréciation du juge sur certains points. Bertrand Ancel et Yves Lequette défendent cette position. Ils affirment que lorsque le jugement étranger est rendu à l'égard des droits dont les parties ont la libre disposition, « les plaideurs pourraient conventionnellement, par une renonciation expresse ou à tout le moins résultant d'une manifestation non équivoque de volonté, réduire le travail du juge au seul contrôle de l'ordre public international de fond »[3]. Cette liberté accordée aux particuliers leur permettrait uniquement de modifier le contrôle pour l'alléger à l'exclusion de tout alourdissement ou de sa suppression.

378. Pour autant, cette possibilité de nuancer l'indisponibilité du contrôle ne pourrait, à notre sens, s'envisager qu'à l'égard des décisions rendues dans des États avec lesquels l'ordre juridique d'accueil entretient des liens de confiance mutuelle très solides et avec lesquels il existe une base juridique harmonisée importante. Autrement dit, dans un cadre juridique comme celui du droit européen où des règles de compétence directe sont formulées, et où il existe un

---

[1] P. Chevalier, « La nouvelle cartographie… », *op.cit.*, p. 10.

[2] *Idem.*

[3] B. Ancel et Y. Lequette, note sous Cass. 1ère civ., 7 janvier 1964, *Munzer, op.cit.*, p. 373 §24.

cadre normatif commun assez développé, il serait possible d'envisager la possibilité d'accorder une liberté aux particuliers pour aménager le contrôle de régularité. En dehors de ce cas, la solution des professeurs Lequette et Ancel s'avère compliquée. Au sein du droit colombien, commun et conventionnel, par exemple, une telle possibilité impliquerait d'accepter que la norme colombienne qui consacre et organise le contrôle de régularité ne soit pas impérative, mais possède un caractère supplétif. Cependant, l'article 13 du NCGP dispose que les normes relatives à la procédure civile, comme celles du contrôle de régularité, « sont d'ordre public et, par conséquent, obligatoires, et en aucun cas les fonctionnaires ni les particuliers pourront y déroger, les modifier ou les remplacer, sauf autorisation expresse de la loi [...] Toute stipulation contraire est réputée non écrite »[1]. Il est de ce fait peu probable que le droit colombien accepte de limiter l'intervention du juge, même dans le cas où la décision porte sur des droits disponibles.

379. En droit commun français, la solution des deux auteurs est également compliquée à envisager. Les conditions de régularité du contrôle sont réduites. Elles ne sont que trois et l'on voit difficilement comment le droit français admettrait que les parties puissent limiter l'intervention du juge pour l'empêcher de sanctionner un jugement obtenu avec fraude à l'étranger, ou rendu par un juge sans lien avec l'affaire, ou encore, qui heurte l'ordre public international de fond ou de procédure. Il s'agit là des éléments tous liés à l'ordre public international du for.

380. L'indisponibilité du contrôle met en lumière combien la finalité objective du contrôle est accompagnée de deux autres finalités, qui sont sous-jacentes, et auxquelles nous allons consacrer le chapitre suivant. En effet, en établissant la régularité internationale de la décision, le contrôle protège les intérêts de l'État d'accueil, ainsi que ceux des sujets concernés par le rapport de droit décidé. Reconnaître aux particuliers la possibilité de *« désactiver »* le contrôle, ou de modifier les conditions de régularité peut conduire à la méconnaissance de ses intérêts. Leur permettre, par exemple, de renoncer à toute possibilité d'opposer au stade de la reconnaissance et de l'exécution les irrégularités relatives à la compétence indirecte du juge d'origine, pourrait encourager la pratique du *forum shopping*. Une partie habile et expérimentée n'hésitera pas à profiter de cette occasion pour pouvoir se tourner vers une juridiction qui peut lui être plus favorable, et ce au détriment des droits du défendeur.

381. Admettre que le contrôle de régularité puisse être aménagé par les particuliers se révèle incompatible avec le caractère objectif qui anime la finalité du contrôle. En effet, permettre aux parties de disposer des conditions de régularité implique que l'État d'accueil puisse être conduit à accepter l'efficacité normative définitive d'une décision étrangère potentiellement irrégulière. La mise en œuvre du contrôle a été prévue, précisément, pour permettre au juge d'établir la régularité internationale de la décision et pour sanctionner son irrégularité le cas échéant. Autrement dit, la disponibilité du contrôle suppose

---

[1] Article 13, NCGP, *préc.*

incontestablement la volonté des parties. Or, cette dernière – au moins celle de l'une des parties – n'est pas nécessairement animée par l'intérêt d'assurer la circulation des décisions internationalement régulières. Elle est plutôt déterminée, en revanche, par celui de garantir l'efficacité rapide de leur jugement, même s'il comporte des irrégularités. L'admission de cet élément subjectif impliquerait qu'au lieu de conduire vers l'établissement d'une régularité internationale uniforme, l'instrument d'efficacité puisse se limiter à établir une régularité internationale sur mesure. L'on arriverait par là à mettre en cause le contenu de la régularité internationale ainsi que la qualification de ses conditions comme de vraies garanties minimales de justice. Si elles peuvent être *« désactivées »*, c'est parce qu'elles ne sont pas déterminantes, ni fondamentales pour conditionner l'efficacité du jugement. Dans ce cas, il serait dès lors question de redéfinir la nature instrumentale du contrôle de régularité et, surtout, de relativiser l'intérêt que l'État d'accueil porte à l'efficacité des jugements étrangers.

382. Conclusion de la section : Affirmer que l'établissement de la régularité internationale de la décision étrangère constitue la finalité objective de l'instrument commun d'efficacité entraîne deux conséquences. La première est que le contrôle de régularité est impératif. Procéder à sa mise en œuvre est une obligation du juge lorsqu'il est question de l'efficacité définitive du jugement étranger. Confirmé dans les deux droits étudiés, ce caractère obligatoire du contrôle présente certaines particularités en France et en Colombie. En France, dans le cadre des règlements européens, il peut être modulé dans le sens d'un assouplissement. En Colombie, en revanche, l'existence d'une convention internationale se traduit, paradoxalement, par une impérativité renforcée du contrôle. La Cour colombienne opère un contrôle cumulatif de régularité au regard de la convention ainsi que du droit commun. Cette pratique est contestable et peut s'avérer très problématique dans le cadre d'une éventuelle adoption par la Colombie de la Convention de La Haye de 2019. La seconde conséquence de l'objectivité de la finalité est que le contrôle de régularité est indisponible. Les particuliers ne peuvent pas modifier, ni *« désactiver »* le contrôle de régularité.

Conclusion du Chapitre I

383. L'instrument d'efficacité adopté poursuit la même finalité objective en droit français et en droit colombien : l'établissement de la régularité internationale de la décision étrangère en vue de son efficacité normative définitive dans le for. Son caractère objectif s'explique par le fait que le contrôle de régularité a été conçu pour permettre au juge du for de parvenir à la certitude qu'en dépit de son extranéité, le jugement invoqué remplit toutes les exigences du for pour y déployer ses effets. Qualifier l'établissement de ladite régularité de finalité objective met en lumière la nature instrumentale du contrôle au regard de l'efficacité. En effet, en permettant au juge d'établir la régularité internationale de la décision, le contrôle la véhicule vers son efficacité dans le for. L'instrument

cherche dès lors à favoriser la circulation des décisions étrangères qui sont internationalement régulières.

384. L'objectivité de cette finalité se caractérise, en droit français et en droit colombien, par les mêmes deux éléments. Il s'agit, d'une part, de l'étendue limitée de l'intervention du juge et, d'autre part, du caractère essentiel de l'objet qu'il cherche à établir avec son intervention, c'est-à-dire, la régularité internationale du jugement étranger. Ainsi, l'intervention du juge doit l'amener à décider si la décision étrangère est ou non conforme aux exigences de régularité internationale indiquées par la règle du for. Cette conformité possède un caractère essentiel en ce sens qu'elle conditionne l'efficacité définitive de la décision dans le for et commande au juge de sanctionner son irrégularité par le refus de l'efficacité. En effet, son contenu se matérialise par les conditions de régularité, et se compose des éléments qui, dans l'opinion de l'ordre juridique d'accueil, méritent d'être protégés parce qu'ils assurent le respect de certaines garanties essentielles de la justice.

385. L'objectivité de la finalité entraîne deux conséquences pour le contrôle de régularité. Il est, d'une part, obligatoire pour accorder à la décision étrangère une efficacité normative dans le for et, d'autre part, il est indisponible. Les parties sont dès lors, privées de toute possibilité d'y déroger ou d'en modifier l'organisation. Alors que certaines particularités différencient l'impérativité et l'indisponibilité de l'instrument au sein des deux droits étudiés, le fait est que des deux côtés de l'Atlantique, le contrôle de régularité est guidé par l'objectif d'identifier les décisions internationalement régulières afin de favoriser leur efficacité. Ceci explique qu'il soit obligatoire et indisponible. Or, en permettant d'établir la régularité internationale de la décision en cause, l'instrument d'efficacité satisfait deux autres finalités sous-jacentes. Aussi partagées par les deux droits, ces deux finalités révèlent l'opposition qui existe entre les deux droits à propos de la conception de l'efficacité des jugements étrangers. Il convient désormais de nous y intéresser.

Chapitre II
Les finalités sous-jacentes du contrôle

386. Permettant au juge d'établir la régularité internationale de la décision étrangère, le contrôle de régularité satisfait deux autres finalités qui sont également communes aux droits français et colombien. Ces deux finalités, que nous qualifions de sous-jacentes, sont la protection des intérêts de l'État d'accueil et la protection des intérêts privés des sujets concernés par le rapport de droit décidé à l'étranger[1]. Le caractère sous-jacent, et donc diffus de ces finalités, s'explique, selon nous, parce qu'elles sont indissociables de la finalité objective et parce qu'elles animent autant le contrôle de régularité. Autrement dit, en permettant au juge d'établir la régularité internationale de la décision étrangère, l'instrument d'efficacité assure la protection des intérêts étatiques ainsi que celle des intérêts des particuliers.

387. L'étude de cette double finalité protectrice contribue à mieux saisir la nature adaptable qui caractérise l'instrument commun d'efficacité. L'exemple des droits français et colombien confirme combien le contrôle de régularité peut s'adapter à plusieurs conceptions de l'efficacité des décisions étrangères et du droit international privé. Or, si ces conceptions discordantes entraînent des conséquences importantes sur la circulation des décisions étrangères des deux côtés de l'Atlantique, elles ne compromettent pas notre qualification du contrôle de régularité comme l'instrument commun d'efficacité. Précisons dès à présent que les divergences que nous identifierons grâce à l'analyse des finalités sous-jacentes du contrôle, seront étudiées dans la perspective de participer à la modernisation du droit colombien. En effet, l'état actuel de ce droit rappelle à plusieurs égards celui du droit français au XIXe et au début du XXe siècle. L'utilité et l'opportunité de revenir sur certains aspects classiques du droit français se confirme amplement afin de guider le droit colombien vers son évolution.

388. Ainsi, si les particularités qui accompagnent la reconnaissance des deux finalités sous-jacentes du contrôle de régularité en France et en Colombie n'effacent pas leur caractère commun (Section I), elles montrent parallèlement combien elles sont différemment hiérarchisées dans ces deux droits (Section II).

Section I : La reconnaissance des finalités sous-jacentes

389. Le droit français reconnaît sans hésitation que l'instrument d'efficacité sert à « assurer la protection de l'ordre juridique et des intérêts français »[2]. Le droit colombien est tout aussi clair pour affirmer que le contrôle de régularité est destiné à assurer la protection de l'ordre juridique national « contre les irrégularités internationales » dont les jugements étrangers peuvent être affectés[3]. En outre, les deux droits admettent que le contrôle de régularité protège

---

[1] S. Fulli-Lemaire, *Le droit international privé de la famille à l'épreuve de l'impératif de reconnaissance de situations*, LGDJ, 2022, p. 86 §113 ; G. Cuniberti, « Le fondement de l'effet des jugements étrangers », *op.cit.*, p. 107 §7.

[2] Cass. 1ère civ., 7 janvier 1964 *Munzer, préc. v.* E. Pataut, *Principe de souveraineté et conflit des juridictions : Étude de droit international privé*, LGDJ, 1999, p. 7 §11.

[3] CSJC. Cass. Ch. Civ., 19 juillet 1994 *Duque Peña, préc.*

également les intérêts des particuliers concernés par le rapport de droit décidé à l'étranger. Ainsi, au sein du droit français, Dominique Bureau et Horatia Muir Watt affirment qu'en dépit de certaines nuances concernant le respect de l'ordre public international, la vérification des conditions de régularité cherche à assurer le « respect des prévisions des justiciables désormais destinataires d'une norme individuelle et concrète »[1]. La jurisprudence colombienne estime également que l'adoption du contrôle de régularité témoigne de l'intérêt que ce droit porte à l'internationalité grandissante des relations privées et à ses implications pour les particuliers.

390. Afin d'identifier et de comprendre pleinement les spécificités qui caractérisent la reconnaissance en droit français et en droit colombien de ces finalités, il est nécessaire de les étudier séparément. Nous verrons ainsi comment, en permettant l'établissement de la régularité internationale de la décision étrangère, l'instrument commun d'efficacité protège, d'une part, les intérêts de l'État d'accueil (§ 1), et, d'autre part, les intérêts des particuliers concernés par la décision étrangère (§ 2).

§ 1. La protection des intérêts de l'État d'accueil

391. Dans la pensée du Doyen Batiffol, lorsque les États décident d'adopter un instrument d'efficacité pour organiser l'efficacité des jugements étrangers, ils reconnaissent l'existence des autres États et manifestent leur volonté de nouer avec eux des relations juridiques[2]. La reconnaissance et l'exécution des décisions étrangères sont ainsi indissociables d'un rapport de coopération et de coordination entre États[3]. Consistant dans l'admission dans le for de l'existence du rapport de droit décidé à l'étranger, l'efficacité d'un jugement étranger ne peut pas se faire contre la volonté du for[4].

392. En effet, l'efficacité des décisions étrangères concerne directement les intérêts de l'État récepteur[5]. À ce propos, lorsque la réception des décisions étrangères est envisagée du point de vue de l'État d'accueil, la notion de souveraineté est traditionnellement employée[6]. Pour autant, bien que cette notion

---

[1] D. Bureau et H. Muir Watt, *op.cit.*, p. 271 §233-1.

[2] Dans les mots de Batiffol : *« […] le problème des effets des jugements montre la tension constante qui existe entre l'autonomie des systèmes nationaux et la nécessité qu'ils reconnaissent à l'existence des systèmes étrangers avec lesquels les relations privées internationales les mettent, presque malgré eux, en relations ».* H. Batiffol, *Aspects philosophiques du droit international privé*, Dalloz, 2002, p. 304 §136.

[3] P. Mayer, « La notion de coordination et le conflit de juridictions », *in, Les nouvelles formes de coordination des justices étatiques*, sous la dir. d'E. Pataut, S. Bollée, L. Cadet et E. Jeuland, IRJS éditions, 2013, p. 5 ; K. Mehtiyeva, *La notion de coopération judiciaire,* LGDJ, 2020, p. 7 §6.

[4] *v.* E. Bartin, *Principes de droit international privé. Selon la loi et la jurisprudence françaises,* Éditions Domat-Montchrestien, 1930, p. 461 §182 ; A. Aljure, « Exequatur de providencias judiciales », *in, Teoría general del derecho internacional privado,* sous la dir. de L. García et A. Aljure, Legis, 2016, p. 419.

[5] *v.* E. Bartin, *Principes…, op.cit.,* p. 462 §182 ; M. Monroy Cabra, *Tratado de derecho internacional privado*, Temis, 4e éd., 1995, p. 245 ; P. Cardona Galeano, *Manual de derecho procesal civil*, Partie spéciale, Leyer, 5e éd., T. II, 2003, p. 621.

[6] Etienne Pataut affirme dans sa thèse que la souveraineté peut, effectivement, recevoir la qualification d'intérêt de l'État. L'auteur signale, plus précisément, que le mot souveraineté peut être utilisé comme synonyme d'intérêt de l'État. Or, après avoir étudié les définitions de souveraineté offertes par André Bonnichon et par Paul Lagarde, Étienne Pataut conclut que la notion de souveraineté est préférable à celle d'intérêt de l'État qui se révèle imprécise. E. Pataut, *op.cit.,* p. 30 §46.

soit utilisée dans l'ensemble des branches du droit, notamment au sein du droit international privé[1], force est pourtant de constater que sa définition demeure une tâche complexe. En dépit des nombreux efforts qui y ont été consacrés, tantôt en droit public, tantôt en droit privé[2], aucune des définitions proposées de la souveraineté n'est considérée comme entièrement satisfaisante[3]. Son omniprésence dans les différents domaines juridiques accentue cette difficulté. Or, sans ignorer l'importance de cette notion au cœur du droit international privé français et colombien, son étude dépasse manifestement l'objet de notre travail comparatif. Dans ce cadre, nous pouvons nous contenter de retenir une définition minimale partagée dans les deux droits étudiés selon laquelle la souveraineté correspond à un élément inhérent et fondateur de l'État[4] qui regroupe l'ensemble des intérêts étatiques.

393. En matière d'efficacité des jugements étrangers, plusieurs de ces intérêts étatiques sont concernés[5]. Parmi les plus classiques, l'on retrouve la protection de l'exclusivité du pouvoir d'administrer la justice dans le territoire national. En effet, en admettant l'efficacité d'une décision étrangère, le for accepte un rapport de droit décidé par une autorité judiciaire qui n'a pas de pouvoir pour administrer la justice dans le for[6]. D'autres intérêts étatiques peuvent être cités, à l'image de la coopération internationale, ou encore la protection de la cohésion de l'ordre juridique du for. Selon Rebecca Legendre, cette dernière peut être entendue de deux manières. Dans son acception matérielle, la cohésion de l'ordre juridique correspond au « point de vue politique, économique, social et moral de l'ordre juridique du for »[7]. Comprise dans son sens formel, elle signifie « l'autorité et l'homogénéité de l'ordre juridique interne »[8]. Indépendamment du sens retenu, l'efficacité normative d'une décision étrangère ne peut effectivement avoir lieu dans le for que si elle ne compromet pas la cohésion de l'ordre juridique du for.

394. La manière dont chaque droit étudié reconnaît la protection des intérêts étatiques comme finalité du contrôle montre combien, en dépit des divergences

---

[1] A. Bonnichon, « La notion de conflit de souverainetés dans la science des conflits de lois », *RCDIP* 1949.615. *v.* : E. Pataut, *Principe de souveraineté… op.cit.*, p. 30 §47.

[2] Dans le vocabulaire juridique de l'Association Henri Capitant par Gérard Cornu, la souveraineté est définie comme le *« Caractère suprême d'une puissance (summa potestas) qui n'est soumise à aucune autre […]. Caractère d'un organe qui n'est soumis au contrôle d'aucun autre et se trouve investi des compétences les plus élevées ». Vocabulaire juridique de l'Association Henri Capitant par Gérard Cornu*, PUF, 13e éd., 2020, p. 976. Pour une définition générale de la souveraineté en droit constitutionnel *v.* A. Le Divellec et M. de Villiers, *Dictionnaire du droit constitutionnel*, Sirey, 11e éd., 2017, p. 347 et 348. Pour une définition de la notion de souveraineté au sein de la jurisprudence de la Cour suprême de justice et du Conseil constitutionnel colombien, *v.* D. Rojas Tamayo, *Le droit applicable au contrat en droit international privé colombien : Étude comparée, critique et prospective*, thèse Paris II Panthéon-Assas, 2017, p. 23 et s. §27 et s ; D. Rojas, *El derecho aplicable al contrato…, op.cit.*, p. 56 §28 et s.

[3] E. Pataut, *Principe de souveraineté… op.cit.*, p. 30 et 33 §46 et 48. *v.* : J. Carrillo-Salcedo, *Droit international et souveraineté des États*, *RCADI*, 1996, Vol. 257, p. 47 ; A. Zapata, *Gobernabilidad monetaria y financiera internacional : contribución al estudio jurídico de los instrumentos normativos del derecho monetario internacional*, Universidad Externado de Colombia, 2012, p. 32.

[4] Sur l'indissociabilité ente l'État et la souveraineté *v.* M. Flory, *Rép.dr.int.*, Dalloz, *v°* « souveraineté », §1-6. En droit colombien *v.* A. Zapata, *op.cit.*, p. 33 et s.

[5] E. Pataut, *Principe de souveraineté… op.cit.*, p. 30 §46.

[6] K. Mehtiyeva, *La notion de coopération judiciaire*, LGDJ, 2020, p. 145 §142.

[7] R. Legendre, *Droits fondamentaux et droit international privé. Réflexion en matière personnelle et familiale*, Dalloz, 2020, p. 103 §155.

[8] *Idem.*, p. 104, §156.

relatives à la définition de ces intérêts, il s'agit là d'une finalité indéniable (A) et nécessaire (B) au sein des deux droits.

A. *Une finalité indéniable*

395. Selon Philippe Théry, en permettant aux décisions étrangères de déployer leurs effets normatifs dans le for, l'État d'accueil adopte « l'opinion du juge étranger »[1]. Pour le for, ceci implique d'accepter et de tenir pour vrai le rapport de droit décidé à l'étranger, et de s'engager, en plus, à le faire respecter dans son ordre juridique[2]. Puisque ses intérêts sont indéniablement concernés par cette adoption, le contrôle de régularité garantit que les décisions étrangères acceptées soient respectueuses de ces intérêts.

396. Finalité commune de l'instrument d'efficacité certes, la protection desdits intérêts répond néanmoins à une logique différente en droit français et en droit colombien. Au sein de ce dernier, la protection des intérêts étatiques cherche à éviter toute soumission des tribunaux du for à des tribunaux étrangers[3] (1). En droit français, en revanche, la protection des intérêts étatiques répond à une dynamique de coordination et de coopération entre États (2).

1. *Au sein du droit colombien : une logique de défense*

397. Le droit colombien est catégorique : la protection des intérêts de l'État est l'une des finalités du contrôle de régularité. La jurisprudence et la doctrine le confirment systématiquement et analysent cette finalité en termes de principe et d'exception. La protection et la défense des intérêts de l'État d'accueil, spécialement de son pouvoir juridictionnel[4], conduisent à admettre un principe de non-efficacité des décisions étrangères (a) et à réserver à l'efficacité normative un caractère exceptionnel (b).

a. Le principe de non-efficacité des décisions étrangères

398. À l'image de ce qu'ont pu affirmer Pillet[5] ou Bartin[6] en France, en droit colombien l'extranéité du jugement implique qu'il soit par principe dépourvu de toute efficacité normative. La souveraineté étatique s'oppose à ce que ces

---

[1] Ph. Théry, *Pourvoir juridictionnel et compétence. Étude de droit international privé*, thèse Université Paris II Panthéon-Assas, 1981, p. 29. *v.* D. Holleaux, *Compétence du juge étranger…, op.cit.*, p. 352 §382. *v.* A. Pillet, *Traité pratique de droit international privé*, Sirey, T. II, 1924, p. 509 §650.

[2] Ph. Théry, *Pourvoir juridictionnel et compétence… op.cit.*, p. 352 §382.

[3] Batiffol et Paul Lagarde estimaient que : *« La souveraineté de l'État s'oppose au moins à ce que les décisions d'un juge étranger aient de plein droit force exécutoire, parce que c'est un des principes les mieux établis du droit international public que le pouvoir coercitif ne peut s'appliquer que sur le territoire de l'État qui l'exerce »*. H. Batiffol et P. Lagarde, *Droit international privé*, LGDJ, T. II, 7e éd., 1983, p. 548 §711. En droit colombien, Fernando Canosa Torrado affirme à ce propos que : *« Le principe de souveraineté s'oppose à ce qu'un juge étranger puisse directement faire exécuter une décision judicaire rendue dans son pays »*. F. Canosa Torrado, *Procesos de ejecución de providencias judiciales*, Leyer, 2e éd., 2004, p. 106 §5.

[4] Hélène Gaudemet-Tallon affirme à ce propos que : *« Dans tous les États, la justice étatique est considérée comme inhérente à l'exercice de la souveraineté, comme prérogative de puissance publique »*. H. Gaudemet-Tallon, « De quelques raisons de la difficulté d'une entente au niveau mondial sur les règles de compétence judiciaire internationale directe », *in, Law and justice in a multistate world, Essays in honor of Arthur T. von Mehren*, sous la dir. de J.A.R Nafziger et S. Symeonides, Ardsley Transnational publishers, 2002, p. 58.

[5] A. Pillet, *Traité pratique de droit international privé*, Sirey, T. II, 1924, p. 550 §661.

[6] E. Bartin, *Principes… op.cit.*, p. 463 §183. *v.* M. Isaad, *Le jugement étranger devant le juge de l'exequatur : De la révision au contrôle*, LGDJ, 1970, p. 13 §21.

décisions puissent déployer des effets en dehors du contrôle de régularité. Lorsque le droit colombien analyse l'efficacité des jugements étrangers par le prisme de la souveraineté, il vise principalement le pouvoir juridictionnel qui apparaît comme une manifestation de la souveraineté étatique[1]. À ce titre, son exercice est uniquement réservé aux tribunaux nationaux[2].

399. L'exclusivité de ce pouvoir entraîne deux conséquences. La première est que seules les décisions rendues par les tribunaux nationaux peuvent, en principe, produire des effets dans le for, au moins de manière automatique[3]. Dans un arrêt du 13 juillet 1995, la Cour affirme à ce propos qu' « en Colombie la règle est de reconnaître la pleine efficacité aux seuls jugements prononcés par ses propres juges »[4]. La seconde conséquence est que seul le juge du for peut attribuer à la décision étrangère « ce qui lui manque »[5] pour avoir une efficacité normative dans l'État d'accueil.

400. Dans cette perspective, afin de protéger la souveraineté étatique, et plus spécifiquement le pouvoir juridictionnel, la jurisprudence formule un principe de non-efficacité des décisions étrangères. Dans le discours colombien, permettre aux jugements étrangers de parvenir à l'efficacité normative de la même manière qu'une décision rendue par les juges nationaux, c'est-à-dire en dehors de tout contrôle préalable de régularité, méconnaît le pouvoir juridictionnel des tribunaux nationaux ainsi que la souveraineté nationale[6]. La Cour colombienne affirme ainsi, dans l'arrêt *De Narvaez-Steuer* de 1978, que le respect de la souveraineté de l'État entraîne « de manière incontestable et naturelle le principe selon lequel les lois étrangères et les jugements des juges étrangers sont dépourvus de toute valeur juridique sur le territoire national »[7].

401. Le principe ainsi formulé est systématiquement rappelé par la jurisprudence. En effet, la quasi-totalité des arrêts de la Cour colombienne suit le même raisonnement en affirmant, d'abord, que l'efficacité des jugements étrangers concerne de manière immédiate les intérêts de l'État, qu'elle désigne par la notion de souveraineté étatique. La Cour confirme, ensuite, que le pouvoir juridictionnel est une manifestation de la souveraineté colombienne, et que son exercice sur le territoire national est exclusivement réservé aux juges colombiens. Ces deux affirmations conduisent la Cour à conclure, enfin, qu'aucun jugement

---

[1] CSJC. Cass. Ch. Civ., 19 juillet 1994, Magistrat Rapporteur : Carlos Jaramillo, Dossier n° 3894, CSJC. Cass. Ch. Civ., 9 août 2016, Magistrat Rapporteur : Álvaro Garcia, Dossier n° 01029-00, CSJC. Cass. Ch. Civ., 22 septembre 2017, Magistrat Rapporteur : Margarita Cabello, Dossier n° 00537-00.

[2] P. Cardona Galeano, *op.cit.*, p. 624, J. Guayacán Ortiz, « Comentarios en torno a algunos principios del proceso civil trasnacional », *in, XXXIe congreso colombiano de derecho procesal,* Universidad Libre, 1ère édition, 2010, p. 159.

[3] R. Balestra, *Derecho internacional privado*, LexisNexis, 3e éd., 2006, p. 336.

[4] CSJC. Cass. Ch. Civ., 2 février 1994, Magistrat Rapporteur : Héctor Marín, Dossier n° 4150. Dans le même sens *v.* : CSJC. Cass. Ch. Civ., 27 octobre 2015, Magistrat Rapporteur : Álvaro Fernando García Restrepo, Dossier n° 14776-2015, CSJC. Cass. Ch. Civ., 16 février 2016, Magistrat Rapporteur : Ariel Salazar, Dossier n° 1730-2016. En doctrine *v.* : P. Cardona Galeano, *op.cit.*, p. 624 §4.

[5] E. Bartin. Principes…*op.cit.*, p. 462 §182. Dans le même sens *v.* Ph. Théry, « Judex Gladii. Des juges et de la contrainte en territoire français », *in, Nouveaux juges, nouveaux pouvoirs ? Mélanges en l'honneur de Roger Perrot*, Dalloz, 1996, p. 481 §12.

[6] CSJC. Cass. Ch. Civ., 7 juin 1952, Magistrat Rapporteur : Alfonso Bonilla Gutiérrez.

[7] CSJC. Cass. Ch. Civ., 17 mai 1978 *De Narvaez-Steuer*, Magistrat Rapporteur : Humberto Murcia Ballén. Dans le même sens *v.* CSJC. Cass. Ch. Civ., 17 février 1988, Magistrat Rapporteur : José Alejandro Bonivento.

étranger ne peut être obligatoire, ni avoir de force exécutoire en Colombie sans l'intervention préalable des tribunaux du for. L'arrêt *Cruz* de 2017, rendu à propos de l'efficacité en Colombie d'une décision de divorce prononcée au Venezuela illustre cette position devenue classique de la Cour. Il confirme aussi la fermeté avec laquelle ce tribunal affirme la non-efficacité des jugements étrangers comme un principe en droit colombien. Dans cette décision, elle précise qu' « aucune décision étrangère ne mérite d'être respectée chez nous à l'exception de celles qui, remplissant les exigences légales prévues, ont obtenu leur efficacité de l'autorité judiciaire compétente [en Colombie] »[1].

402. Le principe ainsi formulé témoigne d'une sévérité excessive. Son actualité est pourtant réaffirmée sans cesse par la jurisprudence, et ce, même après l'entrée en vigueur de la Constitution de 1991[2] devant moderniser l'ordre juridique colombien. Ainsi, la Cour colombienne n'a pas hésité à fonder le refus d'efficacité des jugements étrangers sur l'article 116 de la Constitution qui énumère les titulaires investis du pouvoir d'administrer la justice en Colombie[3]. Puisque la décision étrangère n'a évidemment pas été rendue par l'une des autorités mentionnées dans cette disposition, elle ne peut pas bénéficier de l'efficacité normative dans le for, à moins que sa régularité internationale ne soit préalablement établie par un juge colombien. Ainsi, en 2013, la Cour a signalé que : « seuls les sujets qui ont été autorisés expressément par la loi peuvent administrer la justice en Colombie. Cette prémisse conduit au principe selon lequel, les jugements et les décisions équivalentes prononcées par des juges ou des autorités étrangères ne peuvent pas produire d'effet en Colombie »[4]. Ce même principe, avec la même fermeté, est confirmé lorsqu'il est question de l'efficacité des décisions dans le cadre d'une convention internationale. La Cour ne nuance aucunement sa position malgré l'intention simplificatrice qui a motivé l'adoption du traité[5].

403. En outre, le principe de non-efficacité des jugements étrangers comporte une particularité supplémentaire en droit colombien. En effet, parfois, il n'est pas uniquement fondé sur la souveraineté étatique, mais aussi sur le principe de territorialité des lois[6]. Selon la Cour colombienne, la territorialité des lois commande que l'efficacité des décisions soit cantonnée aux frontières de leur

---

[1] CSJC. Cass. Ch. Civ., 15 août 2017 *Cruz*, Magistrat Rapporteur : Luis Rico, Dossier n° 3591-00.

[2] CSJC. Cass. Ch. Civ. 18 décembre 2009, Magistrat Rapporteur : Pedro Munar. Dossier n° 0318, Cass. Ch. Civ. 3 mai 2011, Magistrat Rapporteur : Pedro Munar. Dossier n° 0331

[3] Parmi les autorités indiquées dans cette disposition l'on trouve notamment le Conseil Constitutionnel, la Cour suprême de justice, le Conseil d'État, le Conseil supérieur de l'ordre des avocats, le bureau du Procureur général, les tribunaux et les juges.

[4] CSJC. Cass. Ch. Civ., 28 novembre 2013, *préc.* La doctrine colombienne partage cette analyse *v.* P. Cardona Galeano, *op.cit.,* p. 619 §1.

[5] Le professeur colombien Jairo Parra Quijano considère néanmoins que l'intégration et l'uniformisation normative entre les pays de l'Amérique latine avancent progressivement vers l'atténuation des frontières. J. Parra Quijano, *Derecho procesal civil. Partie générale,* Temis, T. I, 1992, p. 425.

[6] J. Guayacán Ortiz, *op.cit.*, p. 159. Pour une illustration de la manière dont la Cour entend la territorialité notamment en matière de capacité et d'état civil *v.* CSJC. Cass. Ch. Civ., 3 août 1995, Magistrat Rapporteur : Héctor Marín, Dossier n° 4725.

ordre juridique d'origine[1]. Cette association entre souveraineté et territorialité est récurrente dans la jurisprudence colombienne. Or, elle n'est pas propre aux décisions relatives à la reconnaissance des décisions étrangères, ni à celles rendues par la Cour. En effet, on la retrouve également à propos de la loi applicable au contrat et dans les décisions du Conseil constitutionnel.

404. Daniel Rojas cite à ce propos un arrêt du Conseil constitutionnel colombien, rendu en 2000 à propos d'une *« acción de tutela »*[2]. En l'espèce, une banque panaméenne avait accordé au demandeur un prêt en dollars pour l'achat d'un bien immobilier d'habitation en Colombie. Quelques mois après, le débiteur n'a pas pu continuer à rembourser son prêt parce qu'en raison de certaines dispositions prises par le gouvernement colombien, le prix de la monnaie américaine a augmenté fortement par rapport au peso colombien. Le débiteur, dont le montant de la dette avait été multiplié par deux en moins de deux ans, a alors voulu bénéficier des mesures adoptées par le gouvernement pour affronter la crise survenue à cause de l'effondrement du système de financement immobilier. Il a ainsi proposé à la banque une dation en payement du bien d'habitation acheté avec le prêt, qui était grevé d'une hypothèque en faveur de la banque. Celle-ci a refusé la dation en payement proposée, car le décret n'organisait cette mesure que pour les opérations de crédit conclues avec les banques colombiennes.

405. C'est dans ce contexte que le débiteur a demandé au Conseil constitutionnel de déclarer que ses droits fondamentaux à l'égalité et à une procédure équitable avaient été méconnus et, pour faire cesser la violation, d'ordonner à la banque panaméenne d'accepter la dation en payement. Le Conseil constitutionnel suit le demandeur et déclare qu'il y a bien violation desdits droits fondamentaux. Pour justifier sa décision, il affirme que « le principe de territorialité de la loi est consubstantiel à la souveraineté qu'exercent les États sur leur territoire ; de cette manière chaque État peut édicter des normes et les faire appliquer dans les limites de son territoire »[3]. Après avoir analysé les dispositions colombiennes relatives à la loi applicable au contrat, le Conseil constitutionnel conclut que cette association entre souveraineté et territorialité[4]

---

[1] À propos de la territorialité, Bartin affirme que le jugement étranger est le produit de la souveraineté de l'État d'origine et que, de ce fait, il *« n'a et ne peut avoir, en principe, qu'une valeur et des effets territoriaux »*. E. Bartin, *Principes… op.cit.*, p. 462 §182. Pierre Mayer affirme à propos de la territorialité de la loi que : *« qualifier une loi de strictement (ou absolument, ou formellement) territoriale implique qu'elle est insusceptible d'être appliquée par les autorités, notamment judiciaires, de tout pays autre que celui dont elle émane »*. P. Mayer, « Le rôle du droit public en droit international privé », *RIDC* 1986.468. En droit latino-américain *v.* : L. Pereznieto Castro, « La tradition territorialiste en droit international privé dans les pays de l'Amérique latine », *RCADI*, 1985, Vol. 190, p. 275.

[2] Il s'agit du mécanisme juridique créé par l'article 86 de la Constitution et réglementé par le Décret n° 2591 du 19 novembre 1991 afin de garantir aux citoyens la protection de leurs droits fondamentaux reconnus par la Constitution. Toute personne a donc le droit de saisir n'importe quel juge de la République pour obtenir la cessation de toute violation des droits fondamentaux, ou pour que des mesures préventives soient adoptées lorsqu'il y a un risque imminent et certain de violation des droits fondamentaux.

[3] Cons. Constit., 4 septembre 2000 T-1157-2000, Magistrat Rapporteur : Antonio Barrera Carbonell, Dossier n° 317722. *v.* D. Rojas Tamayo, *Le droit applicable au contrat en droit international privé colombien : Étude comparée, critique et prospective*, thèse Paris II Panthéon-Assas, 2017, p. 20 §22.

[4] Leonel Pereznieto affirme que *« le territorialisme est également lié à l'exercice de la souveraineté de l'État et, en conséquence, tout ce qui peut se produire dans les limites de l'État exerçant sa souveraineté tombera sous la compétence du législateur et des*

conduit à affirmer que « la loi colombienne est applicable aux effets et à l'exécution des contrats conclus à l'étranger, mais qui portent sur des biens situés sur le territoire national »[1].

406. Selon Daniel Rojas, en dépit des variations de formulation au sein de la jurisprudence[2], cette association constitue, de manière générale, le fondement essentiel du droit international privé colombien. L'auteur ne manque pas de qualifier ce fondement comme peu approprié. Nous partageons l'analyse. L'interprétation stricte de la souveraineté et son association au principe de territorialité entretiennent et accentuent ledit décalage au détriment notamment de toute modernisation de la circulation des décisions étrangères.

407. Cependant, nous nous éloignons de la position de Daniel Rojas sur un point particulier. Il estime qu'au regard de l'état actuel de la jurisprudence colombienne, l'efficacité normative des décisions étrangères est une exception dont le principe n'a pas été clairement formulé. L'association que la Cour fait entre les notions de souveraineté et de territorialité explique, d'après lui, cette particularité colombienne[3]. Contrairement à l'auteur, nous estimons que l'imprécision avec laquelle la Cour emploie les notions de souveraineté et de territorialité n'empêche pas de voir combien le principe en droit colombien est la non-efficacité normative des jugements étrangers en dehors du contrôle judiciaire de régularité internationale. En effet, c'est parce que le tribunal étranger ne dispose pas du pouvoir juridictionnel en Colombie, que la Cour estime qu'il est contraire à la souveraineté colombienne, et à la territorialité des lois, d'accepter qu'une décision étrangère puisse déployer ses effets normatifs sans intervention préalable des juges nationaux. Ainsi formulé, ledit principe est difficilement conciliable avec la volonté de favoriser la circulation des jugements étrangers que le droit colombien semble parfois préconiser. Moderniser le droit colombien nécessite assurément de parvenir à une nouvelle formulation, plus souple, du principe de non-efficacité. En effet, si la souveraineté étatique, et, plus exactement l'exclusivité du pouvoir juridictionnel des juges nationaux s'oppose à ce que les décisions étrangères bénéficient d'une efficacité normative définitive sans contrôle préalable, elle ne s'oppose pas, par exemple, à ce que les décisions étrangères puissent déployer leurs effets de plein droit dans le for, pour autant qu'un contrôle *a posteriori* demeure possible[4].

408. Ce principe de non-efficacité invite à étudier l'exception qui l'accompagne, à savoir l'efficacité normative de la décision étrangère.

b. L'efficacité comme exception au principe de non-efficacité

409. La fermeté avec laquelle le droit colombien pose le principe de non-efficacité des décisions étrangères se retrouve également dans la formulation de

---

tribunaux de l'État ; c'est ainsi que l'on cherchera à établir un équilibre international dans l'application du droit ». L. Pereznieto, « La tradition territorialiste… », *op.cit.*, p. 321.

[1] Cons. Constit., 4 septembre 2000 T-1157-2000, *préc.*

[2] D. Rojas, *El derecho aplicable al contrato…*, *op.cit.*, p. 60 §34.

[3] D. Rojas Tamayo, «Las deficiencias del derecho internacional privado colombiano…», *op.cit.*, p. 873.

[4] *Idem.* p. 875.

son exception. À l'instar du principe, l'exception a aussi été formulée par la jurisprudence. Elle consiste dans l'acceptation de l'efficacité normative définitive du jugement dans le for. Ainsi, au sein du droit colombien, l'efficacité comporte un caractère exceptionnel qui, selon la doctrine, s'avère nécessaire afin de protéger et de défendre la souveraineté étatique. En effet, admettre l'efficacité d'un jugement étranger matérialise une intrusion étrangère dans la souveraineté nationale. Assurant l'intervention préalable des juges nationaux, le contrôle de régularité permet de valider cette intrusion[1].

410. S'agissant des raisons qui conduisent le droit colombien à porter une exception au principe de non-efficacité des jugements, la doctrine signale l'intérêt de faciliter la coopération[2] et la coordination des ordres juridiques, l'objectif d'assurer le respect de la sécurité juridique des particuliers[3], ainsi que celui de contribuer à la « réalisation d'une justice universelle »[4]. Au sein de la jurisprudence, la question a connu une évolution en deux étapes qui ne l'empêche pas de demeurer confuse et inaboutie.

411. La première étape correspond aux décisions de la Cour rendues dans les années 1970. À cette époque, l'exception se justifiait par l'intérêt de maintenir des relations pacifiques entre les États. La Cour affirmait ainsi qu'afin de « respecter les obligations nées du droit international », il est nécessaire de nuancer la force du principe de non-efficacité des jugements étrangers pour permettre aux « décisions juridictionnelles étrangères de parvenir à la force normative sur le territoire national et de pouvoir ainsi y être exécutées »[5]. Ce raisonnement de la Cour a été confirmé à plusieurs reprises par la suite. La Cour insiste sur le fait qu'interpréter le principe de non-efficacité comme « un principe inflexible », conduirait à faire naître des conflits de « grande envergure » entre les États[6]. Cette manière d'analyser l'efficacité des décisions étrangères correspond, de notre point de vue, à ce que Jèze qualifiait en droit français comme étant une vision de l'efficacité révélatrice d'un sentiment nationaliste de l'État d'accueil. En effet, en accordant à la réception des décisions étrangères un caractère exceptionnel, le for confirme qu'il n'a pas l'obligation de reconnaître le rapport de droit décidé à l'étranger, et invite les plaideurs à préférer soumettre leur litige aux tribunaux nationaux afin d'éviter toute complication ultérieure au stade de l'exécution. Selon Jèze, fondée sur la courtoisie internationale, cette vision s'avère ouvertement incompatible avec le devoir commun des ordres juridiques « d'assurer le meilleur fonctionnement possible du service de justice »[7].

---

[1] J. González Velásquez, *Institución procesal civil colombiana*, Librería y editorial siglo XXI, 1946, p. 265.

[2] J. Hoyos Muñoz, *La sentencia extranjera: El exequatur*, Señal editora, 1998, p. 11; J. González Campos et R. Recondo Porrúa, *Lecciones de derecho procesal civil internacional*, Publicaciones de la Universidad de Deusto, 1ère éd., 1981, p. 147 §36.

[3] J. Hoyos Muñoz, *op.cit.*, p. 11.

[4] A. Cock, *op.cit.*, p. 192.

[5] CSJC. Cass. Ch. Civ., 17 mai 1978 *De Narvaez-Steuer*, *préc.* Plus récemment voir *v.* : CSJC. Cass. Ch. Civ., 16 juin 2006, Magistrat Rapporteur : Edgardo Villamil, Dossier n° 0364. En doctrine, Marco Gerardo Monroy Cabra affirme que l'efficacité des jugements étrangers est acceptée *« pour des raisons de sécurité juridique et de convenance réciproque »*. M. Monroy Cabra, *Derecho internacional privado*, Temis, 4e éd, 1995, p. 245.

[6] CSJC. Cass. Ch. Civ., 10 octobre 1991, Magistrat Rapporteur : Rafael Romero.

[7] G. Jèze, « De la force de vérité légale attachée par la loi à l'acte juridictionnel », *RDP* 1913.437, spéc., p. 502.

412. La seconde étape de cette évolution est le résultat de l'internationalisation progressive des relations privées que la Colombie a connue à la suite, entre autres, de l'ouverture économique entreprise par la Constitution en 1991. Cette étape se caractérise par l'atténuation des arguments tirés du droit international public pour justifier la formulation d'une exception au principe de non-efficacité des jugements étrangers. En ce sens, les décisions rendues à partir des années 1990 révèlent deux éléments. D'une part, les complications pratiques de la formulation stricte du principe s'accentuaient du fait que les décisions étrangères invoquées aux fins de leur efficacité en Colombie devenaient plus nombreuses. D'autre part, la Cour commence à prendre en considération les intérêts des particuliers pour justifier l'exception. Ainsi, dans un arrêt du 13 juillet 1995, elle a affirmé que le principe de non-efficacité des décisions étrangères « ne peut pas être absolu, [puisque] les relations entre États, aussi bien que les besoins d'ordre pratique, s'opposent à la méconnaissance des situations juridiques qui, en raison de l'inévitable circulation des personnes, ont été créées à l'étranger, ou ont été l'objet d'un prononcé judiciaire à l'étranger »[1].

413. Dans le même sens, un arrêt rendu le 15 août 2007 à propos de l'efficacité en Colombie du divorce de deux ressortissants de nationalité colombienne prononcé par un tribunal de Barcelone, a permis à la Cour de reconnaître que « l'augmentation progressive des relations entre États ainsi qu'entre leurs citoyens exige que la rigidité de ce principe [de non-efficacité des jugements étrangers] soit nuancée afin de permettre aux jugements étrangers d'être accueillis dans l'ordre juridique interne »[2]. Elle continue ensuite en affirmant que la nouvelle dynamique des relations privées, toujours plus rapide, ainsi que leur internationalisation de plus en plus courante « prouvent la nécessité d'adopter une nouvelle conception de la souveraineté qui soit plus cohérente avec les nouvelles valeurs et formes d'organisation politique et économique actuelles »[3]. Ce dernier point est confirmé dans l'arrêt *Cruz* rendu à la même date. Dans ce dernier, la Cour affirme que « plusieurs facteurs, notamment le renforcement des relations entre les Nations, le flux du trafic mondial des biens et des services, ainsi que d'autres phénomènes sociaux d'intégration » [4], incitent le droit international privé colombien à adopter une nouvelle conception plus flexible de la notion de souveraineté.

414. Selon nous, en justifiant la reconnaissance et l'exécution des décisions étrangères par des raisons d'ordre pratique ou relatives à l'efficacité de la justice[5], la Cour colombienne fait, en effet, ses premiers pas vers une nouvelle conception de la protection des intérêts étatiques comme finalité sous-jacente du contrôle de

---

[1] CSJC. Cass. Ch. Civ., 13 juillet 1995, Magistrat Rapporteur : Rafael Romero, Dossier n° 4787. Dans le même sens *v.* : CSJC. Cass. Ch. Civ., 2 juillet 1992, Magistrat Rapporteur : Pedro Lafont, Dossier n° 3459.

[2] CSJC. Cass. Ch. Civ., 15 août 2007, Magistrat Rapporteur : Edgardo Villamil, Dossier n° 00857-00.

[3] *Idem.*

[4] CSJC. Cass. Ch. Civ., 15 août 2017 *Cruz, préc.* Dans le même sens *v.* : CSJC. Cass. Ch. Civ., 26 août 2016, Magistrat Rapporteur : Luis Rico, Dossier n° 2013-02919-00.

[5] CSJC. Cass. Ch. Civ., 12 décembre 1995, Magistrat Rapporteur : Javier Tamayo Jaramillo, Dossier n° 5098. *v.* CSJC. Cass. Ch. Civ., 27 juin 2003, Magistrat Rapporteur : José Fernando Ramírez, Dossier n° 0148-00.

régularité. Cependant, en dépit des exemples que nous avons apportés, le fait est que ce renouveau est loin d'être achevé. Le principe de non-efficacité demeure strict et l'efficacité conserve un caractère exceptionnel en droit colombien. Ainsi, dans un arrêt récent, rendu en 2017 à propos de l'efficacité d'une décision américaine de divorce, la Cour revient partiellement sur la position qui était la sienne dans la jurisprudence des années 1970. Afin de justifier l'efficacité de la décision américaine, la Cour explique que la coopération internationale, et, surtout, la réciprocité entre États, conduisent le droit colombien à accepter que les jugements étrangers produisent de manière exceptionnelle des effets dans le for[1].

415. Force est d'observer qu'au sein du droit colombien, la mise en œuvre du contrôle de régularité est une manière d'autoriser l'intrusion étrangère dans la souveraineté nationale[2]. En droit français, en revanche, la protection des intérêts étatiques comme finalité sous-jacente du contrôle de régularité est différemment appréhendée.

2. *Au sein du droit français : une logique de coordination*

416. Le droit français a toujours admis que l'efficacité des jugements étrangers concerne la souveraineté étatique, c'est-à-dire les intérêts de l'État français. Cependant, la manière de comprendre ces intérêts et d'assurer leur protection au moyen de l'instrument d'efficacité, témoigne d'une évolution. En effet, au XIXe siècle, l'emprise reconnue de la souveraineté étatique au sein de la reconnaissance et de l'exécution des décisions étrangères était remarquable. Elle était clairement comparable à celle qui prévaut encore en droit colombien aujourd'hui. La conception stricte de la souveraineté jadis privilégiée a conduit le droit français à se montrer réticent à l'efficacité des jugements en retenant, par exemple, la théorie du *« juge naturel »*[3] et en proclamant la non-efficacité des décisions étrangères prononcées à l'égard d'un plaideur de nationalité française[4]. À l'image du droit colombien, la raison de cette réserve était de garantir la protection du pouvoir juridictionnel du juge du for en tant que manifestation de la souveraineté nationale[5]. Pour autant, si la similarité entre les deux droits étudiés est indéniable à ce propos, force est de constater que contrairement au droit français, le droit colombien n'a jamais utilisé l'argument de la protection des intérêts étatiques pour attribuer à ses tribunaux la compétence exclusive pour connaître de tout litige intéressant un ressortissant colombien.

---

[1] CSJC. Cass. Ch. Civ., 21 avril 2017, Magistrat Rapporteur: Ariel Salazar, Dossier n° 01679-00. Remarquons que la Cour explique ce qu'elle entend par la réciprocité mais n'en fait pas de même avec la coopération internationale.

[2] H. Devis Echandía, *Nociones generales de derecho procesal civil*, Temis, 2e éd., 2009, p. 624 et s.

[3] J. Hudault, « Sens et portée de la compétence du juge naturel dans l'ancien droit français », *RCDIP* 1972.27.

[4] D. Holleaux, *Compétence du juge étranger… op.cit.*, p. 207 §206. *v.* B. Ancel et Yves Lequette, note sous Cass. 1ère civ., 19 avril 1819 *Parker*, *GA* n° 2, p. 15 §4 ; J. Hudault, *op.cit.*, p. 32 et s.

[5] Holleaux explique ainsi que : *« Seul le souverain, seul le juge naturel, peut condamner le sujet, et comme il appartient à chaque souverain de faire respecter son autorité, celui dont un sujet aurait été condamné par un juge étranger refusera de reconnaître la décision rendue »*. D. Holleaux, *Compétence du juge étranger… op.cit.*, p. 204 §202.

417. L'adoption de la révision au fond de l'affaire a mis fin à l'application de la théorie du juge naturel. Elle a également confirmé que l'efficacité des jugements étrangers répondait à l'idée de protéger la souveraineté étatique. Sévérine Gressot-Leger affirme à ce propos que lorsque la France pratiquait la révision au fond de l'affaire, « l'idée même de faire produire des effets en France à une décision rendue par un juge étranger portait atteinte à la souveraineté de la France »[1]. La similarité avec le droit colombien est à nouveau très claire. En effet, afin de préserver la souveraineté étatique, l'arrêt *Parker* a affirmé un principe de non-efficacité des décisions étrangères[2] identique à celui que nous avons vu en droit colombien. Il avait la particularité d'être général, concernant l'ensemble des décisions étrangères dont l'efficacité était cherchée en France, indépendamment de la nationalité française des plaideurs. La révision au fond était effectuée de manière préalable par les juges nationaux[3] pour éviter toute méconnaissance de la souveraineté nationale[4].

418. Le changement d'instrument d'efficacité opéré par l'arrêt *Munzer* de 1964, fait de la protection des intérêts étatiques l'une des finalités du contrôle de régularité. Dans cet arrêt, la Cour de cassation affirme que la vérification des conditions de régularité suffit pour assurer « la protection de l'ordre juridique et des intérêts français »[5]. À l'instar de Sévérine Gressot-Leger, nous estimons que lorsque la Cour évoque la protection des intérêts étatiques, sont visées, entre autres, la bonne administration de la justice, la protection des parties faibles et la cohésion de l'ordre juridique d'accueil[6]. Il existe à cet égard, une différence entre les droits français et colombien. Alors qu'au sein de ce dernier le contrôle se concentre sur la protection de l'exclusivité des tribunaux nationaux pour administrer la justice, en droit français les intérêts étatiques dont la protection est cherchée, sont plus variés. Cette variété a permis au droit français d'affirmer que la simplification de l'efficacité des décisions constitue, en effet, l'un des intérêts étatiques que le contrôle de régularité doit protéger.

---

[1] S. Gressot-Leger, « Faut-il supprimer le contrôle de la loi appliquée par le juge étranger lors de l'instance en exequatur ? », *JDI* 2003.774.

[2] À ce propos *v.* D. Holleaux, « Remarques sur l'évolution de la jurisprudence en matière de reconnaissance des décisions étrangères d'état et de capacité », *TCFDIP*, 1952.183.

[3] Mohand Isaad cite l'exemple de deux arrêts illustrant cette exigence d'intervention préalable. Il s'agit d'un arrêt de la Cour d'appel de Nîmes du 14 août 1839, et d'un arrêt de la Cour d'appel de Bordeaux rendu le 22 janvier 1840. Dans les deux cas, l'attendu prononcé indique que : *« Attendu qu'il est de droit public en France qu'aucune décision judiciaire émanée des tribunaux étrangers ne peut recevoir exécution dans le royaume qu'autant que les tribunaux français se la sont appropriée, en y apposant le mandement de justice […] ».* M. Isaad, *Le jugement étranger devant le juge de l'exequatur : De la révision au contrôle,* LGDJ, 1970, p. 33 §46.

[4] Bertrand Ancel et Yves Lequette considèrent que la révision au fond entraînait *« un abus de souveraineté […] cet abus consiste dans l'exportation des exigences du droit international privé français vers toute autre juridiction étrangère appelée à rendre une décision dont il aurait quelque utilité à tirer des effets en France ».* B. Ancel et Y. Lequette, *op.cit.*, p. 21 §3.

[5] Cass. 1ère civ., 7 janvier 1964 *Munzer, préc.* Dominique Bureau et Horatia Muir Watt estiment que le contrôle de droit commun est affecté d'une certaine ambiguïté quant à cette finalité. Selon les auteurs, si l'on suit l'arrêt *Munzer* le contrôle est engagé avec *« la protection des intérêts français et de l'ordre juridique français »*, mais cette affirmation peut s'avérer difficile à comprendre au regard de certaines conditions de régularité comme celle tenant à la compétence du juge étranger lorsque l'affaire ne concerne pas un *« intérêt absolument impérieux de l'État du for, justifiant qu'il se réserve à la compétence exclusive de ses propres tribunaux ».* D. Bureau et H. Muir Watt, *op.cit.*, p. 325 §276.

[6] S. Gressot-Leger, « Faut-il supprimer le contrôle… », *op.cit.*, p. 786.

419. L'admission de l'efficacité de plein droit des jugements illustre cette nouvelle appréhension des intérêts étatiques. En admettant que l'intervention préalable des juges du for n'est pas toujours nécessaire aux fins de l'efficacité du jugement étranger, le droit français admet que cette efficacité facilitée ne remet pas en cause les intérêts étatiques. Au contraire, elle témoigne de l'intérêt de l'État d'accueil pour parvenir à simplifier la réception desdites décisions. En conséquence de cette manière d'interpréter les intérêts étatiques, l'efficacité a perdu le caractère exceptionnel que l'arrêt *Parker* lui avait adjoint, et que nous retrouvons encore en droit colombien. Remarquons à ce propos que cette lecture des intérêts étatiques ne se traduit pas par l'acceptation généralisée de toute décision étrangère. Si l'objectif de faciliter et de favoriser l'efficacité des décisions étrangères figure parmi les intérêts étatiques que le contrôle de régularité assure, cette protection s'inscrit dans le prolongement de la finalité objective de l'instrument d'efficacité. Autrement dit, l'efficacité qu'il convient de simplifier et de favoriser est celle des décisions étrangères internationalement régulières.

420. La différence est claire par rapport au droit colombien où le caractère exceptionnel de l'efficacité transforme le contrôle de régularité en un instrument exclusivement préventif. L'intervention préalable du juge est la seule manière d'éviter la méconnaissance de la souveraineté étatique. En droit français, le contrôle de régularité agit de manière préventive, mais aussi de manière corrective ou confirmative. Il est préventif lorsqu'il est question de l'efficacité des jugements dont l'efficacité n'est pas susceptible de se produire de plein droit, comme dans le cas où la force exécutoire est invoquée. En revanche, lorsque l'efficacité de plein droit est admise, il peut être correctif ou confirmatif. Correctif lorsqu'il conduit à l'exclusion d'une décision dont l'irrégularité internationale est détectée alors qu'elle déployait éventuellement déjà certains effets *de plano*. Confirmatif lorsqu'il conduit à réaffirmer la régularité internationale d'une décision qui déployait ses effets grâce à l'efficacité de plein droit. Dans cette dernière hypothèse, la confirmation de la régularité accorde à la décision une efficacité définitive et incontestable.

421. Cette même interprétation des intérêts de l'État d'accueil s'applique aussi en droit européen. La formulation des règles uniformes de compétence, ainsi que l'admission d'une efficacité de plein droit qui s'élargit progressivement, illustrent les importantes concessions que réalisent les différents États membres[1]. Retenir une interprétation stricte des intérêts étatiques, comme celle du droit colombien, serait incompatible avec la dynamique de coopération et d'harmonisation qui caractérise l'Union européenne. La confiance mutuelle qui doit guider les rapports entre les États membres s'oppose également à ce que l'efficacité des jugements étrangers soit perçue comme une violation systématique et inacceptable de la souveraineté de chacun. En outre, la formulation des règles communes de compétence directe confirme le sentiment d'appartenance des États membres à un espace judiciaire commun. Ceci explique qu'au sein de

---

[1] M-L Niboyet et G. de Geouffre de la Pradelle, *op.cit.*, p. 531 § 774.

l'Union l'efficacité ne puisse pas présenter un caractère exceptionnel comme en Colombie[1].

422. En tant que finalité commune du contrôle de régularité, la protection des intérêts étatiques peut être appréhendée différemment en fonction des intérêts que l'État d'accueil entend protéger. Elle peut alors plus ou moins favoriser la coordination des pouvoirs juridictionnels et l'*« entraide judiciaire »* internationale[2]. En dépit des divergences qui existent à ce propos entre les droits français et colombien, l'étude des deux droits confirme qu'il s'agit là d'une finalité nécessaire de l'instrument d'efficacité.

B. *Une finalité nécessaire*

423. En tant que finalité sous-jacente du contrôle de régularité, la protection des intérêts étatiques peut être différemment interprétée. Les droits français et colombien l'illustrent. L'interprétation du droit colombien est stricte, car les intérêts étatiques que le contrôle est censé protéger concernent principalement l'exclusivité des tribunaux nationaux pour administrer la justice en Colombie. Le résultat de cette interprétation est que l'efficacité des décisions étrangères comporte un caractère exceptionnel. Le droit français, en revanche, retient une interprétation plus souple de cette finalité. Elle conçoit plus largement les intérêts étatiques que le contrôle doit protéger. Figurent parmi eux la protection de la cohésion de l'ordre juridique du for, l'amélioration de la coopération et de l'entraide judiciaire internationales, la consolidation de l'harmonie internationale des solutions et de la circulation simplifiée des décisions étrangères.

424. Au regard de cette divergence d'appréhension, cette finalité du contrôle peut conduire à entraver ou à faciliter l'efficacité des décisions étrangères. Néanmoins, le fait qu'elle puisse, le cas échéant, entraver la circulation des jugements ne doit pas se traduire par une possible remise en cause : cette finalité demeure nécessaire pour le contrôle de régularité. En effet, aussi longtemps que l'État d'accueil cherchera à assurer la cohésion de son ordre juridique, la protection de la sécurité juridique de ses citoyens, ou encore, le respect du pouvoir juridictionnel de ses tribunaux lorsqu'ils bénéficient d'une compétence exclusive, la protection des intérêts étatiques sera une finalité nécessaire de l'instrument d'efficacité.

425. Cette nécessité se comprend aisément dès lors qu'en permettant l'efficacité d'une décision étrangère le for l'intègre à son ordre juridique[3]. La cour d'appel de Paris affirme à ce propos, dans un arrêt rendu le 9 mars 1995, que la procédure en efficacité « n'est qu'un préalable à l'exécution, destiné à faire entrer la décision étrangère dans l'ordre juridique français »[4]. La même considération est faite par la Cour colombienne qui affirme, de manière systématique, que la vérification des conditions de régularité est nécessaire pour protéger l'ordre

[1] S. Bollée, « Les effets des jugements étrangers », *in, Les nouvelles formes de coordination des justices étatiques*, sous la dir. d'E. Pataut, S. Bollée, L. Cadet et E. Jeuland, IRJS éditions, 2013, p. 165 §11.

[2] N. Blanc, « Mondialisation du rôle du juge français : quels enjeux ? », *D.* 2018.840.

[3] S. Gressot-Leger, « Faut-il supprimer le contrôle... », *op.cit.,* p. 787.

[4] Paris, 1ère Ch. 9 mars 1995, RCDIP 1995. 735 note H. Muir Watt.

juridique du for « contre les irrégularités internationales dont les jugements étrangers peuvent être atteints »[1]. Supprimer cette finalité du contrôle impliquerait, pour l'État d'accueil, l'effacement de toute distinction substantielle et procédurale entre les décisions étrangères et les décisions nationales. Or, cette banalisation de l'extranéité du jugement serait accompagnée, assurément, de la disparition de l'instrument d'efficacité lui-même. En effet, quelle serait l'utilité de conserver un contrôle lorsque l'origine étrangère du jugement n'entraîne aucune différence quant au traitement de son efficacité internationale ? Une telle possibilité demeure pour l'instant difficile à imaginer. L'existence d'une pluralité de cultures juridiques justifie le maintien du contrôle de régularité comme instrument d'efficacité[2].

426. La Convention de La Haye de 2019 témoigne également de la nécessité de conserver cette finalité protectrice du contrôle. En choisissant le contrôle de régularité comme instrument d'efficacité, elle formule des motifs communs de refus pour garantir aux États signataires que les décisions étrangères qui vont circuler sous son emprise ne se heurtent pas à leurs intérêts. Ainsi, parmi les motifs de refus d'efficacité figure, entre autres, le fait que la décision soit « manifestement incompatible avec l'ordre public de l'État requis, notamment [...] en cas d'atteinte à la sécurité ou à la souveraineté de cet État »[3]. Outre cette condition de régularité, la Convention accorde une importance particulière à la vérification de la régularité de la compétence indirecte du juge d'origine, exigeant la réalisation d'au moins l'un des chefs uniformes formulés à l'article 5. Ceci confirme, d'une part, que même dans un cadre de concertation multilatérale, comme celui de La Haye, l'efficacité des décisions étrangères demeure indissociable des intérêts étatiques et, d'autre part, que le contrôle de régularité est le moyen le plus opportun pour assurer aux États signataires la protection de leurs intérêts.

427. Le droit européen confirme également que la protection des intérêts étatiques est une finalité nécessaire du contrôle de régularité. Alors que l'Union suit une politique d'allégement progressif de la circulation des décisions intra-européennes, l'état de l'uniformisation législative européenne ne se traduit aucunement par une parfaite et complète fongibilité des ordres juridiques des États membres[4]. Par conséquent, il demeure possible que la réception de

---

[1] CSJC. Cass. Ch. Civ., 19 juillet 1994, Magistrat Rapporteur : Carlos Esteban Jaramillo, Dossier n° 3894. Dans le même sens *v.* : CSJC. Cass. Ch. Civ., 27 octobre 2015, Magistrat Rapporteur : Álvaro Fernando García Restrepo, Dossier n° 7641.

[2] L'exemple de la répudiation musulmane est une illustration très claire de ce conflit des cultures et de l'incompatibilité qu'elle suscite entre les ordres juridiques. Abondamment traitée en droit français, la question ne s'est pas encore posée devant les juridictions colombiennes. Pour une vision de l'évolution de la question en droit français *v.* : Cass. 1ère civ., 3 novembre 1983 *Rohbi* et 17 février 2004, *GA* n° 63-64, p. 574 ; L. Gannagé, « Les méthodes du droit international privé à l'épreuve des conflits des cultures », *RCADI*, 2013, Vol. 357, p. 227 ; Y. Lequette, « Les mutations du droit international privé : vers un changement de paradigme ?, *RCADI*, 2017, Vol. 387, p. 13.

[3] Article 7.1.c, Convention de La Haye du 2 juillet 2019, *préc.*

[4] Pascal des Vareilles-Sommières affirme à ce propos que *« la coordination des ordres juridiques nationaux par le droit international privé européen a encore de beaux jours devant elle [...] »*. P. de Vareilles-Sommières « Conclusions d'un internationaliste », *in, Les nouvelles formes de coordination des justices étatiques...*, *op.cit*, p. 207.

certaines décisions puisse se heurter aux intérêts étatiques. Le contrôle de la régularité internationale se révèle alors utile afin d'écarter l'efficacité de ces jugements.

428. Ainsi, au-delà des différentes interprétations possibles, la protection des intérêts étatiques du for constitue une finalité nécessaire du contrôle de régularité, en ce qu'elle justifie son adoption et son maintien en tant qu'instrument d'efficacité. Tant que l'extranéité de la décision sera un facteur pris en considération pour déterminer la manière dont elle peut déployer ses effets dans le for, cette finalité sous-jacente sera nécessaire. L'établissement de la régularité internationale du jugement permet de répondre à cette nécessité, mais également de parvenir à la protection des intérêts des particuliers concernés par la décision étrangère. Pour cette seconde finalité sous-jacente, les contrastes entre les deux droits étudiés sont, là encore, saisissants.

§ 2. La protection des intérêts privés des particuliers

429. Le jugement étranger dont l'efficacité normative est invoquée dans le for, apporte une solution à un contentieux d'intérêts privés que les parties ne peuvent pas ignorer, et à laquelle elles se sont légitimement fiées. La spécificité du contentieux initial fait que le jugement prononcé comporte un caractère *« exclusif »* [1]. Sa seule existence plaide, selon Pierre Mayer, Vincent Heuzé et Benjamin Remy, pour que sa reconnaissance et son exécution soient davantage facilitées dans le for[2]. Conséquence de cette exclusivité de la décision, l'admission ou le refus de son efficacité intéresse directement ceux qui sont concernés par le rapport de droit qu'il contient[3]. Ainsi, lorsque le contrôle permet l'établissement de la régularité internationale du jugement étranger, il permet aussi de mettre fin au litige et d'apporter une réponse définitive à celui qui invoque l'efficacité normative du jugement[4]. Lorsque le contrôle débouche sur l'irrégularité internationale de la décision, il permet à celui qui s'oppose à l'efficacité de se libérer d'un « jugement rendu par un tribunal ne remplissant pas les conditions d'indépendance et d'impartialité ou qui, plus généralement, n'aurait pas respecté

---

[1] En s'appuyant sur la pensée de Pierre Mayer, Sylvain Bollée explique le caractère exclusif de la décision étrangère en affirmant, que *« [...] par hypothèse, on ne peut rencontrer une décision que si elle a été spécialement édictée, ce qui suppose qu'un organe étatique ait été saisi et ait élaboré une norme « sur mesure » pour régir la situation concrète [...] »*. S. Bollée, « L'extension du domaine de la méthode de reconnaissance unilatérale », *RCDIP* 2007.307 spéc. p. 316.

[2] P. Mayer, V. Heuzé et B. Remy, *op.cit.*, p. 269 §378. À ce propos, Bernard Audit et Louis d'Avout affirment qu' *« il est souhaitable de reconnaître ces décisions [étrangères] pour que les litiges aient une fin »*. B. Audit et L. d'Avout, *op.cit.*, p. 456 §540.

[3] Lorsque nous parlons des sujets concernés par le jugement étranger, nous faisons référence à ceux qui ont été parties lors de la procédure directe, ainsi qu'à tous ceux pour qui le rapport de droit décidé entraîne des conséquences juridiques. Autrement dit, il s'agit de tous ceux qui disposent d'un intérêt légitime pour demander la reconnaissance ou l'exécution de la décision dans le for. À ce propos, l'article 31 du Code de procédure civile français dispose : *« L'action est ouverte à tous ceux qui ont un intérêt légitime au succès ou au rejet d'une prétention, sous réserve des cas dans lesquels la loi attribue le droit d'agir aux seules personnes qu'elle qualifie pour élever ou combattre une prétention, ou pour défendre un intérêt déterminé »*. En droit colombien, l'article 607 du NCGP dispose que *« [...] l'assignation en exequatur d'un jugement étranger pour qu'il produise d'effets en Colombie est présentée par l'intéressé auprès de la chambre civile de la Cour suprême de justice [...] »*. En doctrine *v.* : B. Audit et L. d'Avout, *op.cit.*, p. 488 §591 ; O. Cachard, *Droit international privé*, Larcier, 4e éd, 2015, p. 330 §651 et s.

[4] Ph. Théry, *Pourvoir juridictionnel et compétence... op.cit.*, p. 592 §610.

les droits de la défense » [1]. Le refus de l'efficacité est, selon Pascal de Vareilles-Sommières, le moyen pour l'ordre juridique d'accueil, de ne pas devenir complice d'une méconnaissance des garanties essentielles de sa conception de la justice[2].

430. Constituant la seconde finalité sous-jacente de l'instrument commun d'efficacité, ce second volet protecteur n'est pas reconnu avec la même clarté en droit français et en droit colombien (A). Cependant, le fait que cette finalité partage un fondement commun dans les deux droits peut, assurément, aider à sa consolidation en droit colombien, et rapprocher ainsi les deux droits (B).

A. *La reconnaissance de la finalité*

431. Affirmer que l'efficacité des décisions étrangères concerne les intérêts privés des parties[3] et que, de ce fait, le contrôle de régularité garantit leur protection, relève de l'évidence en droit français. La doctrine française estime que l'efficacité normative doit être accordée « dès lors qu'ils [les jugements] ont été de nature à engendrer des prévisions légitimes chez leurs destinataires »[4]. Favoriser l'efficacité des décisions étrangères dans le for est un moyen de garantir le droit des citoyens d'accéder à la justice[5] et de « respecter autant que possible la juste attente des parties qui se sont fiées au jugement étranger comme à un droit acquis »[6]. Or, une telle analyse n'est pas aussi évidente en droit colombien. La rigidité avec laquelle ce droit entend la protection des intérêts étatiques, et qui, tel que nous l'avons démontré, l'a conduit à assortir l'efficacité d'un caractère exceptionnel, semble reléguer en arrière-plan la protection des intérêts des particuliers. La doctrine et la jurisprudence colombiennes font preuve à son égard d'une réticence contestable.

432. La protection des intérêts privés des parties comme finalité du contrôle de régularité est ainsi à l'origine d'un contraste entre les deux droits étudiés, celui entre la nette reconnaissance de cette finalité en droit français (1) et la réticence colombienne (2).

1. *La nette reconnaissance en droit français*

433. L'importance que le droit français reconnaît à la protection des intérêts des particuliers en tant que finalité du contrôle de régularité peut s'apprécier, notamment, à trois points de vue.

434. Le premier concerne l'interprétation des conditions de régularité. Qu'il s'agisse des conditions prévues par le contrôle de droit commun, de droit européen, ou de droit conventionnel, leur interprétation doit toujours répondre à l'intérêt d'assurer « le respect des prévisions des justiciables désormais

[1] M. López de Tejada, *La disparition de l'exequatur… op.cit.*, p. 49 §58.
[2] P. de Vareilles-Sommières, « Exception d'ordre public… », *op.cit.*, p. 228 §69.
[3] S. Fulli-Lemaire, *op.cit.*, p. 90 §118.
[4] D. Bureau et H. Muir Watt, *op.cit.*, p. 324 §276.
[5] R. Viñas Farré, «El reconocimiento y la ejecución de decisiones extranjeras en Latinoamérica», *in La idea de América Latina en el pensamiento ius internacionalista del siglo XXI*, Institución Fernando el católico ediciones, 2010, p. 174
[6] D. Holleaux, *Compétence du juge étranger… op.cit.*, p. 407.

destinataires d'une norme individuelle et concrète »[1]. Cette indication interprétative confirme combien les divergences qui peuvent exister quant au fond de la décision en cause ne sont pas de nature à compromettre son efficacité dans le for. De plus, en droit européen, l'interprétation des conditions de régularité bénéficie d'un allégement particulièrement sensible et progressif du fait que tout le régime de reconnaissance et d'exécution des décisions cherche à assurer la liberté de circulation que l'Union garantit, spécialement celle des personnes[2].

435. Le second point de vue qui permet de saisir ladite importance se situe dans l'admission en droit commun, comme en droit européen, d'une efficacité de plein droit de certains jugements. Ainsi, et nous aurons l'occasion de l'étudier plus en détail ultérieurement[3], l'admission d'une telle efficacité entraîne une réduction proportionnelle des hypothèses dans lesquelles la mise en œuvre du contrôle de régularité est effectuée. Or, l'ouverture de cette voie d'efficacité, et l'affinement corrélatif du champ d'application du contrôle de régularité répondent, à notre sens, à l'intérêt de favoriser la circulation des décisions, et donc de permettre aux parties de pouvoir bénéficier plus facilement dans le for du rapport de droit décidé à l'étranger. Pensons à la situation d'un ressortissant français dont le divorce a été prononcé dans un État membre ou dans un État tiers. Grâce à l'efficacité de plein droit, il pourra, par exemple, obtenir l'inscription du relâchement du lien conjugal sur les actes de l'état civil français, ou encore, contracter à nouveau un mariage sans qu'il soit nécessaire pour lui d'initier une procédure judicaire préalable aux fins de l'efficacité du divorce. Les avantages que cette efficacité représente pour la protection des intérêts des parties sont flagrants lorsque nous voyons que, confronté à la même situation, un ressortissant colombien doit intenter une action en efficacité devant le tribunal colombien avant de pouvoir tirer un quelconque effet normatif de la décision judiciaire de divorce dans le for. Le défaut d'efficacité de plein droit représente, pour l'intéressé, la nécessité d'assumer toutes les charges propres à une procédure judiciaire avec la possibilité, en plus, que le tribunal du pays d'accueil ne lui accorde aucune efficacité.

436. En outre, le fait que l'efficacité accordée de plein droit demeure susceptible de contestation ne compromet pas les avantages qu'elle représente pour les intérêts des particuliers. À ce propos, il apparaît que dans un grand nombre de cas, la régularité internationale du jugement ne soulève aucun litige entre les parties : l'efficacité n'est donc pas contestée[4]. Ainsi, en acceptant une efficacité de plein droit, et en limitant les hypothèses dans lesquelles le contrôle de régularité doit intervenir, le droit français montre combien il cherche à

[1] D. Bureau et H. Muir Watt, *op.cit.*, p. 271 §233-1.

[2] A. Panet, « La reconnaissance des situations de statut personnel constituées au sein des États tiers », *in, Les frontières du droit international privé européen,* Bruylant, 2015, p. 684 et s.

[3] *v. infra* p. 349.

[4] M-L Niboyet, L. Sinopoli et F. de Bérard, « 1390 décisions inédites de 1999 à 2001 sur l'exequatur en France des jugements étrangers », *Gaz.Pal.* 2004.28.

simplifier l'efficacité des décisions, et ce afin d'assurer la protection des intérêts des particuliers.

437. Enfin, le troisième point de vue qui permet d'apprécier toute la clarté avec laquelle le droit français reconnaît la protection des intérêts des particuliers comme finalité sous-jacente de l'instrument d'efficacité se trouve dans la possibilité d'écarter un jugement pour cause d'irrégularité. En effet, nous avons affirmé que le caractère essentiel de la régularité internationale entraîne, pour le juge du contrôle, le devoir de sanctionner la méconnaissance des conditions de régularité en écartant l'efficacité de la décision[1]. Puisque ces conditions assurent le respect de certaines garanties minimales des plaideurs qui ont participé à l'instance directe, ou des intéressés qui auraient dû y participer, le refus d'efficacité pour cause d'irrégularité internationale est un moyen de protéger les intérêts de la partie à l'encontre de laquelle le jugement irrégulier est désormais allégué.

438. En outre, l'appréciation de la régularité internationale de la décision, notamment de sa conformité à l'ordre public international, témoigne aussi de l'intention de protéger les intérêts des particuliers. Le droit français affirme, depuis longtemps, que cette appréciation s'effectue au regard de l'effet atténué de l'ordre public. Cette manifestation de l'exception d'ordre public permet au droit français de concilier le respect des « principes de justice universelle considérés dans l'opinion française comme doués de valeur universelle »[2] avec les intérêts des parties, notamment leur sécurité juridique[3]. Selon Bertrand Ancel et Yves Lequette, l'effet atténué de l'ordre public consiste dans « une modération des exigences de l'ordre public international lorsqu'il s'agit de laisser une situation constituée à l'étranger produire effet en France »[4]. Grâce à cette modération, il est possible qu'une décision qui n'aurait pas pu être rendue dans les mêmes termes en France, produise ses effets normatifs dans le for, pour autant qu'elle ait été valablement prononcée à l'étranger, et qu'elle ne soit pas « fatalement [...] contraire à cet ordre public »[5]. Autrement dit, cette manière d'apprécier la décision peut permettre aux parties d'obtenir l'efficacité de leur rapport de droit en France. Selon la doctrine, ce choix du droit français se justifie par le fait qu'en matière d'efficacité des jugements étrangers, il « est beaucoup plus difficile de nier une réalité existante que de refuser de lui donner naissance »[6].

439. Que l'appréciation de la conformité de la décision étrangère se fasse selon l'ordre public atténué permet au contrôle de mieux répondre à l'extranéité de la décision en cause. Cet allégement dans l'appréciation est révélateur de l'intérêt du droit français de favoriser l'efficacité des décisions dans le for. Le cas

---

[1] *v. supra* p. 144.

[2] Cass. 1ère civ., 25 mai 1948, *Lautour, GA* n° 19, p. 164

[3] Cass. 1re civ., 17 avril 1953 *Rivière, RCDIP* 1953.412 obs. H. Battifol ; *JDI* 1953.860 obs. Plaisant ; *JCP* 1953.II.7863 obs. Buchet ; *GA* n° 26, p. 240 et s. ; *v.* A. Jeauneau, *L'ordre public en droit national et en droit de l'Union européenne,* LGDJ, 2018, p. 111 §163.

[4] B. Ancel et Y. Lequette, note sous Cass. 1ère civ., 28 février 1860 *Bulkley, GA* n° 4, p. 37 §9. Dans le même sens *v.* : D. Bureau et H. Muir Watt, *op.cit.,* p. 313 §268 ; A. Jeauneau, *L'ordre..., op.cit.,* p. 111 §165.

[5] B. Ancel et Y. Lequette, note sous Cass. 1ère civ., 28 février 1860 *Bulkley, préc.,* p. 37 §9.

[6] *Idem.*

des décisions rendues à propos des figures juridiques qui demeurent inconnues en France à l'instar du divorce unilatéral ou de la répudiation en sont des exemples topiques. Un tel mode de dissolution du lien conjugal est considéré en France contraire au principe d'égalité entre conjoints dans la dissolution du mariage[1] et leur reconnaissance est dès lors compromise. Le cas des répudiations a connu une évolution assez mouvementée en France[2]. Ainsi, après avoir été initialement acceptées, leur efficacité fut par la suite limitée au nom du respect du principe d'égalité des époux que la France s'est engagée à protéger. De ce fait, par cinq arrêts rendus en 2004, la Cour de cassation affirme la contrariété de la répudiation à l'ordre public international français lorsque l'épouse répudiée est domiciliée en France[3]. Cette contrariété ne disparaît pas si la procédure de répudiation à l'étranger a été « loyale et contradictoire »[4]. Or, lorsque la décision ne concerne pas une femme de nationalité française ou domiciliée en France, les décisions de répudiation peuvent, dans certains cas, avoir une efficacité en droit français pourvu que certaines conditions tenant essentiellement à la représentation, et à la défense de la femme, aient été respectées à l'étranger.

440. Grâce à l'effet atténué de l'ordre public, les parties pourront bénéficier en France d'un rapport de droit qui n'aurait pas pu y être décidé de la même manière. En revanche, lorsque les exigences de régularité, notamment celles relatives aux garanties procédurales ne sont pas satisfaites, la contrariété de la décision à l'ordre public international devient insupportable et son efficacité doit être refusée. Dans une telle hypothèse, le refus de l'efficacité permet au contrôle de régularité de protéger les intérêts de l'État, mais surtout, ceux de la partie affectée par la répudiation.

441. Contrastant avec la clarté avec laquelle le droit français admet cette finalité sous-jacente du contrôle, le droit colombien se montre plus réticent.

2. *La réticente reconnaissance en droit colombien*

442. Le droit colombien fait preuve d'une grande timidité pour reconnaître la protection des intérêts des particuliers comme l'une des finalités du contrôle de régularité. Tant la doctrine que la jurisprudence majoritaire analysent l'efficacité uniquement du point de vue de l'État d'accueil. Elles affirment sans cesse qu'en tant qu'instrument d'efficacité, le contrôle de régularité recherche la protection des intérêts étatiques, raison pour laquelle l'efficacité possède un caractère exceptionnel. Cette manière d'analyser l'efficacité et, par conséquent, le contrôle, explique les difficultés que ce droit éprouve pour affirmer ouvertement que la protection des intérêts des particuliers est aussi une finalité du contrôle.

---

[1] Cass. 1ère civ., 17 février 2004, *GA* n° 64, p. 590 §15 ; Cass. 1ère civ., 15 avril 2015 n° 14-13.420 ; Cass. 1ère civ., 19 octobre 2016, *préc.* ; Cass.1ère civ., 4 juillet 2018, *Dr. fam.* 2018. Comm. 270 obs M. Farge.

[2] À ce propos *v.* B. Ancel et Y. Lequette, note sous Cass. 1ère civ., 3 novembre 1983 *Rohbi* et Cass. 1ère civ., 17 février 2004, *GA* n° 63-64, p. 574.

[3] Cass. 1ère civ., 12 juillet 2017 n° 16-22.158 ; Cass. 1ère civ., 19 octobre 2016 n° 15-23.137 ; Cass. 1ère civ., 10 janvier 2018 n° 17-10.892.

[4] D. Bureau et H. Muir Watt, *op.cit.*, p. 312 §267. *v.* Cass. 1ère civ., 17 février 2014, *préc.*

443. Pour autant, cette timidité ne doit pas être interprétée comme une négation de cette finalité. José Joaquín Caicedo Castilla est l'un des rares auteurs colombiens qui reconnaît que l'instrument d'efficacité doit s'intéresser aux particuliers, et leur permettre de bénéficier d'une efficacité simplifiée du rapport de droit décidé. Pour cet auteur, persister dans le caractère exceptionnel de l'efficacité conduit à un résultat « manifestement injuste consistant dans la violation des droits acquis de la partie favorisée [avec le jugement] [...] ». Pour illustrer sa position, l'auteur met en lumière la situation dans laquelle l'exécution de la décision est intentée à l'encontre d'un débiteur qui « n'a des biens que dans l'État d'accueil, alors que lesdits biens constituent la seule garantie pour satisfaire les droits reconnus dans le jugement » [1]. Refuser l'efficacité de cette décision conduit à des conséquences regrettables pour le créancier.

444. En jurisprudence, l'importance que la Cour colombienne accorde à la protection des intérêts étatiques est remarquable et se confirme, on l'a vu, de manière constante. Néanmoins, au sein de certains arrêts plus récents, la Cour laisse entendre que celle-ci n'est pas la seule finalité du contrôle, car celui songe, en plus, la protection des intérêts des particuliers concernés par la décision étrangère. C'est notamment le cas dans un arrêt du 1er décembre 2010, rendu à propos de l'efficacité en Colombie d'un jugement américain d'adoption. Selon la Cour, la reconnaissance et l'exécution des décisions étrangères participent du contexte mondial actuel caractérisé par « la circulation des personnes, des biens et des services ». Le contrôle de la régularité internationale de la décision étrangère doit dès lors être effectué dans la perspective de favoriser et de faciliter cette efficacité, pour autant « que les exigences légales internes, particulièrement celles prévues aux articles 693 et 694 du CPC soient remplies »[2]. Dans le raisonnement de la Cour, la mention du trafic international des personnes, des biens et des services semble être le moyen de reconnaître que la nouvelle dynamique des rapports privés est internationale et que les particuliers sont les premiers concernés par l'accord ou le refus de leur rapport de droit.

445. Un arrêt du 3 octobre 2013 est encore plus clair. Il concerne l'efficacité d'un jugement rendu en matière d'état et de capacité des personnes. À cette occasion, la Cour affirme que l'efficacité de la décision étrangère trouve sa raison d'être dans « le bénéfice que représente pour les citoyens le fait qu'une situation juridique née à l'étranger soit homologuée dans le for ». Selon la Cour colombienne, cette réception des décisions étrangères montre combien les rapports de droit ne relèvent pas toujours d'un seul ordre juridique, mais qu'ils ont « vocation à s'intégrer dans l'ordre juridique d'un autre État comme s'ils y avaient été dictés »[3]. Dans le même sens, une décision du 21 juillet 2014 a permis à la Cour d'estimer que l'efficacité des décisions étrangères est une manière de reconnaître « la réalité d'un monde globalisé dans lequel la migration des

---

[1] J-J Caicedo Castilla, *Derecho internacional privado*, Temis, 5e éd., 1960, p. 942 §316.

[2] CSJC. Cass. Ch. Civ., 1ère décembre 2010, Magistrat Rapporteur : Ruth Diaz Rueda, Dossier n° 01082-00. Dans le même sens *v.* : CSJC. Cass. Ch. Civ., 19 décembre 2011, Magistrat Rapporteur : Fernando Giraldo, Dossier n° 00892-00.

[3] CSJC. Cass. Ch. Civ., 3 octobre 2012, Magistrat Rapporteur: Ruth Diaz Rueda, Dossier n° 2010-00800-00.

personnes est de plus en plus courante »[1]. À propos de cette *« globalisation »,* dans une décision du 15 avril 2016, la Cour estime que celle-ci implique, pour les États, le devoir d'éviter que les décisions rendues à l'étranger soient privées d'efficacité du simple fait de leur extranéité[2]. Ces affirmations de la Cour ont été précisées dans une décision rendue en juin 2016 à l'occasion de laquelle elle fait référence à l'existence d'une « justice transnationale »[3] pour justifier l'efficacité des décisions étrangères en Colombie. Selon la Cour, cette justice transnationale est fondée sur l'intérêt que partagent tous les États d'aboutir, grâce à l'entraide judiciaire, à la circulation simplifiée des décisions étrangères. La Cour poursuit en affirmant que la « justice transnationale » entraîne le devoir de favoriser les intérêts « des citoyens qui entendent bénéficier de l'homologation d'une situation juridique décidée à l'étranger »[4].

446. Cette évolution de la Cour nous conduit à formuler deux remarques. La première consiste à dire que, malgré toute l'actualité du caractère exceptionnel qui accompagne l'efficacité en droit colombien, celui-ci n'ignore pas que la reconnaissance et l'exécution des décisions étrangères concernent directement les intérêts de particuliers et que, à ce titre, leur protection est l'une des finalités du contrôle de régularité. La seconde est que les considérations de la Cour témoignent encore d'une certaine ambiguïté. En effet, contrairement à la clarté avec laquelle elle affirme que le contrôle cherche à protéger la souveraineté étatique, la Cour se montre plus réservée pour affirmer que l'instrument d'efficacité entend aussi protéger les particuliers. Les décisions qui reconnaissent cette finalité sont encore rares. Cette ambiguïté peut s'expliquer, selon nous, par la difficulté qui existe à concilier la protection des intérêts privés des particuliers avec l'interprétation stricte de la protection des intérêts étatiques que la jurisprudence colombienne préconise.

447. Cependant, nous sommes optimistes quant à la disparition progressive de la réticence de la Cour. Le nombre d'attendus dans lesquels la Cour prend en considération l'importance et les conséquences que l'admission ou le refus de l'efficacité de la décision représente pour les particuliers se multiplie. La doctrine doit se saisir de cette évolution. Elle doit accompagner ce mouvement et accepter clairement le fait que la protection des intérêts des particuliers est une finalité du contrôle. Ceci devrait encourager le juge à en tirer les conséquences nécessaires, notamment afin de libérer l'efficacité de son caractère exceptionnel. Il s'agit là d'une évolution que nous estimons possible et l'expérience française s'avère utile à cet égard. En effet, au-delà du contraste actuel entre la réserve colombienne et la nette reconnaissance française, le fait est que la protection des intérêts des particuliers répond, en tant que finalité du contrôle de régularité, à un même

[1] CSJC. Cass. Ch. Civ., 21 juillet 2014, Magistrat Rapporteur : Fernando Giraldo, Dossier n° 3034, Dans le même sens *v.*: CSJC. Cass. Ch. Civ., 10 août 2012, Magistrat Rapporteur : Ruth Díaz Rueda, Dossier n° 0897

[2] CSJC. Cass. Ch. Civ., 15 avril 2016, Magistrat Rapporteur : Fernando Giraldo Ruiz. Dossier n° 0891-00. Le même raisonnement est utilisé quelques mois après *v.* CSJC. Cass. Ch. Civ., 29 juin 2016, Magistrat Rapporteur : Fernando Giraldo, Dossier n° 2015-01712-00.

[3] CSJC. Cass. Ch. Civ., 25 juin 2016, Magistrat Rapporteur : Luis Armando Tolosa, Dossier n° 2013-02702-00.

[4] CSJC. Cass. Ch. Civ., 25 juin 2016, *préc.*

fondement dans les deux droits. Ce fondement commun rend l'exemple français pertinent pour le cas colombien.

B. *Le fondement de la finalité*

448. L'élément sur lequel repose la finalité sous-jacente de la protection des intérêts des particuliers en droit français existe également en droit colombien, même si le juge et la doctrine n'en ont pas pleinement conscience. En effet, les deux droits reconnaissent qu'en tant que norme juridique particulière, le jugement étranger est une source de confiance légitime pour les particuliers (1) qu'il convient de protéger au moyen d'un contrôle de régularité équilibré (2). Mettre en lumière cet élément en droit colombien contribuera à favoriser la nette reconnaissance de la finalité elle-même.

1. *Le jugement, norme juridique particulière et source de confiance légitime*

449. Affirmer que la décision étrangère est une norme juridique particulière ne présente aucune nouveauté pour le droit international privé français. Depuis longtemps, Pierre Mayer a démontré qu'une norme juridique est une disposition qui exerce une « influence sur les droits et obligations des individus »[1], et qui peut se traduire par des dispositions générales, mais aussi par des dispositions « individuelles »[2], tel un jugement. Selon la doctrine française, puisque la décision judiciaire « contribue à créer, éteindre ou modifier un droit ou une obligation »[3], elle constitue « une norme individuelle et concrète »[4], et ce, indépendamment de son origine nationale ou étrangère. En effet, le jugement s'adresse directement et de manière individuelle aux parties au contentieux initial, ce qui les invite à fonder « sur lui des prévisions, voire des comportements »[5].

450. Pour les parties, la légitimité de l'autorité ayant rendu la décision à l'étranger représente un gage de sécurité. En effet, le juge d'origine est habilité par sa propre loi nationale à administrer la justice dans son for[6]. À ce titre, il représente l'autorité étatique et les décisions qu'il rend permettent aux parties d'organiser leur avenir proche[7]. Autrement dit, c'est parce que le jugement étranger est une norme juridique que les parties espèrent pouvoir continuer à bénéficier à l'étranger du rapport de droit décidé, en demandant que son respect soit assuré et en l'utilisant comme fondement de nouveaux actes juridiques

---

[1] P. Mayer, *La distinction entre règles et décisions et le droit international privé,* Dalloz, 1973, p. 13 §18. *v.* G. Cuniberti, « Le fondement de l'effet des jugements étrangers », *op.cit.*, p. 103 §4.

[2] *Idem.*, p. 14 §20.

[3] *Idem.*, p. 16 §22.

[4] D. Bureau et H. Muir Watt, *op.cit.*, p. 271 §233-1. Dans le même sens *v.* B. Audit et L. d'Avout, *op.cit.*, p. 456 §540 ; P. Mayer, V. Heuzé et B. Remy, *op.cit.*, p. 269 §378.

[5] P. Mayer, V. Heuzé et B. Remy, *op.cit.*, p. 269, §378. *v.* aussi : P. Mayer, *La distinction entre règles et décisions… op.cit.*, p. 17 §24 et 25.

[6] C. Bléry, « Les effets du jugement : perspectives en droit interne », *in, Les nouvelles formes de coordination des justices étatiques*, sous la dir. d'E. Pataut, S. Bollée, L. Cadet et E. Jeuland, IRJS éditions, 2013, p. 182 §13.

[7] Samuel Fulli-Lemaire affirme à cet égard, en reprenant les mots du professeur Mayer, que l'existence d'un jugement signifie pour le droit international privé *« la base de solides prévisions des parties »*. S. Fulli-Lemaire, *op.cit.*, p. 115 §161.

valables[1]. Si le juge français admet clairement que le jugement étranger est une source de confiance légitime pour les parties[2], le juge colombien apparaît comme plus réservé à l'égard d'une telle affirmation.

451. En ce sens, Bertrand Ancel et Horatia Muir Watt affirment, à propos de l'arrêt *Cornelissen*, que si les différences substantielles qui existent entre les ordres juridiques peuvent déboucher sur une diversité de solutions quant au fond du litige, il est indéniable que la décision rendue possède l'effet de « créer la confiance des parties dans la validité internationale, dans la réalité et la légitimité des droits et des obligations réparties entre elles ; alimentées par le concours de l'autorité publique, cette confiance mérite d'être protégée, en vertu du principe de bonne foi, parce qu'elle a encouragé chez les intéressés comme chez les tiers des prévisions raisonnables sur la base desquelles ils ont pu déterminer leur comportement ultérieur »[3]. Sur ce même point, nous partageons l'affirmation de Caroline Cohen qui voit dans ces notions une idée commune, celle selon laquelle « les règles de droit n'ont pas pour vocation de surprendre les sujets auxquels elles s'adressent »[4]. Ainsi, le contrôle de régularité ne doit pas perdre de vue que l'objet contrôlé est une norme juridique qui, dès son prononcé, a entraîné des conséquences chez ses destinataires.

452. C'est, précisément, en considération de cette nature du jugement étranger, que toute appréciation de son bien-fondé est interdite en droit français et en droit colombien[5]. En effet, pour les particuliers, conditionner l'efficacité de la décision à sa régularité internationale signifie que le sens de la solution prononcée n'empêche pas la situation juridique décidée à l'étranger de se prolonger dans l'État d'accueil. Ainsi, la partie qui a obtenu des dommages et intérêts à l'étranger, en raison de l'inexécution d'obligations contractuelles, peut espérer, grâce au caractère définitif et obligatoire du jugement rendu, obtenir dans l'État d'accueil l'acquittement de la condamnation accordée. Si l'efficacité est refusée, l'ordre juridique d'accueil évince la norme juridique individuelle contenue dans le jugement étranger et déjoue, par ce biais, les prévisions du créancier.

453. Pour autant, affirmer que le contrôle de régularité recherche la protection des intérêts des particuliers, notamment de leur sécurité juridique, ne signifie pas qu'ils bénéficient d'un droit à l'efficacité : lorsque la décision ne satisfait pas les conditions de régularité, la sécurité juridique des parties ne mérite pas d'être protégée[6]. C'est le cas, par exemple, des décisions obtenues avec fraude ou qui sont le résultat d'un *forum shopping*. Dans ces hypothèses, la confiance qu'inspire la décision étrangère n'est pas légitime parce que la partie qui demande

---

[1] M-L. Niboyet et G. de Geouffre de la Pradelle, *op.cit.*, p. 550 §803 ; G. Cuniberti, « Le fondement de l'effet des jugements étrangers », *op.cit.*, p. 113 §16.

[2] B. Ancel et Y. Lequette, note sous Cass. 1ère civ., 9 mai 1900 *De Wrède*, *GA* n° 10, p. 90 §15. *v.* S. Fulli-Lemaire, *op.cit.* p. 169 §237.

[3] B. Ancel et H. Muir Watt, note sous Cass.1ère civ., 20 février 2009 *Cornelissen*, *RCDIP* 2007.420.

[4] C. Cohen, *Les normes permissives en droit international privé. Étude critique*, thèse Paris II, Panthéon-Assas, 2015, p. 313 §367 ; S. Fulli-Lemaire, *op.cit.*, p. 112 §154.

[5] D. Holleaux, *Compétence du juge… op.cit.*, p. 408.

[6] G. Jèze, « De la force de vérité légale… », *op.cit.*, p. 499.

l'efficacité sait pertinemment que la décision en cause a été rendue en violation des droits du défendeur, et éventuellement des intérêts de l'État du for pour connaître du fond de l'affaire. Dans ce cas, ce qui est contraire aux intérêts des parties, au moins de l'une d'entre elles, est, précisément, de permettre au rapport de droit décidé à l'étranger de parvenir à l'efficacité définitive et incontestable dans le for.

454. Si nous regardons maintenant le droit colombien, il semble moins net que le droit français. La doctrine et la jurisprudence manquent de clarté pour analyser la décision étrangère comme une norme juridique particulière, et pour affirmer qu'à ce titre, elle est une source de confiance pour les particuliers qui mérite d'être protégée. Ce défaut colombien participe, assurément, à la réticence avec laquelle la protection des intérêts des particuliers est reconnue comme l'une des finalités sous-jacentes du contrôle de régularité. Cependant, tel que nous l'avons indiqué précédemment, le manque de clarté colombien ne signifie pas que ce droit refuse de reconnaître à la décision son caractère normatif, ni qu'elle ne soit pas considérée comme une source de confiance pour les particuliers.

455. En dépit du principe de non-efficacité des décisions étrangères et du caractère exceptionnel de l'efficacité que la jurisprudence confirme systématiquement, certains attendus récents de la Cour colombienne montrent combien elle n'ignore pas que le jugement est une norme juridique, ni les effets que cela entraîne pour la sécurité juridique et la confiance légitime des particuliers. D'abord, elle reconnaît de plus en plus souvent que la dynamique actuelle des échanges, ainsi que la mobilité des personnes, conduisent à l'inévitable internationalisation des relations privées. Or, l'existence et l'efficacité desdites situations internationales sont, selon elle, difficiles à ignorer, surtout, lorsqu'elles ont bénéficié de l'intervention d'une autorité judiciaire étatique. Il convient donc de permettre aux décisions étrangères de déployer leurs effets dans l'ordre juridique national, d'autant plus que, de cette manière, la Colombie répond aux nécessités de notre société globalisée et contribue à faciliter la coopération harmonieuse entre les États[1]. Cette affirmation se rapproche, à notre sens, de la position du droit français qui voit dans l'origine juridictionnelle du rapport de droit une source de confiance légitime qui justifie que la circulation des décisions soit facilitée.

456. Notre appréciation se confirme ensuite, lorsqu'à propos de la conformité de la décision étrangère à l'ordre public international colombien, la Cour affirme que le refus d'efficacité doit intervenir de manière exceptionnelle. En effet, elle considère que l'objectif de favoriser la coordination entre les ordres juridiques ne se traduit par l'impossibilité du juge du for de refuser l'efficacité de la décision étrangère lorsque le respect des « principes essentiels de ses institutions »[2] est en cause. Pour illustrer ces principes elle cite notamment « l'interdiction de l'abus de droit, la bonne foi, l'impartialité du tribunal arbitral et le respect au droit à une

---

[1] CSJC. Cass. Ch. Civ., 3 mai 2017, Magistrat Rapporteur : Aroldo Quiroz Monsalvo, Dossier n° 1582-00.

[2] Cette expression paraît être la définition que la Cour colombienne retient de l'ordre public international. CSJC. Cass. Ch. Civ., 15 février 2016, Magistrat Rapporteur : Ariel Salazar, Dossier n° 0514-00.

procédure équitable »[1]. Ainsi, la Cour estime que le juge colombien peut exceptionnellement refuser l'application d'une loi étrangère, ou l'efficacité d'une décision étrangère au motif qu'elle est contraire à cette *« communauté de principes »* fondateurs de l'ordre juridique national.

457. Si la Cour n'explique pas comment il est possible d'articuler le caractère exceptionnel de l'efficacité avec le caractère exceptionnel du refus, cette affirmation n'en demeure pas moins très importante. Cette importance réside dans le fait que, selon la Cour colombienne, le caractère exceptionnel du refus se justifie par l'intérêt d'éviter « l'absurdité de permettre aux résidents colombiens d'assumer des engagements à l'étranger en ayant la pleine certitude de pouvoir les méconnaître en se réfugiant derrière les frontières nationales »[2]. La cour n'ignore pas qu'une telle possibilité serait assurément contraire aux intérêts de la partie bénéficiée par le jugement rendu à l'étranger. En dépit de l'ambiguïté de la Cour qui n'utilise pas les mots de sécurité juridique, ni de confiance légitime, nous estimons que cet attendu fait référence directement à ces notions. Le tribunal colombien reconnaît, à notre sens, à l'instar du droit français, qu'étant une norme juridique particulière prononcée par une autorité judiciaire étrangère, la décision étrangère engendre une confiance légitime chez ses destinataires qui ne peut pas être ignorée. C'est pourquoi l'efficacité de la décision ne doit être écartée que devant la violation de l'ordre public[3], ou de l'une des autres conditions de régularité.

458. Si le droit colombien suivait l'expérience française en affirmant sans crainte que la sécurité juridique, la confiance et les prévisions légitimes des parties sont indissociables du conflit de juridictions, et particulièrement de l'efficacité des jugements étrangers[4], il gagnerait en clarté et avancerait vers sa modernisation. Puisque ce droit reconnaît le caractère normatif de la décision étrangère, une évolution dans ce sens est possible. Elle contribuerait assurément à renforcer ce mouvement qui paraît commencer à émerger au sein de la jurisprudence colombienne pour affirmer que la protection des intérêts des parties est une finalité de l'instrument d'efficacité au même titre que celle des intérêts étatiques.

459. Le caractère normatif de la décision, ainsi que la sécurité juridique des parties, commandent que l'efficacité des jugements soit facilitée. Pour le contrôle de régularité, cela implique d'être suffisamment souple pour permettre à la décision de parvenir facilement à l'efficacité mais, en même temps, suffisamment performant pour identifier et évincer les décisions irrégulières. C'est pourquoi, il est important que le contrôle de régularité soit équilibré.

---

[1] *Idem.*

[2] *Idem.*

[3] CSJC. Cass. Ch. Civ., 22 juin 2016, Magistrat Rapporteur : Ariel Salazar, Dossier n° 2014-02901-00.

[4] Selon Pierre Mayer, l'incidence de la sécurité juridique et des prévisions des parties est exceptionnelle en matière de conflit de lois, et normale au sein du conflit de juridictions. Selon l'auteur, *« La raison de cette divergence est simple : alors qu'il existe une règle par législation sur une question donnée, il n'existe normalement qu'une décision en tout et pour tout sur une question donnée ».* P. Mayer, *La distinction entre règles et décisions… op.cit.*, p. 17 §24 et 25.

2. *L'importance d'un contrôle de régularité équilibré*

460. La mise en œuvre du contrôle de régularité se fait dans le cadre d'une procédure classique. À l'instar de toute procédure judiciaire[1], les parties ont le devoir d'apporter au juge les éléments utiles et nécessaires aux succès de leur prétention[2], qu'il s'agisse de parvenir à l'établissement de la régularité, ou de l'irrégularité[3] de la décision. Or, si chaque ordre juridique définit librement les conditions dans lesquelles l'efficacité définitive sera accordée au jugement, le fait de soumettre l'accès au contrôle de régularité à des exigences très strictes peut s'avérer contraire aux intérêts des particuliers.

461. L'arrêt *Selin Asli Ozturk contre Turquie,* rendu par la CEDH le 13 octobre 2009 illustre cette hypothèse[4]. En l'espèce, une requérante de nationalité turque estime que ses droits à un procès équitable[5], à la protection de ses biens[6], et au respect de la vie privée et familiale[7] ont été violés du fait que, selon la loi turque, elle ne puisse pas saisir les tribunaux de son pays pour obtenir la reconnaissance d'un jugement allemand ayant prononcé le divorce de son père. Ce dernier était décédé sans avoir sollicité l'efficacité dudit jugement en Turquie, et demeurait marié aux yeux de l'état civil turc. Cela signifiait, pour l'ex-épouse, le droit de participer à la succession du défunt. La situation comportait une complication supplémentaire car, selon la loi turque, seuls ont intérêt à agir en efficacité les parties qui ont participé au litige initial. Puisque la requérante n'a été qu'un tiers dans la procédure de divorce, elle s'avérait dépourvue de tout intérêt à agir, et dans l'impossibilité d'initier l'action en efficacité[8]. Le problème était donc le suivant : sans l'efficacité du jugement allemand, la requérante se trouvait dans la fâcheuse situation de devoir partager son héritage avec l'ex-épouse de son père, alors qu'elle espérait légitimement, grâce au divorce prononcé, pouvoir hériter de la totalité du patrimoine laissé[9].

462. La CEDH condamne la Turquie parce qu'elle estime que l'inexistence d'un moyen juridique permettant à la requérante d'agir en reconnaissance de la

---

[1] J. Azula Camacho, *Manual de derecho procesal,* Temis, 8e éd., T. II, 2011, p. 263.

[2] La Cour colombienne a, par exemple, refusé l'efficacité d'un jugement suisse de divorce au motif que les parties n'avaient pas apporté la preuve de la réciprocité diplomatique ou législative. CSJC. Cass. Ch. Civ., 26 juillet 1995, Magistrat Rapporteur : Héctor Marín, Dossier n° 4948. Elle a également refusé la reconnaissance d'un jugement allemand parce que la partie concernée n'a pas apporté la traduction de la loi allemande servant à prouver la réciprocité législative. CSJC. Cass. Ch. Civ., 2 mai 2017, Magistrat Rapporteur : Margartia Cabello, Dossier n° 2014-01139-00.

[3] C'est typiquement le cas de l'action en inopposabilité du droit français, *v. infra* p. 396.

[4] CEDH 13 octobre 2009, *Selin Asli Ozturk c. Turquie,* Req. n° 39523/09, point n° 50, *RCDIP* 2010.498 obs. F. Marchadier.

[5] Article 6.1 de la Conv. EDH.

[6] Article 1er du Protocole additionnel à la Conv. EDH.

[7] Article 8 de la Conv. EDH.

[8] Le seul moyen d'obtenir la reconnaissance de la décision allemande était une action en efficacité engagée par l'ex-épouse du père, ce qui était peu probable étant donné les conséquences économiques qu'une telle action entrainerait à son égard.

[9] En effet, l'arrêt indique qu'à la mort de son père, la requérante a acquis des droits successoraux sur le patrimoine de celui-ci. Or, le mariage de son père signifiait pour la requérante un héritage équivalent aux trois quarts du patrimoine *du cujus.* Cependant, si la reconnaissance du jugement étranger de divorce était obtenue, elle pouvait hériter du quart restant, dans sa qualité d'héritière universelle. Elle justifiait donc d'un intérêt patrimonial pour demander l'efficacité de la décision allemande. CEDH, 13 octobre 2009 *Selin Asli Ozturk c. Turquie, préc.,* point n° 50.

décision étrangère l'a mise « dans l'impossibilité absolue de [...] faire valoir tous ses droits successoraux »[1]. Selon la CEDH, la confiance et les prévisions légitimes que les parties ont pu fonder sur la norme juridique contenue dans le jugement méritent d'être protégées. Pour autant, et voici ce qui est selon nous l'un des apports majeurs de l'arrêt, la Cour strasbourgeoise ne manque pas de relativiser cette protection en affirmant qu'elle demeure conditionnée à l'octroi de la reconnaissance ou de l'exécution du jugement étranger selon les conditions fixées par l'ordre juridique d'accueil[2]. Autrement dit, il est certain que l'intérêt des particuliers de bénéficier dans le for du rapport de droit décidé à l'étranger mérite d'être protégé parce que la décision rendue est pour eux une source de confiance légitime. Néanmoins, cette protection ne se traduit aucunement, tel que nous l'avons déjà indiqué, par l'existence d'un droit à l'efficacité internationale du jugement. Ce dernier porte une norme juridique individuelle dont l'application dans le for peut, à l'instar de toute norme juridique étrangère, être écartée. Plus qu'un droit à l'efficacité, la CEDH exige des États qu'ils assurent que les particuliers disposent d'une procédure pour parvenir à l'efficacité, c'est-à-dire garantir un accès effectif à l'instrument d'efficacité.

463. À ce propos, l'exigence de réciprocité du droit colombien démontre combien l'accès entravé au contrôle de régularité peut mettre en danger la protection des intérêts des parties. En effet, lorsque la Cour constate l'absence de réciprocité, l'efficacité de la décision est refusée sans même que la régularité internationale du jugement ne soit contrôlée[3]. Ainsi, dans un arrêt rendu le 13 juillet 2017[4], la Cour refuse d'apprécier la régularité d'un jugement californien de divorce au motif que la réciprocité entre les États-Unis et la Colombie n'a pas été établie[5]. Cette décision de la Cour laisse les parties dans l'embarras de devoir recommencer la procédure de divorce en Colombie, alors que la décision pouvait être, en effet, internationalement régulière[6]. La situation est encore plus délicate dans un arrêt du 5 août 2015 à l'occasion duquel la Cour affirme l'inexistence de toute réciprocité législative avec l'État du Texas aux États-Unis, parce que celui-

[1] *Idem.*, point n° 41.

[2] Fabien Marchadier affirme à ce propos que : *« [...] la concrétisation de cette espérance est néanmoins suspendue à une vérification de la régularité internationale du jugement de divorce qui n'a pas eu lieu »*. F. Marchadier, note sous CEDH 13 octobre 2009R *Selin Asli Ozturk c. Turquie, préc.*, p. 507.

[3] *v. infra* p. 227.

[4] CSJC. Cass. Ch. Civ., 13 juin 2017, Magistrat Rapporteur : Margartia Cabello, Dossier n° 2014-00945-00. Pour un exemple similaire mais au regard d'un jugement rendu au Nicaragua : CSJC. Cass. Ch. Civ., 3 octobre 2013, Magistrat Rapporteur : Margarita Cabello, Dossier n° 2007-00317-00.

[5] *v.* J. Manrique-Garcia, « La prueba de la ley extranjera en Colombia : análisis comparado », *Rev.colom.der.int.*, janvier – juin, 2012, n° 20, p. 51.

[6] La même situation se présente à l'égard de plusieurs autres États des États-Unis : avec l'État de Géorgie : CSJC. Cass. Ch. Civ., 21 avril 2017, Magistrat Rapporteur : Ariel Salazar, Dossier n° 2014-01679-00 ; avec l'État de l'Arkansas : CSJC. Cass. Ch. Civ., 20 juin 2017, Magistrat Rapporteur : Aroldo Quiroz, Dossier n° 2013-00573-00 ; avec l'État du Texas : CSJC. Cass. Ch. Civ., 20 novembre 2015, Magistrat Rapporteur : Margarita Cabello, Dossier n° 2011-00945-00 ; avec l'État de l'Utah : CSJC. Cass. Ch. Civ., 3 octobre 2013, Magistrat Rapporteur : Margarita Cabello, Dossier n° 2011-01895-00 ; avec l'État du Michigan la réciprocité législative n'a pas pu être établie à cause des frais nécessaires pour obtenir le témoignage de l'avocat américain que les autorités consulaires colombiennes ne pouvaient pas assumer : CSJC. Cass. Ch. Civ., 19 décembre 2012, Magistrat Rapporteur : Arturo Solarte Rodriguez, Dossier n° 2006-00344-00 ; avec l'État du Massachussetts : CSJC. Cass. Ch. Civ., 14 octobre 2010, Magistrat Rapporteur : Pedro Munar, Dossier n° 2006-01258-00.

ci prévoit aussi l'exigence de réciprocité et que, selon un communiqué officiel du Consulat colombien à Houston, « il n'existe actuellement aucune décision étrangère de divorce ayant été reconnue par les tribunaux du Texas du fait que la Colombie n'a pas, pour l'instant, été confrontée à l'efficacité d'une décision rendue par les tribunaux du Texas »[1]. Le cercle vicieux tant reproché à la réciprocité déploie ses effets négatifs sur les sujets concernés par la décision étrangère qui se retrouvent, de ce fait, privés de l'instrument d'efficacité et de toute possibilité d'obtenir l'efficacité de leur jugement[2].

464. Outre l'accès au contrôle de régularité entravé, l'interprétation stricte des conditions de régularité peut également mettre en danger les intérêts des parties. En droit français, le contrôle de la loi appliquée au fond en a été un exemple. Cette condition consistait à vérifier l'identité entre la loi que le juge étranger a appliquée au fond du litige et celle désignée par la règle française de conflit de lois. Motivée par l'intérêt de réduire « les risques de fraude »[3], cette exigence a été fortement critiquée par la doctrine[4] qui y voyait un risque de multiplication des « refus d'exequatur non réellement justifiés »[5]. En effet, apprécier cette identité des lois risquait de devenir, au final, un contrôle sur le fond de la décision étrangère pour s'assurer qu'elle était similaire à celle que le juge français aurait prononcée s'il avait été saisi du litige[6]. Le maintien d'une interprétation stricte de cette condition de régularité se révélait peu soucieux des intérêts des parties[7]. Elle transformait l'instrument d'efficacité en un obstacle pour la circulation des jugements étrangers[8]. Les difficultés atteignant cette condition ont conduit la Cour de cassation à nuancer sa mise en œuvre[9] jusqu'à sa suppression par l'arrêt *Cornelissen* en 2007[10].

465. En outre, l'interprétation très souple de certaines conditions empêche également l'instrument d'efficacité de parvenir à sa finalité de protéger les intérêts des parties. Le contrôle de la compétence indirecte du juge étranger en droit français peut illustrer ces dangers. Puisque cette condition sera étudiée dans la seconde partie de notre travail[11], nous dirons seulement à ce stade que son contrôle a été l'objet d'un assouplissement remarquable. Après avoir été appréciée de manière très stricte en bilatéralisant les règles françaises de

---

[1] CSJC. Cass. Ch. Civ., 5 août 2015, Magistrat Rapporteur : Margarita Cabello, Dossier n° 2011-00014-00.

[2] A. Rivera Martínez, *Manual teórico práctico de derecho procesal civil*, Leyer, 4e éd., T. II, 1999, p. 936, *v. infra* p. 225.

[3] P. Mayer, V. Heuzé et B. Remy, *op.cit.*, p. 284 §400 ; B. Ancel, « Loi appliquée et effets en France des décisions étrangères », *TCFDIP*, 1986-1987, p. 25 ; S. Gressot-Leger, « Faut-il supprimer le contrôle de la loi appliquée… », *op.cit.*, p. 767.

[4] Y. Loussouarn, P. Bourel et P. de Vareilles-Sommières, *op.cit.*, p. 881 §881.

[5] B. Audit et L. d'Avout, *op.cit.*, p. 466 §531.

[6] B. Ancel, « Loi appliquée et effets en France… », *op.cit.*, p. 30 et 36 ; P. Lagarde, note sous Cass. 1ère civ., 24 novembre 1965 *Loesch*, *RCDIP* 1966.294 ; S. Gressot-Leger, « Faut-il supprimer le contrôle… », *op.cit.*, p. 775.

[7] D. Bureau et H. Muir Watt, *op.cit.*, p. 327 §280.

[8] L. d'Avout et S. Bollée, noute sous Cass. 1ère civ., 20 février 2009 *Cornelissen*, *D.* 2007.1115.

[9] B. Audit et L. d'Avout, *op.cit.*, p. 472 §568.

[10] Cass. 1ère civ., 20 février 2007 *Cornelissen*, *préc.* Remarquons que le respect de cette condition a été exigé dans l'arrêt *Enfant Viola* de 2006. Cass. 1ère civ. 4 juillet 2006 *Enfant Viola*, *D.* 2007.1751 obs. P. Courbe et F. Jault-Seseke.

[11] *v. infra* p. 265.

compétence[1], la crainte d'aboutir à des refus injustifiés a incité la Cour à préférer une nouvelle interprétation, formulée dans l'arrêt *Simitch*[2]. La libéralisation a été notable parce que, désormais, la condition est remplie si la décision ne méconnaît pas une compétence exclusive du for et si le « litige se rattache d'une manière caractérisée au pays dont le juge a été saisi et si le choix de la juridiction n'a pas été frauduleux »[3]. Or, cet allégement, qui répond assurément à la volonté de favoriser la circulation des jugements étrangers, peut cependant fragiliser la protection des intérêts des parties. Une interprétation très libérale du lien caractérisé peut conduire l'instrument d'efficacité à laisser passer certaines décisions contestables.

466. Ainsi, le contrôle de régularité s'éloigne de sa finalité de protection des intérêts des particuliers lorsque les exigences pour accéder à sa mise en œuvre sont très lourdes. Cela équivaut à priver les particuliers de la possibilité de parvenir à l'efficacité définitive de leur rapport de droit. En outre, l'instrument méconnaît aussi sa finalité lorsque l'appréciation de la régularité est excessivement stricte ou excessivement souple. Dans le premier cas, il devient extrêmement difficile pour une décision étrangère de satisfaire le contrôle, entraînant des refus d'efficacité injustifiés. Dans le second cas, la souplesse excessive de l'appréciation de la régularité risque de se traduire par la réception de décisions possiblement obtenues en violation des garanties des parties.

467. **Conclusion de la section :** En permettant l'établissement de la régularité internationale de la décision étrangère, l'instrument commun d'efficacité satisfait deux finalités sous-jacentes. La première est la protection des intérêts de l'État d'accueil. Les divergences entre les deux droits étudiés montrent que ces intérêts peuvent être différemment déterminés. Le droit colombien se montre strict à cet égard en se concentrant sur l'exclusivité de son pouvoir judiciaire. Ainsi, il formule un principe de non-efficacité des jugements étrangers et accorde à l'efficacité un caractère exceptionnel. Le droit français, en revanche, reconnaît que la simplification de la circulation des décisions figure parmi les intérêts étatiques que le contrôle doit protéger. Dans cette perspective, tant l'assouplissement du contrôle que celui de la circulation des jugements participent de cet intérêt.

468. La seconde finalité sous-jacente est la protection des intérêts des sujets concernés par le rapport de droit décidé à l'étranger. Le contraste entre les deux droits à ce propos tient à la réticence colombienne pour reconnaître cette finalité, là où le droit français l'admet clairement. La réticence colombienne s'explique, en grande partie, par la difficulté qui existe à concilier la définition stricte des intérêts étatiques avec les intérêts des particuliers. L'expérience française s'avère utile pour guider le droit colombien vers l'affirmation plus claire de cette finalité. En effet, au sein des deux droits, cette finalité repose sur un même fondement qui demeure, cependant, peu exploré en Colombie. Il s'agit du caractère normatif

---

[1] Paris, 18 juin 1964 *Gunzbourg*, *RCDIP* 1967.340 obs. Déprez ; *JDI* 1964.810 obs. Bredin ; Paris, 22 octobre 1970, *RCDIP* 1971.541 obs. Couchez.

[2] Cass. 1ère civ., 6 février 1985 *Simitch, préc.* ; Cass. 1ère civ., 4 mai 2017 n° 16-13.645.

[3] *Idem.*

du jugement dont le respect est nécessaire pour protéger la sécurité juridique des parties et la confiance légitime qu'il a éveillé chez elles. Précisons que la reconnaissance de cette finalité ne se traduit pas par un droit des parties à l'efficacité. Au contraire, le refus de celle-ci pour cause d'irrégularité est, également, un moyen d'assurer la protection des intérêts étatiques, ainsi que de ceux des particuliers.

469. Les particularités qui caractérisent la reconnaissance des deux finalités sous-jacentes du contrôle en droit français et en droit colombien, mettent en lumière combien ces droits ne leur accordent pas la même importance.

Section II : La hiérarchisation différente des finalités sous-jacentes

470. Au regard de la manière dont les droits français et colombien reconnaissent les deux finalités sous-jacentes du contrôle de régularité, force est de constater qu'elles sont différemment hiérarchisées de chaque côté de l'Atlantique. Alors que le droit colombien accorde une primauté remarquable à la protection des intérêts étatiques, le droit français se montre plus focalisé sur la protection des intérêts privés des particuliers. Selon Gilles Cuniberti, « cette distinction correspond à l'une des lignes de fracture du droit international privé contemporain »[1]. Dans le cas des deux droits étudiés, cette ligne de fracture révèle, à notre sens, l'existence d'une opposition profonde quant à la conception que chacun retient de l'efficacité des jugements étrangers (§ 1). À l'origine de conséquences manifestes dans les deux droits, l'opposition entre les droits français et colombien n'est pas insurmontable pour autant (§ 2).

§ 1. Le choix d'une conception opposée de l'efficacité

471. Si l'établissement de la régularité internationale de la décision étrangère permet à l'instrument d'efficacité de satisfaire les deux finalités sous-jacentes identifiées, cela n'exclut pas le fait que le contrôle puisse être davantage pensé pour « assurer aux plaideurs, les garanties d'une bonne justice ou [...] [pour] sauvegarder les intérêts de la souveraineté » de l'État d'accueil[2]. Alors que dans le premier cas, il sera « aussi libéral que possible »[3], dans le second cas, la protection des intérêts étatiques commande un « un contrôle assez poussé »[4] de régularité. Autrement dit, si le contrôle de régularité accomplit deux finalités protectrices, l'ordre juridique du for peut choisir d'en privilégier une par rapport à l'autre.

472. Si les droits français et colombien adoptent une hiérarchisation différente des finalités sous-jacentes du contrôle, c'est parce qu'ils retiennent une conception opposée de l'efficacité des décisions étrangères. La conception colombienne est publiciste (A) et contraste avec la conception privatiste du droit français (B).

---

[1] G. Cuniberti, « Le fondement de l'effet des jugements étrangers », *op.cit.*, p. 107 §7.
[2] H-J. Lucas, *L'office du juge de l'exequatur*, thèse Université de Poitiers, 1966, p. 147.
[3] *Idem.*, p. 147.
[4] *Idem.*, p. 147.

A. *La conception publiciste en droit colombien*

473. En droit colombien, l'efficacité des décisions étrangères est appréhendée comme une question appartenant au droit public. À ce titre, elle concerne davantage les intérêts étatiques et, de manière secondaire, ceux des sujets concernés par le rapport de droit décidé à l'étranger. Selon nous, la conception publiciste en droit colombien comporte deux éléments que la jurisprudence et la doctrine confirment systématiquement.

474. Le premier élément est l'affirmation selon laquelle l'efficacité des décisions étrangères est, par principe, contraire à la souveraineté étatique. C'est en effet pour protéger cette dernière que la jurisprudence colombienne a formulé le principe de non-efficacité des décisions étrangères que nous avons étudié.
Le second élément de cette conception est le caractère exceptionnel qui accompagne l'efficacité des jugements étrangers. Confirmant ces deux éléments, la Cour affirme dans un arrêt du 13 octobre 1999, que : « l'exequatur est une figure qui cherche à sauvegarder le principe de la souveraineté de l'État permettant, de manière exceptionnelle, que les jugements étrangers puissent être exécutés et produire des effets en Colombie »[1].

475. L'ensemble de la jurisprudence colombienne retient cette conception publiciste de l'efficacité en estimant que le contrôle des conditions de régularité vise « la protection de la souveraineté » étatique[2]. Dans cette perspective, il est classique de lire dans les arrêts de la Cour que l'exclusivité du pouvoir juridictionnel est une manifestation de la souveraineté étatique. C'est notamment le cas dans une décision de 2016 relative à l'efficacité d'une décision américaine de divorce. Avant même d'opérer le contrôle de régularité, la Cour estime, en effet, que la conséquence nécessaire de cette exclusivité est que « seules les décisions judiciaires rendues par les juges nationaux et par les particuliers habilités à cette fin [administrer la justice], peuvent déployer des conséquences juridiques et avoir un caractère obligatoire sur le territoire national »[3]. Dans une décision de 2017, la Cour est encore plus claire à ce propos en affirmant qu' : « aucune décision rendue par un juge étranger n'est obligatoire ou exécutoire en Colombie tant que l'autorisation de l'autorité nationale compétente n'a pas été délivrée »[4].

476. Au regard de cette conception publiciste de l'efficacité, force est de constater que la décision étrangère est davantage considérée comme un outil d'agencement des relations internationales entre États, et non comme un moyen mettant fin à un contentieux de nature privée. Cette affirmation conduit le droit colombien à privilégier une vision réductrice et dépassée de l'efficacité des décisions selon laquelle « le problème de l'efficacité internationale des jugements est en définitive un problème de droit public, intéressant le droit ou le pouvoir

---

[1] CSJC. Cass. Ch. Civ., 13 octobre 1999, Magistrat Rapporteur: Carlos Ignacio Jaramillo, Dossier n° 7298.
[2] CSJC. Cass. Ch. Civ., 5 juillet 2001, Magistrat Rapporteur : Silvio Fernando Trejos Bueno, Dossier n° 0092. *v.* CSJC. Cass. Ch. Civ., 10 juillet 2001, Magistrat Rapporteur : Silvio Fernando Trejos Buenos, Dossier n° 7592; CSJC. Cass. Ch. Civ., 13 août 2002, Magistrat Rapporteur : Silvio Fernando Trejos Bueno, Dossier n° 0121.
[3] CSJC. Cass. Ch. Civ., 9 août 2016, Magistrat Rapporteur : Álvaro García Restrepo. Dossier N° 2012-1029-00.
[4] CSJC. Cass. Ch. Civ., 21 avril 2017, Magistrat Rapporteur : Ariel Salazar, Dossier n° 1679-00.

de juridiction des États. Le jugement étranger n'est pas reçu à titre de mode judiciaire de réalisation du droit privé, mais à titre d'acte d'autorité d'un souverain »[1].

477. Alors que les implications de la conception publiciste de l'efficacité sur la mise en œuvre du contrôle seront étudiées dans la seconde partie de notre travail, il convient d'affirmer à ce stade qu'elle amène l'instrument d'efficacité, dans certains cas, à être excessivement et inutilement exigeant. Il entrave, de ce fait, la circulation des décisions étrangères en Colombie. Or, cette conception publiciste est, selon nous, contestable au regard des dispositions du NCGP qui prévoient le contrôle de régularité. En effet, si l'intention du législateur avait été celle de considérer que l'efficacité de la décision étrangère est nécessairement contraire à la souveraineté étatique et qu'elle méconnaît de manière intolérable les intérêts étatiques, il l'aurait interdite. Cependant, il a bel et bien mis en place un instrument d'efficacité, confirmé par le législateur de 2012, qui rend possible l'efficacité définitive de jugements étrangers dans le for. Selon nous, ceci prouve qu'une autre interprétation de la souveraineté, favorable à l'efficacité des jugements et à l'allégement du contrôle de régularité, est possible en droit colombien. L'exemple des droits français et européen montre la voie. Au sein de ces droits, les intérêts étatiques que le contrôle de régularité entend protéger comprennent également ceux de favoriser la coordination des ordres juridiques, et de faciliter la circulation des décisions[2]. Autrement dit, contrairement à la conception colombienne, les intérêts étatiques peuvent agir comme un vecteur pour faciliter l'efficacité des décisions judiciaires.

478. Notons néanmoins que la vision publiciste que nous mettons en lumière n'est pas exclusive à l'efficacité des décisions étrangères. Elle se confirme dans d'autres domaines du droit international privé colombien. En effet, au sein de la matière contractuelle, par exemple, la protection de la souveraineté et l'application stricte du principe de la territorialité de la loi, expliquent que la liberté des parties pour choisir la loi applicable au contrat international ne soit pas encore consacrée dans la loi[3]. Selon Hernando Sánchez, la défense du principe de territorialité de la loi amène le droit colombien à formuler un nombre important de règles de conflit unilatérales en matière de statut personnel, de statut réel, des successions, ou encore relatives à la forme des actes[4].

479. Présente au sein du conflit de juridictions[5], ainsi qu'au sein du conflit de lois, la vision publiciste concerne en réalité l'ensemble du droit international privé colombien. Adriana Zapata qualifie le développement de cette branche du droit comme « insipide »[6]. Les normes colombiennes de droit international privé « se limitent à une poignée de règles anachroniques [...] qui datent de l'avant dernier

---

[1] D. Holleaux, *Compétence du juge étranger ... op.cit.*, p. 217, § 219.
[2] *v. infra* p. 178.
[3] D. Rojas, *El derecho aplicable al contrato..., op.cit.*, p. 32 §3.
[4] H. Sánchez, « La aplicación y la prueba del derecho extranjero », *in, Teoría general del derecho internacional privado,* sous la dir. de L. García et A. Aljure, Legis, 2016, p. 96.
[5] V. Guerra, « Conflictos de jurisdicción y competencia en el derecho internacional », *in, Teoría general del derecho internacional privado,* sous la dir. de L. García et A. Aljure, Legis, 2016, p. 374.
[6] A. Zapata, « La ley aplicable al contrato internacional », *in, Teoría general..., op.cit.*, p. 189.

siècle et dont le fondement est un territorialisme profond qui ne répond pas à la réalité économique »[1]. Dans le même sens, Daniel Rojas affirme que la conception territorialiste et notamment publiciste du droit international privé retenue conduit la Colombie à faire « preuve d'hostilité à l'égard des situations internationales »[2]. Selon l'auteur, le droit international privé est conçu en droit colombien, comme « un moyen pour défendre l'ordre juridique national et les ressortissants colombiens »[3]. Cette dynamique de défense explique, d'une part, que l'extranéité des relations privées soit vue par les juges et par la doctrine majoritaire comme une menace pour l'ordre juridique colombien et, d'autre part, qu'afin de protéger l'ordre juridique national contre cette menace, la Colombie refuse par principe l'application de toute loi étrangère ainsi que la réception de toute décision étrangère.

480. Nous partageons pleinement l'affirmation du professeur Rojas lorsqu'il considère que cette manière d'appréhender le droit international privé implique qu'en droit colombien son « objet tiendrait alors aux relations de l'État colombien avec ses pairs et aves ses citoyens, plutôt qu'aux rapports que nouent les citoyens des divers États »[4]. Selon nous, le résultat de cette approche est fâcheux en ce qu'il conduit à privilégier une vision réductrice du droit internationale privé. En effet, au sein de la conception publiciste toutes les questions relatives au droit international privé se résument à un simple conflit entre souverainetés. Or, nous avons montré combien, en matière d'efficacité des décisions étrangères, par exemple, les intérêts des particuliers sont directement concernés par la réception ou par l'éviction du jugement les concernant. La protection de leurs intérêts constitue l'une des finalités que l'instrument d'efficacité adopté poursuit, finalité que la jurisprudence colombienne n'ignore pas.

481. Au regard de cette conception colombienne de l'efficacité, et du droit international privé, l'opposition avec le droit français est fondamentale.

B. *La conception privatiste en droit français*

482. Contrairement au droit colombien, la réception des décisions étrangères n'est pas considérée comme une menace pour la souveraineté nationale en droit français. Ce droit refuse de privilégier une conception publiciste de l'efficacité et retient, en revanche, une vision privatiste de la question[5]. Au sein de cette vision, le jugement étranger dont l'efficacité est invoquée dans le for constitue un outil de nature privée permettant d'apporter une solution juridique à un contentieux de nature également privée[6]. Cette manière de comprendre la décision étrangère a permis au droit français d'affirmer que la protection de la sécurité juridique de

---

[1] *Idem.*

[2] D. Rojas Tamayo, *Le droit applicable au contrat en droit international privé colombien…*, *op.cit.*, p. 40 §59.

[3] D. Rojas, *El derecho aplicable al contrato…*, *op.cit.*, p. 59 §33.

[4] D. Rojas Tamayo, *Le droit applicable au contrat en droit international privé colombien…*, *op.cit.*, p. 26 §33.

[5] S. Gressot-Leger, « Faut-il supprimer le contrôle… », *op.cit.*, p. 778.

[6] P. Mayer, « Le phénomène de la coordination des ordres juridiques étatiques en droit privé », *RCADI*, 2003, Vol. 327, p. 110 §96.

ses citoyens, le renforcement de la coopération et de l'entraide judiciaire internationale, ainsi que la simplification de l'efficacité des jugements étrangers, figurent au cœur des intérêts étatiques que le contrôle de régularité entend protéger.

483. Cette définition des intérêts étatiques, plus moderne que celle du droit colombien, a permis au droit français de faire évoluer le contrôle de régularité. C'est en effet, grâce à la préférence pour une conception privatiste de l'efficacité que la jurisprudence de droit commun a été en mesure d'avancer dans l'épuration progressive des conditions de régularité que nous avons étudiée[1]. Le fonctionnement du contrôle de régularité a également connu des changements en raison de la préférence pour cette conception. L'acceptation de la reconnaissance de plein droit de certaines décisions en droit commun en est l'illustration. Cet allégement général du contrôle et de la réception des décisions étrangères empêche l'efficacité d'être d'assortie, comme c'est le cas en Colombie, d'un caractère exceptionnel. L'admission d'une efficacité normative par principe sauf cas d'irrégularité internationale, participe de la conception privatiste de l'efficacité et favorise les intérêts des particuliers concernés par le jugement.

484. La même conception privatiste est également retenue en droit européen. Dans ce sens, les arrêts *Hoffmann c. Krieg* de 1988, et *Gothaer* de 2012 confirment, par exemple, que contrairement au droit colombien, l'extranéité de la décision ne représente pas une menace pour la souveraineté de l'État d'accueil. On peut notamment y lire que la reconnaissance d'une décision doit « avoir pour effet d'attribuer aux décisions l'autorité et l'efficacité dont elles jouissent dans l'État où elles ont été rendues »[2]. Le considérant n° 26 du Règlement Bruxelles I bis va dans le sens de cette équivalence en signalant que « toute décision rendue par les juridictions d'un État membre devrait être traitée comme si elle avait été rendue dans l'État membre requis »[3]. En outre, l'élargissement progressif de la possibilité de bénéficier d'une efficacité de plein droit du jugement[4], qui couvre désormais l'exécution de certaines décisions, s'inscrit aussi dans le prolongement de cette vision privatiste de l'efficacité. Cherchant à assurer une meilleure coopération et coordination entre les pouvoirs juridictionnels des États membres[5], cet élargissement exclut également que l'efficacité soit considérée comme exceptionnelle. Le résultat pratique de ces allégements est que les parties sont de moins en moins gênées par les frontières étatiques lorsqu'il s'agit de profiter des effets d'un rapport de droit décidé à l'étranger. L'efficacité n'est soumise, dans une grande majorité des cas, qu'à la simple présentation dans l'État d'accueil, de

---

[1] *v. supra* p. 83.

[2] CJCE, 4 février 1988, Aff. C- 145/86 *Hoffmann c. Krieg*, point n° 10, *RCDIP* 1988.605 obs. H. Gaudemet-Tallon ; *JDI* 1989.449 obs. A. Huet ; CJCE, 15 novembre 2012, Aff. C- 456/11 *Gothaer*, point n° 34, *RCDIP* 2013. 686 obs. Nioche.

[3] Règlement (CE) n° 2201 du 27 novembre 2003, *Bruxelles II bis*, *préc.*

[4] H. Gaudemet-Tallon et M-E Ancel, *op.cit.*, p. 549 §379.

[5] H. Péroz. *op.cit.*, p. 102, §182. *v.* : A. Bucher, La dimension sociale du droit international privé, *RCADI*, 2011, Adi-Poche, p. 381 et s. §168 et s.

la décision étrangère accompagnée des annexes indiquées par le règlement applicable[1].

485. Notons que la conception privatiste de l'efficacité n'est pas contraire à la protection des intérêts du plaideur qui, pour s'opposer à l'efficacité d'un jugement, dénonce son irrégularité internationale. En effet, dans cette hypothèse, l'intérêt du demandeur et celui de l'État d'accueil est le même. Il s'agit d'identifier la décision irrégulière pour l'exclure de l'ordre juridique français. Autrement dit, la conception privatiste de l'efficacité, et la volonté de favoriser la circulation des décisions étrangères, n'impliquent pas une altération de la finalité objective du contrôle de régularité que nous avons étudiée. Que le contrôle de régularité soit allégé ne signifie pas sa disparition. Le sujet intéressé conserve la possibilité de déclencher le contrôle de régularité qui est, de ce fait, une garantie pour se libérer des décisions internationalement irrégulières. Sans vouloir nier l'importance que la réception des décisions étrangères représente pour les relations entre les États, l'exemple français permet d'affirmer que le maintien d'une bonne entente entre les souverainetés étatiques ne constitue pas, comme le droit colombien semble l'admettre, le vecteur principal ou exclusif devant guider l'évolution de la reconnaissance et de l'exécution des jugements étrangers.

486. Or, l'adoption de cette conception privatiste de l'efficacité des décisions étrangères s'inscrit dans le prolongement de celle du droit international privé. Sylvain Bollée affirme à ce propos qu'en droit français « la vision *« publiciste »* des conflits de juridictions, comme celle du droit international privé en général, s'est progressivement effacée au profit d'une représentation plus privatiste »[2]. Cette préférence se confirme dans l'ensemble des matières du droit international privé. Ainsi, contrairement à ce que nous avons évoqué pour le droit colombien, les règles françaises de conflit sont principalement bilatérales. À propos de la matière contractuelle, le principe de l'autonomie de la volonté, notamment la liberté des parties de choisir la loi applicable au contrat international est clairement affirmé[3]. Il s'étend progressivement pour couvrir certains domaines qui n'étaient pas jadis envisageables. C'est le cas, en droit européen, de la possibilité dont disposent les conjoints pour choisir la loi applicable au divorce[4]. Retenir une conception privatiste du droit international privé répond mieux, assurément, à la nature privée des relations auxquelles il s'applique.

487. L'opposition entre les deux droits étudiés est profonde. La conception publiciste ne permet pas au droit colombien de répondre correctement aux enjeux du droit international privé. C'est pourquoi nous croyons qu'un changement est nécessaire et possible.

---

[1] F. Garau Sobrino, « La declaración de ejecutividad automática: ¿hacia una nueva teoría general del exequátur? », *AEDIP* 2004.91.

[2] S. Bollée. *« Les effets des jugements étrangers », op.cit.*, p. 166 §12.

[3] B. Audit et L. d'Avout, *op.cit.*, p. 216 §239.

[4] P. Mayer, V. Heuzé et B. Remy, *op.cit.*, p. 419 §605; C. González Beilfuss, « Article 5, Choice of applicable law by the parties *», in « Chapter II: Uniform rules on the law applicable to divorce and legal separation », in, The Rome III regulation, a commentary on the law applicable to divorce and legal separation,* sous la dir. de S. Corneloup, Edward Elgar Publishig, 2020, p. 65, § 5.01.

§ 2. Le changement nécessaire de la conception colombienne

488. L'inadéquation de la conception publiciste de l'efficacité retenue par le droit colombien est indéniable. Elle place la Colombie à rebours du mouvement international, incarné par la Convention de La Haye de 2019, qui entend faciliter et alléger progressivement la circulation des décisions étrangères (A). L'expérience du droit français se révèle encore une fois éclairante pour signaler au droit colombien la voie vers la modernisation de sa conception (B).

A. *Une conception à rebours de l'évolution internationale*

489. Nous l'avons indiqué, le choix d'une conception publiciste de l'efficacité amène la Colombie à préférer un contrôle strict et exigeant pour assurer la défense de l'indépendance et de la souveraineté colombiennes. Puisque cette conception de l'efficacité conduit à regarder le jugement étranger comme une menace étrangère, elle rend indésirables toutes les initiatives qui cherchent à simplifier leur réception dans le for.

490. Cependant, cette approche colombienne est loin d'être majoritaire dans le contexte international. Au-delà de la comparaison avec la France, la conception colombienne contraste également avec celle retenue dans d'autres pays latino-américains. Au sein du droit brésilien, par exemple, le contrôle de régularité prévu est assez souple et témoigne du refus brésilien d'une conception publiciste de la circulation des jugements étrangers. Ainsi, dans ce droit, le contrôle de la compétence indirecte du juge étranger est très réduit afin de favoriser la réception des décisions[1]. L'Argentine écarte aussi la conception publiciste. Ricardo Balestra affirme qu'en droit argentin, la reconnaissance et l'exécution des décisions étrangères répond à l'intérêt d'assurer la coopération internationale. Selon l'auteur cet intérêt inspire l'ensemble du droit international privé argentin. Il affirme ainsi que : « la finalité du droit international privé [est] d'affirmer la certitude et la stabilité des relations privées […] la méconnaissance des décisions étrangères définitives est contraire à cette certitude et stabilité, avec le problème supplémentaire de violer gravement les droits acquis grâce à la décision judiciaire définitive »[2].

491. Ces exemples confirment combien la conception colombienne de l'efficacité, et du droit international privé en général, n'est pas une caractéristique du continent sud-américain. Elle est également à rebours de la conception qui guide, dans le contexte international, les efforts multilatéraux pour parvenir à une réglementation commune de la circulation des jugements étrangers, efforts incarnés dans la Convention de La Haye de 2019. Cette dernière est animée, nous l'avons indiqué, par l'objectif d'apporter une solution à l'hétérogénéité avec

---

[1]. De Araujo et M. De Nardi, « 22ª Sessão Diplomática da Conferência da Haia e a Convenção sobre sentenças estrangeiras: Primeiras reflexões sobre as vantagens para o Brasil da sua adoção », *Rev.secr.Trib.perm.revis,* Septembre *2019, n° 14, p. 199.*

[2] R. Balestra, *Derecho internacional privado*, LexisNexis, 3e éd., 2006, p. 337.

laquelle l'efficacité desdites décisions est traitée dans le monde et qui se traduit, dans certains cas, par une circulation entravée de celles-ci[1].

492. Bien qu'aucune disposition de cette Convention n'explicite le fait qu'elle retient de l'efficacité des jugements étrangers une conception privatiste, la lecture de son rapport explicatif permet néanmoins de le démontrer. Ce document indique, en effet, que la Convention de 2019 promeut « l'un des grands objectifs du droit international privé, à savoir l'entraide judiciaire internationale, en vue d'améliorer la prévisibilité et la justice dans le cadre des relations juridiques internationales en matière civile et commerciale »[2]. De plus, le fait que cette Convention formule des règles juridiques communes à tous les États signataires pour faciliter la circulation desdits jugements, s'accommode difficilement, à notre sens, avec une conception publiciste de l'efficacité motivée par la défense de la souveraineté étatique contre la menace que représenterait le jugement étranger.

493. Pour autant, le droit colombien révèle combien la conception privatiste de l'efficacité, et du droit international privé, n'est pas unanime dans tous les États. Or, précisément ouverte à la signature de tous les États, la Convention risque de ne pas être appliquée uniformément en raison des divergences qui persistent, quant à la conception de l'efficacité, entre les possibles États signataires. Ainsi, dans l'hypothèse où la Colombie, et l'Union européenne adopteraient ladite Convention, par exemple, il est fort probable qu'elle ne conduise pas à un traitement comparable de l'efficacité des décisions. Prenons le cas de l'efficacité d'un jugement étranger ayant déclaré un manquement contractuel, et ayant donné lieu à l'allocation de dommages et intérêts dont le paiement est prétendu dans le for par le demandeur. Au regard de l'article 15 de la Convention, les États signataires peuvent l'écarter au profit de leur droit national lorsque ce dernier prévoit un régime plus simple d'efficacité. Ainsi, si le juge français est saisi, l'efficacité de la décision en cause pourrait être traitée selon les dispositions du droit commun qui prévoient un nombre plus réduit de conditions de régularité. En revanche, si le juge colombien est saisi, il est certain que la rigidité actuelle de son droit ne permettrait pas d'écarter la Convention de 2019. La réception de la décision serait soumise aux dispositions de cette dernière.

494. Imaginons à présent que les deux droits retiennent l'application de la Convention de 2019. Dans cette hypothèse, la conception que chacun possède de l'efficacité les conduirait à appliquer différemment ce même instrument, qui défend pourtant une application uniforme. En effet, le juge colombien serait guidé par son objectif d'assurer la défense de l'ordre juridique du for et de la souveraineté nationale contre le jugement étranger. Dans cette perspective, il n'hésitera pas à sanctionner la méconnaissance de n'importe laquelle des conditions de régularité prévues à l'article 7, et à procéder à son contrôle

---

[1] *v.* Borges et H. Marcelino, « Estado constitucional cooperativo e a codificação do direito internacional privado : apontamentos sobre o « judgement project » da conferência de Haia de direito internacional privado », *Revista argumentum*, Vol. 18, n° 2, Mai-août 2017, p. 291-319.

[2] F. Garcimartin et G. Saumier, « Convention sur les jugements… », *op.cit.*, p. 4, § 1

cumulatif de régularité, fort contestable, que nous avons étudié[1]. En revanche, le juge français serait enclin à apprécier ces mêmes conditions de manière plus souple pour favoriser la réception de la décision en cause. Le fait que dans la Convention de 2019, les conditions de régularité n'aient pas un caractère obligatoire, pourrait amener ce juge, dans le prolongement de sa conception privatiste de l'efficacité, à utiliser la faculté de sanction dont il dispose. Il pourrait dès lors accepter que la décision produise des effets alors même qu'elle comporte certaines irrégularités internationales. L'on arrive ainsi, à ce que l'efficacité d'une même décision peut être refusée en Colombie et acceptée en France, en dépit d'un contrôle organisé selon des règles commues.

495. Le résultat est sans appel : au regard de l'opposition qui existe entre la conception colombienne et la conception française de l'efficacité, l'adoption de dispositions communes, comme celles de la Convention de 2019, ne suffit pas pour assurer une simplification de la circulation des jugements étrangers à l'échelle internationale. Tant que tous les pays signataires ne partagent pas une même conception de l'efficacité, l'application uniforme de la Convention risque de se voir compromise, menaçant alors directement ses ambitions. L'adaptabilité qui caractérise le contrôle de régularité rendait nécessaire, nous en sommes persuadée, que la Convention précise expressément la conception privatiste qui sous-tend son système d'efficacité. Une telle affirmation permettrait de guider son interprétation et son application. Le silence de la Convention à ce propos risque de déboucher sur des applications différentes en fonction du pays signataire[2].

496. Au regard de ces considérations, l'on comprend combien la conception publiciste retenue par la Colombie est à rebours de celle qui est privilégiée dans le contexte international. Un changement de celle-ci s'impose à tout point de vue. L'internationalisation rapide des relations privées à laquelle est de plus en plus confrontée la Colombie exige, de la part de l'ordre juridique national, des réponses adéquates et efficaces que la conception publiciste n'est pas en mesure de fournir. L'expérience française s'avère utile dans cette transformation.

B. *Un changement envisageable grâce à l'expérience française*

497. La conception publiciste de l'efficacité n'est pas inconnue en France[3]. En effet, c'est elle qui avait été retenue par le droit français au début du XIXe siècle. Lorsque l'efficacité des décisions étrangères se faisait au moyen d'une révision au fond de l'affaire, cette dernière était animée par la protection de la souveraineté française[4]. À l'instar du droit colombien actuel, cette protection, qui renvoyait à la défense du pouvoir juridictionnel des tribunaux nationaux, servait à justifier l'existence de l'instance en exequatur ainsi que son caractère préalable

---

[1] *v. supra* p. 159.

[2] J. Ribeiro-Bidaoui, « The international Obligation of the Uniform and Autonomous Interpretation of Private Law Conventions: Consequences for Domestic Courts and International Organisations », *Netherlands International Law Review*, 2020, n° 67, p. 139.

[3] P. Mayer, « Le phénomène de la coordination… », *op.cit.*, p. 96 et s. §80 et s.

[4] B. Ancel et Y. Lequette, note sous Cass. 1ère civ., 9 mai 1900 *De Wrède*, *GA* n° 10, p. 81 §2.

et obligatoire[1]. Permettre à la décision étrangère de déployer ses effets normatifs dans le for était alors associé à une certaine mise en cause de l'indépendance de l'État d'accueil[2] que la révision au fond minimisait.

498. Cette conception publiciste de l'efficacité a été l'objet d'une transformation progressive qu'Holleaux retrace en signalant qu'à l'époque de la révision au fond, « les intérêts pris en considération étaient ceux de l'État. Un changement se produisit dès le XIXème siècle. Les préoccupations de droit public cédèrent devant des préoccupations de droit privé. Les intérêts pris en considération devinrent ceux des plaideurs et de la bonne administration de la justice de droit privé »[3]. D'après Philippe Théry, cette évolution répond à l'équivalence fonctionnelle qui existe entre le pouvoir juridictionnel national et le pouvoir juridictionnel étranger. Selon l'auteur, cette équivalence réside dans le fait, d'une part, que les deux pouvoirs ont leur origine dans la souveraineté étatique et, d'autre part, qu'ils poursuivent les mêmes fins, à savoir « trancher les contestations qui leur sont soumises »[4]. Ayant pris conscience de cette équivalence, l'ordre juridique français a compris que tous les États ont intérêt à assurer le fonctionnement adéquat de leur pouvoir juridictionnel pour que les litiges puissent, en effet, avoir une fin. Cet esprit d'entraide et de coopération a conduit la France à voir, dans l'efficacité simplifiée des jugements étrangères, une manière de contribuer à ce que les pouvoirs juridictionnels étrangers remplissent également leur mission[5].

499. Cette vision privatiste de l'efficacité était défendue même par les spécialistes de droit public. Jèze estimait à ce propos que les « autorités publiques de tous les pays doivent, même en l'absence d'un traité, se prêter un appui mutuel pour assurer le fonctionnement de certains services publics d'intérêt commun »[6]. Or, en ce qui concerne la reconnaissance et l'exécution des décisions, la coopération souhaitée implique, selon Jèze, qu'« il faut, autant que possible, donner en France, aux constatations régulièrement faites par les juges étrangers, la même force de vérité légale qu'aux constatations régulièrement faites par les tribunaux français »[7]. L'exigence de régularité incarne ainsi la limite à ce devoir de coopération entre pouvoirs juridictionnels et de coordination des ordres juridiques[8].

---

[1] A. Pillet, *Traité pratique de droit international privé*, Sirey, T. II, 1924, p. 618 §682. Dans le même sens *v.* : Ph. Théry, *Pouvoir juridictionnel et compétence… op.cit.*, p. 33 et s.

[2] H. de Cock, « Effets et exécution des jugements étrangers », *RCADI*, 1925, Vol. 10, p. 523 ; S. Bollée, « Les effets des jugements étrangers », *in*, *Les nouvelles formes de coordination des justices étatiques*, sous la dir. d'E. Pataut, S. Bollée, L. Cadet et E. Jeuland, IRJS éditions, 2013, p. 166 §12.

[3] D. Holleaux, *Compétence du juge étranger…*, Dalloz, 1970, p. 201 §200.

[4] Ph. Théry, *Pourvoir juridictionnel et compétence… op.cit.*, p. 296 § 314.

[5] *Idem.*, p. 294 §311. *v.* L. Usunier « Observations sur la nature des règles de compétence judiciaire internationale », *in Mélanges en l'honneur du Professeur Bertrand Ancel. Le droit à l'épreuve des siècles et des frontières.* LGDJ, 2018, p. 1546.

[6] G. Jèze, « De la force de vérité légale attachée par la loi à l'acte juridictionnel », *RDP* 1913.437, p. 499.

[7] L'auteur justifie la nécessité de cette coopération sur le devoir des États d'assurer le *« développement et la tranquillité des relations internationales ». Idem.*

[8] Gaston Jèze expliquait ainsi qu'il convient de *« n'accorder en France la force de vérité légale qu'aux actes juridictionnels étrangers qui ne sont pas de nature à troubler l'ordre social français ». Idem.*, p. 499.

500. Le changement d'instrument d'efficacité a permis au droit français d'assumer cette conception privatiste de l'efficacité. Selon Louis d'Avout et Sylvain Bollée, l'arrêt *Munzer* accomplit un exploit remarquable sur le plan théorique de l'efficacité des décisions. Il passe, en effet, « d'une analyse publiciste-étatiste, vers l'analyse privatiste aujourd'hui communément admise »[1] de l'efficacité. Pour Séverine Gressot-Leger ce n'est qu'avec la suppression du contrôle de la loi appliquée, que la France a, enfin, anéanti le dernier vestige de la conception publiciste de l'efficacité[2]. Si certains critiquent l'allégement progressif du contrôle auquel conduit cette conception[3], il n'en demeure pas moins qu'en droit commun français et en droit européen, le contrôle « se veut désormais ouvertement favorable à l'efficacité de principe », ce qui implique, d'un point de vue pratique, que « le rejet des jugements étrangers est résolument conçu pour être exceptionnel »[4].

501. L'expérience française montre au droit colombien le chemin à suivre pour changer sa conception publiciste. Précisons que ce changement, que nous souhaitons, n'entend aucunement nier le fait que l'efficacité des décisions étrangères concerne la souveraineté étatique et les intérêts de l'État d'accueil[5]. Le droit français ne le nie aucunement[6]. Nous l'avons indiqué, c'est parce que la réception ou le refus de ces décisions concerne directement l'État d'accueil que ce dernier détermine les conditions dans lesquelles l'efficacité peut avoir lieu dans le for[7]. D'ailleurs, le droit français confirme que la protection des intérêts étatiques est l'une des finalités du contrôle de régularité.

502. Dans cette perspective, la première étape que le droit colombien doit franchir vers la transformation de sa conception publiciste de l'efficacité est, selon nous, la redéfinition des intérêts étatiques concernés par celle-ci. Il doit commencer par accepter que la simplification de la circulation des décisions étrangères, l'amélioration de la coopération et de l'entraide judiciaire internationale, ainsi que l'harmonisation internationale des solutions relèvent, effectivement, des intérêts de l'État que le contrôle de régularité doit protéger. La redéfinition des intérêts étatiques que nous proposons aurait pour effet de conduire le droit colombien à abandonner l'idée selon laquelle l'admission simplifiée de la reconnaissance ou de l'exécution des jugements étrangers est, par principe, contraire et incompatible avec la souveraineté étatique. Autrement dit, tout l'enjeu est d'accepter, en ce qui concerne l'efficacité des décisions étrangères, que les intérêts étatiques et les intérêts des particuliers ne s'opposent pas par principe.

503. Parvenir à cette redéfinition en droit colombien est possible à condition que la jurisprudence et la doctrine exploitent davantage le caractère normatif du

[1] L. d'Avout et S. Bollée note sous Cass. 1ère civ., 20 février 2009 *Cornelissen, D.* 2007.1115.
[2] S. Gressot-Leger, « Faut-il supprimer le contrôle… », *op.cit.*, p. 778.
[3] E. Agostini, « L'exequatur : Capilotade ou peau de chagrin ? », *D.* 2008. Chron. 1110.
[4] L. d'Avout et S. Bollée, noute sous Cass. 1ère civ., 20 février 2009 *Cornelissen, D.* 2007.1115.
[5] P. Mayer, « Le phénomène de la coordination des ordres juridiques étatiques en droit privé », *RCADI,* 2007, Vol. 327, p. 110 §96.
[6] R. Perrot et Ph. Thery, *Procédures civiles d'exécution*, Dalloz, 3e éd., 2013, p. 175 §163.
[7] H. Péroz, *op.cit.*, p. 79 §129.

jugement étranger reconnu par certaines décisions de la Cour. En effet, dégager des conséquences pratiques dudit caractère permettra à ce droit de franchir la deuxième étape vers la transformation de sa conception publiciste, à savoir l'assouplissement progressif du principe de non-efficacité des jugements étrangers. Cet assouplissement amènerait le droit colombien vers la troisième étape que nous estimons fondamentale pour moderniser le droit international privé colombien et qui consiste dans la suppression du très contestable caractère exceptionnel de l'efficacité. Ainsi, n'étant plus qualifiée d'exceptionnelle, l'efficacité pourrait être simplifiée pour mieux satisfaire à la nouvelle définition des intérêts étatiques, ainsi qu'à la protection des intérêts des particuliers. Privilégier une conception privatiste de l'efficacité permettrait au droit colombien de simplifier son instrument d'efficacité par la suppression, par exemple, de la condition de réciprocité.

504. Il est certain que l'abandon de la conception publiciste de l'efficacité au profit d'une conception privatiste ne sera pas immédiat. Cette même transformation a été, en droit français, le résultat d'une lente évolution. En effet, le changement de conception que nous proposons touche directement à certaines notions comme la souveraineté, ou encore la territorialité, auxquelles le droit international privé colombien est particulièrement attaché. Cependant, revenir sur ces notions s'avère indispensable afin de les adapter au contexte du droit international privé. Autrement dit, l'abandon de la conception publiciste de l'efficacité emportera, en Colombie, un nécessaire travail de remaniement substantiel, voire une refondation du droit international privé colombien. Comme pour la France, ce remaniement sera le résultat d'une longue maturation des idées qui, à notre sens, commence à poindre dans la pensée de certains auteurs et dans certaines décisions de la Cour. Ainsi, dans une décision rendue le 11 février 2020 relative à l'efficacité en Colombie d'un jugement français de divorce, la Cour affirme qu'il convient de faire une exception au principe de non-efficacité des décisions étrangères parce que la coopération internationale et la réciprocité l'exigent[1]. Or, même si la Cour ne précise pas ce qu'elle entend par coopération internationale, ni ne détermine la portée qu'elle accorde à cette notion, le simple fait de s'y référer permet d'entrevoir les signes de ce renouveau conceptuel attendu.

505. **Conclusion de la section :** La manière dont les droits français et colombien reconnaissent les finalités sous-jacentes du contrôle de régularité montrent qu'elles sont différemment hiérarchisées au sein de chaque droit. Le droit colombien accorde une primauté indéniable à la protection des intérêts étatiques, qu'il définit de manière stricte. Le droit français quant à lui, préfère une définition plus large des intérêts étatiques qui permet au contrôle de régularité de mieux protéger les particuliers intéressés à l'efficacité du jugement. Hiérarchiser différemment ces deux finalités du contrôle témoigne de la préférence pour deux conceptions différentes de l'efficacité des décisions étrangères, en particulier, et du droit international privé, en général. Cette opposition entre les deux droits les

---

[1] CSJC. Cass. Ch. Civ., 11 février 2020, Magistrat Rapporteur : Ariel Salazar, Dossier n° 2016-03592-00.

conduit à appréhender différemment l'instrument d'efficacité sans pour autant compromettre son caractère commun.

506. La conception publiciste que retient le droit colombien est problématique. Elle entrave la circulation des décisions et empêche l'évolution du contrôle de régularité. L'abandon de la conception publiciste est nécessaire. L'expérience française peut guider le droit colombien dans cette transition. Puisque la conception publiciste n'est pas exclusive de la circulation des jugements étrangers, son changement sera indissociable d'un mouvement de refondation du droit international privé colombien.

Conclusion du Chapitre II

507. En permettant d'établir la régularité internationale de la décision étrangère, l'instrument commun d'efficacité accomplit deux finalités sous-jacentes qui sont partagées en droit français et en droit colombien. La première finalité est la protection des intérêts étatiques de l'État d'accueil. La seconde réside dans la protection des intérêts privés des particuliers concernés par le rapport de droit décidé à l'étranger. Certes communes, ces finalités n'en sont pas moins différemment reconnues et hiérarchisées au sein de chaque droit. La netteté avec laquelle la première des finalités sous-jacentes est admise au sein du droit colombien, contraste avec la réticence des juges et de la doctrine de ce pays pour reconnaître la protection des intérêts des particuliers comme finalité du contrôle. La primauté accordée à la défense de la souveraineté étatique a amené ce droit à formuler un principe de non-efficacité des jugements étrangers et à assortir l'efficacité d'un caractère exceptionnel. Au contraire, la reconnaissance des deux finalités sous-jacentes est très claire en droit français. Au cœur des intérêts étatiques français figurent, entre autres, la coordination des pouvoirs judiciaires, la protection de la cohésion de l'ordre juridique d'accueil, mais également la protection de la sécurité juridique, la coopération et l'entraide judiciaire internationales et la simplification de la circulation des jugements. Cette manière de définir les intérêts étatiques révèle combien, aux antipodes du droit colombien, les intérêts étatiques et ceux des particuliers ne s'excluent pas mutuellement en droit français.

508. Si les finalités sous-jacentes sont différemment reconnues et hiérarchisées c'est parce que les droits français et colombien adoptent deux conceptions différentes de l'efficacité. Privatiste au sein du premier, elle est publiciste au sein du second. Cette opposition s'inscrit dans le prolongement de celle qui existe à propos de la manière dont le droit international privé est appréhendé de chaque côté de l'Atlantique. La préférence pour une conception publiciste conduit le droit colombien à voir, dans la loi et dans la décision étrangère, une menace pour l'ordre juridique d'accueil. La défense de ce dernier explique qu'au sein de ce droit, l'application de la loi étrangère soit difficilement acceptée et que l'efficacité des jugements soit qualifiée d'exceptionnelle. Persistant dans cette conception publiciste, la Colombie retient une vision réductrice et erronée du droit international privé en dénaturant ses finalités.

509. L'inadéquation de la conception colombienne pour affronter les enjeux actuels des relations privées internationales se confirme au regard du système d'efficacité proposé par la Convention de La Haye de 2019. En effet, l'idée de protéger la souveraineté étatique et de défendre l'ordre juridique national contre la menace que représente la décision étrangère est incompatible avec l'objectif de favoriser la circulation des décisions qui anime ladite Convention. À cet égard, la souplesse avec laquelle les dispositions de celle-ci ont été conçues peut empêcher leur interprétation et leur application uniformes. C'est pourquoi, s'agissant d'une Convention ouverte à la signature de tous les États, il aurait été opportun de préciser la conception de l'efficacité qu'il convient de suivre pour appréhender le système mis en place.

510. Problématique et dépassée, la conception publiciste du droit colombien doit être abandonnée au profit d'une conception privatiste. L'expérience française montre combien cette modernisation est possible. Elle est également utile afin de guider le droit colombien dans cette démarche. À cet égard, certains signes de changement et de rénovation commencent déjà à apparaître en doctrine et en jurisprudence. Le chemin est long pour le droit colombien, mais la refondation de son droit international privé est une nécessité.

Conclusion du Titre II

512. Les finalités que le contrôle de régularité poursuit en droit français et en droit colombien confirment notre affirmation selon laquelle ces deux droits ont adopté le même instrument d'efficacité. En effet, l'intervention du contrôle est pensée pour accomplir une même finalité objective dans les deux droits qui consiste dans l'établissement judiciaire de la régularité internationale du jugement étranger en vue de son efficacité dans le for. L'objectivité de cette finalité met en lumière la nature instrumentale du contrôle ainsi que le caractère essentiel et obligatoire de la régularité internationale. Or, grâce à l'établissement de cette dernière, l'instrument d'efficacité assure la protection des intérêts de l'État d'accueil et celle des intérêts des particuliers concernés par le rapport de droit décidé à l'étranger. Ces deux finalités constituent les finalités sous-jacentes du contrôle et sont également partagées dans les deux droits.

513. Les particularités qui caractérisent les finalités de l'instrument d'efficacité de chaque côté de l'Atlantique permettent de mieux apprécier sa nature adaptable. L'opposition entre les deux droits étudiés est saisissante à cet égard, car révélatrice des divergences profondes quant aux conceptions de l'efficacité et du droit international privé. La conception publiciste que retient le droit colombien le conduit à penser les décisions étrangères comme une menace pour la souveraineté étatique et à concevoir le contrôle de régularité comme un instrument de défense. Cette manière d'appréhender le problème de la réception des jugements étrangers est contestable, car elle est réductrice. Elle conduit à voir dans la décision étrangère un outil de politique internationale au détriment de la nature privée du contentieux auquel elle répond.

514. Le système d'efficacité commun mis en place par la Convention de La Haye de 2019 apporte de nouveaux éléments de réflexion et confirme l'inadéquation de la conception retenue par la Colombie. En effet, au sein de cette Convention, le caractère indispensable de la régularité international est atténué. En prévoyant des motifs de refus d'efficacité qui ne sont pas obligatoires, cette Convention s'éloigne du droit colombien, du droit français et du droit européen. La régularité internationale ne conditionne pas l'efficacité du jugement de la même manière qu'elle le fait au sein des droits étudiés. Ainsi, confronté à l'irrégularité de la décision, le juge du for dispose seulement de la faculté de la sanctionner. Élargissant le pouvoir d'appréciation du juge, cette faculté sanctionnatrice finira, à notre sens, par compromettre l'application uniforme de la Convention. Cette dernière est encore davantage compromise du fait que ladite Convention n'indique pas que le système d'efficacité qu'elle prévoit doit être appréhendé, interprété et appliqué selon une conception privatiste et libérale de l'efficacité. Au sein des pays comme la Colombie, où la protection de la souveraineté étatique est la primauté, la Convention sera assurément appliquée de manière très stricte. Autrement dit, l'instrument d'efficacité organisé par la Convention témoignera, *in fine*, de la conception publiciste ou privatiste privilégiée par l'État signataire.

Conclusion de la Première partie

515. Confrontés à la réception des jugements étrangers, les droits français et colombien ont choisi d'admettre leur efficacité normative. À cette fin, ils ont adopté un même instrument d'efficacité : le contrôle de régularité internationale. En dépit des particularités qui ont entouré son adoption de chaque côté de l'Atlantique, son organisation et les finalités qu'il poursuit dans les deux droits étudiés justifient que nous le qualifions d'instrument commun d'efficacité. Structuré à partir de conditions de régularité internationale, le contrôle conditionne l'efficacité de la décision au seul établissement de cette dernière. Toute appréciation du bien-fondé du jugement est exclue en droit français comme en droit colombien. Au regard du caractère indispensable de l'établissement de la régularité internationale aux fins de l'efficacité définitive de la décision dans le for, le contrôle est obligatoire et indisponible ce qui empêche les parties de le désactiver ou de le réaménager. En outre, grâce à l'affirmation de la régularité ou de l'irrégularité internationale de la décision, l'instrument d'efficacité protège, de manière simultanée, les intérêts de l'État d'accueil ainsi que ceux des particuliers concernés par le rapport de droit décidé à l'étranger.

516. Les divergences qui existent entre les deux droits à propos de la source jurisprudentielle ou législative du contrôle de régularité, de l'évolution qu'il a connue, ou encore de la manière dont ses finalités sont admises et hiérarchisées nous permettent de démontrer sa nature adaptable. Ainsi, notre étude comparée permet d'affirmer que, tout en restant un même instrument d'efficacité, le contrôle de régularité s'accommode aussi bien d'une conception publiciste de l'efficacité, comme celle retenue en droit colombien, que d'une conception privatiste de celle-ci, telle celle privilégiée en droit français et au sein de l'Union européenne.

517. L'opposition entre les deux droits étudiés à propos de la conception de l'efficacité les conduit à appréhender différemment le jugement étranger en tant qu'acte juridictionnel. Encore fidèle au prisme du droit public, le droit colombien estime que « le jugement est un acte d'imperium, rendu au nom d'un État »[1]. Le droit français ne nie pas cette nature de la décision mais, guidé par une vision conforme au droit privé, il entend le jugement étranger comme étant également une norme particulière dont l'efficacité doit être soumise à un contrôle « assez étroit »[2]. Cette manière d'appréhender le jugement étranger amène les deux droits étudiés à définir et à comprendre différemment le problème et les enjeux de la circulation internationale des jugements étrangers. Dans une dynamique de coopération et d'entraide judiciaire internationale, le droit français voit dans le contrôle de régularité un instrument permettant de parvenir à la coordination des ordres juridiques. À l'inverse, en droit colombien le contrôle est, avant tout, un moyen de défense de l'ordre juridique national.

---

[1] B. Audit et L. d'Avout, *op.cit.*, p. 456 §540.
[2] *Idem.*

518. L'approche colombienne est contestable : elle prône une lecture réduite de l'efficacité des jugements étrangers, à rebours de celle qui domine dans le contexte international. Son changement s'avère nécessaire. Or, n'étant que le prolongement de la manière stricte et dépassée dont l'ensemble du droit international privé est conçu au sein de ce droit, la transformation que nous souhaitons implique un remaniement entier de la théorie générale du droit international privé colombien. En effet, il est, à notre sens, urgent de procéder à une redéfinition, au moins jurisprudentielle, des intérêts étatiques pour y introduire la coopération et l'entraide judiciaire internationale, la coordination des ordres juridiques, l'harmonie des solutions et la continuité des situations juridiques, entre autres. Une telle redéfinition permettra de mieux saisir les objectifs et les enjeux de l'efficacité des jugements étrangers et, en même temps, ceux du droit international privé. Nous proposons également la remise en cause du principe de non-exécution des décisions étrangères, ainsi que du caractère exceptionnel de l'efficacité qui enferment le contrôle colombien de régularité dans une rigidité excessive. Ces modifications constituent les bases pour entreprendre l'allégement progressif des conditions de régularité et des aspects procéduraux du contrôle de la régularité.

519. En outre, grâce à cette modernisation, la Colombie pourra, par exemple, adopter la Convention de La Haye de 2019 en garantissant une interprétation et une application cohérentes avec l'objectif qui l'anime de faciliter la circulation des jugements à l'échelle internationale. En effet, au regard de la souplesse qui caractérise les dispositions de cette Convention, l'accomplissement de ses finalités s'avère compromis si les États signataires ne retiennent pas tous une même conception de l'efficacité.

520. La modernisation du droit colombien ne sera pas instantanée et l'expérience française peut accompagner cette évolution. La jurisprudence et la doctrine colombiennes auront, selon nous, un rôle fondamental dans cette entreprise. Certaines décisions et certains auteurs commencent déjà à montrer le chemin vers cette transformation. Nous entendons, modestement, y participer en contribuant à une meilleure compréhension du contrôle de régularité comme instrument d'efficacité. C'est dans cette perspective que nous allons désormais nous intéresser à la manière dont, sans compromettre le caractère commun du contrôle, sa mise en œuvre différenciée en droit français et en droit colombien confirme les enjeux de sa nature adaptable.

SECONDE PARTIE
La mise en œuvre différenciée de l'instrument commun d'efficacité

521. La mise en œuvre du contrôle de régularité en droit français et en droit colombien prolonge logiquement les particularités que nous avons identifiées lors de la première partie de notre étude. Lorsque nous parlons de la mise en œuvre du contrôle, nous désignons « l'ensemble [des] procédés employés »[1] par les juges français et colombiens lorsqu'ils sont confrontés à la question de décider si oui ou non un jugement étranger peut déployer ses effets normatifs dans le for. Elle renvoie, plus précisément, à la manière dont le contrôle et ses éléments sont effectivement mis au service des finalités que nous avons précédemment identifiées et caractérisées[2]. Or, ce *« savoir-faire »*[3], progressivement construit par le travail des juges, individualise davantage le contrôle de chaque côté de l'Atlantique.

522. Influencée par la conception que chaque droit retient de l'efficacité[4], l'étude de la mise en œuvre du contrôle révèle de nouveaux contrastes entre les droits français et colombien. Ces différences apparaîtront notamment dans la manière d'apprécier les conditions de régularité, ainsi que dans le cadre juridique dans lequel cette appréciation a lieu, ou encore dans les possibilités d'obtenir une efficacité du jugement en dehors d'une analyse préalable desdites exigences. Identifier dans ces domaines les divergences et les convergences qui existent entre les deux droits nous permettra de mieux comprendre deux éléments.

523. D'une part, l'emprise remarquable de la jurisprudence sur l'instrument d'efficacité dans les deux droits. Comparer le discours du juge français, du juge européen et du juge colombien, confirmera la nécessité, pour ce dernier, de se moderniser. Si cette nécessaire évolution ne surprend guère, au regard notamment de l'inadéquation de la conception colombienne de l'efficacité, notons qu'elle se fait de plus en plus pressante alors que la rigidité colombienne risque parfois d'être dangereuse, frôlant même la révision au fond. D'autre part, l'analyse des aspects principaux de la mise en œuvre du contrôle mettra en lumière l'opportunité de procéder à certains ajustements au sein du droit français et du droit colombien. Les modifications proposées pourront, selon nous, permettre au contrôle de régularité d'accomplir pleinement ses finalités objective et sous-jacentes.

524. Analyser l'application du contrôle de régularité en droit français et en droit colombien sera, en outre, l'occasion d'entreprendre un travail prospectif à propos de la Convention de La Haye de 2019. Il s'agira d'étudier la manière dont les dispositions de cette Convention sont susceptibles d'être appliquées au sein des deux droits observés, s'ils décidaient de la ratifier. Puisque la Colombie n'est pas le seul pays à retenir une conception publiciste de l'efficacité, ce travail

---

[1] *v°* « mise en œuvre », *in Dictionnaire alphabétique et analogue de la langue française, op.cit.*, p. 2516.
[2] *v. supra* p. 131.
[3] *v°* « mise en œuvre », *in Dictionnaire alphabétique et analogue de la langue française, op.cit.*, p. 2516.
[4] P. Chevalier, « La nouvelle cartographie des voies ouvertes pour la reconnaissance ou l'exécution en France des décision étrangères », *RCDIP* 2014.1.

permettra de confirmer que l'adoption de règles communes d'efficacité ainsi que celle d'un même instrument d'efficacité, sont insuffisantes pour assurer que la Convention de 2019 soit appliquée de manière uniforme dans tous les États signataires. Or, l'hétérogénéité dans la mise en œuvre de cette Convention et de l'instrument qu'elle prévoit, compromet l'accomplissement de son objectif : son application ne garantit pas une véritable amélioration de l'efficacité des décisions rendues en matière civile et commerciale.

525. Afin de caractériser et d'analyser cette mise en œuvre différenciée du contrôle de régularité en droit français et en droit colombien, nous allons étudier les deux bastions sur lesquels elle est, selon nous, construite. Il s'agit, d'une part, de l'appréciation de la régularité internationale de la décision étrangère (Titre I) et, d'autre part, du cadre procédural dans lequel celle-ci est censée s'effectuer pour amener le jugement vers son efficacité normative dans le for (Titre II).

Titre I
L'appréciation de la régularité internationale

526. La régularité internationale est la condition *sine qua non* permettant au jugement étranger de parvenir à l'efficacité définitive dans les deux droits étudiés[1]. Nous l'avons définie comme la conformité normative de la décision étrangère à la règle juridique du for[2]. En droit français comme en droit colombien, cette conformité se matérialise par les conditions de régularité. Celles-ci représentent, pour le juge, une grille d'analyse lui permettant de s'assurer de la compatibilité du jugement étranger avec son ordre juridique[3]. Selon Pascal de Vareilles-Sommières, les conditions de régularité extériorisent une prise de position de l'État d'accueil grâce à laquelle le contrôle opéré par le juge peut remplir sa mission d'éviction des décisions irrégulières[4].

527. Au regard du caractère essentiel de la régularité internationale, il convient de continuer notre étude comparée en nous intéressant à cette grille d'analyse que les juges français et colombien suivent pour apprécier la décision étrangère et choisir entre l'octroi ou le refus de l'efficacité. Étudier la manière dont les conditions de régularité sont mises en œuvre en France et en Colombie mettra en lumière certains excès possibles dans l'utilisation du contrôle, et ce dans les deux droits. Nous chercherons alors des solutions qui se traduiront par des propositions pour faire évoluer lesdites conditions et réduire les risques identifiés. Ce sera également l'occasion de continuer notre travail prospectif sur la Convention de La Haye de 2019 en étudiant la possible application que ses conditions de régularité pourraient recevoir en France et en Colombie, dans le cas d'une future ratification.

528. Si la plupart des éléments d'appréciation qui composent la grille d'analyse française se retrouvent également dans la grille d'analyse colombienne, d'autres marquent une divergence nette entre les deux pays. C'est pourquoi, nous allons étudier, dans un premier temps, les conditions de régularité qui ne sont pas partagées par les deux droits. Il s'agit des conditions qui, n'étant prévues qu'en droit colombien, n'ont pas d'équivalent en droit français, ou n'y sont pas qualifiées de la même manière (Chapitre I). Dans un second temps, nous analyserons les conditions de régularité internationale communes aux deux droits, afin d'identifier et d'apprécier les particularités qui les individualisent dans chaque droit (Chapitre II).

---

[1] Marie-Laure Niboyet et Géraud de Geouffre de la Pradelle, *op.cit.*, p. 488 §732.

[2] *v. supra* p. 143.

[3] CSJC. Cass. Ch. Civ., 5 novembre 1996 *Woods*, Magistrat Rapporteur : Carlos Esteban Jaramillo, Dossier n° 6130. *v.* F. Delpech, *Le rôle de la règle de conflit de lois dans l'efficacité des décisions étrangères*, thèse Paris I Panthéon-Sorbonne, 1999, p. 10 §13.

[4] P. de Vareilles-Sommières, « Exception d'ordre public et régularité de la loi étrangère », *RCADI*, 2014, Vol. 371, p. 200 §40. Sur ce point

Chapitre I
Les conditions non partagées de régularité

529. Conséquence du manque d'évolution dont souffre le contrôle colombien de régularité, ainsi que de la conception publiciste qui l'inspire, les conditions de régularité témoignent, dans l'ensemble, d'une rigidité remarquable. Deux conditions l'illustrent particulièrement. Il s'agit de l'exigence de réciprocité ainsi que de certaines exigences formelles que le document contenant le jugement étranger doit respecter pour que le juge procède au contrôle de la régularité internationale. Le maintien de ces deux conditions confirme la réticence du droit colombien à faciliter l'efficacité des jugements étrangers. En effet, appréciées de manière très exigeante par le juge colombien, ces deux conditions conduisent à des refus souvent injustifiés.

530. Problématiques, ces exigences peuvent cependant être corrigées. En effet, de notre point de vue, elles peuvent être interprétées et appréciées différemment afin de moderniser et d'alléger le contrôle colombien de régularité. En ce sens, l'étude de l'expérience française permet de montrer au droit colombien combien ces deux conditions ne sont pas déterminantes pour la régularité internationale du jugement étranger et qu'elles ne doivent pas, à ce titre, compromettre son efficacité dans le for.

531. Afin de comprendre cette dimension problématique pour le droit colombien, et d'avancer certaines propositions d'aménagement, nous allons étudier ces deux conditions séparément. Ainsi, nous allons d'abord nous concentrer sur l'exigence de réciprocité (Section I), pour étudier ensuite ce qui se révèlera être de *« fausses »* conditions de régularité, à savoir les exigences de recevabilité du dossier qui sont qualifiées en droit colombien de conditions de régularité de la décision étrangère (Section II).

Section I : La problématique soulevée par la condition de réciprocité

532. L'analyse de l'exigence colombienne de réciprocité ne peut être envisagée sans, au préalable, la définir. Comprendre la nature de la réciprocité, son rôle et sa portée au sein du régime colombien d'efficacité des jugements étrangers, notamment ses avantages et ses inconvénients, n'est possible que si l'on détermine, en amont et de manière générale, l'esprit qui motive une telle exigence. Les réflexions de Niboyet sont utiles à cette fin[1]. Il définit la réciprocité comme une « volonté d'équilibre »[2], comme une « contreprestation »[3], « une contreprestation symétrique »[4], et plus précisément comme une « contreprestation identique »[5]. Paul Lagarde a défini cette exigence comme « le fait pour un État de faire dépendre le traitement qu'il donnera aux problèmes de

[1] J-P Niboyet, « La notion de réciprocité dans les traités diplomatiques de droit international privé », *RCADI*, 1935, Vol. 052, p. 259.
[2] *Idem.*, p. 263 §4.
[3] *Idem.*, p. 266 §7.
[4] *Idem.*, p. 270 §10.
[5] *Idem.*, p. 282 §18 ; p. 334 §67 ; K. Mehtiyeva, *La notion de coopération judiciaire,* LGDJ, 2020, p. 386 §378.

droit international privé qui se posent dans son territoire du traitement donné par les États étrangers à des problèmes identiques qui se posent dans leur territoire »[1]. C'est sur la base de ces définitions que nous allons par la suite construire notre analyse du droit colombien.

533. Les domaines de prédilection de l'exigence de réciprocité sont traditionnellement au nombre de deux en droit international privé, celui du droit des étrangers et celui de l'efficacité des jugements étrangers[2]. Pour cette dernière, elle a toujours suscité les critiques les plus fortes et les plus vives du fait de sa rigidité pour appréhender la circulation des jugements étrangers. Contrairement au droit colombien, le droit français, ou le droit européen, n'ont jamais retenu cette exigence. Elle ne fait pas non plus l'unanimité au sein des droits latino-américains, à l'image de l'Argentine, entre autres, qui ne la consacre pas dans son contrôle de régularité[3].

534. Nous avons précédemment vu combien la place de l'exigence de réciprocité au sein du contrôle colombien est au cœur d'interprétations jurisprudentielles les plus diverses et ambiguës[4]. C'est pourquoi, nous rappellerons à ce stade que, selon nous, cette condition de régularité a la particularité de présenter un caractère préalable, c'est-à-dire qu'elle est vérifiée la première[5]. Ainsi, la réciprocité permet de sélectionner les jugements dont la régularité internationale sera par la suite confrontée aux autres conditions du contrôle. Une comparaison entre l'efficacité des jugements espagnols et des décisions hollandaises illustre cette fonction de sélection préalable. Alors que, grâce aux Traités conclus à cet égard entre la Colombie et l'Espagne en 1908, les décisions espagnoles sont toujours confrontées aux conditions de régularité, les décisions hollandaises n'accèdent jamais à ce stade. En effet, aucune convention internationale ne lie la Colombie et les Pays-Bas et, selon la Cour colombienne, aucune norme de droit commun hollandais ne règle l'efficacité des jugements étrangers. L'absence de réciprocité explique que l'efficacité de toutes les décisions rendues par des tribunaux des Pays-Bas soit refusée en Colombie[6]. L'exigence de réciprocité agit ici comme un critère préalable à la mise en œuvre des autres conditions de régularité.

535. Faire de l'exigence de réciprocité la gardienne de l'accès au contrôle de régularité confirme la réticence colombienne à l'égard de l'efficacité normative des décisions étrangères (§ 1). Cependant, certaines propositions sont envisageables afin d'y remédier (§ 2).

---

[1] P. Lagarde, « La réciprocité en droit international privé », *RCADI*, 1977, Vol. 154, p. 111 §1.

[2] *Idem.*

[3] A. Boggiano, *Derecho internacional privado*, LexisNexis, 5e éd., T. I, 2006, p. 486. Marie Goré met en évidence à ce propos que l'actualité de l'exigence de réciprocité se confirme dans d'autres pays du continent américain, comme en Haïti où la condition de réciprocité a été conservée au sein du nouveau Code de droit international privé. M. Goré, « Un seul lit pour deux rêves : la codification du droit international privé dans les Caraïbes », *in Mélanges en l'honneur du Professeur Bertrand Ancel. Le droit à l'épreuve des siècles et des frontières.* LGDJ, 2018, p. 800.

[4] *v. supra* p. 113.

[5] *v. supra* p. 116.

[6] *v. infra* p. 224.

§ 1. La réticence du droit colombien à l'égard de l'efficacité

536. Au sein de la conception publiciste de l'efficacité, l'exigence de réciprocité représente pour l'ordre juridique colombien un gage de sécurité[1]. En effet, l'ordre juridique colombien n'est prêt à accepter l'intervention d'un État étranger dans sa souveraineté nationale – puisque c'est ainsi que sont perçues la reconnaissance et l'exécution – que s'il a la certitude que cet autre État acceptera à son tour l'intervention colombienne dans la sienne[2]. Pour certains auteurs l'exigence de réciprocité se fonde sur des raisons « d'utilité et de solidarité internationale »[3] qui n'existent qu'à l'égard des États qui seraient prêts à donner un traitement similaire aux jugements colombiens. À l'exception de ces derniers, la Colombie n'a pas à être solidaire[4] et la reconnaissance des décisions est dépourvue d'utilité.

537. L'ancrage de l'exigence de réciprocité est non seulement indiscutablement profond, mais également très actuel en droit colombien. La manière dont elle est appréciée par les juges confirme qu'elle est le cœur du contrôle de régularité dès lors qu'elle est la première condition contrôlée (A). Cependant, son maintien est fortement contestable et constitue une entrave à la circulation des jugements étrangers (B).

A. *La condition de réciprocité, cœur du contrôle colombien*

538. Du point de vue législatif, jurisprudentiel et doctrinal, le fort ancrage de l'exigence de réciprocité ne fait pas l'ombre d'un doute. Son importance et son actualité sont confirmées, hélas, sans cesse.

539. Depuis 1970 législateur conserve la même formulation de cette condition. Aujourd'hui nous lisons à l'article 605 du NCGP, tout aussi bien que nous le faisions à l'article 693 du CPC, que « les jugements ainsi que les ordonnances de nature similaire rendus par des autorités étrangères à l'occasion de procédures contentieuses ou relatives à la matière gracieuse, ont en Colombie la force qui leur est accordée par les Traités conclus avec le pays qui les a rendus, et, à défaut, la force que les lois de ce pays reconnaissent aux jugements colombiens »[5]. Le maintien de cette exigence dans ces deux manifestations, à savoir la réciprocité diplomatique et la réciprocité législative[6], n'est qu'une confirmation de la conception publiciste de l'efficacité que ce droit privilégie.

540. Quant à la jurisprudence, la Cour colombienne ne manque pas de confirmer systématiquement la place centrale de la réciprocité dans le régime colombien d'efficacité. Deux arrêts récents du 22 août 2018, nous permettent d'illustrer l'actualité de cette affirmation. Dans ces décisions, la Cour a rappelé que pour obtenir l'efficacité d'une décision étrangère en Colombie, il est

---

[1] D. Rojas Tamayo, *Le droit applicable au contrat en droit international privé colombien… op.cit.*, p. 27 §36.
[2] A. Levasseur, « L'effectivité des décisions de justice. Rapport général », *Travaux de l'Association Henri Capitant. Journées françaises*, Economica, T. XXXVI, 1985, p. 362.
[3] P. Cardona Galeano, *op.cit.*, p. 624 §4.
[4] *Idem.*
[5] Loi n° 1564 du 12 juillet 2012, *préc.*
[6] Pour une définition de ces deux types de réciprocité *v.* J-M Trias de Bes, « Règles générales de conflit de lois », *RCADI*, 1937, Vol. 062, p. 85 §111.

nécessaire de prouver que « le pays d'origine du jugement [...] accorde aux jugements des tribunaux nationaux un traitement similaire, c'est-à-dire que dans cet État les jugements rendus par les agents étatiques [colombiens] habilités à cette fin [d'administrer la justice] peuvent aussi être respectés »[1]. La Cour précise que le traitement similaire dont il s'agit peut provenir « des traités bilatéraux ou multilatéraux, ou, le cas échéant de l'existence de réciprocité législative »[2].

541. Dépourvues de toute nouveauté, ces affirmations sont classiques dans le raisonnement de la Cour. Par exemple, dans un arrêt de juin 1932 où la Cour a eu à décider de l'efficacité d'une décision française concernant l'état et la capacité d'un ressortissant colombien résidant à Paris et ayant été l'objet d'une déclaration d'interdiction pour cause de démence, elle affirmait déjà qu'au regard du contrôle prévu par la loi, l'existence d'un traité entre la Colombie et le pays d'origine de la décision était nécessaire pour que celle-ci puisse y déployer ses effets[3]. En cas de défaut de traité international, le juge colombien doit accorder au jugement étranger les mêmes effets que le pays d'origine de la décision reconnaît aux jugements colombiens[4].

542. Le CPC de 1970 a procuré à la jurisprudence un cadre idéal pour confirmer l'importance de la réciprocité. Pour la première fois, elle était l'objet d'une disposition entière. Dans les mots de la Cour, la dualité entre la réciprocité diplomatique et la réciprocité législative implique dans la pratique que le juge doit, dans un premier temps, appliquer les « dispositions des traités que la Colombie a conclus avec l'État d'origine du jugement dont l'exécution est demandée »[5] et, en l'absence de tout traité, il doit alors, dans un second temps, regarder « les normes de la loi étrangère afin de donner au jugement la même force que cette loi réserve aux jugements rendus en Colombie »[6]. Cette explication est reprise systématiquement par la Cour dans la quasi-totalité des décisions concernant l'efficacité des décisions étrangères.

543. À l'heure de l'internationalité des affaires privées, avec, notamment, l'accroissement de la circulation des jugements, il est décevant de constater que la promulgation en 2012 et l'entrée en vigueur en 2014 d'un nouveau statut procédural n'ont entraîné aucun changement significatif sur le point de la réciprocité[7]. L'indifférence du législateur a animé la Cour de confirmer son

---

[1] CSJC. Cass. Ch. Civ., 22 août 2018, Magistrat Rapporteur : Margarita Cabello, Dossier n° 2017-02003-00.

[2] CSJC. Cass. Ch. Civ., 22 août 2018, Magistrat Rapporteur : Margarita Cabello, Dossier n° 2017-01495-00.

[3] En l'espèce, faute de traité conclu entre la Colombie et la France, et étant donné que les parties n'ont pas prouvé la valeur que la loi française accorde aux jugements étrangers, l'exequatur de la décision fut refusé. CSJC. Cass. Ch. Civ., 30 juin 1932, Magistrat Rapporteur : José Miguel Arango. Dans le même sens *v.* CSJC. Cass. Ch. Civ., 2 août 1932, Magistrat Rapporteur : José Joaquín Hernández.

[4] CSJC. Cass. Ch. Civ., 30 juin 1932, *préc.* Dans le même sens *v.* CSJC. Cass. Ch. Civ., 7 juin 1952, Magistrat Rapporteur : Alfonso Bonilla; CSJC. Cass. Ch. Civ., 18 août 1952, Magistrat Rapporteur : Alberto Holguín.

[5] CSJC. Cass. Ch. Civ. 14 avril 1975. Magistrat Rapporteur : Humberto Murcia Ballén. Pour d'autres exemples *v.* : CSJC. Cass. Ch. Civ. 17 mai 1978 *De Narvaez-Steuer*. Magistrat Rapporteur : Humberto Murcia Ballén; CSJC. Cass. Ch. Civ. 26 novembre 1984. Magistrat Rapporteur : Alberto Ospina Botero.

[6] CSJC. Cass. Ch. Civ., 14 avril 1975, *préc.*

[7] A. Aljure, « Exequatur de providencias judiciales », *in, Teoría general..., op.cit.*, p. 422 §1.3. *v.* P. Orejudo Prieto de los Mozos, « Le droit international privé colombien et le projet de loi modèle de l'OHADAC » *in, L'harmonisation du droit international privé dans le Caraïbe*, sous la dir. de J. Fernandez Rozas, Iprolex, 2015, p. 129 §3.

discours. Ainsi, en 1932 comme en 2018, nous lisons que « la réciprocité diplomatique ou législative constitue le pilier fondamental sur lequel repose la procédure d'exequatur »[1], son absence « condamne à l'échec les prétentions de la partie intéressée, qui a à sa charge la preuve de cette exigence »[2]. Cette analyse rétrospective de la jurisprudence colombienne est édifiante : alors que la circulation des jugements s'intensifie partout dans le monde et que les ordres juridiques s'ouvrent de plus en plus, la position de la Cour n'a absolument pas évolué en 86 ans. Le commentateur contemple un discours figé dans le temps qui défie toutes les évolutions en la matière et qui tente de se légitimer en avançant, précisément, l'argument d'ancienneté.

544. La doctrine colombienne entretient également la place privilégiée dont bénéficie la réciprocité. Les auteurs colombiens sont tellement habitués à cette exigence que, lorsqu'ils envisagent l'efficacité des décisions étrangères, l'exigence de réciprocité est pour eux un réflexe naturel[3]. Leur attachement à la réciprocité est tel, que toute mise en cause de son existence est abondamment critiquée, du moins par la doctrine majoritaire[4]. En outre, certains auteurs, qui ont conscience des inconvénients que cette exigence peut entraîner pour la circulation des décisions étrangères en Colombie, finissent malgré tout par essayer de justifier sa présence au sein du contrôle[5]. L'inexistence d'une unification législative universelle et la protection de la souveraineté nationale sont les arguments avancés par les auteurs nationaux pour justifier le maintien de la réciprocité au sein du contrôle colombien de régularité[6].

545. Bien installée au sein de la loi, de la jurisprudence et de la doctrine colombienne, l'exigence de réciprocité est devenue un élément indissociable du régime colombien d'efficacité des jugements étrangers. Cependant, elle amène le droit colombien à se montrer réticent face à la reconnaissance et à l'exécution des décisions étrangères. Elle est, de ce fait, profondément contestable.

B. *La condition de réciprocité, une exigence contestable*

546. Certes, la réciprocité bénéficie en droit colombien du parrainage du législateur, des juges et des auteurs, mais il n'en demeure pas moins qu'il s'agit là d'une exigence doublement contestable tant du point de vue de son fondement (1), que de celui de sa formulation, particulièrement problématique au sein du contrôle colombien de régularité (2).

---

[1] CSJC. Cass. Ch. Civ., 30 août 2018, Magistrat Rapporteur : Aroldo Quiroz, Dossier n° 2018-01817-00.

[2] *Idem.*

[3] À ce propos *v.* P. Cardona Galeano, *op.cit.*, p. 624 §4 ; J. González Velázquez, *Institución procesal civil colombiana*, Liberia y editorial siglo XX, 1946, p. 264 ; H. Devis Echandía, *op.cit.*, p. 622 §251.

[4] Il n'en demeure pas moins que certains auteurs critiquent l'exigence de réciprocité. *v.* G. Ochoa Restrepo, *Cooperación interamericana en los procedimientos civiles y mercantiles - Colombia*, Sous la dir. de L. Kos-Rabcewicz-Zubkowski, Universidad Autónoma de México, 1982, p. 243 ; D. Rojas, « Las deficiencias del derecho internacional privado colombiano… », *op.cit.*, p. 877 et s.

[5] Jorge González Velázquez explique ainsi que l'exigence de réciprocité *« méconnaît les principes et les finalités du droit international ainsi que la solidarité entre nations, mais se révèle nécessaire pour des raisons de souveraineté »*. J. González Velázquez, *op.cit.*, p. 264.

[6] A. Rivera Martínez, *Manual teórico práctico de derecho procesal civil*, Leyer, 4e éd., T. II, 1999, p. 936.

1. Un fondement discutable

547. Les détracteurs de la réciprocité sont nombreux dans la doctrine internationale majoritaire[1]. Du fait de son contenu hautement politique[2], la réciprocité est une exigence difficile à justifier dans le contexte actuel, marqué par l'engagement des États pour aboutir à une circulation plus simple et plus rapide des décisions étrangères. On reproche à la réciprocité deux défauts principaux. Le premier est celui d'être la source d'un cercle vicieux stérile[3] que Paul Lagarde explique en affirmant que « si la loi du for subordonne [une] telle situation à la réciprocité et que le droit étranger fasse de même, n'est-on pas dans une impasse ? » [4]. Le second défaut est celui de faire reposer sur les individus « les conséquences d'un état de droit qu'ils peuvent difficilement influencer »[5].

548. L'exigence de réciprocité consacrée à l'article 605 du NCGP n'échappe pas à ces deux reproches. Bien au contraire, sa mise en œuvre en droit colombien confirme qu'elle est aux antipodes de la reconnaissance simplifiée des jugements étrangers. La disposition colombienne comporte deux clauses différentes de réciprocité, l'une de type diplomatique et l'autre de type législatif. Pour reprendre les mots de Niboyet, la première partie correspond à une clause de « réciprocité par la voie de l'uniformité du droit »[6], en ce sens qu'elle est fondée sur l'existence des traités. La seconde est, en revanche, une clause de « réciprocité trait pour trait »[7], c'est-à-dire fondée sur le contenu de la loi étrangère. Au moyen de ces deux types de réciprocité, le droit colombien entend assurer ce que Paul Lagarde appelle l'identité de contreprestation, autrement dit le fait que l'efficacité des jugements nationaux et étrangers soit traitée de manière identique dans le pays d'origine et dans celui d'accueil. La différence entre les deux réciprocités est que celle de type diplomatique prétend parvenir à cette identité de contreprestation par la création de dispositions matérielles uniformes, tandis que celle de type législatif le fait au travers de « l'exigence de l'uniformité des législation matérielles »[8] de chaque État. Les difficultés de cette dernière se révèlent aisément car elle nécessite que les lois des deux pays aient un contenu équivalent. Or, cette coïncidence entre les lois nationales peut ne pas être fréquente au regard de la liberté dont chaque État dispose pour décider du sens de sa législation

---

[1] Philippe Malaurie, par exemple, affirme que : *« Internationalement, la plupart des pays étrangers ont écarté la révision, mais certains ont la réciprocité, qui est bien pire ».* Ph. Malaurie, « Le contrôle des jugements étrangers. La règle du roi Carol », *D. chron.* 1963.129, spéc. p. 130 ; P. Kinsch, « Droits de l'homme, droits fondamentaux et droit international privé », *RCADI,* 2005, Vol. 318, p. 105 §72.

[2] C. Kessedjian, *La reconnaissance et l'exécution des jugements en droit international privé aux États-Unis… op.cit.*, p. 309-310 §514-515.

[3] Hernando Devis Echandía reprend les mots de José Joaquín Caicedo Castilla pour affirmer que l'exigence de réciprocité est problématique car : *« si la législation de chaque État renvoie à l'autre, l'on tombe dans un cercle vicieux sans que l'on puisse établir avec certitude l'efficacité légale du jugement étranger ».* H. Devis Echandía, *op.cit.*, p. 622 §251. Dans le même sens *v.* M. Virally, « Le principe de réciprocité dans le droit international contemporain », *RCADI*, 1967, Vol. 122, p. 21 ; A. Remiro Brotons, *Ejecución de sentencias… op.cit.*, p. 115.

[4] P. Lagarde. La réciprocité en droit international privé…, *op.cit.*, p. 167 § 73.

[5] B. Audit et L. d'Avout, *op.cit.*, p. 463 §555. *v.* aussi : J-P Niboyet, « La notion de réciprocité… », *op.cit.*, p. 274 §13.

[6] J-P Niboyet, « La notion de réciprocité… », *op.cit.*, p. 316 §47.

[7] *Idem.*, p. 297 §34.

[8] *Idem.*, p. 318 §49.

interne et du niveau de développement du droit international privé dans son propre pays[1].

549. Contrairement à cela, la réciprocité dite diplomatique nous semble moins embarrassante que son homologue législative, au moins sur le plan théorique. Elle est construite sur la base des accords conclus entre États qui partagent l'intérêt commun de favoriser la simplification de la reconnaissance des jugements par rapport à leur régime de droit commun. La réciprocité diplomatique présente de ce fait des atouts importants qui devaient être mis au service de l'allégement de la circulation des jugements étrangers.
Les avantages de ce type de réciprocité sont bien plus remarquables lorsque les États parviennent à construire un réseau assez large de conventions en la matière. Les règlements européens sont une bonne illustration de cette simplification. Le Règlement Bruxelles I bis par exemple, permet une reconnaissance, et surtout une exécution sans contrôle préalable de régularité, ce qui n'est pas pour l'instant prévu en droit commun français. Dans le cadre colombien, le Traité de droit international privé signé en 1903 entre la Colombie et l'Équateur, aurait pu aussi illustrer les effets positifs de ce type de réciprocité. Selon cet instrument, le contrôle de régularité intervient au moyen d'une commission rogatoire que le juge étranger adresse au juge colombien compétent pour l'exécution matérielle du jugement. Si ce Traité était correctement appliqué, l'allégement de l'efficacité des jugements équatoriens en Colombie serait considérable, ne serait-ce que du point de vue procédural. En effet, la procédure judiciaire, très longue, devant la Cour suprême de justice ne serait plus nécessaire, et la régularité internationale serait contrôlée par le même juge de l'exécution. Pour autant, cet instrument international n'est pas souvent invoqué, et la reconnaissance et l'exécution des décisions équatoriennes sont davantage abordées sur le fondement d'autres traités.

550. Les avantages que la réciprocité diplomatique pourrait apporter au contrôle colombien demeurent ainsi malheureusement inexploités. Au très faible nombre d'instruments internationaux auxquels participe la Colombie[2], et qui parfois ne sont qu'une reproduction du droit commun, s'ajoute leur méconnaissance systématique par le défaut d'application, ou par la pratique contestable du *contrôle cumulatif de régularité* que nous avons eu l'occasion d'expliquer[3]. Dans ces conditions, la réciprocité diplomatique n'est pas en Colombie synonyme de progrès mais est, au contraire, synonyme de régression. En outre, conséquence du faible nombre de conventions signées par la Colombie, la réciprocité diplomatique n'est pas souvent sollicitée. Dans la plupart des cas, les parties doivent établir l'existence de la réciprocité législative.

---

[1] Niboyet estimait à ce propos que : *« Le traité n'assure la jouissance du droit que parce que les deux lois matérielles en réalisent l'exercice. Notre forme de réciprocité [législative] implique donc l'uniformité du droit dans les deux pays dans la matière prévue, pour pouvoir fonctionner. Cette uniformité vise l'exercice du droit, et non sa jouissance, c'est-à-dire la partie du droit matériel de chaque pays ».* *Idem.*, p. 302 § 34.

[2] *v. supra* p. 92 et 101.

[3] *v. supra* p. 159.

551. Or, la réciprocité législative est celle qui, traditionnellement, est l'objet des critiques les plus lourdes de la part de la doctrine. Catherine Kessedjian, par exemple, répertorie les trois grands inconvénients qui peuvent lui être reprochés, à savoir « les conséquences pratiques qu'elle entraîne ; le défaut d'une justification juridique satisfaisante ; la difficulté de sa mise en œuvre »[1]. Pour ce qui est du premier, c'est-à-dire ses conséquences pratiques, l'exigence de réciprocité législative peut être qualifiée d'entrave au « développement harmonieux »[2] des relations internationales. Cette exigence risque facilement de devenir une source de rejet systématique de l'efficacité des décisions au sein des pays qui, telle la Colombie, n'acceptent pas l'efficacité des jugements dont la loi du pays d'origine n'assure pas un traitement identique aux jugements nationaux[3]. Les conséquences négatives du défaut de réciprocité sont regrettablement supportées par les destinataires de la décision étrangère[4].

552. Pour ce qui du second inconvénient consistant dans sa justification juridique, nous partageons l'avis du professeur Kessedjian qui estime extrêmement inadéquat de faire de la valeur accordée à l'étranger à un jugement national le critère pour déterminer l'efficacité que la décision aura dans le for[5]. L'inadéquation d'un tel critère s'explique par l'insécurité juridique qu'il engendre[6]. En effet, l'efficacité de la décision dans le for serait décidée par la loi étrangère à l'égard de laquelle l'ordre juridique d'accueil n'a strictement aucune emprise[7]. Dans le cas colombien, l'exigence d'une réciprocité législative implique de confier à la loi étrangère le sort qu'aura en Colombie le jugement étranger. Cela signifie, dans la pratique, que la reconnaissance et l'exécution d'une décision hollandaise, par exemple, est en grande partie abandonnée à la loi hollandaise qui, selon qu'elle accepte ou non l'efficacité d'une décision colombienne, va permettre au jugement hollandais d'accéder ou non au contrôle colombien de régularité.

553. Dans le prolongement de cet inconvénient, l'établissement de la réciprocité législative implique, pour le juge du for, le devoir de faire une interprétation irréprochable du droit étranger. Ceci n'est pas toujours le cas de la Cour colombienne et l'exemple spécifique des jugements hollandais le confirme. En effet, la jurisprudence colombienne affirme systématiquement que la loi hollandaise n'autorise pas l'efficacité des jugements étrangers. C'est pourquoi, la réception des jugements des Pays-Bas n'a alors aucune chance d'avoir lieu en

[1] C. Kessedjian, La reconnaissance et l'exécution…, *op.cit.*, p. 314 §521.
[2] *Idem.*, p. 314 §522.
[3] *Idem.*
[4] *Idem.*, p. 314 §522. *v.* aussi : A. Levasseur, « L'effectivité des décisions de justice. Rapport général », *in, Travaux de l'Association Henri Capitant. Journées françaises,* Economica, 1985, T. XXXVI, p. 362.
[5] *Idem.*, p. 315 §523
[6] A. Remiro Brotons, *Ejecución de sentencias… op.cit.*, p. 109.
[7] Ceci risque de soulever une contradiction en droit colombien où l'argument principal justifiant la réciprocité et le contrôle de régularité est justement la souveraineté de l'État colombien. De ce fait, l'ordre juridique colombien se montre fermement engagé dans la défense et la protection de sa souveraineté, mais est prêt à accepter qu'une loi étrangère décide sur l'intervention ou non de son contrôle de régularité.

Colombie[1]. Cette conclusion de la Cour est, cependant, précipitée. En effet, si la loi hollandaise ne prévoit aucune disposition relative à l'efficacité des décisions étrangères, depuis plusieurs années les tribunaux de ce pays ont mis en place une instance judiciaire en exequatur pour favoriser la circulation des jugements étrangers, et pour éviter ainsi que les parties soient contraintes à renouveler le litige devant les tribunaux hollandais[2].

554. Or, selon une jurisprudence constante de la Cour colombienne, la réciprocité législative exigée par la disposition colombienne peut s'établir au regard « des textes de loi écrites ou de la pratique jurisprudentielle dominante dans le pays d'origine du jugement objet de l'exequatur »[3]. Ainsi, force est de constater que l'action hollandaise d'origine jurisprudentielle suffit pour remplir l'exigence de réciprocité législative, et pour permettre aux décisions néerlandaises d'accéder aux conditions de régularité. Autrement dit, l'intérêt souvent excessif que le droit colombien porte à l'exigence de réciprocité conduit, dans le cas des jugements originaires des Pays-Bas, à entraver gravement leur accès au contrôle de régularité[4]. La rigidité colombienne est contestable et paradoxale. Contestable d'abord, car il se peut que la décision écartée soit, malgré le défaut de réciprocité, internationalement régulière au regard des autres exigences du contrôle colombien. Paradoxale ensuite, car cette manière de mettre en œuvre l'exigence de réciprocité ne fait pas de distinction entre les parties colombiennes ou étrangères dans l'affaire. Elle agit avec la même force envers les unes et les autres. L'exigence de réciprocité risque fort de jouer contre les citoyens colombiens dont les intérêts seront méconnus par leur propre droit national[5].

555. Les complications inhérentes à l'exigence de réciprocité sont plus graves encore lorsque nous regardons son troisième défaut, c'est-à-dire la difficulté de sa mise en œuvre, et plus spécialement la preuve de son existence[6]. Apprécier son existence ou son inexistence peut facilement être la source d'injustices et de

---

[1] Pour le refus des décisions de divorce *v.* CSJC. Cass. Ch. Civ., 17 septembre 2009, Magistrat Rapporteur : César Valencia, Dossier n° 0648-00 ; CSJC. Cass. Ch. Civ., 2 mai 2014, Magistrat Rapporteur : Margarita Cabello, Dossier n° 2075-00. Pour le refus des décisions concernant le paiement de créances *v.* CSJC. Cass. Ch. Civ., 17 janvier 2014, Magistrat Rapporteur : Margarita Cabello, Dossier n° 2007-01997-00 ; CSJC. Cass. Ch. Civ., 19 octobre 2009, Magistrat Rapporteur : William Namén, Dossier n° 2003-00065-00.

[2] *« If no treaty applies, enforcement of a foreign judgment is, as a result of Article 431 CCP, not possible, and the case will to a certain extent, have to be adjudicated again by the competent Dutch court. Since the landmark Bontmantel case of 1924, the highest court in The Netherlands, the "Hoge Raad" (hereinafter the "Supreme Court") has developed a jurisprudence that purports to enforce a foreign judgment without a full retrial».* A.I.M. van Mierlo et B.R.D. Hoebeke, *The Netherlands, Enforcement of Money Judgments*, L. W. Newman éd, Juris, 2010, p. NET-6. À ce propos *v.* D. Rojas Tamayo. «Las deficiencias del derecho internacional privado colombiano…», *op.cit.*, p. 879.

[3] CSJC. Cass. Ch. Civ., 2 mai 2014, *préc.* ; Civ. Ch. Civ, 17 janvier 2014, *préc.* ; CSJC. Cass. Ch. Civ., 19 décembre 2012, *préc.*

[4] Dans un arrêt du 14 octobre 2011, la réciprocité législative entre la Colombie et le Luxembourg n'a pas été établie parce que les autorités consulaires colombiennes sur place n'ont jamais répondu à la demande de la Cour colombienne tendant à obtenir le contenu de la loi luxembourgeoise applicable à l'efficacité des décisions étrangères : CSJC. Cass. Ch. Civ., 14 octobre 2011, Magistrat Rapporteur : Arturo Solarte Rodriguez, Dossier n° 1999-07858-00. *v.* J. Fernández Rozas et S. Sánchez Lorenzo. *op.cit.*, p. 184 §169 ; A. Calvo Caravaca et J. Carrascosa Gonzalez, *op.cit.*, p. 320 §4.

[5] *« C'est donc là une réciprocité aveugle, qui se retourne souvent contre les nationaux du pays qui pose la condition de réciprocité, lorsqu'ils ont eux-mêmes obtenu un jugement à l'étranger qu'ils veulent faire reconnaître au for ».* P. Lagarde. La réciprocité en droit international privé…, *op.cit.*, p. 142 §34.

[6] B. Audit et L. d'Avout, *op.cit.*, p. 464 §555.

traitements inégaux. Le tribunal colombien connaît particulièrement bien de cette difficulté, oscillant sans explication entre une appréciation *in abstracto*[1] et une appréciation *in concreto*[2] de la réciprocité. Le résultat n'est autre que le prononcé de décisions contradictoires affirmant l'existence et l'inexistence de réciprocité législative au regard d'un même pays. Le cas des jugements panaméens en est un exemple parfait. Saisie de l'efficacité d'un jugement panaméen de divorce, la Cour colombienne a affirmé en 1991 qu'au regard de la loi panaméenne, il n'existe pas entre ce pays et la Colombie de réciprocité législative[3]. Pour justifier son affirmation, la Cour reprend la loi du Panama pour expliquer qu'elle ne reconnaît pas d'efficacité aux jugements étrangers rendus par défaut[4]. Or, en l'espèce, le demandeur ignorait le domicile de la défenderesse, et après tous les efforts de notification, cette dernière a fini par être assistée par un avocat directement désigné par le tribunal panaméen et le divorce prononcé par défaut. Dans ces conditions, la Cour estime qu'il est clair que dans une situation identique, c'est-à-dire dans le cas d'un jugement colombien de divorce rendu par défaut, ce dernier ne serait pas efficace au Panama. La Cour procède donc à une appréciation *in concreto* de la manière avec laquelle la loi étrangère traiterait l'efficacité d'une décision colombienne identique à celle dont l'efficacité est invoquée en Colombie. C'est au regard des résultats de cet examen qu'elle a pu affirmer que la décision colombienne aurait été évincée par la loi panaméenne. En conséquence, elle déclare l'inexistence de la réciprocité législative et prononce le refus d'efficacité du jugement panaméen.

556. Pour autant, quelques années plus tard, en 1995, la Cour est arrivée à la conclusion contraire, mais cette fois-ci grâce à un examen *in abstracto* de la réciprocité législative. Il s'agissait à nouveau d'une décision panaméenne relative à l'état et à la capacité, plus spécifiquement une décision d'adoption[5]. La Cour s'est alors contentée de rappeler le contenu des dispositions panaméennes applicables à l'efficacité des jugements étrangers, pour ensuite affirmer que « ce pays a adopté un critère similaire à celui du droit colombien »[6] et accorder enfin l'efficacité au jugement. En octobre 2010, dans une affaire relative à l'exécution d'un jugement déclaratif patrimonial rendu à l'encontre d'un défendeur défaillant

---

[1] Si l'analyse *in abstracto* est privilégiée, une fois que la réciprocité a été établie envers un État, l'on devrait considérer que l'exigence est remplie pour tous les jugements rendus dans la même catégorie par ce même État. De ce fait, une liste des pays avec lesquels le for considère que la réciprocité existe commencera à se constituer évitant l'insécurité juridique.

[2] Lorsque la réciprocité est le résultat d'une appréciation *in concreto*, elle sera établie au cas par cas par le juge en fonction des particularités de fait et de droit du jugement étranger. Cela peut conduire à ce que la réciprocité avec un État soit établie par rapport à certains jugements, mais exclue à l'égard d'autres malgré l'origine commune. *v.* C. Kessedjian, *La reconnaissance et l'exécution des jugements… op.cit.*, p. 319 §531.

[3] CSJC. Cass. Ch. Civ., 10 octobre 1991, Magistrat Rapporteur : Rafael Romero, Dossier n° 301440.

[4] *Idem.* Notons que le droit espagnol a connu d'une situation similaire à l'égard des jugements allemands, avant l'entrée en vigueur des règles communes européennes. En effet, la loi allemande prévoyait aussi le refus d'efficacité pour les décisions rendues par défaut. A. Remiro Brotons, *Ejecución de sentencias… op.cit.*, p. 91.

[5] CSJC. Cass. Ch. Civ., 12 décembre 1995, Magistrat Rapporteur : Javier Tamayo Jaramillo, Dossier n° 5098. En matière de divorce aussi, la Cour a mené une analyse *in abstracto* de la loi panaméenne *v.* CSJC. Cass. Ch. Civ., 19 octobre 2009, Magistrat Rapporteur : Edgardo Villamil, Dossier n° 00407-00.

[6] CSJC. Cass. Ch. Civ., 12 décembre 1995, *préc.* Cette analyse *in abstracto* a été aussi employée en 1997 *v.* CSJC. Cass. Ch. Civ., 30 juillet 1997, Magistrat Rapporteur : Nicolas Bechara, Dossier n° 6329.

à la procédure, la Cour est revenue à une appréciation *in concreto* de la réciprocité[1]. Elle a ainsi conclu à l'inexistence de réciprocité et a, par conséquent, refusé l'exequatur.

557. L'ambivalence de la Cour quant à l'appréciation de l'existence de la réciprocité législative entraîne une insécurité juridique aux conséquences néfastes pour les particuliers. En effet, les variations de la Cour les laissent dans l'impossibilité de prévoir la manière dont la réciprocité législative sera appréciée et donc, *in fine*, si leur jugement étranger pourra être confronté aux autres conditions de régularité. Or, si l'intérêt qui motive la Cour dans ces décisions de 1991 et de 2010 est celui de refuser l'efficacité des décisions étrangères rendues par défaut, ce n'est pas, à notre sens, au titre d'un manque de réciprocité que cela doit être sanctionné. Il serait plus cohérent de le faire en raison d'une contrariété à l'ordre public international colombien. Cela confirme, cependant, l'inadéquation de la réciprocité législative pour conditionner l'efficacité de la décision étrangère. La régularité internationale est à cette fin bien plus approprié.

558. Outre son fondement contestable, l'exigence de réciprocité, diplomatique ou législative, connaît aussi des difficultés en droit colombien qui sont liées à sa formulation législative. Ceci ne manque pas de compliquer davantage sa mise en œuvre.

2. *Une formulation problématique*

559. Telle que formulée par la loi colombienne, l'exigence de réciprocité limite drastiquement le champ d'application du contrôle de régularité. Dans sa fonction de sélection, la réciprocité impose au juge de procéder à un classement des jugements étrangers fondé uniquement sur leur origine. Sont ainsi distinguées, d'une part, les décisions rendues dans un pays avec lequel la réciprocité – diplomatique ou législative – n'existe pas et, d'autre part, celles qui ont été rendues dans un pays avec lequel ces liens de réciprocité sont établis. Alors que les jugements de la première catégorie n'ont aucune chance de produire des effets en Colombie, ceux de la seconde peuvent accéder au contrôle de régularité et voir leur efficacité internationale se matérialiser, si les autres conditions de régularité sont remplies.

560. Une lecture simple de l'article 605 du NCGP nous amène à affirmer ce que la doctrine et la jurisprudence répètent sans cesse : l'établissement d'au moins l'une des deux formes de réciprocité – diplomatique ou législative – est nécessaire pour envisager l'efficacité de la décision en Colombie. Or, une lecture plus scrupuleuse de cette disposition nous conduit à voir que la réciprocité a une portée bien plus étendue que celle que la doctrine et la jurisprudence lui accordent. Pour y voir plus clair, commençons par rappeler le contenu de ladite disposition : « les jugements ainsi que les ordonnances de nature similaire rendus par des autorités étrangères lors de procédures contentieuses ou relatives à la matière gracieuse, ont en Colombie la force qui leur est accordée par les Traités conclus avec le pays qui les a rendus, et à défaut, ils ont la force que les lois de ce

---

[1] CSJC. Cass. Ch. Civ., 4 octobre 2010. Magistrat Rapporteur : Pedro Octavio Munar. Dossier n° 1311-00.

pays reconnaissent aux jugements colombiens ». Cette règle juridique soulève deux questions dont la réponse est décisive pour déterminer l'efficacité que la décision étrangère aura en Colombie.
La première question est celle de savoir si, au regard du droit d'origine du jugement, une décision colombienne pourrait y produire des effets.
La seconde question porte sur les effets que ce droit étranger permettrait au jugement colombien de produire. L'intérêt de ces deux questions est d'assurer l'identité des prestations dont parle Paul Lagarde. Cependant, si nous regardons l'interprétation que la Cour colombienne fait de cette disposition, force est de constater que son application ne correspond pas tout à fait à la formulation légale.

561. Pour ce qui est d'abord de la réciprocité diplomatique, l'existence d'un traité entre la Colombie et le pays d'origine de la décision permet de répondre à la première question par l'affirmative. Ainsi, grâce à la Convention interaméricaine de 1979 à laquelle participent entre autres le Mexique et la Colombie, par exemple, l'efficacité d'une décision colombienne au Mexique est envisageable, et vice-versa. Il n'en demeure pas moins que la simple existence de la convention n'est pas une garantie d'efficacité ni pour la décision colombienne au Mexique, ni pour la décision mexicaine en Colombie. Encore faut-il que chacune des conditions du contrôle prévues dans la convention soient respectées.

562. Sur la seconde question, portant sur les effets que le jugement est autorisé à produire, l'article 605 du NCGP renvoie directement au texte du Traité. Or, c'est ici que les maladresses de la Cour sont les plus visibles et nuisibles en raison de la pratique, pour le moins déconcertante, du contrôle cumulatif que nous avons déjà étudié et qui consiste à vérifier doublement la régularité de la décision au regard des conditions de droit commun et au regard de celles du traité applicable[1]. Il est clair que cette pratique n'est aucunement exigée par l'article 605 du NCGP. À l'évidence, cette démarche finit par alourdir sérieusement l'exigence colombienne de réciprocité et la mise en œuvre du contrôle de régularité.

563. Pour ce qui est ensuite de la réciprocité législative, l'interprétation de la Cour s'éloigne également de l'esprit de l'article 605 du NCGP. Selon ledit article, à défaut de traité, l'efficacité du jugement étranger en Colombie dépend du traitement que la loi étrangère réserve aux jugements colombiens. Il est assez clair, à notre sens, que selon cette disposition la réponse aux deux questions que nous avons précédemment soulevées, c'est-à-dire l'admission de l'efficacité et la détermination des effets que le jugement peut produire dans le for, doit être cherchée dans la loi étrangère. Il suffit donc que cette loi accepte de manière générale l'efficacité des décisions étrangères pour que la première question obtienne une réponse affirmative. La mise en place d'une procédure d'efficacité suffit à établir un lien de réciprocité législative entre les deux pays. À ce stade, il importe peu que la procédure prévue soit plus ou moins exigeante que la procédure colombienne.

564. La situation n'est pas aussi simple lorsqu'il s'agit de répondre à la seconde question. Pour savoir quels sont les effets que ce jugement étranger peut

[1] CSJC. Cass. Ch. Civ., 7 septembre 2018, Magistrat Rapporteur : Álvaro García, Dossier n° 2015-02511-00.

déployer en Colombie, l'article 605 du NCGP dispose que les jugements étrangers, ont en Colombie, « la force que les lois de ce pays [pays d'origine] reconnaissent aux jugements colombiens ». Autrement dit, la force que la loi étrangère accorde au jugement colombien doit coïncider avec celle que le jugement étranger possède dans l'ordre juridique colombien[1]. À notre avis, la difficulté de cette disposition repose sur la signification donnée au mot « force »[2]. Un bref regard dans un dictionnaire juridique de langue française nous permet de voir que ce mot renvoie à la « contrainte de droit ou de fait »[3]. En langue espagnole, sa signification reste assez similaire étant l' « application du pouvoir physique ou moral »[4], ou la « qualité ou l'efficacité naturelle que les choses ont en soi »[5]. Dans le contexte de l'article 605 du NCGP, et par analogie avec la force obligatoire du contrat, le mot *« force »* est employé, à notre sens, pour désigner l'ensemble des effets de la décision judiciaire, et donc son caractère obligatoire et contraignant sans pour autant se limiter à la seule autorité de chose jugée[6], ni à la force exécutoire.

565. Selon nous, la disposition colombienne relative à la réciprocité législative implique que, lorsque la loi étrangère accorde aux jugements colombiens une efficacité plus étendue que celle que l'ordre juridique colombien prévoit pour les jugements étrangers, le droit colombien doit s'aligner sur cette efficacité étrangère. Il doit ainsi reconnaître à la décision en cause des effets aussi larges que ceux dont les décisions colombiennes bénéficient à l'étranger[7]. En revanche, puisque la réciprocité repose sur l'identité de contreprestations, dans un cas inverse, si la loi étrangère accorde au jugement colombien des effets plus restreints que ceux prévus par la loi colombienne, le juge colombien ne doit accorder à la décision étrangère que des effets limités. Cet alignement du droit colombien peut aussi être étendu aux formalités procédurales qui permettent aux décisions colombiennes d'avoir de la *« force »* à l'étranger.

566. Illustrons ceci à l'aide d'un exemple. Prenons le cas d'un jugement français dont l'efficacité est invoquée en Colombie. Si nous suivons la disposition de l'article 605, le juge colombien doit procéder en deux temps. Il doit d'abord

---

[1] P. Lagarde, « La réciprocité en droit international privé… », *op.cit.*, p. 112 §2.

[2] Ce même terme est utilisé par la *Ley de Enjuiciamiento Civil* espagnole du 3 février 1881 à l'article 951 portant sur l'exécution des jugements étrangers. À ce propos *v.* A. Marín López, *Derecho internacional privado español. Parte especial*, Édition El auteur, 1983, p. 90.

[3] *v°* « force », *in*, *Vocabulaire juridique de l'Association Henri Capitant par Gérard Cornu*, PUF, 13e éd, 2020, p. 467.

[4] Diccionario de la lengua española. http://dle.rae.es/?id=IYwPBb3.

[5] Diccionario de la lengua española. http://dle.rae.es/?id=IYwPBb3.

[6] Sur la distinction entre autorité de chose jugée et force de chose jugée *v.* S. Guinchard, F. Ferrand, C. Chainais et L. Mayer, *Procédure civile*, Dalloz, 34ème éd., 2018, p. 837 §1189.

[7] P. Lagarde, « La réciprocité en droit international privé… », *op.cit.*, p. 112 §2. En droit espagnol, Antonio Remiro Brotons propose qu'en cas de réciprocité législative, l'efficacité de la décision soit soumise au respect des conditions de régularité fixées par la loi d'origine. La seule limite envisageable serait le respect de l'ordre public international espagnol. A. Remiro Brotons, *Ejecución de sentencias… op.cit.*, p. 107. Dans le même sens *v.* : A. Calvo Caravaca et J. Carrascosa Gonzalez, *Derecho internacional privado*, Editorial Comares, Vol. I, 2e éd, 2000, p. 319 §4. En revanche, José Fernández Rozas et Sixto Sánchez Lorenzo affirment que l'établissement de la réciprocité législative a pour résultat un cumul des conditions de régularité prévues par la loi étrangère et celles du droit espagnol. J. Fernández Rozas et S. Sánchez Lorenzo, *Derecho internacional privado*, Thomson Civiltas, 4e éd., 2007, p. 183 §169.

vérifier si l'efficacité d'un jugement colombien est envisageable en France. Si la réponse est affirmative, le juge doit ensuite s'interroger sur les effets que la loi française reconnaît à une décision colombienne de la même catégorie. Or, puisque la loi française permet au jugement colombien d'avoir l'efficacité substantielle, l'autorité de chose jugée, et d'être assorti d'une force exécutoire conditionnée à l'exequatur préalable, le juge colombien doit, en toute logique, accorder au jugement français les trois mêmes effets. Inversement, si le droit français n'accordait aux jugements colombiens que l'efficacité substantielle et la force exécutoire à l'exclusion de toute autorité de chose jugée, le juge colombien devrait faire de même. Pareillement, puisque le droit français permet à certaines décisions étrangères d'accéder à l'efficacité substantielle sans contrôle préalable de régularité, le droit colombien devrait en faire de même par rapport aux décisions françaises[1].

567. Pour autant, l'application que la Cour colombienne fait de cette disposition ne correspond pas au sens que nous venons d'exposer. La Cour ne consulte la loi étrangère que pour répondre à la première question, c'est-à-dire pour savoir si l'efficacité des jugements colombiens est admise dans le pays étranger. Lorsque la réponse est affirmative, la Cour ne regarde plus la loi étrangère et revient immédiatement à la loi colombienne pour confronter la décision en cause aux conditions de régularité prévues dans le NCGP. Si la décision satisfait l'ensemble de ces conditions, les effets qu'elle est autorisée à déployer sont ceux prévus par le droit colombien, et non, comme le présent l'article 605, ceux indiqués par la loi étrangère. Autrement dit, telle que mise en œuvre par la Cour colombienne, la réciprocité législative ne correspond que partiellement au sens qui se dégage de la rédaction du NCGP[2]. Ainsi, au lieu de conduire à ce qui, selon Paul Lagarde, consiste dans un alignement des droits nationaux vers le plus généreux, l'application faite par la Cour colombienne risque plutôt de conduire à un « alignement [...] sur la législation de l'État moins généreux »[3]. Dans le cas de l'exemple franco-colombien, c'est la législation colombienne qui prévoit le régime le plus strict.

568. Cependant, au-delà du décalage entre la rédaction de la norme, son interprétation et son application, la démarche de la Cour colombienne peut se justifier pour des raisons pratiques. En effet, accorder aux jugements étrangers les effets déterminés par la loi étrangère est une source potentielle de complications très lourdes. Alors que la question de l'efficacité des jugements étrangers n'a pas attiré l'attention du législateur colombien depuis longtemps, les lois étrangères de leur côté prévoient une efficacité des jugements plus étendue. Si nous suivons à la lettre l'article 605 du NCGP, le juge colombien serait systématiquement amené à appliquer la loi étrangère afin de déterminer quels

[1] P. Hammje, *Rép.dr.int.*, Dalloz, *v°* « Divorce et séparation de corps – La reconnaissance et l'exécution en droit commun français -», §278.

[2] Dans la pensée de Paul Lagarde, une telle interprétation et mise en œuvre de l'exigence de réciprocité correspondent à une formulation du type *« je donnerai aux nationaux de B tel droit que je règlemente chez moi si B accorde ce même droit à mes nationaux [...] »*. P. Lagarde. « La réciprocité en droit international privé... », *op.cit.*, p. 113 §2.

[3] *Idem.*

effets la décision étrangère peut déployer dans le for, et surtout, de quelle manière. L'efficacité des décisions étrangères varierait en fonction du pays d'origine du jugement.

569. D'aucuns pourraient reprocher à cette affirmation que la réciprocité diplomatique aboutit aussi à un traitement différencié en fonction de l'origine des décisions. Nous acceptons volontiers la remarque. Mais, il apparaît que la situation est toute autre à partir du moment où le traitement dit *« différent »* dans le cadre de la réciprocité diplomatique est le résultat d'un accord volontaire entre États ayant l'intention de se rapprocher pour adopter des règles communes qui facilitent la circulation de leurs décisions judiciaires. Or, dans le cas de la réciprocité législative, cette intention concertée fait défaut.

570. Par ailleurs, permettre à la loi étrangère de déterminer les effets que la décision étrangère va déployer dans le for susciterait un problème plus profond du fait qu'en droit colombien, le juge qui met en œuvre l'instrument d'efficacité n'est en aucun cas celui qui connaît de l'exécution matérielle du jugement. À l'opération de vérification du juge du contrôle devrait alors s'ajouter la détermination, selon la loi étrangère, des effets que le jugement étranger est autorisé à produire en Colombie. Le juge colombien devrait alors faire preuve de curiosité et de beaucoup de rigueur afin d'appliquer correctement les différents régimes d'efficacité prévus par les pays étrangers.

571. Alors que les complications qui viennent d'être exposées confirment combien l'interprétation et l'application de la réciprocité législative retenues par la Cour colombienne sont préférables, le fait est que le problème reste intact : l'exigence de réciprocité est maintenue. Elle est à la fois une exigence peu utile et encombrante. Le professeur Hernan Fabio López Blanco, qui se démarque des autres auteurs colombiens par son esprit critique sur la question, dénonce le décalage qui existe entre, d'une part, les bonnes intentions des représentants étatiques et de la doctrine internationale sur la nécessité et l'utilité de parvenir à une circulation effective des jugements et, d'autre part, le *« chauvinisme »* des législations nationales qui finit par les étouffer[1]. La Cour colombienne s'inscrit parfaitement dans ce décalage. Alors qu'elle ne cesse d'affirmer la nécessité d'une circulation moins entravée des décisions étrangères, elle conserve et applique sans exception l'exigence de réciprocité pour nier toute possibilité d'efficacité aux décisions rendues dans un pays avec lequel un tel lien fait défaut.

572. La place privilégiée de l'exigence de réciprocité au sein du contrôle colombien de réciprocité s'inscrit directement, à notre sens, dans le prolongement de la conception publiciste de l'efficacité des jugements étrangers. Les conséquences que cette exigence entraîne dans la mise en œuvre colombienne du contrôle sont alarmantes et risquent d'être problématiques pour envisager la modernisation de celui-ci. Cependant, nous pensons que ces inconvénients ne sont pas insurmontables.

---

[1] H. López Blanco, *op.cit.*, p. 826.

§ 2. Propositions pour surmonter la réticence

573. Afin de remédier aux profonds inconvénients que le maintien de cette exigence représente pour le contrôle colombien et pour sa mise en œuvre, deux solutions sont, selon nous, envisageables. La première est d'ordre législatif et radicale, elle consiste dans la suppression définitive de l'exigence (A). La seconde solution est de nature jurisprudentielle et repose sur l'adoption d'une nouvelle interprétation neutralisant les effets négatifs de cette exigence (B).

A. Une solution radicale : la suppression de la condition

574. En droit espagnol, un auteur se demandait, à propos de l'exigence de réciprocité, si « l'on pouvait être satisfait avec un régime dont le fonctionnement a été contradictoire, discriminatoire, inégal et déséquilibré ? »[1]. Cette même question se pose, dans des termes identiques, pour le droit colombien et mérite une réponse négative. C'est pourquoi, la première solution que nous proposons est radicale et consiste dans la suppression définitive de l'exigence de réciprocité du contrôle de régularité. À cette fin, l'intervention du législateur est indispensable. Il est le seul compétent pour modifier les dispositions du NCGP. Les bienfaits d'une telle suppression seront, d'une part, directement ressentis par les particuliers concernés par le rapport de droit décidé à l'étranger qui pourront dans tous les cas avoir la certitude que leur décision aura accès au contrôle de régularité. D'autre part, l'ensemble du droit international privé colombien en serait largement allégé, voire modernisé.

575. En réalité, cette solution n'est pas inconnue du droit colombien. En effet, la loi n° 1563 de 2012, fondée sur la loi modèle de la CNUDCI et portant promulgation d'un statut d'arbitrage national et international[2], ne conditionne pas la reconnaissance et l'exécution des sentences arbitrales à l'exigence de réciprocité. Elle confirme sur ce point l'esprit de la Convention de New York de 1958[3] qui ne fait pas de la réciprocité un élément de son application. Grâce à l'absence de cette condition, Antonio Aljure affirme, avec raison, que toutes les sentences arbitrales étrangères sont susceptibles d'être efficaces en Colombie, indépendamment du pays d'origine[4]. La suppression de l'exigence de réciprocité entraînera le même résultat en matière d'efficacité des décisions judiciaires, c'est-à-dire que l'origine du jugement deviendra d'une manière générale indifférente, et l'efficacité normative de toutes les décisions étrangères dépendra uniquement des conditions *stricto sensu* de régularité. Si nous disons que grâce à la disparition de l'exigence de réciprocité le pays d'origine de la décision devient « d'une manière générale indifférent », c'est bien parce qu'il demeure pris en considération dans une situation spécifique : l'existence d'une convention

[1] A. Remiro Brotons, *Ejecución de sentencias… op.cit.*, p. 109.
[2] Loi n° 1563 du 12 juillet 2012, relative à la promulgation d'un statut d'arbitrage national et international, publiée au Journal Officiel n° 48 489 du 12 juillet 2012.
[3] Convention adoptée en Colombie par la Loi n° 37 du 6 juillet 1979, publiée au Journal Officiel n° 35 317 du 30 juillet 1979. La loi est entrée en vigueur le 24 décembre 1979.
[4] A. Aljure, « Exequatur de laudos arbitrales », *in, Teoría general del derecho internacional privado,* sous la dir. de L. García et A. Aljure, Legis, 2016, p. 443.

internationale. Dans ce cas, le contrôle de régularité applicable sera celui prévu par la Convention dont bénéficient uniquement les décisions des pays signataires. Cette précision est assurément évidente et sans nouveauté pour la plupart des ordres juridiques, mais elle prend tout son sens au regard de la pratique du contrôle cumulatif à laquelle la Cour suprême de justice est habituée en Colombie. Elle est dès lors importante pour assurer les objectifs de simplification qui motivent la conclusion desdites conventions, et s'avère sans doute indispensable si un jour la Colombie décide d'adhérer à la Convention de La Haye de 2019.

576. Ainsi, en supprimant définitivement l'exigence de réciprocité, le droit colombien créerait un environnement propice à un remaniement modernisateur des conditions *stricto sensu* de régularité. Libéré de l'emprise de la réciprocité, l'ordre juridique colombien se verrait confronté à l'accueil de nouvelles situations juridiques, parfois inconnues, voire contraires aux institutions nationales. Ce sera l'occasion de préciser davantage la portée des autres conditions du contrôle et de favoriser l'équilibre entre les deux finalités sous-jacentes du contrôle de régularité.

577. Nous sommes convaincue que le renforcement des liens de confiance mutuelle avec les États étrangers à l'égard desquels l'accueil des décisions est le plus fréquent, et avec lesquels il n'y a pas de convention bilatérale ou multilatérale sera un élément essentiel dans ce processus modernisateur. Nous pensons par exemple aux États-Unis, à l'Allemagne, à la France, à l'Italie, au Portugal et au Japon qui sont, sans doute, les principaux « fournisseurs » de décisions étrangères. Cependant, nous sommes également pleinement consciente de l'inactivité qui caractérise le législateur colombien en matière de droit international privé. Celle-ci compromet fortement le succès, à court ou moyen terme au moins, de la solution que nous proposons.

B. *Une solution nuancée : une nouvelle interprétation de la condition*

578. Au regard de l'expérience des droits qui ont connu l'exigence de réciprocité, et qui ont réussi malgré tout à la neutraliser, à l'image de l'Espagne, une autre solution est envisageable en droit colombien. Il s'agit de l'adoption d'une nouvelle interprétation de cette exigence. Certes, plus facile à mettre en œuvre en matière de réciprocité diplomatique (1), elle est également réalisable pour la réciprocité législative (2).

1. *La neutralisation de la réciprocité diplomatique*

579. Nous l'avons démontré, contrairement à la réciprocité législative, celle de type diplomatique n'est pas vraiment problématique. Lorsque l'article 605 du NCGP dispose que l'efficacité d'une décision rendue par un pays avec lequel la Colombie a signé une convention internationale est soumise aux règles fixées par cet instrument, il ne fait que confirmer la supériorité du traité face à la loi. Cependant, la mise en œuvre du contrôle de régularité possède deux problèmes majeurs en ce qui concerne la réciprocité diplomatique, mais auxquels il est

possible de remédier : le premier est le nombre réduit d'instruments conclus dans la matière, le second est la pratique du contrôle cumulatif.

580. La solution au premier problème réside dans la promotion de la participation de la Colombie à de nouveaux accords bilatéraux ou multilatéraux relatifs à l'efficacité des jugements étrangers. L'entrée de la Colombie en tant qu'État membre de la Conférence de La Haye devrait apporter un début de solution à cet égard[1]. L'adoption de la récente Convention de 2019 sur la reconnaissance et l'exécution des jugements étrangers en matière civile et commerciale est également souhaitable. Il est indéniable que si elle était adoptée par un nombre important d'États, la Colombie y comprise, cette Convention aurait l'effet positif de permettre l'établissement d'un régime d'efficacité de type universel. L'exigence de réciprocité diplomatique serait satisfaite à l'égard de tous les pays signataires.

581. Même, dans le cas où cette Convention ne connaîtrait qu'un succès limité, l'amélioration de l'état actuel du droit colombien serait déjà malgré tout sensible. En effet, actuellement, des liens de réciprocité diplomatique n'existent qu'envers certains pays latino-américains, et l'Espagne. Or, si la Convention est adoptée ne serait-ce que par un ou deux autres pays, les liens de réciprocité diplomatique se multiplieront. En conclusion, tant l'entrée de la Colombie à la Conférence de La Haye, que l'adoption de la Convention de 2019, représentent une possibilité essentielle pour la modernisation de l'efficacité des jugements étrangers dans ce pays.

582. En ce qui concerne le second volet du problème, c'est-à-dire le contrôle cumulatif opéré par la Cour colombienne, la cessation d'une telle pratique s'impose incontestablement. Il n'est pas nécessaire d'insister sur le fait que, par son double contrôle, la Cour colombienne méconnaît le contenu du traité en cause, et va à l'encontre du mouvement international qui cherche à obtenir une circulation plus rapide et efficace des jugements étrangers. Or, l'abandon du contrôle cumulatif de régularité n'est envisageable, selon nous, que si le juge colombien accepte de tirer les conséquences de la primauté des traités internationaux sur les lois internes. Cette primauté, qui est reconnue par le Conseil constitutionnel colombien et qui est fondée sur le principe *pacta sunt servanda*[2], implique, de manière plus concrète, que le juge colombien doit contribuer au respect des engagements internationaux colombiens. En ce qui concerne les jugements étrangers, le juge doit cesser de croire, d'une part, que le double contrôle est synonyme d'une protection renforcée de l'ordre juridique national et, d'autre part, que le motif qui explique la participation de la Colombie à ces instruments internationaux est exclusivement la protection de ses intérêts étatiques. Il est temps pour la Colombie d'admettre que faciliter la circulation des décisions est aussi l'un des intérêts de l'État.

---

[1] Admise, la Colombie doit encore manifester son acceptation du Statut de la Conférence pour y accéder formellement en tant que membre. Pour ce faire, l'intervention du pouvoir législatif est nécessaire.

[2] Cons. Constit., 10 août 1998, C-400/98, Magistrat Rapporeur : Alejandro Martínez Caballero, Dossier n° : L.A.T-108.

583. De plus, la disparition du contrôle cumulatif doit aussi s'accompagner de celle de l'exigence inexplicable que la Cour fait souvent peser sur les parties de prouver la réciprocité diplomatique en apportant la preuve de l'existence du traité et de ce qu'il est encore en vigueur entre les pays signataires. Agrippée à un formalisme extrême, la Cour colombienne semble oublier que dès lors que le traité est conclu, ratifié et approuvé par l'organe législatif, il s'incorpore au droit interne. Ainsi, toutes les fois que le juge colombien fait application d'un traité, il applique le droit colombien. Or, imposer à la partie intéressée de prouver l'existence et l'applicabilité du traité, équivaut à exiger d'elle la preuve du droit colombien, en contradiction du principe *iura novit curia*[1]. De plus, selon l'article 167 du NCGP, portant sur la charge de la preuve, les parties sont uniquement tenues de prouver les faits qui, selon elles, leur permettent de prétendre à l'effet juridique consacré par la norme juridique qu'elles invoquent. Dans le cas de l'efficacité d'un jugement espagnol, par exemple, la charge des parties devrait être de prouver que le jugement a été prononcé par un tribunal espagnol pour que le juge applique le traité signé avec ce pays, sans pour autant devoir apporter une copie de la Convention.

584. Ainsi, si le juge colombien franchit le cap et accepte l'idée de se détacher de sa vision territorialiste de la loi pour admettre que le contrôle prévu dans les traités prime sur celui du droit commun, la réciprocité diplomatique ne risque d'entraver ni le fonctionnement de l'instrument d'efficacité, ni la circulation des décisions étrangères.

585. Outre ceci, des aménagements sont aussi envisageables au regard de la réciprocité législative.

2. *Une nouvelle lecture de la réciprocité législative*

586. Du fait du faible nombre de conventions internationales auxquelles participe la Colombie, la réciprocité législative est sollicitée dans la plupart des cas où l'efficacité normative de la décision étrangère est invoquée dans le for. Or, malgré la rédaction peu intelligible de la norme colombienne, elle concerne uniquement, selon nous, les jugements rendus dans un pays qui reconnaît l'efficacité des décisions colombiennes, et non ceux qui sont prononcés par des pays sans réciprocité d'aucune sorte. Autrement dit, l'article 605 du NCGP a un champ d'application étroit qu'il convient surtout de maintenir restreint.

587. Pour clarifier cette interprétation que nous proposons, il faut garder à l'esprit la fonction de sélection que nous avons attribuée à l'exigence de réciprocité, et qui consiste plus spécifiquement dans le classement des jugements étrangers en trois catégories selon leur origine[2]. Ainsi, l'on a d'abord, les jugements qui bénéficient d'une réciprocité diplomatique, ensuite ceux qui sont

---

[1] Pour une définition jurisprudentielle du principe *iura novit curia* en droit colombien, *v.* Cons. Constit. 28 octobre 2010, Magistrat Rapporteur : Humberto Antonio Sierra Porto, Dossier n° T-2.700.081. Par ailleurs, nous signalons qu'en matière de régime des preuves, le NCGP ne régule que la preuve de la loi étrangère à l'article 177, la preuve de la loi nationale n'étant pas nécessaire. *v.* D. Rojas, « Las deficiencias del derecho internacional privado colombiano…», *op.cit.*, p. 880 et s.

[2] M. Virally, *op.cit.*, p. 19.

couverts par la réciprocité législative, et enfin, ceux qui ne satisfont la condition de réciprocité sous aucune de ces deux formes. C'est le cas notamment des jugements hollandais.

588. Afin de permettre aux jugements de la troisième catégorie d'accéder au contrôle de régularité et d'avoir une chance de parvenir à l'efficacité en Colombie, il est nécessaire de privilégier une interprétation restrictive de l'article 605 du NCGP. L'objectif est d'écarter cette disposition toutes les fois qu'il est question de l'efficacité d'un jugement de cette catégorie. En effet, si nous respectons à la lettre cette disposition, il y est indiqué que la force reconnue en Colombie aux jugements pour lesquels la réciprocité a été établie est celle « qui leur est accordée par les traités conclus avec le pays d'origine du jugement, et à défaut, la force que les lois de ce pays reconnaissent aux jugements colombiens ». Or, contrairement à ce qui est affirmé en jurisprudence, cette disposition ne traite pas de l'efficacité des jugements qui ne sont pas couverts par la réciprocité, et surtout, elle n'interdit pas l'efficacité des décisions étrangères en dehors de tout rapport de réciprocité. Autrement dit, elle s'intéresse uniquement à la *force* qui doit être reconnue aux jugements en provenance d'un État qui a des liens de réciprocité avec la Colombie.

589. Dans cet ordre d'idées, accepter que l'article 605 du NCGP ait un champ d'application réduit nous conduit à l'écarter lorsqu'il est question de l'efficacité d'un jugement étranger sans réciprocité. Nous serions donc confrontés à la question sous-jacente de savoir comment déterminer la *force,* pour rester fidèles à la terminologie employée par la loi colombienne, que ces jugements de la troisième catégorie ont en Colombie. La réponse à cette question ne peut être qu'unique : la force des jugements qui ne bénéficient pas de réciprocité est déterminée par la loi colombienne. Le résultat pratique en est que l'efficacité des jugements de la troisième catégorie recevra le même traitement que reçoit actuellement l'efficacité des décisions émanant des pays avec lesquels des liens de réciprocité législative existent. Privilégier cette interprétation restrictive, conduisant à écarter l'article 605 du NCGP, se traduit par un accès garanti de toutes les décisions étrangères, hollandaises y comprises, au contrôle de régularité. Le juge devra donc vérifier leur régularité au regard des exigences prévues à l'article 606 du NCGP.

590. L'interprétation que nous proposons suit de près l'expérience du droit espagnol qui a lui aussi connu l'exigence de réciprocité dans la *Ley de enjuiciamiento civil* de 1881[1], et qui est assurément à l'origine de la disposition colombienne. Cependant, contrairement au droit colombien, le droit espagnol prévoyait une disposition additionnelle applicable aux décisions qui n'étaient couvertes par aucune réciprocité, et ce en prévision, précisément, des conséquences négatives

---

[1] A. Remiro Brotons, *Ejecución de sentencias extranjeras… op.cit.*, p. 17 et s. ; J. Cremades, « La reconnaissance en Espagne des décisions judiciaires et des actes authentiques français », *RCDIP* 1975.359.

de l'exigence de réciprocité diplomatique[1] ou législative[2]. Cette disposition supplémentaire commandait l'application du droit commun espagnol en cas de défaut de réciprocité[3]. Grâce à cette disposition, l'efficacité de la décision étrangère était toujours possible car la régularité internationale pouvait toujours être contrôlée. Antonio Remiro Brotons affirme à ce propos que l'intérêt du législateur espagnol était, sans doute, de faire du régime conventionnel le cœur du système espagnol d'efficacité des décisions étrangères, et du droit commun un régime résiduel ou d'exception. Cependant, un regard historique impose de conclure qu'en réalité, le régime dit d'exception est devenu le régime de principe et que la réciprocité est en recul permanent du fait de ses inconvénients[4]. Prévoir cette manière de désactiver la réciprocité confirme combien l'instrument d'efficacité espagnol ne cherche pas uniquement la protection des intérêts étatiques mais aussi celle des intérêts des particuliers. Il est à noter que l'Espagne a réformé en 2015[5] son droit commun de l'efficacité des jugements et a profité de cette occasion pour supprimer l'exigence de réciprocité.

591. Pour autant, au regard de la conception publiciste de l'efficacité qui prédomine en droit colombien, l'on pourrait assurément nous opposer l'argument de la souveraineté étatique pour repousser notre interprétation restrictive de l'article 605 du NCGP. Néanmoins, les mots justes de Paul Lagarde nous permettent de répondre à cette critique. En effet, la souveraineté du pays d'accueil « ne souffre aucunement de reconnaître des jugements étrangers rendus en des pays qui ne reconnaissent pas les jugements rendus chez lui. La dignité de l'État impose seulement que l'État soit libre de fixer lui-même en toute souveraineté les conditions auxquelles doivent répondre les jugements étrangers pour être reconnus sur le territoire »[6]. En outre, lorsque nous défendons une interprétation restrictive de cette disposition, nous n'entendons aucunement accepter l'efficacité des jugements en provenance des pays sans réciprocité sans aucune mesure de contrôle. Les conditions de régularité fixées par la loi colombienne demeurent applicables et suffisent pour assurer la protection de l'ordre juridique colombien, et celle des intérêts des particuliers. De plus,

---

[1] L'article 951 de la *Ley de Enjuiciamiento civil* disposait que : *« [...] les décisions définitives rendues en pays étranger auront en Espagne la force établie par les Traités respectifs ».* Décret Royal du 3 février 1881, portant promulgation de la *Ley de Enjuiciamiento civil,* Publié au *BOE* du 5 février 1881, et entré en vigueur le 1er avril 1881. Abrogé le 23 juillet 2015.

[2] À son tour, l'article 952 de la même loi disposait que : *« À défaut de traité conclu avec la nation d'origine de la décision, celle-ci aura la même force que cet État reconnaît aux jugements définitifs rendus en Espagne ».* L'article 953 était consacré à la réciprocité de fait. Ainsi *« si la décision a été rendue dans un État où la jurisprudence refuse d'accorder l'efficacité aux décisions espagnoles, celle-ci n'aura aucune force en Espagne ». Ídem.*

[3] L'article 954 de la *Ley de Enjuiciamiento civil* prévoyait que : *« Si aucune des trois hypothèses précédentes ne se réalise, la force en Espagne des décisions étrangères est conditionnée au respect des conditions suivantes [...] ». Idem.* À ce propos *v.* J. Iglesias Buigues, *Competencia judicial, reconocimiento y ejecución de decisiones judiciales en la C.E.E y en derecho español,* Instituto de estudios administrativos, 1977, p. 153.

[4] A. Remiro Brotons, *Ejecución de sentencias..., op.cit.,* p. 38.

[5] Il s'agit de la loi 29 du 30 juillet 2015, portant sur *« coopération juridique internationale en matière civile ».* Publiée au *BOE* du 31 juillet 2015, et entrée en vigueur le 20 août 2015. La reconnaissance et l'exécution des jugements étrangers est désormais régulée aux articles 41 à 55 de la loi de 29 de 2015, les conditions de régularité étant indiquées plus spécifiquement à l'article 46. Il est à noter que le droit espagnol a opté pour une rédaction négative, similaire à celle utilisée par le droit européen, parlant ainsi des *« causes de refus de reconnaissance ».*

[6] P. Lagarde, « La réciprocité en droit international privé... », *op.cit.,* p. 146 §41.

l'interprétation que nous proposons s'articule très bien avec la nouvelle interprétation que la jurisprudence colombienne semble prôner de la notion de souveraineté dans certaines décisions, et qui se concilie mieux avec la fonction coordonnatrice du droit international privé[1].

592. **Conclusion de la section :** L'exigence de réciprocité est révélatrice de la réticence des ordres juridiques pour l'efficacité des jugements étrangers. La manière dont elle est prévue, interprétée et appliquée en droit colombien renvoie l'image d'un discours obsolète[2] pour appréhender la circulation desdits jugements. Dans le prolongement de la conception publiciste de l'efficacité que le droit colombien privilégie, la réciprocité prévue est une réciprocité-rétorsion qui ne manque pas de déployer ses effets négatifs contre les particuliers, notamment contre les ressortissants colombiens[3]. Afin de neutraliser l'emprise de cette condition nous proposons deux solutions : sa suppression par voie législative, ou adopter une nouvelle interprétation de l'exigence. Il s'agit d'une interprétation restrictive de la disposition afin de l'écarter toutes les fois qu'il est question de l'efficacité en Colombie d'une décision qui n'est couverte par aucun rapport de réciprocité. Retenir cette interprétation permettra à tous les jugements étrangers d'accéder au contrôle de régularité et de voir leur efficacité se définir par le jeu des conditions de régularité internationale. Cependant, la modification que nous proposons commande un changement de paradigme interprétatif du droit international privé afin de remettre en cause la conception publiciste de l'efficacité des jugements étrangers.

593. En outre, nous confirmons que l'adhésion de la Colombie à la Convention de La Haye de 2019 est souhaitable. Cette convention constitue l'occasion de multiplier les liens de coopération et de favoriser l'entraide entre États. Elle garantira l'établissement de la réciprocité diplomatique à l'égard d'un nombre important d'États avec lesquels la Colombie n'a pas ce type de liens. Les effets positifs de cette adhésion resteront conditionnés, bien entendu, au succès de la Convention.

594. En dehors de l'exigence de réciprocité, la mise en œuvre du contrôle colombien de régularité est également compliquée par certaines *« fausses »* conditions de régularité.

Section II : La problématique des « fausses » conditions de régularité

595. En plus de l'exigence de réciprocité, le contrôle colombien de régularité se démarque du contrôle français en ce qu'il qualifie, de manière contestable, certaines exigences, comme étant des conditions de régularité. Ces dernières ne sont pas inconnues en droit français, mais ne font pas l'objet d'une telle qualification. Les complications engendrées par l'insertion de ces *« fausses »* conditions de régularité au sein du contrôle colombien (§ 1) demeurent néanmoins surmontables grâce à certains correctifs (§ 2).

---

[1] *v. supra* p. 176 et 208.

[2] P. Orejudo Prieto de los Mozos, « Le droit international privé colombien… », *op.cit.*, p. 127 §133.

[3] C. Kessedjian, *La reconnaissance et l'exécution des jugements…*, *op.cit.*, p. 309-310 §514-515.

§ 1. L'insertion de *« fausses »* conditions dans le contrôle colombien

596. Parmi les conditions de régularité formulées par l'article 606 du NCGP, et que nous avons déjà indiquées, il y en a deux qui nous semblent ne pas devoir y figurer. Après les avoir identifiées (A) nous expliquerons pourquoi nous les qualifions de « *fausses* » conditions de régularité en remontant à leurs origines (B).

A. L'identification des « fausses » conditions

597. Le contrôle colombien comporte, de notre point de vue, deux *« fausses »* conditions de régularité. La première est celle qui exige le caractère définitif de la décision étrangère, et que le document qui la contient, c'est-à-dire l'*instrumentum,* soit légalisé[1]. Cette exigence figure dans le contrôle prévu en droit commun et dans celui prévu dans certains traités internationaux auxquels participe la Colombie[2]. Cette double exigence est aussi prévue en droit commun français[3], et en droit européen. Cependant, en France elle n'est pas qualifiée de condition de régularité. De plus, au sein du droit européen, elle a été l'objet d'un allégement considérable car, pour simplifier l'efficacité des jugements au sein de l'Europe, la décision étrangère doit être définitive et traduite en langue française mais les parties n'ont pas à légaliser le document qui la contient[4].

598. La seconde *« fausse »* condition du contrôle colombien est celle qui fait de la procédure d'exequatur une condition de régularité[5]. Contrairement à l'exigence de légalisation, celle-ci semble être une particularité exclusive du droit commun colombien, car aucun des traités internationaux auxquels participe la Colombie ne fait figurer cette procédure parmi les conditions du contrôle. Bien entendu, la procédure d'exequatur existe au sein du droit conventionnel colombien tout aussi bien qu'en droit commun français et qu'en droit européen[6]. Cependant, contrairement au droit commun colombien, le droit français et le droit européen ne considèrent pas cette procédure comme l'une des exigences de régularité de l'instrument d'efficacité.

599. C'est alors un problème de qualification qui oppose les deux droits étudiés : le caractère définitif de la décision, sa légalisation et la procédure

---

[1] L'article 606.3 du NCGP dispose que pour être internationalement régulier, il faut *« Que le jugement soit définitif selon les normes du pays d'origine. Le jugement doit être apporté en copie dûment légalisée ».*

[2] Par exemple, l'article 50 du Traité de droit international privé signé entre la Colombie et l'Équateur en 1903 prévoit que la vérification de l'authenticité des commissions rogatoires ordonnant l'exécution d'un jugement est nécessaire pour qu'il puisse produire des effets. La Convention signée entre la Colombie et l'Espagne exige aussi la légalisation du jugement à l'article 2. Nous trouvons également cette exigence dans le Traité d'exécution d'actes étrangers de 1911 et dans celui de Montevideo de 1889 respectivement à l'article 4 et 3.

[3] J-P Niboyet, *Traité de droit international privé français*, Sirey, T. VI, 1950, p. 83 §1939, B. Audit et L. d'Avout, *op.cit.*, p. 461 §551, P. Mayer, V. Heuzé et B. Remy, *op.cit.*, p. 269 §377.

[4] Le Règlement Bruxelles I bis, par exemple, indique à l'article 61 que : *« Aucune légalisation ni formalité analogue n'est exigée pour les documents délivrés dans un État membre dans le cadre du présent règlement ».* Les articles 37.1.a et 42.1.a exigent seulement la présentation d'une *« copie de la décision réunissant les conditions nécessaires pour en établir l'authenticité »* pour envisager soit sa reconnaissance, soit son exécution. ». Règlement (UE) n° 1215 du 12 décembre 2012 *Bruxelles I bis, préc.*

[5] L'article 606.7 exige comme dernière condition de régularité *« Que la procédure d'exequatur soit réalisée ».*

[6] *v. infra* p. 378 et s.

d'exequatur sont des conditions de régularité en droit colombien et perdent ce statut dès que nous traversons l'Atlantique. Mais, s'agit-il de véritables conditions de régularité ? Nous sommes convaincue que la réponse à cette question est négative et qu'il ne s'agit pas là de conditions de régularité. Pour autant, il nous faut, dès à présent, indiquer qu'en droit colombien la question de la qualification de ces exigences demeure incertaine et inexplorée. Les auteurs n'étudient que rarement ces exigences[1], et lorsqu'ils le font, ce n'est pas dans un but explicatif mais simplement descriptif[2]. Or, selon la définition de la régularité internationale que nous avons précédemment indiquée comme la conformité de la décision étrangère aux exigences formulées par la règle du for[3], le fait que le caractère définitif, la légalisation du jugement, et la procédure d'exequatur figurent à l'article 606 du NCGP, suffit pour en faire des conditions de régularité.

600. Néanmoins, retenir cette qualification comporte deux difficultés. La première est qu'en tant que conditions de régularité, ces exigences doivent être vérifiées en même temps et au même titre que, par exemple, la conformité de la décision à l'ordre public international. La seconde est que leur méconnaissance est sanctionnée avec la même force que celle des véritables conditions de régularité comme l'incompétence du juge étranger, ou encore la violation des garanties procédurales. Ainsi, si l'*instrumentum* n'est pas légalisé, la décision en cause est considérée comme étant internationalement irrégulière et son efficacité doit, par conséquent, être définitivement refusée dans le for. Les deux conséquences nous paraissent incorrectes et excessives.

601. Le problème de la définition formelle de la régularité internationale est que le droit colombien met au même niveau les éléments qui sont indispensables pour assurer la compatibilité de la décision étrangère avec l'ordre juridique d'accueil comme par exemple, le respect des compétences exclusives du for, et les exigences qui, telle la légalisation, sont nécessaires d'un point de vue processuel pour que la demande d'efficacité puisse être traitée par le juge sans être pour autant déterminantes de sa compatibilité avec l'ordre juridique d'accueil. Or, selon le professeur Pascal de Vareilles-Sommières, la régularité internationale renvoie aux éléments nécessaires, dans l'opinion du for, pour s'assurer que la décision étrangère est respectueuse des principes fondamentaux de son ordre juridique et pour défendre une certaine conception de la justice[4].

---

[1] Dans son ouvrage, le professeur Hernan Fabio López Blanco fait une explication de chacune des conditions de régularité prévues par la loi colombienne sans aborder ni la légalisation du jugement, ni la réalisation de la procédure d'exequatur. Dans le même sens, Hernando Devis Echandía ne mentionne aucune des deux exigences dans sa présentation des conditions de régularité. Nous interprétons leur silence comme une confirmation du fait que ces deux exigences ont une nature différente de celle des conditions de régularité. H. López Blanco, *op.cit.*, p. 830 ; H. Devis Echandía, *op.cit.*, p. 622 §251. *v.* F. Canosa Torrado, *op.cit.*, p. 122 §5.1.

[2] Pedro Cardona Galeano, par exemple, se limite à indiquer les formalités à accomplir pour obtenir la légalisation sans pour autant essayer de justifier en quoi cette légalisation conditionne la régularité internationale de la décision. En ce qui concerne la procédure d'exequatur, la démarche est identique, car il mentionne que cette condition est exigée sans l'expliquer. P. Cardona Galeano, *op.cit.*, p. 629 §5. Dans le même sens *v.* A. Rivera Martinez, *op.cit.*, p. 937 ; J. González Velásquez, *op.cit.*, p. 555 et s. ; J. Parra Quijano, *op.cit.*, p. 427 ; A. Aljure, « Exequatur de providencias judiciales », *in, Teoría general…*, *op.cit.*, p. 428 §2.

[3] *v. supra* p. 143.

[4] *v.* H. Péroz, *op.cit.*, p. 80 §131.

Ainsi, selon cette définition, ce n'est que par le biais d'une acrobatie intellectuelle contestable qu'il est possible d'analyser le caractère définitif de la décision, mais surtout la légalisation du document portant le jugement, et la réalisation de la procédure d'exequatur, comme permettant d'assurer cette compatibilité de la décision étrangère. Nous ne nions pas que ces trois exigences contribuent à l'intégration de la décision à l'ordre juridique colombien. Cependant, elles ne nous semblent pas le faire au titre des conditions de régularité. Elles remplissent finalement une autre fonction particulière qui est celle de permettre au juge d'effectuer l'opération de vérification.

602. Ainsi, identifiées, il reste à savoir quelle est l'origine de la confusion quant à leur qualification et quelle est donc la véritable nature de ces exigences.

B. *L'origine des « fausses » conditions*

603. Que le droit colombien qualifie ces exigences comme étant des conditions de régularité est, selon nous, le résultat d'une grave confusion entre, d'une part, les conditions de régularité internationale et les conditions de recevabilité de la demande d'efficacité (1), et, d'autre part, les conditions de régularité internationale et l'instance processuelle prévue pour effectuer le contrôle de régularité aux fins de l'efficacité (2)

1. *La confusion avec la recevabilité du dossier*

604. Le caractère définitif de la décision est exigé dans les deux droits étudiés. Celui qui cherche à obtenir l'efficacité de la décision étrangère dans le for doit en présenter une copie au juge du contrôle[1], et prouver qu'elle n'est plus susceptible d'aucun recours dans l'État d'origine[2]. Ceci se comprend aisément dès lors que la reconnaissance ou l'exécution de la décision ont pour effet de l'intégrer à l'ordre juridique d'accueil[3]. Ainsi, si après avoir été déclarée internationalement régulière, la décision étrangère est exécutée dans le for grâce à l'intervention des autorités étatiques, l'on mesure combien tout changement ultérieure dans son dispositif à l'étranger rendrait nécessaire de faire marche arrière à l'égard de l'exécution déjà accomplie dans le for. C'est ainsi que, pour des raisons de sécurité juridique et de bonne administration de la justice, le caractère définitif du jugement est exigé. L'intérêt est d'assurer que seules les règles juridiques qui ne sont plus susceptibles de modification soient intégrées et exécutées dans le for.

605. Remarquons que dans le cas d'une décision étrangère dont l'efficacité est invoquée dans le for aux fins de son exécution matérielle, outre son caractère définitif, le jugement étranger doit aussi être exécutoire dans son pays d'origine[4].

---

[1] Un simple extrait de la décision étrangère ne saurait suffire, selon la Cour de cassation française, pour permettre au juge d'opérer le contrôle de régularité : Cass. 1ère civ., 18 avril 1967, *Bull. civ.* I, n° 131. Dans le même sens *v.* Versailles, 18 avril 1984, *D.* 1986.84 obs. Monéger ; Cass. 1ère civ., 26 juin 1990, *RCDIP* 1991. 593 obs. Courbe.

[2] P. Cardona Galeano, *op.cit.*, p. 567 §1 ; H. López Blanco, *op.cit.*, p. 618 §248.

[3] H. Batiffol et P. Lagarde, *Droit international privé*, LGDJ, T. II, 7e éd., 1983, p. 575 §732.

[4] B. Audit et L. d'Avout, *op.cit.*, p. 483 §581.

Ce dernier caractère est amplement étudié par la doctrine et la jurisprudence française et européenne. Ainsi en 1999, la Cour de cassation a, par exemple, refusé, de contrôler la régularité internationale d'un *« Writ of summons »* anglais, l'équivalent d'un acte introductif d'instance, au motif qu'il ne s'agissait pas d'un acte exécutoire à la différence du jugement qui, ayant été prononcé par défaut en l'espèce, avait mis fin au litige[1]. Dans le même sens, dans un arrêt du 11 mai 2016, la même Cour a refusé d'accorder l'exequatur à une décision portugaise au motif que le demandeur n'avait pas rapporté « la preuve du caractère exécutoire du jugement dont l'exequatur était sollicité »[2]. En droit colombien, au contraire, la question du caractère exécutoire de la décision n'est pas explorée. La différence entre celui-ci et l'exigence du caractère définitif n'a pas, non plus, été abordée.

606. La disposition colombienne exige uniquement que la décision étrangère soit définitive. Néanmoins, si le caractère définitif est effectivement nécessaire pour que le contrôle de régularité soit effectué, cela ne suffit pas pour l'élever au rang d'une condition de régularité tel que le droit colombien l'affirme. N'étant pas décisif pour déterminer la compatibilité de la décision avec l'ordre juridique d'accueil, le caractère définitif correspond mieux à l'une des caractéristiques que la décision étrangère doit remplir pour être admise au contrôle de régularité. En effet, le juge du contrôle vérifie préalablement certains éléments relatifs au jugement en cause pour s'engager ensuite dans l'étude *stricto sensu* de sa régularité internationale. Parmi ces éléments, il regarde, entre autres, la nature judiciaire de la décision, ou bien, justement, qu'elle soit définitive. C'est la position que semble retenir le droit français où le défaut de preuve du caractère définitif et du caractère exécutoire de la décision étrangère empêche non seulement qu'il lui soit accordé l'exequatur[3], mais justifie surtout l'irrecevabilité du dossier[4].

607. De plus, l'inadéquation de la qualification colombienne se confirme encore lorsque nous regardons le second volet de cette soi-disant condition de régularité qui porte sur l'exigence de légalisation du jugement. La légalisation est une démarche formelle et administrative qui consiste dans « l'attestation par un fonctionnaire de l'exactitude de la signature apposée sur un acte et, s'il s'agit d'un acte public, de la qualité de ceux qui l'ont reçu ou expédié »[5]. Cette certification est faite dans le pays d'origine du document pour qu'il « soit valable dans un autre pays »[6]. Le plus souvent, les auteurs colombiens envisagent cette exigence pour

---

[1] Cass. 1ère civ., 17 novembre 1999, *RCDIP* 2000.786 obs. G. Cuniberti. Il est aussi admis que les décisions exécutoires par provision sont aussi susceptibles d'être contrôlées dans leur régularité aux fins d'efficacité internationale. H. Gaudemet-Tallon et M-E. Ancel, *op.cit.*, p. 588 §410 ; K.D. Kerameus, « Enforcement in the international context », *RCADI*, 1977, Vol. 264, p. 339.

[2] Cass. 1ère civ., 11 mai 2016 n° 15-10212.

[3] Cass. 1ère civ., 16 mars 1999 n° 96-18650.

[4] Paris, 1 juillet 1987, *RCDIP* 1988.720 obs. B. Ancel.

[5] M. Revillard, « La légalisation des actes », *RCDIP* 1992. 552. *v.* S. Corneloup, *La publicité des situations juridiques. Une appréciation franco-allemande du droit interne et du droit international privé*, LGDJ, 2003, p. 455 §444. En droit colombien la légalisation est définie comme *« la certification de la signature du fonctionnaire public en exercice de ses fonctions [le juge], préalablement inscrite auprès du registre du ministère des affaires étrangères »*. Article 2, Résolution ministérielle n° 3269 du 14 juin 2016, *« Pour laquelle s'adopte la procédure d'apostille et/ou de légalisation des documents et la Résolution ministérielle n° 7144 du 24 octobre 2014 est abrogée »*.

[6] M. Revillard, « La légalisation des actes », *op.cit.*, p. 552.

signaler la démarche administrative qu'il faut suivre pour l'obtenir et ce, sans pour autant s'attarder sur sa nature de condition de régularité[1].

608. Pour autant, l'exigence de légalisation a été l'une des rares modifications que le NCGP a introduite en matière d'efficacité des jugements étrangers. En effet, l'ancien CPC exigeait, outre la légalisation du jugement définitif, son authentification[2]. La distinction entre les notions d'authentification et de légalisation est très floue en droit colombien, d'autant plus que ni la loi, ni la jurisprudence n'ont jamais tracé clairement leurs limites[3]. Il n'en demeure pas moins qu'avec la ratification et l'entrée en vigueur de la convention de La Haye du 5 octobre 1961[4] sur l'abrogation de la légalisation et la mise en place de l'*« apostille »* comme moyen d'établissement de la validité des documents étrangers, le caractère superflu de la démarche d'authentification n'en était que plus évident[5]. La réforme législative de 2012 a donc supprimé cette exigence. Selon le NCGP, seule la légalisation du document qui porte le jugement – *l'instrument* – est nécessaire[6], et bien que la loi n'en dise rien, la jurisprudence colombienne exige aussi cette formalité concernant le certificat attestant du caractère définitif du jugement[7].

609. Si cette simplification doit être saluée, elle ne rend pas moins contestable la qualification de la légalisation comme condition de régularité. La légalisation du jugement permet au juge de s'assurer que le document qui porte la décision est authentique et valable, et qu'il a été introduit correctement et formellement dans l'instance en efficacité pour qu'il puisse en prendre connaissance et contrôler la décision qu'il porte. Si le jugement n'est pas légalisé, ou n'est pas définitif, le juge refusera d'étudier la demande d'efficacité et ne mènera pas l'opération de vérification. Le droit français va, là encore, dans ce sens, puisque le défaut de légalisation permet au « juge de surseoir à statuer sur l'exequatur de

---

[1] J. Azula Camacho, *op.cit.*, p. 262 §3.

[2] Cette exigence d'authentification consiste dans l'établissement de la véracité de l'acte par une autorité spécifiquement désignée qui, en droit colombien, est le notaire. Selon l'exigence, la décision étrangère devait être authentifiée d'abord et légalisée ensuite.

[3] Un exemple de la synonymie avec laquelle les deux notions sont souvent traitées est l'article 50 du Traité de droit international privé signé entre la Colombie et l'Équateur. Cette disposition qui s'intitule *« Des légalisations »* et indique qu'*« afin que les commissions rogatoires et les autres instruments publics étrangers produisent des effets dans la République, leur authenticité sera établie en suivant les règles suivantes […] »*. La jurisprudence est aussi confuse quant à la différenciation entre les deux notions, se référant indistinctement à l'une ou à l'autre pour signifier la même démarche. *v.* CSJC. Cass. Ch. Civ., 2 octobre 2018, Magistrat Rapporteur : Luis Rico, Dossier n° 2016-02335-00.

[4] Cette Convention est en vigueur en Colombie et en France. Adoptée en 1998, elle est entrée en vigueur le 30 janvier 2001 en Colombie. En France est l'est depuis le 24 janvier 1965.

[5] J. Marín Fuentes, « Exequatur versus orden publico : una mirada desde la jurisprudencia colombiana », Disponible en ligne sur : https://www.academia.edu/19668474/exequátur_versus_orden_público_una_mirada_desde_la_jurisprudencia_colombiana, p. 14.

[6] Cette exigence de légalisation laisse subsister une différence. En effet, lorsque le jugement a été rendu dans un pays signataire de la convention de La Haye de 1961, telle la France, l'*« apostille »* satisfait l'exigence de légalisation. En revanche, lorsque le jugement est rendu dans un État non contractant, la légalisation devra se faire selon la procédure signalée par l'État d'origine du jugement. L'avantage pratique de l' « apostille » est qu'il s'agit d'une formalité qui est, normalement, plus facile à obtenir que la légalisation.

[7] CSJC. Cass. Ch. Civ., 7 mai 2012. Magistrat Rapporteur : Fernando Giraldo, Dossier n° 2012-00832-00 ; CSJC. Cass. Ch. Civ., 2 novembre 2012, Magistrat Rapporteur : Arturo Solarte Rodríguez, Dossier n° 2012-02064-00.

la décision qui lui est soumise »[1]. Si les formalités ne sont finalement pas accomplies, la décision étrangère reste démunie d'effet dans le for.

610. Il serait facile, à ce stade, de nous reprocher l'apparente futilité de notre réflexion dès lors que, du point de vue des parties, l'absence de caractère définitif, de légalisation, ou encore l'irrégularité internationale de la décision conduisent à un même résultat pratique : l'inefficacité de la décision dans le for. Mais, justement, il ne s'agit là que d'une apparence et l'identité de résultat est trompeuse. En effet, dans le cas d'un défaut de légalisation, ou de l'absence de caractère définitif, la régularité internationale de la décision n'a pas été contrôlée. Le juge n'a pas eu l'occasion de se prononcer sur la compatibilité de jugement avec son ordre juridique. Si la décision ne peut pas produire d'effets dans le for, c'est parce que la demande de reconnaissance ou d'exécution n'a pas été correctement constituée, et non parce qu'il y a une incompatibilité insurmontable entre le rapport de droit décidé et l'ordre juridique d'accueil. Puisque la régularité internationale n'a pas encore été vérifiée, la décision conserve toutes ses chances d'être un jour efficace dans le for.

611. En revanche, le jugement étranger définitif, dûment légalisé et déclaré irrégulier après contrôle, épuise toutes ses chances d'intégrer un jour l'ordre juridique du for[2]. Cette distinction *a priori* évidente entre les deux situations est pour nous un indice clair du caractère inapproprié de la qualification retenue par le droit colombien. La légalisation n'est qu'une démarche formelle, administrative, externe au jugement, dont la méconnaissance est à l'origine de conséquences sérieuses et négatives pour les parties mais qui ne peut aucunement s'interpréter comme une déclaration d'irrégularité internationale de la décision.

612. En conclusion, pour ce qui est du caractère définitif et de la légalisation du jugement, la qualification colombienne est le résultat d'une malencontreuse confusion entre les exigences de recevabilité de la demande d'efficacité, et les conditions de régularité du jugement étranger. Dans ce sens, Jaime Azula Camacho, par exemple, fait référence à la légalisation du jugement étranger lorsqu'il explique les pièces devant accompagner la demande d'efficacité par laquelle est saisi le juge colombien[3]. À côté de la légalisation figurent aussi dans la même catégorie, la présentation de la décision étrangère en plusieurs exemplaires, ou encore sa traduction dans la langue officielle du pays d'accueil, entre autres. Or, cette confusion n'est malheureusement pas propre au droit commun colombien. Nous la retrouvons aussi dans la Convention interaméricaine sur l'efficacité extraterritoriale des jugements et des décisions arbitrales de 1979. Elle mentionne l'authentification et la légalisation des documents à deux reprises : la première à l'occasion de l'article 2 qui énonce les conditions de régularité, et la seconde à l'article 3 comme l'une des pièces indispensables du dossier. En revanche, d'autres instruments, tel que le Traité signé avec l'Équateur, ou encore le Traité de Montevideo, ont été plus judicieux

---

[1] Mariel Revillard cite à ce propos : Paris, 29 juin 1956, *RCDIP*. 1956.548 obs. Francescakis ; M. Revillard, *op.cit.*, p. 549.

[2] Cass. 1ère civ., 24 mai 2018 *Société Fountaine Pajot II* n° 16-26012.

[3] J. Azula Camacho, *op.cit.*, p. 262 §4.

dans la construction de la disposition. La légalisation est clairement qualifiée comme une condition de recevabilité du dossier[1].

613. À l'instar de cette première *« fausse »* condition de régularité, la procédure d'exequatur paraît elle aussi répondre à une regrettable confusion du même type.

2. La confusion avec l'instance processuelle

614. En ce qui concerne l'exigence de la procédure d'exequatur comme condition de régularité, la situation semble assez tranchée en droit colombien. Bien qu'elle soit énoncée à l'article 606 du NCGP comme la dernière des conditions du contrôle, il semble y avoir une unanimité, tant en doctrine qu'en jurisprudence, sur le fait qu'elle n'a pas cette qualité. Pour preuve, les auteurs n'abordent jamais, ou quasiment jamais, cette exigence lorsqu'ils étudient les conditions de régularité. Ils se limitent à mentionner sa présence dans la liste à titre indicatif. Or, ce n'est qu'ultérieurement, lorsqu'ils s'intéressent aux aspects procéduraux de la reconnaissance des jugements étrangers, qu'ils vont développer davantage la question. Ils vont définir l'exequatur comme une action processuelle destinée à vérifier les conditions de régularité aux fins de l'efficacité définitive du jugement, et non pas comme l'une desdites conditions[2]. L'exequatur est ainsi le cadre procédural que le droit colombien a prévu pour que l'opération de contrôle soit effectuée. L'étude de cette procédure est ainsi envisagée par les auteurs afin d'expliquer, notamment, ses délais, les particularités de l'office du juge, et les charges procédurales des parties[3].

615. À l'instar de la condition de légalisation, la procédure judiciaire d'exequatur est complètement dissociée de l'élaboration de la décision étrangère et encore plus de sa compatibilité avec l'ordre juridique d'accueil. N'étant que le moyen procédural pour aboutir à l'efficacité, elle ne détermine en rien la régularité internationale du jugement. La qualification erronée du droit colombien est à nouveau, selon nous, le résultat d'une confusion, cette fois-ci entre les conditions de régularité et la voie processuelle nécessaire pour leur vérification. Nous croyons que l'origine de cette confusion tient au fait que le droit colombien n'établit pas de distinction entre la reconnaissance et l'exécution comme manifestations de l'efficacité. La procédure d'exequatur est dès lors obligatoire pour tous les jugements étrangers qui veulent produire des effets dans le for[4]. L'intention du législateur est, assurément, de confirmer l'impérativité de cette procédure préalable de contrôle devant le juge colombien et son importance dans la protection des intérêts étatiques de l'ordre juridique d'accueil[5].

616. Il n'en demeure pas moins que les confusions dont témoigne le contrôle colombien sont révélatrices de la maladresse du législateur en matière de droit international privé. Il mélange, sans raison, les exigences ayant pour objectif

---

[1] L'exigence est prévue à l'article 50 du Traité avec l'Équateur et à l'article 3 du Traité de Montevideo.

[2] *v.* par exemple: H. Devis Echandía, *op.cit.*, p. 621 §251, F. Canosa Torrado, *op.cit.*, p. 128 §5.1.7, J. Azula Camacho, *op.cit.*, p. 262 §4.

[3] *v.* par exemple : J. González Velásquez, *op.cit.*, p. 555 et s. ; J. Azula Camacho, *op.cit.*, p. 262 §4 ; J. Parra Quijano, *op.cit.*, p. 427.

[4] *v. infra* p. 343.

[5] A. Aljure, « Exequatur de providencias judiciales », *in*, *Teoría general…*, *op.cit.*, p. 428 §2.7.

d'assurer la régularité internationale de la décision étrangère, et les exigences concernant la procédure et les formalités de recevabilité de la demande. Ces maladresses sont, à notre avis, susceptibles d'être surmontées. L'exemple français est à cet égard très utile et pertinent pour le droit colombien.

§ 2. Propositions pour résoudre le problème des *« fausses »* conditions

617. En effet, le problème des *« fausses »* conditions de régularité se traduit par un alourdissement inutile du contrôle colombien[1] et de sa mise en œuvre (A) auquel des correctifs doivent être apportés (B).

A. La nature du problème

618. Les deux *« fausses »* conditions de régularité alourdissent le contrôle colombien. En ce qui concerne le caractère définitif de la décision, la lourdeur vient du fait qu'à plusieurs reprises, la Cour colombienne, approuvée par certains auteurs[2], exige que le jugement soit définitif et qu'il soit, en plus, passé en force de chose jugée à l'étranger. Ainsi, dans un arrêt du 1er août 2017 relatif à l'efficacité en Colombie d'une décision américaine d'adoption, la Cour refuse de vérifier sa régularité internationale, car les parties n'ont pas prouvé, entre autres, qu'elle était définitive et passée en force de chose jugée aux États-Unis[3]. Pour autant, la Cour ne précise pas ce qu'elle entend par chacune de ces exigences, ni quelle est la différence entre les deux. Si nous regardons le droit français à ce propos, l'on pourrait considérer que la distinction de la Cour colombienne renvoie à celle que fait ce droit entre l'autorité de chose jugée, la force de chose jugée et le jugement irrévocable. Selon Serge Guinchard, Frédérique Ferrand, Cécile Chainais et Lucie Mayer, « la présomption de vérité et de régularité dont est assortie la chose jugée se renforce avec le temps, au fur et à mesure que les voies de recours ont été utilisées ou ont fait l'objet d'une renonciation »[4]. Ainsi, dès son prononcé par le juge, le jugement est revêtu de l'autorité de la chose jugée. Lorsqu'aucun recours ordinaire n'est plus possible contre le jugement, il passe en force de chose jugée. Enfin, lorsqu'il n'est plus susceptible de recours extraordinaire, il devient alors irrévocable. Selon ces auteurs, « la chose jugée connaît des gradations » jusqu'à arriver à une présomption irrévocable de vérité[5]. Cependant, si telle est la logique suivie par la Cour colombienne, force est de constater qu'elle est confuse. Elle ne précise pas si elle entend exiger que la décision soit irrévocable, ou si le fait que les recours ordinaires ne soient plus possibles satisfait l'exigence.

---

[1] J. Marín Fuentes, « Exequatur versus orden publico…», *op.cit.,* p. 11.

[2] J. Parra Quijano, *Derecho procesal civil,* Temis, T.I, 1992, p. 427 §269 ; J. Marín Fuentes, « Exequatur versus orden publico…», *op.cit.,* p. 6.

[3] CSJC. Cass. Ch. Civ., 1er août 2017, Magistrat Rapporteur : Aroldo Quiroz, Dossier n° 2017-01796-00. Dans le même sens *v.* CSJC. Cass. Ch. Civ., 27 septembre 2016, Magistrat Rapporteur : Aroldo Quiroz, Dossier n° 2016-02648-00 ; CSJC. Cass. Ch. Civ., 25 octobre 2016., *préc.*

[4] S. Guinchard, F. Ferrand, C. Chainais et L. Mayer, *Procédure civile,* Dalloz, 34ème éd., 2018, p. 837 §1189.

[5] *Idem.*

619. En toute hypothèse, l'affirmation de la Cour soulève deux problèmes. D'une part, elle méconnaît le contenu de la disposition légale qui n'exige pas cette double condition. D'autre part, l'incertitude quant à la nouvelle exigence peut s'avérer problématique au regard de certaines décisions qui demeurent susceptibles d'être changées dans l'avenir. En effet, la Cour oublie qu'en droit colombien, par exemple, certaines décisions comme celles relatives aux obligations alimentaires ne passent pas en force de chose jugée et peuvent être à nouveau soumises à la décision du juge[1]. En effet, le Conseil constitutionnel colombien a affirmé en 2017 qu'effectivement, les décisions relatives aux obligations alimentaires ne deviennent pas irrévocables[2]. La Cour suprême l'a confirmé en 2018 en précisant que « la décision ou l'accord par lequel l'obligation alimentaire a été fixée ne passe pas en force de chose jugée et demeure, par conséquent, susceptible de modification »[3]. Certes, les deux décisions citées ont été rendues à l'occasion de la protection des droits fondamentaux au moyen de l'*« acción de tutela »* et non de l'efficacité des jugements étrangers, mais il ressort avec clarté que la possibilité d'une décision qui ne passe pas en force de chose jugée et qui ne devient pas irrévocable, existe en droit colombien.

620. Or, suivre à la lettre l'affirmation de la Cour colombienne signifierait alors exclure, par principe, l'efficacité des décisions relatives aux obligations alimentaires qui sont rendues dans des pays où, à l'image de la Colombie, elles ne passent pas en force de chose jugée et ne deviennent pas irrévocables. Il serait dès lors impossible, pour un enfant résidant à l'étranger, d'obtenir le paiement de la pension alimentaire prononcée par le juge étranger à la charge d'un parent qui habite en Colombie. Il s'agit, bien entendu, d'une situation difficilement compréhensible et surtout inacceptable. L'absence de force de chose jugée ne doit pas empêcher la décision en cause d'avoir une efficacité à l'étranger[4]. Le professeur Hernan Fabio López Blanco explique que le caractère obligatoire du jugement ainsi que sa force exécutoire ne découlent pas de la force de chose jugée, mais du caractère définitif de la décision, c'est-à-dire de ce qui, en France, correspond à l'autorité de chose jugée[5].

621. Au regard de certaines décisions, nous pensons que la formulation de la Cour colombienne correspond plutôt à une maladresse du langage. Par exemple, en 2016 elle a accordé l'efficacité à une décision espagnole ayant modifié les conditions d'exercice de l'autorité parentale, notamment la résidence habituelle et le droit de visite, d'un parent à l'égard de son enfant. En l'espèce, à l'occasion du divorce des parents en Colombie, la résidence de l'enfant avait été fixée à

[1] P. Cardona Galeano. Manual de derecho procesal civil. Leyer. 4e éd. T.I. P. 579 §2 ; H. López Blanco, *op.cit.*, p. 674 §258.

[2] Cons. Constit., 21 juillet 2017, Magistrat Rapporteur : Ivan Humberto Escruceria Mayolo, Dossier n° T-6.069.580.

[3] CSJC. Cass. Ch. Civ., 11 juillet 2018, Magistrat Rapporteur : Ariel Salazar. Dossier n° 2018-00235-01.

[4] J. Marín Fuentes, « Caractéres generales del sistema colombiano de derecho internacional privado colombiano », *in, L'harmonisation du droit international privé dans le Caraïbe*, *op.cit.*, p. 116.

[5] Il explique aussi, avec une clarté formidable, qu'il ne peut pas y avoir d'autorité de chose jugée sans que la décision ne soit définitive, alors qu'en revanche une décision peut être définitive sans avoir autorité de chose jugée. H. López Blanco, *op.cit.*, p. 620 §249 et p. 624 §251.

Bogotá, chez sa mère. Ayant été saisi par la suite, le juge espagnol l'a modifiée et l'a fixé à Valence, en Espagne, chez son père. Devant se prononcer sur l'efficacité de cette dernière décision, la Cour colombienne reconnaît que ce type de jugements ne passe pas en force de chose jugée parce qu'ils peuvent évoluer dans l'avenir. Cependant, elle précise que cette particularité ne compromet pas leur caractère définitif et, par conséquent, leur aptitude à devenir efficaces en Colombie[1]. Il est pourtant indéniable que ces imprécisions et hésitations de la Cour rendent imprévisible et confuse la mise en œuvre du contrôle de régularité.

622. En outre, pour ce qui est de la légalisation de *l'instrumentum*, la lourdeur répond au manque d'uniformité avec lequel la Cour étudie et sanctionne le manquement de cette exigence. En effet, la légalisation est parfois vérifiée avant la réalisation du contrôle, comme si elle était une condition de recevabilité de la demande. Dans cette hypothèse, le défaut de légalisation est dans certains cas sanctionné par l'irrecevabilité de la demande[2], et dans d'autres cas, par le *« refus définitif »* de la demande[3]. Cependant, dans d'autres hypothèses, le respect de l'exigence est vérifié au moment du contrôle des véritables conditions de régularité. Lorsque la Cour procède ainsi, le manquement de cette exigence est sanctionné par la déclaration d'irrégularité internationale et donc, par le refus de l'efficacité du jugement étranger[4]. Sans qu'il soit possible d'identifier le critère qui permet à la Cour de choisir entre ces options, il est clair que ce procédé ambigu met les parties dans une situation compliquée. Puisque l'engorgement de la justice en Colombie atteint des niveaux alarmants, une procédure d'exequatur peut durer en moyenne deux à trois ans, voire plus, avant qu'une décision judiciaire ne soit rendue[5]. Or, sachant que dans tous les cas le défaut de légalisation empêche la décision étrangère de produire des effets dans le for, il est certain qu'au bout de plusieurs années, les parties seront déboutées de leur prétention[6].

623. Ceci est profondément regrettable tant pour les décisions relatives à l'état et à la capacité des personnes que pour celles rendues en matière commerciale

---

[1] CSJC. Cass. Ch. Civ., 25 juillet 2016, Magistrat Rapporteur : Luis Tolosa, Dossier n° 2013-02702-00.

[2] CSJC. Cass. Ch. Civ., Ordonnance du 06 février 2017, Magistrat Rapporteur : Aroldo Quiroz, Dossier n° 2014-01635-00. Dans le même sens *v.* CSJC. Cass. Ch. Civ., 13 septembre 2001, Magistrat Rapporteur : Jorge Santos, Dossier n° 2001-0138-01 ; CSJC. Cass. Ch. Civ., 14 juillet 2017, Magistrat Rapporteur : Luis Rico, Dossier n° 2017-0735-00.

[3] CSJC. Cass. Ch. Civ., 1er août 2017, *préc.* ; CSJC. Cass. Ch. Civ., 3 août 2017, Magistrat Rapporteur : Álvaro Garcia, Dossier n° 01637-00.

[4] CSJC. Cass. Ch. Civ., 31 juillet 2002, Magistrat Rapporteur : Nicolas Bechara, Dossier n° 2001-0068-00.

[5] Contrairement à ceci, dans le cadre de la Convention européenne des droits de l'Homme, la CEDH a eu l'occasion de se prononcer à plusieurs reprises sur la durée raisonnable des procédures. Dans l'affaire *Hussin c. Belgique,* à propos de l'exequatur en Belgique d'un jugement allemand de filiation elle affirme que : *« l'importance des intérêts en jeu doit avoir un rôle décisif dans l'appréciation du caractère raisonnable de la durée de la procédure. La Cour a en effet jugé à diverses reprises qu'une diligence spéciale s'impose en matière d'état et de capacité des personnes ».* CEDH, 6 mai 2004 *Hussin c. Belgique,* Req. n° 370807/01, point n° 3.

[6] Dans une affaire concernant l'exequatur d'un jugement allemand de divorce, la Cour a, le 8 juillet 2014, déclaré recevable une demande d'exequatur qui était clairement incomplète. La preuve du caractère définitif de la décision était absente, ainsi que la traduction et la légalisation des documents certifiant l'état actuel du droit positif allemand en vue de l'établissement de la réciprocité législative. Malgré ces anomalies, la Cour a poursuivi la procédure. Quasiment trois ans de procédure plus tard, le 2 mai 2017, la Cour rend son arrêt de refus d'exequatur car la traduction et la légalisation des documents, entre autres, n'ont jamais été apportées par les parties. CSJC. Cass. Ch. Civ., 2 mai 2017, Magistrat Rapporteur : Margarita Cabello, Dossier n° 2014-01139-00.

ou contractuelle, où des sommes d'argent importantes peuvent être en jeu. Faire de l'exigence de légalisation une condition de régularité signifie, par exemple, que la demande d'efficacité présentée par un ressortissant colombien en vue d'obtenir en Colombie l'efficacité d'une décision étrangère de divorce non légalisée, a toutes ses chances d'être recevable. Dans ce cas, le demandeur attendra plusieurs années en vain. En effet, le seul dénouement possible sera l'inefficacité de son divorce, mais sa demande devra supporter le temps long judiciaire pour qu'on lui signifie un refus qui ne sera pas justifié sur l'irrégularité internationale de la décision, mais sur l'absence formelle de légalisation. Entre temps, il ne pourra pas se remarier puisque son état civil ne sera pas à jour en Colombie. De même, dans cette situation, une entreprise ayant eu gain de cause à l'étranger, devra patienter de nombreuses années pour obtenir une réponse négative de la Cour dès lors que sa demande ne contenait pas la décision favorable dûment légalisée. Elle aura attendu en vain avec l'espoir de pouvoir récupérer les montants dus, alors que la cause était perdue d'avance. Certes, il est vrai que dans ces hypothèses la réponse négative de la Cour n'est que la conséquence du manque de diligence des parties dans la présentation de la demande. Cependant, si la Cour unifiait sa jurisprudence pour que la légalisation de la décision soit vérifiée au stade de la recevabilité de la demande, le délai d'attente ne serait pas aussi scandaleux.

624. L'administration de la justice pâtit également de cette qualification contestable. Prolonger une procédure dont les anomalies rédhibitoires auraient pu être identifiées bien plus tôt emporte des conséquences non négligeables. Outre la perte de temps, un tel procédé empêche la construction d'un précédent jurisprudentiel solide et cohérent. En effet, l'absence de légalisation implique l'anéantissement de tout débat sur la régularité internationale de la décision devant la Cour. Les chances d'évolution du contrôle, déjà assez compromises par l'inactivité législative, sont encore plus réduites. Permettre aux dossiers irrecevables d'avancer conduit à déplacer le débat de fond sur des questions de pure forme et c'est pourquoi il est primordial, à notre sens, de proposer ici certains correctifs.

B. *Les correctifs proposés*

625. Les problèmes causés par la qualification de l'exigence de légalisation comme une condition de régularité pourraient être résolus si elle était traitée comme une condition de recevabilité de la demande[1]. Suivre l'exemple français à cet égard se révèlerait assurément utile pour le droit colombien. En effet, face à l'absence de légalisation du jugement, le juge français de droit commun doit surseoir à statuer sur l'exequatur pour que la partie intéressée puisse obtenir les légalisations nécessaires[2], sous peine d'irrecevabilité de la demande[3]. Cette solution n'est pourtant pas ignorée du droit colombien et la Cour colombienne l'a déjà appliquée dans certains cas. Ainsi, confrontée à un dossier qui ne

[1] H. López Blanco, *op.cit.*, p. 836 §3.
[2] Paris, 29 juin 1956, *RCDIP* 1956. 548 obs. Francescakis.
[3] Cass. 1ère civ., 6 juillet 1988, *RCDIP* 1989.89 obs. H. Gaudemet-Tallon.

comporte pas la légalisation du jugement, la Cour a quelques fois refusé d'étudier la régularité du jugement étranger, en informant aussitôt les parties qu'elles disposaient d'un certain temps pour apporter la légalisation manquante[1]. Si les parties ne remplissent pas cette exigence dans le délai accordé, elle prononce le refus définitif de la demande[2]. Il est évident que l'option choisie par le droit français, et que nous retrouvons quelques fois, mais trop rarement, reproduite en droit colombien, allège sensiblement la mise en œuvre du contrôle. Elle contribue aussi à une application de l'instrument d'efficacité sans doute plus conciliante avec les intérêts des parties.

626. Or, le problème du droit colombien réside dans l'imprévisibilité de la sanction, le prononcée de l'irrecevabilité du dossier n'étant pas la règle générale. Lorsque nous nous interrogeons sur les raisons qui expliquent cette diversité de traitement, il apparaît que la rédaction de la règle juridique colombienne joue pour beaucoup. Si nous lisons l'article 607 du NCGP, il y est indiqué que le défaut de certaines exigences, dont la légalisation du jugement ou le caractère définitif, doit conduire la Cour à refuser la demande d'efficacité sans donner aux parties l'occasion de la corriger. Cependant, cette disposition a du mal à s'articuler avec l'article 90 du NCGP, relatif à la recevabilité, l'irrecevabilité et le refus de la demande. En effet, selon cette dernière, le refus de la demande n'intervient que dans trois cas : lorsque le litige ne concerne pas la juridiction judiciaire, lorsque le juge n'a pas de compétence, et en cas de caducité de l'action. Le défaut des formalités ou des pièces devant accompagner la demande est sanctionné par son irrecevabilité, accordant aux parties un délai pour le compléter. Selon la disposition que la Cour décide d'appliquer, la conséquence est différente[3].

627. Quoiqu'il arrive, le refus que l'article 607.2 du NCGP commande est celui de la demande et non des prétentions au fond. Autrement dit, il n'autorise pas le juge qui confirme le défaut de légalisation à déclarer que la décision en cause est atteinte d'une irrégularité internationale et à l'exclure définitivement de l'ordre juridique colombien. Ainsi, les parties sont en mesure de soumettre à nouveau leur décision à la Cour pour que le contrôle de régularité soit opéré, celle-ci ne s'étant pas prononcée sur le fond[4]. La même solution s'applique pour le caractère définitif de la décision.

---

[1] Selon l'article 90 alinéa 4 du NCGP, le délai dont disposent les parties pour compléter le dossier est de cinq jours. Si le délai expire sans que les parties n'aient rempli les demandes du juge, le dossier est refusé.

[2] CSJC. Cass. Ch. Civ., Ordonnance du 27 septembre 2016, Magistrat Rapporteur : Aroldo Quiroz, Dossier n° 2016-02286-00 ; CSJC. Cass. Ch. Civ., 24 novembre 2015, Magistrat Rapporteur : Álvaro Garcia, Dossier n° 2015-01657-00.

[3] Dans un arrêt du 28 septembre 2016, la Cour a pu affirmer que la règle de l'article 90 du NCGP est applicable aux procédures de reconnaissance des jugements étrangers. Elle a ainsi affirmé que *« dans le but de matérialiser le droit à une procédure équitable et d'assurer l'accès à l'administration de la justice, cette Cour fait application de l'irrecevabilité du dossier afin d'accorder au demandeur l'occasion d'en corriger les anomalies [...] pour ce faire, elle fait une application extensive de l'article 90 alinéa 3 du code »*. CSJC. Cass. Ch. Civ. 28 septembre 2016, Magistrat Rapporteur : Luis Tolosa, Dossier n° 2016-02332-00.

[4] Par exemple, dans un arrêt du 13 octobre 1999, la Cour étudie la régularité internationale d'une décision espagnole de divorce dont la reconnaissance avait déjà été portée auparavant à sa connaissance. Lors de la première demande, certaines pièces manquaient au dossier notamment l'inscription du mariage auprès du Registre de l'État civil colombien, cette situation conduisant la Cour à prononcer son refus *in limine*. Quelque temps après, les parties persistent dans leur intention d'obtenir l'exequatur présentant à nouveau leur demande.

628. Il est ainsi certain que les hésitations de la Cour confirment combien la qualification du caractère définitif du jugement et de la légalisation de *l'instrumentum* comme des conditions de régularité du contrôle est critiquable. Elles doivent être qualifiées comme des conditions de recevabilité du dossier et traitées selon le régime général de l'article 90 du NCGP. Ainsi, le juge vérifierait ces deux exigences dès le départ de la procédure d'efficacité et, en cas de défaut, il devrait accorder aux parties une chance d'apporter la certification et la légalisation requises. En outre, nous sommes catégoriques en ce qui concerne la procédure d'exequatur : elle doit être également supprimée de la liste des conditions de régularité puisqu'aucun motif ne justifie sa présence.

629. **Conclusion de la section :** Le contrôle colombien de régularité est perturbé par de « fausses » conditions de régularité qui tiennent à la légalisation du document qui contient le jugement étranger, au caractère définitif de ce dernier et à la procédure d'exequatur. Complètement dissociées de l'élaboration du jugement étranger et de sa compatibilité avec l'ordre juridique d'accueil, ces exigences n'ont pas leur place au sein des conditions de régularité. La qualification retenue en droit colombien, également reprise dans certaines conventions internationales auxquelles ce pays participe, alourdit inutilement le contrôle colombien. En effet, ces *« fausses »* conditions imprègnent sa mise en œuvre d'ambiguïtés et d'hésitations dont les effets sont regrettables pour les particuliers, mais aussi pour la bonne administration de la justice.

630. Suivre l'exemple français pour requalifier ces exigences comme étant des conditions de recevabilité de la demande d'efficacité se révèle opportun. Ce correctif aurait aussi l'avantage de rendre la procédure d'efficacité plus favorable au débat sur la régularité internationale de la décision. Enfin, en ce qui concerne la qualification de la procédure d'exequatur comme condition de régularité, il est unanimement admis qu'il s'agit là d'une erreur du législateur. Sa suppression de la liste des conditions est donc souhaitable.

Conclusion du Chapitre I

631. L'existence de conditions non partagées de régularité explique quelques-unes des différences qui existent entre la mise en œuvre du contrôle de régularité en droit français et en droit colombien. Ainsi, ce dernier soumet l'efficacité du jugement à une exigence de réciprocité qui est ignorée en droit français. Héritage du droit espagnol, cette exigence correspond à la conception publiciste de l'efficacité des jugements que la Colombie privilégie. L'exigence de réciprocité témoigne de la réticence avec laquelle ce droit envisage la circulation des décisions. Or, outre les arguments classiques qui démontrent le caractère problématique de cette exigence, la manière dont elle est prévue par la loi

Cette fois-ci, la Cour déclare, inexplicablement, sa recevabilité alors que les mêmes pièces manquaient. Bien évidemment l'efficacité a été refusée, sauf que cette fois-ci la Cour s'est prononcée sur le fond de la question. La conséquence en est que les parties ne pourront plus soumettre l'affaire à son contrôle. Elles devront alors renouveler la procédure de divorce devant les tribunaux colombiens. CSJC. Cass. Ch. Civ., 13 octobre 1999, Magistrat Rapporteur : Carlos Ignacion Jaramillo Jaramillo, Dossier n° 7298.

colombienne, et mise en œuvre par les juges, rendent encore plus manifestes ses inconvénients et son inadéquation pour régir l'efficacité des jugements étrangers. La Cour colombienne est souvent embarrassée dès lors qu'elle y est confrontée. Elle oscille sans raison entre une appréciation parfois *in abstracto,* parfois *in concreto,* qui finit par plonger les parties dans une insécurité juridique dont elles peuvent difficilement se défaire.

632. Un autre point d'éloignement, moins spectaculaire mais tout aussi important, est celui issu de la divergence de qualification de certaines conditions de régularité en droit colombien qui ne sont considérées que comme des conditions de recevabilité de la demande en droit français. Il s'agit du caractère définitif de la décision étrangère, de la légalisation du jugement qui la porte, et de la procédure d'exequatur. La qualification colombienne est contestable. L'intégration de ces *« fausses »* conditions de régularité alourdit inutilement le contrôle de régularité en Colombie et compromet les intérêts des particuliers ainsi que la bonne administration de la justice.

633. L'épuration des conditions de régularité est, selon nous, nécessaire. La suppression de l'exigence de réciprocité, ou au moins son interprétation restrictive, ainsi que la requalification des *« fausses »* conditions de régularité comme des exigences de recevabilité de la demande d'efficacité s'imposent. Ces modifications permettront de réserver l'instance en efficacité au débat portant sur la régularité internationale de la décision, avec l'avantage supplémentaire de favoriser l'évolution des *« véritables »* conditions.

634. L'ensemble de nos propositions vont dans le sens d'un abandon nécessaire de la conception publiciste de l'efficacité des jugements étrangers et du droit international privé en Colombie. La modernisation du droit colombien dans son ensemble en dépend.

635. Ainsi, après avoir étudié les conditions non partagées de régularité, il apparaît qu'en droit colombien la mise en œuvre du contrôle confirme combien celui-ci est animé par une logique de défense plus que par une logique de coordination et de coopération. Une question se pose alors : qu'en est-il des conditions de régularité partagées ? Retrouvons-nous cette même divergence entre les deux droits ? Tâchons d'y répondre en les étudiant à présent.

Chapitre II
Les conditions partagées de régularité

636. En dehors des exigences que nous venons d'étudier dans le chapitre précèdent, les contrôles de régularité français et colombien partagent les mêmes conditions. Il s'agit, dans les deux droits, de conditions « d'ordre extrinsèque »[1] qui ne regardent aucunement « la rectitude de l'opération intellectuelle qui fonde la décision » [2]. Elles concernent, en effet, la régularité de la compétence juridictionnelle du juge étranger, la conformité de la décision étrangère du point de vue de la procédure étrangère, sa conformité à l'ordre public international de l'État d'accueil et l'absence d'inconciliabilité avec une autre décision définitive dans ce dernier État.

637. Dans le contrôle de régularité du droit commun français, s'ajoute à ces conditions l'absence de fraude à l'ordre juridique d'accueil. Elle n'est toujours pas prévue dans le contrôle colombien, ce qui nous empêche de la regarder comme étant véritablement une condition partagée de régularité. Nous faisons néanmoins le choix de l'étudier ici. En effet, cette condition est prévue au sein de la Convention de La Haye du 2 juillet 2019 sur l'efficacité des décisions étrangères rendues en matière civile et commerciale. Or, puisque nous souhaitons que la Colombie adopte cette Convention, il s'avère opportun d'étudier la manière dont la fraude est traitée en droit français afin d'identifier les enjeux que l'appréciation de cette condition peut représenter pour le juge colombien si la Colombie décide d'adhérer à cette Convention, et ce d'autant plus que le contrôle de droit commun colombien pourrait être influencé par le contrôle conventionnel.

638. Notre étude de la manière dont les deux droits observés formulent, interprètent et apprécient chacune de ces conditions, est animée par l'intérêt de mettre en lumière combien le fait qu'elles soient partagées ne leur assure pas une mise en œuvre similaire. Analyser comparativement les particularités qui caractérisent leur application de chaque côté de l'Atlantique permettra d'identifier les éventuelles difficultés dont elles souffrent ainsi que de proposer certains correctifs. Ce travail comparé sera également l'occasion de donner suite à notre étude prospective sur l'application que le contrôle de régularité prévu par la Convention de La Haye de 2019 peut recevoir en France comme en Colombie. En effet, les conditions de régularité qui le composent sont en grande partie comparables à celles retenues dans les deux droits étudiés. Or, à défaut d'une autorité centrale chargée de signaler l'interprétation qui doit être faite des dispositions de la Convention, il est très probable que les États signataires apprécient les conditions de régularité issues du contrôle conventionnel de la même manière qu'ils le font dans le contrôle de droit commun. Les possibles divergences entre les États contractants quant à la conception de l'efficacité se révèlent dès lors fondamentales. L'étude des droits français et colombien

---

[1] D. Bureau et H. Muir Watt, *op.cit*, p. 308 § 263-1.

[2] *Idem.*

permettra de montrer combien ces divergences peuvent compromettre les objectifs de ladite Convention.

639. Pour mener à bien cette étude, nous classons les conditions de régularité partagées en deux catégories[1] : une première contient les exigences de régularité internationale quant à l'élaboration de la décision à l'étranger (Section I), et une seconde comprend les conditions de régularité relatives à la compatibilité du jugement étranger avec l'ordre juridique d'accueil (Section II).

Section I : la régularité internationale de la décision étrangère quant à son élaboration

640. Pour établir que la décision étrangère a été régulièrement élaborée à l'étranger, les droits français et colombien apprécient deux conditions : la compétence indirecte du juge qui l'a rendue et le fait que la procédure dont elle est issue ait été respectueuse de certaines garanties fondamentales des parties. Cette convergence franco-colombienne quant aux aspects contrôlés doit pourtant être nuancée. En effet, les critères d'appréciation que chaque droit adopte sont différents et font apparaître des divergences radicales tant en ce qui concerne le contrôle de la compétence indirecte (§ 1), que la conformité de la décision à l'ordre public international de procédure (§ 2).

§ 1. L'appréciation de la compétence indirecte

641. Que ce soit en droit français ou en droit colombien, la vérification de la compétence indirecte[2] du juge étranger a toujours figuré comme l'une des conditions de régularité que la décision étrangère doit respecter en vue de son efficacité définitive dans le for[3]. Cette condition permet aux deux ordres juridiques de s'assurer que le jugement étranger a été rendu par une autorité qui avait vocation légitime à connaître et trancher l'affaire à l'étranger[4]. Afin de réaliser cet objectif commun, les droits français et colombien ont opté pour deux formulations sensiblement différentes de cette condition de régularité ainsi que par l'adoption d'un critère distinct d'appréciation de la compétence indirecte (A). Ces choix divergents expliquent que la condition soit, en effet, mise en œuvre différemment et qu'elle conduise à des résultats contrastés dans les deux droits (B).

---

[1] Nous adoptons la division proposée par certains auteurs comme Bertrand Ancel, Yves Lequette et Louis d'Avout entre les conditions d'ordre procédural et les conditions d'ordre substantiel. *v.* L. d'Avout, *Sur les solutions… op.cit.*, p. 273 §194.

[2] Puisque la distinction entre la compétence judiciaire directe et indirecte risque de ne pas être suffisamment mise en avant en droit colombien, nous reprenons les mots des professeurs Bernard Audit et Louis d'Avout pour préciser qu' : *« On parle de compétence « indirecte » pour évoquer la compétence du juge étranger envisagée aux fins de reconnaissance d'une décision qu'il a rendue ».* B. Audit et L. d'Avout, *op.cit.*, p. 466 §558.

[3] H. de Cock, « Effets et exécution des jugements étrangers », *RCADI*, 1925, Vol. 10, p. 440 §3.

[4] B. Ancel et Y. Lequette, note sous Cass. 1ère civ., 4 janvier 1964 *Munzer, GA* n° 41, p. 361 §5. *v.* P. Lagarde, « Le principe de proximité dans le droit international privé contemporain », *RCADI*, 1986 ; Vol. 196, p. 173 §178.

A. *Le critère d'appréciation*

642. La manière dont les droits étudiés prévoient le contrôle de la compétence indirecte du juge étranger est différente. La précision avec laquelle la condition est énoncée en droit français et en droit européen fait défaut en droit colombien. Dès lors, l'identification du critère d'appréciation que le juge doit suivre dans sa mise en œuvre n'est pas aussi simple dans les deux droits. Contrairement à la France où ledit critère s'identifie clairement en ce qu'il cherche à favoriser la circulation des décisions étrangères (1), en Colombie l'ambiguïté de l'énoncé de la condition conduit le juge à hésiter entre plusieurs critères d'appréciation qui ne sont pas nécessairement animés par l'intérêt de faciliter l'efficacité des jugements étrangers (2).

1. *Un critère clair et favorable à la circulation des décisions en France*

643. En droit commun français comme en droit européen, le contrôle de la compétence indirecte du juge étranger témoigne d'une évolution significative dans le sens d'une libéralisation[1] ; le rétrécissement du champ d'application du contrôle en est l'illustration la plus remarquable.

644. En droit commun français, la vérification commandée par l'arrêt *Munzer* l'était dans des termes très vagues[2] qui ont été à l'origine de plusieurs hésitations jurisprudentielles quant à la manière de l'apprécier[3]. Les enseignements souverainistes de Bartin[4] n'ont pas manqué d'influencer ce contrôle, mais leur inadéquation a fini par se révéler au regard, notamment, de l'objectif français de parvenir à une efficacité allégée des décisions[5]. Le fait qu'au fil des années, la protection des intérêts étatiques ait été amenée à partager sa place dans les finalités du contrôle avec la protection des intérêts privés des particuliers, a rendu nécessaire le remaniement de la formulation de cette condition. La Cour de cassation française a donc entrepris un travail d'allégement progressif dont le point de référence est sans doute l'arrêt *Simitch* de 1985[6].

645. Afin d'apprécier et d'établir la régularité internationale de la décision étrangère sur le point de la compétence indirecte, le juge français doit vérifier qu'elle ne porte pas sur un litige dont la compétence était exclusivement réservée aux tribunaux français[7] y compris celle dérivée d'une clause attributive de

---

[1] L. Usunier, *La régulation de la compétence juridictionnelle en droit international privé*, Economica, 2008, p. 4 §IV.

[2] Il y était simplement indiqué que le juge du for doit s'assurer de *« la compétence du tribunal étranger qui a rendu la décision »*. Cass. 1ère civ., 4 janvier 1964 *Munzer, préc.* En doctrine *v.* M-L Niboyet et G. de Geouffre de la Pradelle, *op.cit.*, p. 550 §804.

[3] Ces difficultés consistaient principalement dans l'incertitude de savoir quelle loi devait être prise comme référence pour vérifier la compétence du juge étranger. Le contrôle au regard des règles de compétence du droit étranger fut initialement privilégié : Montpellier, 17 mars 1949, *préc.* ; Cass. 1ère civ., 4 février 1958 *Lundwall*, *RCDIP* 1958.389 obs. H. Batiffol ; *JDI* 1958.1016 obs. Ponsard. Ultérieurement, il a été préféré la voie libre à la bilatéralisation des règles françaises de compétence : Paris, 18 juin 1964, *Gunzbourg. Préc.* En doctrine *v.* B. Audit et L. d'Avout, *op.cit.*, p. 466 §559 et s. ; A. Ponsard, « Le contrôle de la compétence des juridictions étrangères », *TCFDIP*, 1985-1986, p. 48.

[4] Bartin, *Principes… op.cit.*, p. 573 §211.

[5] B. Ancet et Y. Lequette, note sous Cass. 1ère civ., 6 février 1985 *Simitch*, *GA* n° 70, p. 628 §4.

[6] Cass. 1ère civ., 6 février 1985 *Simitch*, *préc.*

[7] N. Joubert, *La notion de liens suffisants avec l'ordre juridique (inlandsbeziehung) en droit international privé*, Litec, 2007, p. 506 §535.

juridiction[1], qu'un lien caractérisé unit le litige à l'ordre juridique étranger[2], et que ce lien n'est pas frauduleux[3]. Par l'arrêt *Prieur* de 2006[4], la Cour renforce ce mouvement de libéralisation par l'exclusion du privilège de juridiction de l'article 15 du Code civil[5], de la liste des compétences exclusives du juge français. Enfin, l'arrêt *Fercometal* de 2007 a étendu cette solution au privilège de juridiction de l'article 14 du Code civil[6].

646. L'adoption du critère du lien caractérisé a sans doute emporté un changement sensible dans le contrôle de régularité de droit commun. Afin de trouver un équilibre entre la nécessité de préserver la vérification de la compétence indirecte, et l'impératif d'efficacité simplifiée des jugements, le droit commun français a opté pour assouplir la portée du premier[7]. Il ne s'agit plus de sauvegarder davantage la souveraineté nationale par la bilatéralisation des règles internes de compétence directe, mais de vérifier, selon les mots de Nathalie Joubert : « que la compétence, que telle juridiction s'arroge, est bien raisonnable [...], que la compétence doit permettre de protéger les intérêts procéduraux des deux parties et la bonne administration de la justice »[8]. Autrement dit, il importe peu que les parties aient préféré saisir le juge étranger alors que l'affaire entretenait aussi des liens avec l'ordre juridique français, dès que ce choix est justifié.

647. L'apport principal du choix de ce critère d'appréciation est de confirmer que la compétence française, lorsqu'elle n'est pas exclusive, n'est que concurrente, et qu'elle ne saurait, à ce titre, s'imposer ou compromettre la régularité internationale de la décision étrangère. Ce choix du droit français ne manque pas, pour autant, de susciter certaines inquiétudes, notamment en ce qui concerne la détermination des compétence exclusives des tribunaux français[9], ou encore celle des éléments permettant de qualifier, en toute objectivité, le lien comme caractérisé[10]. C'est, assurément, en raison de cette difficulté que la Convention de La Haye de 2019 a, par exemple, adopté une autre méthode pour

---

[1] Cass. 15 mai 2018, *Rev.Cont.* 2018.382 obs. M. Laazouzi ; *JCP entreprise et affaires* 2018.1496 obs. C. Nourissat ; *JCP* 2018919 obs. F. Mailhé.

[2] N. Joubert, *op.cit.*, p. 382 §401. En jurisprudence *v.* Cass. 1ère civ., 11 février 2015, *RCDIP* 2015.891 obs. L. Usunier.

[3] Holleaux prônait déjà l'allégement de ce contrôle dans sa thèse. Sa pensée fut d'abord accueillie en 1971 par l'arrêt *Mack Trucks* de la Cour d'appel de Paris, avant d'être généralisée par l'arrêt *Simitch. v.* Paris, 10 novembre 1071, *JDI* 1973.239 obs. A. Huet. Dans le même sens *v.* Cass. 1ère civ., 30 septembre 2009 *Barre* n° 08-18.769.

[4] Cass. 1ère civ. 22 mai 2007 *Prieur, GA* n° 87, p. 755, *D. chron.* 2006.1846 obs. Audit.

[5] Pour une présentation de la compétence prévue aux articles 14 et 15 du Code civil *v.* N. Joubert, *op.cit.*, p. 113 §236 et s.

[6] Cass. 1ère civ. 22 mai 2007 *Fercometal, RCDIP* 2007.610 obs. H. Gaudemet-Tallon ; *D. chron.* 2007.2548 obs. Audit ; *JDI* 2007.956 obs. Ancel et H. Muir Watt.

[7] A. Ponsard, « Le contrôle de la compétence... », *op.cit.* p. 25.

[8] N. Joubert, *op.cit.*, p. 515 §545.

[9] B. Audit et L. d'Avout, *op.cit.*, p. 470 §565. Laurence Usunier estime qu'afin de ne pas tomber dans le déraisonnable, les compétences exclusives du for doivent répondre à deux éléments : *« d'une part, que l'intérêt protégé par la compétence du juge du for soit à la fois véritablement fondamental et réellement menacé et, d'autre part, que la protection de cet intérêt implique effectivement de donner compétence au juge du for »*. L. Usunier, *La régulation de la compétence juridictionnelle..., op.cit.*, p. 246 §300.

[10] La Cour de cassation a pu affirmer, par exemple, que la résidence provisoire du demandeur dans un État n'est qu'un lien léger qui ne suffit pas pour rattacher le litige de manière caractérisée à cet État. Cass. Cass. 1ère civ., 5 mai 1998 *Mailian, RCDIP* 1998.662 obs. H. Muir Watt.

établir la compétence indirecte. Au sein de cette Convention, l'article 5 dresse un catalogue des chefs de compétence indirecte admissibles. Pour être internationalement régulière, du point de vue de la compétence indirecte, la décision étrangère doit respecter au moins l'un de ces chefs. Si ce n'est pas le cas, elle n'est pas susceptible, pour reprendre les termes de la Convention, d'être reconnue ni exécutée dans les États signataires[1].

648. Ce choix de la Convention de La Haye contraste avec celui du droit européen où l'adoption de règles communes de compétence directe dans plusieurs domaines s'est traduite par un contrôle exceptionnel de la compétence indirecte. En effet, ces règles uniformes de compétence directe assurent l'existence d'un lien caractérisé entre l'affaire et le tribunal saisi[2]. En matière civile et commerciale, par exemple, lorsqu'il est question de cette vérification, le critère d'appréciation adopté est le respect des compétences exclusives et spéciales en faveur des tribunaux d'un État membre, prévues par les règlements.

649. Selon Laurence Usunier, il existe dans l'Union une « prohibition de principe du contrôle de la compétence indirecte du juge de l'État contractant d'origine »[3]. Cette interdiction qui s'impose au titre de la confiance mutuelle entre États, peut être de caractère absolu. C'est notamment le cas en matière familiale où les règlements Bruxelles II bis et Bruxelles II ter ont interdit au juge de l'État requis de contrôler la compétence du juge qui a rendu la décision[4]. Elle peut aussi présenter un caractère relatif, comme dans la matière civile et commerciale où l'interdiction connait des nuances permettant au juge requis de vérifier la compétence indirecte lorsqu'elle est fondée notamment sur l'un des chefs de compétence exclusive ou spéciale prévus par Bruxelles I bis[5]. Selon l'article 45.e de ce règlement, il appartient à la partie intéressée de contester la régularité internationale de la décision sur le chef de la compétence indirecte du juge d'origine pour que le contrôle de régularité soit déclenché, et pour obtenir, en cas d'irrégularité confirmée, que la reconnaissance ou l'exécution du jugement en cause soient refusées.

---

[1] E. Farnoux, « Reconnaissance et exécution des jugements étrangers en matière civile ou commerciale. À propos de la Convention de La Haye du 2 juillet 2019 », *JCP G,* 2019, n° 38, p. 1614 ; N. de Araujo et M. de Nardi, « 22ª sessão diplomática da conferência da Haia e a Convenção sobre sentenças estrangeiras : primeiras reflexões sobre as ventagens para o brasil da sua adoção », *Revista de la secretaria del Tribunal permanente de revisión,* 2019.209; A. Bonomi et C. Mariottini, « A game changer in international litigation ? Roadmap to the 2019 Hague Judgements Convention », *Yearbook of private international law,* 2018-2019, Vol. 20, p. 549.

[2] H. Gaudemet-Tallon, « De quelques raisons de la difficulté d'une entente au niveau mondial sur les règles de compétence judiciaire internationale directe », *in, Law and justice in a multistate world, Essays in honor of Arthur T. von Mehren,* sous la dir. de J.A.R Nafziger et S. Symeonides, Ardsley Transnational publishers, 2002, p. 61 ; D. Bureau et H. Muir Watt, *op.cit.*, p. 316 §270.

[3] L. Usunier, *La régulation de la compétence internationale… op.cit.*, p. 5 §VI. L'article 45 du Règlement Bruxelles I bis par exemple, prévoit l'exclusion de ce contrôle pour les décisions rendues en matière civile et commerciale. Dans ce sens *v.* H. Gaudemet-Tallon et M-E Ancel, *op.cit.*, p. 505 §379. En jurisprudence *v.* Cass. 1ère civ., 3 novembre 1977 n° 76-12.328 ; CJUE, 4 mai 2010, Aff. C-533/2008 *TNT Express Nederland BV c. AxxaVersicherung AG.*

[4] Article 24, Règlement Bruxelles II bis, *préc.* ; Article 69 Règlement Bruxelles II ter, *préc.*

[5] Les chefs de compétence exclusive et spéciale regroupent les hypothèses dans lesquelles *« la souveraineté de l'État requis se trouve en jeu et celles où le besoin se fait ressentir de protéger les intérêts d'une catégorie particulière de justiciables ».* D. Bureau et H. Muir Watt, *op.cit.*, p. 310 §265. Dans le même sens *v.* H. Gaudemet-Tallon et M-E. Ancel, *op.cit.*, p. 596 §419 et s. ; M-L. Niboyet et G. de Geouffre de la Pradelle, *op.cit.*, p. 576 §838.

650. Si le critère d'appréciation choisi au sein de l'Union varie selon la matière du litige, il n'en demeure pas moins que si nous prenons la matière civile et commerciale, par exemple, c'est le respect des compétences exclusives et spéciales qui guide l'appréciation du juge lorsqu'un tel contrôle a lieu d'être. Notons, enfin, que dans la plupart des cas, la mise en œuvre de ce critère d'appréciation reste exceptionnelle, la compétence indirecte du juge d'origine n'étant pas souvent vérifiée[1]. Les décisions intra-européennes parviennent de ce fait à l'efficacité sans qu'aucun contrôle n'intervienne[2].

651. Ainsi, concernant l'appréciation de la régularité de la compétence indirecte, il apparaît que le droit français a mis en place un critère unique d'appréciation. Le juge du contrôle n'est guidé, ni en droit commun, ni en droit européen, par une référence exclusive aux règles de compétence directe de chaque État[3]. Bien que l'appréciation de cette condition ne soit pas appelée à intervenir avec la même assiduité en droit commun et en droit européen, le fait est que dans ces deux cadres il n'y a pas d'obstacle pour accepter, par exemple, qu'une décision rendue à l'étranger soit internationalement régulière, du point de vue de la compétence indirecte, quand bien même les juridictions françaises avaient aussi vocation à trancher le litige. Il en est ainsi car l'appréciation du juge français se concentre sur l'établissement d'un lien reliant de manière significative le litige au for étranger saisi.

652. Or, la clarté française à propos du critère choisi contraste avec la situation en droit colombien où la formulation d'un critère d'appréciation n'est visiblement pas chose aisée.

2. *Un critère obscur et éventuellement opposé à la circulation des décisions en Colombie*

653. À l'image des autres conditions de régularité, la formulation de celle relative à la compétence indirecte du juge étranger n'a pas connu d'évolution au sein de la loi colombienne. Le NCGP a reproduit le même énoncé que celui présent dans l'ancien code, et a conservé l'éclatement du contrôle de la compétence indirecte en deux conditions différentes. Dans une première condition, le législateur exige que la décision étrangère ne porte pas sur des droits réels constitués sur des biens qui se trouvaient en Colombie au moment où la procédure étrangère a commencé[4]. Dans la seconde condition, il est exigé que la décision ne porte pas sur une affaire dont la compétence est réservée de manière exclusive aux tribunaux colombiens[5].

654. Cette manière de prévoir le contrôle de la compétence indirecte suscite un double sentiment de surprise et d'hésitation tant la détermination d'un critère

[1] P. Gothot et D. Holleaux, *op.cit.*, p. 145 §254.
[2] CJUE, 4 mai 2010, Aff. C-533/08 *TNT c. Axxa, préc.* Point n° 55.
[3] À propos de certaines hésitations qui peuvent subsister en droit européen *v.* M-L Niboyet, L. Sinopoli et F. de Bérard, « 1390 décisions inédites de 1999 à 2001 sur l'exequatur en France des jugements étrangers », *Gaz.Pal.* 2004.28.
[4] Article 606, NCGP, *préc.*
[5] *Idem.*

d'appréciation ne s'y révèle pas avec clarté. En effet, la formulation tombe dans une tautologie (a), et conduit à une pluralité de lectures qui rendent difficile la détermination de la portée de cette condition (b).

a. La tautologie et l'ambivalence de la formulation légale

655. Après avoir cherché en vain une justification à cette formulation éclatée, nous estimons que les deux conditions ont un même objectif, celui d'assurer le respect des compétences exclusives des tribunaux colombiens. Pour le démontrer, prenons l'exemple d'une décision française de divorce dans laquelle, outre le relâchement du lien conjugal, le juge se prononce sur la propriété d'un appartement situé à Bogota[1]. Il est clair que l'efficacité en Colombie de cette décision sera gravement compromise, au moins en ce qui regarde l'attribution du droit de propriété sur l'immeuble[2]. En effet, du fait de sa situation en Colombie, le juge français a dépassé les limites de sa propre compétence et la décision rendue en France méconnaît l'exclusivité de la compétence du juge colombien pour connaître des litiges concernant les biens immeubles se trouvant sur son territoire[3]. Ainsi, tel qu'indiqué dans la première des conditions colombiennes relatives à la compétence, le jugement porte sur un droit réel constitué sur un bien immeuble qui, dès le début de la procédure française, se situait en Colombie. L'irrégularité internationale de cette décision de divorce est certaine.

656. La tautologie de la formulation colombienne se révèle clairement dans cet exemple car, en dehors du cas très peu probable de la scission d'un État, il est très difficile d'imaginer qu'un immeuble puisse être déplacé d'un État à un autre entre le début de la procédure étrangère et le moment de son exécution dans le for. C'est pourquoi, nous estimons que toutes les fois où il sera question de droits réels immobiliers, l'affaire relèvera sans exception de la compétence

---

[1] Une situation similaire a été portée à la connaissance de la Cour colombienne en 1978. Un tribunal argentin avait prononcé le divorce d'un colombien et une femme tchécoslovaque (née à Prague), mariés à Buenos Aires. Outre le relâchement du mariage, le juge argentin a procédé dans le même jugement à la répartition des biens acquis pendant le mariage dont certains se trouvaient en Colombie. L'exequatur de la décision est demandé en Colombie, et la Cour colombienne refuse l'efficacité de la décision. Elle soutient que le jugement est irrégulier notamment parce qu'il a prononcé des mesures à pratiquer sur des biens situés en Colombie. Outre la vérification de la décision au regard des conditions du droit commun, la Cour contrôle aussi la régularité de la décision selon les exigences du Traité de Montevideo de 1889 en vigueur dans les deux pays. Elle confirme que l'efficacité de la décision argentine doit être refusée au motif qu'elle viole également cet instrument international. En effet, elle aurait été rendue en méconnaissance d'une compétence exclusive colombienne et du *statut réel,* l'ordre public colombien serait alors enfreint. Or, le respect de l'ordre public de l'État requis est l'une des conditions de régularité exigées par ledit Traité. CSJC. Cass. Ch. Civ., 17 mai 1978 *De Narvaez-Steuer.* Magistrat Rapporteur : Humberto Murcia Ballén.

[2] En 2010 la Cour a refusé d'étudier une demande d'exequatur portant sur un jugement américain de divorce qui, outre avoir prononcé le relâchement du lien conjugal, avait aussi attribué à l'un des conjoints la propriété d'un immeuble situé en Colombie. Elle a refusé le dossier *in limine litis,* conformément à ce qui est indiqué à l'article 607 du NCGP : CSJC. Cass. Ch. Civ., 3 août 2010, Magistrat Rapporteur : William Namén, Dossier n° 2010-01416-00. En 2017, en revanche, la Cour a été confrontée à une situation similaire, mais elle a accordé à la décision un exequatur partiel. Elle a ainsi reconnu l'efficacité du relâchement du lien conjugal, et refusé celle des chefs relatifs aux biens immeubles situés en Colombie. CSJC. Cass. Ch. Civ., 20 juin 2017, Magistrat Rapporteur : Aroldo Quiroz, Dossier n° 2014-01582-00.

[3] L'article 28.7 du NCGP dispose que *« les procès qui portent sur l'exercice des droits réels [...] relèvent de la compétence exclusive du juge du lieu de la situation des biens sur lesquels ils portent, et s'ils se trouvent sur plusieurs circonscriptions territoriales, est compétent le juge de n'importe laquelle d'entre elles au choix du demandeur ».*

exclusive du juge colombien. L'éclatement de la condition est donc dépourvue d'utilité, au moins pour ce qui est des biens immeubles.

657. La question des droits réels mobiliers mérite aussi d'être étudiée. Puisque la disposition colombienne ne fait aucune distinction quant à la nature des droits réels en cause[1], nous pourrions nous demander si les litiges portant sur des biens meubles situés en Colombie relèvent aussi de la compétence exclusive du juge colombien. Autrement dit, est-ce qu'un jugement étranger qui prend des mesures portant sur un bien meuble qui se trouvait en Colombie, ne serait-ce que transitoirement au moment de l'assignation, relève aussi de la compétence exclusive du juge colombien, et empêche donc l'efficacité de toute décision étrangère ?[2]

658. Pensons à la succession d'une personne qui décède à Paris où elle avait sa résidence habituelle depuis plusieurs années. Le patrimoine laissé est composé de comptes bancaires assez importants ouverts auprès d'une banque colombienne, et d'une collection de tableaux exposée à Cali. Le juge français est compétent pour connaître de cette succession selon le règlement n° 650 de 2012 relatif aux successions[3], en tant que juge de la dernière résidence habituelle du *de cujus*. Il est compétent pour l'ensemble de la succession sans aucune restriction en fonction de la nature des biens. La décision française va sans doute se prononcer sur la dévolution des sommes d'argent et des tableaux afin de les attribuer à un ou plusieurs des ayants cause du défunt. Or, au regard de la rédaction de la disposition colombienne, le nouveau propriétaire des fonds et des tableaux ne pourra malheureusement pas obtenir l'exécution du jugement en Colombie car il porte sur des droits réels mobiliers constitués sur des biens qui étaient en Colombie lors de l'ouverture de la succession en France. Les complications pratiques d'une telle approche ne sont pas négligeables d'autant plus que l'héritier se retrouve dans l'impossibilité d'obtenir l'efficacité de la décision française en Colombie.

659. Nous pouvons donc valablement nous demander si, dans ce cas, la compétence du juge colombien mérite d'être qualifiée d'exclusive. La doctrine colombienne semble partagée sur ce point. Certains auteurs se limitent à affirmer

---

[1] Remarquons à ce propos que l'article 20 du Code civil, relatif à la loi applicable aux biens, ne fait aucune distinction, non plus, entre les biens meubles et les biens immeubles. Selon cette disposition, les biens qui sont situés dans le territoire national et dont la propriété intéresse la Nation ou lui appartienne, sont soumis aux dispositions du Code civil.

[2] Antonio Aljure défend cette position en estimant qu'il est universellement accepté que l'État se réserve la compétence de déterminer les droits réels constitués sur les biens situés sur son territoire. Selon l'auteur, la disposition colombienne dérive du principe *lex rei sitae*. A. Aljure, «Exequatur de providencias judiciales», *in, Teoría general…, op.cit.*, p. 425 §2.1. Dans le même sens, José Marín Fuentes estime qu'au regard de l'état actuel de la législation colombienne, il n'y a pas de doute sur le fait que le principe *forum rei sitae* détermine la compétence juridictionnelle pour les biens meubles et immeubles. J. Marín Fuentes, « Caracteres generales… », *op.cit.*, p. 98.

[3] Le règlement n° 650 de 2012, relatif au juge compétent, à la loi applicable et à la reconnaissance et l'exécution des décisions rendues en matière successorale, prévoit à l'article 4 la compétence générale, pour l'ensemble de la succession, de la juridiction de l'État membre de la résidence habituelle du défunt. Dans notre exemple, la résidence habituelle d'un colombien dans un État membre de l'Union européenne déclenche la compétence juridictionnelle des juges de cet État pour connaître de l'ensemble de la succession, biens meubles et immeubles sans distinction.

que la présence du bien meuble sur le territoire national au moment de l'assignation déclenche la compétence du juge colombien sans pour autant justifier cette position[1]. Dans la pensée de ces auteurs, puisque les règles de compétence sont d'ordre public ne pouvant pas être dérogées par la volonté des parties, la compétence juridictionnelle colombienne qui en découle est nécessairement exclusive[2]. D'autres auteurs colombiens semblent avoir pris conscience de cet inconvénient et doutent du bien-fondé de maintenir l'exigence pour les droits réels mobiliers[3]. Les exemples jurisprudentiels à cet égard ne sont néanmoins pas nombreux et nous laissent dans l'impossibilité d'affirmer l'existence d'une solution tranchée[4].

660. Si nous regardons l'état de la question en droit français, nous devons conclure à une opposition radicale entre les deux droits. La simple présence du bien meuble n'est pas en France un facteur de compétence exclusive du juge français[5]. L'adoption en Colombie de la position française aurait sans doute favorisé l'efficacité des décisions étrangères qui risquent, en l'état actuel, d'être jugées internationalement irrégulières.

661. Pour ajouter un élément de complexité à cette problématique, il apparait que si nous regardons le droit interne colombien, la question soulève aussi une incertitude. L'article 28.7 du NCGP, par exemple, relatif à la répartition territoriale de la compétence juridictionnelle interne dispose que les actions portant sur l'exercice des droits réels relèvent de la compétence exclusive du juge du lieu de situation des biens[6]. À l'instar de l'article 606 sur l'efficacité des décisions, cette disposition ne fait aucune référence à la nature mobilière ou immobilière des droits en cause. Néanmoins, les termes ambigus de cet article devraient, selon nous, recevoir une interprétation restrictive, et ce afin de limiter son application aux seuls droits réels immobiliers. Cette interprétation correspond mieux à l'intention du législateur colombien. En effet, lorsque nous regardons la suite de l'article 28.7 du NCGP, il apparaît que le législateur a voulu signaler, à titre indicatif certes, certaines procédures pour illustrer le fonctionnement de la règle de compétence. Or, les exemples cités concernent, dans la plupart, des cas des droits réels constitués sur des biens immeubles. Apparaissent notamment les procédures d'expropriation, de servitude, ou encore de déclaration de propriété[7]. De notre point de vue, la liste fournie par le législateur témoigne de son intention de réserver davantage cette règle de

---

[1] F. Canosa Torrado, *op.cit.*, p. 123 §5.1.1.

[2] J. Azula Camacho, *op.cit.*, p. 260 §3.

[3] V. Guerra Hernandez, « Conflictos de jurisdicción y competencia en el derecho internacional privado », *in*, *Teoría general del derecho internacional privado… op.cit.*, p. 367 et s., §4.2 et s.

[4] CSJC. Cass. Ch. Civ., 17 mai 1978 *De Narvaez-Steuer, préc.*

[5] Au contraire, en droit français Louis d'Avout affirme qu' : *« En dépit de certaines propositions doctrinales, et à une exception près, on n'a jamais admis une compétence au fond des juridictions françaises fondée sur la seule présence du meuble en France ou sur le caractère internationalement impératif de la législation substantielle applicable en matière réelle »*. L. d'Avout, *Sur les solutions… op.cit.*, p. 283 §201.

[6] L'article 20 du Code civil est dans le même sens.

[7] Selon cette disposition, relèvent de la compétence du juge de la situation des bien : *« les procès qui portent sur l'exercice des droits réels, ceux de partage de bien commun, de bornage, d'expropriation, de servitude, ceux concernant la possession de toute sorte, ceux de restitution du bien, de déclaration de propriété et ceux concernant les biens vacants et abandonnés […] »*.

compétence aux seuls biens immeubles. Les litiges relatifs aux biens meubles devraient suivre le régime général de compétence fondé sur le domicile du défendeur[1].

662. Il n'en reste pas moins que si la question n'est pas clairement tranchée en droit interne, elle peut difficilement l'être en droit international privé. De ce fait, nous prônons une interprétation limitée de la règle de compétence directe et de celle relative à l'appréciation de la compétence indirecte. Retenir une portée très vaste de cette condition pour couvrir les jugements étrangers rendus en matière mobilière et immobilière, risque d'entraver la circulation des jugements étrangers.

663. Ce risque s'accentue au regard de la pluralité de lectures qui peuvent être faites de la formulation actuelle de cette condition de régularité.

b. La pluralité de lectures possibles

664. Selon nous, la double condition de régularité formulée par le droit colombien peut être l'objet de lectures assez différentes.

665. En effet, une première lecture pourrait conduire à affirmer que la condition colombienne est simpliste ou incomplète dans la mesure où elle retient comme critère d'appréciation de la compétence indirecte le seul respect des compétences exclusives du for. Le législateur ne donnerait aucune directive supplémentaire au juge national pour apprécier la compétence indirecte lorsque la décision a été rendue à propos d'une affaire pour laquelle il ne se réserve pas la compétence de manière exclusive[2]. S'agit-il, ici, d'un symptôme révélateur du fait que la distinction entre compétence directe et compétence indirecte n'est pas assez développée en droit colombien ?[3] ou est-ce parce que le droit colombien considère seulement comme nécessaire la protection des compétences exclusives de son juge national ?

666. Si c'est parce que le droit colombien se désintéresse de la compétence indirecte du juge étranger dès lors que l'affaire ne touche pas à l'une de ses compétences exclusives[4], cela pourrait expliquer pourquoi, par exemple, une condition relative à l'absence de fraude n'a pas été prévue dans le contrôle colombien. Cela conduirait à affirmer, en outre, que le droit colombien est plus libéral que le droit commun français, en renonçant à toute vérification de

---

[1] Article 28, NCGP, *préc.*.

[2] B. Ancel et Y. Lequette, note sous Cass. 1ère civ. 6 février 1985 *Simitch, GA* n° 70, p. 631 §8.

[3] V. Guerra Hernandez, « Conflictos de jurisdicción y competencia en el derecho internacional privado », *in, Teoría general del derecho internacional privado… op.cit.*, p. 358 §3.4. Nous constatons que la distinction n'est pas très claire dans la doctrine d'autres États latino-américains, telle l'Argentine *v.* A. Boggiano, *op.cit.*, p. 482 et s. Il n'en demeure pas moins que certains auteurs colombiens, influencés sans doute par les enseignements de la doctrine française, connaissent pourtant de cette distinction *v.* M. Monroy Cabra, *Tratado de derecho… op.cit.*, p. 260.

[4] Cette appréciation libérale paraît être de principe en droit brésilien où le contrôle de régularité internationale, prévu aux articles 960-965 du Code de procédure civile, ne prévoit aucune condition relative à la compétence indirecte du juge étranger. Il y est seulement exigé le respect des compétences brésiliennes exclusives. *v.* N. de Araujo, M. de Nardi, G. Ribeiro, F. Polido, I. Lopes, « Crônicas de Direito internacional privado. Crônica 1. Novidades de 2017 sobre circulação facilitada de sentenças estrangeiras», *Revista de Direito internacional.* 2017, n° 2, Vol. 14, p. 9-16.

l'existence d'un quelconque lien unissant l'affaire au tribunal étranger[1]. Il serait également plus ouvert et libéral que le droit européen en ce sens que le juge colombien n'aurait pas à vérifier, par exemple, le respect des règles de compétence protectrices des consommateurs.

667. Néanmoins, au regard des particularités fortement conservatrices du régime colombien de reconnaissance des décisions étrangères que nous avons identifiées, cette lecture s'articule difficilement avec la conception publiciste que ce droit retient de l'efficacité des jugements. À notre avis, en se limitant aux seules compétences exclusives, le législateur colombien a commis un oubli ou une imprécision que la Cour colombienne a entendu réparer avec la sévérité qui la caractérise à l'heure de mettre en œuvre le contrôle.

668. Confirmant la pluralité de lectures qui peuvent être faites de la formulation colombienne, la Cour l'a parfois interprétée en procédant à la bilatéralisation des règles colombiennes de compétence directe[2]. En 1994, dans l'arrêt *Duque Peña,* par exemple, la Cour a eu à se prononcer sur l'exequatur d'une décision américaine rendue à l'encontre de M. Duque Peña, citoyen colombien résidant en Colombie et qui s'était porté caution aux États-Unis d'une obligation libellée en dollars. À cette occasion, la Cour estime d'abord qu'aucune norme colombienne ne réserve au juge colombien une compétence exclusive pour ce type d'affaires, ensuite, qu'à la lumière du CPC, alors en vigueur, le demandeur peut saisir le juge du domicile du défendeur ou celui du lieu d'exécution du contrat. Puisqu'en l'espèce, le contrat avait été conclu aux États-Unis pour y être exécuté, la Cour estime que le juge colombien n'était pas exclusivement compétent et que, selon les dispositions colombiennes, le juge étranger pouvait connaître de l'affaire. Elle se contente d'affirmer que « la juridiction étrangère a trouvé des raisons pour connaître du paiement de la caution accordée »[3], sans pour autant indiquer ou expliquer lesdites raisons. Dans un arrêt du 11 juillet 2000 la Cour confirme cette interprétation. Rendu à propos de l'efficacité d'une décision allemande de divorce, elle a affirmé qu' : « étant donné le domicile des conjoints en Allemagne, le juge qui a rendu le jugement était internationalement compétent pour trancher l'affaire au regard des règles générales de compétence en vigueur en Colombie selon lesquelles le défendeur doit être assigné devant le juge de son domicile » [4]. Ces exemples montrent combien la Cour apprécie la régularité de la compétence du juge étranger au regard des règles colombiennes

[1] Dans certains arrêts, la Cour se limite à affirmer de manière lacunaire que l'affaire ne relève pas de la compétence exclusive des tribunaux colombiens. *v.* CSJC. Cass. Ch. Civ., 4 décembre 2008, Magistrat Rapporteur : William Namén, Dossier n° 2006-0716-00 ; CSJC. Cass. Ch. Civ., 21 juillet 2014, Magistrat Rapporteur : Fernando Giraldo, Dossier n° 2013-03034-00 ; CSJC. Cass. Ch. Civ., 19 juin 2018, Magistrat Rapporteur : Margarita Cabello, Dossier n° 2015-03001-00.

[2] P. Lagarde, « Le principe de proximité… », *op.cit.,* p. 174 §184.

[3] CSJC. Cass. Ch. Civ., 19 juillet 1994 *Duque Peña.* Magistrat Rapporteur : Carlos Esteban Jaramillo, Dossier n° 3894.

[4] CSJC. Cass. Ch. Civ., 11 juillet 2000, Magistrat Rapporteur : Jorge Santos, Dossier n° 6484. Dans le même sens *v.* CSJC. Cass. Ch. Civ., 4 décembre 2008, Magistrat Rapporteur : Jaime Aberto Arrubla Paucar, Dossier n° 2007-0890-00 ; CSJC. Cass. Ch. Civ., 28 juin 2016, Magistrat Rapporteur : Luis Tolosa, Dossier n° 2015-0300-00.

de compétence en les bilatéralisant, comme cela a été le cas à une époque en droit français[1].

669. Dans d'autres cas, la Cour adopte un procédé plus radical consistant à élargir le catalogue des compétences exclusives des tribunaux colombiens. Elle transforme, de manière contestable, des règles de compétence directe qui attribuent une compétence concurrente aux tribunaux colombiens, en règles de compétence exclusive[2]. Ce procédé bénéficie du soutien de certains auteurs. Antonio Aljure, par exemple, estime que toutes les fois que la règle de conflit de juridictions désigne le juge national, sa compétence est exclusive[3]. Hernan Fabio López Blanco rejoint cette position et prend l'exemple des contrats d'agence commerciale. Selon l'article 1328 du Code de commerce colombien, tous les contrats d'agence commerciale exécutés en Colombie demeurent soumis à la loi colombienne sans que les parties puissent en disposer autrement[4]. L'auteur considère que cette disposition accorde une compétence exclusive aux tribunaux colombiens pour connaître de tout litige dérivé d'un tel contrat[5], et que l'exequatur d'un jugement étranger rendu à cet égard est par conséquent impossible[6]. Néanmoins, le contrat d'agence commerciale présente des particularités qui justifient qu'un traitement juridique spécial lui soit accordé et, de ce fait, cette affirmation du professeur López Blanco doit être nuancée parce que liée au caractère particulier de ce contrat déterminé.

670. Or, quelques observations s'imposent à propos des avis doctrinaux. Ainsi, outre la regrettable confusion entre les règles de conflits de lois et de conflits de juridictions[7], la position de ces auteurs est, à notre sens, extrêmement dangereuse. Qualifier une compétence du for comme exclusive a pour conséquence le refus de l'efficacité de tout jugement étranger portant sur le sujet visé[8]. En effet, si la seule existence d'une règle interne accordant compétence aux tribunaux nationaux devient systématiquement une règle de compétence exclusive[9], la plupart des décisions rendues à l'étranger le seraient en violation

---

[1] Paris, 18 juin 1964, *Gunzbourg, préc.*

[2] La cour semblerait suivre à cet égard la doctrine de Bartin. À ce propos *v.* N. Joubert, *op.cit.*, p. 506 §535 ; D. Bureau et H. Muir Watt, *op.cit.*, p. 310 § 265. Par l'arrêt *Simitch,* la Cour de cassation française a abandonné cette appréciation de la compétence indirecte, refusant de voir dans l'article 1070 du Code de procédure civile, par exemple, une compétence exclusive du juge français. Cass. 1ère civ., 6 février 1985 *Simitch, préc.*

[3] A. Aljure, « Exequatur de providencias judiciales», *in Teoría general… op.cit.*, p. 427 §2.4.

[4] L'article 1328 du Code de commerce dispose à propos de l'agence commerciale : *« Application des lois colombiennes : Les contrats d'agence commerciale qui s'exécutent dans le territoire national sont soumis à la loi colombienne. Toute stipulation contraire est réputée non écrite ».* Décret n° 410 du 27 mars 1971, Relatif à l'expédition du Code de Commerce, publié au Journal Officiel n° 33 339 du 16 juin 1971. Entré en vigueur le 1er janvier 1972.

[5] H. López Blanco, *Instituciones…*, *op.cit.*, p. 830. *v.* S. Corneloup, « Les liens entre *forum* et *ius* : réflexions sur quelques tendances en droit international privé contemporain », *in Mélanges en l'honneur du Professeur Bertrand Ancel. Le droit à l'épreuve des siècles et des frontières.* LGDJ, 2018, p. 466.

[6] H. López Blanco, *Instituciones…*, *op.cit.*, p. 830.

[7] Cette distinction n'est cependant pas ignorée de toute la doctrine colombienne *v.* V. Guerra Hernandez, « Conflictos de jurisdicción y competencia… », *op.cit.*, p. 358 §3.5.1

[8] *Idem.*, p. 359 §3.5.2.

[9] En revanche, d'autres auteurs colombiens acceptent que la compétence des tribunaux colombiens soit plus souvent concurrente qu'exclusive. Le professeur Jairo Parra Quijano affirme ainsi qu'il importe peu, dans le cas où l'affaire relève de la compétence de plusieurs ordres juridiques, qu'elle ait été tranchée par un juge étranger et non par le juge colombien. Selon lui, même si le jugement a été rendu par un juge étranger, la Cour peut cependant accorder l'exequatur. J. Parra Quijano, *op.cit.*, p. 427 §269.

d'une compétence exclusive du juge colombien. L'efficacité ne serait envisageable que dans les cas où la loi colombienne n'attribue pas de compétence au juge du for, c'est-à-dire dans les cas de lacunes législatives, ou dans le cas où la loi autoriserait les parties à choisir le tribunal compétent par le biais d'une clause attributive de juridiction[1], ou lorsque la compétence du juge colombien n'intervient que pour éviter un déni de justice. En dehors de ces hypothèses nous ne voyons pas d'autres cas dans lesquels, selon l'approche du professeur Aljure, la reconnaissance de la décision pourrait intervenir.

671. Ces hésitations et indécisions quant au critère d'appréciation ont conduit Patricia Orejudo de los Mozos à estimer que l'attitude de la Cour et de la doctrine colombienne s'explique par le fait que la loi comporte uniquement des règles de compétence territoriale qui font du droit international privé colombien un droit moniste et surtout inadéquat[2]. En total accord avec cet avis, nous pouvons ajouter que le critère d'appréciation de la compétence indirecte, qui s'annonçait *a priori* très libéral, ne l'est finalement pas. La détermination des hypothèses dans lesquelles la compétence des juridictions colombiennes est concurrente ou exclusive est à l'origine d'hésitations dangereuses qui devraient alerter l'attention des spécialistes. L'indécision entre la généralisation des compétences exclusives, l'appréciation très libérale et parfois la bilatéralisation des règles de compétence directe rendent particulièrement difficile l'identification certaine d'un critère d'appréciation de la compétence indirecte en droit colombien, commun et conventionnel.

672. Dans tous les cas, et ce contrairement au droit français, le juge colombien ne s'interroge que rarement sur l'existence des liens que le litige entretient avec le for étranger. La mise en œuvre du contrôle en France et en Colombie confirme également ces divergences d'appréciation.

B. *Les modalités d'appréciation*

673. Le critère d'appréciation adopté en droit français confirme cette volonté de mettre en œuvre un contrôle souple. Cette souplesse est néanmoins critiquée du fait qu'elle peut se révéler potentiellement excessive (1). En droit colombien, en revanche, les ambiguïtés et les difficultés pour adopter un critère unique et clair d'appréciation se traduisent par une mise en œuvre hésitante du contrôle. Celle-ci oscille entre une souplesse et une rigidité excessives (2).

1. *La souplesse potentiellement excessive du droit français*

674. Nous l'avons indiqué, l'appréciation de la compétence indirecte est guidée, tant en droit européen qu'en droit commun français, par l'objectif de simplifier et de favoriser la circulation des jugements étrangers. Cela explique,

---

[1] CSJC. Cass. Ch. Civ., 6 août 2004 *Prodeco*, Magistrat Rapporteur : Edgardo Villamil, Dossier n° 2001-0190-01. Au regard de l'approche stricte de la Cour, nous croyons très faiblement à l'acceptation des clauses attributives de juridiction en Colombie. Toutes les règles relatives à l'organisation juridictionnelle étant d'ordre public en Colombie, il nous semble très peu probable que la Cour colombienne accepte que les particuliers s'y soustraient par un acte juridique.

[2] P. Orejudo Prieto de los Mozos, *op.cit.*, p. 121.

par exemple, qu'au sein du premier, cette condition de régularité ne soit vérifiée qu'exceptionnellement et, qu'au sein du second, la jurisprudence ait progressivement assoupli son analyse. Mais, au regard de la manière dont cette condition de régularité est traitée dans d'autres pays, à l'image de la Colombie, il convient de se demander si cette orientation très libérale du droit français ne risque pas d'être excessive et de priver le contrôle de régularité d'une partie de son utilité, surtout en droit commun.

675. Si nous soulevons cette question c'est bien parce que nous estimons qu'une appréciation très libérale de la compétence indirecte risque d'affaiblir le contrôle français de régularité. Celui-ci pourrait ne pas être suffisamment performant pour détecter et pour exclure certaines décisions qui seraient potentiellement contestables du point de vue de la compétence indirecte. L'attendu de l'arrêt *Gazprombank* de 2013 illustre ce danger. Dans cet arrêt, la Cour de cassation affirme que la régularité de la compétence du juge d'origine est « fondée sur le rattachement du litige au juge saisi »[1]. Mais, contrairement au critère formulé par l'arrêt *Simitch*, la Cour de cassation ne fait aucune mention aux compétences exclusives des juridictions françaises, ni à l'existence d'un lien caractérisé entre l'affaire et le juge étranger. Selon cet attendu de 2013, le juge français du contrôle doit se contenter de vérifier l'existence d'un quelconque rattachement entre le litige et le tribunal d'origine.
Changer le lien caractérisé par un simple rattachement traduit une libéralisation dans l'appréciation de la compétence indirecte qui facilitera assurément la circulation des décisions. Pour autant, une telle simplification laisse perplexe tant elle peut paraître excessive. En ce sens, l'on pourrait se demander, par exemple, si le lieu de signature du contrat constitue un rattachement pouvant justifier la saisine étrangère, et ce, alors que tous les autres éléments du litige se rattachent à la France ou à un autre État. Une réponse affirmative conduirait à réduire drastiquement l'utilité du contrôle de la compétence indirecte. Puisque tout rattachement entre l'affaire et le juge étranger permettrait d'affirmer la régularité de la compétence indirecte, cette condition de régularité ne servirait qu'à écarter les jugements prononcés par un juge étranger sans lien aucun avec l'affaire. Or, quelle différence il y aurait entre cette hypothèse et celle d'une décision rendue en fraude au jugement ? Aucune, selon nous. Ces dangers que contient la formulation de l'arrêt *Gazprombank* expliquent le faible écho de ladite décision au sein de la jurisprudence sur ce point. En effet, à l'occasion d'arrêts plus récents, la Cour de cassation revient à son appréciation selon le critère du lien caractérisé. Ainsi, dans un arrêt du 19 décembre 2018 relatif à la matière successorale, la Cour casse et annule une ordonnance du Président du TGI de Créteil parce que ce dernier n'a pas vérifié « si le litige se rattachait de manière caractérisée à la Côte d'Ivoire »[2].

676. Mais, si l'appréciation selon un lien caractérisé est plus adéquate, elle peut également réduire l'utilité de cette condition de régularité lorsque l'existence

[1] Cass. 1ère civ., 30 janvier 2013 *Gazprombank préc.*
[2] Cass. 1ère civ., 19 décembre 2018, n° 17-28.562. Dans le même sens : Versailles, 1 juin 2017, n° 17/01947.

dudit lien est appréciée de manière très libérale. À ce propos, nous avons précisé que la caractérisation du lien doit être faite *in concreto*[1] afin de conduire le juge vers la certitude que l'affaire a été portée à la connaissance d'un juge qui avait vocation à la trancher. Nathalie Joubert ajoute que ladite caractérisation doit être, en plus, pleinement objective[2], les appréciations subjectives pouvant néanmoins intervenir par la suite au stade, par exemple, de la vérification de l'absence de fraude. Or, dans ces conditions, il demeure possible que le juge français fasse preuve d'un grand libéralisme pour déterminer que le lien est caractérisé. Ainsi, animé par l'intention de favoriser la circulation des jugements étrangers, un juge peut estimer qu'un rattachement *a priori* léger, tel que le lieu de conclusion du contrat, ou celui d'embarquement des marchandises vendues, soit assez caractérisé pour déclarer régulière la compétence indirecte. Cette manière de vérifier la condition conduirait à un résultat comparable à celui de l'arrêt *Gazprombank*, à savoir une nette atteinte à l'utilité de cette vérification au sein du contrôle. Celle-ci chercherait principalement à sauvegarder les compétences exclusives françaises. Le contrôle français de régularité consisterait alors principalement dans une appréciation de la conformité de la décision étrangère à l'ordre public internationale et à une vérification de l'absence de fraude. En outre, l'influence du droit européen pourrait favoriser une telle évolution du contrôle de droit commun. Cependant, elle ne nous semble pas opportune.

677. En effet, si contrairement au droit colombien la règle générale en droit français est le caractère concurrent de la compétence des juridictions nationales, à l'exception des compétences exclusives du for, la compétence concurrente des tribunaux français ne possède pas toujours la même force. Dans certaines hypothèses, nous estimons qu'une distinction peut être envisagée entre les liens caractérisés et les liens particulièrement caractérisés ou manifestement plus significatifs entre le litige et le for afin d'apprécier la régularité de la compétence indirecte du juge étranger[3]. Ainsi, lorsqu'il s'agit, par exemple, d'une décision dont la reconnaissance ou l'exécution doit intervenir de manière inéluctable en France et que les parties n'ont pas pu l'ignorer[4], le litige entretien des liens manifestement plus caractérisés avec la France. Dans une telle situation, il est plus adéquat que la juridiction française soit interrogée sur le fond de l'affaire

---

[1] Horatia Muir Watt affirme que la caractérisation du lien doit se faire au cas par cas, et au regard des circonstances existantes au moment de la saisine du juge à l'étranger. H. Muir Watt note sous Cass. 1ère civ., 5 mai 1998 *Mailian, RCDIP* 1998. 665

[2] N. Joubert, *op.cit.*, p. 530 §561.

[3] Horatia Muir Watt s'oppose à cette position et prône le maintien d'une équivalence entre les différents chefs de compétence. Elle affirme ainsi que la nationalité commune des époux, par exemple, doit avoir la même valeur que leur résidence dans les différents pays pour justifier la saisine du juge étranger. H. Muir Watt, note sous : Cass. 1ère civ., 5 mai 1998 *Mailian, préc.* p. 669. *v.* P. Lagarde, « Le principe de proximité... », *op.cit.*, p. 179 §188.

[4] Fernando Canosa Torrado affirme, en droit colombien, que l'efficacité d'une décision étrangère doit être refusée si, obtenue à l'étranger, son exécution doit totalement avoir lieu en Colombie. F. Canosa Torrado, *op.cit.*, p. 123 §5.1.2. Reprenant la pensée de Pierre Mayer, Nathalie Joubert indique qu'il est possible que dans une telle hypothèse la compétence du juge étranger soit considérée comme étant frauduleuse. N. Joubert, *op.cit.*, p. 527 §557. Dans le même sens *v.* D. Bureau sous Cass. 1ère civ., 18 janvier 2000, *RCDIP* 2000. 455.

dans l'instance directe, au lieu de ne l'être que sur l'intégration de la décision rendue à l'étranger.

678. Retenir une appréciation excessivement souple et libérale du lien caractérisé peut s'avérer potentiellement dangereux pour le contrôle de régularité français en l'empêchant de remplir ses finalités objective et sous-jacentes. En effet, elle pourrait fragiliser l'instrument d'efficacité et exposer l'ordre juridique français à l'intégration d'une décision étrangère rendue sur le fondement de liens très ténus avec l'ordre juridique d'origine, contrariant ainsi la bonne administration de la justice et la vocation de la France à trancher un litige qui l'intéresserait plus particulièrement. N'oublions pas à ce propos que l'intérêt des procédures judiciaires ne réside pas seulement dans l'obtention d'une décision, mais aussi dans une exécution efficace.

679. L'appréciation des liens significatifs de l'affaire avec le pays d'origine doit consister, à notre avis, dans une analyse comparée des liens que ce même litige entretient avec la France. Il s'agirait d'organiser hiérarchiquement ces liens pour ne qualifier de significatifs que ceux qui justifient objectivement la saisine du juge étranger. Ainsi, dès lors que cette analyse comparée et hiérarchique des liens conduit à un bilan substantiellement et remarquablement favorable à la France, nous croyons que l'efficacité de la décision doit être refusée sur le fondement de l'irrégularité de la compétence indirecte du juge étranger. Nous pensons notamment à des cas où les parties n'ont pas pu ignorer que la plupart des effets, si ce n'est tous les effets de la décision, allaient se situer en France.

680. Pour éviter les dangers d'une appréciation très libérale de la compétence indirecte, le système adopté par la Convention de La Haye de 2019 peut s'avérer utile pour guider le juge français dans son contrôle. Cette Convention dresse, à l'article 5[1], une liste de chefs de compétence indirecte permettant de considérer que le lien qui rattache le litige au tribunal d'origine du jugement est caractérisé[2]. De plus, l'article 17 ouvre la possibilité aux États signataires de faire une

[1] Certains de ces liens caractérisés cités par l'article 5 de la Convention sont : *« Fondements de la reconnaissance ou de l'exécution : 1. Un jugement est susceptible d'être reconnu ou exécuté si l'une des exigences suivantes est satisfaite : (a) la personne contre laquelle la reconnaissance ou l'exécution est demandée avait sa résidence habituelle dans l'État d'origine lorsqu'elle est devenue partie à la procédure devant le tribunal d'origine ; (b) la personne physique contre laquelle la reconnaissance ou l'exécution est demandée avait son établissement professionnel principal dans l'État d'origine lorsqu'elle est devenue partie à la procédure devant le tribunal d'origine et la demande à l'origine du jugement portait sur son activité professionnelle ; (c) la personne contre laquelle la reconnaissance ou l'exécution est demandée est celle qui a saisi le tribunal de la demande, autre que reconventionnelle, à l'origine du jugement ; (d) le défendeur avait une succursale, une agence ou tout autre établissement sans personnalité juridique propre dans l'État d'origine, au moment où il est devenu une partie à la procédure devant le tribunal d'origine, et la demande à l'origine du jugement résultait des activités de cette succursale, de cette agence ou de cet établissement ».*

[2] Andréa Bonomi explique à cet égard que le catalogue proposé laisse intactes les règles de compétence juridictionnelle de chaque État, mais lance un avertissement aux parties qui décident de plaider devant un tribunal autre que ceux indiqués : elles ne pourront pas bénéficier du régime uniforme de la convention. A. Bonomi, « Courage or caution? a critical overview of The Hague preliminary draft on judgements», *in*, *Yearbook of private international law*, Ottoschmidt, 2015-2016 Vol. 17, p. 4 et 12. Notons que la Convention interaméricaine relative à la compétence internationale pour l'efficacité extraterritoriale des jugements étrangers, conclue à La Paz, en Bolivie, en 1984, adopte une formulation similaire, et dresse à l'article 1er, une liste d'hypothèses dans lesquelles la compétence indirecte du juge d'origine est considérée comme régulière. La portée de cet instrument est restreinte, n'étant en vigueur qu'au Mexique et en Uruguay. À ce propos *v.* P. Nielsen, « The Hague 2019 judgements convention – from failure to success ? », *Journal of private international law*, Mai 2020, p. 10 s; F. Garcimartin et G. Saumier, « Convention sur les jugements : Rapport explicatif préliminaire révisé », 2018, p. 36, §143.

déclaration pour se réserver la possibilité de refuser l'efficacité d'une décision qui a été rendue par un tribunal étranger lorsque « […] les parties avaient leur résidence dans l'État requis et que les relations entre les parties, ainsi que tous les autres éléments pertinents du litige, autres que le lieu du tribunal d'origine, étaient liés uniquement à l'État requis ». Il s'agit, selon nous, de l'appréciation comparée des liens caractéristiques entre le litige, l'État d'origine et le for dont nous avons précédemment parlé.

681. En outre, si cette Convention venait à être adoptée par les pays de l'Union européenne, deux possibilités sont, selon nous, envisageables. Il se peut que l'appréciation de la compétence indirecte d'après la liste de chefs de l'article 5 soit considérée plus stricte que celle du droit commun et que le juge français décide donc d'écarter la Convention au profit de son droit national, comme le lui permet l'article 15, ou bien qu'elle finisse par s'étendre à l'appréciation en droit commun en redéfinissant l'appréciation actuelle.

682. Cependant, nous estimons que les dispositions de la Convention de 2019 sont confuses et imprécises. En effet, cette Convention exclut le contrôle de la compétence indirecte du juge étranger des motifs de refus de reconnaissance et d'exécution visés à l'article 7[1]. Or, l'articulation entre le contrôle de la compétence indirecte et les conditions de régularité de cet article n'est pas très claire. Nous affirmons ceci, car l'article 5 de la Convention dispose, tel que l'avons indiqué, qu'« un jugement est susceptible d'être reconnu ou exécuté si l'une des exigences suivantes est satisfaite […] », c'est-à-dire s'il est rendu par l'un des juges qui, selon la Convention, entretient des liens significatifs avec le litige. Mais s'agit-il d'une exigence qui a vocation à se cumuler avec les motifs de refus prévus à l'article 7, notamment celui concernant le respect des clauses attributives de juridiction ?

683. Au regard de l'article 5[2], le fait pour un jugement étranger de satisfaire à l'un des chefs de compétence indirecte le rend « *susceptible* » d'avoir une efficacité dans le for, cette aptitude devant encore être confirmée au regard des autres exigences de régularité. Cela voudrait dire *a contrario,* que la décision qui ne respecte aucun de ces chefs n'est pas susceptible d'être efficace, et donc, qu'elle ne doit pas être confrontée aux exigences de l'article 7 qui ne sont pas, d'ailleurs, obligatoires[3]. Devons-nous entendre par là qu'au sein de la Convention de 2019, la compétence indirecte bénéficie d'une préférence et serait hiérarchiquement supérieure aux autres motifs de refus ? Si c'est effectivement le cas, comment justifier une telle hiérarchie ? Pourquoi l'irrespect des chefs de compétence indirecte rendrait le jugement incapable d'être efficace dans le for et pourquoi sa contrariété à l'ordre public international du for, ou la méconnaissance de certaines garanties de la procédure équitable n'auraient pas le même effet ?

---

[1] Pour un rappel de ces motifs de refus d'efficacité dans la Convention de La Haye de 2019 *v. supra* p. 148.

[2] *v.* G. Cuniberti, « Le fondement de l'effet des jugements étrangers », *op.cit.*, p. 181 §138.

[3] Andréa Bonomi affirme que *« although different from many national systems and from de Brussels regulation, this solution is perfectly in line with most international conventions concerning recognition and enforcement of foreign judgements or foreign awards ».* A. Bonomi, Courage or caution ? … *op.cit.*, p. 9.

684. Une autre question demeure. Au regard des hypothèses visées à l'article 5, faut-il considérer qu'il s'agit des seuls liens caractéristiques pouvant justifier la régularité de la compétence indirecte du juge étranger ? Autrement dit, existe-t-il d'autres liens pouvant concurremment justifier la compétence indirecte du juge ? Nous sommes encline à voir dans les cas visés dans cet article des liens caractéristiques, en quelque sorte, exclusifs. Il ne serait pas très cohérent de dresser une longue liste de liens – plus de 10 cas visés- uniquement dans un but purement illustratif. Il faudra cependant attendre l'application de la Convention pour connaître les réponses à ces questions.

685. En toute hypothèse, la Convention de La Haye montre combien, en l'absence de règles uniformes de compétence directe, il demeure souhaitable d'effectuer un contrôle assez strict de la compétence au stade de l'efficacité des décisions. Si le droit commun français peut s'avérer excessivement souple à cet égard, il apparaît que le droit colombien peut également se révéler pris par une sorte d'excès du fait de ses hésitations. En effet, les tergiversations quant à l'affirmation du critère d'appréciation semblent tirailler l'appréciation de la compétence indirecte entre lourdeur et souplesse excessives.

2. *Les oscillations colombiennes : entre lourdeur et souplesse excessives*

686. L'absence d'un critère d'appréciation clairement énoncé distingue la mise en œuvre du contrôle colombien de celle du contrôle français. À la lecture de la disposition législative, le juge colombien n'est tenu que par la seule protection des compétences colombiennes exclusives. De ce point de vue, l'appréciation colombienne se révèle ouvertement plus libérale et allégée que celle des droits français et européen. En effet, les exemples jurisprudentiels dans lesquels la Cour colombienne n'analyse pas les liens qui ont justifié la saisine du juge étranger sont nombreux.

687. Est-ce que ce procédé témoigne d'une libéralisation du contrôle colombien ? Aurait-elle osé passer, inconsciemment peut-être, le cap que le droit commun français n'a pas osé franchir ? Difficile de répondre avec certitude mais il est vrai que le fait de cantonner l'appréciation au seul respect des compétences exclusives contribue à une circulation simplifiée des décisions. Est-ce donc là la véritable intention du droit colombien ? Rien n'est moins sûr d'autant plus que le libéralisme de l'appréciation colombienne paraît aussitôt compromis du fait de plusieurs démarches confuses de la Cour comme l'élargissement injustifié du catalogue des compétences exclusives des tribunaux colombiens, l'absence de toute distinction entre la nature mobilière ou immobilière des biens au sein des jugements portant sur des droits réels, ou encore la bilatéralisation occasionnelle des règles colombiennes de compétence directe.

688. Pour illustrer cette appréciation alourdie en droit colombien, l'exemple de la reconnaissance des décisions de divorce semble pertinent. Les articles 163 et 164 du Code civil, tel qu'issus de la Loi n° 1ère du 19 janvier 1976[1], énoncent

---

[1] Loi n° 1ère du 19 janvier 1976, Relative à l'établissement du divorce du mariage civil, à la régulation de la séparation de corps et de biens dans le mariage civil et canonique, et à la modification de certaines dispositions

quelques règles de conflit de lois en matière de divorce. Selon le premier article, lorsque le mariage a été célébré à l'étranger, la loi applicable au divorce est celle du domicile conjugal[1]. Selon le second article, la loi applicable au divorce prononcé à l'étranger des époux mariés en Colombie est celle du domicile conjugal, mais l'efficacité du divorce ainsi prononcé est conditionnée, outre sa régularité internationale, au fait que le motif ayant permis le relâchement du lien soit aussi prévu en droit colombien[2]. Alors que les deux dispositions portent des règles de conflit de lois, la Cour colombienne, dans certains cas[3], a malgré tout dégagé des règles de compétence directe qu'elle a ensuite bilatéralisées. Ainsi dans un arrêt du 27 juin 2003, rendu à propos de l'efficacité d'un jugement suisse de divorce, la Cour affirme que la décision en cause respecte les exigences colombiennes relatives à la régularité de la compétence du juge d'origine parce que selon l'article 14 de ladite loi de 1976, la compétence du juge colombien n'est pas exclusive en matière de divorce et appartient au juge du domicile conjugal[4]. Certains auteurs sont même allés jusqu'à affirmer que, selon ces dispositions, les divorces des mariages célébrés en Colombie relèvent de la compétence exclusive des juges colombiens[5].

689. La critique est évidente : la Cour confond le conflit de lois et le conflit de juridictions. Par un procédé acrobatique et artificiel, elle voit dans une règle classique bilatérale de conflit de lois, une règle de conflit de juridictions[6]. En effet, elle estime que la compétence législative de la loi colombienne entraîne automatiquement la compétence juridictionnelle de ses juges[7].

---

des Codes civil et de procédure civile en matière de droit de la famille, publiée au Journal Officiel n° 34 492 du 18 février 1976.

[1] La disposition indique ensuite que *« Le divorce des époux dont le mariage civil a été conclu à l'étranger est soumis à la loi du domicile conjugal. Ce lieu s'entend de l'endroit où les conjoints habitent ensemble et à défaut le lieu du domicile du défendeur »*.

[2] CSJC. Cass. Ch. Civ., 27 septembre 1996, Magistrat Rapporteur : Pedro Lafont Pianetta, Dossier n° 5921.

[3] Il n'en demeure pas moins que dans une décision du 25 juillet 1995, la Cour affirme que *« la portée de cette disposition est d'indiquer au juge national une directive pour choisir la loi applicable [...] sans qu'il soit possible d'y voir une attribution de compétence juridictionnelle en faveur des tribunaux étrangers [...] »*. CSJC. Cass. Ch. Civ., 26 juillet 1995. Magistrat Rapporteur : Hector Marín Naranjo, Dossier n° 4948.

[4] Quelques exemples : CSJC. Cass. Ch. Civ., 27 juin 2003, Magistrat Rapporteur : José Fernando Ramirez Gomez, Dossier n° 0148 ; CSJC. Cass. Ch. Civ., 1er février 2008, Magistrat Rapporteur : Jaime Alberto Arrubla Paucar, Dossier n° 2007-0498-00 ; CSJC. Cass. Ch. Civ., 13 janvier 2014, *préc.*

[5] H. López Blanco, *Instituciones... op.cit.*, p. 830. Cette position est difficile à justifier étant donné que l'article 164 parle directement du divorce déclaré à l'étranger.

[6] Néanmoins, la confusion n'est pas absolue. Dans certains arrêts, la Cour différencie avec précision les règles de conflit de lois et les règles de conflit de juridictions pour affirmer que l'article 163 du Code civil est une règle de conflit de lois permettant au juge colombien d'identifier la loi qu'il doit appliquer lors qu'il est saisi du divorce des époux mariés à l'étranger. CSJC. Cass. Ch. Civ., 26 juillet 1995, Magistrat Rapporteur : Hector Marín Naranjo, Dossier n° 4948.

[7] Dans la pensée de certains auteurs colombiens la confusion entre conflit de lois et conflit de juridictions est aussi, malheureusement, récurrente. À propos de la procédure transnationale, Juan Carlos Gauyacán affirme, par exemple, que le moyen le plus adéquat pour répartir la compétence dans les litiges présentant des éléments d'extranéité est la conclusion de conventions bilatérales ou multilatérales entre les États. Il poursuit en disant que l'inconvénient de cette option est qu'*« elle entraînerait l'application de la traditionnelle loi du for, avec les risques que cela peut comporter pour l'une des parties de se voir appliquer les normes d'un ordre juridique qui n'est pas le sien »*. J. Guayacán. «Comentarios en torno a algunos principios del proceso civil transnacional», *in*, *XXXI Congreso colombiano de derecho procesal*, Universidad libre de Colombia, 2010, p. 161. Le professeur José Marín Fuentes affirme qu'en accordant la compétence juridictionnelle au tribunal du lieu du domicile du défendeur, l'ancien article 23 du CPC comportait la désignation de la loi de ce dernier comme applicable. J. Marín Fuentes, « La aplicación de la ley extranjera en Colombia », *Red de revistas científicas de América Latina, el Caribe, España y Portugal*, n° 2, Vol. 4,

690. Un autre exemple de la lourdeur excessive de l'appréciation colombienne concerne l'absence de distinction quant à la nature des biens visés par le jugement. Reprenons l'exemple évoqué précédemment de la succession d'un colombien domicilié et décédé en France dont le patrimoine compte des biens meubles situés en Colombie. Du fait de la généralité de la disposition colombienne, le jugement français portant attribution des droits mobiliers ne pourrait point produire d'effet en Colombie au motif de son irrégularité internationale. Il faudrait recommencer la procédure devant le juge colombien, car selon le NCGP la compétence de ce dernier est exclusive.

691. La mise en œuvre du contrôle colombien de régularité est dès lors incertaine. L'appréciation de la Cour oscille entre une rigidité et une souplesse excessives, plus spécifiquement, entre un libéralisme excessif et un protectionnisme tout aussi excessif, selon la matière. Si à cette incertitude nous ajoutons la réticence et l'ambiguïté que nous avons déjà identifiées en matière de réciprocité et des *« fausses »* conditions, le résultat est que, dans la pratique, la manière dont le contrôle de régularité sera mis en œuvre s'avère difficile à prévoir.

692. Dans ce contexte, l'adoption de la Convention de La Haye de 2019 saura assurément apporter de grandes améliorations au contrôle colombien et à sa mise en œuvre. La liste des liens caractérisés dressée à l'article 5, et à laquelle nous avons déjà fait référence[1], emportera enfin l'établissement d'un critère spécifique d'appréciation de la compétence indirecte, au moins à l'égard des jugements rendus par les pays signataires en matière civile et commerciale. En outre, l'article 6 de la Convention, par exemple, reconnaît la distinction entre biens meubles et immeubles pour exiger que le jugement étranger rendu en matière de biens immeubles l'ait été par le juge du lieu de leur situation[2].

693. Or, au regard de la volonté de la Cour colombienne de maintenir un seul discours pour le droit commun et pour le droit conventionnel, nous pouvons raisonnablement espérer que cette Convention, si elle est adoptée, finisse par influencer le droit commun. Un tel changement va demander, de la part du juge colombien, une adaptation de sa pratique, notamment pour ne plus confondre le conflit de lois et celui des juridictions[3]. Or, le fait que l'article 5 de la Convention établisse une liste limitative des liens caractérisés de compétence, guidera le juge colombien dans son appréciation. Il serait libéré de l'obligation de devoir trancher entre plusieurs liens lorsque l'affaire se rattache à plusieurs ordres juridiques. La Convention étant toujours récente, il faudra encore attendre pour mesurer son succès et pour voir la Colombie y adhérer, ce que nous souhaitons.

---

juillet – décembre, 2007, p. 71 et s. De plus, l'article 18 du Code civil, consacrant la territorialité de la loi colombienne, a aussi été qualifié par la doctrine comme une règle de conflit de juridictions : P. Cardona Galeano, *op.cit.*, p. 630 §5. Contre cette lecture *v.* D. Rojas Tamayo. *Le droit applicable au contrat en droit international privé colombien… op.cit.*, p. 28 §38.

[1] *v. supra* p. 256 et note n° 1.

[2] Selon cette disposition : *« Nonobstant l'article 5, un jugement portant sur des droits réels immobiliers n'est reconnu ou exécuté que si l'immeuble est situé dans l'État d'origine ».*

[3] *v.* S. Corneloup, « Les liens entre *forum* et *ius* : réflexions sur quelques tendances en droit international privé contemporain », *in Mélanges en l'honneur du Professeur Bertrand Ancel. Le droit à l'épreuve des siècles et des frontières.* LGDJ, 2018, p. 464.

694. Outre l'appréciation de la compétence indirecte du juge étranger, les écarts entre les deux droits quant à la mise en œuvre de l'instrument commun d'efficacité se confirment et s'accentuent lorsque nous étudions la conformité procédurale de la décision.

§ 2. L'appréciation de la conformité procédurale de la décision

695. Alors que dans les deux droits étudiés, la conformité procédurale de la décision s'apprécie *in concreto*[1], la mise en œuvre de cette condition est encore la source de différences entre le droit français et le droit colombien. À l'instar de l'appréciation de la compétence indirecte, l'opposition entre les deux droits résulte ici d'une divergence quant au critère d'appréciation que le juge du for doit utiliser.

696. En France, il s'agit d'un critère uniforme franco-européen fortement influencé par les droits fondamentaux, notamment le droit à une procédure équitable (A). En Colombie, le critère d'appréciation demeure classique en renvoyant à l'appréciation selon les termes d'une loi étatique (B).

A. *La consolidation d'un critère uniforme franco-européen d'appréciation*

697. En France, qu'il s'agisse du droit commun français ou du droit européen, le juge exerce son contrôle de manière objective[2], guidé par la conception française, et surtout européenne de justice, plus spécifiquement du droit à une procédure équitable[3].

698. Prévue par l'arrêt *Munzer*, la conformité procédurale de la décision étrangère a été la première des conditions de régularité à avoir été remaniée. Selon la formulation de 1964, le juge devait vérifier que la procédure suivie devant la juridiction étrangère ait été régulière[4]. Plusieurs interprétations de cette formulation ont été retenues. On a hésité entre la vérification de cette conformité au regard des normes étrangères de procédure[5] ou au regard des normes françaises de procédure. Cependant, ces deux lectures se sont rapidement avérées incompatibles avec l'idée de favoriser la circulation des jugements étrangers. L'arrêt *Bachir* de 1967 a pris soin de préciser la portée de cette condition en prenant la voie d'un assouplissement remarquable dont les effets ont rayonné sur l'ensemble du contrôle[6]. Par cet arrêt, la condition relative à la conformité procédurale de la décision est devenue le second volet de la conformité du jugement à l'ordre public international français[7]. Ainsi, tel qu'indiqué par Adéline Jeauneau, lorsque la conformité procédurale de la décision est appréciée, « ce que

[1] B. Audit et L. d'Avout, *op.cit.*, p. 475 §571.

[2] Cass. 1ère civ., 16 mars 1999 *Pordea*, *RCDIP* 2000.181 obs. Droz ; *JDI* 1999.773 obs. A. Huet.

[3] L'émergence d'une telle conception a été possible grâce aux développements européens sur le droit à une procédure équitable, notamment de la part de la Cour européenne des droits de l'homme. E. Pataut, note sous Cass. 1ère civ., 19 septembre 2007 *Bureau Veritas*, *RCDIP* 2008.617. *v.* A. Jeauneau, *L'ordre public en droit national et en droit de l'Union européenne*, LGDJ, 2018, p. 95 §131.

[4] Cass. 1ère civ., 4 janvier 1964 *Munzer*, *préc.*

[5] B. Audit et L. d'Avout, *op.cit.*, p, 468 §533. Dans le même sens *v.* H. Batiffol et P. Lagarde, *op.cit.*, p. 573 §732.

[6] Cass. 1ère civ., 4 octobre 1967 *Bachir*, *GA* n° 45, p. 402 ; *RCDIP* 1968.98 obs. Lagarde ; *JDI* 1969.102 obs. Goldman ; *D.* 1968.95 obs. Mezger ; *JCP* 1968. II. 15634 obs. Sialelli.

[7] B. Audit et L. d'Avout, *op.cit.*, p. 474 §571.

l'on confronte à l'ordre public n'est pas une solution au fond, mais la procédure au terme de laquelle une décision a été prise »[1].

699. L'arrêt *Bachir* a ainsi affirmé que l'office du juge consiste à vérifier que les droits de la défense[2] ont été respectés lors de la procédure étrangère[3]. Le critère d'appréciation du juge n'est plus la norme étrangère ou française de procédure, mais le respect des droits de la défense selon l'idée française de justice. La correcte assignation et notification du défendeur[4], sa représentation régulière ou encore, la motivation de la décision rendue[5] font partie des garanties visées[6], à l'exclusion, par exemple, de l'indication au défendeur des voies de recours dont il dispose contre la décision de recevabilité de la demande[7]. L'adoption de ce critère d'appréciation confirme, d'une part, qu'au stade de l'instance indirecte, la correcte application de la loi procédurale étrangère n'est pas décisive[8], et, d'autre part, que la règle juridique française n'a pas de vocation universelle.

700. L'arrêt *Bureau Veritas* de 2007 a ensuite fourni à la Cour de cassation l'occasion d'affiner ce critère d'appréciation. La Cour utilise une nouvelle terminologie qui n'est pas dépourvue de conséquences quant à la portée et mise en œuvre de l'exigence. Elle affirme que : « la contrariété à l'ordre public international de procédure d'une décision étrangère ne peut être admise que s'il est démontré que les intérêts d'une partie ont été objectivement compromis par une violation des principes fondamentaux de la procédure »[9]. Là où l'arrêt *Bachir* faisait référence aux droits de la défense, l'arrêt *Bureau Veritas* parle des principes

---

[1] A. Jeauneau, *L'ordre public…, op.cit.*, p. 94 §130.

[2] J. Normand, « Le rapprochement des procédures civiles à l'intérieur de l'Union européenne et le respect des droits de la défense », *in, Mélanges en l'honneur de Roger Perrot*, Dalloz, 1996, p. 342 §11. À ce propos *v.* P. Mayer, V. Heuzé et B. Remy, *op.cit.*, p. 283 §398.

[3] Cass. 1ère civ., 4 octobre 1967 *Bachir, préc.* L'arrêt *Le Goaster* avait déjà affirmé que la méconnaissance des droits de la défense était contraire à l'ordre public français : Cass. Req., 11 novembre 1908 *Le Goaster, JDI* 1909.753 obs. JP. Ultérieurement, le devoir de motivation des décisions a aussi été considéré comme une manifestation des droits de la défense : Cass. 1ère civ., 11 juillet 1961, *RCDIP* 1961.813 obs. Montulsky.

[4] Cass. 1ère civ., 29 novembre 1994 *Bettan, RCDIP* 1995.362 obs. Cohen ; Cass. 1ère civ., 5 mai 1998 *Mailian*, préc. ; Cass. 1ère civ., 25 octobre 2005 n° 03-17.893.

[5] H. Batiffol et P. Lagarde, *op.cit.*, p. 579 §725. La Cour de cassation a pu affirmer que le défaut de motivation de la décision n'entraîne pas automatiquement son irrégularité lorsque les pièces nécessaires du dossier sont apportées au juge afin qu'il puisse se prononcer sur la conformité de la décision à l'ordre public international français : Cass. 1ère civ., 17 octobre 1972, *RCDIP* 1973.556 obs. Francescakis ; Cass. 1ère civ., 11 février 2015, *préc.* Néanmoins par un arrêt de 2006 la Cour a indiqué que *« l'exigence de motivation des jugements en droit procédural français n'est pas d'ordre public international ; que le défaut de motivation constitue seulement un obstacle à l'efficacité en France d'une décision étrangère lorsque ne sont pas produits des documents de nature à servir d'équivalent à la motivation défaillante ».* Cass. 1ère civ., 20 septembre 2006 n° 04-11 635. Deux ans plus tard, la Cour estime que le défaut de motivation et l'absence de présentation au juge des pièces du dossier pour y suppléer est contraire à l'ordre public international de procédure, tantôt en droit commun, tantôt en droit conventionnel : Cass. 1ère civ., 28 novembre 2006 n° 04-14 646 et n° 04-19 031, *JDI* 2007.543 obs. H. Péroz. Il n'en reste pas moins qu'il a aussi été jugé que la motivation défaillante ne peut pas être complétée par un jugement rendu postérieurement à la saisine du juge français de l'exequatur : Cass. 1ère civ., 7 novembre 2012, *RCDIP* 2013.898 obs. L. Usunier.

[6] J. Normand, « Le rapprochement des procédures… », *op.cit.*, p. 342 §11.

[7] Cass. 1ère civ., 10 juillet 1996, *RCDIP* 1997.85 obs. H. Muir Watt.

[8] B. Ancel et Y. Lequette, note sous Cass. 1ère civ., 4 octobre 1967 *Bachir, GA* n° 45, p. 405 §4.

[9] Cass. 1ère civ., 19 septembre 2007 *Bureau Veritas, JDI* 2008.153 obs. Chalas ; *RCDIP* 2008.617 obs. Pataut ; *D. Pand.* 2008.1517 obs. Jault-Seseke.

fondamentaux de la procédure[1]. De plus, ce dernier précise que l'efficacité ne sera refusée que si le juge constate une violation objective desdits droits fondamentaux[2]. Selon Etienne Pataut, cette formule de la Cour témoigne du sérieux avec lequel le droit commun français assume la protection des droits fondamentaux garantis aussi par l'Union européenne[3]. Nous partageons cet avis. Par cet arrêt, la Cour confirme que cette condition de régularité est l'objet d'un développement commun en droit français et en droit européen, fortement marqué par les développements jurisprudentiels de la Cour strasbourgeoise dans le cadre de l'article 6 de la Conv. EDH relatif au droit à une procédure équitable.

701. En effet, au regard des règlements européens, la méconnaissance des garanties procédurales fondamentales est l'un des motifs justifiant le refus d'efficacité d'une décision intra-européenne. Outre le cas d'un défendeur défaillant[4] qui n'a pas été notifié, ou qui ne l'a pas été régulièrement[5], les autres irrégularités procédurales dans l'élaboration de la décision pourraient éventuellement être sanctionnées à titre d'une contrariété à l'ordre public international de fond de l'État requis, et entraîner le refus d'efficacité. En effet, comme en droit commun français, l'exigence d'ordre public connaît deux volets au sein du droit européen : l'ordre public de fond et l'ordre public de procédure[6]. S'il est bien acquis que la Cour de justice prône une interprétation et une application restrictive de l'ordre public international[7], il a aussi été jugé qu'il n'y a pas d'incompatibilité entre cette interprétation restrictive et l'essor d'un volet procédural de cette conformité[8]. Dans son second volet, le juge veille essentiellement au respect du droit à une procédure équitable[9] selon les directives de la CEDH.

702. Ce faisant, la jurisprudence de la Cour strasbourgeoise, de la Cour luxembourgeoise et de la Cour de cassation adoptent un même critère

---

1 Etienne Pataut signale qu'un tel attendu *« manifesterait une évolution de la Cour de cassation par rapport à la traditionnelle affirmation de l'arrêt Bachir qui confrontait la décision étrangère au « respect des droits de la défense »*. E. Pataut, note sous Cass. 1ère civ., 19 septembre 2007 *Bureau Veritas, préc.* p. 617.

2 Christelle Chalas explique que : *« Certes, parmi ces derniers [principes fondamentaux de la procédure], nul doute que le respect des droits de la défense figure en bonne place, mais la formule laisse expressément la porte ouverte à d'autres atteintes à l'ordre public procédural »*. Ch. Chalas note sous Cass. 1ère civ., 19 septembre 2007 *Bureau Veritas, JDI* 2008.153 Dans le même sens *v.* Cass. 1ère civ., 12 juin 2014 n° 14-12.463.

3 E. Pataut note sous Cass. 1ère civ. 19 septembre 2007 *Bureau Veritas, préc.* p. 625.

4 À propos d'une définition commune de procédure par défaut *v.* CJCE, 16 juin 1981, Aff. C-166/80 *Klomps* ; CJCE, 12 novembre 1992, Aff. C-123/91 *Minalmet GmbH* ; CJUE, 14 octobre 2004, Aff. C-39/02 *Maersk Olie, RCDIP* 2005.137 obs. E. Pataut.

5 Ce motif de refus est prévu, par exemple, à l'article 45.1.b du Règlement Bruxelles 1 bis et 22.b et 23.c du Règlement Bruxelles 2 bis pour la matière familiale, nouveaux 38.b, 39.b, du Règlement Bruxelles II ter. Dans la matière commerciale, ces dispositions ont été l'objet de plusieurs décisions *v.* CJCE, 3 juillet 1990, Aff. C-305/88 *Lancray* ; Cass. 1ère civ., 12 avril 2012, *RCDIP* 2012.931 obs. M. López de Tejada ; *D.* 2012.1132.

6 H. Gaudemet-Tallon et M-E Ancel, *op.cit.*, p. 522 §402 ; J. Normand, « Le rapprochement des procédures… », *op.cit.*, p. 337 et s.

7 CJCE, 4 février 1988, Aff. C- 145/86 *Hoffmann c. Krieg, préc.* ; CJCE, 11 mai 2000, Aff. C-38/98 *Renault c. Maxicar, préc.* ; CJCE, 28 mars 2000, Aff. C-7/98 *Krombach, préc.* ; CJUE, 16 juillet 2015, Aff. C-681/13 *Diageo Brands, préc.* ; CJCE, 25 mai 2016, Aff. C- 559/14 *Rudolfs Meroni.*

8 CJCE, 11 juin 1985, Aff. C-49/84 *Debaeker.* Confirmant ceci *v.* CJCE, 28 mars 2000, Aff. C-7/98 *Krombach, préc.*

9 CJUE, 6 septembre 2012, Aff. C-619/2010 *Trade Agency, préc.* Dans le même sens *v.* CJCE, 2 avril 2009, Aff. C- 394/07 *Gambazzi, préc.*

d'appréciation de la conformité de la décision étrangère à l'ordre public international de procédure en droit commun et en droit européen : il s'agit du droit à une procédure équitable[1]. L'arrêt *Pellegrini* confirme le devoir du juge du contrôle de s'assurer du respect de ce droit tant en droit commun qu'en droit européen, sous-peine de violer la Conv. EDH[2]. La procédure équitable regroupe ainsi l'ensemble des garanties fondamentales des parties lors d'une procédure judiciaire tel le respect aux droits de la défense[3], l'impartialité du juge[4], la motivation de la décision[5].

703. Or, la consolidation de ce critère uniforme d'appréciation a été possible grâce à l'émergence d'un seuil de garanties procédurales fondamentales, communes aux États européens signataires de la Conv. EDH[6]. Ce seuil fondamental, qui peut ne pas coïncider avec les règles procédurales de droit interne, confirme bien qu'en France et en Europe, la conformité procédurale de la décision ne s'apprécie plus par rapport à une quelconque loi étatique. Autrement dit, il s'agit de la construction d'un ordre public international de procédure commun aux États signataires de la Conv. EDH et guidé par les directives jurisprudentielles de la Cour strasbourgeoise. La conception européenne de justice, fondée sur la notion de procédure équitable, franchit les frontières européennes[7] pour être le barème au regard duquel la régularité procédurale des décisions colombiennes, par exemple, sera appréciée[8].

704. Au sein de la Convention de La Haye de 2019, le critère d'appréciation de la conformité procédurale de la décision étrangère demeure similaire à celui des droits français et européen. L'article 7 du texte reprend une formulation qui

---

[1] L'influence que la jurisprudence de la CEDH peut entraîner pour la circulation simplifiée des jugements européens inquiète une partie de la doctrine. Entendu de manière large, l'article 6 peut éventuellement nuire à cette circulation allégée. H. Gaudemet-Tallon et M-E Ancel, *op.cit.*, p. 525 §404.

[2] CEDH, 20 juillet 2001 *Pellegrini, préc. v.* P. de Vareilles-Sommières, « Exception d'ordre public et régularité de la loi étrangère », *op.cit.*, p. 211 §52.

[3] L'arrêt *Pellegrini* définit le principe du contradictoire comme *« l'un des éléments d'une procédure équitable au sens de l'article 6§1, implique que chaque partie à un procès, pénal ou civil, doit en principe avoir la faculté de prendre connaissance et de discuter toute pièce ou observation présentée au juge en vue d'influencer sa décision »*. CEDH, 20 juillet 2001 *Pellegrini, préc.*

[4] Cass. 1ère civ., 11 février 2015, *préc.*

[5] Cass. 1ère civ., 28 novembre 2006 n° 04-14.646, *préc.* ; Cass. 1ère civ., 9 octobre 1991, *RCDIP* 1992.516 obs. C. Kessedjian ; Cass. 1ère civ., 17 janvier 2006, *JCP* 2006. II. 10052 obs. D. Martel ; CJUE, 6 septembre 2012, Aff. C-619/2010 *Trade Agency, D.* 2013.1503 obs. F. Jault-Seseke.

[6] P. Mayer, V. Heuzé et B. Remy, *op.cit.*, p. 283 §399 ; P. Chevalier, « La nouvelle cartographie… », *op.cit.*, p. 1 : P. Kinsch, « Droits de l'homme, droits fondamentaux et droit international privé », *RCADI,* 2005, Vol. 318, p. 292 §227.

[7] À cet égard, un arrêt de la Cour de cassation en date du 10 juillet 1990 avait indiqué que les développements européens dans le cadre de l'article 6 de la CEDH n'étaient pas opposables aux jugements venus des États non parties audit instrument. Cass. 1ère civ., 10 juillet 1990, *RCDIP* 1991.757. Quelques années plus tard, le 3 décembre 1996, la Cour de cassation est à nouveau saisie de l'exequatur d'un jugement gabonais, et amenée encore à se prononcer sur sa conformité procédurale. L'efficacité de la décision fut refusée au motif de la partialité du juge gabonais. Bien qu'à la différence de l'arrêt de 1990, la violation de l'article 6 de la CEDH n'ait pas été directement soulevée, il n'en demeure pas moins que l'impartialité du juge est l'un des éléments rendant la procédure équitable au sens européen. L'unification des critères d'appréciation, concrétisée par la jurisprudence postérieure, commençait donc à se faire une place. Cass. 1ère civ., 3 décembre 1996, *RCDIP* 1997.328 obs. H. Muir Watt.

[8] L'arrêt *Pellegrini* a permis à la Cour européenne de confirmer que la conception européenne de la procédure équitable devait aussi être appliquée pour contrôler la régularité des décisions en provenance des États non liés par la Convention. CEDH, 20 juillet 2001 *Pellegrini, préc.* Point n° 40.

suit de près celle des dispositions des règlements européens faisant des irrégularités dans la notification de l'acte introductif d'instance, et des actes contraires à la procédure équitable, des motifs de refus d'efficacité de la décision[1]. Si l'Union européenne venait à adhérer à cette Convention, son entrée en vigueur ne devrait pas bouleverser l'appréciation que les tribunaux français font déjà de cette condition de régularité. Notons cependant, que la terminologie de l'arrêt *Bureau Veritas* de la Cour de cassation est reprise par la Convention de 2019 en ce qui concerne la notification des documents au défendeur. La Convention exige que le procédé étranger de notification soit compatible « avec les principes fondamentaux de l'État requis relatifs à la notification de documents »[2]. Nous estimons que dans le cas de la France, cette compatibilité serait vérifiée au regard, entre autres, du critère franco-européen évoqué de la procédure équitable.

705. Ainsi, nous voulions montrer comment à l'heure actuelle, l'appréciation française de la conformité procédurale de la décision étrangère ne se fait plus par rapport au contenu d'une loi étatique déterminée, mais au regard d'un critère uniforme franco-européen de justice dont l'élément fondamental est le droit à une procédure équitable. La consolidation de ce critère uniforme d'appréciation entraîne des conséquences favorables à la circulation des décisions étrangères. Elle contribue à concentrer le contrôle du juge sur le respect des garanties procédurales fondamentales des parties. Certaines irrégularités mineures seront ainsi tolérées pour protéger l'intérêt des particuliers à continuer de bénéficier du rapport de droit décidé à l'étranger. Nous pensons, par exemple, à l'irrecevabilité de certains moyens de preuve, ou encore à l'appréciation souveraine des preuves apportées à la procédure. Cependant, lorsque ces irrégularités, loin d'être mineures, peuvent compromettre le droit des parties à une procédure équitable, la décision en cause sera écartée : elle est objectivement internationalement irrégulière. Elle va à l'encontre de la conception franco-européenne de justice.

706. Si nous choisissons de centrer notre analyse de cette condition de régularité sur le critère franco-européen d'appréciation, c'est bien dans la perspective de la comparaison qui est au centre de notre travail. En effet, lorsque nous regardons l'appréciation de cette condition au sein du droit colombien, il apparaît que ce droit éprouve certaines difficultés pour déterminer l'étendue et la manière dont la conformité procédurale du jugement étranger doit être contrôlée. La loi et la jurisprudence sont ambiguës pour adopter un critère clair d'appréciation.

B. *Le critère colombien renvoyant à une loi étatique*

707. En droit colombien, la conformité procédurale de la décision est appréciée par rapport à une loi étatique. Dans le cadre du contrôle du droit commun, l'article 606 du NCGP indique que pour établir la régularité internationale de la décision étrangère rendue à l'occasion d'une procédure contentieuse, le juge doit vérifier que le défendeur a été dûment notifié et que le

[1] A. Bonomi, « Courage ou caution ? … », *op.cit.*, p. 10.

[2] Article 7.1.A.i, Convention de La Haye du 2 juillet 2019, *préc.*

principe du contradictoire a été respecté[1]. Le législateur précise que cette vérification doit être opérée selon la loi du pays d'origine de la décision en cause. Nulle référence à une idée colombienne de justice n'y figure. La règle n'est pas toujours la même en droit conventionnel : certains traités suivent le droit commun, alors que d'autres prévoient une appréciation selon la loi de l'État d'accueil.

708. Cependant, dans la pratique, cette différence quant au renvoi à la loi du for ou à la loi étrangère s'efface. Qu'il s'agisse de l'efficacité d'une décision étrangère dans le cadre d'un traité international ou du droit commun, la Cour ne semble pas s'attarder sur la conformité procédurale de la décision. En effet, le législateur colombien a formulé une présomption selon laquelle le caractère définitif de la décision étrangère présume qu'elle a été rendue en respectant toutes les garanties procédurales. Selon nous, cette manière d'apprécier la conformité procédurale de la décision est contestable en ce qu'elle désigne la loi étrangère (1), et en ce qu'elle laisse planer un doute quant à la nécessité de cette appréciation (2).

1. Le critère discutable de la loi désignée

709. À l'instar du droit européen, le législateur colombien signale au juge du contrôle les deux aspects qu'il doit vérifier dans la décision étrangère rendue dans le cadre d'une procédure contentieuse. Ainsi, il doit s'assurer que le défendeur a été notifié de la procédure et convoqué à y participer, ainsi que du respect du principe du contradictoire.

710. Deux observations s'imposent à ce stade. La première consiste à mettre en lumière que selon cette disposition, la vérification de la conformité procédurale de la décision n'a pas à être effectuée à l'égard des décisions rendues dans le cadre d'une procédure gracieuse. Ceci marque une différence avec le droit commun français où, selon Bernard Audit et Louis d'Avout, « le régime de l'efficacité s'applique aux décisions gracieuses aussi bien que contentieuses »[2]. La Cour colombienne confirme cette différence et dans un arrêt du 2 octobre 2018, prononcé à propos de l'efficacité d'une décision mexicaine de divorce par consentement mutuel, elle estime que la régularité de la notification au défendeur est établie par le simple fait que le divorce est le résultat de la volonté partagée des conjoints. La Cour ne développe aucune réflexion supplémentaire à cet égard[3].

711. La seconde observation porte sur les deux éléments de la vérification : l'adéquate notification et le respect du principe du contradictoire. Elles suffisent, aux yeux de l'ordre juridique colombien, pour assurer que la réception des décisions étrangères soit respectueuse des intérêts étatiques ainsi que de ceux des

---

[1] Selon l'article 606 du NCGP, le jugement produit des effets dans le pays, s'il satisfait les conditions suivantes *« [...] 6. Si le jugement a été prononcé lors d'un procès contentieux, le défendeur a dû être notifié et convoqué à la procédure et le principe du contradictoire a dû être respecté selon la loi du pays d'origine du jugement, ce qui est présumé par le caractère définitif du jugement ».*

[2] B. Audit et L. d'Avout, *op.cit.*, p. 458 §545.

[3] CSJC. Cass. Ch. Civ., 2 octobre 2018, Magistrat Rapporteur : Luis Rico, Dossier n° 2016-2335-00.

particuliers. Ainsi, dans un arrêt rendu le 25 juin 2010[1], la Cour s'est prononcée sur l'efficacité en Colombie d'une décision vénézuélienne déclarant la responsabilité contractuelle d'un ressortissant colombien ayant manqué aux obligations assumées dans le cadre d'un contrat de vente de riz conclu avec un ressortissant de ce pays. En raison du refus du défendeur colombien de comparaître à la procédure étrangère, il fut représenté par un défenseur *ad litem* et condamné au paiement de dommages et intérêts. Le créancier cherche l'exécution de l'obligation en Colombie. Absent aussi lors de la procédure d'efficacité, le défendeur fut également représenté par un avocat désigné directement par la Cour colombienne. Dans le cadre du contrôle de régularité, cette dernière affirme l'applicabilité de la Convention interaméricaine de 1979 et insiste sur le fait que, selon ce Traité, comme selon le droit commun, il est nécessaire de prouver que la notification du défendeur a eu lieu de manière adéquate et que le principe du contradictoire a été observé. Alors qu'en l'espèce, la Cour n'analyse pas si ces exigences sont respectées, les preuves apportées par l'intéressé à cet égard ne remplissaient pas les conditions formelles pour être valablement mises à disposition du juge, le fait est qu'elle confirme que la régularité procédurale de la décision étrangère dépend uniquement de ces deux exigences[2].

712. Or, après avoir indiqué les deux aspects que le juge doit vérifier, la texte poursuit en indiquant au juge que cette appréciation doit se faire selon la loi étrangère. Il est inévitable de voir dans la formulation colombienne, une reproduction de l'approche française du droit commun avant l'arrêt *Bachir*[3]. L'expérience française nous est utile pour affirmer qu'une vérification dans ces conditions est problématique et difficilement conciliable avec l'intérêt d'une circulation facilitée des décisions. Les arguments que la doctrine française a alors avancés contre une telle interprétation se révèlent instructifs pour le cas colombien. En effet, en renvoyant à la loi du pays d'origine de la décision, le législateur colombien érige son juge national, et son ordre juridique, en défenseurs des normes de l'ordre juridique étranger. Le juge colombien devient garant de la correcte application des normes étrangères. De plus, le juge colombien s'arroge le pouvoir d'indiquer, voire d'enseigner, au juge étranger la correcte application de son propre droit, et, le cas échéant, de sanctionner une éventuelle mauvaise application[4].

713. Le choix colombien est pour le moins regrettable. Au lieu d'apprécier la conformité de la décision par rapport à une loi étrangère, le juge colombien du contrôle devrait se concentrer sur la question de savoir si la notification au défendeur et le principe du contradictoire ont été respectés au regard des principes fondamentaux de justice de l'ordre juridique colombien et des

---

[1] CSJC. Cass. Ch. Civ., 25 juin 2010, Magistrat Rapporteur : Edgardo Villamil, Dossier n° 2005-0503-00.

[2] *Idem.*

[3] B. Ancel et Y. Lequette, note sous Cass. 1ère civ., 4 octobre 1967 *Bachir, GA* n° 45, p. 405 §4.

[4] En droit français, il a été affirmé qu'un tel contrôle au regard de la loi étrangère *« s'apparentait à une révision au fond puisqu'il s'agit de porter un jugement sur la façon dont le juge étranger a appliqué sa propre loi »*. Ch. Chalas note sous Cass. 1ère civ. 19 sept 2007 *Bureau Veritas, JDI* 2008.160.

exigences internationales de justice qu'il s'est engagé à respecter. La Convention de La Haye de 2019 peut contribuer à améliorer la mise en œuvre du contrôle sur ce point[1]. Tel que nous l'avons indiqué précédemment, l'article 7 de cette Convention délimite les aspects que le juge colombien devra vérifier pour conclure que la décision est régulière du point de vue de son élaboration procédurale. Ces aspects ne sont pas très différents de ceux indiqués par la loi colombienne actuelle.

714. Cependant, et voici la différence, la Convention ne renvoie plus à la loi étrangère. Elle demande au juge de déterminer si l'assignation a été notifiée de manière opportune dans l'intérêt de permettre au défendeur d'organiser sa défense, et si la notification est respectueuse des « principes fondamentaux [...] relatifs à la notification de documents » prévus dans l'État requis. Le juge colombien serait donc libéré de toute appréciation par référence à la loi de l'État d'origine de la décision[2]. Il sera cependant confronté, d'une part, à la nécessité de faire une appréciation au cas par cas pour établir l'opportunité de la notification, et, d'autre part, au défi de déterminer quels sont ces principes fondamentaux qui guident la notification des actes au sein du droit colombien. Ce sera donc l'occasion pour ce droit d'entreprendre un travail d'épuration en vue d'identifier les exigences qui sont fondamentales et incontestables selon une idée générale de justice et que les décisions étrangères doivent respecter pour être efficaces. Autrement dit, il sera question pour ce droit d'identifier et de développer les exigences colombiennes de la procédure équitable. Il faudra, le moment venu, veiller à ce que le juge colombien ne procède pas à une bilatéralisation des normes internes.

715. Sur ce dernier aspect, l'Amérique latine est confrontée à une difficulté supplémentaire l'empêchant pour le moment d'envisager la construction d'une idée latino-américaine de justice, comme c'est le cas en Europe. Il n'existe pas, dans le contexte latino-américain, un tribunal supérieur commun compétent pour donner des directives interprétatives communes et obligatoires aux différents États dans le cadre des traités en vigueur. L'établissement d'un seuil minimal commun de protection des garanties procédurales, à l'instar du cas européen, s'avère de ce fait compliqué. Ce qui est pourtant paradoxal c'est que l'Amérique latine dispose d'instruments internationaux, telle la Convention américaine des Droits de l'homme, qui pourraient constituer un cadre favorable au développement uniforme de certaines garanties minimales. Il conviendrait de renforcer la compétence interprétative accordée à la Cour interaméricaine des Droits de l'homme afin de garantir que ses interprétations aient un caractère obligatoire incontestable[3].

---

[1] C. North, « The 2019 HCCH Judgements Convention: A Common Law Perspective », *Iprax*, 2020, n° 3, P. 202.

[2] Selon cet article, le juge de l'État requis doit uniquement consulter la loi étrangère afin de déterminer si cet État prévoit des recours pour que les parties puissent contester l'irrégularité de la notification de l'acte introductif d'instance.

[3] L'article 64 de la Convention interaméricaine des Droits de l'homme prévoit que les États de l'Organisation des États américains peuvent consulter la Cour interaméricaine des Droits de l'homme à propos de

716. Au regard de la formulation actuelle en droit colombien, la vérification de la conformité procédurale de la décision selon la loi étrangère ne peut pas assurer que la décision étrangère soit effectivement respectueuse des règles de notification et des droits de la défense. Nous affirmons ceci car, en faisant une appréciation selon la loi étrangère, le droit colombien fait une confiance aveugle à cet ordre juridique et à la manière dont il assure le respect des garanties procédurales visées. Or, certaines législations étrangères peuvent être moins protectrices des droits procéduraux des parties et être incompatibles avec la loi colombienne[1]. Aujourd'hui, selon ce texte colombien, une décision rendue à l'étranger dans une procédure de divorce à l'occasion de laquelle la loi étrangère ne permet pas à la femme de s'exprimer pour répondre aux arguments de son mari pourrait, par exemple, être jugée régulière. Nous pouvons pourtant nous demander si, bien que respectueuse de la loi étrangère, cette décision est acceptable aux yeux de l'ordre juridique colombien. Nous osons espérer que non. L'article 29 de la Constitution, relatif au droit à une procédure équitable serait pour le moins bafoué[2]. Ce type de complications rend nécessaire une modification du texte colombien. Il serait non seulement souhaitable, mais surtout logique, de procéder à la suppression du renvoi à la loi étrangère. La mise en œuvre du contrôle colombien gagnerait en précision et en opportunité.

717. Pour autant, les problèmes de l'appréciation de cette condition de régularité ne se limitent pas uniquement au renvoi à la loi étrangère. Ils se prolongent ensuite lorsque la même disposition formule une présomption de régularité procédurale qui, dans la pratique, conduit à un résultat paradoxal : l'effacement de toute vérification.

2. *Les doutes quant à la nécessité de l'appréciation*

718. Selon l'article 606 du NCGP, le caractère définitif de la décision étrangère fait présumer qu'elle a été rendue lors d'une instance respectueuse de l'adéquate notification au défendeur et de ses droits de la défense. Autrement dit, pour le droit colombien, l'expiration des délais prévus pour former un recours contre la décision à l'étranger emporte la validation de toute violation des droits procéduraux des parties ayant pu survenir dans le cadre de l'instance directe. Ceci explique que les exemples jurisprudentiels dans lesquels la Cour se livre à une analyse détaillée de la conformité procédurale de la décision soient quasiment inexistants. Il s'agit, heureusement, d'une présomption *iuris tantum*[3], susceptible d'être renversée par tout moyen de preuve[4].

---

l'interprétation des dispositions de la Convention. Cependant, cette disposition ne détermine pas la valeur des directives interprétatives données.

[1] M-L. Niboyet et G. de Geouffre de la Pradelle, *op.cit.*, p. 554 §811.

[2] F. Canosa Torrado, *op.cit.*, p. 127 §5.1.6.

[3] J. Parra Quijano, *op.cit.*, p. 427 §269.

[4] L'article 166 alinéa 2 du NCGP indique : *« [...] le fait légalement présumé est tenu pour vrai, mais la preuve contraire est admise si la loi l'autorise »*. Il appartient au défendeur à l'instance d'exequatur de prouver que ses droits de la défense ou à une procédure équitable, n'ont pas été respectés dans l'instance directe pour renverser cette présomption et empêcher l'efficacité de la décision en Colombie. Dans ce sens *v.* H. López Blanco, *op.cit.*, p. 831 §2.6.

719. Pour autant, au regard de la formulation colombienne, il est possible de se demander si, *a contrario,* lorsque le caractère définitif de la décision n'a pas été prouvé, il est automatiquement présumé que la décision n'a pas été régulière du point de vue de la procédure ou si, dans ce cas, la partie intéressée est autorisée à prouver la régularité procédurale de la décision par tout moyen. Dans l'arrêt *Holland* du 1er décembre 1995, la Cour colombienne laisse entendre que la première option est retenue et que le défaut de certificat attestant du caractère définitif équivaut à une présomption d'irrégularité. En l'espèce, le caractère définitif d'une décision américaine de divorce rendue par un juge de Pennsylvanie n'a pas été prouvé par l'intéressé. Ceci a conduit la Cour à affirmer que : « puisque le caractère définitif de la décision dont l'exequatur est demandé n'a pas été prouvé, il n'est pas possible de présumer qu'elle a été rendue dans un procès où le défendeur a été dûment notifié et convoqué à participer, ou que le principe du contradictoire ait été respecté selon la loi du pays d'origine de la décision » [1]. Elle déboute le demandeur de ses prétentions et refuse toute efficacité à la décision.

720. Puisque le document attestant du caractère définitif de la décision constitue l'un des aspects que le juge vérifie au stade de la recevabilité de la demande, il en résulte que la présomption de régularité procédurale joue dans tous les cas et que l'appréciation de la régularité procédurale n'intervient quasiment jamais. La seule exception possible est donc que la partie contre laquelle l'efficacité est avancée dans le for s'y oppose en soulevant la méconnaissance de ses garanties procédurales. Si la présomption n'est pas attaquée aux fins de la renverser, elle demeure et la conformité procédurale de la décision n'est donc pas vérifiée[2].

721. Or, pour renverser la présomption, il ne suffit pas simplement de contester la régularité procédurale de la décision mais encore faut-il la prouver. Il en a été décidé ainsi dans l'arrêt *World Fuel Services* de 2004[3], rendu à propos de l'efficacité d'une décision américaine ayant condamné un défendeur colombien au paiement de dommages et intérêts en raison du manquement aux obligations prévues dans un contrat d'approvisionnement d'essence à destination des avions appartenant au demandeur et situés aux États-Unis. Le demandeur en exequatur prouve que la décision américaine est définitive mais le défendeur colombien s'oppose à son efficacité au motif, entre autres, que la demande ne lui a pas été correctement notifiée. Il attaque donc la présomption de régularité. La Cour procède en deux temps pour répondre au défendeur. D'abord, elle estime que ladite présomption doit opérer en l'espèce parce que le demandeur a prouvé que

---

[1] CSJC. Cass. Ch. Civ., 1er décembre 1995 *Holland*, Magistrat Rapporteur : Carlos Esteban Jaramillo, Dossier n° 5302.

[2] En 2014 la Cour soulève, à propos de l'exequatur d'un jugement de divorce, qu'il est insuffisamment prouvé que le défendeur ait été dûment notifié de l'action et, quelques lignes après, elle soulève aussi que le caractère définitif de la décision fait aussi défaut. CSJC. Cass. Ch. Civ., 3 août 2014, Magistrat Rapporteur : Jesus Vall de Ruten, Dossier n° 2014-01286-00. Autrement, dès lors que le caractère définitif du jugement est prouvé, la Cour conclut aussi qu'il a été rendu dans des conditions procédurales régulières. *v.* CSJC. Cass. Ch. Civ., 13 janvier 2014. Magistrat Rapporteur : Luis Tolosa, Dossier n° 2011-0673-00 ; CSJC. Cass. Ch. Civ., 12 février 2018, Magistrat Rapporteur : Aroldo Quiroz, Dossier n° 2016-01173-00.

[3] CSJC. Cass. Ch. Civ., 30 janvier 2004 *World Fuel Services*, Magistrat Rapporteur : José Fernando Ramirez Gomez, Dossier n° 2002-0008-01.

la décision américaine était définitive. Ensuite, elle affirme qu'il s'agit d'une présomption de fait susceptible d'être renversée mais qu'en l'occurrence le défendeur ne prouve pas en quoi la notification lors de la procédure étrangère a été irrégulière selon la loi américaine. Elle soulève à ce propos que le défendeur a répondu à la demande dans le délai prévu à cet effet par la loi étrangère et qu'il n'a pas contesté, à cette occasion, les conditions de sa notification[1]. Puisque l'irrégularité procédurale de la décision n'est pas démontrée, et que les autres conditions du contrôle étaient respectées, la Cour accorde l'efficacité définitive à la décision en cause.

722. Dans cet arrêt il était peu probable que la régularité procédurale de la décision soit compromise : cependant nous estimons que la présomption formulée par le droit colombien demeure dans l'absolu contestable. Une chose est de dire que la décision n'est plus susceptible d'aucun recours à l'étranger, et une autre de dire que puisqu'elle ne peut plus être remise en cause, elle a été rendue lors d'une procédure respectueuse des garanties procédurales des parties. Les cas des décisions rendues en violation des droits procéduraux et qui deviennent définitives par la suite, malgré la réaction des parties, risquent d'être nombreux. Prenons l'exemple d'une procédure étrangère dans laquelle l'assignation n'a pas été signifiée au défendeur de manière régulière, mais en dépit de cela, le juge a décidé sur le fond, en première instance, puis en appel. S'il est certes vrai que l'absence de notification régulière du défendeur ne peut plus entraîner aucune conséquence dans l'instance directe à l'étranger, cette irrégularité demeure encore très importante dans la procédure indirecte. En effet, elle peut être invoquée pour rendre internationalement irrégulière la décision et empêcher ainsi son efficacité dans le for. Cette considération vaut également dans le cas d'un défendeur qui a été privé de la possibilité de conclure sur le fond et qui n'a pas fait appel de la décision à temps. Malgré le fait qu'il ne puisse plus soulever cette irrégularité dans le pays de la procédure d'origine, il peut encore, et ce sans réouvrir le débat sur le fond, s'en prévaloir pour s'opposer à son efficacité en Colombie, ses droits de la défense ayant été méconnus. Nous avons donc du mal à comprendre l'utilité et surtout la justification d'une telle présomption.

723. **Conclusion de la section :** Bien que partagés, les contrôles de la compétence indirecte et de la régularité procédurale de la décision étrangère sont diversement effectués en droit français et en droit colombien. Ces droits adoptent des critères d'appréciation différents qui conduisent le contrôle de régularité à favoriser ou à entraver l'efficacité des décisions étrangères. Une particularité pour le moins surprenante a été identifiée à propos de la conformité procédurale de la décision étrangère en droit colombien. Selon la loi colombienne, le caractère définitif de la décision permet de présumer la conformité procédurale de la décision. Dans la pratique, cette présomption se traduit par le fait que le respect des droits de la défense lors de l'instance directe n'est quasiment jamais vérifié. Le droit colombien risque ainsi d'admettre

[1] *Idem.*

l'efficacité définitive de décisions potentiellement contraires aux garanties procédurales fondamentales des parties

724. L'adoption de la Convention de La Haye de 2019 pourra, assurément, contribuer à la modernisation du droit colombien. En déterminant un catalogue des chefs de compétence indirecte, et en indiquant les garanties procédurales dont le respect doit être vérifié, cette Convention permettra au juge colombien d'apprécier la régularité de la décision de manière prévisible, ainsi que de remédier aux regrettables hésitations quant aux critères d'appréciation. Elle pourrait permettre, en outre, au juge français, en ce qui concerne la compétence indirecte, de mieux établir l'existence du lien caractérisé entre le litige et le juge d'origine.

725. Les divergences identifiées jusqu'ici se confirment et, dans certains cas, s'accentuent, à propos des conditions de régularité tenant à la compatibilité du dispositif de la décision avec l'ordre juridique d'accueil que nous allons étudier à présent.

Section II : La régularité internationale de la décision étrangère quant à sa compatibilité avec l'ordre juridique du for

726. À côté des aspects liés à son élaboration à l'étranger, la décision étrangère doit respecter d'autres conditions qui assurent sa compatibilité avec l'ordre juridique d'accueil. Ces conditions, qui sont relativement partagées en droit colombien et en droit français, sont également à l'origine de différences importantes quant à leur appréciation. Les analyser comparativement permettra de mesurer combien ces divergences matérialisent la nature adaptable de l'instrument commun d'efficacité et l'opposition qui existe entre les deux droits quant à la conception de l'efficacité des jugements étrangers.

727. Ces conditions sont l'absence d'inconciliabilité entre des décisions (§ 1) et la conformité de la décision étrangère à l'ordre public international du for (§ 2). En ce qui concerne la condition tenant à l'absence de fraude, enfin, le fait qu'elle ne soit pas prévue par le contrôle colombien ne nous empêche pas de nous interroger, et de continuer ainsi notre démarche comparative, sur la place qui peut lui être réservée au sein de ce droit, tout particulièrement parce que cette exigence, qui existe en droit commun français, est prévue par la Convention de La Haye de 2019 (§ 3).

§ 1. Les particularités liées à l'inconciliabilité entre des décisions

728. En s'assurant que la réception de la décision étrangère ne se heurte pas à une autre décision dans le for, l'État d'accueil cherche à garantir le maintien de la cohésion de son ordre juridique. Malgré le silence de l'arrêt *Munzer* à propos de cette exigence en droit commun, confirmé par les arrêts *Cornelissen*[1] et *Gazprombank*[2], l'exigence d'inconciliabilité entre des décisions est bien une

[1] Cass. 1ère civ., 20 février 2007 *Cornelissen, préc.*
[2] Cass. 1ère civ., 30 janvier 2013 *Gazprombank préc.*

condition de régularité commune aux deux droits étudiés (A). Le contraste entre eux réside cependant dans la manière dont chacun entend délimiter la portée de ladite condition (B).

A. *Le caractère commun de l'exigence*

729. Des doutes pourraient émerger sur le fait de savoir si l'absence d'inconciliabilité entre des décisions est une condition de régularité partagée par les droits français et colombien. En effet, cette condition est prévue au sein des règlements européens, mais elle ne figure pas sur la liste dressée dans l'arrêt *Munzer,* ni sur celle de l'arrêt *Cornelissen.* Pour ce qui est du droit colombien, l'exigence apparaît au sein du contrôle de régularité de droit commun, mais elle n'est prévue dans aucune des conventions internationales auxquelles participe la Colombie.

730. Cette première différence entre les deux droits n'est pourtant pas décisive, et ce pour deux raisons. La première parce qu'en ce qui concerne le droit colombien, la pratique pour le moins contestable de la Cour colombienne consistant dans un contrôle cumulatif de régularité, a permis d'intégrer le contrôle d'absence d'inconciliabilité de la décision dans le contrôle de droit conventionnel. La seconde raison concerne le droit commun français. En effet, malgré les hésitations quant à la qualification de cette exigence comme une condition de régularité à part entière, il est désormais indéniable que l'inconciliabilité de la décision étrangère avec une décision efficace dans le for peut justifier le refus de son efficacité en droit commun[1]. Selon l'arrêt *Hohensollern-Lambrino* rendu en 1963[2], l'efficacité doit être effectivement refusée dès lors que la décision étrangère est en conflit avec une autre décision rendue dans le for, ou avec une décision rendue à l'étranger et, qui étant internationalement régulière, bénéficie déjà de l'efficacité et de l'autorité de chose jugée en France[3]. La question qui demeure est celle de savoir à quel titre doit être sanctionnée cette inconciliabilité[4]. Le droit français estime parfois que l'inconciliabilité est un élément de l'ordre public international[5], comme dans l'arrêt *Patiño*[6], ou parfois comme une condition indépendante de régularité[7].

---

[1] Paul Lagarde propose d'inclure dans cette condition l'inconciliabilité de la décision avec une situation constituée en France. P. Lagarde, « Sur la vulnérabilité des situations juridiques », *in, Mélanges en l'honneur du Professeur Pierre Mayer,* LDGJ, 2015, p. 451. *v.* S. Fulli-Lemaire, *Le droit international privé de la famille à l'épreuve de l'impératif de reconnaissance de situations*, LGDJ, 2022, p. 183 §257.

[2] Cass. 1ère civ., 8 janvier 1963 *Hohenzollern- Lambrino, RCDIP* 1963.109 obs. G. Holleaux.

[3] En doctrine *v.* M-L. Niboyet et G. de Geouffre de la Pradelle, *op.cit.*, p. 550 §802.

[4] G. Holleaux, note sous Cass. 1ère civ., 8 janvier 1963, *RCDIP* 1963.109. spec., p. 118.

[5] Georges Holleaux affirmait ainsi que : « *On a toujours voulu voir dans cette exigence de conciliabilité (ou de non-contrariété) un dernier aspect, spécial à la matière des conflits de juridictions, de l'exception d'ordre public* ». *Idem.* Dans le même sens *v.* B. Audit et L. d'Avout, *op.cit.*, p. 475 §572 ; M-L. Niboyet et G. de Geouffre de la Pradelle, *op.cit.*, p. 558 §818 ; D. Bureau et H. Muir Watt, *op.cit.*, p. 346 §296 ; P. Chevalier, « La nouvelle cartographie… », *op.cit.*, p. 33.

[6] Cass. 1ère civ. 15 mai 1963 *Patiño, préc.*

[7] Cette voie est préférée par certaines conventions internationales auxquelles participe la France. C'est le cas, par exemple, de la Convention franco-marocaine de 1957 qui indique à l'article 16 que pour être efficace, la décision ne peut pas *« être contraire à une décision judiciaire prononcée dans ce pays et possédant à son égard l'autorité de la chose jugée ».* À ce propos *v.* Cass. 1ère civ., 17 mai. 2017.

731. En outre, remarquons que la Convention de La Haye de 2019 prévoit également cette condition comme l'un des motifs pouvant donner lieu au refus de l'efficacité de la décision étrangère. Malgré le fait que cette Convention ne parle pas d'inconciliabilité mais d'incompatibilité[1] de la décision étrangère, les solutions qu'elle prévoit aux articles 7.e et 7.f sont clairement inspirées par celles que le droit européen retient pour déterminer l'inconciliabilité du jugement en cause.

732. Ainsi, étant une condition commune aux deux droits étudiés, l'inconciliabilité de la décision étrangère compromet la régularité internationale de celle-ci et, dès lors, sont efficacité dans le for. Mais qu'est-ce que l'inconciliabilité ? Le droit colombien n'a pas défini cette condition. Ni la jurisprudence, ni la doctrine, ne semblent intéressées pour entreprendre un tel travail de définition. Cependant, ce silence colombien ne nous empêche pas de nous tourner vers les réflexions françaises. Hélène Gaudemet-Tallon et Marie-Élodie Ancel affirment que l'inconciliabilité vise l'existence de décisions contradictoires[2]. Pierre Mayer, Vincent Heuzé et Benjamin Remy confirment cette idée lorsqu'ils parlent de l'inconciliabilité en termes de conflit de décisions[3]. Marie-Laure Niboyet affirme également que « deux jugements sont inconciliables quand ils ne sont pas susceptibles – en fait – d'une exécution simultanée »[4]. Au sein de la jurisprudence française, la Cour de cassation a, à une époque, refusé de proposer une définition de l'inconciliabilité en affirmant que son établissement relevait d'une appréciation souveraine du juge[5]. Ensuite, elle changea sa position[6] pour se rallier à la définition européenne formulée par la CJCE dans l'affaire *Hoffmann c. Krieg*, selon laquelle les décisions sont inconciliables lorsqu'elles « entraînent des conséquences juridiques qui s'excluent mutuellement »[7].

733. Ainsi, l'on ne saurait accepter, par exemple, qu'une décision colombienne qui a déclaré la nullité d'un contrat puisse coexister dans l'ordre juridique colombien avec une décision française ordonnant le paiement des dommages et intérêts en raison du retard du débiteur dans l'exécution des obligations du contrat annulé. Le contrat ne peut pas être nul et en même temps continuer à produire des effets. Dans le même sens, une décision colombienne ayant déclaré qu'un défendeur n'est pas le père biologique d'un enfant, ne peut pas coexister avec une décision étrangère qui fixe à la charge de ce même

---

[1] Remarquons que la Cour de cassation utilise également le mot incompatibilité pour parler d'inconciliabilité. *v.* par exemple : Cass. 1ère civ., 24 septembre 2002 et 27 avril 2004, *RCDIP* 2004.610 obs. H. Muir Watt.

[2] H. Gaudemet-Tallon et M-E Ancel, *op.cit.*, p. 636 §456.

[3] P. Mayer, V. Heuzé et B. Remy, *op.cit.*, p. 327 §480.

[4] M-L Niboyet, « Les conflits de procédures », *TCFDIP*, 1995-1996, p. 84.

[5] Cass. 1ère civ., 3 novembre 1977. *préc.*

[6] Cass. 1ère civ., 17 janvier 2006, *préc.*

[7] CJCE, 4 février 1988, Aff. n° C-145/86 *Hoffmann c. Krieg*, *préc.* Point n° 21. Ce ne serait pas le cas dans l'exemple cité par Gothot et Holleaux de deux décisions judiciaires, l'une néerlandaise et l'autre française, rendues par rapport à un même contrat de vente de volailles. La décision hollandaise condamnait la société française à payer le prix des volailles à la société néerlandaise, alors que la décision française condamnait cette dernière société à *« garantir la première [société française] des indemnités qu'elle devait verser à l'acheteur des volailles en raison des maladies de celles-ci ».* Si une compensation entre les deux condamnations demeure possible, les conséquences des deux décisions ne s'excluent pas mutuellement pour autant. P. Gothot et D. Holleaux, *op.cit.*, p. 158 §278.

défendeur une obligation alimentaire, fondée sur le lien de filiation paternelle, en faveur du même enfant.

734. Alors que, dans ces hypothèses, le conflit entre les deux jugements est évident, dans d'autres cas l'inconciliabilité entre des décisions est plus subtile. Ainsi, dans un arrêt du 11 mai 2016, la Cour de cassation a précisé que le fait pour plusieurs décisions de décider d'un litige dans le même sens ne rend pas impossible leur inconciliabilité. En l'espèce il s'agissait de l'efficacité d'une décision américaine ayant prononcé le divorce d'un couple camerounais. L'efficacité était sollicitée par l'ex-épouse, mais pour s'y opposer, l'ex-époux soulevait l'existence d'un jugement camerounais, précédemment rendu, qui avait relâché le lien entre les conjoints. Selon lui, cette décision faisait obstacle à la reconnaissance en France de la décision américaine. La Cour de cassation rejette le pourvoi. En effet, s'il est vrai que le jugement camerounais a été rendu avant la décision américaine, et qu'il ne peut pas y avoir une multiplicité de décisions prononçant le même divorce, il n'existait pourtant pas de certitude quant à la régularité internationale dudit jugement camerounais[1].
Or, l'inconciliabilité ne peut exister qu'à l'égard d'une décision remplissant « les conditions exigées pour sa reconnaissance en France »[2]. Ce n'était pas le cas en l'espèce, la régularité internationale du jugement camerounais n'avait pas été établie. Le résultat est donc que l'efficacité du jugement camerounais est rejetée, car c'est lui qui est inconciliable avec le jugement américain dont la régularité est désormais certaine. Autrement dit, si les solutions prononcées par les deux décisions n'étaient pas opposées en ce sens que les deux déclaraient le divorce, elles sont tout de même inconciliables[3]. Le jugement camerounais ne peut dissoudre un lien matrimonial qui n'existe plus en France, puisqu'ayant déjà été relâché par le jugement américain[4]. En outre, notons que, dès lors qu'aucune référence à l'ordre public international n'a été avancée, la Cour traite l'inconciliabilité des décisions comme une condition indépendante de régularité. Ceci correspond à la pensée de certains auteurs qui prônent sa reconnaissance en tant que condition indépendante de régularité[5].

735. Dans une situation similaire, la Cour colombienne a retenu une solution comparable à celle de la Cour de cassation. En effet, dans l'affaire *Robles* de 2004[6], la Cour colombienne devait se prononcer sur l'efficacité d'un jugement américain de divorce rendu le 17 août 1995 mais dont l'efficacité n'avait jamais été demandée par les intéressés. Six ans plus tard, le divorce est à nouveau sollicité, mais cette fois-ci devant le juge de Cali en Colombie. Notifiée de la procédure,

---

[1] Dans le même sens *v.* Cass. 1ère civ., 24 septembre 2002 et 27 avril 2004, *RCDIP* 2004.610 obs. H. Muir Watt.
[2] Cass. 1ère civ., 11 mai 2016 n° 14-22.586.
[3] M-L Niboyet et G. de Geouffre de la Pradelle, *op.cit.*, p. 560 §819.
[4] Le célèbre arrêt *Patiño* affirme que *« l'existence de ce jugement français portant sur le même objet entre les mêmes parties, fait obstacle à toute reconnaissance en France de l'autorité d'une décision étrangère incompatible avec lui […] »*. Cass. 1ère civ., 15 mai 1963 *Patiño, préc.* Dans le même sens *v.* Cass. 1ère civ., 9 janvier 1996, *RCDIP* 1996.719 obs. H. Muir Watt.
[5] B. Audit et L. d'Avout, *op.cit.*, p. 476 §572 ; D. Holleaux, *Compétence du juge étranger et reconnaissance des jugements*, Dalloz, 1970, p. 72 §64.
[6] CSJC. Cass. Ch. Civ., 25 février 2004 *Robles*, Magistrat Rapporteur : Mauel Ardila, Dossier n° 2001-0140-01.

Mme Robles a soulevé l'existence du jugement américain, notamment son autorité de chose jugée. L'exception d'irrecevabilité fut refusée, car la décision étrangère n'avait pas d'efficacité en Colombie faute de contrôle préalable de régularité. La procédure colombienne de divorce continue de prospérer et s'achève par un jugement de première instance rendu le 30 mai 2002, puis par un jugement du tribunal de second degré, prononcé le 22 avril 2003 suite à un appel. Au lieu d'en rester là, la demanderesse sollicite, pour des motifs qui ne sont pas spécifiées dans la décision, la reconnaissance dans le for de la décision étrangère. L'efficacité lui a été refusée, car, selon la Cour, « la présence d'une procédure auprès des juges nationaux, terminée par un jugement définitif empêche d'accorder l'efficacité à la décision étrangère en raison de la prééminence qui doit être accordée à la juridiction nationale »[1]. Sans se référer aucunement au contenu de la décision américaine, il est clair qu'à l'image du droit français, la simple existence de deux décisions portant sur un même litige et à l'égard des mêmes parties justifie de les considérer comme inconciliables. L'efficacité de la décision étrangère doit dès lors être refusée.

736. Or, le fait que l'inconciliabilité de la décision étrangère soit une condition de régularité commune aux droit français et colombien n'implique pas que sa portée soit identique au sein de deux droits.

B. *Les différences quant à la portée de l'exigence*

737. Si les deux droits entendent de manière comparable l'inconciliabilité de la décision étrangère, force est de constater que le droit colombien accorde à cette exigence une portée plus étendue que le droit français. En effet, outre les conflits de décisions, cette condition couvre également les hypothèses de conflit entre le jugement étranger et une procédure en cours en Colombie. Or, ayant également été confronté à cette situation, le droit français n'y voit pas une question d'inconciliabilité du jugement étranger.

738. Avant d'analyser les réponses données par chaque droit à cette question (2), il convient de délimiter davantage les termes du problème en précisant l'opposition qui existe à cet égard entre le droit français et le droit colombien (1).

1. *Le problème posé*

739. Les écarts entre les deux droits commencent lorsque nous voyons que, contrairement au droit français, le droit colombien ne conçoit l'inconciliabilité de la décision étrangère qu'à l'égard d'une décision colombienne. En effet, selon l'article 606.5 du NCGP, le juge colombien du contrôle doit vérifier « qu'il n'existe pas en Colombie de procédure en cours ni de jugement définitif déjà prononcé par les juges nationaux dans la même affaire ». Au regard de cette disposition, il semblerait que le cas d'inconciliabilité entre la décision étrangère dont l'efficacité est demandée, et une décision aussi étrangère mais déjà efficace dans le for, soit exclu. Le législateur n'a pas envisagé expressément cette

---

[1] *Idem.*

hypothèse et la jurisprudence n'a pas eu, pour l'instant, l'occasion de se prononcer à cet égard.

740. En revanche, le contrôle de droit commun[1] ainsi que celui du droit européen prévoient cette hypothèse. Si nous regardons le dernier, notamment la matière civile et commerciale ou encore celle familiale, l'inconciliabilité peut exister non seulement à l'égard d'une décision rendue dans l'État requis, mais également à l'égard d'une décision rendue antérieurement dans un État membre autre que celui d'accueil, ou dans un État tiers à l'Union européenne[2]. Dans ces deux derniers cas, l'inconciliabilité ne peut exister que si le jugement rendu antérieurement est internationalement régulier. Preuve de l'influence européenne sur celle-ci, la Convention de La Haye de 2019 retient la même solution.

741. De plus, la différence majeure entre les deux droits étudiés concerne, sans nul doute, la possibilité admise par le droit colombien d'une inconciliabilité potentielle entre décisions. En effet, outre la concurrence ou le conflit entre deux jugements, le droit colombien vise une hypothèse supplémentaire d'inconciliabilité : celle entre le jugement étranger et une procédure colombienne en cours portant sur le même contentieux. Autrement dit, la procédure ouverte et non achevée devant le juge colombien empêche l'efficacité normative de la décision étrangère. Or, le fait que dans cette hypothèse la confrontation ne soit pas entre deux jugements mais entre une décision et une procédure en cours correspond, selon nous, à une inconciliabilité potentielle. Nous retenons cette qualification parce qu'elle prend en considération un jugement qui n'a pas encore été rendu mais qui va certainement l'être dans le futur[3]. Il s'agit, autrement dit d'une inconciliabilité avec un jugement par anticipation. Notons que selon la formulation colombienne, ce jugement par anticipation ne peut être qu'un jugement colombien, l'inconciliabilité potentielle n'est donc admise qu'à l'égard des procédures en cours dans le for.

742. Ainsi, dans la pratique cela se traduit par le fait que la Colombie peut refuser l'efficacité d'un jugement étranger de divorce parce qu'une procédure de divorce entre les mêmes parties est en train de se dérouler devant l'une de ses juridictions nationales. L'admission de cette inconciliabilité potentielle en droit colombien montre combien cette exigence a une portée beaucoup plus stricte en France qu'en Colombie. Le fait qu'aucune limite chronologique n'ait été prévue par le législateur confirme la rigidité avec laquelle le contrôle de régularité est mis en œuvre en droit colombien.

743. Prenons l'exemple du divorce d'un couple franco-colombien dont le conjoint colombien décide, après la rupture, de retourner s'installer en Colombie.

---

[1] Cass. 1ère civ., 11 mai 2016, *préc.*

[2] P. Gothot et D. Holleaux, *op.cit.*, p. 158 §277. En jurisprudence *v.* Cass. 1ère civ., 29 janvier 2002, *RCDIP* 2002.574 obs. B. Ancel.

[3] Le droit mexicain a aussi choisi cette forme d'inconciliabilité potentielle des décisions. L'article 571.6 du Code fédéral de procédure civile indique que les décisions étrangères qui ne portent pas sur la matière commerciale, peuvent être efficaces au Mexique si : *« l'action dont elles résultent n'est pas l'objet d'une procédure en cours entre les mêmes parties auprès des tribunaux mexicains […] »*. En doctrine *v.* J. Guerrero Valle, «El análisis del elemento competencia al momento de la ejecución de una sentencia extranjera», *in, Derecho internacional privado*, Editorial Porrua et Centro de investigación e informática jurídica, 2012, p. 332.

Le conjoint de nationalité française reste en France, à Toulouse, et décide de saisir le juge français aux affaires familiales de la dernière résidence commune des époux aux fins d'une action de divorce. Le conjoint colombien, désormais installé à Medellin, décide, lui-aussi, de saisir le juge colombien aux affaires familiales de la même procédure[1]. Les procédures, initiées simultanément dans les deux pays, le sont entre les mêmes parties et portent sur le même objet : le relâchement du lien conjugal et le règlement de ses conséquences personnelles et patrimoniales. Supposons, dans un premier temps, que la décision française est rendue la première alors que la procédure colombienne n'est pas encore terminée. Outre le relâchement du lien entre les conjoints, la décision ordonne le partage de certains fonds placés en France et Colombie, et fixe la résidence des enfants auprès du conjoint français à Toulouse, ainsi que le montant d'une pension alimentaire en faveur des enfants et d'une prestation compensatoire en faveur du conjoint français. De plus, un droit de visite est accordé au parent colombien. Dès lors, le conjoint français a intérêt à obtenir la reconnaissance et l'exécution de cette décision en Colombie, ne serait-ce que pour obtenir l'attribution de sa part des fonds, la prestation compensatoire, et le retour des enfants, s'ils ont été déplacés.

744. Or, au regard de la formulation actuelle de l'article 606 du NCGP, si l'efficacité du divorce français est portée devant la Cour colombienne, elle aura de fortes chances d'être refusée, se heurtant à la procédure de divorce en cours en Colombie[2]. Selon cette disposition, la simple existence d'une procédure colombienne en cours suffit pour que la décision obtenue à l'étranger soit déclarée irrégulière. Puisque la disposition colombienne ne prévoit aucune indication chronologique, il serait en principe inutile, tel que la doctrine l'a indiqué, de se demander si la procédure qui est en cours en Colombie a été initiée antérieurement ou postérieurement à la procédure étrangère[3]. L'absence regrettable de toute limite chronologique peut s'expliquer, une nouvelle fois, par la contestable conception publiciste que le droit colombien retient de l'efficacité des jugements étrangers[4]. Étant donné que la distinction entre reconnaissance et

---

[1] La compétence territoriale du juge colombien pourrait se fonder sur l'article 28 du NCGP. Selon le deuxième alinéa de cette disposition, le juge compétent pour les actions en divorce est celui du dernier domicile conjugal, pourvu que le demandeur y soit encore installé. Dans notre exemple, c'est justement le demandeur qui a quitté le domicile conjugal en France pour revenir en Colombie. Ce chef de compétence ne peut donc pas fonder la compétence du juge colombien. Cependant, l'alinéa 1er de l'article 28 propose une règle générale de compétence applicable à toutes les procédures contentieuses. D'après cette règle, la compétence appartient au juge du domicile du défendeur. Si, comme dans notre exemple, le défendeur n'a pas de domicile en Colombie, c'est le juge de sa résidence habituelle, si elle se trouve en Colombie, qui est compétent. Or, dans le cas où le défendeur n'a pas, non plus, de résidence habituelle en Colombie, la compétence revient au juge du domicile ou de la résidence du demandeur. Dans notre exemple, étant donné que le défendeur n'a ni son domicile, ni sa résidence en Colombie, et que le demandeur y a, au moins, sa résidence habituelle, il est probable que le juge colombien se déclare compétent pour connaître de l'action en divorce.

[2] Selon Antonio Aljure, la raison d'une telle option est *« évidemment que le législateur préfère la décision que vont rendre, ou qu'ont rendue nos juges nationaux, à celle rendue à l'étranger »*. A. Aljure, «Exequatur de providencias judiciales», *in, Teoría general…*, *op.cit.*, p. 427 §2.5.

[3] J. Guayacán, *op.cit.*, p. 168 §2.1.

[4] Marie-Laure Niboyet a pu livrer à propos des conflits de procédures une réflexion que nous trouvons aussi pertinente pour le conflit procédure-jugement du droit colombien. Selon l'auteur, *« les conflits de procédures suivent donc la même évolution que l'ensemble du droit international privé ; détachés de toute idée de conflits de souverainetés étatiques, leur*

exécution n'est pas prévue dans ce droit[1], il est inutile de s'interroger sur le moment où la saisine du tribunal colombien est intervenue. Dans tous les cas, et ce indépendamment de la date du début de la procédure en Colombie, la décision étrangère doit préalablement passer par le contrôle de régularité internationale pour que son efficacité soit ensuite admise dans le for. Notre divorce français ne peut produire aucun effet personnel ou patrimonial sans passer d'abord devant la Cour colombienne en instance d'exequatur.

745. Au sens colombien, l'inconciliabilité potentielle demeure une exigence dangereuse qui peut alourdir sensiblement la mise en œuvre du contrôle. Le défaut d'un critère chronologique fixé par le législateur fait de la simple saisine du juge colombien un instrument dangereux entre les mains d'une partie animée par le seul souhait de nuire au maximum à son adversaire[2]. Dans un intérêt purement dilatoire, une partie peut saisir le tribunal colombien pour fermer les portes de l'ordre juridique national[3] à la décision étrangère, ne serait-ce que temporairement[4].

746. En droit français l'inconciliabilité potentielle des décisions n'est pas prévue de manière expresse, au moins en droit commun. Cependant, il se peut qu'une situation assez proche de celle du droit colombien soit susceptible de se présenter. Admettons que dans l'exemple du divorce que nous venons d'exposer c'est la décision colombienne qui a été rendue la première, alors que la procédure devant le juge français aux affaires familiales français n'est pas encore terminée. Supposons également que le dispositif du jugement colombien est le même que celui précédemment évoqué mais favorable, cette fois-ci, au conjoint colombien. Afin d'obtenir l'exécution de la décision, la procédure d'exequatur se révèle nécessaire, au moins en droit commun[5]. Est-ce que la procédure française en cours peut faire obstacle à l'exequatur de la décision colombienne ? Faut-il, dans ce cas, déclarer internationalement irrégulière ce jugement au motif de son inconciliabilité avec la procédure en cours ? Nous estimons que cette hypothèse renvoie à l'inconciliabilité potentielle du droit colombien.

747. Néanmoins, la réponse française risque d'être différente à celle du droit colombien accentuant ainsi les divergences qui opposent ces deux droits quant à la mise en œuvre de cette condition.

2. *Les solutions proposées*

748. Dans les deux droits, la jurisprudence fait appel à un facteur chronologique pour répondre à cette hypothèse d'inconciliabilité potentielle. Pour autant ce recours commun à la chronologie n'est ni prévu, ni utilisé de manière comparable en droit français et en droit colombien.

---

règlement doit faire prévaloir la réalisation judiciaire la plus satisfaisante pour les intérêts privés en cause ». M-L Niboyet, « Les conflits de procédures », *op.cit.*, p. 76.

[1] *v. infra* p. 371.

[2] A. Aljure, «Exequatur de providencias judiciales», *in, Teoría general…*, *op.cit.*, p. 427 §2.5.

[3] H. López Blanco, *op.cit.*, p. 831 §2.5.

[4] Dans le cas où le juge colombien s'estime incompétent par exemple, il refusera de se prononcer sur le fond de l'affaire et la décision étrangère pourra être soumise au contrôle.

[5] Formule du célèbre arrêt *Hainard*, Cass. 1ère civ., 30 mars 1930, *préc.*

749. En France, la détermination du critère chronologique a été délicate et au cœur de certaines hésitations en droit commun. Le régime semble néanmoins plus clair qu'en droit colombien. Grâce à la conception privatiste de l'efficacité[1], un traitement différencié entre la reconnaissance et l'exécution des jugements a pu se consolider[2] et a rendu plus facile la formulation d'une solution. Ainsi, par une application du principe *prior tempore*, la jurisprudence française accepte qu'une décision étrangère, invoquée aux fins de reconnaissance, l'emporte sur la procédure française en cours alors même que le juge français a été saisi le premier, sous réserve, bien entendu, que la régularité internationale de la décision étrangère soit établie[3].

750. Cette solution est confirmée dans un arrêt de la Cour de cassation rendu en 2011 à propos de l'efficacité en France d'une décision marocaine de divorce alors qu'une procédure de contribution aux charges du mariage était en cours devant les tribunaux français[4]. En l'espèce, les deux époux avaient les nationalité française et marocaine et n'habitaient plus ensemble. L'épouse saisit le juge français d'une action en contribution aux charges du mariage le 6 octobre 2004. L'époux, résidant au Maroc, assigne sa femme en divorce devant le juge marocain en janvier 2005. Ce dernier prononce le divorce le 31 mai 2005, et l'inscription de la décision sur les actes français de naissance est par la suite obtenue. L'épouse demande l'annulation de cette inscription car elle estime que la décision marocaine a été obtenue de manière frauduleuse, son époux ayant saisi le juge marocain dans le seul intérêt de faire obstacle à la procédure française, d'autant plus que la compétence pour prononcer le divorce relevait exclusivement de la juridiction française. La Cour de cassation rejette le pourvoi au motif que le juge marocain était compétent pour le divorce et que la décision en cause remplissait toutes les conditions de régularité. Ainsi, l'efficacité de la décision marocaine rend la procédure française inconciliable : la contribution aux charges du mariage ne s'explique que parce qu'il y a un mariage, or en l'espèce le lien conjugal n'existait plus. Pour déterminer l'inconciliabilité, la Cour ne prend pas en considération quelle procédure a été initiée la première, mais quelle décision est rendue la première[5].

751. La question est un peu moins aisée pour les décisions invoquées aux fins d'exécution. Il a été reconnu qu'elles ne peuvent faire échec à une procédure française en cours que lorsqu'elles ont reçu l'exequatur[6]. L'arrêt *Negrotto* a précisé

---

[1] *v. supra* p. 200.
[2] *v. infra* p. 349.
[3] Batiffol et Paul Lagarde affirment, par exemple, que *« la protection du jugement français n'a pas à jouer préventivement »*. H. Batiffol et P. Lagarde, *op.cit.*, p. 590 §727. Marie-Laure Niboyet et Géraud de Geouffre de la Pradelle analysent cette hypothèse en fonction de la nature de la décision étrangère. Ainsi, une décision étrangère bénéficiant de l'efficacité de plein droit l'emporte sur la procédure française en cours, même si le juge français a été le premier saisi, pourvu qu'elle soit internationalement régulière. Pour les jugements qui nécessitent l'exequatur pour être efficaces, ils ne peuvent pas faire échec à la procédure française en cours tant qu'ils n'ont pas reçu l'exequatur. M-L. Niboyet et G. de Geouffre de la Pradelle, *op.cit.*, p. 561 §820.
[4] Cass. 1ère civ., 23 février 2011 n° 10-14 760.
[5] Cass. 1ère civ., 30 septembre 2009 et 16 décembre 2009, *JDI* 2009.827 obs. Sinopoli. En doctrine *v.* M-L. Niboyet et G. de Geouffre de la Pradelle, *op.cit.*, p. 561 §820.
[6] M-L. Niboyet et G. de Geouffre de la Pradelle, *op.cit.*, p. 561 §820.

à cet égard que tant que la décision n'a pas obtenu l'exequatur, la partie contre laquelle elle a été rendue à l'étranger « conserve la faculté de porter devant une juridiction française le litige » sans que l'autre partie puisse s'y opposer en formant une action en exequatur[1]. Cela signifie-t-il, que la procédure française sur le fond l'emporte aussi longtemps que la décision rendue à l'étranger ne reçoit pas l'exequatur ? Marie-Laure Niboyet et Géraud de Geouffre de la Pradelle estiment que la procédure française doit l'emporter, sauf dans les cas où la saisine française a exclusivement été motivée par l'intérêt de faire obstacle à l'exécution de la décision étrangère[2]. En revanche, lorsque l'instance sur le fond est initiée alors que la procédure d'exequatur est déjà en cours en France, la solution s'avère différente. Faire primer la procédure française risquerait, comme c'est le cas en droit colombien, de faire de la saisine du juge français un instrument utilisé à des fins dilatoires[3]. Le juge français saisi du fond, pourrait surseoir à statuer tant que l'efficacité de la décision étrangère n'a pas été décidée. Si la procédure d'exequatur s'achève par une déclaration d'irrégularité internationale de la décision étrangère, rien n'empêcherait alors la procédure française sur le fond de suivre son cours.

752. Reprenons l'exemple du divorce franco-colombien qui est intenté en parallèle dans les deux pays et qui se termine par un jugement qui se prononce sur le relâchement du lien conjugal comme sur les conséquences patrimoniales. Si le jugement colombien est rendu le premier, la procédure française en cours ne saurait faire obstacle à son exequatur en France dès lors qu'elle a été initiée après que la demande d'exequatur de la décision colombienne ait été adressée au juge français. Dans ce cas, si la décision satisfait les conditions de régularité elle l'emportera sur la procédure française. Une solution différente s'impose dans le cas contraire, c'est-à-dire lorsque la procédure française de divorce a été initiée avant que l'exequatur de la décision colombienne n'ait été demandé en France : la procédure française peut continuer. Or, le conjoint colombien devra faire preuve de diligence et solliciter aussitôt l'exequatur de la décision colombienne car c'est uniquement lorsque celle-ci sera déclarée internationalement régulière, qu'elle fera échec à la procédure française. *A contrario,* si le conjoint colombien n'entreprend pas les démarches pour obtenir l'exequatur, il suffit que la décision française sur le fond soit prononcée pour que lui soit accordée la primauté. L'efficacité de la décision colombienne sera impossible parce qu'inconciliable avec la décision française de divorce.

753. Si nous regardons désormais la situation en droit colombien, Hernan Fabio López Blanco craignait les conséquences regrettables que pouvait entraîner la formulation législative très imprécise de cette condition de régularité, notamment du fait de l'absence de tout critère chronologique pour guider sa mise en œuvre. Selon ce professeur, l'appréciation de l'inconciliabilité rend nécessaire de distinguer deux hypothèses.

---

[1] Cass. 1ère civ., 10 mars 1914 *Negrotto, RCDIP* 1914.449.

[2] M-L. Niboyet et G. de Geouffre de la Pradelle, *op.cit.*, p. 561 §820.

[3] *Idem.*, p. 557. En doctrine *v.* S. Clavel, « La place de la fraude en droit international privé comparé », *TCFDIP*, 2010-2012, p. 268 et s.

La première est celle dans laquelle la procédure colombienne sur le fond est initiée après que la décision étrangère soit devenue définitive à l'étranger. Dans ce cas, cette décision doit court-circuiter la procédure colombienne sur le fond et l'emporter, à condition, bien entendu, qu'elle respecte toutes les conditions colombiennes de régularité, ce qui est préalablement vérifié par le juge du contrôle[1].
La seconde hypothèse est celle dans laquelle la procédure colombienne est initiée alors que la décision étrangère n'avait pas encore été rendue, ou, qu'ayant été rendue, elle n'était pas encore devenue définitive dans l'État d'origine. Dans ce cas, la procédure colombienne devrait l'emporter selon Lopez Blanco, et faire échec à l'efficacité du jugement étranger[2]. Le critère chronologique suggéré par l'auteur n'est donc pas celui fondé sur le début de la procédure directe et de celle d'exequatur comme en droit français, mais celui de la date à laquelle la décision étrangère est devenue définitive dans son pays.

754. Conscient aussi des imprécisions de la formulation législative, la Cour colombienne a entendu apporter des correctifs par un arrêt *Builes* de 2009[3]. Elle y adopte, de manière très confuse un facteur chronologique. En l'espèce, la Cour a reconnu l'efficacité d'un jugement américain de divorce prononcé en 2002, alors qu'une procédure de divorce entre les mêmes parties était en cours devant les juges colombiens depuis 2006. Selon la Cour, l'inconciliabilité doit être interprétée de manière stricte en ce sens que l'existence d'une procédure colombienne en cours ne doit pas conduire systématiquement à l'inefficacité de la décision étrangère. La Cour reconnaît que la disposition colombienne est effectivement ambiguë et, dans un souci de clarté, elle fait appel au droit comparé. Elle cite ainsi la loi vénézuélienne de droit international privé selon laquelle les décisions étrangères sont efficaces pour autant qu'il n'y ait pas de procédure vénézuélienne en cours. Cette loi poursuit ensuite en affirmant que les procédures vénézuéliennes qui peuvent faire échec à l'efficacité de la décision étrangère sont uniquement celles initiées « avant que la décision étrangère n'ait été rendue »[4]. La Cour fait sien ce critère, et semble donc affirmer que la procédure colombienne initiée avant le début de l'instance directe à l'étranger, ou à tout moment antérieur au prononcé de la décision étrangère, empêche l'efficacité de cette dernière en Colombie. Au contraire, la procédure colombienne initiée alors que la décision étrangère a déjà été rendue ne fait pas obstacle à l'efficacité[5]. L'écart entre les deux droits est manifeste : les critères chronologiques d'appréciation sont différents.

755. L'adoption d'un critère chronologique est sans doute nécessaire pour assouplir significativement la mise en œuvre de cette condition de régularité en droit colombien. Cependant, nous estimons que le critère choisi, tel qu'il est

---

[1] H. López Blanco, *op.cit.*, p. 831 §2.5.
[2] *Idem.*
[3] CSJC. Cass. Ch. Civ., 29 juillet 2009 *Builes*, Magistrat Rapporteur : Ruth Diaz, Dossier n° 2007-01704-00.
[4] CSJC. Cass. Ch. Civ., 29 juillet 2009 *Builes préc.* Dans le même sens *v.* CSJC. Cass. Ch. Civ., 7 décembre 2016, Magistrat Rapporteur : Luis Alfonso Rico Puerta, Dossier n° 2014-00211-00.
[5] CSJC. Cass. Ch. Civ., 29 juillet 2009 *Builes, préc.*

formulé par la jurisprudence, est peu adapté au regard de l'engorgement des tribunaux nationaux. Précisons néanmoins que nous ne contestons aucunement le fait que devant une décision étrangère inconciliable avec une autre décision jouissant de la force jugée dans le for, l'efficacité de la première doive être repoussée. Un tel choix s'impose au nom de la cohésion de l'ordre juridique d'accueil et de la sécurité juridique des particuliers. En revanche, lorsqu'il est question de l'inconciliabilité potentielle, donner la primauté par principe à l'instance colombienne lorsqu'elle est initiée avant que la décision étrangère ne soit prononcée est, selon nous, excessif et dangereux.

756. En effet, la procédure colombienne peut finir autrement que par une décision sur le fond, comme par la nullité de la procédure, ou par le désistement de l'action, entre autres. Dans ces cas, la décision étrangère n'est finalement pas atteinte d'inconciliabilité et pourrait, après tout, être efficace en Colombie. Cependant, la primauté accordée à la procédure colombienne en cours implique qu'aussi longtemps que la procédure colombienne demeure ouverte et en cours, si l'efficacité de la décision étrangère est invoquée dans le for elle sera refusée à titre d'inconciliabilité. Or, la décision de refus d'efficacité est une décision qui, portant sur le fond, aura l'autorité de chose jugée entre les parties et les empêchera d'intenter à nouveau l'exequatur si la procédure colombienne venait à finir par une nullité, par une prescription de la procédure, ou par un désistement de l'action. Ceci nous confirme combien la solution du droit colombien est problématique et source de situations boiteuses. Suivre l'exemple français à cet égard est sans doute souhaitable, mais pour cela il faudra attendre que la Cour colombienne soit saisie d'une question lui permettant d'affiner ou de confirmer sa position.

757. Une autre solution envisageable, au moins pour l'efficacité des décisions civiles et commerciales, est celle adoptée par la Convention de La Haye de 2019. Prévoyant aussi l'hypothèse d'une inconciliabilité potentielle, c'est-à-dire entre un jugement étranger et une procédure en cours dans l'État requis, l'article 7.2 de cette Convention formule un critère chronologique qui a le mérite de la clarté. La date prise en considération est, en effet, celle à laquelle le tribunal de l'État requis a été saisi de l'instance directe sur le fond. Ainsi, si la décision étrangère a été rendue dans le cadre d'une procédure initiée alors que la procédure dans le for était déjà en cours, son efficacité semble gravement compromise. Or, outre ce facteur chronologique, la Convention fixe une seconde condition cumulative pour que l'efficacité soit différée ou refusée au motif de l'inconciliabilité de la décision : le litige doit se rattacher à l'État requis par un lien étroit[1]. Cette dernière condition n'est actuellement prévue ni en droit français, ni en droit colombien. Elle nous semble pourtant réouvrir la discussion sur la qualification de l'étroitesse du lien que nous avons pu évoquer à propos de l'appréciation de la compétence

[1] Andréa Bonomi affirme sur ce point que *« without this requirement, recognition or enforcement of a judgement could be prevented by proceedings initiated by one of the parties in an unreasonable forum, lacking any significant connection with the dispute. This requirement makes sense in the framework of an instrument that does not addresses « direct » jurisdiction and leaves in this regard full discretion to the contracting States »*. A. Bonomi, « Courage ou caution ?... », *op.cit.*, p. 10.

indirecte du juge[1]. Les liens caractérisés indiqués à l'article 5 de cette Convention pourront, assurément, guider le juge à cet égard.

758. Il n'en demeure pas moins que la solution proposée par la Convention évite qu'une procédure sur le fond soit ouverte dans le for dans le seul intérêt d'empêcher l'efficacité du jugement étranger. Ainsi, l'adhésion de la Colombie à cette Convention aurait l'avantage de clarifier l'état de la question. D'une part, la portée de l'inconciliabilité nous semble mieux définie, d'autant plus que, face à l'inconciliabilité potentielle, le juge est investi du pouvoir de choisir entre surseoir à statuer ou refuser l'efficacité. Étonnamment, la Convention ne formule aucun critère ni indication pour déterminer dans quels cas le juge doit opter pour l'une ou l'autre solution, cela peut donner lieu à des divergences embarrassantes entre les États signataires et compromettre l'application uniforme. D'autre part, le dernier alinéa de l'article 7.2, dispose que le refus d'efficacité motivé par l'inconciliabilité entre la décision et une procédure en cours « n'empêche pas une demande ultérieure de reconnaissance ou d'exécution ». Cet alinéa répondrait aux difficultés du critère colombien que nous avons soulevées dans le cas où l'efficacité de la décision a été refusée du fait d'une procédure en cours qui s'est finalement achevée par une décision autre qu'un jugement sur le fond. Les parties pourront alors soumettre leur décision à un nouveau contrôle de régularité. En définitive, alors que cette Convention ne sera assurément pas à l'origine d'un changement remarquable en droit français, son adoption par la Colombie pourrait enrichir et clarifier le droit colombien.

759. Ceci dit, les divergences entre les deux droits quant à la mise en œuvre de l'instrument d'efficacité se font de plus en plus claires et importantes. L'appréciation de la conformité de la décision étrangère à l'ordre public international de fond vient confirmer ceci.

§ 2. Les oppositions profondes quant à la conformité de la décision à l'ordre public international de fond

760. Le contrôle de la conformité de la décision étrangère à l'ordre public international est la dernière des conditions communes de régularité en droit français et en droit colombien. Il s'agit, selon nous, de la condition de régularité la plus importante, puisqu'elle est chargée d'assurer de manière directe la cohésion de l'ordre juridique d'accueil[2]. Elle le fait, notamment, par la protection des principes essentiels qui sont, dans l'opinion de chaque État, les plus fondamentaux[3]. Cependant, du fait de son contenu très large, évolutif et

---

[1] *v. supra* p. 265.

[2] B. Ancel et Y. Lequette, note sous ». Cass. 1ère civ. 8 juillet 2010 *Marret, GA* n° 57, p. 534 §2.

[3] Pour le droit français. Selon la doctrine, l'ordre public international est *«[…] le garde-fou indispensable contre l'importation des solutions exogènes susceptibles de porter atteinte à la cohésion de la société du for »*. M-L. Niboyet et G. de Geouffre de la Pradelle., *op.cit.*, p. 554 §811 ; *v.* A. Dionisi-Peyrusse, « La conformité à l'article 8 de la CEDH des refus de reconnaissance des situations familiales créées à l'étranger au nom de l'ordre public international », *in, Le droit entre tradition et modernité : Mélanges à la mémoire de Patrick Courbe*, Dalloz, 2012, p. 172 ; F. Monéger et G. Pluyette, « Exequatur et principes essentiels du droit français » *in, Le droit entre tradition et modernité… op.cit.*,p. 448. La définition d'ordre public international proposée par l'arrêt *Lautour* en 1948 comme *« les principes de justice universelle considérés dans l'opinion française comme doués de valeur international absolue »*, a évoluée pour viser maintenant les *« principes fondamentaux du droit français »*. Cass. 1ère civ., 8 juillet 2010, *RCDIP* 2010.747 obs. P. Hammje ; *JDI*

hautement politique, elle est aussi la condition la plus difficile à cerner et à définir[1]. L'objet de nos analyses ne sera pas celui de faire une étude comparée de l'ensemble des manifestations, des fonctions et des particularités de l'ordre public international en droit français et en droit colombien. Nous allons seulement étudier les éléments qui caractérisent la manière dont les deux droits analysés apprécient et contrôlent le respect de l'ordre public international comme condition de régularité internationale.

761. L'étude de cette condition s'inscrit dans un cadre très particulier, car s'il y a bien une condition de régularité où l'influence française transparaît clairement en droit colombien, c'est celle de la conformité de la décision à l'ordre public international. Or, elle est aussi celle qui présente, paradoxalement, les divergences les plus marquées. Autrement dit, l'influence française en Colombie est indéniable, mais elle est en même temps incontestablement relative.

762. Dans les deux droits, la condition est formulée dans des termes vagues, résultat sans doute de la difficulté de déterminer de manière stricte et définitive le contenu de l'ordre public international[2]. Les développements jurisprudentiels, nourris par les contributions de la doctrine, permettent de combattre le laconisme inévitable de la formulation de la condition[3]. Ainsi, en droit commun français, l'efficacité définitive de la décision étrangère est conditionnée à sa « conformité à l'ordre public international de fond »[4]. La formule est quasiment identique en droit européen bien que rédigée de façon négative, la contrariété devant être manifeste pour empêcher l'efficacité de la décision[5]. Les développements européens ont une influence certaine sur la définition de l'ordre public international des États membres[6].

En Colombie, l'article 606 du NCGP exige que la décision étrangère « ne soit pas contraire aux lois ni aux autres dispositions colombiennes d'ordre public, à

2011.119 obs. S. Bollé. Dans le même sens *v.* Cass. 1ère civ., 7 juin 2012, *RCDIP* 2012.633. En droit colombien, la Cour affirme en 2018 que *« la jurisprudence a défini l'ordre public comme « les principes essentiaux de l'État », ou « les principes fondamentaux desquels s'est inspiré l'ordre juridique national », c'est-à-dire, « les principes et les valeurs fondamentaux du système et de l'ordre juridique qui concernent le noyau central, fondamental, cardinal, primaire des intérêts indispensables pour la personne, l'existence, la préservation, l'harmonie et le progrès de la société »*. CSJC. Cass. Ch. Civ., 12 février 2018, *préc.* En doctrine, la définition reste très similaire à celle retenue par la jurisprudence. *v.* H. López Blanco, *op.cit.*, p. 828 §2.2.

[1] D. Boden, *L'ordre public : limite et condition de la tolérance. Recherches sur le pluralisme juridique,* thèse Paris I Panthéon-Sorbonne, 2002 ; A. Jeauneau, *L'ordre public en droit national et en droit de l'Union européenne,* LGDJ, 2018, p. 1 §3 ; L. Pereznieto Castro, *Derecho internacional privado,* Oxford University Press, 7e éd., 1999, p. 158 §6.5 ; J. Marín Fuentes, « Exequatur versus orden publico…», *op.cit.*, p. 2.

[2] H. López Blanco, *op.cit.*, p. 828 §2.2.

[3] A. Aljure, « Exequatur de providencias judiciales », *in, Teoría general…, op.cit.*, p. 424 §2.2

[4] Cass. 1ère civ., 7 janvier 1964 *Munzer, préc ;* Cass. 1ère civ., 20 février 2007 *Cornelissen, préc.*

[5] *v.*, par exemple : l'article 451.A du Règlement Bruxelles I bis relatif à la matière civile et commerciale, ou l'article 22.a du Règlement Bruxelles II bis relatif à la matière familiale, repris à l'article 38.a du Règlement Bruxelles II ter, ou encore l'article 24.a du règlement 4/2009 portant sur les obligations alimentaires et 40.a du règlement 650/2012 sur les successions transfrontalières. En ce qui concerne la matière civile et commerciale, il est curieux de voir que la contrariété à l'ordre public ne figure pas parmi les motifs de refus les plus récurrents. H. Gaudemet-Tallon et M-E. Ancel, *op.cit.*, p. 608 §436.

[6] J. Guillaumé, « Ordre public plein, ordre public atténué, ordre public de proximité : quelle rationalité dans le choix du juge ? » *in, Le droit entre tradition et modernité… op.cit., p.* 308 §29.

l'exception des normes de procédure »[1]. Quant au droit conventionnel, la condition est présente dans toutes les conventions auxquelles participe la Colombie, mais elle connaît diverses formulations. Certaines visent les lois d'ordre public du for[2], d'autres l'ordre public, comme en droit commun, sans pour autant indiquer sa dimension internationale[3], ou encore, l'ordre public international en exigeant que la contrariété de la décision soit manifeste comme en droit européen[4].

763. Parmi les oppositions entre l'appréciation colombienne et l'appréciation française de la conformité de la décision étrangère à l'ordre public international, deux sont particulièrement remarquables. La manière dont la condition est prévue dans les deux droits étudiés révèle des imprécisions très importantes en droit colombien (A), qui conduisent les deux droits à délimiter différemment la portée de ladite condition (B).

A. *L'imprécision de la condition colombienne*

764. La formulation de cette condition de régularité dans les droits français et colombien apparaît, au sein de ce dernier, imprécise, notamment en ce que l'ordre public visé n'est pas l'ordre public international (1). L'expérience française a néanmoins inspiré le droit colombien pour l'adoption de certaines améliorations dans la formulation de cette exigence (2).

1. La confusion entre ordre public et ordre public international

765. L'opposition principale entre la formulation du droit français et celle prévue en droit colombien nous semble consister dans l'absence, en droit commun colombien et dans la plupart des conventions internationales, de l'adjectif *« international »* pour qualifier l'ordre public en cause.

766. La distinction entre ces deux manifestations de l'ordre public est, depuis longtemps, acquise en droit français où l'efficacité des jugements étrangers a rapidement été jugée comme relevant de l'ordre public international. Un arrêt du 15 janvier 2020 de la Cour de cassation confirme ceci avec clarté. En l'espèce, il était question de l'efficacité en France d'un jugement d'adoption prononcé au Cameroun à l'égard de deux enfants de nationalité camerounaise par un ressortissant français. La régularité internationale de la décision est contestée au motif que l'adoptant n'avait pas respecté la démarche d'agrément préalable en vue de l'adoption exigée par la loi française. De ce fait, la décision camerounaise violait l'ordre public et son efficacité devait être refusée sur le fondement de l'Accord de coopération en matière de justice signé entre le France et le Cameroun en 1974. La Cour de cassation répond de manière limpide et approuve

---

[1] L'exclusion des normes de procédure s'explique, selon Jaime Azula Camacho, car il est évident que, s'étant déroulée à l'étranger, l'instance directe a dû suivre les règles de procédure étrangères. J. Azula Camacho, *op.cit.*, p. 260 §3. Dans le même sens *v.* F. Canosa Torrado, *op.cit.*, p. 123 §5.1.2 ; H. López Blanco, *op.cit.*, p. 828 §2.2.

[2] Article 53, Traité entre la Colombie et l'Équateur de 1903, *préc.*

[3] Article 5 du Traité d'exécution d'actes étrangers de 1911, et du Traité de Montevideo de 1889, *préc.*

[4] Article 2, Convention interaméricaine sur l'efficacité extraterritoriale des jugements et des décisions arbitrales de 1979, *préc.*

la Cour d'appel d'avoir affirmé, d'abord « que la conformité de la décision camerounaise doit être vérifiée, non à l'ordre public national, mais à l'ordre public international français », et d'avoir conclu ensuite « que la disposition de l'article 353-1 du code civil subordonnant l'adoption d'un enfant étranger à un agrément ne consacre pas un principe essentiel du droit français [...] l'absence de sollicitation par [l'adoptant] d'un agrément pour adopter ne portait pas atteinte à l'ordre public international français »[1].

767. À l'inverse, la question se révèle bien moins tranchée en Colombie. Ainsi, dans un arrêt du 2 juillet 1992, portant sur l'efficacité en Colombie d'une décision panaméenne d'adoption d'un enfant mineur de nationalité colombienne, la Cour exige que la conformité de la décision étrangère soit établie au regard des normes d'ordre public, sans faire de distinction entre l'ordre public interne et international[2]. En l'espèce, l'efficacité est finalement refusée au motif que la demanderesse n'a pas apporté la preuve de la loi panaméenne qui a permis le prononcé de l'adoption en cause : la Cour n'a pas pu vérifier la conformité de cette loi aux normes colombiennes d'ordre public.

768. Pour autant, au cours de nos recherches, nous avons pu trouver un nombre important d'arrêts dans lesquels la Cour colombienne confronte la décision étrangère aux normes d'ordre public interne. En 2001, par exemple, la Cour devait décider de l'efficacité en Colombie d'une décision vénézuélienne de divorce prononcée pour altération définitive du lien conjugal[3]. Le divorce avait été prononcé en 1982 mais son efficacité dans le for n'a été demandée que plus tard. Or, pour ce qui est de l'ordre public, la Cour affirme qu'au moment où la décision a été rendue à l'étranger, elle était contraire à l'ordre public national parce qu'à cette époque, la loi colombienne n'autorisait pas le divorce des mariages religieux. Elle précise ensuite néanmoins que grâce aux importantes modifications que le Code civil a connues depuis, « l'ordre public interne est sauvegardé et protégé » face aux divorces comme celui de l'espèce. C'est pourquoi l'efficacité de la décision vénézuélienne doit être acceptée. Quelques lignes après, la Cour estime que le fait que la cause ayant permis le prononcé du divorce à l'étranger soit aussi prévue par la loi colombienne « est une raison de plus pour conclure que le jugement en cause ne compromet pas l'ordre public interne »[4].

769. Certains auteurs n'ont pas tardé à relever ce défaut[5], et la jurisprudence a essayé d'y apporter quelques correctifs par deux arrêts de 2004 que nous avons déjà évoqués, les arrêts *World Fuel Services*, à propos de l'efficacité d'une décision américaine relative à un contrat d'approvisionnement d'essence[6], et l'arrêt *Prodeco,*

---

[1] Cass. 1ère civ., 15 janvier 2020, *JCP. 2020. II. 428* obs. M. Farge ; *Dr.Fam.* 2020 comm. 63 obs. A. Devers.
[2] CSJC. Cass. Ch. Civ., 2 juillet 1992, Magistrat Rapporteur : Pedro Lafont Pianetta, Dossier n° 3459.
[3] CSJC. Cass. Ch. Civ., 17 juillet 2001, Magistrat Rapporteur : Carlos Ignacion Jaramillo Jaramillo, Dossier n° 0012.
[4] *Idem.*
[5] A. Aljure, «Exequatur de providencias judiciales», *in, Teoría general…, op.cit.*, p. 425 §2.2, J. Roldan Pardo, « El estado del arte del concepto de órden público internacional en el ámbito del derecho internacional privado y el arbitraje internacional », *Rev.der.priv.*, Universidad de los Andes, juillet-décembre 2010, n° 44, p. 7 et s.
[6] *v. supra* p. 74.

sur l'efficacité d'une décision portugaise rendue en matière d'agence commerciale[1]. Dans les deux cas, les défendeurs contestaient la conformité des décisions étrangères à l'ordre public colombien, entre autres parce qu'elles auraient ordonné le paiement d'obligations qui n'étaient pas exigibles et parce qu'elles auraient autorisé les créanciers des dommages et intérêts à pratiquer l'anatocisme, interdit par la loi colombienne. La Cour répond dans les deux affaires, qu'au stade de l'exequatur, il n'est pas exigé que la décision soit respectueuse de l'intégrité de la normativité interne d'ordre public car cela rendrait impossible l'existence du droit international privé[2].

770. Cependant, si cette approche aurait pu marquer les premiers pas vers la fin d'une confusion pour le moins très embarrassante entre l'ordre public interne et l'ordre public international, il n'en est rien. Malgré la clarté des arrêts *World Fuel Services* et *Prodeco*, certaines décisions postérieures continuent de vérifier la conformité de la décision au regard des normes d'ordre public interne. Le 8 mai 2008, par exemple, à propos de l'efficacité d'une décision belge d'adoption d'un enfant de nationalité colombienne, la Cour a affirmé qu' « il est nécessaire de confronter la décision en cause aux dispositions substantielles d'ordre public interne, pour établir si elle y est conforme », et décider ensuite de son efficacité dans le for[3].

771. L'imprécision colombienne est devenue encore plus fâcheuse depuis la promulgation d'un statut d'arbitrage national et international en 2012. L'article 108.2.b de cette loi indique expressément que la sentence arbitrale peut être annulée si elle contrarie l'ordre public international colombien[4]. Dans ce contexte, et tel que l'indique Antonio Aljure, il serait très incohérent de privilégier une interprétation exégétique de la formulation du NCGP à propos de l'efficacité des décisions judicaires. L'absence de l'adjectif *« international »* dans la formulation du Code de procédure entraîne de manière irrémédiable la consécration de deux critères différents d'appréciation pour une question qui est en soi comparable : l'efficacité des décisions judicaires ou des sentences arbitrales. Alors que le régime des premières serait sensiblement plus exigeant, les décisions judiciaires devant respecter l'ensemble des dispositions d'ordre public interne, celui des secondes serait plus souple en ce que la régularité internationale serait contrôlée au regard de l'ordre public international[5]. Les conséquences d'une telle différence seraient sans doute lourdes pour les particuliers, mais surtout difficilement justifiables.

---

[1] *v. supra* p. 75.

[2] L'arrêt *World Fuel Services* affirme qu'*« en matière de reconnaissance des décisions étrangères, l'exception d'ordre public répond à des paramètres propres, et ne comprend pas par principe les normes impératives internes qui rendraient difficilement applicable le droit international privé »*. CSJC. Cass. Ch. Civ., 30 janvier 2004 *World Fuel Services*, *préc.*

[3] CSJC. Cass. Ch. Civ., 8 mai 2008, Magistrat Rapporteur : César Valencia, Dossier n° 2006-0979-00. Cette position a été reprise par la suite *v.* CSJC. Cass. Ch. Civ., 21 août 2015, Magistrat Rapporteur : Jesus Vall de Ruten, Dossier n° 2014-00738-00 ; CSJC. Cass. Ch. Civ., 20 juin 2018, Magistrat Rapporteur : Margarita Cabello, Dossier n° 2015-02675-00.

[4] Loi n° 1 563 du 1er juillet 2012, relative à l'expédition du statut d'arbitrage national et international et d'autres dispositions, publiée au Journal Officiel n° 48 489 du 12 juillet 2012.

[5] A. Aljure, «Exequatur de providencias judiciales», *in*, *Teoría general…*, *op.cit.*, p. 424 §2.2.

772. Malgré l'absence d'une ligne jurisprudentielle uniforme, il est pourtant indéniable que depuis les années 2000, les arrêts dans lesquels la Cour affirme que l'efficacité des décisions étrangères est tributaire de leur conformité à l'ordre public international et non à l'ordre public interne, se sont multipliés. Par exemple, le 3 septembre 2013, la Cour s'est prononcée sur l'efficacité d'une décision américaine ayant déclaré l'adoption d'un enfant né en Colombie par le conjoint de sa mère. De manière limpide et précise, elle affirme qu'en matière de reconnaissance et d'exécution des décisions étrangères, la conformité qui est demandée à ces dernières s'apprécie au regard de l'ordre public international qui est plus restreint et « se limite aux fondements essentiels sur lesquels est construit l'ordre juridique »[1]

773. Cette précision terminologique, assurément dépourvue de complexité pour le droit français, est nouvelle en droit colombien. Elle revêt une importance remarquable. Elle est la preuve que la réticence colombienne envers la réception des jugements étrangers est susceptible d'un allégement. En excluant le contrôle au regard de l'ordre public interne, la Cour fait un premier pas vers un éventuel assouplissement et modernisation du contrôle de régularité et de sa mise en œuvre pour favoriser la circulation simplifiée des jugements.

774. Il faut espérer que ces progrès du droit colombien ne seront pas bousculés par l'adhésion à la Convention de La Haye de 2019. En effet, cet instrument vise uniquement l'incompatibilité manifeste de la décision avec l'ordre public comme motif de refus d'efficacité, sans pour autant préciser qu'il s'agit de l'ordre public international[2]. Une telle formulation ne saura assurément pas être la source d'inconvénients majeurs dans des pays telle la France où il n'y a pas de doute sur le fait que l'ordre public visé est celui de type international. Cependant, la situation risque d'être différente au sein des pays comme la Colombie, où le droit international privé ne connaît qu'un essor récent et où la distinction entre une appréciation selon l'ordre public de droit interne et selon celui de droit international privé n'est pas complètement acquise. Parler uniquement d'ordre public sans le qualifier peut donner lieu à une multiplicité d'interprétations et, plus problématique encore, à une multiplicité d'applications. L'objectif d'harmonisation poursuivi par la Convention serait ainsi sérieusement compromis.

775. En toute hypothèse, le raisonnement de la Cour colombienne a connu une évolution significative. Or, si l'on cherche à comprendre l'origine de cette avancée, certes toujours timide, c'est vers la France que notre regard doit se tourner.

---

[1] CSJC. Cass. Ch. Civ., 3 septembre 2013, Magistrat Rapporteur : Ariel Salazar. Dossier n° 2010-1566-00. Ceci a aussi été affirmé à l'égard de l'efficacité des divorces prononcés à l'étranger *v.* CSJC. Cass. Ch. Civ., 18 décembre 2014, Magistrat Rapporteur : Ariel Salazar, Dossier n° 2013-02234-00 ; CSJC. Cass. Ch. Civ., 9 septembre 2016, Magistrat Rapporteur : Ariel Salazar, Dossier n° 2015-01165-00.

[2] Article 7.c, Convention de La Haye de 2019, *préc. v.* J. Jang, « The public policy exception under the new 2019 HCCH judgements Convention », Netherlands International Law Review, 2020, n° 67, p. 99 et s.

2. *Certaines améliorations grâce à l'influence française*

776. L'évolution de la question en droit colombien est une preuve du rayonnement juridique français. En effet, la doctrine française et le droit français ont été la source d'inspiration principale, si ce n'est exclusive, des auteurs[1] et des magistrats colombiens en matière d'ordre public international. Dans une certaine mesure, l'ordre public international colombien est un ordre public international à la française. Il est ainsi courant de lire dans la jurisprudence colombienne les noms de Pillet, de Niboyet, d'Arminjon, ou de Batiffol, lorsque la Cour doit préciser la portée de cette condition de régularité[2].

777. L'exemple français a permis à la Cour colombienne d'établir, dans l'arrêt *Duque Peña* de 1994[3], que la conformité de la décision étrangère à l'ordre public international s'apprécie au regard du contenu actuel de cet ordre public au moment où le juge se prononce sur l'efficacité de la décision[4], et qu'elle doit en plus être le résultat d'une analyse *in concreto.* En l'espèce, le défendeur affirmait que la décision américaine qui le condamnait à payer près de 26 millions de dollars en tant que caution, violait l'ordre public colombien. Selon lui, elle était contraire à la loi colombienne qui était en vigueur au moment de la constitution de la caution aux États-Unis et qui conditionnait la validité des opérations de commerce international réalisées par des personnes physiques en monnaie étrangère à certaines formalités qui n'avaient pas été respectées en l'espèce. Cependant, la Cour indique que les formalités de cette législation ont été abrogées en 1991 par le Code de commerce lorsque le paiement des obligations s'effectue en monnaie colombienne. Ainsi, le fait que la caution ait été conclue lorsque la loi colombienne l'interdisait importe peu, car cette interdiction a disparu avec la nouvelle législation. La décision américaine prononcée à propos de la caution n'est donc pas contraire au contenu actuel de l'ordre public colombien. Or, si l'existence de la caution a été jugée conforme à l'ordre public, la Cour a refusé l'efficacité de la décision américaine, car la solution qu'elle prononçait était injuste au regard des normes colombiennes d'ordre public[5].

778. Témoignant de l'inspiration française, la Cour colombienne a également pu affirmer, d'une part, toujours dans l'arrêt *Duque Peña*, qu'afin d'établir la conformité de la décision, le juge doit étudier les effets que la situation juridique prétend produire en Colombie et non les éléments relatifs à sa constitution à

---

[1] J. Roldan Pardo, « El estado del arte del concepto de órden público internacional… », *op.cit.* p. 14 et s.

[2] *v.* CSJC. Cass. Ch. Civ., 19 juillet 1994 *Duque Peña, préc.* ; CSJC. Cass. Ch. Civ., 5 novembre 1996 *Woods, préc.* ; CSJC. Cass. Ch. Civ., 28 juillet 1998, Magistrat Rapporteur : Carlos Esteban Jaramillo, Dossier n° 6583.

[3] Pour les faits de cet arrêt *v. supra* p. 114.

[4] En citant Batiffol, la Cour affirme en 1994 *« […] qu'en matière d'exequatur, l'ordre public qu'il faut apprécier est celui existant au moment de l'octroi de la reconnaissance ou de l'exécution et non celui qui existait au moment où la décision a été rendue ».* CSJC. Cass. Ch. Civ. 19 juillet 1994 *Duque Peña, préc.* Cette décision suit de près l'arrêt *Marret* de 1976 rendu par la Cour de cassation française, selon lequel : *« mais attendu que c'est à bon droit que les juges du fond ont décidé que la compatibilité d'une constatation de paternité adultérine avec l'ordre public international tel qu'il est conçu en France devait être appréciée au jour où statue le juge français de l'exequatur, et non au jour de la décision étrangère, ce qui exclut la nullité alléguée par le moyen ».* Cass. 1ère civ., 23 novembre 1976 *Marret, GA* n° 57, p. 533. En droit européen l'appréciation se fait aussi au regard du contenu de l'ordre public *« au moment où la reconnaissance ou l'exécution est demandée ».* H. Gaudemet-Tallon et M-E. Ancel, *op.cit.,* p. 607 §434.

[5] CSJC. Cass. Ch. Civ. 19 juillet 1994 *Duque Peña, préc.*

l'étranger[1]. Cette affirmation nous fait penser au célèbre arrêt *Rivière* de la Cour de cassation[2] qui a porté la consécration de l'effet atténué de l'ordre public. Cependant, si l'adoption de cette interprétation aurait, sans doute, été d'une grande utilité pour la modernisation, et surtout pour l'assouplissement de l'appréciation de la conformité de la décision à l'ordre public international en droit colombien, force est de constater que l'exemple français n'a pas été complètement suivi en Colombie. La Cour a elle-même démenti ses affirmations dans sa jurisprudence postérieure[3]. D'autre part, dans l'arrêt *Woods* de 1996, la Cour confirme cette influence française en reconnaissant le caractère évolutif de l'ordre public, et en affirmant que le droit colombien doit assurer que son ordre public international est « dynamique, tolérant, et constructif » et non « défensif et destructif »[4]. Nous aurons l'occasion ultérieurement d'étudier si la mise en œuvre de cette condition est, dans la pratique, respectueuse de cette affirmation.

779. Le rayonnement juridique français en Colombie ne fait pas l'ombre d'un doute et a permis de surmonter les inconvénients d'une formulation colombienne assez embarrassante. Cependant, le droit colombien a une préférence indiscutable pour les premiers enseignements français dans la matière. En effet, en droit français commun et en droit européen, l'évolution de la question ne s'est pas arrêtée à la simple affirmation du caractère international de l'ordre public mais a donné lieu à la coexistence d'une pluralité de manifestations comme l'ordre public international plein, atténué ou encore de proximité[5]. Justement, l'efficacité des jugements étrangers a été rapidement considérée comme le terrain de prédilection de l'ordre public international dans son effet dit « atténué »[6]. C'est ainsi, par exemple, que selon l'arrêt *Société Fountaine Pajot* de 2010, les décisions étrangères prononçant des dommages et intérêts punitifs peuvent avoir une efficacité en France alors même qu'un tel chef de réparation n'est pas envisageable en droit interne[7].

780. La force de réaction de l'ordre public international est modulée selon que l'affaire entretient des liens plus ou moins forts avec l'ordre juridique français[8]. L'efficacité des répudiations musulmanes déclarées à l'étranger est, par exemple, refusée lorsqu'elles sont prononcées à l'égard des épouses résidant en

---

[1] *Idem*. Dans le même sens *v.* CSJC. Cass. Ch. Civ., 5 novembre 1996 *Woods, préc.*

[2] Cass. 1ère civ., 17 avril 1953 *Rivière, GA* n° 26, p. 232 ; *RCDIP* 1953.412 obs. H. Batiffol ; *JDI* 1953.860 obs. Plaisant ; *JCP* 1953. II. 7863 obs. Buchet ; *RabelsZ* 1955.520 obs. Francescakis.

[3] *v. infra* p. 308.

[4] CSJC. Cass. Ch. Civ., 5 novembre 1996 *Woods, préc.* ; CSJC. Cass. Ch. Civ., 6 août 2004 *Prodeco, préc.*

[5] J. Guillaumé, « Ordre public plein, ordre public atténué, ordre public de proximité… », *op.cit.*, p. 297 §4.

[6] La doctrine et la jurisprudence acceptent unanimement que l'effet atténué de l'ordre public international correspond mieux à la matière de la reconnaissance et de l'exécution des jugement étrangers car *« la réaction à l'encontre d'une disposition contraire à l'ordre public n'est pas la même suivant qu'elle met obstacle à l'acquisition d'un droit en France ou suivant qu'il s'agit de laisser se produire en France les effets d'une droit acquis, sans fraude, à l'étranger […] »*. Cass. 1ère civ., 17 avril 1953 *Rivière, préc.* En doctrine *v.* D. Bureau et H. Muir Watt, *op.cit.*, p. 312 §268 ; P. Mayer, V. Heuzé et B. Remy, *op.cit.*, p. 282 §397. S. Fulli-Lemaire, *op.cit.*, p. 205 §289.

[7] La conformité des tels jugements à l'ordre public international français reste soumis à une condition de proportionnalité. *v.* Cass. 1ère civ., 1er décembre 2010, *préc.*

[8] P. Mayer, V. Heuzé et B. Remy, *op.cit.*, p. 282 §397. Contre cette prise en considération des liens de la situation avec le for pour déterminer l'intensité de l'ordre public, *v.* L. Gannagé, « L'ordre public international à l'épreuve du relativisme des valeurs », *TCDIP*, Pedone, 2006-2008, p. 222 §36.

France ou ayant la nationalité française[1]. Au cœur de cette pluralité des manifestations, l'obligation du for de garantir la protection des droits fondamentaux se dévoile avec une particulière importance. Il rend possible la modulation de la rigueur avec laquelle la conformité de la décision est appréciée. Ainsi, en 2010, par exemple, la Cour de cassation a refusé d'accorder l'efficacité à un jugement américain de divorce qui interdisait à un père de voir sa *« maîtresse »* en présence de ses enfants, et lui interdisait aussi de permettre à toute femme de passer la nuit chez lui lorsque les enfants étaient aussi dans l'appartement. La Cour a considéré « que la cour d'appel en a déduit exactement que le jugement étranger portait atteinte à des principes essentiels du droit français fondés sur l'égalité des parents dans l'exercice de l'autorité parentale et sur le respect de la vie privée et familiale »[2].

781. Certes, il est vrai que la multiplicité de manifestations de l'ordre public international ainsi que l'influence européenne sur la conception française de l'ordre public international[3], peuvent représenter un facteur de complexité pour le juge du contrôle lors de son appréciation[4]. Mais il est aussi notable que cette modulation peut favoriser la circulation des décisions étrangères. En effet, seule l'incompatibilité insurmontable entre le jugement étranger et les valeurs le plus fondamentales de la France[5], et de l'Europe[6], entraînerait le refus d'efficacité. Partant du principe qu'il ne s'agit pas de permettre la création d'une nouvelle situation juridique en France mais de laisser produire des effets à une situation légalement constituée à l'étranger, le droit français assouplit l'intensité de l'intervention de son ordre public international. À l'aide de certains autres facteurs d'appréciation, notamment la résidence en France de l'une des parties concernées par la décision, l'accueil des décisions étrangères peut se révéler plus ou moins tolérante[7].

782. Il n'en demeure pas moins que l'émergence constante et parfois excessive[8] de droits fondamentaux sous l'égide de la CEDH, est sans doute un facteur d'une importance majeure. L'emprise des droits fondamentaux dans l'appréciation de l'ordre public international[9] contribue à l'européanisation de l'ordre public international. Ce procédé d'harmonisation-uniformisation ne manque pas de relancer le débat sur l'établissement d'une hiérarchie des valeurs souvent avantageuse pour les pays européens, mais parfois très exigeante pour

[1] D. Bureau et H. Muir Watt, *op.cit.*, p. 312 §267. *v.* Cass. 1ère civ., 17 février 2014, *préc. v. supra* p. 185.

[2] Cass. 1ère civ., 4 novembre 2010, *JDI* 2011.125 obs. I. Barrière Brousse. En doctrine *v.*: A. Dionisi-Peyrusse, « La conformité à l'article 8 de la CEDH… », *op.cit.*, p. 157 ; L. Gannagé, « L'ordre public international à l'épreuve… », *op.cit.*, p. 205 ; R. Legendre, *Droits fondamentaux et droit international privé. Réflexion en matière personnelle et familiale*, Dalloz, 2020, p. 7 §9.

[3] J. Foyer, « L'ordre public international est-il toujours français ? », *in, Justices et droit du procès. Mélanges en l'honneur de Serge Guinchard*, Dalloz, 2010, p. 267 spéc. p. 274.

[4] J. Guillaumé. « Ordre public plein, ordre public atténué, ordre public de proximité… », *op.cit.* À ce propos *v.* D. Sindres, « Vers la disparition de l'ordre public de proximité ? », *JDI* 2012.887.

[5] L. Gannagé, « L'ordre public international à l'épreuve… », *op.cit.*, p. 205.

[6] J. Foyer, « L'ordre public international est-il toujours français ? », *op.cit.*, p. 267.

[7] L. Gannagé, « L'ordre public international à l'épreuve… », *op.cit.*, p. 214.

[8] *Idem.*, p. 208.

[9] R. Legendre, *op.cit.*, p. 274 §405.

les pays culturellement très éloignés[1]. Certaines figures juridiques venues du droit des pays musulmans sont systématiquement refusées au nom des droits fondamentaux et de la cohésion de l'ordre juridique d'accueil[2].

783. Au regard de ces considérations, notamment au stade du débat actuel en droit français, nous pouvons conclure que le droit colombien demeure ancien, figé dans le passé. En dehors de l'attendu de l'arrêt *Duque Peña*, il n'existe pas, selon nous, le moindre indice dans la jurisprudence colombienne nous permettant d'entrevoir une réception ne serait-ce que minimale des évolutions ultérieures françaises dans ce domaine. Le droit colombien ne connaît pas l'effet atténué de l'ordre public, encore moins l'ordre public de proximité[3], et l'impact des droits fondamentaux sur la question reste en retrait[4]. Force est de constater également que l'ordre public international colombien, tel qu'appréhendé actuellement, risque d'être très exigeant et strict. Il intervient dans son effet plein dans une matière qui mérite un regard plus assoupli. L'absence de toute modulation de son intensité risque d'avoir des conséquences négatives pour l'efficacité des décisions étrangères et pour les intérêts des particuliers.

784. Ces inadéquations de la formulation colombienne ne se limitent pas seulement au défaut de l'adjectif *« international »* pour qualifier l'ordre public en cause, ce qui semble commencer à être, en quelque sorte rattrapé par la voie jurisprudentielle. Les complications sont plus sensibles encore lorsque nous voyons que, selon la règle colombienne et selon la jurisprudence, l'ordre public international s'épuise dans le respect de la loi colombienne. C'est sur ce terrain que les divergences entre les deux droits sont encore plus radicales.

B. ***Les divergences quant à la portée de la condition***

785. Les principales oppositions entre les deux droits étudiés quant à la manière d'apprécier la conformité de la décision étrangère concernent, selon nous, deux aspects : l'exclusion en France et la pratique en Colombie d'un contrôle sur la loi appliquée au fond dans l'instance directe (1), et la clarté française face aux hésitations colombiennes à propos de la vérification *in abstracto* ou *in concreto* de cette condition de régularité (2).

1. *Le contrôle de la loi appliquée*

786. Il ressort de l'ensemble des arrêts de la Cour colombienne, que ce soit ceux qui acceptent l'efficacité de la décision ou ceux qui la refusent, que l'appréciation de la conformité de la décision étrangère à l'ordre public consiste principalement, voire exclusivement, dans une vérification de la loi appliquée au

[1] L. Gannagé, « L'ordre public international à l'épreuve… », *op.cit.*, p. 208 ; R. Legendre, *op.cit.*, p. 78 §110.
[2] R. Legendre, *op.cit.*, p. 104 §159, p. 198 §307.
[3] Cependant, ces notions commencent à pénétrer dans la pensée de certains auteurs colombiens, bien qu'elles ne soient envisagées que dans un but purement descriptif et sans aucune analyse de leur possible application au contrôle colombien de régularité. *v.* J. Marín Fuentes, « Exequatur versus orden publico… », *op.cit.*, p. 5.
[4] Certaines actions de *Tutela* ont été intentées contre des décisions refusant l'efficacité à des jugements étrangers, mais elles restent circonscrites au débat procédural. Puisqu'il n'est pas très courant que l'une des parties s'oppose à l'efficacité en Colombie, les tribunaux n'ont pas eu l'occasion d'étudier la reconnaissance et l'exécution des jugements étrangers sous le prisme des droits fondamentaux.

fond de l'affaire lors de l'instance directe. Cette démarche fait immédiatement penser au droit commun français lorsque le contrôle de la loi appliquée au fond figurait parmi les conditions de régularité.

787. Cependant, contrairement au droit français où les complications regrettables que cette exigence entraînait pour la circulation des jugements étrangers ont conduit à sa suppression (a), en droit colombien, le contrôle de la loi appliquée est déterminant pour établir la conformité de la décision étrangère à l'ordre public international (b).

a. Une exigence supprimée en droit français

788. Le contrôle de la loi appliquée au fond par le juge étranger a été prévu par l'arrêt *Munzer* en droit commun français, et par la Convention de Bruxelles de 1968 en droit européen. Il s'agissait alors d'une condition de régularité à part entière et non d'un volet associé à l'ordre public international. Cette condition était néanmoins très contestée[1]. Pour Louis d'Avout, par exemple, un tel contrôle était critiquable du point de vue de son opportunité. En effet, à partir du moment où le devoir de chaque juge est de respecter son propre ordre juridique, « il serait absurde et néfaste d'exiger le respect du droit international privé français et de priver corrélativement de tout effet en France les décisions qui y contreviendraient (pourtant légitimement) »[2]. En outre, ce contrôle souffrait d'une incohérence importante du fait que le juge français « admet l'octroi de l'exequatur lorsque le juge étranger a appliqué une loi différente de celle désignée par notre règle de rattachement, si son résultat concret s'avère être substantiellement équivalent »[3].

789. L'arrêt *Cornelissen* de 2007, et le Règlement Bruxelles I[4] ont supprimé ladite condition en droit commun et en droit européen, respectivement. Alors qu'elle figure encore au sein de certaines conventions bilatérales auxquelles participe la France, comme celle avec les Émirats Arabes-Unis[5], ou encore dans la Convention franco-brésilienne, le fait est qu'elle n'a jamais été considérée comme l'un des volets de l'ordre public international en France. Ainsi, la décision qui méconnaissait l'application de la loi désignée par la règle française de conflit

---

[1] Ce contrôle était très critiqué *« au nom du respect des droits acquis à l'étranger, des croyances légitimes qui peuvent naître de l'intervention d'une autorité étrangère, ou encore au nom du relativisme des règles de rattachement ».* : M-L. Niboyet et G. de Geouffre de la Pradelle, *op.cit.*, p. 553 §809.

[2] L. d'Avout, *Sur les solutions…op. cit.*, p. 278 §198.

[3] *Idem.*, p. 278 §198. Dans le même sens *v.* D. Boden *L'ordre public : limite et condition de la tolérance. Recherches sur le pluralisme juridique.*, thèse Paris I Panthéon-Sorbonne, 2002, p. 75 §68.

[4] M-L. Niboyet et G. de Geouffre de la Pradelle, *op.cit.*, p. 576 §838. Il n'en demeure pas moins que, conformément à ce que signalent Mmes Gaudemet-Tallon et Ancel, toutes les fois qu'il sera question d'appliquer la Convention de Bruxelles, le juge devra contrôler la loi applicable dès que la question litigieuse rentre dans l'exception prévue à l'article 27.4 de cet instrument. H. Gaudemet-Tallon et M- E. Ancel, *op.cit.*, p. 598 §422.

[5] Cass. 1ère civ., 22 juin 2016 n° 11-600.720, *Rev.juri.com.* 2017.220 obs. Aude Lelouvier. Dans cet arrêt la Cour affirme que dans le cadre de cette Convention le juge doit : *« […] rechercher si la loi appliquée au litige était celle désignée par les règles de conflit de lois françaises ou si, bien que différente de ces règles, elle conduisait au même résultat […] ».* Cass. 1ère civ., 22 juin 2016, *préc.*

de lois devait son inefficacité à la méconnaissance de la règle française et non à une contrariété avec l'ordre public international français[1].

790. Mais, si la suppression du contrôle de la loi appliquée n'a pas été très surprenante en droit commun[2], bien que regrettée par certains auteurs[3], elle a cependant rendu nécessaire « un réajustement des autres conditions du contrôle, sous peine de vider celui-ci d'une grande partie de son objet »[4]. Selon une opinion assez répandue en doctrine, le contrôle de la loi appliquée n'aurait pas abandonné le contrôle de régularité, mais se serait simplement intégré à celui de l'ordre public international[5]. Certains proposent ainsi que le contrôle de la loi appliquée intervienne uniquement dans les cas où l'application de la loi française est indispensable, comme dans le cas où une loi de police française[6] aurait dû être appliquée à l'instance directe[7]. En droit européen, l'arrêt *Ruldolfs Meroni* de la CJUE, rendu en 2016, va dans ce sens. Il affirme que l'interprétation restreinte de l'ordre public international n'empêche pas les États membres d'y faire recours pour refuser l'efficacité d'une décision étrangère en violation manifeste « d'une règle de droit considérée comme essentielle dans l'ordre juridique de l'État membre requis, ou d'un droit reconnu comme fondamental dans cet ordre juridique »[8]. Un risque demeure à conserver le contrôle de la loi axé uniquement sur le respect des lois de police. En effet, le juge français peut être tenté de favoriser la qualification des lois nationales en tant que lois de police, sans veiller à ce que lesdites dispositions remplissent bien les conditions de la catégorie.

791. Comme souvent dans notre analyse, ce qui pourrait être interprété comme un point de rencontre entre les deux droits n'est finalement que l'origine d'une opposition très importante entre eux. En effet, si nous admettons que la divergence entre la loi appliquée au fond et celle qui était désignée par la règle de conflit de lois du for peut, dans certains cas, être sanctionnée au titre d'une contrariété de la décision à l'ordre public international français, cela ne veut pas dire que l'appréciation de la conformité de la décision à l'ordre public international se limite uniquement au contrôle de la loi appliquée comme, tel que nous le verrons, semble l'entendre le droit colombien. Autrement dit, en dehors de la question très particulière des lois françaises de police, la loi appliquée ne constitue pas un motif de contrariété de la décision à l'ordre public international.

792. Le juge français apprécie la conformité de la décision à l'égard des éléments considérés comme fondamentaux dans l'ordre juridique français. Par

---

[1] M-L. Niboyet et G. de Geouffre de la Pradelle, *op.cit.*, p. 554 §811.
[2] Il s'agirait d'une conséquence de l'alignement du régime de droit commun sur celui du droit conventionnel. *v.* S. Gressot-Leger, « Faut-il supprimer le contrôle… », *op.cit.*, p. 768.
[3] E. Agostini, « Exequatur : Capilotade ou Peau de chagrin ? », *D.* 2008 p. 110.
[4] M-L. Niboyet et G. de Geouffre de la Pradelle, *op.cit.*, p. 554 §809.
[5] *Idem.*, p. 549 §805, P. Mayer, V. Heuzé et B. Remy, *op.cit.*, p. 287 § 404, H. Gaudemet-Tallon et M-E. Ancel, *op.cit.*, p. 599 §424.
[6] L. d'Avout, note sous Cass. 1ère civ., 22 octobre 2008 *Monster Cable*, *JCP* 2008. II. 10187 ; *RCDIP* 2009.1 obs. D. Bureau et H. Muir Watt.
[7] L. d'Avout, *Sur les solutions… op.cit.*, p. 281 §200. Dans le même sens *v.* P. Mayer, V. Heuzé et B. Remy, *op.cit.*, p. 287 §404. *v.* P. Chevalier, « La nouvelle cartographie… », *op.cit.*, p. 21 ; B. Audit et L. d'Avout, *op.cit.*, p. 477 §573 ; A. Jeauneau, *L'ordre public…*, *op.cit.*, p. 311 §460.
[8] CJCE, 25 mai 2016, Aff. C- 559/14 *Rudolfs Meroni*, *préc.*

exemple, dans l'arrêt de 2020 à propos des adoptions camerounaises que nous avons évoqué précédemment, la Cour affirme que l'ordre public international français « inclut les droits reconnus par la Convention de sauvegarde des droits de l'Homme et des libertés fondamentales que la France s'est engagée à garantir à toute personne relevant de sa juridiction »[1].

793. En 2012, elle casse et annule un jugement de la Cour d'appel de Paris qui accordait l'exequatur à un jugement américain ayant condamné un défendeur à payer plus de 10 millions de dollars de dommages et intérêts à la Société Sierra au motif d'un enrichissement sans cause constaté par le Commissaire aux assurances de l'État de Californie. La Cour estime que la décision heurtait l'ordre public international français pour deux raisons[2]. D'une part, le jugement américain avait une motivation défaillante que le demandeur a essayé de corriger en apportant deux décisions rendues aussi dans la même affaire. La Cour de cassation refuse de les prendre en considération parce qu'elles l'avaient été avant celle prononçant la condamnation et dont l'exécution était demandée en France. D'autre part, la Cour d'appel avait accordé l'exequatur sans vérifier si la condamnation prononcée était proportionnée au regard du préjudice subi par la société demanderesse. La motivation adéquate et suffisante des décisions ainsi que la proportionnalité des condamnations sont dès lors deux autres éléments de l'ordre public international français. À propos de la proportionnalité encore, notons que lorsque l'arrêt *Société Fountaine Pajot* de 2010 admet que les dommages et intérêts punitifs ne sont pas en soit contraires à l'ordre public international français, elle les soumet à une condition de proportionnalité. Ainsi, dans les mots de la Cour, lorsque « le montant alloué est disproportionné au regard du préjudice subi et des manquements aux obligations contractuelles du débiteur [...] » le jugement étranger qui prévoit des dommages et intérêts punitifs ne peut être reconnu ni exécuté en France[3].

794. Ce contenu très étendu et varié de l'ordre public international français conduit le juge à apprécier la conformité de la décision de plusieurs points de vue : droits fondamentaux, proportionnalité des condamnations, motivation de la décision, entre autres. Ceci contraste ouvertement avec le droit colombien où très souvent, beaucoup trop malheureusement, l'analyse de la conformité de la décision se limite à étudier la loi appliquée à l'étranger.

b. Une condition contrôlée en Colombie malgré le silence de la loi

795. En dehors du cas spécifique de l'efficacité des divorces étrangers relâchant les mariages conclus en Colombie, que nous avons vu et sur lequel nous reviendrons, le contrôle de la loi appliquée ne figure pas dans les conditions de régularité du contrôle colombien ni en droit commun, ni en droit conventionnel. Le silence de la loi n'a pas empêché le contrôle de la loi appliquée de s'installer, de manière insidieuse, dans la mise en œuvre du contrôle.

---

[1] Cass. 1ère civ., 15 janvier 2020 *préc.* Reste à savoir comment articuler ce contrôle des droits fondamentaux sans pour autant réviser le fond de l'affaire.

[2] Cass. 1ère civ., 7 novembre 2012, *RCDIP* 2013.898 obs. L. Usunier.

[3] Cass. 1ère civ., 1er décembre 2010 *Société Fountaine Pajot, préc.*

796. En effet, la jurisprudence colombienne affirme de manière constante que l'efficacité d'un jugement étranger rendu à propos d'une matière qualifiée comme étant d'ordre public est conditionnée au respect de la loi colombienne dans la procédure étrangère[1]. Dans un arrêt du 2 février 1994, la Cour estime que vérifier l'application de la loi colombienne à l'instance directe est le moyen de s'assurer que l'ordre public du for a été respecté[2]. Confirmant cette position, et contrairement à la solution retenue en droit français[3], l'arrêt *Duque Peña* indique que l'application d'une loi étrangère contraire à l'ordre public colombien entraîne systématiquement et de manière inévitable la contrariété de la décision à l'ordre public du for[4]. La position de la Cour est très exigeante. Dans la pratique, tel que nous le démontrerons, l'appréciation de la conformité à l'ordre public consiste, de manière quasiment exclusive, dans un contrôle de la loi appliquée au fond dans l'instance. Toute divergence entre la loi colombienne et la loi étrangère risque d'entraîner la contrariété de cette dernière à l'ordre public international colombien.

797. L'intérêt parfois excessif que le droit colombien porte à la protection et à l'application de sa loi nationale s'inscrit dans le prolongement de la conception publiciste que ce droit retient de l'efficacité des jugements étrangers. Cependant, faire du contrôle de la loi appliquée l'élément déterminant de la conformité de la décision étrangère à l'ordre public international colombien, entraîne des conséquences regrettables pour la circulation des décisions étrangères. L'exemple de l'efficacité des décisions rendues en matière de divorce et de capacité (*i*), ainsi que celles relatives à la filiation (*ii*) l'illustrent.

i. Les effets regrettables en matière de divorce et de capacité des personnes

798. L'efficacité en Colombie des décisions étrangères de divorce illustre parfaitement combien le respect de l'ordre public colombien se limite au contrôle de la loi appliquée à l'instance directe. Notons à ce propos que le législateur colombien a prévu, au sein des règles de conflit de lois issues de la Loi n° 1ère de 1976 et modifiant le Code civil, que la loi applicable au divorce étranger d'un mariage célébré à l'étranger est celle du domicile conjugal[5]. La même loi est désignée comme applicable au divorce étranger d'un mariage conclu en Colombie, mais le Code civil précise que dans ce cas, les jugements étrangers de divorce, « ne produisent les effets de la dissolution que si la cause du divorce est

[1] CSJC. Cass. Ch. Civ., 11 juillet 2007, Magistrat Rapporteur : Ruth Diaz, Dossier n° 2006-0797-00.

[2] CSJC. Cass. Ch. Civ., 2 février 1994, Magistrat Rapporteur : Héctor Marín, Dossier n° 4150. En 1992, la Cour avait refusé l'exequatur à une décision panaméenne d'adoption car la partie intéressée n'avait pas accompagné le dossier de reconnaissance d'une copie de la loi panaméenne relative à l'adoption. Puisque la Cour n'a pas pu connaître l'état de la législation étrangère, elle n'a pas pu déterminer si elle était contraire à l'ordre public colombien. CSJC. Cass. Ch. Civ., 2 juillet 1992, *préc.* Dans l'arrêt *Bolsterli* de 2000 la Cour affirme que les conditions d'adoption prévues par la loi suisse sont les mêmes que celles prévues par la loi colombienne, raison pour laquelle de ce point de vue la décision est internationalement régulière. CSJC. Cass. Ch. Civ., 4 décembre 2000 *Bolsterli*, Magistrat Rapporteur : Jorge Santos, Dossier n° 7647.

[3] P. Mayer, V. Heuzé et B. Remy, *op.cit.*, p. 281 §396.

[4] CSJC. Cass. Ch. Civ., 19 juillet 1994 *Duque Peña*, *préc.*

[5] L'article 163 du Code civil dispose : *« Le divorce des époux dont le mariage civil a été conclu à l'étranger est soumis à la loi du domicile conjugal. Ce lieu s'entend de l'endroit où les conjoints habitent ensemble et à défaut le lieu du domicile du défendeur ».*

aussi admise par la loi colombienne, et si le défendeur a été notifié en forme personnelle ou conformément à la loi de son domicile »[1]. Ainsi, pour accorder à ceux derniers l'efficacité dans le for, le juge du contrôle doit vérifier les conditions de régularité de l'article 606 du NCGP, et que la cause du divorce retenue à l'étranger est équivalente à l'une des causes prévues par la loi colombienne. Sans cette équivalence, l'efficacité de la décision s'avère compromise. Or, son établissement constitue un contrôle de la loi appliquée au fond dans l'instance directe.

799. L'arrêt *Marquez López* de 1995[2] illustre la mise en œuvre de ce contrôle. Il a été rendu à propos de la reconnaissance en Colombie d'une décision portugaise ayant prononcé le divorce des époux unis par mariage conclu en Colombie. Le demandeur était de nationalité portugaise et la défenderesse de nationalité colombienne. Le divorce a été prononcé en mars 1993 par les tribunaux portugais du domicile conjugal parce que l'épouse avait abandonné le domicile conjugal et les enfants communs du couple depuis mars 1990 lorsque son mari a découvert qu'elle entretenait plusieurs liaisons. Pour décider de l'efficacité de cette décision, la Cour colombienne rappelle que selon la règle colombienne de conflit de lois, la loi applicable à ce divorce est la loi du domicile conjugal, et qu'il est nécessaire de vérifier que le motif ayant permis le divorce à l'étranger soit « aussi admis dans la législation colombienne ». Elle confirme, d'une part, que la loi applicable était bien la loi portugaise du domicile conjugal, tel qu'ordonné par la loi colombienne, et estime, d'autre part, que l'abandon du domicile conjugal, celui des enfants communs, et l'infidélité qui ont donné lieu au prononcé du divorce constituent un « manquement grave et injustifié des devoirs incombant aux époux unis par le mariage pouvant donner lieu au divorce selon la loi colombienne »[3]. De plus, le fait, que la procédure étrangère ait été régulièrement notifiée à la défenderesse, permettent à la Cour d'affirmer la conformité de la décision portugaise à l'ordre public colombien.

800. Pour autant, contrairement à ce que dispose le Code civil, la Cour procède au même contrôle de la loi appliquée lorsqu'il s'agit de l'efficacité des divorces étrangers prononcés à l'égard de mariages célébrés à l'étranger. Les affaires *Bonilla* de 2007 et *Pérez Ghisays* de 2010 le prouvent. Dans l'affaire *Bonilla*[4], le mariage entre une ressortissante de nationalité colombienne et un ressortissant de nationalité allemande a été célébré à Bruchsal, en Allemagne en 1998. Il a été relâché en 2003 par le tribunal allemand du lieu du domicile conjugal et l'efficacité de cette décision est par la suite invoquée en Colombie. Selon la Cour, il est

---

[1] L'article 164 du Code civil dispose : *« Le divorce prononcé à l'étranger à l'égard d'un mariage civil conclu en Colombie est soumis à la loi du domicile conjugal mais il ne produira les effets de la dissolution que si la cause du divorce est aussi admise par la loi colombienne, et si le défendeur a été notifié en forme personnelle ou conformément à la loi de son domicile. En remplissant ces conditions, il pourra produire les effets de la séparation de corps ».* Notons que la dernière partie de la disposition qui limite les effets du divorce à la simple séparation de corps n'est pas appliquée par la Cour.

[2] CSJC. Cass. Ch. Civ., 11 décembre 1995 *Marquez López*. Magistrat Rapporteur: Pedro Lafont Pianetta. Dossier n° 5382

[3] *Idem.*

[4] CSJC. Cass. Ch. Civ., 27 novembre 2007 *Bonilla*, Magistrat Rapporteur : Pedro Munar, Dossier n° 2004-0373-00.

nécessaire de contrôler la cause qui a donné lieu au prononcé du divorce à l'étranger pour garantir qu'il s'agit bien d'un motif prévu aussi par la loi nationale, et, par conséquent, que la décision est conforme à l'ordre public colombien. En l'espèce, cette analyse conduit le tribunal à refuser l'efficacité du jugement allemand car la cause du divorce n'y est pas indiquée avec clarté. En effet, selon la demanderesse le divorce a eu lieu par consentement mutuel mais le jugement allemand, ainsi que d'autres pièces à conviction apportées, désignent l'époux comme étant le *« défendeur »* à l'instance de divorce « intentée à l'initiative de l'épouse »[1]. L'emploi de cette terminologie soulève, selon la Cour, des doutes par rapport à la véritable cause du divorce. Or, puisque le jugement étranger ne s'explique pas davantage sur ce point, la Cour est dans l'impossibilité de déterminer si le relâchement du lien conjugal a été respectueux de la loi colombienne et de l'ordre public colombien[2]. La seule solution possible est donc le refus de l'efficacité.

801. Dans l'affaire *Pérez Ghisays* de 2010[3], il était question de l'efficacité d'un divorce espagnol prononcé par le tribunal du lieu du domicile conjugal d'un couple formé par une femme de nationalité colombienne et un homme de nationalité espagnole. Le mariage avait été conclu à Madrid. Dans sa demande d'efficacité, la demanderesse indique que la procédure de divorce a été initiée de manière contentieuse mais que le relâchement du mariage a finalement été prononcé sur le fondement du consentement mutuel des parties, obtenu en cours de procédure. Afin de déterminer si la décision est conforme à l'ordre public colombien, la Cour se lance dans l'analyse d'une éventuelle équivalence entre les causes du divorce prévues par la loi espagnole et celles de la loi colombienne. Remarquons à nouveau que le Code civil colombien n'exige pas cette recherche pour les divorces étrangers des mariages conclus aussi à l'étranger.
Selon son analyse et, surtout, selon sa propre interprétation des articles 81 et 86 du Code civil espagnol, la Cour colombienne estime qu'il n'existe d'équivalence entre les deux législations qu'en ce qui concerne le divorce par consentement mutuel. Elle affirme ainsi que : « Toutes les autres causes de divorce sont incompatibles avec celles prévues par le Code civil colombien car [...] contrairement à la loi colombienne, la loi espagnole admet que la manifestation unilatérale d'un des conjoints suffit pour rompre le lien matrimonial sans qu'il y ait lieu d'analyser les torts des conjoints, la légitimité pour agir ou la perte du droit à demander le divorce en raison de l'écoulement du temps »[4]. Ceci dit, l'efficacité du jugement espagnol en cause ne peut avoir lieu que s'il est prouvé que « le divorce a été le résultat d'une demande conjointe des parties, et ce parce qu'il s'agit de la seule cause compatible avec la législation nationale »[5]. En l'espèce,

---

[1] *Idem.*

[2] *Idem.* Confrontée à une situation similaire où le jugement étranger n'indiquait pas la cause du divorce, la Cour a opté en 2014 pour une solution différente : le refus *in limine litis* de la demande. CSJC. Cass. Ch. Civ., 3 août 2014, *préc.*

[3] CSJC. Cass. Ch. Civ., 25 juin 2010 *Pérez Ghisays*, Magistrat Rapporteur : Edgardo Villamil, Dossier n° 2009-01066-00.

[4] *Idem.*

[5] *Idem.*

l'efficacité est refusée, car, si la demanderesse affirme qu'il a été obtenu par consentement mutuel, l'instance était contentieuse au départ. Or, le motif à l'origine de la procédure de divorce demeurant inconnu, la Cour ne peut pas savoir si elle n'a pas été le résultat de la volonté individuelle de l'un des conjoints[1]. Dans cette perspective, il n'est donc pas certain que le jugement espagnol soit conforme à l'ordre public colombien[2].

802. Les exemples présentés montrent assez clairement combien en droit colombien, l'appréciation de la conformité à l'ordre public international des décisions étrangères de divorce consiste principalement dans un pur contrôle de la loi appliquée au fond dans l'instance directe. En effet, outre l'établissement d'une équivalence entre les motifs colombiens et étrangers de divorce, la Cour colombienne n'apprécie aucun autre élément pour établir ladite conformité. De plus, ce contrôle intervient à l'égard de tous les jugements étrangers de divorce, qu'ils soient prononcés à l'égard des mariages conclus en Colombie ou à l'étranger. La Cour efface ainsi la distinction prévue par les règles colombiennes de conflit de lois qui n'exigent cette équivalence qu'à l'égard de l'efficacité des divorces étrangers des mariages colombiens. Dans l'arrêt *Duque Peña* de 1994, rendu pourtant à propos d'un litige contractuel, la Cour justifie ce contrôle de la loi appliquée en affirmant que « l'ensemble de la législation en matière familiale ainsi que de régime monétaire de l'État relèvent de l'ordre public »[3]. C'est pourquoi il faut s'assurer du respect de la loi colombienne.

803. À la lecture de ces décisions, il est inévitable de faire un rapprochement avec le droit commun français en vigueur avant l'arrêt *Munzer*. La jurisprudence française a pu indiquer en 1929 par exemple, qu'il était superflu que le juge étranger ait ignoré la loi française pour dénouer le lien matrimonial pour autant que la cause retenue dans la loi étrangère appliquée soit aussi prévue dans la loi française[4]. La similitude entre les deux droits ressort plus nettement dans un arrêt de 1949 à l'occasion duquel la Cour de cassation française affirme que « les textes du Code civil roumain, desquels il a été fait application, concordaient en substance avec la loi française en vigueur à l'époque quant aux causes de divorce qu'ils prévoient »[5] ; raison pour laquelle la décision étrangère pouvait produire des effets en France. L'arrêt *Rivière* y a néanmoins apporté un infléchissement en considérant que la disparité entre les causes de divorce étrangères et nationales n'entraîne pas automatiquement la contrariété de la décision étrangère à l'ordre public international français. En l'espèce, un jugement équatorien avait prononcé

---

[1] *Idem.* Dans le même sens, mais à l'égard de jugements américains ayant prononcé le divorce en raison de la *« rupture irrévocable du lien conjugal » v.* CSJC. Cass. Ch. Civ., 13 juin 2017, Magistrat Rapporteur : Margarita Cabello, Dossier n° 2013-02818-00 ; CSJC. Cass. Ch. Civ., 19 juin 2018, Magistrat Rapporteur : Margarita Cabello, Dossier n° 2014-02803-00.

[2] CSJC. Cass. Ch. Civ., 25 juin 2010 *Pérez Ghisays, préc.*

[3] CSJC. Cass. Ch. Civ., 19 juillet 1994 *Duque Peña, préc.*

[4] Cass. civ. Ch. des req., 29 juillet 1929, *RCDIP* 1929.334, Paris, 16 novembre 1936, *JDI* 1937.292, Trib. Civ. Seine, 4 novembre 1954, *JDI* 1955.650 obs. A. P, Trib. Civ. Seine, 22 juin 1959, *JDI* 1960.162.

[5] Trib. Civ. Seine, 31 mai 1949, *RCDIP* 1950.631 obs. Y. Loussouarn. Dans sa note, le commentateur se préoccupe de la proximité entre le contrôle de l'équivalence entre la loi étrangère et la loi française avec la révision au fond de l'affaire.

un divorce par consentement mutuel alors que ce motif de divorce n'était pas autorisé en droit français et était jusqu'alors jugé contraire à l'ordre public[1].

804. En droit européen, le débat quant à l'équivalence des causes de divorce n'est plus possible. Les articles 25 du Règlement Bruxelles II bis, et 70 du nouveau Règlement Bruxelles II ter, indiquent expressément que toute divergence entre les lois des États membres quant aux motifs du divorce ne saurait faire obstacle à leur reconnaissance. De plus, l'influence des développements européens sur les droits fondamentaux est tellement accentuée que dans certains arrêts de la Cour de Strasbourg, il semblerait se dégager l'idée que le refus d'efficacité constitue « une ingérence dans le droit au respect de la vie privée et familiale des requérantes, ainsi qu'une atteinte à leur droit au respect de leurs biens »[2].

805. L'écart entre le droit européen et le droit conventionnel colombien, spécialement latino-américain, est flagrant d'autant plus que ce dernier est systématiquement absorbé par le droit commun, au moins dans le cas colombien. En dépit des liens de confiance mutuelle qui devraient exister entre les pays liés par des conventions internationales, les tribunaux colombiens accordent le même traitement à un jugement en provenance de l'Argentine, par exemple, qu'à un jugement rendu aux États-Unis ou en Allemagne, alors même que, contrairement au premier, ces deux derniers pays ne sont pas liés à la Colombie par une convention internationale. L'absence d'une mise en œuvre propre au contrôle de droit conventionnel demeure problématique, entre autres parce que la Cour colombienne se montre particulièrement exigeante quant à l'application et au respect de la loi du for. À l'instar du droit commun, le contrôle de la loi appliquée ne figure dans aucune des conventions auxquelles participe la Colombie, et pourtant il y est pratiqué par une extension du régime de droit commun. Par ce biais, la Cour parvient à créer une nouvelle condition de régularité, modifiant unilatéralement le texte accordé par les États signataires et fragilisant encore les liens de confiance mutuelle.

806. L'opposition entre la mise en œuvre du contrôle en Colombie et en France est ainsi évidente. En droit français, la disparité quant aux motifs de divorce prévus dans la loi française et ceux prévus dans la loi étrangère ne saurait conduire au refus de l'efficacité de la décision, pour autant que la décision soit respectueuse de l'égalité entre l'homme et la femme[3]. En revanche, les irrégularités dans la répartition des biens acquis pendant le mariage, en application de la loi étrangère, peuvent entraîner la contrariété du jugement étranger à l'ordre public international. Par exemple, en 2009, le TGI de Paris a refusé l'efficacité d'un jugement américain de divorce ayant écarté, d'une part, un contrat de mariage conclu entre les conjoints afin d'adopter le régime de la séparation de biens, et ayant, d'autre part, effectué une distribution inégale de

---

[1] Cass. Civ. 1ère., 17 avril 1953, *Rivière, préc.*

[2] CEDH, 6 mai 2004 *Hussin c. Belgique, préc.*

[3] L'efficacité des répudiations musulmanes est par exemple refusée lorsqu'elles sont prononcées à l'encontre d'une épouse de nationalité française ou résidant en France. Étant une prérogative réservée uniquement à l'époux, ce type de relâchement du lien conjugal est jugé contraire à l'ordre public international français.

certains biens acquis. La raison avancée par le tribunal français fut que les démarches du tribunal étranger sont « contraires aux principes français de liberté des conventions matrimoniales et portent atteinte aux principes de sécurité juridique et de prévisibilité juridique garantis aux conjoints »[1]. L'appréciation du juge français ne se focalise pas sur une comparaison entre sa loi nationale et la loi étrangère appliquée, mais cherche à s'élever pour étudier la compatibilité de la décision avec les principes essentiels de son ordre juridique.

807. Nous nous interrogeons sur l'efficacité qu'une telle décision américaine pourrait connaître en Colombie. Si la démarche prospective a ses limites, elle peut néanmoins se révéler intéressante pour illustrer un phénomène actuel. Confronté à un tel jugement, le juge colombien se serait essentiellement concentré, selon nous, sur la cause ayant permis le relâchement du lien conjugal afin de trouver son équivalent dans la loi colombienne. Si une telle équivalence était établie, nous sommes persuadée que cela suffirait au juge du contrôle pour affirmer que la décision étrangère est respectueuse de l'ordre public international, d'autant plus que le droit colombien autorise aussi les contrats de mariage. Si, en outre, les biens concernés par le jugement ne se trouvaient pas situés en Colombie au moment du début de la procédure, et que le couple avait son domicile conjugal à l'étranger, il conclurait assurément que l'affaire ne relève pas de sa compétence, sans étudier les liens la rattachant aux juges étrangers. Enfin, s'il estimait prouvé le caractère définitif de la décision et faisait jouer la présomption de régularité procédurale, il ne s'arrêterait pas sur le respect des droits de la défense du défendeur. Il chercherait immédiatement à s'assurer qu'il n'y ait pas de jugement déjà rendu en Colombie sur l'affaire, ou de procédure en cours en Colombie. Si tel n'était pas le cas, l'efficacité à la décision serait très probablement déclarée. Le jugement dont l'efficacité est écartée en France pour aller à l'encontre de la sécurité juridique des parties, aurait en revanche de fortes chances d'être intégré à l'ordre juridique colombien et d'y produire ses effets.

808. Ceci montre que l'efficacité des décisions de divorce rendues dans des pays dont les motifs de divorce sont similaires à ceux du droit colombien demeure paradoxalement soumise à un contrôle très souple de régularité internationale. Force est de constater que la réticence qui selon nous caractérise la réception des décisions étrangères en droit colombien s'avère en quelque sorte effacée, au moins, lorsque l'équivalence entre la loi étrangère et la loi colombienne est établie. En effet, le fait de se concentrer uniquement sur l'équivalence des causes du divorce conduit la Cour à laisser de côté d'autres éléments de la décision qui sont susceptibles de la rendre contraire à l'ordre public international colombien. Nous pensons notamment à certains effets personnels ou patrimoniaux du divorce qui peuvent aller à l'encontre de l'égalité entre conjoints comme l'attribution de la garde des enfants à l'un des parents pour des raisons religieuses.

809. Malgré ces défauts, l'analyse de la Cour est la même à propos de l'efficacité des décisions étrangères rendues en matière de capacité. Ainsi, fondée

---

[1] Paris, 26 novembre 2008, *RCDIP* 2009.310 obs. B. Ancel.

sur l'article 19 du Code civil qui prône l'application de la loi colombienne à tous les domaines relatifs à la capacité des ressortissants colombiens[1], la Cour exige que la décision étrangère relative à la capacité d'une personne de nationalité colombienne soit respectueuse de la loi nationale. L'équivalence entre la loi étrangère appliquée et la loi colombienne suffit également pour assurer le respect de cette dernière.

Un arrêt rendu le 15 décembre 2015[2] confirme ceci. Il s'agissait de l'efficacité d'une décision espagnole ayant déclaré l'incapacité d'une ressortissante colombienne en raison d'une maladie mentale. L'efficacité de la décision était demandée en Colombie par la mère du majeur protégé qui, grâce au jugement espagnol, avait été réhabilitée dans l'exercice de l'autorité parentale. Malgré l'importance que la Cour accorde à l'application de la loi colombienne, elle ne fait aucune référence à l'article 19 du Code civil en l'espèce. Elle constate que malgré la nationalité colombienne de la personne protégée, la loi colombienne n'a pas été appliquée par les juges étrangers. Cependant, elle n'y voit pas d'inconvénient parce qu'il existe entre la loi espagnole et la loi colombienne[3] une équivalence quant au régime applicable aux mesures de protection des majeurs incapables. Elle compare les deux législations pour vérifier que la cause ayant donné lieu à la déclaration d'incapacité en Espagne est aussi prévue par le droit colombien. Cette équivalence entre les deux droits suffit, aux yeux de la Cour, pour affirmer que la décision étrangère est conforme à l'ordre public international colombien et que son efficacité doit alors être reconnue. Cependant, si la Cour avait confirmé l'absence d'équivalence législative, elle aurait assurément refusé l'efficacité du jugement.

810. En matière de filiation, le contrôle de la loi appliquée constitue aussi le moyen que la Cour utilise pour apprécier la conformité des décisions étrangères à l'ordre public colombien.

ii. *Les effets regrettables en matière de filiation*

811. Contrairement à ce que l'on aurait pu espérer, l'intérêt supérieur de l'enfant n'a pas conduit la Cour colombienne à faire preuve de souplesse dans son appréciation de la conformité à l'ordre public international des décisions étrangères relatives à la filiation des enfants mineurs. Alors que le Conseil constitutionnel colombien insiste sur le fait que l'intérêt supérieur de l'enfant doit toujours guider l'intervention et les décisions des juges dès lors que les droits des

[1] L'article 19 du Code civil colombien dispose : « *Les colombiens ayant leur résidence ou domicile à l'étranger restent soumis aux dispositions de ce Code et d'autres lois nationales relatives aux droits et aux obligations civiles :*
1. En ce qui concerne l'état et la capacité des personnes pour réaliser des actes juridiques dont les effets se produisent sur le territoire administré par le Gouvernement général, ou dans des matières qui relèvent de la compétence de l'Union.
2. En ce qui concerne les obligations et les droits nés des relations de famille, mais limités uniquement à l'égard des conjoints et des proches dans les cas visés dans l'alinéa précédent ».

[2] CSJC. Cass. Ch. Civ., 15 décembre 2015, Magistrat Rapporteur : Margarita Cabello, Dossier n° 2014-01125-00. Dans le même sens *v.* CSJC. Cass. Ch. Civ., 24 avril 2017, Magistrat Rapporteur : Luis Tolosa, Dossier n° 2013-03035-00.

[3] Il s'agit en l'espèce de la Loi n° 1306 du 5 juin 2009, relative à l'adoption de normes de protection des personnes atteintes d'une incapacité mentale et à l'établissement d'un régime juridique pour la représentation légale des personnes incapables émancipées, publiée au Journal Officiel n° 47 371 du 5 juin 2009.

enfants sont concernés[1], force est de constater que la Cour suprême de justice persiste dans la rigidité de son contrôle exclusif de la loi appliquée.

812. L'arrêt *Venema Rodriguez* de 2011[2], portant sur l'exequatur d'une décision allemande ayant déclaré que M. Bernd Ahlrich Venema n'était pas le père biologique de l'enfant germano-colombien *Venema Rodriguez*, illustre parfaitement la sévérité que nous dénonçons. Dans cet arrêt, la Cour confirme d'abord que toutes les matières concernant l'état civil et la capacité des colombiens sont d'ordre public, et que selon l'article 19 du code civil, elles sont soumises à la loi colombienne. Elle affirme, ensuite, qu'en cas de double nationalité, c'est la nationalité colombienne qui prévaut dès lors que c'est en Colombie que les effets des actes juridiques sont invoqués[3]. Sur ce fondement elle estime que la loi colombienne était applicable à l'instance allemande de filiation, bien que l'enfant soit aussi de nationalité allemande. Néanmoins, sans fermer les yeux sur les conséquences négatives et regrettables surtout pour l'enfant de cette position très exigeante, la Cour se livre à une analyse comparée des législations allemande et colombienne relatives à la contestation de la filiation. Après avoir étudié chacune des dispositions prévues dans les deux droits à ce propos, elle conclut que la législation allemande et la législation colombienne sont similaires, et qu'au regard du droit de l'enfant à se forger une identité personnelle[4], l'efficacité de la décision allemande doit être acceptée. Le message est, selon nous, clair : pour être conforme à l'ordre public international colombien, la décision étrangère relative à la filiation d'un ressortissant colombien doit être rendue en application de la loi colombienne, sinon en application d'une loi étrangère équivalente au fond à la loi colombienne. Dans ce dernier cas, la Cour vérifie de manière stricte l'existence de l'équivalence.

813. Cette décision nous conduit à deux questions. La première est de savoir, dans le cas où l'équivalence entre les lois allemande et colombienne n'existerait pas, qui l'emporterait entre, d'une part, l'intérêt supérieur de l'enfant et son droit à se forger une identité personnelle, et, d'autre part, le respect de la loi colombienne. Autrement dit, en l'absence d'équivalence entre les lois nationale et étrangère, la Cour aurait-elle refusé la décision en dépit de l'intérêt supérieur de l'enfant ? La seconde question concerne le cas où le juge étranger aurait appliqué la loi colombienne, la Cour assure-t-elle un contrôle sur l'interprétation et la bonne application de la loi nationale par le juge étranger ou bien la simple application de la loi nationale suffit-elle pour satisfaire l'exigence d'ordre public international ? Ces questions demeurent pour l'instant sans réponse au sein de la doctrine et de la jurisprudence. En droit français, le juge ne contrôlerait pas si la loi appliquée au fond de l'affaire a été la loi française ou une loi étrangère. En

[1] Cons. Const., jugement de *tutela* du 18 décembre 2009, Magistrat Rapporteur : Maria Calle, Dossier n° T-968/2009.

[2] CSJC. Cass. Ch. Civ., 8 novembre 2011 *Venema Rodriguez*, *préc.*

[3] La Cour affirme ainsi que : *« Cette Cour estime que les colombiens ayant une double nationalité sont soumis aux lois nationales en tout ce qui concerne l'état civil, la capacité, les droits et les obligations familiales et entre conjoints et proches, lorsqu'ils demandent leur efficacité en Colombie ». Idem.*

[4] La Cour indique que selon l'article 25 du Code de l'enfance les enfants ont droit à avoir une identité dont le nom, la nationalité et la filiation sont des éléments intégrants. *Idem.*

revanche, indépendamment de la loi appliquée, la décision peut être contraire à l'ordre public international si elle méconnaît l'intérêt supérieur de l'enfant.

814. Dans le prolongement de l'appréciation traditionnelle de la Cour, la conformité à l'ordre public international des décisions relatives à la filiation adoptive a clairement été un terrain particulièrement problématique pour le droit colombien et ce, qu'il s'agisse ou non d'adoptions prononcées dans des pays signataires de Convention de La Haye de 1993 relative à l'adoption internationale[1]. Puisqu'il s'agit d'une matière qualifiée d'ordre public en Colombie[2], la conformité de la décision à l'ordre public international colombien dépend du fait que la loi colombienne ait été appliquée, ou au moins respectée, dans l'instance directe. Pour arriver à cette certitude, la Cour compare la loi étrangère et la loi colombienne sur l'adoption. Si une équivalence est identifiée, l'adoption est reconnue en Colombie ; dans le cas contraire, le lien de filiation n'y produira point d'effet, et ce en dépit des intérêts de l'adopté.

815. Pour illustrer ceci, nous prenons le cas des adoptions en provenance d'Italie dont l'efficacité est systématiquement refusée en Colombie au motif d'une disparité entre les législations des deux pays concernant la révocabilité de l'acte d'adoption[3]. L'affaire *Micheli* de 1999 illustre cette situation. En l'espèce, il était question de l'efficacité d'un jugement rendu par le tribunal de Livourne prononçant l'adoption d'un majeur de nationalité colombienne par une ressortissante de nationalité italienne. S'agissant de la conformité à l'ordre public international colombien, la Cour affirme que la décision « va manifestement à l'encontre des principes fondamentaux de l'ordre juridique national à propos de l'adoption »[4]. Selon la Cour, cette contrariété s'explique parce que, contrairement à la loi colombienne, le Code civil italien prévoit que l'adoption est susceptible d'être révoquée, dans certaines hypothèses très restreintes comme la tentative de meurtre sur la personne de l'adoptant[5]. Puisque la Cour qualifie le caractère irrévocable de l'adoption comme étant d'ordre public, la disparité entre les deux législations sur ce point condamne les adoptions italiennes à l'inefficacité en Colombie et ce, qu'elles soient prononcées à l'égard d'enfants mineurs ou de personnes adultes. Au lieu d'examiner le cas concret, la Cour se limite à la simple formulation de la loi italienne et sa disparité avec la loi colombienne justifie selon elle le refus d'efficacité au titre de l'ordre public international.

---

[1] Cette Convention a été approuvée par la Loi n° 265 du 25 janvier 1996, publiée au Journal Officiel n° 42 703 du 30 janvier 1996. Elle est entrée en vigueur en Colombie le 1er novembre 1998.

[2] Notons que selon la formule de l'arrêt *Duque Peña « l'ensemble de la législation en matière familiale ainsi que celle concernant le régime monétaire de l'État relèvent de l'ordre public [...] »*. CSJC. Cass. Ch. Civ., 19 juillet 1994 *Duque Peña, préc.*

[3] CSJC. Cass. Ch. Civ., 22 septembre 1999 *Micheli*, Magistrat Rapporteur : Jorge Santos, Dossier n° 6702. Dans le même sens *v.* CSJC. Cass. Ch. Civ., 15 juin 2006, Magistrat Rapporteur : Edgardo Villamil, Dossier n° 2004-0464-00 ; CSJC. Cass. Ch. Civ., 21 octobre 2010, Magistrat Rapporteur : Ruth Diaz, Dossier n° 2008-01649-00.

[4] CSJC. Cass. Ch. Civ., 22 septembre 1999 *Micheli, préc.*

[5] Les articles 306 et 307 du Code civil italien ne prévoient la révocation de l'adoption que dans les cas d'indignité de l'adopté ou de l'adoptant. Sont visées par exemple les hypothèses dans lesquelles l'un attente à la vie de l'autre, son conjoint ou ses descendants.

816. En outre, même lorsqu'il est question de l'efficacité d'adoptions prononcées à l'égard d'enfants mineurs dans le cadre de la Convention de La Haye de 1993, l'appréciation de la conformité à l'ordre public international se fait aussi au regard de loi appliquée. En effet, l'article 24 de cet instrument prévoit que le seul motif justifiant le refus de reconnaissance d'une adoption étrangère est que, compte tenu de l'intérêt supérieur de l'enfant, l'adoption soit contraire à l'ordre public de l'État requis[1]. Pour donner application à cette disposition et s'assurer de l'absence de contrariété à l'ordre public international, la Cour colombienne persiste dans sa comparaison entre la législation étrangère et la législation nationale. Si une équivalence entre les deux est établie, la reconnaissance est octroyée. Dans le cas contraire, elle ne peut être que refusée. Ainsi en 2007, la Cour a reconnu l'efficacité d'une décision autrichienne ayant prononcé l'adoption d'un enfant mineur de nationalité colombienne par le conjoint de sa mère[2]. Alors que le tribunal colombien affirme que la reconnaissance de cette décision doit être traitée selon les dispositions prévues par la Convention de La Haye de 1993, il ne manque pas de vérifier le respect des exigences du droit commun. En ce sens, il précise que l'étude des pièces apportées par les demandeurs prouve que la décision « remplit toutes les exigences des articles 693 et 694 du CPC, ainsi que celles prévues dans la Convention relative à la protection des enfants et à la coopération en matière d'adoption internationale »[3]. Pour ce qui est de la conformité à l'ordre public international de la décision, la Cour estime que l'adoption autrichienne « ne s'oppose pas à la législation ou autre disposition colombienne d'ordre public » parce qu'elle est en accord avec la Convention de La Haye de 1993 à laquelle participent les deux pays, et avec les règles du Code colombien de l'enfance[4].

817. Notons cependant que malgré ce contrôle de la loi étrangère, la Cour, dans un arrêt du 20 septembre 2019[5] semble apprécier la conformité d'une décision américaine d'adoption au regard d'éléments autres que la simple comparaison entre les législations nationale et étrangère. En effet, la demanderesse sollicitait l'efficacité d'une décision américaine ayant prononcé l'adoption de ses deux enfants mineurs par son conjoint. La Cour rejette *in limine litis* la demande au motif de l'absence de preuve du caractère définitif de la décision américaine et, surtout, parce que l'adoption prononcée méconnaît certaines dispositions de la loi colombienne applicables à la protection de

---

[1] L'article 24 de la Convention de La Haye de 1993 sur la protection des enfants et la coopération en matière d'adoption internationale, dispose : *« La reconnaissance d'une adoption ne peut être refusée dans un État contractant que si l'adoption est manifestement contraire à son ordre public, compte tenu de l'intérêt supérieur de l'enfant »*. Cependant, la clarté de ladite disposition n'empêche pas la Cour colombienne de procéder au contrôle cumulatif de régularité pour vérifier aussi le respect des exigences prévues en droit commun. CSJC. Cass. Ch. Civ., 11 juillet 2007, Magistrat Rapporteur : Ruth Diaz, Dossier n° 2006-0797-00.

[2] CSJC. Cass. Ch. Civ., 21 mars 2007, Magistrat Rapporteur : César Valencia, Dossier n° 2005-0789-00.

[3] *Idem.*

[4] *Idem.*

[5] CSJC. Cass. Ch. Civ., 20 septembre 2019, Magistrat Rapporteur : Aroldo Quiroz, Dossier n° 2019-0256-00.

l'enfance et de l'adolescence[1]. Selon la loi colombienne l'adoption d'un enfant de nationalité colombienne n'est possible que si l'adoptant a obtenu l'agrément en vue d'adoption délivré par l'autorité administrative nationale - le défenseur de la famille -, ou le consentement informé et préalable des parents biologiques de l'enfant, manifesté auprès de ladite autorité administrative. Cependant, la Cour relève qu'aucun de ces deux documents n'a été apporté en l'espèce avec la demande et « qu'il semblerait, selon ce qui est affirmé dans la demande [...], que le consentement du père n'ait pas été recueilli dans le cadre de la procédure d'adoption suivie dans l'État de la Caroline du Nord, ce qui violerait l'ordre public colombien »[2]. Bien entendu, s'agissant d'un rejet de la demande, les analyses de la Cour ne valent pas contrôle de régularité. Or, les raisons qui ont motivé la décision de la Cour laissent apercevoir qu'elle accorde une importance particulière à la protection du consentement du père biologique[3] et qu'elle justifie cette importance par des raisons autres que la simple disparité entre les lois nationale et étrangère[4]. Reste à savoir s'il s'agit là d'un renouveau quant à l'appréciation de la conformité de la décision à l'ordre public colombien, ou si la Cour va continuer avec son analyse classique fondée uniquement sur un contrôle de la loi appliquée.

818. Quoi qu'il en soit, la pratique de la jurisprudence colombienne qui apprécie la conformité de la décision étrangère à l'ordre public international colombien par un regard quasiment exclusif sur la loi appliquée au fond est très problématique et contestable. Elle l'est d'abord, parce que la moindre disparité entre la loi étrangère et la loi nationale est sanctionnée par le refus d'efficacité de la décision. Ceci méconnaît clairement les intérêts des particuliers en excluant l'efficacité de certaines décisions qui, en dépit de ces différences législatives, peuvent être conformes à l'ordre public international colombien. Elle est problématique et contestable ensuite, parce que dans le cas où les législations étrangère et nationale sont similaires, la Cour a tendance à considérer comme satisfaite l'exigence de conformité à l'ordre public international colombien. Or, il demeure possible que par une étude *in concreto* de la décision étrangère celle-ci se révèle contraire aux principes fondamentaux de l'ordre juridique colombien.

819. Ceci nous permet d'analyser l'autre point d'écart entre les droits français et colombien qui tient, précisément à l'analyse *in abstracto* ou *in concreto* de cette condition de régularité.

2. *L'appréciation de la conformité in abstracto ou in concreto*

820. Les différences entre les droits français et colombien quant à l'appréciation de la conformité de la décision étrangère à l'ordre public

[1] Il s'agit de la Loi n° 1098 du 8 novembre 2006, relative à la promulgation d'un Code de l'enfance et de l'adolescence, publiée au Journal officiel n° 46 446 du 8 novembre 2006, et entrée en vigueur six mois après sa publication.

[2] CSJC. Cass. Ch. Civ., 20 septembre 2019, *préc.*

[3] B. Vassallo, « La réception en France des décisions étrangères d'adoption », *TCFDIP*, 2010-2010, p. 58.

[4] Contrairement à ceci, la Cour de cassation française a admis, dans un arrêt du 6 novembre 2019, l'efficacité d'un jugement allemand d'adoption ayant été rendu sans le consentement du père biologique de l'adoptée. CSJC. Cass. Ch. Civ., 6 novembre 2019, *JCP* 2020. II. 157 obs. S. Godechot-Patris.

international sont aussi radicales lorsqu'il est question de choisir entre une analyse *in abstracto* et une analyse *in concreto* de cette condition de régularité. Au regard de la jurisprudence française et colombienne, la conformité de la décision étrangère à l'ordre public international est déterminée par une appréciation *in abstracto* en Colombie, alors qu'elle est, à quelques nuances près comme dans le cas de la répudiation[1], le résultat d'une appréciation *in concreto* en droit français[2]. Cette différence ne manque pas de renforcer les particularités qui caractérisent et distinguent la mise en œuvre de l'instrument commun d'efficacité de chaque côté de l'Atlantique.

821. Si nous affirmons que l'appréciation du droit colombien se fait *in abstracto* c'est parce que l'identité ou l'équivalence entre la loi colombienne et la loi étrangère suffit aux yeux de la Cour pour considérer que la décision étrangère est respectueuse de l'ordre public international colombien[3]. Cette appréciation n'en risque pas moins d'être lacunaire et insuffisante au regard notamment des jugements qui, ayant été rendus sur le fondement de la loi colombienne ou d'une loi équivalente, demeurent contraires à l'ordre public international colombien. Nous pensons, par exemple, à un jugement attribuant de manière inégale l'exercice de l'autorité parentale sur les enfants communs à l'un des parents, ou ayant privé l'un des parents de l'autorité parentale pour des raisons subjectives contestables. Le fait qu'en droit colombien, la loi permette aussi un tel partage inégal, ou encore la privation de l'autorité parentale, permettrait d'établir une équivalence *in abstracto* des deux lois alors que le droit colombien n'admettrait assurément pas l'application de ces dispositions fondées sur des raisons liées à la religion ou au sexe de l'un des parents. Néanmoins, selon la jurisprudence colombienne, la Cour se contente de l'établissement de l'équivalence législative, sans pousser son analyse aux effets *in concreto* de l'application de la loi dans le rapport décidé et du rapport décidé lui-même.

822. Contrairement, le droit français privilégie une appréciation *in concreto*[4]. Dans un arrêt du 30 janvier 1979, par exemple, la Cour de cassation française a eu à se prononcer sur l'efficacité d'un jugement tunisien de divorce qui accordait au père, habitant en Tunisie, la garde exclusive des enfants habitant depuis plus de dix ans en France chez leur mère[5]. Le refus de l'efficacité a été prononcé au motif que la décision contrariait l'ordre public français, et ce malgré le fait d'être « strictement conforme à la règle de droit français »[6]. Le juge du contrôle a conclu que l'intérêt supérieur des enfants n'avait pas été apprécié au regard des particularités propres à leur situation mais guidé par des principes généraux,

[1] *v.* P. Mayer, V. Heuzé et B. Remy, *op.cit.*, p. 281 §396. M. Goré note sous Cass. Civ. Ch. Civ., 27 septembre 2017, *Defrénois* 2017.23.
[2] P. Mayer, V. Heuzé et B. Remy, *op.cit.*, p. 281 §396.
[3] Nous reprenons les mots de Didier Boden à cet égard : *« Admirable droit international privé, qui pousse la tolérance jusqu'à accepter de donner effet à des lois identiques à celle de son ordre juridique, et qui refuse cet effet à des lois différentes ! »*. D. Boden, *op.cit.*, p. 623 §500.
[4] A. Jeauneau, *L'ordre public…*, *op.cit.*, p. 94 §129.
[5] Cass. 1ère civ. 30 janvier 1979 n° 78-11 568.
[6] *Idem.*

comme l'orientation religieuse qu'ils pouvaient recevoir de leur père[1]. L'appréciation française prend en considération des facteurs propres à chaque rapport de droit comme les liens que l'affaire entretient avec la France, ou encore les droits fondamentaux[2] pour s'assurer que son ordre public international est respecté.

823. Néanmoins, si nous regardons encore l'appréciation *in abstracto* du droit colombien, elle peut conduire à une mise en œuvre bien plus exigeante que celle du droit français, et ce en raison de la rigidité avec laquelle la loi appliquée au fond est appréciée. En effet, si nous examinons, par exemple, les décisions concernant le divorce ou la filiation biologique ou adoptive, la moindre discordance entre la loi étrangère et la loi colombienne a justifié à plusieurs reprises le refus de la décision étrangère. L'ordre juridique colombien préfère, par exemple, une filiation incertaine aux conséquences regrettables pour l'adopté, au lieu de porter un regard tolérant et conciliant sur la décision étrangère. Même dans les cas où les divergences entre les deux lois ne sont pas insurmontables, le droit colombien n'envisage aucune modulation de la rigidité de son appréciation. La préférence pour une appréciation *in abstracto* du respect de l'ordre public international multiplie la création de situations boiteuses en Colombie. Ce choix méconnaît assurément l'une des finalités sous-jacentes du contrôle de régularité[3] et risque, dans certains cas, de le rapprocher de l'indésirable révision au fond de l'affaire comme cela a été le cas en droit commun français à l'époque de l'arrêt *Parker*.

824. En matière de divorce, par exemple, en 2009 la Cour colombienne a refusé *in limine litis* une demande d'efficacité d'un jugement américain de divorce au motif que l'altération définitive du lien conjugal ayant permis le relâchement de ce lien n'obéissait pas aux mêmes conditions que la législation colombienne. En droit colombien, cette cause de divorce n'est envisageable qu'après deux ans de cessation de vie commune des conjoints. En revanche, la loi américaine prévoit un délai inférieur pour cette cause de divorce. Cette divergence des lois a suffi à la Cour pour considérer que la décision ne pouvait pas avoir d'efficacité en Colombie. L'argument principal était que, s'il avait été saisi du litige, le juge colombien n'aurait pas prononcé le divorce[4]. La ligne qui divise le contrôle de

---

[1] *Idem.*

[2] L'arrêt *Wagner* illustre parfaitement l'incidence des droits fondamentaux dans la reconnaissance des jugements étrangers. Le droit au respect de la vie privée et familiale, consacré à l'article 8 de la CEDH, a permis à la Cour strasbourgeoise d'imposer au Luxembourg la reconnaissance de la décision péruvienne d'adoption. CEDH, 28 juin 2007. Aff. 76240/01 *Wagner*. Précité. *v.* A. Dionisi-Peyrusse. « La conformité à l'article 8 de la CEDH… ». *op.cit.*, p. 160.

[3] *v. supra* p. 182.

[4] CSJC. Cass. Ch. Civ., 19 février 2009, Magistrat Rapporteur : Jaime Alberto Arrubla Paucar, Dossier n° 2009-0122-00. En revanche, un divorce argentin prononcé sur le fondement de la loi argentine qui exige une cessation de vie commune de trois ans, n'est pas considéré contraire à l'ordre public international : CSJC. Cass. Ch. Civ., 28 mai 2009, Magistrat Rapporteur : Edgardo Villamil, Dossier n° 2007-01385-00. Dans le même sens *v.* CSJC. Cass. Ch. Civ., 7 mars 2018, Magistrat Rapporteur : Margarita Cabello, Dossier n° 2018-0175-00. Contrairement à ceci, Pierre Chevalier indique qu'en droit français *« Depuis l'arrêt Munzer, on sait que l'exequatur ne se résume plus à un examen de similitude « en miroir » entre la décision étrangère et le corpus de nos règles de fond, de procédure ou de compétence. Il ne s'agit pas de savoir, si dans la même situation, un juge français se serait déclaré compétent et aurait statué sur une base identique »*. P. Chevalier, « La nouvelle cartographie… », *op.cit.*, p. 21.

régularité de la révision au fond de l'affaire est, au moins dans ce cas, sérieusement frôlée.

825. L'incertitude demeure, car dans un arrêt récent de 2018, la Cour reconnaît l'efficacité d'une décision allemande ayant prononcé le divorce sur le fondement de l'altération définitive du lien conjugal prévu par la loi allemande, alors que contrairement au délai colombien de deux ans, celui prévu par la loi allemande n'est que d'un an. Malgré cette divergence, la Cour affirme que les deux législations visent l'échec irrémédiable du mariage, raison pour laquelle l'ordre public international colombien n'est pas atteint[1]. Est-ce l'indice d'un changement dans l'appréciation de la Cour colombienne pour privilégier maintenant une analyse *in concreto* de la conformité de la décision étrangère à l'ordre public international ? Néanmoins, même dans ce cas, cela ne change rien au véritable problème de la mise en œuvre colombienne de la condition relative à la conformité de la décision à l'ordre public international car celle-ci sera encore établie au regard exclusif de la loi appliquée dans l'instance directe. Or, ce qui est contestable dans l'état actuel du droit colombien, c'est précisément de réduire l'appréciation de cette conformité à un contrôle de la loi appliquée.

826. Nous finissons cette analyse en indiquant que par un arrêt du 6 décembre 2018, la Cour a ouvertement exigé des parties, sous peine de rejet définitif de la demande, d'apporter la preuve de la loi étrangère appliquée au fond de l'affaire. Elle a justifié sa demande par la nécessité d'assurer le respect de l'ordre public international colombien. Nous estimons que cette nouvelle exigence de la Cour est susceptible d'une double interprétation. Selon la première, la Cour fait de la preuve de la loi étrangère une condition de recevabilité du dossier et confirme qu'en droit colombien la protection de l'ordre public international ne veille qu'au respect de la loi colombienne[2]. Selon la deuxième, elle officialise, enfin, que le contrôle de la loi appliquée est une nouvelle condition du contrôle de régularité. Dans ce dernier cas, l'émancipation du contrôle de la loi rendrait nécessaire la redéfinition de l'appréciation de la conformité de la décision à l'ordre public international colombien, à moins que l'intention de la Cour ne soit la disparition de ce chef de contrôle, ce qui serait pour le moins, étonnant. Il n'en demeure pas moins que, dans les deux lectures proposées, le contrôle de la loi appliquée s'assure une place au sein du contrôle colombien. Or, nous doutons fort qu'une telle pratique soit compatible avec l'esprit de modernisation et de simplification qui semble motiver la communauté internationale. Elle est en tout cas éloignée de l'objectif d'harmonisation qu'entend défendre la Convention de la Haye de 2019 qui ne prévoit pas cette condition.

827. Nous sommes ainsi amenée à conclure que la condition de conformité de la décision étrangère à l'ordre public international connaît une portée différente en droit français et en droit colombien. En Colombie, cette condition ne semble avoir qu'une seule utilité : celle de sanctionner une décision étrangère

---

[1] CSJC. Cass. Ch. Civ., 9 avril 2018, Magistrat Rapporteur : Aroldo Quiroz, Dossier n° 2016-02466-00.

[2] CSJC. Cass. Ch. Civ., 6 décembre 2018, Magistrat Rapporteur : Luis Rico, Dossier n° 2018-03657-00. Dans le même sens *v.* CSJC. Cass. Ch. Civ., 18 octobre 2018, Magistrat Rapporteur : Luis Rico, Dossier n° 2018-02940-00.

ayant été rendue en application d'une loi substantiellement différente de la loi du for. Ce qui est pour le moins curieux, c'est que dans des arrêts récents, la Cour affirme que l'utilité de l'ordre public international est de sanctionner « uniquement les incompatibilités graves entre le jugement étranger et les principes fondamentaux qui inspirent les normes nationales »[1]. Cependant, l'ensemble de la jurisprudence nous conduit à n'y voir qu'une déclaration formelle dont l'importance reste méconnue dans la pratique. En effet, les principes fondamentaux que la Cour entend protéger sont en réalité l'ensemble des normes du for. D'après nos recherches, nous pouvons affirmer que l'essentiel des arrêts de refus d'efficacité prononcés en raison d'une contrariété à l'ordre public international se fondent sur une appréciation *in abstrato* d'une disparité entre la loi étrangère appliquée au fond et la loi colombienne. Cette vision réductrice va à l'encontre de l'objectif que le droit colombien s'est fixé de privilégier un ordre public international « dynamique, tolérant, et constructif »[2]. Elle se rapprocher parfois dangereusement de la révision au fond de l'affaire[3].

828. La mise en œuvre française, en revanche, est guidée par une appréciation *in concreto* de la conformité de la décision à l'ordre public international. Elle est, autant que possible, détachée de toute référence à la loi appliquée dans l'instance directe, à l'exception des lois de police françaises. L'appréciation française est, en plus, caractérisée par une pluralité de modalités de l'ordre public ayant pour objectif de moduler l'intensité de son intervention. Plusieurs facteurs sont pris en compte au moment de considérer qu'une décision étrangère viole l'ordre public international français. La constitution à l'étranger de la situation juridique, ou les liens que cette dernière entretient avec la France, en sont une illustration. Il n'en demeure pas moins que l'essor que connaissent aujourd'hui les droits fondamentaux en Europe risque d'avoir des conséquences sur la mise en œuvre de cette condition. Elle risque d'apparaître comme sévère à l'égard notamment des décisions rendues en dehors des frontières européennes.

829. Enfin, nous pouvons affirmer que l'écart qui sépare actuellement les deux droits confirme la préférence de chacun pour une conception différente de

---

[1] CSJC. Cass. Ch. Civ. 3 avril 2013. Magistrat Rapporteur : Ariel Salazar. Dossier n° 2008-02060-00. La Cour colombienne s'appuie assez souvent sur les Conférences spécialisées promues par l'OEA en 1975 pour définir l'ordre public comme *« une clause de réserve destinée à évincer l'application d'une loi étrangère désignée comme applicable en raison de sa contrariété manifeste avec les principes fondamentaux de l'ordre juridique du for »*. CSJC. Cass. Ch. Civ. 5 novembre 1996 *Woods*. Précité.

[2] CSJC. Cass. Ch. Civ., 5 novembre 1996 *Woods, préc*

[3] Il convient cependant de signaler que le risque de tomber dans la révision au fond de l'affaire n'est pas complètement anéanti en droit français. Dans un arrêt du 20 mars 2019, la Cour de cassation a cassé la décision d'une Cour d'appel qui en refusant toute efficacité à un jugement marocain, aurait, sous prétexte du contrôle de l'ordre public international, révisé le fond de l'affaire. La décision marocaine en cause avait été rendue en matière de filiation et constatait le fait que la demanderesse avait accouché de son enfant, ordonnant la transcription de l'acte de naissance de ce dernier. La Cour d'appel refuse toute efficacité au jugement marocain au motif qu'*« il existe des doutes sérieux sur la grossesse »* de la demanderesse. Dans l'opinion du tribunal, les doutes rendaient la décision contraire à l'ordre public international français. La cassation est prononcée car, dans son office, le juge doit se limiter à contrôler la régularité internationale de la décision au regard des conditions fixées dans la Convention d'aide mutuelle judiciaire, d'exequatur des jugements et d'extradition entre la France et le Maroc du 5 octobre 1957, sans pour autant réviser le fond du litige. Cass. 1ère civ., 20 mars 2019 n° 18-50.005. Pour un autre exemple en matière d'un jugement étranger d'adoption *v.* Cass. 1ère civ., 22 juin 2016 n° 15-18.742.

l'efficacité des jugements étrangers. Elle est aussi le résultat d'une inspiration française inachevée ou trop sélective en droit colombien. Le défaut d'une condition tenant à l'absence de fraude en Colombie illustre également cette idée d'inspiration sélective.

§ 3. Le cas particulier de l'absence de fraude

830. La fraude vise traditionnellement la manipulation intentionnelle de l'élément d'extranéité de la relation juridique afin de modifier le rattachement ou la qualification[1] prévus par la règle de conflit du for. La manœuvre est déterminée par l'intérêt de bénéficier de l'application d'une loi étrangère plus avantageuse[2] ou de provoquer la compétence juridictionnelle d'un autre for[3]. Dans le cadre de l'efficacité des décisions étrangères, le procédé frauduleux cherche à obtenir à l'étranger un jugement que les tribunaux du for n'auraient pas rendu, afin d'y obtenir sa reconnaissance ou son exécution par la suite[4].

831. Au regard de l'organisation actuelle du contrôle dans les deux droits étudiés, l'exigence d'absence de fraude est au cœur d'une opposition très nette. Or, ce qui est curieux c'est qu'à la différence des autres conditions étudiées, celle de la fraude n'oppose pas exclusivement les droit français et colombien. Elle constitue une particularité du droit commun français, l'opposant tant au droit européen qu'au droit colombien, commun et conventionnel. Bien que la fraude ne soit pas une condition commune de régularité (A), il n'en demeure pas moins que son éventuelle intégration au contrôle européen et colombien donne lieu à des considérations contrastées (B).

A. <u>*Une condition propre au droit commun français*</u>

832. Contrairement au contrôle de droit commun où, depuis *Munzer,* confirmé par l'arrêt *Gazprombank*[5], l'absence de fraude s'y affirme en tant que condition à part entière[6], elle ne figure expressément ni dans le contrôle européen[7], ni dans le contrôle colombien.

833. En droit commun français, la place occupée par la fraude demeure pourtant l'objet d'avis mitigés en doctrine[8]. Certains auteurs considèrent qu'au regard de l'état actuel du contrôle français et de la manière dont il est mis en œuvre, l'utilité de conserver cette condition est réduite[9]. Les contrôles de la

---

[1] Cass. 1ère civ., 20 mars 1985 *Caron, RCDIP* 1986.66 obs. Y. Lequette.

[2] P. Chevalier, « La nouvelle cartographie… », *op.cit.*, p. 38 et s.

[3] S. Clavel, « La place de la fraude en droit international privé contemporain », *TCFDIP*, 2010-2010, p. 263 et s.

[4] La Cour de cassation censure les décisions qui ne contrôlent pas l'absence de fraude : Cass. 1ère civ., 17 janvier 2006 n° 04-14236, Cass. 1ère civ., 28 mars 2006, *RCDIP* 2007.897 ; Cass. 1ère civ. 20 juin 2012, *RCDIP* 2012.900 obs. H. Gaudemet-Tallon ; *JDI* 2013.3 obs. E. Fohrer-Dedeurwaerder.

[5] Cass. 1ère civ., 30 janvier 2013 *Gazprombank, préc.*

[6] B. Audit, *La fraude à la loi*, Dalloz, 1974, p. 206 §273.

[7] Sur l'absence de la fraude en droit européen, Sandrine Clavel affirme que *« l'harmonisation des règles de droit international privé réduit les opportunités de fraude ».* S. Clavel, « La place de la fraude… », *op.cit.,* p. 259.

[8] B. Audit, *op.cit.,* p. 201 §268, D. Bureau et H. Muir Watt note sous Cass. 1ère civ., 4 mai 2017, RCDIP 2017.459 spéc. p. 463.

[9] S. Fulli-Lemaire, *Le droit international privé de la famille à l'épreuve de l'impératif de reconnaissance de situations*, LGDJ, 2022, p. 176 §248.

compétence indirecte[1], et du respect de l'ordre public international[2], sauraient suffire pour écarter toute décision soupçonnée de fraude[3]. D'autres estiment, en revanche, que l'allégement radical des autres conditions de régularité, qui a entraîné une mise en œuvre très souple du contrôle, milite pour un renforcement du contrôle de la fraude[4]. Enfin, une partie de la doctrine se montre plus conciliante à son égard lui reconnaissant encore une certaine utilité bien que dans la pratique, ladite exigence se comporte plutôt comme une « condition-balai »[5]. Elle permettrait de sanctionner une pluralité de comportements déloyaux[6].

834. À côté du scepticisme théorique suscité par la fraude, force est de constater qu'en jurisprudence, les exemples d'un refus d'efficacité ayant pour cause exclusive la fraude sont rares. Avant l'arrêt *Cornelissen*, lorsque le contrôle de la loi appliquée était encore exigé, l'argument de la fraude était souvent soulevé pour appuyer l'irrégularité de la décision rendue en violation de la règle française de conflit de lois. La disparition de cette condition a laissé sans utilité un tel argument[7], sauf en ce qui concerne l'application des lois de police françaises[8]. Mais, dans ce dernier cas, si la fraude est prouvée et sanctionnée, nous croyons que l'efficacité de la décision risque d'être écartée au titre d'une violation de l'ordre public international[9]. La fraude paraît ainsi être destinée à renforcer l'irrégularité de la décision au regard d'une autre condition de régularité. Elle a aussi été souvent mise en avant à titre complémentaire pour appuyer l'irrégularité du jugement relative à la compétence indirecte du juge étranger[10], ou à l'ordre public international[11]. Ainsi, en 2006, la Cour de cassation censure une Cour d'appel qui a reconnu l'efficacité d'un jugement algérien de divorce et a, par conséquent, rejeté une demande de contribution aux charges du mariage sans se demander si la saisine du tribunal étranger avait été frauduleuse. En effet, la Cour d'appel se limite à relever que la décision algérienne « retient seulement que devant la juridiction étrangère, la femme s'était prévalue de sa nationalité

---

[1] Cass. 1ère civ., 23 février 2011 n° 10-14.760 ; Cass. 1ère civ., 4 mai 2017, *RCDIP* 2017.457 note D. Bureau et H. Muir Watt.

[2] Cass. 1ère civ., 30 septembre 2003 n° 01-13.142.

[3] D. Bureau et H. Muir Watt, *op.cit.,* p. 324 §276. Dans le même sens *v.* P. Chevalier, « La nouvelle cartographie… », *op.cit.,* p. 38 et s.

[4] Sandrine Clavel va jusqu'à se demander si *« après la suppression du contrôle de la loi appliquée, ne faudrait-il pas tout simplement supprimer le contrôle de la compétence du juge d'origine, au profit du seul contrôle de la fraude qui viendrait compléter le contrôle de conformité à l'ordre public international ? ».* S. Clavel, « La place de la fraude… », *op.cit.,* p. 280. Dans le même sens Bernard Audit affirme dans sa thèse qu' *« on parvient donc à cette constatation que les lourdes conditions de l'exequatur posées par l'arrêt Munzer pourraient être réduites à une seule, l'absence de fraude, qui les contient toutes et qui paraît traduire la véritable finalité de l'exequatur ».* B. Audit, *op.cit.,* p. 207 §274.

[5] B. Audit et L. d'Avout, *op.cit.,* p. 479 §574.

[6] P. Chevalier, « La nouvelle cartographie… », *op.cit.,* p. 25. S. Clavel, « La place de la fraude… », *op.cit.,* p. 268. En jurisprudence voir par exemple : Cass. 1ère civ., 3 octobre 2019 n° 18-21843 ; Paris 10 juin 1972, *JDI* 1974.150 obs. Deby-Gérard ; *D.* 73.296 obs. Cabannes.

[7] P. Chevalier, « La nouvelle cartographie… », *op.cit.,* p. 25, M-L Niboyet et G. de Geouffre de la Pradelle, *op.cit.,* p. 557 §814 ; B. Audit et L. d'Avout, *op.cit.,* p. 478 §574.

[8] S. Clavel, « La place de la fraude… », *op.cit.,* p. 263.

[9] Il n'en demeure pas moins que ce cumul peut créer un risque supplémentaire, celui de confondre la méthode conflictuelle et la méthode des lois de police. J. Foyer, « L'ordre public international est-il toujours français ? », *op.cit.,* p. 271.

[10] Cass. 1ère civ. 17 janvier 2006, *préc.* En doctrine *v.* B. Audit et L. d'Avout, *op.cit.,* p. 478 §574.

[11] P. Chevalier, « La nouvelle cartographie… », *op.cit.,* p. 38 et s.

algérienne », sans pour autant faire état des liens qui rattachaient l'affaire au tribunal saisi[1]. La cassation est prononcée au visa de la Convention franco-algérienne de 1964 et des principes qui régissent la compétence internationale.

835. Cependant, dans un arrêt de 2016, la Cour de cassation semble affirmer qu'en matière de compétence indirecte, l'existence d'un lien caractérisé entre l'affaire et le tribunal saisi exclut la fraude au jugement. Selon Dominique Bureau et Horatia Muir Watt, cette décision signifierait que l'utilité de cette condition « serait réservée au cas spécifique où le demandeur à l'exequatur aurait cherché à faire échec à une procédure parallèle engagée en France »[2]. Est-ce là un signe de délimitation du nouveau rôle de la condition de fraude au sein du contrôle de régularité ? Il faudra attendre que la Cour soit encore interrogée sur ce point pour des réponses plus précises. Nous estimons néanmoins que le fait qu'une condition de fraude soit prévue dans la Convention de La Haye de 2019[3] peut renforcer la place de cette exigence au cœur du contrôle de droit commun. Il est possible que grâce à cette inclusion dans la Convention, l'exigence de fraude connaisse un essor sur le plan international favorisant la délimitation de son utilité en matière d'efficacité des jugements[4].

836. Considérée avec difficulté comme une condition du contrôle à part entière[5], l'exigence d'absence de fraude a été condamnée à jouer un rôle complémentaire qui pourrait expliquer qu'elle n'ait pas été expressément prévue au cœur du contrôle européen[6]. Sur ce dernier aspect, si l'absence de cette condition est commune aux droits colombien - commun et conventionnel - et européen, une divergence apparaît entre eux. Contrairement au droit européen où la question de la fraude a pu être débattue, le droit colombien n'a jamais considéré la possibilité d'intégrer un éventuel contrôle de la fraude au sein de l'instrument d'efficacité. Il s'agit là d'un sujet encore inexploré en droit international privé colombien, et qui semble pour le moment ne pas intriguer la doctrine colombienne[7]. José Marín Fuentes, par exemple, l'un des rares auteurs qui abordent la question de la fraude, le fait d'un point de vue purement descriptif sans pour autant citer d'exemple jurisprudentiel précis concernant la réalité colombienne[8]. Les seules illustrations de l'application de cette figure dans ce droit sont tirées du droit interne, où la fraude demeure restreinte, ne visant que les

---

[1] Cass. 1ère civ. 17 janvier 2006, *préc.*

[2] Dominique Bureau et Horatia Muir Watt note sous Cass. 1ère civ., 4 mai 2017, *RCDIP* 2017. 459. Les auteurs concluent ensuite que même le cas des procédures parallèles risque de ne pas relever de la fraude mais des critères de litispendance.

[3] Article 7, Convention de La Haye de 2019, *préc. v.* A. Bonomi, « Courage ou caution ?... », *op.cit.*, p. 10 ; A. Bonomi et C. Mariottini, « A game changer in international litigation ?... », *op.cit.*, p. 561.

[4] Il n'en demeure pas moins que l'utilité d'une condition relative à la fraude demeure incertaine. Andrea Bonomi indique à cet égard que la condition relative à l'ordre public international peut suffire pour écarter les décisions obtenues frauduleusement. A. Bonomi, *Idem.*

[5] D. Bureau et H. Muir Watt, note sous Cass. 1ère civ. 4 mai 2017, *préc.*, p. 458.

[6] L'absence d'une condition de fraude apparaît aussi justifiée par l'uniformisation des règles de compétence directe, par la disparition du contrôle de la loi appliquée, et par la portée limitée qui est accordée à l'exception d'ordre public international en droit européen.

[7] Contrairement au droit français, le droit colombien ne paraît pas familiarisé avec certaines notions telles la fraude à la loi, ou la fraude au jugement.

[8] J. Marín Fuentes, *Derecho internationalprivado*, Universidad de Medellin, 2014, p. 83.

hypothèses classiques et académiques des ventes déguisées en donations afin de contourner les lois fiscales par exemple, ou d'opérations commerciales douteuses destinées à méconnaître les intérêts des associées ou des salariés lors d'un procès d'insolvabilité, entre autres.

Cependant, dans ces hypothèses les relations concernées ne sont pas de nature internationale, ce qui change radicalement l'intervention de la notion. En effet, l'intention des parties n'est pas celle de manipuler la règle de conflit de lois ou de juridictions dans l'objectif d'altérer le rattachement ou la qualification, mais simplement de manipuler la loi colombienne pour déjouer ses conséquences, sans pour autant chercher à franchir les frontières de l'ordre juridique national. L'inadéquation de la fraude de droit interne vis-à-vis du droit international privé, déjà bien étudiée et établie en droit français, demeure encore inexplorée en droit colombien.

837. Le contraste entre le contrôle européen et le contrôle colombien comporte encore d'autres particularités quant à un éventuel accueil de la condition de fraude.

B. *La possible introduction de la condition dans les droits européen et colombien*

838. Nous ne cherchons pas à réaliser une étude comparée des particularités de la fraude en droit international privé français et colombien, ceci n'est pas notre objet. Cependant, dans un intérêt ne serait-ce que prospectif, nous pouvons nous interroger sur les possibilités qu'a la fraude d'être accueillie dans le contrôle européen et colombien de régularité. Ainsi, nous reportons sur le droit colombien, l'interrogation que Hélène Gaudemet-Tallon et Marie-Élodie Ancel ont formulée à propos de l'éventuelle intégration de la fraude au contrôle de régularité européen. Elles se sont plus spécifiquement demandées si l'existence d'une fraude pourraît être sanctionnée au titre de la conformité de la décision à l'ordre public international de l'État requis[1].

839. Thierry Vignal répond à cette question de manière affirmative en signalant que l'exigence d'absence de fraude « se trouve réintégrée dans la condition tenant au respect de l'ordre public, qui apparaît à présent comme le principal obstacle que doit franchir la décision étrangère pour être reconnue »[2]. Mmes Gaudemet-Tallon et Ancel arrivent à une conclusion plus nuancée. Elles estiment ainsi que la question mérite une appréciation différente selon le moment où la fraude est découverte. Si elle est découverte avant le prononcé du jugement, le refus d'efficacité rencontre une difficulté majeure : celle de l'interdiction de la révision au fond[3]. Dans l'autre cas, la fraude découverte après le prononcé du

---

[1] H. Gaudemet-Tallon et M-E. Ancel, *op.cit.*, p. 619 §443 ; Dans le même sens *v.* M-L. Niboyet G. de Geouffre de la Pradelle, *op.cit.*, p. 576 §839. Force est de constater qu'à partir du moment où la loi appliquée n'est pas contrôlée en droit européen, la fraude à la loi peut difficilement y trouver une place. La seule hypothèse envisageable serait celle d'une fraude au jugement. *v.* P. Gothot et D. Holleaux, *op.cit.*, p. 148 §260.

[2] T. Vignal, *Droit international privé*, LGDJ, 2017, p. 418.

[3] En effet, Gothot et Dominique Holleaux expliquent que la condition de conformité à l'ordre public international ne peut pas être utilisée pour sanctionner une éventuelle fraude qui, ayant été soumise à l'appréciation du juge d'origine, n'a pas été jugée caractérisée. Le juge du contrôle ne peut dans ce cas apprécier

jugement pourrait, en revanche, avoir des chances d'être sanctionnée au titre de l'ordre public international de l'État requis. Mais ceci ne serait possible que si l'État d'origine n'a prévu aucun moyen extraordinaire pour permettre aux parties de soulever la question[1], comme le recours de révision en droit français[2]. Dans la même logique, la partie qui, étant au courant de la fraude de son adversaire, a préféré ne pas assister à la procédure directe, ou y assister en gardant soigneusement cette information pour la soulever lors de l'instance indirecte, sera privée de toute protection[3]. Il s'agirait d'une sorte d'estoppel pour sanctionner la stratégie contestable de cette partie[4].

840. Si l'expérience européenne s'est souvent révélée d'une grande utilité pour le droit conventionnel colombien à plusieurs égards, sur le point précis de l'accueil de la fraude, les écarts identifiés entre les deux droits en matière d'ordre public international empêcheraient l'importation de la solution européenne en Colombie. Pour en comprendre la raison, il est indispensable de garder à l'esprit, d'une part, que le droit conventionnel est systématiquement absorbé par le droit commun et, d'autre part, qu'en matière d'efficacité des jugements étrangers, la Colombie privilégie une conception très restreinte de l'ordre public international. Tel que nous l'avons démontré, l'appréciation de cette conformité paraît se limiter au contrôle de la loi appliquée au fond[5]. Or, puisque la simple disparité entre le contenu de la loi nationale et celui de la loi étrangère suffit pour écarter l'efficacité de la décision étrangère, nous voyons difficilement quelle place pourrait être laissée à la fraude au sein de ce contrôle.

841. Supposons que grâce à une manipulation frauduleuse, un conjoint parvienne à échapper aux compétences juridictionnelle et législative colombiennes, pour obtenir un divorce prononcé par sa seule volonté unilatérale, contrairement au droit colombien, et avec des conséquences patrimoniales plus favorables. Invoquée par la suite en Colombie en vue de sa reconnaissance et de son exécution, la décision de divorce risque d'être écartée au titre d'une contrariété avec l'ordre public international. Nous avons démontré que cette condition de conformité est en réalité une condition de contrôle de la loi appliquée. Bien qu'à cet égard la Cour colombienne oscille entre l'exigence d'application de la loi colombienne, ou la simple équivalence entre les deux lois, il est certain que l'intérêt du juge du contrôle est de s'assurer que le résultat

---

la situation sans éviter d'effectuer une révision au fond. P. Gothot et D. Holleaux, *op.cit.*, p. 148 §260. La même réponse négative s'applique lorsque le défendeur a découvert la fraude avant que le jugement ne soit rendu à l'étranger et qu'au lieu d'en informer le juge il a préféré *« faire défaut devant le juge de l'État d'origine »*. A. Huet note sous Paris, 15 décembre 1987, *JDI* 1989.102.

[1] P. Gothot et D. Holleaux, *op.cit.* ; p. 148 §260.

[2] Articles 593 et s. du *C. pr. civ.*

[3] P. Chevalier. La nouvelle cartographie…, *op.cit.*, p. 38-40.

[4]La Cour de cassation française a pu établir dans un arrêt de 2006 portant sur l'application de la Convention de Bruxelles que *« la Cour d'appel a exactement retenu que M.X., qui, régulièrement assigné, avait fait défaut devant la juridiction anglaise, ne pouvait, de ce fait, présenter devant le juge français de l'exequatur le moyen de fraude qu'il aurait dû faire valoir devant le juge étranger »*. Cass. 1ère civ., 29 janvier 2002, *préc.* La même position avait été avancée par la Cour quelques années auparavant : Cass. 1ère civ., 17 mai 1983 *Lafarge*, *RCDIP* 1985.346 obs. B. Ancel. *v.* H. Gaudemet-Tallon et M-E. Ancel, *op.cit.*, p. 619 §443 ; S. Clavel, « La place de la fraude… », *op.cit.*, p. 272 et s.

[5] *v. supra* p. 308 et s.

obtenu à l'étranger soit semblable, sinon identique, à celui que le juge colombien aurait prononcé. Par conséquent, si le divorce prononcé à l'étranger l'a été pour un motif inconnu ou qui n'est pas comparable à l'une des causes de divorce prévues par la loi colombienne, le conjoint divorcé à l'étranger a peu de chances de profiter des fruits de sa manœuvre. Quel intérêt donc de manipuler la règle de conflit ? Le contrôle de la loi applicable, que la Cour appelle à tort contrôle de l'ordre public international, témoigne d'un niveau d'exigence tel qu'il conduit à écarter l'efficacité de toute décision dont le résultat ne soit pas proche ou équivalent à celui que le juge colombien aurait prononcé en application de la loi colombienne. Autrement dit, si une condition de fraude existait en droit colombien, elle aurait dû mal à se forger une place au sein du contrôle de régularité. Son champ d'application s'entrecouperait avec celui de l'ordre public.

842. L'expérience du droit commun français permet d'envisager une autre hypothèse : celle d'un contrôle d'absence de fraude au stade de l'appréciation de la compétence indirecte du juge étranger[1]. Pensons au cas d'une partie qui crée artificiellement l'internationalité de sa situation par le biais, par exemple, d'un faux domicile à l'étranger, dans le seul intérêt d'échapper à la compétence des tribunaux colombiens et aux délais interminables des procédures nationales. Si l'efficacité du jugement obtenu à l'étranger est ensuite demandée en Colombie, nous estimons qu'au regard des caractéristiques actuelles de la mise en œuvre colombienne du contrôle, deux réponses sont possibles mais, dans les deux cas, l'intégration de la fraude est peu probable.

843. Selon une première réponse, le juge colombien se désintéresse complétement des motifs ayant rendu le tribunal étranger compétent. Nous avons établi que, contrairement au droit commun français, l'appréciation colombienne de la compétence indirecte ne repose pas sur le fondement des liens caractérisés. Sans avoir choisi un critère spécifique d'appréciation, la mise en œuvre colombienne demeure, dans de nombreux cas, très libérale en se limitant uniquement à vérifier que l'affaire ne relève pas d'une compétence exclusive du for. Outre les cas dans lesquels la Cour soulève, de manière purement formelle, le domicile des parties à l'étranger, nous n'avons pas trouvé au cours de nos recherches d'exemple où la Cour s'intéresse davantage à l'identification des liens rattachant le litige à l'ordre juridique d'origine de la décision. Dans ce contexte, nous sommes conduite à affirmer que l'indifférence actuelle du droit colombien par rapport à la régularité, voire à la loyauté de la saisine du juge étranger rend inutile un contrôle de fraude.

844. Il n'en demeure pas moins que, conformément à ce que nous avons relevé tout au long de ce chapitre, la mise en œuvre du contrôle est remplie d'imprécisions et d'oscillations en droit colombien, accentuant l'insécurité juridique. De ce fait, une seconde réponse est envisageable. En effet, dans certains cas, le contrôle de la compétence indirecte bascule dans la sévérité

[1] D. Bureau et H. Muir Watt, *op.cit.*, p. 312 §267. *v.* aussi : P. Chevalier, « La nouvelle cartographie… », *op.cit.*, p. 25. En jurisprudence *v.* Paris, 10 novembre 1971 *Mack Trucks*, *préc.* ; Paris, 5 mars 1976, *JDI* 1977.880 ; *RCDIP* 1978.149 obs. B. Audit. ; Cass. 1ère civ., 6 février 1985 *Simitch*, *préc.*

absolue, et par une interprétation très contestable des règles colombiennes de compétence, les compétences *a priori* concurrentes des tribunaux colombiens deviennent des compétences exclusives. Or, même ici, la place et l'utilité de la fraude au sein du contrôle sont, selon nous, compromises. Il en est ainsi car le demandeur qui a provoqué artificiellement la compétence du juge étranger pour obtenir à l'étranger ce qu'il n'aurait pas pu obtenir en Colombie, se retrouve avec une décision favorable certes, mais dont l'efficacité est impossible en Colombie, ayant été rendue en violation d'une compétence exclusive des tribunaux colombiens.

845. Quel serait donc l'intérêt de manipuler les règles de conflit, puisque la sévérité avec laquelle la compétence indirecte est appréciée reste incertaine ? De manière plus générale, quel est l'intérêt de procéder à des manœuvres frauduleuses si, dans tous les cas, le contrôle de la loi appliquée parvient à écarter non seulement les décisions obtenues en fraude à la loi, mais toutes les décisions rendues sur le fondement d'une loi dont le contenu est différent de celui de la loi colombienne ?

846. Les possibilités d'importer en Colombie les solutions françaises pour intégrer le contrôle de la fraude au contrôle de régularité sont très compliquées. D'une part, sa mise en œuvre risque d'être difficile pour un juge colombien peu habitué à l'internationalité des relations juridiques[1]. D'autre part, l'intégration de la fraude peut devenir un facteur de complexification de la mise en œuvre du contrôle de régularité et renforcer sa rigidité. L'absence de règles de conflit de juridictions et de conflit de lois clairement formulées en droit colombien peut conduire le juge du contrôle à estimer, avec une grande facilité, que la décision obtenue à l'étranger a été le résultat d'une fraude.

847. Il n'en demeure pas moins que la Convention de la Haye de 2019 sur l'efficacité des jugements étrangers en matière civile et commerciale, prévoit dans son article 7.1.b la fraude comme l'un des motifs pouvant donner lieu au refus d'efficacité[2]. Si la Colombie y adhère, cet instrument marquerait l'entrée officielle de cette exigence dans le contrôle colombien de régularité, au moins conventionnel. Les défis d'une telle intégration sont nombreux et rendent nécessaires certains ajustements dans la mise en œuvre du contrôle colombien. Il sera ainsi nécessaire d'abord d'adopter un critère ponctuel d'appréciation de la compétence indirecte du juge étranger. La liste des liens caractérisés, dressée à l'article 5 de cette Convention permettant de justifier la compétence du tribunal étranger, saura sans doute faciliter cette transition en droit colombien. Ensuite, c'est l'adoption d'une nouvelle portée et appréciation de l'ordre public international colombien qui se révèle impérative. Persister dans la croyance que

[1] Le droit commun français, assurément plus expérimenté que le droit colombien dans le traitement des relations internationales privées, confirme aussi cette difficulté. P. Courbe note sous Cass. 1ère civ. 26 juin 1990, *RCDIP* 1991.593.

[2] P. Nielsen, « The Hague 2019 judgements convention – from failure to success ? », *Journal of private international law*, Mai 2020, p. 27; M. Douglas, M. Keyes, S. McKibbin et R. Mortensen, « The Hague Judgments Convention in Australian Law», *Federal Law Review*, 2019, n° 3, p. 12.

l'ordre public international se réduit exclusivement au respect de la loi colombienne à l'étranger est contestable à tous points de vue.

848. Nous concluons ces réflexions sur la fraude en affirmant qu'elle marque une nouvelle opposition entre les deux droits étudiés. Alors même qu'une telle condition n'est prévue que dans le droit commun français, où elle est fortement critiquée, son intégration au contrôle européen de régularité demeure envisageable. La fraude peut ainsi être sanctionnée, sous certaines conditions, en raison d'une contrariété de la décision avec l'ordre public international de l'État requis. En revanche, cette possibilité d'intégration semble très éloignée en droit colombien. L'impossibilité de parler d'un critère spécifique d'appréciation de la compétence indirecte, et la portée très restreinte de la conformité à l'ordre public international, ne laissent aucune chance à la fraude de s'immiscer dans le contrôle. La discussion demeure pourtant ouverte avec la Convention de La Haye qui prévoit une telle condition dans le contrôle de régularité.

849. **Conclusion de la section :** En contrôlant l'absence d'inconciliabilité de la décision étrangère et sa conformité à l'ordre public international du for, les États cherchent à protéger la cohésion de leur propre ordre juridique. Dans le prolongement de la conception que chaque droit retient de l'efficacité des jugements étrangers, ces deux conditions de régularité sont, bien que partagées, différemment appréciées. Le contraste entre les deux droits étudiés se manifeste, d'une part, par le fait que l'absence d'inconciliabilité de la décision étrangère s'apprécie, en droit colombien, à l'égard des décisions judiciaires efficaces dans le for, comme en droit français, mais également à l'égard des procédures en cours devant les tribunaux nationaux. D'autre part, en ce qui concerne la conformité du jugement à l'ordre public, le droit colombien se montre hésitant pour affirmer que ladite conformité s'apprécie au regard de l'ordre public international et non de l'ordre public interne. De plus, là où le droit français examine les résultats spécifiques que le rapport de droit décidé va produire dans le for, sa compatibilité avec les droits fondamentaux, avec l'intérêt supérieur de l'enfant ou, encore, avec la proportionnalité des condamnations, le droit colombien se concentre sur un contrôle de la loi appliquée au fond de l'affaire. Les inconvénients de l'appréciation colombienne sont évidents. Elle est parfois très sévère, la moindre disparité entre la loi colombienne et la loi étrangère conduisant à un refus d'efficacité et, dans d'autres cas, elle risque d'être insuffisante et superficielle : la simple similarité entre les législations suffit pour affirmer la conformité de la décision, alors que ses conséquences peuvent être contestables du point de vue des droits fondamentaux, par exemple.

850. En ce qui concerne l'absence de fraude exigée par le droit commun français, alors que des doutes persistent quant à son utilité, elle est également présente dans la Convention de La Haye de 2019. Son éventuelle inclusion au sein du contrôle européen et du contrôle colombien n'aurait pas la même potée. En droit européen, la formulation d'une condition spécifique à la fraude n'est pas nécessaire. Un tel défaut de la décision pourrait éventuellement être sanctionnée au titre de l'ordre public international.

Conclusion du Chapitre II

851. Afin d'établir la régularité internationale de la décision étrangère, les droits français et colombien la confrontent au regard de conditions qui sont largement comparables. Un contrôle de la compétence indirecte du juge étranger ainsi que du respect de certains garanties procédurales est prévu pour s'assurer que la décision a été correctement élaborée à l'étranger. De plus, les deux droits vérifient également que la décision étrangère soit compatible avec l'ordre juridique d'accueil. À cette fin, l'inconciliabilité de la décision étrangère et sa conformité avec l'ordre public international du for sont étudiées. Le droit commun français et la Convention de La Haye de 2019 ajoutent à cette appréciation une autre condition : l'absence de fraude.

852. Bien que partagées, à l'exception de la fraude, ces conditions de régularité sont différemment appréciées de chaque côté de l'Atlantique. Concentré sur la volonté de protéger la souveraineté nationale et le respect de la loi du for, le droit colombien se montre rigide et parfois très exigeant pour contrôler la régularité internationale de la décision. L'absence d'un critère clair et spécifique d'appréciation de la compétence indirecte, ou le fait de réduire l'exigence de conformité à l'ordre public international à un contrôle de la loi appliquée au fond, illustrent la rigidité colombienne. Le contraste est net avec le droit français où la décision étrangère est appréciée avec souplesse afin de faciliter son efficacité. L'adoption de critères d'appréciation clairement définis, comme celui franco-européen des garanties d'une procédure équitable, favorise, en effet, l'appréciation souple et prévisible de la décision.

853. Le contrôle colombien manque de cohérence. En ce sens, à côté de la rigidité qui caractérise l'appréciation de certaines de ses conditions de régularité, d'autres conditions sont étudiées de manière superficielle. C'est le cas de la conformité procédurale de la décision étrangère qui est présumée lorsque le caractère définitif de la décision étrangère a été établi. Le résultat de cette présomption est que les juges ne vérifient que trop rarement le respect des droits de la défense lors de l'instance directe. Le risque d'accorder l'efficacité à des décisions contestables du point de vue des garanties procédurales est réel.

854. Les divergences entre les deux droits sont assurément importantes. Certaines améliorations sont envisageables, surtout pour le droit colombien, afin de garantir que l'instrument commun d'efficacité remplisse ses finalités et contribue à faciliter l'efficacité des décisions étrangères. Pour la compétence indirecte du juge étranger, nous estimons nécessaire que le droit colombien adopte une appréciation fondée sur les liens que le litige entretenait avec le juge d'origine. La Convention de La Haye de 2019 peut contribuer à cette évolution grâce au catalogue de chefs de compétence indirecte qu'elle prévoit à l'article 5. Ce même catalogue permettra, en droit français, de réduire les éventuelles conséquences négatives d'une appréciation très libérale du lien caractérisé entre le litige et le juge d'origine.

855. Pour ce qui est de l'inconciliabilité entre des décisions, et plus spécifiquement de celle que nous appelons « *potentielle* » en droit colombien, le

critère chronologique adopté par la Cour colombienne afin de l'apprécier doit être clarifié et complété. Au lieu de regarder uniquement la date du début de la procédure en Colombie par rapport à celle à laquelle la décision étrangère a été rendue, le juge devrait regarder le moment où la décision étrangère est invoquée en Colombie et si la procédure en cours dans le for n'a été animée que par la volonté de faire obstacle à l'efficacité dudit jugement. La solution proposée par la Convention de La Haye sera d'une grande utilité pour cette clarification du droit colombien.

856. En outre, à propos de l'appréciation de la conformité procédurale de la décision, nous proposons la suppression, en droit colombien, de la très discutable présomption de régularité procédurale. De plus, il convient de ne plus apprécier cette conformité au regard de la loi étrangère, mais au regard des garanties procédurales fondamentales du droit colombien et latino-américain. La Convention de La Haye est, à nouveau, synonyme d'évolution, car elle indique, suivant l'expérience européenne à ce propos, les aspects que le juge doit vérifier pour établir cette conformité.

857. Enfin, en ce qui concerne la conformité de la décision à l'ordre public international, le remaniement du droit colombien devrait être plus profond. Il consiste dans la construction d'un véritable ordre public international, c'est-à-dire la détermination des éléments fondamentaux de l'ordre juridique colombien dont le respect doit être assuré lorsqu'il est question de l'application d'une loi étrangère ou de l'efficacité d'une décision étrangère. Cet affinement de l'ordre public international implique, pour le juge colombien, le défi de se détacher de sa loi nationale pour accepter que les situations décidées à l'étranger puissent l'être sur le fondement d'une loi différente de la sienne. C'est uniquement de cette manière qu'il sera possible de parvenir à un ordre public international qui, apprécié *in concreto,* soit capable de moduler la force de sa réaction pour éviter, dans la mesure du possible, tout empiétement déraisonnable dans la circulation des décisions.

Conclusion du Titre I

858. La préférence de chaque droit pour une conception différente de l'efficacité a une incidence directe dans la mise en œuvre de l'instrument commun d'efficacité. L'appréciation de la régularité internationale de la décision étrangère le confirme. Ainsi, l'exigence colombienne de réciprocité – diplomatique et législative –, sépare radicalement les deux droits étudiés. Très contestable, cette exigence est pourtant profondément enracinée en Colombie et conduit le contrôle de régularité à se montrer réticent envers la réception des décisions étrangères. Cette réticence se précise davantage au regard de la qualification contestable de certaines exigences de recevabilité de la demande, et de celle relative au caractère nécessaire de la procédure d'exequatur en tant que condition de régularité.

859. Outre les divergences compréhensibles entre le droit français et le droit colombien à propos des conditions de régularité non-partagées, les oppositions sont aussi importantes au regard des conditions dites partagées de régularité.

L'appréciation de la régularité internationale de la décision quant à son élaboration à l'étranger et celle de la compatibilité de son dispositif avec l'ordre juridique d'accueil, confirment combien l'instrument d'efficacité choisi par les deux droits étudiés s'adapte à plusieurs conceptions de l'efficacité sans pour autant perdre son caractère commun. Ainsi, en France, la mise en œuvre du contrôle se caractérise par la souplesse, par sa prévisibilité et par le fait d'être guidée par des critères d'appréciation plus clairement définis qu'en Colombie. Il n'en demeure pas moins que la mise en œuvre très souple du contrôle peut présenter l'inconvénient d'un allégement excessif de l'instrument d'efficacité qui risque de compromettre la réalisation de ses finalités[1].

860. La souplesse française contraste avec la mise en œuvre du contrôle de régularité en droit colombien prise, paradoxalement, dans une oscillation entre un libéralisme extrême et une sévérité tout aussi extrême en fonction de la condition de régularité visée. L'appréciation de la conformité de la décision à l'ordre public international en est l'illustration. Nous avons démontré qu'elle consiste de manière quasiment exclusive dans un contrôle regrettable de la loi appliquée qu'alourdit le contrôle, puisque toute disparité entre la loi nationale et étrangère peut conduire à un refus d'efficacité. Pour autant, l'appréciation de cette condition comporte une particularité supplémentaire étant, en même temps, l'expression d'une application très libérale du contrôle. En effet, lorsque l'équivalence législative est établie, le juge colombien ne va pas analyser d'autres éventuels motifs de contrariété. Des décisions conduisant à une violation des droits fondamentaux, par exemple, risquent ainsi de parvenir à l'efficacité définitive en Colombie.

861. Deux remarques peuvent être ici formulées. La première est que le contrôle colombien est, dans son ensemble, un contrôle léger dans lequel, mis à part les exigences de réciprocité et de conformité à l'ordre public international – loi appliquée –, les autres conditions sont rapidement vérifiées et ne conduisent que très rarement à un refus de l'efficacité de la décision étrangère. La seconde affirmation consiste à dire que l'appréciation de la régularité de la décision est source d'insécurité juridique au sens où le degré d'exigence avec lequel le juge va mener son contrôle est quasiment imprévisible pour les parties.

862. Pour autant, ces divergences entre la mise en œuvre française et la mise en œuvre colombienne du même instrument d'efficacité ne sont pas insurmontables. À ce propos, nous avons démontré combien il est souhaitable pour le droit colombien de suivre, avec certaines précisions, l'exemple français de droit commun à propos de l'adoption d'un critère d'appréciation de la compétence du juge étranger fondée sur le respect des compétences exclusives du for et l'existence d'un lien caractérisé entre le litige et le tribunal d'origine. Il convient aussi de suivre ce droit en ce qui concerne l'appréciation de la conformité procédurale de la décision. Enfin, pour ce qui est de l'appréciation de la conformité du jugement à l'ordre public, nous estimons qu'il revient à la jurisprudence d'agir en deux temps : d'abord, elle doit affirmer avec certitude que

[1] L. d'Avout note sous Cass. 1ère civ., 14 janvier 2009 *Agrogabon, RCDIP* 2009.331 spéc. p. 341.

l'ordre public en cause est celui de type international. Ensuite, elle doit entreprendre un travail destiné à déterminer le contenu de cet ordre public international colombien. L'objectif est celui d'exclure progressivement tout contrôle de la loi appliquée.

863. Les solutions que nous proposons peuvent s'avérer facilitées grâce à la Convention de La Haye de 2019, au moins en ce qui concerne l'efficacité des décisions étrangères rendues en matière civile et commerciale. Alors que cette Convention ne sera pas à l'origine de grandes modifications pour le droit français, pour le droit colombien elle représente une grande occasion pour la modernisation du régime actuel[1]. En effet, ladite Convention retient des critères d'appréciation uniformes de la régularité internationale dont les avantages seront importants pour remédier à l'incertitude et à l'imprévisibilité qui caractérisent la mise en œuvre du contrôle en droit colombien, et pour favoriser, surtout, un changement de la conception publiciste de l'efficacité. En outre, si la Convention est signée par un nombre significatif d'États, elle permettrait de neutraliser les effets négatifs de l'exigence de réciprocité. Dans le cas particulier du droit français, l'adoption de la Convention entraînerait une meilleure réception des décisions françaises à l'étranger et l'établissement des liens avec des pays avec lesquels la France n'a jusqu'à présent conclu aucun accord international, telle la Colombie.

864. Les divergences relatives à l'appréciation de la régularité se prolongent en ce qui concerne la procédure de contrôle de la régularité.

[1] A. Bonomi, « Courage ou caution ?... », *op.cit.*, p. 31.

Titre II
La procédure de contrôle de la régularité

865. L'analyse de la mise en œuvre de l'instrument commun d'efficacité en France et en Colombie ne saurait être complète sans une étude du contexte procédural dans lequel elle intervient dans chaque ordre juridique. La procédure de contrôle de la régularité comporte des particularités en France et en Colombie qui sont liées aux différents types d'efficacité qu'ils reconnaissent ou aux différences entre les manifestations de l'efficacité qu'ils admettent. Ceci les conduit notamment à prévoir ou non une voie extrajudiciaire, alternative à la voie judiciaire, pour permettre à la décision étrangère d'être efficace dans le for.

866. D'emblée, il semble opportun d'écarter la présentation selon laquelle le régime procédural de l'efficacité est un terrain dominé par les convergences entre les droits français et colombien. Cette présentation peut, certes, s'appuyer sur deux éléments effectivement partagés par les deux droits, à savoir, nous l'avons vu, qu'en France comme en Colombie, l'efficacité définitive et incontestable de la décision étrangère est tributaire de la réalisation du contrôle de régularité, et que la mise en œuvre du contrôle est confiée au juge judiciaire dans le cadre d'une procédure elle-même judiciaire. Cependant, malgré l'importance de ces deux points communs, l'idée d'une convergence dominante, pourtant séduisante, se révèle finalement infondée.

867. Deux arguments, l'un judiciaire et l'autre extrajudiciaire, permettent de justifier cette affirmation. Concernant l'argument judiciaire, le rapprochement entre les deux droits disparaît lorsque nous regardons le nombre plus ou moins réduit d'actions judiciaires à l'occasion desquelles le contrôle de régularité peut être opéré. Conformément à ce que nous verrons, la régularité internationale de la décision étrangère est appréciée en France toutes les fois qu'il est question de son efficacité dans une instance judiciaire, soit à titre principal, soit à titre incident. En Colombie, en revanche, le législateur n'a instauré qu'une seule action judiciaire à cette fin. Il s'agit de l'action en exequatur dont l'objet est, à titre principal et exclusif, de permettre au juge d'apprécier la régularité internationale de la décision étrangère aux fins de son efficacité dans le for. Cette action unique remplit clairement une fonction de défense de la souveraineté étatique.

868. Le second argument repose sur la possibilité pour une décision étrangère de produire des effets en dehors de toute intervention judiciaire et de tout contrôle préalable de régularité. Nous faisons référence ici à l'efficacité de plein droit, prévue par le droit commun français et par le droit européen, que le droit colombien n'admet pas. L'efficacité extrajudiciaire de plein droit n'est ouverte qu'à certains jugements seulement en droit commun français, mais elle ne cesse de s'étendre au sein du droit européen où elle devient la règle générale, notamment en matière civile et commerciale ou encore pour les désunions matrimoniales et la responsabilité parentale.

869. Ainsi, cette esquisse rapide permet d'écarter l'idée d'une convergence entre les deux droits dans la procédure de contrôle en mettant à jour d'importantes oppositions. La rigidité qui caractérise l'instrument d'efficacité en

Colombie se prolonge jusque dans les aspects procéduraux du contrôle de la régularité. Elle est à l'origine de plusieurs complications qui, sans être irrémédiables, entravent actuellement l'efficacité des jugements étrangers et placent le droit colombien à rebours de l'évolution internationale de la circulation desdits jugements. Le travail de comparaison entrepris ici permet à la fois de comprendre les origines profondes desdites oppositions, mais également d'identifier les moyens d'y remédier lorsqu'elles se traduisent par des effets négatifs. En outre, analyser les oppositions qui existent entre les droits français et colombien quant au cadre procédural du contrôle de la régularité permettra d'étudier l'impact que celles-ci peuvent avoir sur l'application de la Convention de La Haye de 2019. La situation des droits français et colombien trouve un écho dans d'autres pays éventuellement intéressés dans l'adoption de cette Convention. Nos réflexions peuvent alors contribuer à mesurer les effets de ces oppositions entre les États sur les objectifs qu'elle poursuit.

870. Dans cette perspective, nous allons, dans un premier temps, identifier l'origine de cette opposition franco-colombienne. Selon nous, celle-ci réside dans l'admission en France d'un double régime d'efficacité, et dans la préférence colombienne pour l'unicité du régime (Chapitre I). Cette identification nous permettra d'avancer, dans un second temps, certaines propositions permettant de réduire cette opposition afin d'améliorer la circulation des décisions étrangères entre les deux pays étudiés et, surtout, de contribuer à la modernisation du droit colombien, de plus en plus urgente en vue, notamment, d'une adhésion souhaitable à la Convention de La Haye de 2019 (Chapitre II).

Chapitre I
L'opposition autour du régime d'efficacité

871. Le régime d'efficacité désigne l'ensemble des règles qui fixent le cadre judiciaire ou extrajudiciaire permettant à une décision étrangère d'être efficace dans le for. À l'aune d'une conception publiciste de l'efficacité, le droit colombien ne prévoit qu'un seul régime d'efficacité, très strict au demeurant. En effet, le contrôle de régularité ne peut être opéré qu'à l'occasion d'une instance en efficacité qui doit être intentée toutes les fois qu'il est question de permettre à une décision étrangère de déployer un quelconque effet normatif dans le for. En revanche, la conception privatiste de l'efficacité qui prévaut en droit français a permis l'établissement d'un double régime destiné à faciliter la circulation des décisions étrangères. Si le contrôle opéré lors d'une instance judiciaire conduit la décision vers l'efficacité définitive, comme en Colombie, il est aussi admis que certaines décisions puissent déployer leurs effets de manière précaire, sans devoir être soumises à un contrôle judiciaire préalable de leur régularité internationale.

872. Or, si l'opposition unicité/dualité entre les deux droits est très claire à l'heure actuelle (Section II), force est de constater que cela n'a pas toujours été le cas. En effet, par le passé, le droit français a également été favorable à l'unicité de régime. Une convergence initiale mais révolue aujourd'hui, a pu exister entre les deux droits à cet égard (Section I). Une telle analyse nous permettra non seulement de mettre en lumière l'opposition actuelle entre les deux droits, mais aussi et surtout, de la comprendre.

Section I : La convergence initiale quant à un seul régime d'efficacité

873. Un regard vers le passé nous apprend qu'en France, l'efficacité des jugements étrangers était organisée autour d'un seul régime, à l'image de ce que connaît actuellement le droit colombien. En effet, lorsque, pour combler le laconisme des dispositions françaises[1], la jurisprudence a adopté la révision au fond comme instrument d'efficacité, celle-ci s'opérait dans un cadre procédural caractérisé par une grande rigidité, qui traduisait, assurément, une certaine hostilité[2]. Or, si nous revenons à ce stade de notre étude sur la révision au fond de l'affaire, c'est parce que certains de ses aspects procéduraux gardent une similitude remarquable avec le régime d'efficacité actuellement en vigueur en droit colombien. Il s'agit là d'une ressemblance franco-colombienne pour le moins atypique en ce qu'elle est établie entre deux périodes historiques différentes et alors que ces deux droits ne partageaient pas le même instrument d'efficacité.

---

[1] À ce propos *v.* A. Pillet, *Traité pratique de droit international privé*, Sirey, T. II, 1924, p. 520 §655 ; D. Holleaux, J. Foyer et G. de Geouffre de la Pradelle, *Droit international privé*, Masson, 1987, p. 417 § 896.

[2] A. Pillet, *op.cit.*, p. 514 §651, P. Mayer, V. Heuzé et B. Remy, *op.cit.*, p. 268 § 377 ; Foelix, *Traité du droit international privé*, Marescq Aîné, Libraire-Éditeur, 4e éd, T. I, 1866, p. 281 §128 ; D. Holleaux, « Remarques sur l'évolution de la jurisprudence en matière de reconnaissance des décisions étrangères d'état et de capacité », *TCFDIP*, 1948-1952, p. 183.

874. En comparant la jurisprudence française rendue à l'époque de la révision au fond avec la jurisprudence colombienne, nous montrerons donc qu'une convergence entre les deux droits a existé au niveau de l'exigence de l'intervention judiciaire préalable aux fins de l'efficacité de la décision (§ 1), mais aussi quant aux motifs justifiant cette exigence (§ 2).

§ 1. L'exigence de l'intervention judiciaire préalable

875. Afin de mettre en évidence la similitude initiale qui, selon nous, rapprochait les droits français et colombien, nous allons d'abord exposer l'exigence d'une intervention judicaire préalable dans les deux droits (A), avant d'expliquer le caractère absolu qui la caractérise (B).

A. *L'exposé de l'exigence*

876. Prévoyant de manière très claire l'exigence d'une intervention judiciaire préalable, l'arrêt *Parker*[1] est, à nouveau, très important pour identifier les points de convergence avec le droit colombien.

877. En l'espèce, M. Parker, de nationalité étatsunienne, s'établit en France sans avoir songé à régler tous ses engagements commerciaux avant son départ. Il a ainsi été assigné aux États-Unis par M. Holker, avec qui il avait constitué une société commerciale dont les opérations de liquidation et de partage n'avaient pas été accomplies avant le déménagement du défendeur. On peut supposer que l'oubli de M. Parker n'était pas involontaire puisqu'à l'issue de la liquidation réalisée par les juges des États-Unis, il a été condamné à payer un montant très élevé en faveur de son associé. Muni de cette décision américaine, M. Holker demande au juge français de la déclarer efficace afin d'obtenir le paiement dû. M. Parker s'est alors opposé à l'efficacité de la décision, mais le Tribunal de la Seine s'y est refusé. L'efficacité du jugement a donc été déclarée et la saisie-arrêt de plusieurs créances de M. Parker a été autorisée. La décision du Tribunal s'est fondée sur le fait que le juge à l'origine de la décision était bien le juge naturel des parties, raison pour laquelle leurs droits étaient définitivement fixés[2]. En appel, M. Parker avançait la nécessité de procéder à une révision au fond de l'affaire pour permettre à la décision étrangère d'avoir une efficacité en France. La Cour d'appel de Paris fit droit à sa demande en affirmant l'inefficacité absolue en France de toute décision étrangère. Le créancier américain s'est alors pourvu en cassation et, comme fondement de son pourvoi, a exigé l'application de la théorie du juge naturel grâce à laquelle l'efficacité de la décision aurait dû être accordée.

878. La Cour de cassation a rejeté le pourvoi en affirmant d'une part que les dispositions du Code civil « n'autorisent par les tribunaux à déclarer les jugements rendus en pays étranger exécutoires en France sans examen », et, d'autre part, que, « le Code civil et le Code de procédure ne font aucune distinction entre les divers jugements rendus en pays étrangers, et permettent aux juges de les déclarer

---

[1] Cass. 1ère civ., 19 avril 1819 *Parker, préc. v.* M-L Niboyet et G. de Geouffre de la Pradelle, *op.cit.*, p. 543 §788.

[2] B. Ancel et Y. Lequette, note sous Cass. 1ère civ., 19 avril 1819 *Parker, préc., spéc.*, p. 11.

tous exécutoires »[1]. La portée de cet arrêt exprime une double officialisation. Celle du pouvoir de révision des juges[2]. Celle de l'exequatur qui est proclamée comme l'action procédurale exclusive aux fins d'efficacité. Autrement dit, selon cet arrêt, l'efficacité d'une décision étrangère nécessitait l'intervention judiciaire préalable des tribunaux nationaux dans le cadre de l'instance spécifique en exequatur.

879. Si nous regardons désormais le droit colombien, certains éléments de la procédure de contrôle de la régularité demeurent très similaires au système de l'arrêt *Parker.* D'abord l'article 606.7 du NCGP exige l'exequatur préalable à l'efficacité. Ensuite, cette convergence entre l'ancien état du droit français et le droit colombien actuel est confirmée par la jurisprudence. Pour le mettre en lumière nous relèverons trois arrêts, deux de 2018 relatifs à l'état et à la capacité des personnes, et un autre de 2015 rendu en matière d'obligations contractuelles dans le cadre d'un contrat de travail.

880. Le premier exemple concerne un arrêt rendu en juin 2018 à l'occasion duquel la Cour colombienne devait se prononcer sur l'efficacité d'une décision italienne ayant prononcé le divorce d'un couple par altération définitive du lien conjugal[3]. En l'occurrence, le mariage a été célébré en Italie en 1994 entre une épouse de nationalité colombienne et un époux italien, le domicile conjugal étant établi à Venise. La décision italienne de divorce, rendue en 2010, a reçu l'exequatur de la part de la Cour colombienne en 2018. Dans la motivation de cette décision, le tribunal colombien rappelle son raisonnement classique selon lequel l'administration de la justice est une fonction qui n'appartient qu'aux tribunaux nationaux, raison pour laquelle les décisions étrangères sont, en principe, privées de tout effet en Colombie. Le tribunal poursuit ensuite en affirmant que « la coopération et la réciprocité internationales ont rendu nécessaire de tempérer cette règle »[4] pour admettre exceptionnellement qu'une décision étrangère déploie ses effets dans le for. Le caractère exceptionnel de l'efficacité[5], qui révèle la conception publiciste de la matière qui prévaut en Colombie, implique, selon la Cour, que la vérification des conditions de régularité doit être opérée par le juge dans le cadre d'une procédure d'exequatur. En l'espèce, cette instance a permis à la Cour d'établir que la réciprocité et les autres conditions de régularité internationale étaient satisfaites, raison pour laquelle l'exequatur est accordée et l'inscription du divorce italien en marge de l'acte de naissance du conjoint colombien est autorisée.

881. Dans le prolongement de cette position, le second exemple est tiré d'un arrêt du 5 décembre 2018 par lequel la Cour colombienne refuse d'accorder l'exequatur à un jugement luxembourgeois de divorce par consentement mutuel[6].

---

[1] Cass. 1ère civ., 19 avril 1819 *Parker, préc.*

[2] B. Audit et L. d'Avout, *op.cit.,* p. 464 §556. *v. supra* p. 43.

[3] Dans l'arrêt il est indiqué que le divorce a été prononcé en Italie en raison de la séparation des conjoints de plus de deux ans. CSJC. Cass. Ch. Civ, 19 juin 2018, Magistrat Rapporteur : Margarita Cabello, Dossier n° 2015-00938-00.

[4] *Idem.*

[5] *v. supra* p. 174.

[6] CSJC. Cass. Ch. Civ., 5 décembre 2018, Magistrat Rapporteur : Álvaro García. Dossier n° 2018-00557-00.

Dans cette espèce, le mariage entre un homme de nationalité colombienne et une femme de nationalité française avait été célébré en Colombie en 2010 et le relâchement prononcé en 2015 au Luxembourg, lieu de résidence habituelle des conjoints, où du moins de l'un d'entre eux[1]. À l'image de l'exemple précédent, la Cour rappelle que le principe de souveraineté fait obstacle à l'efficacité des décisions étrangères en Colombie, mais que ce principe de non-efficacité comporte une exception, fondée sur des raisons de nécessité pratique[2], notamment « de coopération et d'efficacité de la justice »[3]. Grâce à cette exception, les jugements étrangers peuvent produire des effets en Colombie, pour autant que « les exigences substantielles et procédurales des articles 605 et 606 du NCGP soient respectées »[4]. Or, après ces réflexions, elle conclut qu'en l'espèce l'absence de réciprocité entre la Colombie et le Luxembourg commande le refus d'exequatur. Or, au-delà des complications indéniables auxquelles conduit l'exigence de réciprocité comme condition de régularité[5], cet arrêt démontre également que les parties ne peuvent faire produire aucun effet normatif au jugement de divorce tant que le juge n'est pas intervenu dans le cadre de l'action en exequatur. Concrètement, le ressortissant colombien est bel et bien divorcé en Europe, mais toujours marié en Colombie. Les difficultés qui découlent de cette situation sont délicates d'un point de vue personnel et patrimonial. À ce dernier titre, le défaut d'efficacité du divorce implique la survie du régime matrimonial aux yeux de l'ordre juridique colombien. Ainsi, il est possible que tous les biens acquis par les ex-conjoints après le divorce prononcé à l'étranger soient considérés par le droit colombien comme faisant partie de la communauté de biens réduite aux acquêts.

882. Le troisième et dernier exemple est un arrêt prononcé par la Cour colombienne en 2015 relatif à l'exequatur d'un jugement vénézuélien rendu en 2010[6]. Ledit jugement a reconnu l'existence d'un contrat de travail entre la demanderesse et le Consulat colombien de la ville vénézuélienne de Mérida, et a condamné ce dernier au versement des prestations sociales impayées, et à l'acquittement d'un montant supplémentaire à titre d'intérêts de retard. La décision vénézuélienne a également ordonné l'indexation desdits montants. La demanderesse demande l'exequatur en Colombie pour initier ensuite une procédure d'exécution et obtenir le paiement des montants dus. Pour déterminer l'efficacité de la décision en cause, la Cour suit exactement le même raisonnement que dans les deux exemples précédents. Elle confirme le principe de non-efficacité et son exception[7], puis affirme que cette dernière n'est envisageable que si la réciprocité et les autres conditions de régularité internationale ont été contrôlées dans le cadre de la procédure d'exequatur. En l'occurrence, la décision

---

[1] Le divorce a été rendu en application de l'article 3 du Règlement Bruxelles II bis.

[2] CSJC. Cass. Ch. Civ., 5 décembre 2018, *préc.*

[3] *Idem.*

[4] *Idem.*

[5] *v. supra* p. 222.

[6] CSJC. Cass. Ch. Civ., 27 novembre 2015, Magistrat Rapporteur : Ariel Salazar. Dossier n° 2013-00358-00.

[7] CSJC. Cass. Ch. Civ., 27 novembre 2015, *préc.*

vénézuélienne n'a obtenu qu'un exequatur partiel du fait que la double condamnation, à l'indexation et au paiement des intérêts moratoires, ait été jugée contraire à l'ordre public international colombien[1].

883. Ces trois exemples montrent, à notre sens, la convergence indéniable entre l'état du droit français au temps de la jurisprudence *Parker* et le droit colombien actuel. Elle consiste, d'une part, dans l'impossibilité de parvenir à l'efficacité de la décision étrangère sans l'intervention judiciaire qui, en France à cette époque et en Colombie aujourd'hui, se fait dans le cadre spécifique d'une procédure préalable d'exequatur. D'autre part, elle consiste dans le fait qu'en dehors de cette intervention judiciaire préalable, les parties sont privées dans le for du rapport de droit décidé à l'étranger. Elles ne peuvent lui faire produire aucun effet normatif avant que le juge ne l'autorise.

884. Cependant, la manière dont étaient à la fois comprises l'intervention du juge et l'action en exequatur en France à cette époque, et comme elles sont encore comprises aujourd'hui en Colombie, révèle une approche faiblement internationaliste[2], elle-même traduisant une conception essentiellement publiciste de l'efficacité des jugements étrangers. Intrinsèquement liée au besoin d'assurer la protection de la souveraineté nationale contre l'extranéité de la décision, l'exigence d'une intervention judiciaire est assortie d'un caractère absolu.

B. *Le caractère absolu de l'exigence*

885. L'autre élément important qui se dégage de l'arrêt *Parker,* et que nous retrouvons encore en droit colombien, est que l'exigence préalable d'intervention judiciaire par le biais de l'action en exequatur ne souffre aucune exception[3].

886. Selon nous, la révision au fond était assurément dangereuse pour la sécurité juridique des parties puisqu'elles risquaient, du fait de l'appréciation du bien-fondé de la décision étrangère, d'être privées dans le for du rapport de droit décidé à l'étranger. Pour autant, malgré les défauts du pouvoir de révision, force est de constater que l'arrêt *Parker* a eu au moins un mérite, celui de créer pour tous les jugements étrangers un régime procédural uniforme d'efficacité au sein duquel l'action en exequatur jouait le rôle principal. Complétement détachée de l'origine du jugement, l'action en exequatur a marqué la fin de la doctrine du juge naturel qui avait conduit le droit français, avant l'arrêt *Parker*[4], à traiter différemment l'efficacité des décisions étrangères rendues à l'encontre des français, de celle des jugements rendus à l'encontre des étrangers[5]. Dans l'affaire *Parker,* la Cour de cassation a remanié le régime d'efficacité par l'introduction de

---

[1] CSJC. Cass. Ch. Civ., 27 novembre 2015, *préc.*

[2] P. Mayer, V. Heuzé et B. Remy, *op.cit.*, p. 268 §377.

[3] L. d'Avout, « Faut-il supprimer l'exequatur dans le contentieux transfrontière en Europe ? Questionnement à propos des projets de révision du Règlement Bruxelles I » *in*, Actes du VIIIe colloque Droit et procédures, *Revue Droit et Procédures*, novembre 2010, p. 69.

[4] Sur la question *v.* J. Hudault, « Sens et portée de la compétence du juge naturel dans l'Ancien droit français », *RCDIP*, 1972, p. 27 ; D. Holleaux. « Remarques sur l'évolution de la jurisprudence… », *op.cit.*, p. 195.

[5] B. Ancel et Y. Lequette, note sous Cass. 1ère civ., 19 avril 1819, *Parker, préc.*, spéc., p. 15 §4 ; J-P Niboyet, *op.cit.*, p. 68 §1932.

l'action en exequatur en tant qu'action et voie procédurale exclusive et obligatoire de l'efficacité[1]. Ceci a permis à certains auteurs, comme Pillet, de qualifier de « vérité certaine qu'aucun jugement étranger ne peut recevoir exécution en France sans l'ouverture d'une instance en exequatur »[2].

887. Dans le raisonnement de la Cour de cassation française de 1819, qui est celui de la Cour colombienne actuelle, le passage par l'action en exequatur s'impose pour toutes les décisions étrangères en raison du simple fait de leur extranéité[3]. La nature et la hiérarchie de la juridiction les ayant rendues à l'étranger sont sans incidence sur l'étendue de l'exigence et sur leur efficacité dans le for[4]. Ainsi, un arrêt du Tribunal de la Seine du 3 décembre 1897 affirmait que le pouvoir de révision du juge français est « absolu [...] [et] existe, quelle que soit la nationalité des parties en cause ; il s'exerce, non seulement à l'égard des jugements rendus en matière contentieuse, mais même à l'égard des actes de juridiction gracieuse ou volontaire »[5]. Cette position de la Cour a conduit une partie de la doctrine à considérer que la nature de la décision étrangère était complètement dépourvue d'intérêt à l'heure de déterminer son efficacité dans le for[6].

888. L'action en exequatur organisée par le droit colombien actuel, dans le cadre du contrôle de régularité, possède aussi un caractère absolu, comme c'était le cas au XIXe siècle en droit français lorsqu'il était question de la révision au fond. Pour le démontrer, nous pouvons mettre en avant un arrêt colombien du 14 novembre 2018 par lequel la Cour a eu à étudier l'efficacité d'un jugement mexicain ayant prononcé le divorce par consentement mutuel d'un couple formé par un homme mexicain et une femme colombienne. Postérieurement à la célébration du mariage en Colombie, le couple a fixé son domicile conjugal à Veracruz au Mexique[7] où le divorce fut prononcé. Après avoir mené son raisonnement habituel en termes de principe-exception, et après avoir effectué le contrôle de régularité, la Cour en conclut que : « par disposition expresse de la loi, cette possibilité [l'efficacité] est conditionnée au respect de plusieurs conditions et, principalement, à l'octroi de l'exequatur »[8].

889. Cette affirmation, formulée d'ailleurs comme un attendu de principe, est destinée à couvrir l'ensemble des décisions judiciaires étrangères. En effet, tant la jurisprudence que la doctrine colombienne s'accordent pour attribuer à l'action en exequatur un champ d'application extrêmement vaste. À l'image de l'arrêt

---

[1] Foelix, *Traité du droit international privé*, Marescq Ainé, Libraire-Éditeur, 4e éd., T. II, 1866, p. 42 §320.
[2] A. Pillet, *op.cit.*, p. 524 §657. Dans le même sens *v.* D. Holleaux. « Remarques sur l'évolution de la jurisprudence... », *op.cit.*, p. 183.
[3] A. Pillet, *op.cit.*, p. 521 §656
[4] *Idem*, p. 524 §657.
[5] Seine. 3 décembre 1897, *JDI*, 1988.545.
[6] A. Pillet, *op.cit.*, p. 524 §657.
[7] CSJC. Cass. Ch. Civ., 14 novembre 2018, Magistrat Rapporteur : Margarita Cabello, Dossier n° 2017-00669-00.
[8] CSJC. Cass. Ch. Civ., 14 novembre 2018, *préc.* Dans la même logique, le 30 mai 2018, la Cour avait réitéré le caractère obligatoire du contrôle de régularité aux fins d'efficacité. Or, une décision ne peut produire des effets en Colombie qu'après avoir été judiciairement contrôlée dans sa régularité par le juge colombien. CSJC. Cass. Ch. Civ., 30 mai 2018, Magistrat Rapporteur : Álvaro García, Dossier n° 2016-01536-00.

Parker, l'élément déclencheur de l'action en Colombie est l'extranéité du jugement. De ce fait, la seule option dont disposent les parties pour échapper à l'action en exequatur est de renoncer au jugement étranger pour renouveler le litige devant les tribunaux colombiens. Cette option, efficace en ce qu'elle évite aux parties la procédure d'exequatur, n'en comporte pas moins certains inconvénients. Outre le fait, pour les particuliers, de devoir supporter, à nouveau, toutes les démarches, les frais et les délais typiques d'une procédure judiciaire sur le fond, ce choix comporte également une incertitude indéniable quant à son résultat. Puisque le juge national n'est aucunement lié par la position adoptée par le juge étranger, les parties risquent d'obtenir une décision différente, plus ou moins possiblement défavorable comparée à celle obtenue à l'étranger.

890. En outre, le caractère absolu de l'exigence d'exequatur semblerait être une manifestation de la préférence des ordres juridiques pour une conception publiciste de l'efficacité des jugements étrangers. À l'époque de l'arrêt *Parker*, le droit international privé français n'était qu'au début de son évolution, et l'efficacité des jugements était vue comme un rapport entre souverainetés souhaitant affirmer leur indépendance[1]. Une telle vision peut aujourd'hui sembler anachronique, mais nous avons eu l'occasion de démontrer combien elle demeure profondément enracinée au sein du droit colombien[2].

891. Ainsi, l'adoption d'une conception publiciste de l'efficacité s'est notamment manifestée par la préférence donnée à une interprétation très large de la notion d'exécution. À cet égard, il apparaît que, conformément à la portée de l'arrêt *Parker*, l'exécution était la seule manifestation que l'efficacité pouvait connaître. À ce titre, l'exécution engloberait l'ensemble des effets que le jugement étranger est susceptible de déployer dans le for. L'inscription d'un divorce prononcé à l'étranger sur des extraits de naissance en France serait, par exemple, une mesure d'exécution au même titre que le paiement des dommages et intérêts prononcés à l'encontre d'un débiteur français condamné à l'étranger. Cette lecture de l'exécution se justifie dès lors qu'à l'aune d'une conception publiciste de l'efficacité, l'intervention du juge et l'action en exequatur sont un moyen d'assurer la défense de la souveraineté nationale. Or, pour que l'action en exequatur remplisse cette fonction, il est nécessaire qu'elle soit respectée toutes les fois que la souveraineté étatique est concernée, c'est-à-dire à chaque fois que l'efficacité d'une décision étrangère est demandée. L'intervention préalable du juge s'impose au nom de *l'imperium* étatique et de l'indisponibilité de la contrainte publique par les particuliers.

§ 2. Les raisons de l'exigence

892. Le passage obligatoire par l'autorité judiciaire du for conduisait cette dernière à exercer, selon les mots de Bertrand Ancel et d'Yves Lequette, une « police des jugements étrangers »[3]. Ce rôle, qui trouvait son fondement dans

---

[1] B. Ancel et Y. Lequette, note sous Cass. 1ère civ., 19 avril 1819, *Parker, préc.*, spéc., p. 15 §5 ; Foelix, *op.cit.*, T. II, p. 42 §319.
[2] *v. supra* p. 198.
[3] B. Ancel et Y. Lequette, note sous Cass. 1ère civ., 19 avril 1819, *Parker, préc.*, spéc., p. 15 §5.

l'idée de garantir le respect de la souveraineté française[1], a été propice au développement d'un régime unique d'efficacité. Autrement dit, l'efficacité prévue par l'arrêt *Parker* ne pouvait être que définitive et, par conséquent, incontestable et irrévocable, du fait de la nécessaire intervention judiciaire. Ainsi, le rôle du juge était celui d'un gardien de l'ordre juridique français qui n'ouvrait ses portes qu'aux seules décisions satisfaisantes du point de vue de la forme et du fond[2].

893. Dans le prolongement de la même approche, la doctrine et les juges colombiens ne semblent concevoir que l'existence d'une efficacité des décisions étrangères définitive et, par conséquent, incontestable dont la seule voie d'accès est de nature juridictionnelle[3]. À l'instar du régime de l'arrêt *Parker,* l'action en exequatur est la seule action que le droit colombien a prévue pour que la décision étrangère obtienne l'efficacité dans le for. La raison de l'exigence et de son caractère absolu s'expliquent, à notre sens, par le fait que dans l'esprit des auteurs, du législateur et des juges colombiens, les notions d'« efficacité » et d' « exequatur » sont synonymes[4]. Elles sont ainsi utilisées indistinctement[5].

894. Cette imprécision terminologique est regrettable pour deux raisons. D'abord, la synonymie entre efficacité et exequatur repose sur une confusion, pour le moins dérangeante, entre le moyen, qui est l'action en exequatur, et son objectif, qui est l'efficacité de la décision[6]. Ensuite, la fausse fongibilité des termes conduit à une vision réductrice de l'efficacité puisqu'elle s'achèverait dans la seule question de l'exequatur. Or, nous le savons déjà, et nous y reviendrons ultérieurement[7], il est possible pour une décision étrangère de produire des effets dans le for en dehors de toute action en exequatur. Le droit français nous offre une illustration de cette dissociation entre efficacité et intervention judiciaire avec la reconnaissance de plein droit. C'est également le cas du droit européen avec, entre autres, l'exécution de plein droit des décisions civiles et commerciales.

895. Cependant, l'imprécision et l'inadéquation terminologiques du droit colombien contribuent au renforcement de l'unicité du régime d'efficacité. En effet, c'est parce que dans la conception colombienne, l'efficacité d'une décision étrangère concerne au premier rang la souveraineté étatique qu'elle ne peut être que définitive. L'intervention préalable du juge est obligatoire parce qu'elle sert à s'assurer que la réception de la décision étrangère ne viole pas ladite souveraineté. Dans ce contexte, nous devons reconnaître que le réflexe presque systématique des auteurs colombiens de penser l'efficacité en termes uniquement d'exequatur, la liant inévitablement à l'intervention du juge, correspond à une fidèle, mais non moins regrettable, description du droit positif.

---

[1] *Idem.* Dans le même sens *v.* Foelix, *op.cit.,* T. II, p. 87 §353.

[2] Les professeurs Pierre Mayer, Vincent Heuzé et Benjamin Remy expliquent qu'en raison de cette vision publiciste, voire souverainiste de l'efficacité *« les tribunaux ne se sont pas reconnus le droit de laisser une justice étrangère se substituer à la justice française ».* P. Mayer, V. Heuzé et B. Remy, *op.cit.*, p. 268 § 377.

[3] H. Devis Echandía, *Nociones generales de derecho procesal civil,* Temis, 2e éd., 2009, p. 627 §252.

[4] À ce propos, par exemple, *v.* P. Cardona Galeano, *Manual de derecho procesal civil,* Leyer, 5e éd., T. II, p. 621 §3.

[5] *v.* A. Aljure, « Exequatur de providencias judiciales », *in, Teoría general…*, *op.cit.*, p. 245 §2.

[6] J. Marín Fuentes, *Derecho internacional privado,* Universidad de Medellín, 2014, p. 171 §2.6.

[7] *v. infra* p. 349.

896. Ainsi, c'est la volonté de protéger, ou de défendre, l'ordre juridique d'accueil et sa souveraineté qui a justifié, à notre sens, le choix de l'unicité procédurale de l'efficacité en France et qui continue de le justifier en Colombie. L'intervention du juge représentait, pour le droit français à l'heure de l'arrêt *Parker*, un gage du bien-fondé de la décision étrangère. Dans la même logique, cette intervention représente aujourd'hui en Colombie un gage de la régularité internationale du jugement. Dans un cas comme dans l'autre, l'aval judiciaire justifie que la réception de la décision étrangère dans l'ordre juridique du for se fasse en toute sécurité, et que, par conséquent, elle soit irrévocable.

897. Il serait, en effet, peu logique d'admettre qu'après avoir été l'objet d'une décision d'exequatur, l'efficacité du jugement reste susceptible d'être, ultérieurement, remise en cause par les parties. Pensons à un jugement étranger ayant prononcé l'adoption d'un enfant mineur colombien. Il est clair que, à l'époque de la jurisprudence *Parker* en droit français, ou dans le système colombien actuel, le lien de filiation adoptive n'a pas d'existence juridique tant que l'instance d'exequatur n'a pas été intentée et que le juge n'a pas apprécié la décision étrangère. Autrement dit, en dehors de cette instance judiciaire, l'adopté et l'adoptant ne sont unis par aucun lien de filiation et sont, par conséquent, réciproquement privés de tout droit et prérogative qui aurait pu en résulter[1]. Supposons à présent que la décision étrangère ait été soumise au contrôle de régularité, et que la Cour colombienne lui ait finalement octroyé l'efficacité. C'est uniquement à partir de ce moment que les parties pourront procéder à l'inscription de la filiation sur l'acte de naissance de l'adopté et de l'adoptant, et ainsi jouir, en Colombie, des droits qui en découlent. Or, nous pouvons nous demander si, plus tard, au moment du décès de l'adoptant, par exemple, il serait possible pour ses ayants-cause de revenir sur la question de la régularité de la décision afin de contester, entre autres, la vocation successorale de l'enfant adopté. Nous devons répondre par la négative à cette question, car ayant été l'objet d'une décision judiciaire d'exequatur, le jugement étranger a été intégré dans l'ordre juridique colombien de manière définitive, compromettant irrémédiablement la recevabilité de nouvelles contestations sur sa régularité internationale[2].

898. Sans doute, les autres ayants-cause peuvent-ils participer à l'instance en exequatur pour s'opposer à l'efficacité de la décision en contestant sa régularité internationale dans le cadre de l'action en exequatur. Certes, le NCGP exige que la demande d'efficacité soit uniquement notifiée à la partie contre laquelle la décision en cause a été rendue à l'étranger, si elle a mis fin à une procédure contentieuse, et non aux éventuels intéressés qui n'ont pas été parties à l'instance directe. Cependant, remarquons que ce Code prévoit également que le juge doit notifier la demande d'efficacité au délégué du Ministère Public chargé des affaires

[1] Cette position contraste avec la solution que le droit français retient actuellement. Selon Pierre Mayer, Vincent Heuzé et Benjamin Remy, *« La filiation établie par une décision étrangère a effet en France sans exequatur, sauf en ce qui concerne les mesures d'exécution forcée »*. P. Mayer, V. Heuzé et B. Remy, *op.cit.*, p. 451 §651.
[2] J-P. Niboyet, *op.cit.*, p. 73 §1935.

civiles[1]. Or, selon l'article 46.1 du NCGP, ce dernier est chargé, entre autres, d'assurer la défense des droits fondamentaux, sociaux, économiques, culturels et collectifs. Afin de remplir ses fonctions, cette même disposition lui accorde des facultés particulièrement étendues, notamment la possibilité d'« interposer des recours, émettre des consultations, solliciter des nullités, demander, apporter et contester des éléments de preuve ». Ainsi, dans le cadre de l'exercice de ses fonctions, le délégué du Ministère Public devrait, à notre sens, solliciter du juge la citation des autres ayants-cause pouvant avoir un intérêt à participer à la procédure d'efficacité. L'intérêt de cette notification est, sans doute, celle d'éviter toute complication ultérieure relative à la vocation successorale de l'adopté à l'occasion de la procédure de succession. Pour autant, au regard de l'ensemble de la jurisprudence colombienne, force est de constater que le Ministère Public ne sollicite jamais le juge dans ce sens et que, dans la grande majorité des cas, il se limite à citer les conditions de régularité pour éventuellement s'opposer à l'efficacité du jugement étranger.

899. Admettre qu'au moment de la succession, les parties puissent revenir, par exemple, sur la régularité de la compétence indirecte du tribunal étranger, ou encore, sur la contrariété de l'adoption à l'ordre public international colombien, soulèverait deux questions très délicates. La première nous inviterait à réfléchir alors à l'intérêt de conditionner l'efficacité de la décision à l'action en exequatur si, quoiqu'il arrive, tant la régularité internationale que l'efficacité demeurent susceptibles d'être remises en cause toutes les fois qu'une partie y aurait intérêt. La seconde, qui découle directement de la précédente, nous conduirait à nous interroger sur la nature juridique du jugement d'exequatur. En effet, si on acceptait la possibilité de revenir ultérieurement sur les appréciations et sur la décision du juge en matière de régularité de la décision, il en résulterait que, à la différence des jugements judiciaires classiques, le jugement d'exequatur ne serait pas doté de la même force contraignante. Il convient néanmoins d'écarter cette hypothèse puisque, en effet, la décision d'exequatur est un jugement comme un autre ; elle est, à ce titre, assortie des mêmes effets juridictionnels que toutes les décisions judiciaires nationales, notamment celui de l'autorité de chose jugée qui empêche les parties de revenir sur ce qui a été tranché[2]. Permettre aux intéressés d'attaquer la régularité de la décision après l'exequatur viderait l'exigence de son sens. Cela serait, en plus, contraire à l'esprit du régime colombien qui, en quête de protection de son ordre juridique, notamment de sa cohésion, a érigé l'exequatur comme une garantie préalable, et a choisi de préserver un régime procédural unique.

900. **Conclusion de la section :** Exiger l'intervention préalable et obligatoire du juge du for afin de permettre à la décision étrangère de produire des effets révèle la volonté excessivement protectionniste de l'ordre juridique d'accueil. Une convergence peut être identifiée à ce propos entre le droit français à l'époque

---

[1] Article 607.3 du NCGP, *préc.*

[2] J. Azula Camacho, *Manual de derecho procesal*, Temis, 9e éd., T. I, p. 371 §6; P. Cardona Galeano, *Manual de derecho procesal civil. Parte general*, Leyer, T. I, 4e éd., p. 568 §2 et s.

de l'arrêt *Parker* et le droit colombien actuel. En effet, à l'instar du droit français de cette première moitié du XIXe siècle, les tribunaux et les auteurs colombiens du XXIe siècle conservent une vision réductrice de l'efficacité, principalement appréhendée comme un conflit de souverainetés. L'intervention préalable du pouvoir judiciaire de l'État d'accueil s'impose obligatoirement, selon eux. C'est pourquoi, l'efficacité des décisions étrangères ne connaît qu'un seul régime procédural, concentré autour de l'action en exequatur et assorti d'un caractère absolu. L'extranéité de la décision déclenche toujours cette instance et constitue le seul critère permettant de déterminer son champ d'application.

901. Nous mesurons la particularité temporelle du rapprochement ici étudié entre les deux ordres juridiques, alors que plus de deux siècles séparent les deux points de comparaison. Mais ce regard vers le passé permet de mieux comprendre le présent et de pleinement saisir l'opposition actuelle entre les deux droits. En effet, aujourd'hui, un tel rapprochement est impossible et un rééquilibrage temporel dans notre analyse comparative le démontre. L'évolution asymétrique du droit international privé de chaque côté de l'Atlantique a créé un écart remarquable entre les deux droits.

Section II : L'opposition actuelle quant à un double régime d'efficacité

902. L'unicité de régime en droit français n'a pas duré longtemps. Grâce à la transformation progressive de la conception publiciste de l'efficacité en faveur d'une conception plus privatiste, il a été possible, entre autres, d'alléger le caractère absolu de l'exigence d'intervention judiciaire préalable. L'ouverture d'un régime alternatif d'efficacité plus simple, plus rapide et moins formaliste a été alors envisageable. L'arrivée du contrôle de régularité, proclamée par l'arrêt *Munzer*, a confirmé la lecture privatiste de l'efficacité et initié davantage la simplification procédurale. En revanche, la préférence colombienne pour une approche publiciste de l'efficacité étant toujours très marquée, le régime unique se révèle profondément ancré dans le système colombien. Néanmoins, cela ne signifie pas pour autant que l'idée d'un double régime d'efficacité ait été totalement inconnue en Colombie. Certains éléments le démontrent, mais l'attitude générale du droit colombien à l'égard de cette dualité, à la différence de celle du droit français, a condamné toute possibilité pour qu'émerge véritablement un double régime (§ 1). Il sera alors nécessaire d'étudier la manière dont le droit français aménage cette dualité, et ce, afin, à la fois, de prendre la pleine mesure de l'opposition entre les deux droits, et, à terme, d'y remédier (§ 2).

§ 1. L'attitude des deux droits face à la dualité de régime

903. Contrairement au droit français qui s'est très rapidement montré favorable à l'émergence et à l'affirmation d'un double régime d'efficacité (A), le droit colombien a adopté une attitude hostile à cette idée. Alors que la distinction entre deux régimes d'efficacité a, un temps, semblé émerger dans ce droit, elle a fini par échouer, précisément en raison de cette position de principe (B).

A. *Une attitude favorable en droit français*

904. L'existence d'un seul régime d'efficacité, exclusivement judiciaire, s'est révélée inadéquate en raison de sa sévérité. La nécessité croissante de favoriser la circulation simplifiée des jugements étrangers a poussé la doctrine et la jurisprudence françaises à abandonner progressivement l'unicité procédurale au profit d'une dualité de régime. L'expérience française, ainsi que celle des autres droits internes des États membres de l'Union européenne a, assurément, inspiré le législateur européen qui a toujours opté pour une dualité des régimes d'efficacité. Qu'il s'agisse du droit commun ou du droit européen, le double régime poursuit un même objectif : permettre aux décisions étrangères de parvenir à l'efficacité d'une manière rapide et allégée.

905. Si l'expérience pratique des juges et les apports de la doctrine ont été déterminants dans cette démarche de simplification procédurale, c'est parce qu'ils ont pris conscience, assez tôt, des défauts que comportait un régime unique d'efficacité. En effet, l'unicité méconnaissait l'utilité pratique que l'efficacité représente pour les particuliers concernés par le litige tranché et ignorait le fait que toutes les décisions ne matérialisent pas leur efficacité de la même manière. En effet, l'efficacité en France d'un jugement étranger ayant condamné un défendeur à réparer le dommage causé à autrui, et celle d'un jugement étranger prononçant le divorce d'un couple, sont finalement différentes. Si dans le premier cas, l'intéressé cherche à obtenir le soutien des autorités françaises afin de contraindre le débiteur récalcitrant au paiement des dommages et intérêts, dans le second exemple, la pratique des mesures « d'exécution matérielle sur les biens ou de coercition sur les personnes »[1] ne s'avère pas nécessaire. Les intéressés cherchent à rendre public et opposable le changement dans leur état civil, opéré par le prononcé du divorce à l'étranger[2]. Or, contrairement à l'exemple de la condamnation à des dommages et intérêts, la cristallisation de l'efficacité ne requiert ici aucun comportement de la part de l'autre partie au contentieux[3].

906. Dans cette perspective, la distinction entre la reconnaissance et l'exécution du jugement comme les deux manifestations de l'efficacité a été déterminante pour adapter le traitement procédural de cette dernière. En effet, cette distinction a permis au droit commun français de systématiser plus clairement les effets normatifs que la décision étrangère peut produire dans le for[4]. Or, c'est à partir de la distinction entre les manifestations de l'efficacité et la systématisation des effets normatifs, qu'il a été possible de prévoir un nouveau régime d'efficacité plus allégé que celui instauré par l'arrêt *Parker*.

907. À cet égard, l'arrêt *Bulkley*[5] de 1860, a été le premier à affirmer clairement que, outre l'exécution, l'efficacité de la décision peut aussi se manifester par sa

[1] Cass. Req., 3 mars 1930 *Hainard, S.* 1930.I.377, obs. Niboyet ; *JDI* 1930.981 ; *RCDIP* 1931.329.
[2] P. Mayer, V. Heuzé et B. Remy, *op.cit.*, p. 265 §372.
[3] B. Audit et L. d'Avout, *op.cit.*, p. 479 §576. Dans le même sens *v.* A. Huet, « Les procédures de reconnaissance et d'exécution des jugements étrangers et des sentences arbitrales, en droit international privé français », *JDI* 1988.5.
[4] *v. supra* p. 30.
[5] Cass. 1ère civ., 28 février 1860, *Bulkley* : *GA* n° 4, p. 30 ; *S.* 1860.I.210 ; *D.* 1860.I.57.

reconnaissance[1]. En l'espèce, il était question de l'efficacité en France d'un jugement de divorce rendu à La Haye en 1858, alors que la loi française interdisait le divorce à l'époque. L'une des parties souhaitait à nouveau se marier en France mais, selon le régime instauré par la jurisprudence *Parker*, l'efficacité du divorce étranger nécessitait l'exequatur préalable pour que le changement d'état civil soit opéré en France. Autrement dit, à l'image du droit colombien actuel, le relâchement de l'union matrimoniale n'existait pas tant que l'action en exequatur n'était pas intentée. Sans celle-ci, la validité de la nouvelle union était compromise pour cause de bigamie. Amenée à se prononcer sur la question, la Cour de cassation a d'abord précisé que la loi française interdisant le divorce ne valait que pour l'avenir et uniquement pour la France. Elle ne saurait donc pas empêcher les étrangers de divorcer valablement à l'étranger et de conclure ultérieurement un mariage sur le territoire français, à condition pour les parties d'apporter la preuve du divorce. Ensuite, concernant ce point, la Cour affirme que la preuve du divorce est « faite, de la part de l'étranger marié à l'étranger, lorsqu'il établit que son mariage a été dissous dans les formes et selon les lois du pays dont il était sujet »[2]. Ainsi, le jugement hollandais de divorce pouvait avoir effet en France en ce qu'il était la preuve du divorce lui-même, et ce, sans devoir respecter l'exigence d'exequatur préalable.

908. Si cet attendu introduit la distinction entre les deux manifestations de l'efficacité, il comporte un inconvénient : il réduit, de manière regrettable, l'efficacité des jugements à une question de preuve[3]. En effet, dans la pensée de la Cour à cette époque, l'efficacité n'était pas accordée à la décision parce qu'elle était un instrument juridictionnel, mais parce qu'elle était un élément de preuve. Selon Pierre Mayer, cette confusion pouvait s'expliquer par le fait que la distinction entre les différents effets normatifs des jugements commençait à peine à se formaliser en droit français. Ainsi, la reconnaissance paraissait plutôt justifiée par le fait de l'existence de la décision rendue, puisque détachée de toute mesure d'exécution[4].

909. Dans le prolongement de la distinction entre reconnaissance et exécution, l'arrêt *De Wrède* du 9 mai 1900[5] vint consolider la dualité des régimes d'efficacité. En l'occurrence, il était question de l'efficacité en France d'un jugement allemand ayant prononcé la nullité d'un mariage célébré en Autriche. Au lieu de soumettre l'efficacité de cette décision au respect de l'instance en exequatur, la Cour de cassation accepte que le jugement allemand bénéficie d'une

---

[1] B. Audit et L. d'Avout, *op.cit.*, p. 480 §577.

[2] Cass. 1ère civ., 28 février 1860, *Bulkley, préc.* Pour une position contraire à cet arrêt : Pau. 17 janvier. 1872, *D.* 1875.2.193.

[3] La position de la Cour fut d'abord expliquée sur le fondement de la force probante du jugement. Le jugement de divorce était de nature constitutive et, à ce titre, il sert lui-même de moyen de preuve de la situation juridique qu'il constitue. C'est grâce à sa qualité de preuve que son efficacité a été admise en dehors de l'exequatur. *v.* B. Ancel et H. Muir Watt, « Les jugements étrangers et la règle de conflit », *in, Vers de nouveaux équilibres entre ordres juridiques. Mélanges en l'honneur d'Hélène Gaudemet-Tallon*, Dalloz, 2008, p. 145, H. Péroz, *op.cit.*, p. 58 §81 ; Dominique Bureau et Horatia Muir Watt, *op.cit.*, p. 297 §252.

[4] P. Mayer, « Les méthodes de la reconnaissance en droit international privé » *in Mélanges en l'honneur de Paul Lagarde, Le droit international privé : esprit et méthodes*, Dalloz, 2005, p. 551 §9.

[5] Cass. 1ère civ., 9 mai 1900, *De Wrède* : *GA* n° 10, p. 79 ; *S.* 1901.1.185 ; *JDI* 1900.613.

reconnaissance de plein droit, et ce donc, en dehors de l'intervention préalable du juge.

910. L'importance des arrêts *Bulkley* et *De Wrède* réside ainsi dans le fait d'avoir admis qu'en tant que manifestation de l'efficacité[1], la reconnaissance et l'exécution s'avèrent associées à des effets normatifs différents du jugement étranger. Tandis que l'efficacité substantielle, l'autorité de chose jugée et la force exécutoire[2] ont été associés à l'exécution[3], seuls les deux premiers l'ont été à la reconnaissance[4]. Nous mesurons dès lors l'importance de l'affinement terminologique opéré par ces arrêts et leur contribution à la systématisation des effets normatifs du jugement étranger. En effet, ils retiennent une interprétation restreinte de la notion d'exécution, en comparaison de celle prônée dans l'arrêt *Parker*. Ceci a donc rendu possible l'allègement du traitement procédural de l'efficacité des décisions qui ne donnaient pas lieu à des mesures d'exécution matérielle.

911. À ce propos, selon Foelix, un mouvement dans ce sens se dessinait déjà dans certains arrêts de la Cour de cassation antérieurs aux arrêts *Bulkley* et *De Wrède*. Il cite notamment une décision de 1846 dans laquelle la Cour de cassation aurait estimé que l'exécution visée aux articles 2123 du Code civil et 546 du C. pr. civ., ne tient qu'« à l'exercice d'actes juridictionnelles et coercitifs sur le territoire français, [et qui] se rattache essentiellement au droit public et à la souveraineté de la France, à laquelle les particuliers, par leurs conventions, ne sauraient jamais porter atteinte »[5]. En dépit du lien encore dominant à l'époque entre l'efficacité et la souveraineté étatique, il est clair que le mot exécution est employé de manière plus restreinte. Il n'engloberait ici que la force exécutoire du jugement. Pillet retrace également l'émergence, dans l'Ancien droit, d'une distinction entre les effets normatifs du jugement et le traitement qui leur était accordé, plus spécifiquement entre la force exécutoire et l'autorité de chose jugée[6]. Il affirme que l'effet pratique d'une telle distinction est d'accepter que la première reste « subordonnée à la nécessité d'une action à exercer en France, tandis que l'autorité de la chose jugée résulterait suffisamment du fait du

---

[1] Selon Pierre Mayer, Vincent Heuzé et Benjamin Remy : *« Ce ne sont que deux formes différentes de ce que l'on peut appeler l'efficacité du jugement, et qui consiste dans le fait de lui reconnaître en France une valeur normative - de même que l'on reconnaît une valeur normative à la loi étrangère lorsqu'on la déclare applicable »*. P. Mayer, V. Heuzé et B. Remy, *op.cit.*, p. 265 § 372. *v.* Philippe Théry, *op.cit.*, p. 257 §273 ; Y. Loussouarn, P. Bourel et P. de Vareilles-Sommières, *op.cit.*, p. 863 §856 ; C. Bléry, *L'efficacité substantielle des jugements civils*, LGDJ, 2000, p. 97 §139.

[2] Selon Pierre Mayer, Vincent Heuzé et Benjamin Remy dans ce cas *« on réclame le concours de la force publique pour obtenir une satisfaction matérielle »*, *op.cit.*, p. 265 §372.

[3] P. Mayer, « Les méthodes de la reconnaissance… », *op.cit.*, p. 550 §6.

[4] Ph. Théry, *op.cit.*, p. 257 §273. *v.* aussi : Y. Loussouarn, P. Bourel et P. de Vareilles-Sommières, *op.cit.*, p. 863 §856 ; C. Bléry, *op.cit.*, p. 97 §139 ; H. Gaudemet-Tallon et M-E. Ancel, *op.cit.*, p. 583 §408.

[5] Foelix, *op.cit.*, p. 369 §181 et p. 370 §182.

[6] Cette distinction est importante car pendant longtemps la jurisprudence française a considéré que tant la force exécutoire que l'autorité de chose jugée relevaient de la souveraineté étatique. Admettre l'une ou l'autre en dehors de l'intervention judiciaire préalable revenait, selon la jurisprudence du début du XIXe, *« à se plier devant l'ordre du juge étranger et à porter atteinte à la souveraineté française »*. Cette assimilation entre les deux faisait obstacle à la distinction entre reconnaissance et exécution. M-L Niboyet, « Les conflits de procédures », *TCFDIP*, 1995-1996, p. 75.

jugement rendu à l'étranger et de l'interdiction générale adressée aux juges français d'apprécier de nouveau une cause ainsi décidée »[1].

912. Dans ce contexte, la double distinction entre les manifestations de l'efficacité et les effets normatifs du jugement a permis l'affirmation et la consolidation d'un régime pour l'efficacité définitive et d'un régime différent pour l'efficacité accordée *de plano*. Le premier est ouvert à toutes les décisions étrangères[2], indépendamment du fait que leur efficacité se manifeste par la reconnaissance ou par l'exécution[3]. Il commande toujours la mise en œuvre du contrôle de régularité. Or, puisque la compétence pour opérer ce dernier appartient au juge du for, ce régime procédural possède une nature judiciaire. Ainsi, étant indissociable de l'établissement judiciaire de la régularité internationale du jugement étranger, l'efficacité que ce régime accorde au jugement étranger ne peut être que définitive. L'intégration de la décision étrangère à l'ordre juridique d'accueil est irrévocable[4].

913. En revanche, le régime de l'efficacité *de plano* mène le jugement étranger vers une efficacité précaire, en ce qu'elle est susceptible d'être contestée. Contrairement au premier régime, celui-ci est de nature extrajudiciaire. Ainsi, l'absence d'intervention judiciaire implique qu'il n'y a pas, non plus, un contrôle poussé de la régularité internationale de la décision étrangère. Ceci explique le caractère précaire et contestable de l'efficacité qui lui est accordée[5]. Les avantages pratiques de cette efficacité extrajudiciaire de plein droit sont indéniables, avec, en premier lieu, sa rapidité. Détachée de l'action en justice, l'efficacité précaire de la décision se manifeste dans le for aussitôt que les parties l'introduisent, et aussi longtemps qu'une entente règne entre les sujets concernés[6]. Ce dernier élément constitue, précisément, son principal inconvénient, car elle demeure contestable à tout moment. Il suffit qu'une personne ayant intérêt à agir soulève l'irrégularité de la décision pour que l'incertitude pèse sur l'efficacité.

914. En effet, la nature extrajudiciaire et allégée du régime de l'efficacité de plein droit ne signifie pas que la France renonce à l'établissement de la régularité internationale de la décision, ni qu'elle accepte de donner des effets à des jugements contestables. En effet, dès l'émergence de la dualité de régime, la Cour de cassation a précisé dans l'arrêt *De Wrède* que pour bénéficier de l'efficacité de plein droit, le jugement devait respecter trois exigences : la compétence de la juridiction qui l'a rendu, le respect des formes exigées dans le pays d'origine, et la force de chose jugée dont le jugement devait bénéficier dans son pays

---

[1] A. Pillet, *op.cit.*, p. 513 §651.

[2] *v. infra* p. 378.

[3] Y. Loussouarn, P. Bourel et P. de Vareilles-Sommières, *op.cit.*, p. 863 §856.

[4] Nous devons signaler sur ce point la position de certains auteurs, notamment de Pierre Mayer, selon laquelle le jugement étranger est uniquement l'objet d'une réception mais non d'une intégration dans le for. L'efficacité définitive et incontestable consisterait donc dans « *l'élaboration d'un jugement [national] dont le contenu et la portée sont calqués* » sur ceux du jugement étranger. P. Mayer, « Les méthodes de la reconnaissance… », *op.cit.*, p. 550 §8.

[5] E. Bartin « Le jugement étranger considéré comme un fait », *JDI* 1924.858.

[6] E. Fohrer-Dedeurwaerder, *La prise en considération des normes étrangères*, LGDJ, 2008, p. 177 §250.

d'origine[1]. Selon cet arrêt, la vérification de ces exigences relève de la compétence de « l'officier de l'état civil français [...] avant de procéder à la célébration du nouveau mariage, et aux tribunaux français de les résoudre, en cas de contestation, sans qu'il y ait lieu, du reste, de réviser, quant au fond, la sentence étrangère »[2]. Confiant aux agents de l'état civil la mission de soulever les irrégularités du jugement[3], le droit français a mis en place une présomption de régularité[4] pour alléger la circulation des décisions étrangères efficaces par reconnaissance.

915. En effet, celles-ci peuvent parvenir à l'efficacité par la voie extrajudiciaire, ou judiciaire en cas de contestation. Ainsi, le moindre doute quant à la conformité de la décision aux exigences de régularité du for déclenche l'intervention du juge, conformément au régime procédural de l'efficacité définitive[5]. Deux hypothèses sont alors envisageables. La première est que la régularité internationale de la décision est établie par le juge. Dans ce cas, l'efficacité qui, jusqu'alors, n'était que précaire, devient désormais définitive et incontestable[6]. La seconde hypothèse est que le contrôle de régularité conduit à établir que la décision étrangère souffre d'une irrégularité internationale. Dans ce cas, la conséquence est la perte de son efficacité précaire, et donc de toute son efficacité normative dans le for. Contrairement à cet allégement prévu pour la reconnaissance des jugements, l'efficacité des décisions nécessitant une exécution matérielle doit toujours suivre le régime procédural de l'efficacité définitive.

916. Il apparaît ainsi que la dualité de régimes se traduit par une différence quant à l'efficacité accordée : définitive dans un cas, elle n'est que précaire dans l'autre. Des raisons d'opportunité ont été avancées pour justifier cette distinction, notamment l'admission d'un régime particulièrement allégé pour l'efficacité *de plano*. Le maintien de l'unité et de la stabilité de l'état civil des personnes a été l'argument le plus avancé à l'époque de l'arrêt *De Wrède*[7]. À cette occasion, la Cour de cassation a affirmé que l'état civil doit rester « à l'abri de toute attaque, soit de la part des tiers soit de la part des époux, parce que l'état des personnes ne peut demeurer incertain, sans qu'il en résulte un trouble profond dans les familles et une atteinte grave à l'ordre social »[8]. Autrement dit, c'est l'objectif de garantir l'unité et la stabilité de l'état civil qui a rendu nécessaire de redéfinir le

---

[1] Philippe Théry, *op.cit.*, p. 260-261 §278. À ce propos *v.* D. Alexandre, *Les pouvoirs du juge de l'exequatur*, LGDJ, 1970, p. 44 §52. En jurisprudence *v.* Ch. Req. 11 novembre 1908 *Le Goaster*, *RCDIP* 1909.227; *JDI* 1909.753, obs. J.P.

[2] Cass. 1ère civ., 9 mai 1900 *De Wrède*, *préc.*

[3] *« Il convient toutefois d'observer que la validité du second mariage est susceptible d'être contestée par la suite devant un juge, s'il peut être établi que le divorce n'était pas régulier »*. P. Mayet, V. Heuzé et B. Remy, *op.cit.*, p. 297 §421. Dans le même sens *v.* H. Muir-Watt, « Remarques sur les effets en France des jugements étrangers indépendamment de l'exequatur » *in Mélanges dédiés à Dominique Holleaux*, Litec, 1990, p. 301.

[4] B. Audit et L. d'Avout, *op.cit.*, p. 480 §577.

[5] Dans un arrêt du 5 septembre 2018, la Cour de cassation confirme, au visa de l'article 509 du C.pr.civ. que *« l'efficacité des jugements étrangers concernant l'état des personnes est reconnue en France, sous réserve du contrôle de leur régularité internationale »*. Cass. 1ère civ., 5 septembre 2018 n° 17.22100. *v.* M-L Niboyet et G. de Geouffre de la Pradelle, *op.cit.*, p. 529 §771.

[6] H. Péroz, *op.cit.*, p. 238 et 239 §461 et 462.

[7] Philippe Théry, *op.cit.*, p. 260 §278.

[8] Cass. 1ère civ., 9 mai 1900 *De Wrède*, *préc.* Dans le même sens *v.* Philippe Théry. *Idem.*

caractère obligatoire de l'action préalable en exequatur. Aujourd'hui, d'autres arguments sont également avancés comme l'intérêt de faciliter la circulation des jugements étrangères afin de parvenir à la coopération, à l'entraide et à la coordination entre les ordres juridiques.

917. Ce modèle de double régime d'efficacité est repris par le droit européen[1], ainsi que par les différents traités bilatéraux et multilatéraux auxquels participe la France. Les décisions de divorce rendues à l'étranger constituent, assurément, l'un des cas les plus traditionnels et représentatifs de l'efficacité par reconnaissance de plein droit, extrajudiciaire et précaire. Un arrêt de 2017 confirme cette dualité de régimes et ses enjeux[2]. En l'espèce, un époux avait été condamné en France, au titre du devoir matrimonial de secours, au paiement d'une obligation alimentaire en faveur de son épouse. Cependant, ayant obtenu du juge marocain le divorce, l'ex-époux assigne son ex-épouse en remboursement des montants qu'il lui aurait indûment payés à ce titre. En effet, le divorce prononcé a mis fin aux devoirs entre époux, libérant le demandeur de son obligation alimentaire. La question de l'efficacité en France de la décision marocaine de divorce se révélait particulièrement importante d'autant plus que la créancière défenderesse soulevait le défaut d'exequatur du divorce pour s'opposer au remboursement. Confrontée à cette question, la cour d'appel refuse toute efficacité au jugement sur le fondement de l'absence de contrôle de régularité et d'exequatur préalables. Cependant, la cassation s'impose au regard des dispositions de la Convention franco-marocaine du 5 octobre 1957, selon lesquelles la décision de divorce « a de plein droit l'autorité de chose jugée en France »[3], pourvu qu'elle remplisse certaines conditions de régularité, que le juge français doit vérifier d'office.

918. Ainsi, en ce qui concerne le changement d'état civil, l'efficacité de la décision se manifeste par sa reconnaissance et opère de plein droit. Le relâchement du lien conjugal prononcé au Maroc a également mis fin au mariage en France, et ce, sans que le juge du for n'ait à intervenir préalablement. Or, puisque le jugement étranger était introduit en France au soutien de l'instance en répétition intentée par l'ex-époux, et que les parties n'étaient pas d'accord sur l'efficacité, notamment sur la régularité internationale de celle-ci, le juge avait le devoir d'opérer le contrôle de régularité. C'est sur ce point que la cassation va être prononcée, car contrairement à ce que la Cour d'appel avait estimé, ledit contrôle est exercé d'office par le juge saisi de l'action au fond sans qu'il y ait lieu de renvoyer les parties devant le juge de l'exequatur[4]. Pour autant, l'on aurait pu penser que l'efficacité de la décision se manifestait par son exécution et que l'action en exequatur trouvait, par conséquent, à s'imposer. En effet, par sa prétention, le demandeur songeait au remboursement des sommes payées, ce qui,

[1] P. Mayer, « Les méthodes de la reconnaissance… », *op.cit.*, p. 550 §6. D'ailleurs, cette distinction est également reprise dans le règlement portant sur les obligations alimentaires, dans celui relatif aux successions, et dans les deux plus récents concernant les régimes matrimoniaux et les partenariats enregistrés.

[2] Cass. 1ère civ., 17 mai 2017 n° 16-18.239.

[3] *Idem.*

[4] Notons que celle-ci est la solution retenue par le droit colombien actuel.

dans la pratique, pourrait se traduire par des actes d'exécution sur les biens ou de coercition sur les personnes.

919. Néanmoins, il faut préciser à cet égard que, si de tels actes d'exécution étaient pratiqués, ils ne résulteraient pas de l'exécution du jugement étranger de divorce, mais de la procédure française en répétition. Autrement dit, le jugement marocain a uniquement relâché le lien conjugal sans pour autant prononcer de condamnation à l'égard de l'ex-épouse créancière. La situation serait différente si, précisément, outre le divorce, le juge marocain avait ordonné le remboursement des mensualités payées à titre de pension alimentaire, par exemple, depuis la cessation de toute cohabitation entre les époux. Dans ce cas, il n'y aurait pas de doute : l'efficacité du relâchement de l'union se manifesterait par la reconnaissance et pourrait bénéficier du régime de l'efficacité de plein droit, alors que celle regardant l'obligation de remboursement se manifesterait par l'exécution et devrait suivre, obligatoirement, le régime de l'efficacité définitive.

920. En outre, le double régime d'efficacité dépasse, en droit commun français, les frontières de la juridiction judiciaire pour rayonner, également, dans la juridiction administrative. L'annulation de titres de séjour a fourni au Conseil d'État l'occasion de confirmer, à plusieurs reprises, que l'efficacité des divorces et des annulations de mariage prononcés à l'étranger se manifeste dans le for par leur reconnaissance et bénéficient donc d'un régime d'efficacité *de plano* qui ne nécessite pas l'intervention du juge, mais qui ne mène que vers une efficacité précaire. En 2006, par exemple, ce tribunal a été saisi d'une demande en annulation d'un arrêté préfectoral ayant ordonné la reconduction à la frontière d'un citoyen de nationalité algérienne ayant demandé la délivrance d'un titre de séjour de type « vie privée et familiale » en tant que conjoint d'une citoyenne française. La délivrance dudit titre a été refusée au motif qu'un tribunal algérien avait déjà dissous l'union par jugement de divorce. Le demandeur fondait sa demande d'annulation de l'acte administratif sur le fait que, faute d'exequatur, ledit jugement algérien n'était pas efficace en France. Le Conseil d'État y répond de manière catégorique, en affirmant que : « sous réserve de leur régularité internationale, notamment de leur conformité à la conception française de l'ordre public international et de l'absence de fraude, les jugements rendus par un tribunal étranger relativement à l'état et à la capacité des personnes produisent leurs effets en France indépendamment de toute déclaration d'exequatur, sauf dans la mesure où ils impliquent des actes d'exécution matérielle sur des biens ou de coercition sur des personnes »[1]. En l'espèce, le demandeur, qui ne contestait aucunement la régularité internationale de la décision algérienne, ne jouissait plus de la qualité de conjoint d'un français, alors même que la régularité internationale du jugement étranger n'avait pas été contrôlée en France par le juge. Le relâchement du lien prononcé à l'étranger avait emporté, et de plein droit, le même effet en France.

921. À rebours de la clarté française, la question du double régime d'efficacité s'avère imprécise au sein de la Convention de La Haye de 2019. En effet, cette

[1] CE, 24 novembre 2006 *Bellounis*, Req. n° 275 527.

Convention ne parle pas d'efficacité des décisions, mais vise systématiquement la reconnaissance et l'exécution des jugements étrangers sans pour autant définir ces notions dans le texte. De plus, elle n'indique pas non plus quelles sont les conséquences attribuées à ces deux manifestations de l'efficacité. Autrement dit, qu'il s'agisse de la reconnaissance ou de l'exécution, il semblerait que leur traitement procédural demeure le même. Alors que le rapport explicatif avance certaines précisions quant aux définitions et aux effets couverts par chacune des manifestations[1], il reste silencieux quant à l'existence d'un régime spécifique pour la reconnaissance et d'un autre pour l'exécution[2]. Ainsi, la Convention commanderait l'application obligatoire du contrôle de régularité dans les deux cas. Ceci démarquerait la Convention du droit commun français et du droit européen où le contrôle préalable n'est obligatoire qu'aux fins d'exécution de la décision et non de sa reconnaissance.

922. Le silence de la Convention interroge doublement. D'une part, par rapport à l'utilité d'introduire une distinction entre deux manifestations de l'efficacité qui est *a priori* dépourvue de conséquences juridiques. Il aurait été assurément plus facile de parler simplement d'efficacité de la décision en cause. D'autre part, si, en visant la reconnaissance et l'exécution, la Convention a entendu laisser aux États signataires la liberté de les traiter différemment, force est de constater que l'imprécision des dispositions risque de conduire vers une application hétérogène du texte. Les droits français et colombien permettent d'illustrer notre idée. Alors qu'en droit français, il est certain que la distinction entre reconnaissance et exécution sera interprétée à l'image du droit commun et du droit européen pour admettre une reconnaissance de plein droit, en droit colombien la solution risque d'être différente. Le droit colombien, nous le verrons[3], ne connaît pas la distinction entre reconnaissance et exécution. L'efficacité est toujours définitive et le contrôle est toujours préalable. Dès lors, lorsque le juge sera confronté à l'application de la Convention de 2019, nous craignons deux choses. D'abord, qu'au regard de la difficulté du juge colombien pour se détacher du contrôle prévu dans son droit commun, il continue sa pratique du *contrôle cumulatif*. Ensuite, à propos de la distinction entre reconnaissance et exécution, il risque de n'accorder aucune conséquence à cette distinction. Cela signifierait que le contrôle continuerait à être préalable dans tous les cas.

923. Pour mesurer pleinement cette opposition, et les éventuelles complications qu'elle peut signifier pour la Convention de La Haye notamment, étudions désormais l'attitude que le droit colombien adopte face à l'idée d'une dualité de régime d'efficacité. Dans ce droit, malgré quelques signaux qui pourraient laisser croire à la possible émergence d'un double régime, force est de constater qu'il n'en est rien.

---

[1] F. Garcimartín et G. Saumier, *« Convention sur les jugements - Rapport explicatif préliminaire »*, Vingt-deuxième session 18 juin – 2 juillet 2019, p. 27 §106.

[2] *Idem.*

[3] *v. infra* p. 371.

B. *Une attitude défavorable en droit colombien*

924. La mise en place de deux régimes d'efficacité n'est pas propre au droit français et est grandement répandue[1] dans d'autres ordres juridiques européens, notamment espagnol, ou encore italien[2]. En Amérique latine, certains pays comme le Mexique[3] et l'Argentine[4] ont suivi l'exemple français et prévoient également l'existence d'un double régime d'efficacité.

925. En droit colombien, l'indéniable influence de la culture juridique française aurait pu conduire ce droit à évoluer pour adopter la dualité de régime. Ce n'est pourtant pas le cas. Encore une fois, nous constatons que l'influence française en Colombie est certaine mais relative. Ladite influence peut se matérialiser ici par l'émergence de quelques signes suggérant la possible adoption en droit colombien d'un double régime (1). Cependant, parce que relative, cette influence n'a pas eu pour effet de modifier l'attitude du droit colombien à l'égard de la dualité de régime qui ne s'est finalement pas imposée (2).

1. *Les signaux d'une possible existence d'une dualité de régime*

926. Ces signaux peuvent être identifiés au sein de la loi et dans la pensée de certains auteurs (a). Quelques rares jurisprudences vont également dans ce sens (b).

a. Au sein de la loi et de la doctrine

927. En droit colombien, les dispositions du NCGP ne prévoient aucunement un double régime d'efficacité, ni n'envisagent une pluralité de types d'efficacité ou une différence dans ses manifestations. Autrement dit, contrairement au droit français, en droit colombien l'efficacité de tous les jugements étrangers connaît toujours du même traitement procédural.

928. Cependant, une exception pourrait exister au sein de la loi relative à l'insolvabilité des entreprises de 2006. Cette loi semble distinguer entre la reconnaissance et l'exécution. En effet, et alors que ladite distinction n'y est pas expressément établie, l'article 96 de cette loi permet au représentant étranger désigné à l'occasion d'une procédure étrangère juridictionnelle ou administrative d'insolvabilité, d'ester en justice en Colombie afin de demander l'ouverture d'une procédure d'insolvabilité selon la loi colombienne, sans pour autant devoir respecter l'exigence préalable d'exequatur[5]. Cependant, tel que nous le verrons ultérieurement, cette distinction entre la reconnaissance et l'exécution du

---

[1] B. Elbalti, « Armonización espontánea de los requisitos para el reconocimiento y la ejecución de decisiones judiciales extranjeras y la necesidad de un convenio global sobre decisiones judiciales », *AEDIP*, 2011.242.

[2] A. Miele, *La cosa giudicata straniera. Esecuzione et riconoscimento delle sentenza nel diritto comune europeo*, Cedam, 1989.

[3] L. Pereznieto et J. Silva Silva, *Derecho internacional privado. Parte especial*, Oxford, 2000, p. 398.

[4] A. Boggiano, *Derecho internacional privado*, LexisNexis, 5e, éd., T.I., 2006, p. 476.

[5] Cet article dispose que *« tout représentant étranger a la faculté de demander l'ouverture d'une procédure selon les lois colombiennes relatives à l'insolvabilité, pour autant que soient respectées toutes les conditions prévues pour une telle procédure »*. Loi n° 1116 du 27 décembre 2006 relative au régime d'insolvabilité des entreprises, publiée au Journal Officiel n° 46 494 du 27 décembre 2006.

jugement n'est qu'embryonnaire et demeure imprécise quant aux effets qu'elle entraîne[1].

929. En ce qui concerne les conventions internationales auxquelles participe la Colombie, la Convention interaméricaine sur l'efficacité extraterritoriale des jugements et des décisions arbitrales de 1979 est la seule, parmi les Conventions latino-américaines, qui fait référence aux notions de reconnaissance et d'exécution. Cette distinction apparaît une seule fois dans le texte, mais elle n'est pas à l'origine d'un double régime d'efficacité. Elle est employée dans le cadre de la conformité de la décision à l'ordre public du for afin de préciser que l'efficacité n'est accordée au jugement que s'il n'est pas « manifestement contraire aux principes et aux lois d'ordre public de l'État où la reconnaissance ou l'exécution sont demandées ». En réalité, ladite distinction n'entraîne aucune conséquence pratique sur la manière d'accéder à l'efficacité, ou sur le caractère précaire ou définitif de celle-ci.

930. Une véritable dualité de régime est prévue, en revanche, à l'article 5 de la Loi n° 47 de 1987 par laquelle la Colombie adopte la Convention interaméricaine relative aux conflits de lois en matière d'adoption de mineurs adopté à La Paz en 1984. Cette disposition prévoit une efficacité de plein droit pour les adoptions entrant dans son champ d'application[2]. Il n'en demeure pas moins que, dans la pratique, cette disposition est méconnue. Tel que nous avons eu l'occasion de le démontrer précédemment, les arguments fondés sur la souveraineté étatique sont systématiquement avancés par la Cour pour exiger l'action en exequatur, et procéder au contrôle, souvent cumulatif, de régularité[3].

931. Au sein de la doctrine, certains auteurs estiment que l'efficacité ne se conçoit qu'en termes d'exécution : tout effet produit par le jugement étranger implique nécessairement et exclusivement son exécution dans le for[4]. D'autres, en revanche, ne sont pas complètement indifférents à la notion de reconnaissance.

932. Hernando Devis Echandía et José Marín Fuentes, par exemple, utilisent la notion de reconnaissance pour signifier, de manière générale, la réception de tout jugement étranger en Colombie. Selon ces auteurs, reconnaissance et exécution ne se confondent pas. Cependant, la manière dont ils entendent la reconnaissance conduit à un résultat gênant car, au lieu de qualifier cette notion comme l'une des manifestations de l'efficacité, la reconnaissance est plutôt un synonyme de celle-ci[5]. Dans ce contexte d'imprécision terminologique, l'émergence d'un double régime d'efficacité demeure difficile. D'une part, ces

---

[1] *v. infra* p. 367.

[2] L'article 5 dispose : *« les adoptions prononcées en conformité à la présente Convention produiront de plein droit leurs effets dans les États parties, sans que l'exception de l'institution inconnue ne puisse être soulevée »*. Loi n° 47 du 3 décembre 1987 relative à l'adoption de la Convention interaméricaine relative aux conflits de lois en matière d'adoption de mineurs, publiée au Journal Officiel n° 38 142 du 4 décembre 1987.

[3] *v. supra* p. 159 et 170.

[4] H. López Blanco, *Instituciones de derecho procesal colombiano. Parte especial.* Dupre ediciones, 8e éd., T. II, 2004, p. 824 §1 ; F. Canosa Torrado, *Procesos de ejecución de providencias judiciales*, Ediciones doctrina y ley, 2e éd., 2004, p. 106 §5.

[5] H. Devis Echandía, *Nociones generales de derecho procesal civil,* Temis, 2e éd., 2009, p. 625 §251; J. Marín Fuentes, *Derecho internacional privado*, Universidad de Medellín, 2014, p. 170 §2.6.

auteurs n'entendent finalement pas accorder un régime juridique propre à la reconnaissance qui soit différent de celui de l'exécution. D'autre part, ils n'envisagent pas de porter une exception au caractère obligatoire et préalable de l'action colombienne d'exequatur.

933. Pour d'autres, comme Antonio Aljure, reconnaissance et exécution sont les deux manifestations de l'efficacité, à l'instar du droit français. Selon lui, « une décision peut être reconnue sans être exécutée, mais l'inverse c'est-à-dire qu'une décision soit exécutée sans être reconnue, ne peut pas arriver »[1]. De plus, lorsque cet auteur aborde la problématique de l'efficacité des jugements étrangers, il le fait effectivement en analysant la question en termes de reconnaissance et d'exécution. Ainsi, il estime que le principe fondateur de l'efficacité est le fait qu'une décision étrangère « ne peut être ni reconnue ni exécutée en dehors du territoire souverain où elle a été expédiée sans l'autorisation de l'État d'accueil »[2]. Dans la pensée du professeur Aljure, il n'y a plus de synonymie entre reconnaissance et efficacité. Cependant, malgré la clarté de la distinction, et en dépit de leur qualification en tant que manifestations de l'efficacité, l'auteur n'envisage pas de formuler un régime juridique spécifique à chacune. Un assouplissement de l'exigence d'exequatur n'est guère suggéré.

934. Une variante plus libérale de cette approche est celle soutenue par Daniel Rojas. Contrairement à Antonio Aljure, le professeur Rojas voit dans le caractère absolu de l'exigence d'exequatur un problème majeur du droit international privé colombien[3]. Cependant, s'il accepte que reconnaissance et exécution ne se confondent pas, et devraient, chacune, avoir un traitement procédural différent, il ne va pas jusqu'à proposer une systématisation de la différence. Il ne formule pas un critère permettant l'aménagement des deux manifestations de l'efficacité, c'est-à-dire de déterminer le champ d'application de chacune[4].

935. Une dernière position, plus proche du droit français, est soutenue par Jaime Azula Camacho et par Pedro Cardona Galenao. Selon eux, l'action en exequatur préalable et obligatoire doit avoir un champ d'application réduit. L'action en exequatur ne couvre que la seule exécution de la décision dans le for[5], et elle n'est exigible qu'aux seules décisions déclaratives patrimoniales[6]. Cela veut dire *a contrario*, que l'efficacité de toutes les décisions étrangères qui n'ont pas une nature déclarative patrimoniale, échappe à ladite exigence. Tant que l'efficacité de la décision ne relève pas de l'exécution, ces auteurs conçoivent, sans le dire expressément, non seulement la distinction entre reconnaissance et exécution mais l'existence d'un régime juridique différent pour chacune.

936. Ainsi, la doctrine majoritaire colombienne ne semble pas remettre en cause le maintien de l'unicité de régime d'efficacité. Bien qu'ils soient nombreux

---

[1] A. Aljure, « Exequatur de providencias judiciales », *in, Teoría general…*, *op.cit.*, p. 419. Dans le même sens *v.* A. Herrán, *Compendio de derecho internacional privado,* Temis, 1959, p. 259; M. Monroy Cabra, *Derecho Procesal Civil Internacional,* Ediciones Librería del Profesional, 2000, p. 118.

[2] *Idem.*

[3] D. Rojas. « Las deficiencias del derecho internacional privado colombiano… », *op.cit.*, p. 876 et s.

[4] *Idem.*

[5] P. Cardona Galeano, *op.cit.,* p. 633.

[6] J. Azula Camacho. *op.cit.*, p. 261 §3.

à accepter la distinction entre reconnaissance et exécution, force est de constater qu'il n'y a pas un effort de définition et de systématisation de chacune de ces notions en tant que manifestations de l'efficacité. Nous sommes convaincue que, pour la plupart des auteurs, cela s'inscrit dans le prolongement de la conception publiciste de l'efficacité, selon laquelle il est impensable de recevoir un jugement étranger sans l'intervention judiciaire du juge du for. Néanmoins, le fait que l'émergence d'un double régime d'efficacité soit avancée par certains auteurs est, de notre point de vue, l'indicateur d'une transformation dans la vision même de l'efficacité des jugements étrangers en Colombie.

937. Si nous regardons maintenant la jurisprudence colombienne, nous y trouverons également quelques indices qui laissent penser à la possible émergence d'une dualité de régime.

b. Au sein de la jurisprudence

938. Quatre signaux démontrent que la dualité de régime d'efficacité n'est pas complètement ignorée au sein de la jurisprudence colombienne. Le premier est tiré de l'arrêt *Alfonzo-Méndez* de 1948 qui propose de limiter l'exigence d'exequatur préalable en fonction de la nature du jugement étranger (i), le second réside dans la voix dissidente d'un magistrat colombien qui prônait l'efficacité de plein droit des jugements étrangers de divorce prononcés à l'égard d'époux mariés également à l'étranger (ii), le troisième est issu de certains arrêts récents de la Cour qui suggèrent une distinction embryonnaire entre reconnaissance et exécution (iii), et le dernier est celui de l'efficacité des divorces administratifs ou enregistrés devant un notaire à l'étranger (iv).

i. L'arrêt Alfonzo-Méndez

939. Cet arrêt a été rendu par la Cour suprême de Justice le 30 novembre 1948[1]. À cette occasion, la Cour a été saisie de l'efficacité en Colombie d'une décision vénézuélienne ayant prononcé le divorce du couple *Alfonzo-Méndez*. Le jugement a, en plus, fixé la résidence des enfants communs chez leur père au Venezuela alors que la mère s'était installée avec eux en Colombie. Le père sollicite alors l'exequatur de ladite décision devant les autorités colombiennes avec l'intention d'obtenir l'inscription du divorce sur les actes de naissance des époux mais, surtout, d'obtenir le retour des enfants conformément à ce que le juge étranger avait décidé. La réponse de la Cour est, pour le moins, originale et deux observations doivent être faites.

940. D'une part, elle accepte que l'efficacité des décisions purement déclaratives et celle des décisions constitutives échappent à l'exigence de l'exequatur préalable. L'intervention judiciaire ne serait obligatoire que pour les seuls jugements portant condamnation de l'une des parties. Selon le tribunal colombien, la raison de cette exclusion est que, pour les deux premières catégories de jugements, la « garantie juridictionnelle s'achève avec leur

[1] CSJC. Cass. Ch. Civ., 30 novembre 1948 *Alfonzo-Méndez*, Magistrat Rapporteur : Álvaro Leal, Dossier n° 417 697.

prononcé », c'est-à-dire qu'ils ne donnent pas lieu à une exécution ultérieure[1]. En revanche, les jugements de condamnation nécessitent obligatoirement des « mesures pratiques dans l'État pour rétablir le respect de la norme violée »[2]. Pour autant, le classement des décisions en fonction de leur nature constitutive ou déclarative n'est pas toujours aisé du fait que, comme indiqué par Bernard Audit et Louis d'Avout, tout jugement comporte une nature constitutive à partir du moment où « son existence modifie l'environnement juridique »[3]. En l'espèce, l'application de cette distinction conduit la Cour à qualifier le jugement de divorce de jugement dit constitutif[4]. Grâce à cette qualification, la décision vénézuélienne a emporté le relâchement automatique du lien conjugal en Colombie. En effet, le tribunal colombien ne devait pas « procéder ultérieurement à des actes destinés à faire exécuter ce qui a été décidé »[5]. L'absence de tels actes d'exécution justifie qu'une exception soit portée à l'action en exequatur.

941. La Cour appuie son raisonnement sur l'article 549 du Code judiciaire, alors en vigueur en Colombie. Selon cette disposition l'exécution des décisions judiciaires peut être demandée « à partir du moment où elles deviennent définitives, sauf lorsqu'elles fixent directement le délai dans lequel l'exécution doit avoir lieu »[6]. Puisque cet article ne fait pas de distinction entre les jugements étrangers et les jugements colombiens, la Cour estime qu'il est aussi applicable à l'exécution des premiers. Ainsi, étant donné que le jugement vénézuélien de divorce n'a déclaré aucune obligation à la charge des parties, la Cour affirme, avec raison, qu'il n'est pas question, en l'espèce, d'exécution dans le for. Par conséquent, sachant que la fonction des tribunaux colombiens est d'assurer l'exécution des obligations, leur intervention est, dans le cas étudié, inutile, faute, précisément, d'obligation à exécuter. L'efficacité de la décision doit dès lors avoir lieu sans intervention judiciaire et sans exigence d'exequatur préalable.

942. D'autre part, l'originalité du raisonnement de la Cour se manifeste en ce qui concerne le retour des enfants au Venezuela. La qualification des actes pratiqués en Colombie pour assurer le respect de la décision du juge étranger se révèle importante. En effet, si de tels actes étaient qualifiés d'actes d'exécution, l'action en exequatur serait alors indispensable. Mais la Cour refuse de retenir cette qualification. Elle fonde son refus sur un raisonnement, selon nous, confus et artificiel. En effet, elle opère une différence peu claire entre d'un côté, l'exécution de la décision étrangère, et d'un autre côté, l'exécution de la situation juridique qui résulte de la décision étrangère, c'est-à-dire du *« rapport de droit décidé »*. En l'espèce, l'intervention des autorités colombiennes pour assurer le retour des enfants correspond, selon la Cour, à une exécution du *« rapport de droit »*

---

[1] *Idem.* P. Cardona Galeano, *op.cit.*, p. 633.

[2] CSJC. Cass. Ch. Civ., 30 novembre 1948 *Alfonzo-Méndez, préc.*

[3] B. Audit et L. d'Avout, *op.cit.*, p. 482 §579. À propos de la distinction en droit interne colombien sur les jugements déclaratifs et constitutifs *v.* Miguel Rojas, *Lecciones de derecho procesal*, Esaju, 6e éd., T. II, 2017, p. 338 et s.

[4] *Idem.*

[5] *Idem.*

[6] Article 549, Loi n° 105 du 17 octobre 1931 relative à l'organisation judiciaire et à la procédure civile, publiée au Journal Officiel n° 21 823 du 24 octobre 1931.

créé par le jugement vénézuélien, c'est-à-dire du divorce, et non pas d'une exécution du jugement lui-même[1].

943. Nous pensons que, dans la logique de la Cour, une telle distinction poursuit le but de permettre au jugement d'avoir une efficacité en dehors de l'exequatur. Cependant, le raisonnement de la Cour est, à notre sens, artificiel en ce qu'il ampute le jugement vénézuélien d'une partie de son dispositif. En effet, si des mesures sont pratiquées en Colombie pour contraindre la mère à renvoyer les enfants auprès du père, c'est bien parce que le juge vénézuélien a fixé leur résidence dans ce pays, et non parce qu'il a relâché le lien conjugal qui unissait leurs parents. L'intérêt de la Cour est, toujours selon nous, de justifier l'efficacité de la décision sans avoir recours à l'exequatur ; cependant, l'analyse adoptée est une source inutile de confusion. De plus, aucun critère d'appréciation n'est formulé pour déterminer quand un acte relève de l'exécution du jugement et quand il relève de l'exécution du *« rapport de droit décidé »*.

944. Cette position de la Cour colombienne présente une certaine similitude avec l'arrêt *Hermann/Lounsberry* rendu par la Cour de cassation française en 1983[2]. En l'espèce, il était question de la possibilité pour des exécuteurs testamentaires et des *trustees* désignés par un jugement américain d'ester en justice en France sans obtenir l'exequatur préalable de la décision portant leur nomination. La particularité de la situation était que le défendeur ne contestait pas l'efficacité de plein droit reconnue à ce type de jugements étrangers depuis l'arrêt *Schapiro,* mais le fait qu'elle dépassait, en l'espèce, les limites de ce qui est permis sans exequatur. En effet, en accordant une efficacité de plein droit à la décision américaine de nomination, le juge français a autorisé les exécuteurs et *trustees* à reprendre la procédure initiée par une demanderesse décédée en cours d'instance. Il s'agissait d'une procédure cherchant la résolution d'un contrat d'édition conclu entre la défunte et le défendeur dont les obligations n'avaient pas été respectées par ce dernier. Or, selon le défendeur, admettre l'efficacité de la décision de plein droit impliquerait, en l'espèce, de lui accorder une force exécutoire indirecte sans exequatur. La procédure en cours allait finir par l'obligation de payer certains montants aux demandeurs qui pouvaient, sur le fondement du jugement français, intenter des mesures d'exécution et ce, sans avoir obtenu en France l'exéquatur du jugement étranger grâce auquel ils tenaient leur qualité de parties. La Cour confirme que la décision étrangère qui porte nomination des administrateurs successoraux bénéficie d'une efficacité de plein droit « du moment qu'elle ne doit pas donner lieu à des actes d'exécution forcée en France ». En l'espèce, il apparaît que les demandeurs « ne s'étaient prévalus de la décision étrangère d'homologation que pour agir en justice et demander une condamnation pécuniaire, sans réclamer de mesures d'exécution forcée »[3]. C'est pourquoi, selon la Cour, l'exequatur préalable n'était pas exigé en l'espèce.

---

[1] Après avoir qualifié le jugement de divorce de constitutif, la Cour affirme que si des actes ultérieurs sont pratiqués, ils ne seront pas *« des actes véritablement d'exécution du jugement mais du nouveau rapport juridique qui s'en dégage »*. CSJC. Cass. Ch. Civ., 30 novembre 1948 *Alfonzo-Méndez, préc.*

[2] Cass. 1ère civ., 3 novembre 1983 *Hermann/Lounsberry*, *JDI* 1985.115 obs. B Ancel.

[3] *Idem.*

945. Selon Bertrand Ancel, et voici la similitude avec l'arrêt *Alfonzo-Méndez*, cet arrêt invite à réfléchir à la distinction entre les effets de la décision étrangère et ses suites[1]. Ainsi, selon l'auteur, l'effet du jugement étranger concerne uniquement la possibilité des administrateurs de la succession de reprendre l'instance en cours. Dans ce cadre, il ne donne lieu à aucun acte d'exécution et son exequatur n'est alors pas nécessaire. En revanche, les possibles condamnations qui peuvent résulter de la reprise de l'instance en France font partie *des suites* du jugement. Elles découlent directement de la décision française et échappent, de ce fait, à la situation traitée par le jugement étranger. L'exequatur de la décision n'est donc pas nécessaire.

946. Contrairement à cette décision et à cette analyse, le raisonnement de la Cour colombienne est confus. Cependant, nous retenons que dans l'affaire *Alfonzo-Méndez*, elle n'est pas hostile à l'idée d'un double régime d'efficacité des jugements étrangers. Au contraire, elle est favorable à un rétrécissement de l'intervention judiciaire préalable afin de permettre à certains jugements, en fonction de leur nature, d'y échapper et ainsi obtenir une efficacité de plein droit. Néanmoins, la Cour reste silencieuse quant à la nature de l'efficacité accordée. S'agit-il d'une efficacité définitive et incontestable ? d'une efficacité précaire ? Dans ce dernier cas, quelles sont les possibilités dont les parties disposent pour contester l'efficacité accordée ? Par quels moyens peuvent-elles le faire ? Ces questions restées en suspens expliquent, assurément, que cette jurisprudence n'ait pas connu de prolongement en droit colombien[2], d'autant plus qu'elle était difficile à concilier avec l'approche publiciste de l'efficacité.

947. L'arrêt *Aljure*, rendu le 7 juin 1952[3] a été l'occasion pour la Cour de renouer avec l'unicité du régime d'efficacité et de confirmer la vision publiciste de la question. Il s'agissait en l'espèce de l'efficacité en Colombie d'un jugement libanais ayant placé une ressortissante colombienne sous curatelle, et ayant également nommé son fils en tant que curateur. La Cour affirme que pour des raisons de souveraineté, une décision étrangère ne peut avoir ni un *« caractère obligatoire »*, ni bénéficier d'une exécution dans le for sans l'autorisation préalable du juge colombien compétent. Afin de répondre à l'arrêt *Alfonzo-Méndez* et de confirmer le caractère obligatoire et absolu de l'action en exequatur, la Cour explique que cette action ne connaît aucune exception fondée sur la nature de la décision étrangère. En outre, elle précise que l'exécution visée par le Code judiciaire doit être interprétée de manière large pour englober tout effet de décision étrangère, et ce, qu'il s'agisse d'une décision déclarative, constitutive ou qu'elle porte condamnation d'une partie[4]. En définitive, l'arrêt *Aljure* ferme la

---

[1] B. Ancel note sous Cass. 1ère civ., 3 novembre 1983 *Hermann/Lounsberry*, *préc.* p. 122.

[2] D. Rojas. « Las deficiencias del derecho internacional privado colombiano… », *op.cit.*, p. 877; P. Cardona Galeano, *op.cit.*, p. 633.

[3] CSJC. Cass. Ch. Civ., 7 juin 1952 *Aljure*, Magistrat Rapporteur : Álvaro Leal, Dossier n° 41 7697.

[4] La Cour précise à ce propos que : *« […] de ce fait, une chose est que les décisions déclaratives ou constitutives ne portent pas de condamnation à l'égard des personnes, et une autre qu'elles ne produisent pas d'effets juridiques à l'égard des tiers, des particuliers, ou des fonctionnaires publics ». Idem.*

porte à toute possibilité de double régime d'efficacité. L'émergence de la dualité en Colombie n'aura été qu'éphémère.

ii. La possible efficacité de plein droit de certains jugements étrangers de divorce

948. Le deuxième signal identifié se trouve dans la voix dissidente qu'un des magistrats de la Cour suprême, Pedro Lafont Pianetta, a exprimée lors de certains arrêts rendus en 1994[1] et 1995[2]. Selon ce magistrat, l'efficacité des jugements étrangers en Colombie est, pour des raisons de souveraineté, tributaire de l'action en exequatur. Les caractères obligatoire et absolu de cette exigence ne peuvent céder que lorsque le législateur l'a expressément prévu. Or, d'après lui, le législateur colombien a prévu trois hypothèses dans lesquelles l'efficacité des jugements étrangers n'est pas soumise à l'instance préalable en exequatur.

949. La première exception concerne l'efficacité des décisions étrangères d'adoption d'enfants mineurs, rendues dans le cadre de la Convention interaméricaine de 1984. Nous avons déjà rappelé que cette Convention prévoit, en effet, une efficacité de plein droit pour les décisions qui rentrent dans son champ d'application[3].

950. La seconde exception bénéficie aux décisions de nullité de mariage rendues par les autorités ecclésiastiques du Saint Siège Romain. Selon la Loi n° 57 de 1887, la nullité des mariages catholiques relève de la compétence des autorités ecclésiastiques et les décisions qu'elles rendent déploient leurs effets en Colombie avec leur simple inscription devant l'officier de l'état civil colombien[4]. Cette hypothèse est, pour lui, un autre cas d'efficacité sans exequatur.

951. La troisième et dernière exception, concerne, selon Lafont Pianetta, l'efficacité des jugements étrangers prononçant le divorce des époux dont le mariage a été conclu à l'étranger. Pour lui, le législateur colombien a prévu, dans la Loi n° 1ère de 1976 relative au divorce, un régime d'efficacité spécifique pour ces jugements. La particularité de ce régime est d'accorder une efficacité de plein droit auxdits divorces étrangers, c'est-à-dire d'échapper à l'intervention préalable du juge comme à l'action en exequatur.

952. Pour justifier sa position, le magistrat Lafont Pianetta se fonde sur l'article 13 de la Loi de 1976, devenu l'article 163 du Code civil, et qui, tel que nous l'avons déjà indiqué[5], établit la règle de conflit de lois applicable au divorce. Selon cette disposition, la loi applicable au divorce des époux mariés à l'étranger est celle du domicile conjugal[6]. Or, selon le magistrat, en prévoyant une telle règle

---

[1] CSJC. Cass. Ch. Civ., 2 février 1994, Magistrat Rapporteur : Héctor Marín, Dossier n° 4150.

[2] CSJC. Cass. Ch. Civ., 16 janvier 1995, Magistrat Rapporteur : Carlos Esteban Jaramillo, Dossier n° 4939 ; CSJC. Cass. Ch. Civ., 13 juillet 1995, Magistrat Rapporteur : Rafael Romero, Dossier n° 4787 ; CSJC. Cass. Ch. Civ., 26 juillet 1995, Magistrat Rapporteur : Héctor Marín, Dossier n° 4948.

[3] Article 5, Loi n° 47 du 3 décembre 1987, *préc. v. supra* p. 358.

[4] Article 17, Loi n° 57 du 15 avril 1887 relative à l'adoption de Codes et à l'unification de la législation nationale, publiée au Journal Officiel n° 7 019 du 20 avril 1887.

[5] *v. supra* p. 309.

[6] L'article 13 dispose que *« Le divorce des époux dont le mariage civil a été conclu à l'étranger est soumis à la loi du domicile conjugal. Ce lieu s'entend de l'endroit où les conjoints habitent ensemble et à défaut le lieu du domicile du défendeur ».* Loi n° 1ère du 19 janvier 1976, Relative à l'établissement du divorce du mariage civil, à la régulation de la séparation de corps et de biens dans le mariage civil et canonique, et à la modification de certaines dispositions des Codes

de conflit de lois, le législateur colombien a renoncé, en amont, à toute intervention colombienne dans la situation juridique. Il aurait ainsi abandonné à la loi étrangère tant la procédure que le fond de la question. L'effet de cette renonciation anticipée est donc, à son avis, l'acceptation également anticipée et libre de toute condition des divorces prononcés, et ce qu'ils soient « administratifs ou judiciaires, résultant d'un motif contentieux ou du consentement mutuel, et indépendamment du régime applicable au fond ou à la procédure »[1].

953. En outre, ce magistrat affirme également que, puisque le mariage et le divorce ont eu lieu à l'étranger, la situation n'intéresse ni la législation colombienne, ni l'ordre juridique colombien[2]. L'intervention judiciaire préalable, par le biais de l'exequatur, devient inutile. De plus, il avance un dernier argument selon lequel libérer l'efficacité de ces jugements de divorce de l'exigence d'exequatur contribue à faciliter la circulation des personnes, en même temps qu'il assure l'unité de l'état civil[3]. Dans la pensée de ce magistrat, la correcte application de la Loi de 1976 implique donc de permettre aux parties d'inscrire directement leur divorce devant l'officier de l'état civil sans avoir à demander son exequatur à la Cour suprême de justice en amont. Pour la Cour, le devoir est donc celui de débouter un demandeur qui prétend obtenir l'exequatur d'une telle décision.

954. Notons cependant que le régime allégé d'efficacité proposé par ce magistrat n'aurait qu'un champ d'application réduit. Seuls les divorces prononcés à l'étranger à l'égard de mariages conclus également à l'étranger et dont les conjoints avaient fixé le domicile conjugal à l'étranger en bénéficieraient. En revanche, l'exigence d'exequatur et le régime traditionnel, demeureraient applicables aux autres divorces étrangers, notamment ceux relâchant l'union des époux mariés en Colombie et dont le domicile conjugal serait à l'étranger[4]. La raison qui explique cette différence est, selon Pedro Lafont Pianetta, le fait que, pour ces derniers, la règle colombienne de conflit de lois, désigne la loi du domicile conjugal comme applicable mais soumet l'efficacité du divorce à deux conditions que nous avons eu aussi l'occasion d'étudier[5]. D'après la première, il faut que le motif ayant permis le relâchement du lien conjugal selon la loi applicable soit également prévu par la loi colombienne. D'après la seconde, le défendeur a dû être personnellement notifié de la procédure, selon la loi de son lieu de domicile[6]. Or, la vérification de cette double condition nécessite l'intervention judiciaire dans le cadre de l'action en exequatur[7].

---

civil et de procédure civile en matière de droit de la famille, publiée au Journal Officiel n° 34 492 du 18 février 1976.

[1] P. Lafont Pianetta, Voix dissidente sur CSJC. Cass. Ch. Civ., 2 février 1994, *préc.* ; CSJC. Cass. Ch. Civ., 26 juillet 1995, *préc.*

[2] P. Lafont Pianetta, Voix dissidente sur CSJC. Cass. Ch. Civ., 2 février 1994, *préc.*

[3] *Idem.*

[4] CSJC. Cass. Ch. Civ.,11 décembre 1995, Magistrat Rapporteur : Pedro Lafont Pianetta, Dossier n° 5382.

[5] *v. supra* p. 309.

[6] Article 14, Loi n° 1ère du 19 janvier 1976, *préc.*

[7] P. Lafont Pianetta, Voix dissidente sur CSJC. Cass. Ch. Civ., 2 février 1994, *préc.* ; CSJC. Cass. Ch. Civ., 3 août 1998, Magistrat Rapporteur : Pedro Lafont Pianetta, Dossier n° 7146.

955. La position avancée par le magistrat Lafont Pianetta mérite, selon nous, plusieurs remarques. D'abord, il semble confondre loi applicable et juge compétent lorsqu'il dégage une règle de conflit de juridictions en se fondant sur une règle de conflit de lois. En effet, il semblerait que dans la pensée du magistrat, toutes les fois que la loi applicable à la question litigieuse est une loi étrangère, le juge compétent sera nécessairement le juge étranger. *A contrario,* il semblerait que, selon lui, un juge colombien ne pourrait jamais être saisi d'un tel divorce et encore moins être amené à appliquer une loi étrangère. Or, pensons à l'hypothèse d'un couple de ressortissants colombiens qui se marient et s'installent en France. Supposons ensuite que le juge saisi de leur divorce soit le juge colombien, mais que le domicile conjugal soit en France. Dans une telle situation, le juge colombien va devoir, selon sa propre règle de conflit de lois, appliquer la loi française au fond de l'affaire. Ainsi, contrairement à la pensée de Lafont Pianetta, ce n'est pas parce que la loi applicable est étrangère que le juge colombien va devenir incompétent au profit du juge français. Dans la même logique, ce n'est pas parce que le juge étranger doit appliquer la loi colombienne qu'il devient immédiatement incompétent et que seul le juge colombien peut connaître du divorce.

956. Ensuite, il nous semble exagéré d'estimer que l'ordre juridique colombien se désintéresse du sort de ses ressortissants lorsque ceux-ci se marient, s'installent et divorcent à l'étranger. Ce n'est pas parce que leur vie familiale se déroule à l'étranger que les ressortissants colombiens n'ont plus aucun lien avec l'ordre juridique national. Bien au contraire, c'est bien parce que l'ordre juridique colombien demeure intéressé par ses nationaux que tout changement dans leur état civil doit être signalé et enregistré devant l'officier de l'état civil national. En outre, il est pour le moins artificiel que le choix du lieu de conclusion du mariage devienne le critère déterminant du champ d'application de l'efficacité de plein droit. Non seulement ce lieu peut s'avérer fortuit mais, surtout, le fait que le mariage ait été célébré en Colombie ou à l'étranger ne conditionne en rien l'étendue des effets de la décision étrangère qui y met fin. Un jugement colombien de divorce ou un jugement français de divorce aboutissent au même résultat, c'est-à-dire au relâchement du lien conjugal.

957. Enfin, la position de Pedro Lafont Pianetta est, selon nous, et malgré ses imprécisions, d'une grande richesse. Certes, aucune distinction entre reconnaissance et exécution n'est expressément formulée, mais cette voix dissidente prône une mise à l'écart de l'unicité de l'efficacité et l'ouverture d'une dualité de régime. De plus, outre les arguments fondés sur la législation, l'abandon du caractère absolu de l'exigence d'une intervention judiciaire répond à des raisons dictées par la pratique et, notamment, par l'intérêt de faciliter et de simplifier la circulation des personnes ainsi que d'assurer l'unité de l'état civil. À ce propos, la position de Pedro Lafont Pianetta nous fait penser, en droit français, à l'arrêt *Bulkley* de 1860 que nous avons déjà évoqué à plusieurs reprises[1]. Dans cet arrêt, la Cour de cassation utilise la règle de conflit de lois comme vecteur de

---

[1] *v. supra* p. 78.

l'efficacité du jugement étranger dans le for. En effet, Bertrand Ancel et Yves Lequette estiment que, par la bilatéralisation de la règle de conflit de l'article 3 du Code civil, la Cour consultait « la position du droit national de l'intéressé sur la question examinée »[1] afin de lui accorder une efficacité en France. Puisqu'en l'occurrence le jugement hollandais de divorce avait été rendu en application de la loi hollandaise de la nationalité des époux, il servait à dénouer le mariage en France et à mettre à jour leur état civil. Autrement dit, « par la grâce de la règle de conflit, le jugement de divorce prononcé à La Haye entre époux hollandais accédait immédiatement en France à l'autorité de la chose jugée »[2].

958. Dans la même logique, Pedro Lafont Pianetta estime que c'est parce que la règle de conflit de lois colombienne désigne une loi étrangère comme applicable au divorce, que ce dernier peut accéder en Colombie à l'efficacité en dehors du contrôle de régularité. Ce procédé, qui a marqué en droit français le début du double régime d'efficacité, aurait pu conduire à un tel mouvement en droit colombien. Il s'agissait là d'un signe clair d'une possible évolution jurisprudentielle. Malheureusement, cette opinion n'a pas connu d'écho dans la jurisprudence colombienne.

iii. La distinction embryonnaire entre reconnaissance et exécution

959. Le troisième signal identifié consiste dans la référence que certains arrêts de la Cour font au *« caractère obligatoire »* du jugement étranger, le différenciant de son exécution à proprement parler. Ainsi, ayant à décider de la recevabilité d'une action en exequatur poursuivant l'efficacité en Colombie d'un jugement espagnol de divorce, la Cour a affirmé qu'il est acquis en droit colombien qu' « aucune décision rendue par les juges étrangers ne peut avoir ni un caractère obligatoire, ni bénéficier d'une exécution forcée en Colombie, à moins d'obtenir une autorisation du tribunal compétent qui, au regard de l'ordre juridique national, est la Cour suprême de Justice »[3]. La même affirmation a également été avancée, entre autres, à l'égard d'un jugement allemand de divorce[4] et de deux jugements américains, l'un en matière d'adoption[5], l'autre en matière de divorce[6]. Dans ces trois cas, l'irrecevabilité de l'action a été prononcée car la partie intéressée n'avait pas respecté les conditions de légalisation du jugement étranger. Cependant, la même affirmation a été utilisée dans certains jugements décidant, non pas de la recevabilité de l'action, mais du fond de l'exequatur. C'est le cas d'un arrêt du 3 avril 2013 qui refuse l'exequatur à un jugement rendu par un tribunal de Barcelone ayant prononcé l'adoption d'un enfant colombien par le conjoint de sa mère, faute de preuve de réciprocité[7]. Dans une hypothèse

---

[1] B. Ancel et Y. Lequette, note sous Cass. 1ère civ., 28 février 1860 *Bulkley, GA* n° 4, p. 35 §6.
[2] *Idem.*
[3] CSJC. Cass. Ch. Civ., 13 avril 2012, Magistrat Rapporteur : Ariel Salazar, Dossier n° 0494-00.
[4] CSJC. Cass. Ch. Civ., 10 décembre 2012, Magistrat Rapporteur : Ariel Salazar, Dossier n° 1381-00.
[5] CSJC. Cass. Ch. Civ., 27 octobre 2014, Magistrat Rapporteur : Ariel Salazar, Dossier n° 2332-00.
[6] CSJC. Cass. Ch. Civ., 16 décembre 2014, Magistrat Rapporteur : Ariel Salazar, Dossier n° 2801-00.
[7] CSJC. Cass. Ch. Civ., 3 avril 2013, Magistrat Rapporteur : Ariel Salazar, Dossier n° 2060-00.

similaire d'adoption du fils du conjoint, une motivation similaire a été avancée pour décider favorablement de l'exequatur d'un jugement américain[1].

960. Nous reconnaissons qu'il est difficile d'apercevoir, dans ce troisième signal, l'existence d'un double régime d'efficacité. Cependant, nous estimons que l'affirmation de la Cour pourrait contenir les germes d'une distinction entre reconnaissance et exécution en tant que manifestations de l'efficacité. Certes, la Cour ne définit pas ce qu'elle entend par *« caractère obligatoire de la décision »*, mais il n'en demeure pas moins qu'elle le différencie de l'exécution du jugement. Selon nous, cette expression *« caractère obligatoire »* pourrait parfaitement contenir le respect du rapport de droit décidé à l'étranger, ainsi que l'impossibilité de renouveler la même instance quant au fond devant les tribunaux nationaux, c'est-à-dire l'efficacité substantielle de la décision et son autorité de chose jugée. Il s'agirait-là des deux effets normatifs de la décision qui sont traditionnellement associés à la reconnaissance. Or, nous avons déjà démontré que la systématisation des effets normatifs du jugement a rendu possible, en droit français, la distinction entre les manifestations de l'efficacité et combien, surtout, cette dernière distinction a été déterminante pour la consolidation de la dualité de régime[2].

961. Remarquons également que, dans tous les exemples que nous venons de citer, les arrêts ont été signés de la plume du même magistrat rapporteur, M. Ariel Salazar. Nous pouvons dès lors nous demander s'il s'agit d'une légèreté de langage ou bien d'une utilisation réfléchie de la terminologie. Dans les deux cas, la généralisation de la distinction peut, peut-être, devenir le point de départ d'une évolution vers la dualité de régime.

iv. L'efficacité de plein droit réservée aux divorces administratifs et à ceux enregistrés devant un notaire

962. Enfin, l'efficacité que la Colombie réserve aux divorces étrangers enregistrés devant un notaire ou devant les autorités administratives étrangères constitue le quatrième signal qui montre combien la jurisprudence colombienne n'ignore pas la possibilité d'une efficacité sans intervention judiciaire préalable. Alors que l'efficacité internationale de ce genre de divorces, notamment ceux enregistrés par le notaire, fait débat en France et en Europe[3], la question a déjà été favorablement tranchée en droit Colombien, et ce depuis les années 2000[4].

---

[1] CSJC. Cass. Ch. Civ., 3 septembre 2013, Magistrat Rapporteur: Ariel Salazar, Dossier n° 1566-00.

[2] *v. supra* p. 349.

[3] P. Hammje, « Article 3, Definitions *», in « Chapter 1: Scope, relation with regulation (EC) n° 2201/2003, definitions and universal application », in, The Rome III regulation, a commentary on the law applicable to divorce and legal separation,* sous la dir. de S. Corneloup, Edward Elgar Publishig, 2020, p. 49, § 3.14.

[4] Nous signalons cependant, qu'au départ, l'approche de la Cour colombienne était bien plus stricte. Ainsi, l'exequatur des divorces japonais enregistrés devant le maire était déclaré irrecevable. Le motif était que les parties n'apportaient ni le jugement dûment légalisé, ni la preuve du caractère définitif de l'acte. En effet, il s'agit simplement d'un acte qui était conclu par les parties et enregistré par le maire ensuite. Le caractère administratif de ce type de divorce faisait obstacle à son exequatur en Colombie. La seule option pour elles était de renouveler l'instance de divorce devant les tribunaux colombiens. *v.* CSJC. Cass. Ch. Civ., 5 juillet 2001, Magistrat Rapporteur : Manuel Ardila, Dossier n° 0087-01 ; CSJC. Cass. Ch. Civ., 5 octobre 2001, Magistrat Rapporteur : Jorge Santos, Dossier n° 0138-01 ; CSJC. Cass. Ch. Civ., 13 décembre 2001 *Kumagai*, Magistrat Rapporteur : Manuel Ardila, Dossier n° 0224-01. Dans le cas de ce dernier arrêt, les parties ont contesté la décision de la Cour. Le tribunal confirme l'irrecevabilité de l'action mais affirme, en plus, que l'efficacité du

La Cour colombienne accepte que l'efficacité de ces divorces n'obéisse pas au régime traditionnel d'efficacité et qu'elle ne soit pas tenue de respecter l'exigence préalable d'intervention judiciaire, c'est-à-dire l'action en exequatur. Autrement dit, ces divorces bénéficient d'une efficacité de plein droit grâce à laquelle les parties intéressées peuvent directement obtenir l'inscription du divorce auprès de l'officier de l'état civil. La fonction de tenir l'état civil est confiée, en droit colombien, aux notaires, et ce, depuis le Décret n° 960 de 1970[1].

963. L'affaire *Kumagai,* rendu le 13 février 2002[2], a permis à la Cour d'affirmer que l'efficacité des divorces administratifs japonais n'entrait pas dans le champ d'application du régime classique fondé sur l'action en exequatur. En l'espèce, le divorce entre M. Kumagai et Mme Velázquez avait été obtenu en application de la loi japonaise, par déclaration conjointe devant le maire de leur lieu de domicile. Ce dernier a réceptionné et enregistré ladite déclaration sans prononcer aucune décision. Cherchant l'efficacité dudit divorce en Colombie, les parties ont agi en exequatur mais se sont heurtées à une déclaration d'irrecevabilité de l'action. Selon la Cour, la preuve du caractère définitif de l'acte faisait défaut. Les parties ont alors contesté la décision d'irrecevabilité et la Cour a formulé sa réponse en deux temps. D'abord, elle estime que le demandeur n'a pas prouvé en quoi le divorce administratif japonais était un jugement judiciaire ou une sentence arbitrale[3]. Ce défaut implique que l'efficacité échappe au champ d'application de l'action en exequatur[4]. Ensuite, elle a enjoint aux parties d'*« explorer »* les solutions offertes par les voies administratives[5]. Autrement dit, l'efficacité ne relève plus ni de la législation, ni de la juridiction civile étant donné la nature de l'autorité ayant enregistré le divorce[6]. L'irrecevabilité a été confirmée en raison de la nature administrative de l'autorité d'origine[7].

964. Les arrêts rendus sur la question dans les années 2015[8] et 2016[9] sont plus clairs. Dans l'affaire *Pereira-Amaya* du 10 septembre 2015, la Cour devait se prononcer sur l'efficacité d'un divorce portugais enregistré devant notaire. À cette occasion, elle confirme d'abord que le divorce ainsi obtenu n'est pas une décision judiciaire et que, par conséquent, il échappe à l'action en exequatur qui

---

divorce en question ne relève pas du champ d'application de l'exequatur. CSJC. Cass. Ch. Civ., 13 février 2002 *Kumagai*, Magistrat Rapporteur : Nicolas Bechara, Dossier n° 0224-01.

[1] L'article 3 relatif aux fonctions attribuées aux notaires dispose au numéro 13 qu'il leur appartient de *« tenir le registre de l'état civil des personnes dans les cas et selon les systèmes et formalités prévus par la loi ».* Décret n° 960 du 20 juin 1970, portant promulgation d'un statut notarial, publié au Journal Officiel n° 33 118 du 5 août 1970.

[2] CSJC. Cass. Ch. Civ., 13 février. 2002 *Kumagai, préc.*

[3] Dans un arrêt *Onose* du 13 février 2004, la Cour a affirmé à ce propos qu'il appartient au demandeur en exequatur de prouver que l'acte de médiation qui rend possible le divorce au Japon, est considéré, dans ce droit, comme équivalent à un jugement judiciaire. CSJC. Cass. Ch. Civ., 13 février 2004 *Onose*, Magistrat Rapporteur : Pedro Munar, Dossier n° 0198-01

[4] CSJC. Cass. Ch. Civ., 13 février 2002 *Kumagai, préc.*

[5] *Idem.*

[6] CSJC. Cass. Ch. Civ., 1er décembre 2011, Magistrat Rapporteur : Ruth Diaz Rueda, Dossier n° 0223-01.

[7] B. Ancel et Y. Lequette, note sous Cass. 1ère civ., 19 avril 1819 *Parker, GA* n° 2, p. 20 §12.

[8] CSJC. Cass. Ch. Civ., 10 septembre 2015 *Pereira-Amaya*, Magistrat Rapporteur : Fernando Giraldo, Dossier n° 01802-00.

[9] CSJC. Cass. Ch. Civ., 8 mars 2016 *Neves Barata*, Magistrat Rapporteur : Ariel Salazar, Dossier n° 00342-00 ; CSJC. Cass. Ch. Civ., 31 août 2016, Magistrat Rapporteur : Álvaro Garcia, Dossier n° 00540-00.

est uniquement réservée aux actes judiciaires[1]. Ensuite, et voici l'apport principal de l'arrêt, la Cour indique qu'il est incontestable que dans les deux pays concernés, la Colombie et le Portugal, le notaire est compétent pour enregistrer le divorce lorsque le motif du relâchement du lien est le commun accord des conjoints. Elle poursuit en indiquant que « si la législation colombienne autorise les parties à se passer de l'intervention judiciaire dans le cas d'un divorce par consentement mutuel, il est inutile d'exiger l'exequatur pour donner l'efficacité à l'accord de volontés entre Antonio Manuel Pereira Figueiredo de Matos et Natalia Nayibe Amaya Álvarez. Il suffit d'enregistrer l'acte étranger et sa traduction auprès d'un notaire colombien pour que celui-ci procède aux modifications de l'état civil dans l'acte de mariage du couple »[2]. Ainsi, le divorce par consentement mutuel par acte sous signature privé déposé au rang des minutes d'un notaire bénéficie, en Colombie, d'une efficacité allégée qui opère de plein droit.

965. La même solution a été confirmée dans l'arrêt *Neves Barata* du 8 mars 2016[3]. Dans cette espèce, il était à nouveau question de l'efficacité en Colombie d'un divorce par consentement mutuel enregistré devant un notaire portugais. La Cour refuse d'accorder l'exequatur, car le divorce en cause n'est pas de nature judiciaire. Elle rappelle donc que pour ce type d'actes « il suffit de présenter l'apostille et la traduction officielle de ce qui a été décidé à l'étranger auprès de l'autorité notariale colombienne, pour obtenir les effets recherchés dans l'état civil colombien »[4].

966. La solution colombienne contraste, par exemple, avec celle retenue en droit européen où les divorces enregistrés devant notaire circulent selon un système d'efficacité calqué sur celui prévu par les règlements pour les jugements intra-européens. En effet, c'est au moyen de cet alignement entre les deux systèmes d'efficacité que le droit européen a simplifié la circulation de ces divorces. En droit colombien, en revanche, l'efficacité des divorces enregistrés devant notaire témoigne d'une libéralisation remarquable par rapport à celle des jugements de divorce. Autrement dit, en Colombie, l'allégement de la circulation des divorces dits privés n'a pas été une suite, comme cela l'a été en droit européen, de la simplification du régime applicable aux jugements judiciaires.

967. Nous regrettons cependant, que cette position libérale de la Cour colombienne ait une portée si restreinte. En effet, elle ne s'applique qu'aux seuls divorces administratifs ou enregistrés au rang des minutes d'un notaire et ce, parce qu'en raison de la nature de l'autorité les ayant enregistrés, la Cour leur refuse la qualification de décision judiciaire. Or, c'est précisément parce qu'il ne s'agit pas de jugements, qu'elle accepte de faire une exception à l'exigence d'exequatur préalable. Ceci suggère donc que la régularité internationale de l'acte n'intéresse l'ordre juridique colombien que dans la mesure où l'autorité l'ayant rendu est une autorité juridictionnelle. Pour tous les actes ayant une autre origine,

---

[1] CSJC. Cass. Ch. Civ., 10 septembre 2015 *Pereira-Amaya, préc.*

[2] *Idem.*

[3] CSJC. Cass. Ch. Civ., 8 mars 2016 *Neves Barata, préc.*

[4] *Idem.*

existerait donc une présomption de régularité et leur efficacité ne représenterait pas de risque pour les intérêts étatiques colombiens. Pour autant, retenons qu'une efficacité exemptée de l'intervention judiciaire est donc mise en place en droit colombien dont les bénéfices sont, d'un point de vue pratique, réels pour les particuliers.

968. L'ensemble des signaux identifiés sont autant d'indices nous laissant penser à une possible émergence d'un double régime d'efficacité. Néanmoins, ils sont *a contrario* la preuve qu'aujourd'hui, en droit colombien, le régime est unique et que la dualité mise en lumière en droit français n'a pas, pour le moment, réussi à s'imposer.

2. *Une possibilité jamais concrétisée*

969. L'échec de la dualité en droit colombien s'explique, selon nous, par trois raisons qui, chacune, traduit finalement cette attitude hostile à l'égard d'un double régime. La première raison réside dans le refus d'exploiter la différence entre reconnaissance et exécution, incarné dans l'absence d'un travail de définition et de caractérisation de ces deux manifestations. En effet, lorsque la Cour suggère l'existence de cette distinction, elle n'avance aucune définition de ces notions. Ainsi, bien qu'elle soit parfois employée, la distinction entre reconnaissance et exécution n'est pas assortie de conséquences juridiques définies. Le même défaut se prolonge au sein de la doctrine. Antonio Aljure, par exemple, fait partie des auteurs pour lesquels la reconnaissance et l'exécution constituent les deux manifestations de l'efficacité d'un jugement étranger. Cependant, la distinction est aussitôt condamnée à la stérilité lorsque cet auteur affirme que les deux manifestations « doivent être précédées de l'action en exequatur »[1]. La même remarque peut être faite à propos de l'analyse de José Marín Fuentes, selon laquelle toutes les décisions sont susceptibles d'une reconnaissance aux effets aussi larges ou aussi restreints que les parties l'envisagent dans l'action en exequatur[2].

970. Autrement dit, distinguer entre reconnaissance et exécution revient, en droit colombien, à une simple question de vocabulaire, car, dans tous les cas, aucun effet juridique ne s'en dégage. Qu'elle se manifeste par la reconnaissance ou par l'exécution de la décision, l'efficacité doit toujours suivre le régime classique fondé sur l'action préalable en exequatur. Ceci fait immédiatement penser à la Convention de La Haye de 2019 au sein de laquelle, tel que nous l'avons indiqué, la distinction entre reconnaissance et exécution est employée sans que des conséquences juridiques ne lui soient clairement attribuées : aucune différence ne semble avoir été prévue quant au régime applicable à l'une ou à l'autre manifestation de l'efficacité[3].

971. La seconde raison tient, selon nous, à la manière dont la jurisprudence et la doctrine justifient l'émergence d'une efficacité extrajudiciaire par opposition

---

[1] A. Aljure, « Exequatur de providencias judiciales », *in*, *Teoría general…*, *op.cit.*, p. 428 §2.7.
[2] J. Marín Fuentes, *op.cit.*, p. 174 §2.6.
[3] *v. supra* p. 355.

à l'efficacité précédée de l'action en exequatur. En effet, elle a parfois été justifiée par un recours artificiel aux règles de conflit de lois, en déduisant de la désignation d'une loi étrangère un désintérêt de l'ordre juridique du for pour la question litigieuse. Cette affirmation est contestable, notamment parce qu'elle oublie les caractères et la finalité de la règle de conflit en droit international privé : ce n'est pas parce que la loi désignée par la règle de conflit de lois est une loi étrangère que l'affaire n'a plus aucun lien avec l'ordre juridique du for. En revanche, c'est bien parce que l'affaire entretient des liens avec plusieurs ordres juridiques, dont le for, qu'il est nécessaire de consulter une règle de conflit de lois ou de juridictions.

972. L'existence d'une efficacité extrajudiciaire a, dans d'autres cas, été justifiée par un recours confus à la nature du jugement étranger. Bien que ce critère ait contribué à l'émergence de la dualité en droit français, la doctrine et la jurisprudence colombiennes ne sont pas parvenues à formuler un critère permettant de classer les décisions étrangères selon leur nature juridique. Face à cet échec, la jurisprudence a préféré abandonner ledit critère. La difficulté de classer les décisions selon leur nature juridique rend impossible d'identifier les décisions qui pourraient bénéficier de l'efficacité extrajudiciaire et celles qui resteraient soumises au régime classique et donc, à l'intervention judicaire préalable.

973. La troisième raison est que le droit colombien ne s'est jamais occupé de la question de savoir si l'efficacité accordée par la voie extrajudiciaire était identique à l'efficacité obtenue par le biais de l'action en exequatur. Peut-elle donner lieu à des mesures d'exécution sur le territoire national ? Peut-elle être contestée ultérieurement ? Ces questions passées sous silence montrent à quel point l'idée d'un double régime n'a pas été suffisamment envisagée.

974. Il est certain que, derrière ces difficultés à consolider une distinction entre reconnaissance et exécution et à prévoir une efficacité extrajudiciaire, se cache le principe de souveraineté, et plus spécifiquement encore, la conception publiciste que le droit colombien retient de l'efficacité. En effet, tout effort destiné à mettre en cause l'unicité du régime d'efficacité se révèle vaincu d'avance, et ce aussi longtemps que la réception des décisions étrangères sera prioritairement associée à une question regardant exclusivement les États. Tant que l'intervention judiciaire sera vue comme un moyen de protéger et défendre les intérêts étatiques, tout allégement du régime d'efficacité sera difficilement envisageable. Dans ce contexte, tout rétrécissement de la notion d'exécution et du champ d'application de l'action en exequatur risque, à tort, d'être interprété comme une entreprise contraire à la souveraineté étatique colombienne. Cette crainte empêche la doctrine et la jurisprudence de moderniser leur interprétation et leur application des dispositions légales relatives à l'efficacité des jugements étrangers. En définitive, la rigidité colombienne s'incarne dans l'existence de cette seule efficacité de type définitif et incontestable qui demeure indissociable de l'action en exequatur.

975. Dans le cadre de la Convention de La Haye de 2019, cette rigidité colombienne risque assurément de se prolonger et de conduire à une application

très stricte du texte. Au regard du silence de la Convention à propos des effets attribués à la distinction entre reconnaissance et exécution, le droit colombien, qui ne pratique pas cette distinction, n'y accordera aucune conséquence. Le contrôle de régularité prévu sera toujours opéré de manière préalable à la reconnaissance et à l'exécution, et ce, dans le cadre d'une action judiciaire. Dans cette perspective et au regard des caractéristiques du droit colombien que nous avons identifiées, l'application de la Convention peut ne pas être synonyme d'efficacité simplifiée en Colombie.

976. Pour poursuivre notre étude de l'opposition actuelle entre les deux droits, intéressons-nous à présent à leur manière d'envisager l'aménagement de ce double régime. Cette étude, qui nous permettra d'apprécier la consolidation et l'évolution du double régime en France, est indispensable pour prendre la pleine mesure de l'opposition entre les deux droits, mais également pour chercher à la réduire.

§ 2. L'aménagement en droit français de la dualité

977. L'affirmation de deux régimes d'efficacité en France a rendu nécessaire de formuler un critère permettant de les aménager, c'est-à-dire de déterminer les jugements qui sont couverts par chacun. Or étudier l'évolution de cet aménagement, notamment la transformation progressive du critère reposant sur la nature du jugement (A), vers celui fondé sur les actes d'exécution (B), permettra de montrer combien l'opposition entre les deux droits est importante, mais pas irrémédiable pour autant. Ce sera également l'occasion d'éclairer un peu plus les tentatives pour adopter la dualité et leur échec en droit colombien.

A. Un aménagement fondé sur la nature du jugement

978. L'existence de deux régimes d'efficacité rend nécessaire d'identifier les jugements qui peuvent bénéficier d'une efficacité de plein droit et ceux qui, nécessitant un contrôle préalable de régularité, doivent transiter par le régime de l'efficacité définitive.

979. À cette fin, il est apparu logique de chercher, au sein du jugement étranger lui-même, une particularité permettant de savoir si son efficacité se manifestait par la simple reconnaissance ou par l'exécution. La Cour de cassation a ainsi retenu la nature de la décision étrangère et celle des droits concernés par elle pour déterminer la manière dont son efficacité se manifestait. Voyons ce qui concerne, d'abord, la nature du jugement. Selon Mazeaud, les décisions peuvent être de deux sortes : « Le jugement, par lequel un tribunal, tranchant un différend, reconnaîtra l'existence d'un droit antérieur contesté, sera déclaratif de droit. Le jugement, par lequel un tribunal attribuera des droits nouveaux, sera constitutif de droits » [1]. Ensuite, pour ce qui est de la nature des droits concernés par le jugement, ils peuvent être de nature patrimoniale ou extrapatrimoniale. La

[1] L. Mazeaud, « De la distinction des jugements déclaratifs et des jugements constitutifs de droits », *RTD.Civ*, 1929.17. Dans le même sens *v.* F. Riad, *La valeur internationale des jugements étrangers en droit comparé*, Sirey, 1955, p. 138.

conjugaison de ces éléments a permis à la jurisprudence de formuler un premier critère pour délimiter le champ d'application de l'efficacité de plein droit. Ainsi, la reconnaissance fut initialement réservée aux seuls jugements de nature extrapatrimoniale[1] qui, portant sur l'état et la capacité des personnes, avaient une nature constitutive[2]. Les jugements de divorce ont été les premiers concernés comme le montre l'arrêt *Bulkley*[3]. Par la suite, l'arrêt *De Wrède*[4] a élargi le régime de l'efficacité de plein droit aux jugements extrapatrimoniaux de type déclaratif[5]. Avec cet élargissement, la Cour de cassation rompt avec son approche selon laquelle la force probante de la décision justifiait son efficacité de plein droit[6].

980. Cette distinction fondée sur la nature de la décision a connu un relatif rayonnement en droit colombien. Bien que la distinction entre le caractère patrimonial ou extrapatrimonial des droits concernés par la décision n'ait pas été expressément évoquée, l'arrêt *Alfonzo-Méndez* de 1948 prônait une efficacité sans exequatur des jugements purement déclaratifs et purement constitutifs. L'argument avancé était que ces décisions produisent leurs effets aussitôt qu'elles sont prononcées et sans qu'il soit nécessaire de procéder à des mesures d'exécution. En outre, un lien peut aussi être établi entre la voix dissidente du magistrat Pedro Lafont Pianetta, que nous avons déjà exposée[7], et l'arrêt *Bulkley* en France. Rappelons que ce magistrat, à l'image de l'arrêt *Bulkley,* justifie l'efficacité de plein droit des jugements étrangers de divorce par un recours à la règle de conflit de lois qui commande l'application de la loi étrangère. Au regard de cette similitude, nous estimons que cette utilisation de la règle de conflit comme vecteur d'efficacité aurait pu conduire en Colombie, comme cela a été le cas en France, à l'établissement d'un double régime d'efficacité organisée à partir de la nature du jugement étranger. En ce sens, tant l'arrêt *Alfonzo-Méndez* que la voix dissidente de Pedro Lafont Pianetta, montrent que si un double régime d'efficacité avait effectivement émergé en Colombie, il aurait été aménagé au moyen d'un critère fondé sur la nature du jugement étranger.

981. Par la suite, le droit français a admis l'efficacité de plein droit de certains jugements de nature patrimoniale, mais pour les seuls jugements dits constitutifs. Nombreux sont les jugements rendus en matière de faillite internationale, notamment ceux portant nomination du liquidateur, qui ont pu bénéficier de cette efficacité *de plano*[8]. Grâce à cette extension, il n'est plus nécessaire pour le liquidateur d'obtenir l'exequatur préalable pour pouvoir agir

---

1 A. Pillet, *op.cit.,* p. 590 §676.
2 Léon Mazeaud explique que les jugements relatifs à la capacité : *« sont sans aucun doute constitutifs, car la création de l'état ou de l'incapacité se manifeste clairement comme leur œuvre ».* L. Mazeaud. « De la distinction des jugements… », *op.cit.,* p. 24.
3 Cass. 1ère civ. 28 février 1860 *Bulkley, préc. v.* D. Holleaux, « Remarques sur l'évolution de la jurisprudence… », *op.cit.,* p. 179 et s ; D. Alexandre, *op.cit.,* p. 44 §52.
4 Cass. 1ère civ. 9 mai 1900 *De Wrède, préc.*
5 L. Mazeaud, « De la distinction des jugements… », *op.cit.,* p. 26. À ce propos *v.* H. Péroz, *op.cit.,* p. 59 §83 ; D. Holleaux, « Remarques sur l'évolution… », *op.cit.,* p. 179 et s ; F. Riad, *La valeur internationale des jugements… op.cit.,* p. 140 ; M. López de Tejada, *La disparition de l'exequatur dans l'espace judiciaire européen,* LGDJ, 2013, p. 91 §110.
6 H. Péroz, *op.cit.,* p. 59 §83.
7 *v. supra* p. 364.
8 Cass. 1ère civ., 25 juin 1991, *D.* 1992.51, obs. Massip.

en défense de la masse patrimoniale du failli[1]. La même considération a été utilisée dans d'autres domaines comme celui des successions où il a été admis que l'administrateur de la succession nommé judiciairement à l'étranger, pouvait ester en justice en France sans avoir à obtenir l'exequatur préalable de la décision de nomination[2].

982. En droit colombien, en revanche, l'absence de dualité de régime implique, pour les jugements patrimoniaux constitutifs, que leur efficacité soit soumise à l'exigence préalable d'exequatur. La seule exception qui existe, précédemment indiquée, est celle de la loi de 2006 relative au régime d'insolvabilité applicable aux entreprises. Cette loi permet, dans le cadre d'une procédure d'insolvabilité transfrontière, que le représentant de l'entreprise en faillite, désigné à l'étranger, puisse demander en Colombie l'ouverture d'une procédure d'insolvabilité sans qu'il soit nécessaire d'obtenir, au préalable, l'exequatur de la décision de nomination[3]. Cependant, le doute persiste en ce qui concerne la portée des pouvoirs de ce représentant. La loi l'autorise uniquement à solliciter l'ouverture de la procédure ce qui exclurait, *a priori*, d'autres pouvoirs plus importants, tel que celui d'ester en justice devant les tribunaux colombiens pour défendre les intérêts du failli ou de procéder à la liquidation des biens de celui-ci. De plus, la loi n'indique nullement si l'efficacité accordée à la décision étrangère de nomination est précaire ou définitive. Quoi qu'il en soit, l'article 96 de ladite loi demeure le seul exemple, à notre connaissance, d'un jugement étranger patrimonial et constitutif qui bénéficie d'une certaine efficacité de plein droit en droit colombien.

983. Notons, à ce propos, qu'en droit français la question bénéficie d'un traitement plus allégé[4]. En droit commun, depuis longtemps il a été affirmé que le jugement étranger d'ouverture de la faillite ne pouvait pas produire l'effet de dessaisissement du débiteur sans exequatur préalable, mais, en ce qui concerne la nomination du liquidateur, il a une efficacité de plein droit. L'exequatur est tout de même nécessaire pour permettre à ce dernier de procéder à des actes d'exécution matérielle sur des biens ou de coercition sur les personnes[5]. En droit européen, avec l'entrée en vigueur des Règlements européens n° 1346 de 2000 et n° 848 de 2015 portant refonte du premier, la question a connu un allègement remarquable, car le jugement qui ouvre la procédure d'insolvabilité dans un État membre est reconnu de plein droit dans les autres États membres. Ainsi, selon l'article 20 du Règlement de 2015, la décision d'ouverture de la procédure d'insolvabilité « produit, sans aucune formalité, dans tout autre État membre les

[1] Le Tribunal de la Seine affirmait en 1957 que : *« Le liquidateur d'une société étrangère nommé à l'étranger par décision de justice étrangère peut ester en justice en France pour l'accomplissement de sa mission, sans que la décision qui l'a nommé ait besoin d'être revêtue de l'exequatur »*. Seine 2e Ch., 7 mars 1957, *RCDIP* 1957.331, obs. Y. Loussouarn ; *JDI* 1958.136, obs. Sialelli. Dans le même sens : Paris, 3e ch., 29 mai 1963, *JDI* 1964.119, obs. Sialelli. À ce propos en doctrine *v.* Philippe Théry, *op.cit.*, p. 262 §279.

[2] Cass. 1re civ. 6 juin 1967 *Schapiro*, *JDI* 1967.890, obs. J-D Bredin ; *RCDIP* 1969.75, obs. Déprez ; Cass. 1re civ, 3 novembre 1983, *RCDIP* 1984.336, obs. M. Revillard.

[3] Article 96, Loi n° 1116 du 27 décembre 2006 relative au régime d'insolvabilité des entreprises, *préc.*

[4] B. Audit et L. d'Avout, *op.cit.*, p. 1063 §1287 et s.

[5] Cass. Req., 3 mars 1930 *Hainard*, *préc.*

mêmes effets que ceux prévus par la loi de l'État d'ouverture »[1]. Concernant les pouvoirs du représentant de la procédure, ce dernier est autorisé à exercer dans un État membre « tous les pouvoirs conférés par la loi de l'État d'ouverture, aussi longtemps qu'aucune autre procédure d'insolvabilité n'a été ouverte dans cet autre État membre et qu'aucune mesure conservatoire contraire n'y a été prise à la suite d'une demande d'ouverture d'une procédure d'insolvabilité dans cet État »[2]. Pour ce qui est de l'exécution des mesures prises dans le cadre de la procédure, le Règlement de 2015 renvoie au Règlement Bruxelles I bis, c'est-à-dire qu'elle peut se faire de plein droit[3].

984. Pour justifier l'ouverture du régime de l'efficacité de plein droit aux jugements patrimoniaux constitutifs, le droit commun a, d'abord, utilisé l'argument tiré de la force probante de la décision[4], puis celui de la nature *erga omnes* des droits créés par le jugement[5]. Il a été avancé à cet égard que « les droits nouveaux qu'ils créent ne pourraient être méconnus sans de sérieux inconvénients »[6]. Pillet, à ce propos, faisait une distinction intéressante pour expliquer l'élargissement du régime de l'efficacité de plein droit. Il distinguait entre les jugements *« à effet absolu »* et les jugements *« à effet relatif »*[7]. Selon l'auteur, les premiers sont opposables à tous et peuvent donc produire des effets sans passer par l'instance judiciaire d'exequatur. Cet allégement procédural qui leur est accordé se fonde sur des raisons de bonne administration de la justice et, plus spécifiquement, sur l'intérêt d'éviter l'engorgement des tribunaux nationaux avec des instances qui risquent de s'ouvrir sans cesse en raison de l'effet *inter partes* du jugement d'exequatur[8]. Songeons par exemple au cas de l'administrateur qui, désigné par un jugement étranger, devrait obtenir l'exequatur de sa décision de nomination à chaque fois que, dans le cadre de sa mission, il est amené à intenter des actions contre les débiteurs du failli dans le for, ou encore, chaque fois qu'il tente de réaliser des actes au nom de son administré[9]. Les jugements dits *« à effet relatif »*, en revanche, se démarquent des précédents parce qu'ils ne sont opposables qu'à une seule personne. C'est pourquoi, ils ont besoin de la procédure d'exequatur pour être efficaces dans le for[10].

985. Bien qu'intéressante, cette distinction n'a pas été retenue par la jurisprudence. Ce n'est pas regrettable dès lors qu'elle ne permettait pas, selon

---

[1] Article 20, Règlement (UE) n° 848 20 mai 2015, relatif aux procédures d'insolvabilité *refonte*, *JOUE* n° L 141, 5 juin 2015, p. 1.
[2] Article 21, Règlement (UE) n° 848 20 mai 2015, *préc.*
[3] Article 32, *Idem.*
[4] Trib. Seine. 7 mars 1957, *RCDIP* 1957.331. Selon Dominique Bureau et Horatia Muir Watt, l'argument était celui que la décision judiciaire *« sert de preuve privilégiée de l'état de droit qu'elle constitue »*. D. Bureau et H. Muir Watt, *op.cit.*, p. 291 §252.
[5] L'insuffisance de l'argument de la force probante de l'acte écrit a conduit certains auteurs, comme Déprez, à affirmer que le fondement de l'efficacité *de plano* de ce genre de jugement devait être recherchée *« dans la nature constitutive du jugement »*. Cass. 1re civ. 6 juin 1967 *Schapiro*, *RCDIP* 1969.75, *préc.*
[6] B. Audit et L. d'Avout, *op.cit.*, p. 481 §578.
[7] A. Pillet, *op.cit.*, p. 600 §677.
[8] *Idem*, p. 601 §677.
[9] Nous sommes d'accord avec Pillet lorsqu'il estime que, dans ce cas, l'exigence de l'action en exequatur finirait par empêcher complètement la mission de l'administrateur. *Idem*, p. 601 §677.
[10] *Idem*, p. 600 §677.

nous, un aménagement très clair des deux régimes d'efficacité. En effet, toute décision étrangère peut être, en même temps, à effet absolu ou à effet relatif selon la situation étudiée. Un jugement étranger d'établissement de la filiation est, par exemple, à effet relatif en ce qu'il établit un lien de famille unissant le père déclaré et l'enfant. Cependant, le même jugement peut être qualifié comme ayant un effet absolu lorsque, grâce au lien de filiation déclaré, l'enfant est aussi lié aux autres membres de la famille du père, ou encore lorsque l'enfant peut, sur le fondement du jugement de filiation, opposer aux tiers le respect de sa réserve héréditaire pour anéantir les dispositions testamentaires la méconnaissant. Il est également opposable à tous dès lors qu'à partir de l'établissement de la filiation paternelle, personne ne peut prétendre à établir un autre lien de filiation paternelle à l'égard de cet enfant sans détruire au préalable celui déjà existant.
La même analyse est possible pour un jugement condamnant une partie à payer à l'autre une certaine somme ou à lui remettre certains biens. Il sera à effet relatif en ce que l'exécution de l'obligation impartie ne peut être exigée que du débiteur indiqué dans la décision. Mais il peut aussi être à effet absolu lorsqu'il est question de l'exécution forcée de la condamnation. Dans le cas de la condamnation pécuniaire, le jugement étranger peut être opposé à d'autres créanciers du même débiteur dans le cadre d'une procédure de faillite afin d'obtenir, par exemple, un règlement prioritaire de la dette concernée. Dans le cas de la restitution de biens, il peut l'être à l'égard des tiers pour obtenir la remise des biens qui ont été irrégulièrement mis en leur possession. Il est donc difficile d'imaginer qu'un jugement étranger soit uniquement et exclusivement à effet relatif ou à effet absolu. Aménager le double régime à partir de ce critère se révèle assez problématique.

986. Cependant, ce détour par la théorie de Pillet nous permet de voir qu'il y avait, dans la doctrine, un sentiment d'insatisfaction par rapport au critère fondé exclusivement sur la nature de la décision. En effet, la qualification de la nature déclarative ou constitutive du jugement est compliquée du fait que tout jugement apporte une modification à la réalité qui lui préexiste[1]. Ainsi, « tout jugement présente à certains égards un caractère constitutif »[2], et inversement, « tout jugement constitutif est pour partie déclaratif car le juge doit nécessairement reconnaître les droits préexistants ou constater leur violation avant de créer une situation nouvelle »[3]. Or, en ce qui concerne les jugements patrimoniaux-constitutifs spécifiquement, ce n'était pas tant leur nature qui pouvait expliquer leur efficacité de plein droit que l'absence de mesures d'exécution. En effet, dès lors que le liquidateur devait procéder à de telles mesures en France, il était nécessaire pour lui d'obtenir l'efficacité définitive de la décision au moyen de l'action en exequatur[4].

---

[1] Philippe Théry, *op.cit.*, p. 267 §287.
[2] B. Audit et L. d'Avout, *op.cit.*, p. 482 §579.
[3] P. Raynaud, « La distinction des jugements déclaratifs et des jugements constitutifs », *in, Études de droit contemporain, Contributions françaises aux III et IV Congrès internationaux de Droit Comparé*, Sirey, 1959, p. 382.
[4] M. Revillard note sous TGI Paris, 23 novembre 1983, *RCDIP* 1990.744.

987. L'attention s'est donc déplacée vers la notion d'exécution qui est finalement apparue comme un critère plus simple pour aménager les deux régimes d'efficacité.

B. *Un aménagement fondé sur les actes d'exécution*

988. Aménager les deux régimes d'efficacité selon un critère fondé sur la nécessité de procéder à des actes d'exécution dans le for s'est progressivement révélé plus performant pour favoriser la circulation des jugements étrangers (1). La portée de ce critère peut être différemment limitée afin de permettre aux parties de participer à l'aménagement de la dualité (2). Comprendre cette évolution du droit français est utile pour la modernisation du droit colombien qui peut mesurer ainsi toute l'importance que revêt l'adoption d'une définition restreinte de la notion d'exécution.

1. *L'adoption du critère*

989. Dans son arrêt *Hainard* de 1930[1], la Cour de cassation française a fait de la pratique des actes d'exécution dans le for le critère permettant l'aménagement de la dualité de régime. Ainsi, selon cet arrêt, toutes les fois que l'efficacité de la décision nécessite de procéder à des actes d'exécution matérielle sur les biens ou de coercition sur les personnes, elle se manifeste par l'exécution et non par la reconnaissance. Par conséquent, le régime applicable est celui de l'efficacité définitive, au moyen, notamment, du contrôle judiciaire de régularité[2].

990. L'adoption de ce critère d'aménagement apparaît justifiée afin de faciliter la circulation des décisions étrangères ainsi que pour éviter que l'État ne prête main forte à l'exécution en France de situations irrégulières. Dans cette perspective, il a été nécessaire de définir de manière très précise ce que recouvre l'exécution de la décision : qu'est-ce qu'un « acte d'exécution » ? En effet, certains auteurs français estimaient que le simple fait de permettre à l'administrateur de la succession, par exemple, d'ester en justice, constitue une mesure d'exécution ou, en tout cas, « le maillon d'une chaîne qui mène à des actes d'exécution »[3] et qui rend nécessaire le passage par l'action en exequatur. C'était dans ce sens, précisément, qu'allait l'argumentation du défendeur dans l'arrêt *Hermann/Lounsberry* de 1983, que nous avons précédemment cité[4]. Or, retenir une interprétation très large des actes d'exécution conduirait à limiter excessivement le champ d'application du régime de l'efficacité de plein droit.

991. Pour contrer ce risque, la jurisprudence française a délimité progressivement la notion d'exécution. En ce qui concerne les jugements d'état et de capacité des personnes, la Cour a précisé en 1989 que l'inscription sur les registres de l'état civil français desdits jugements étrangers n'est pas un acte d'exécution. Ils peuvent, par conséquent, « être mentionnés sur les registres

---

[1] Cass. Req., 3 mars 1930 *Hainard, préc.*

[2] Paris, 7 juillet 1954, *RCDIP* 1954.555, obs. Francescakis ; Philippe Théry, *op.cit.*, p. 262 §280.

[3] Deprez, note sous Cass. 1ère civ. 6 juin 1967 *Schapiro, RCDIP* 1969.78.

[4] Cass. 1ère civ., 3 novembre 1983 *Hermann/Lounsberry, préc. v. supra* p. 362.

français de l'état civil indépendamment de toute déclaration d'exequatur »[1]. Puis, contrairement à ce qui pouvait se dégager de certains arrêts[2], l'arrêt *Rivière* a affirmé que la nationalité française ou étrangère des parties au litige est sans incidence sur la question[3]. En toute hypothèse, la transcription du jugement n'est pas une mesure d'exécution mais de publicité[4]. La position de la Cour a également été confirmée en matière d'adoption, plus spécifiquement en ce qui concerne l'inscription de la révocation d'une adoption prononcée à l'étranger[5].

992. À propos des jugements constitutifs patrimoniaux, la Cour distingue entre l'attribution d'un pouvoir ou d'une qualité à l'administrateur et les faits qui découlent de la mise en œuvre d'une telle qualité. Ainsi, se prévaloir du pouvoir accordé à l'étranger pour ester en justice n'est pas, en soi, un acte d'exécution tributaire de l'exequatur. En revanche, si dans l'exercice de ce pouvoir d'administration, la possession ou la vente des biens sont, par exemple, envisagées, l'exequatur sera indispensable à leur réalisation[6]. À cet égard, Bertrand Ancel explique, à propos de l'arrêt *Hermann/Lounsberry*, que la raison qui permet de justifier l'efficacité de plein droit de ces jugements tient à la différence qui existe, non entre les effets de la décision étrangère et ses suites que nous avons déjà expliquée[7], mais entre les effets internes et les effets externes – aussi appelés les incidences – du jugement étranger[8].

Selon le professeur Ancel, permettre au syndic nommé par un jugement étranger d'ester en justice en France concerne un effet interne du jugement qui est dès lors possible sans exequatur préalable. En effet, que le syndic puisse participer à la procédure en dehors de l'exequatur préalable du jugement qui le nomme, n'entraîne aucun changement dans la situation des tiers débiteurs de la masse qu'il administre désormais. En revanche, « lorsque le débiteur refuse de remettre en la main du syndic les biens qu'il possède en France, il s'en prend directement à la nouvelle répartition des rôles que le jugement entend fixer entre eux »[9]. Obliger le tiers à respecter cette répartition constitue un effet externe de la décision étrangère qui justifie, « en cas de résistance [...] l'intervention des

[1] Cass. 1ère civ. 29 mars 1989, *RCDIP* 1990.352, obs. P. Mayer ; *JDI* 1989.1014, obs. Kessedjian. En doctrine *v.* Dominique Bureau et Horatia Muir Watt, *op.cit.,* p. 302 §257 ; Y. Loussouarn, P. Bourel et P. de Vareilles-Sommières, *op.cit.,* p. 897 §897.

[2] Paris, 1ère civ. 6 décembre 1950, *RCDIP* 1951.668, obs. H. Batiffol.

[3] Cass. 1ère civ., 17 avril 1953 *Rivière, GA* n° 26 ; *RCDIP* 1953.412, obs. Batiffol ; *JDI* 1953.860, obs. Plaisant ; *JCP* 1953.II.7863, obs. Buchet ; *RabelsZ* 1955.520, obs. Francescakis.

[4] B. Audit et L. d'Avout, *op.cit.,* p. 480 §577. *v.* S. Corneloup, *La publicité des situations juridiques. Une appréciation franco-allemande du droit interne et du droit international privé,* LGDJ, 2003, p. 456 §445. En revanche, l'exequatur est nécessaire pour obtenir l'inscription en France d'une hypothèque judiciaire. N'étant pas une mesure d'exécution mais conservatoire, la doctrine a pu justifier l'exigence d'exequatur préalable par deux raisons. La première, parce que l'hypothèque concerne directement des biens immeubles situés en France et, la seconde, car en cas de manquement du débiteur, le créancier pourra, sur le fondement de l'hypothèque, demander une mesure de saisie qui portera sur un immeuble sis en France. La mesure initialement conservatoire nécessitera la force exécutoire afin de permettre au créancier de bénéficier du privilège qu'elle lui accorde. Cass. 1ère civ., 14 décembre 1988, *JDI* 1990.159, obs. A. Huet ; *D.* 1989.280, obs. Prévault.

[5] Cass. 1ère civ., 5 octobre 1994, *RCDIP* 1995.567, obs. H. Muir Watt ; *JDI* 1995.354, obs. Santa-Croce.

[6] *Idem,* p. 81.

[7] *v. supra* p. 363.

[8] B. Ancel, note sous Cass. 1ère civ., 3 novembre 1983 *Hermann/Lounsberry, JDI* 1985.115, spéc., p. 122.

[9] *Idem.,* p. 123.

organes d'exécution »[1]. En effet, selon l'auteur, admettre que le syndic puisse forcer le tiers à s'exécuter « est une incidence du jugement, un effet atteignant une situation juridique distincte de celle qu'il crée » et qui consiste dans sa nomination[2]. C'est pourquoi l'intervention du juge de l'exequatur s'avère nécessaire.

993. C'est au regard de ces précisions que la Cour de cassation indique que « les contestations relatives à l'exécution des jugements [...] sont toutes celles qui donnent lieu au recours à la force, à la contrainte ou à la dépossession de biens meubles et immeubles en vue d'assurer la mise en œuvre matérielle de décisions et d'actes »[3]. La doctrine confirme cette définition restreinte. Pour Goldman, par exemple, les actes d'exécution renvoient à « toute mesure qui met en mouvement ou qui est susceptible de mettre en mouvement, en cas de résistance d'une personne, la force publique »[4]. C'est donc l'idée de mobilisation du pouvoir de contrainte publique qui est au cœur de la notion. Or, délimiter le champ d'application de chaque régime d'efficacité à partir de ce critère a l'avantage de la clarté : l'efficacité de plein droit serait ouverte aux jugements ne nécessitant pas de tels actes, alors que le régime de l'efficacité définitive serait réservé aux jugements donnant lieu à des mesures d'exécution.

994. Ainsi, l'on comprend mieux les raisons pour lesquelles seuls les jugements déclaratifs patrimoniaux demeurent *a priori* exclus du régime de l'efficacité de plein droit en droit commun français[5]. En effet, selon la doctrine et la jurisprudence, ce genre de décisions sont majoritairement, voire exclusivement, invoquées en France avec un but exécutoire[6]. C'est typiquement le cas d'un jugement étranger qui condamne une partie à payer des dommages et intérêts à son cocontractant en raison d'une mauvaise exécution contractuelle[7]. Il n'est pas commun que la partie qui bénéficie d'un tel jugement souhaite s'en prévaloir uniquement pour faire état de la résolution du contrat, ou de la mauvaise exécution de la prestation, sans rechercher, en plus, le paiement de dommages et intérêts. En revanche, il est fréquent que le créancier prétende audit paiement par le biais d'une exécution forcée lorsque le débiteur n'accepte pas de s'exécuter volontairement. Autrement dit, le créancier qui cherche l'efficacité dans le for cherche à y obtenir la mise à disposition du « concours de la force publique pour obtenir une satisfaction matérielle »[8].

995. L'évolution du droit français quant à la définition des actes d'exécution contraste avec la position du droit colombien qui adopte une définition très large de la notion. Rappelons à ce propos que le législateur, la jurisprudence et la

---

[1] *Idem.*

[2] *Idem.*

[3] Cass. 1ère civ., 20 mars 2019, n° 18.11763.

[4] D. Holleaux, « Remarques sur l'évolution... », *op.cit.*, p. 211.

[5] P. Mayer, V. Heuzé et B. Remy, *op.cit.*, p. 295 §416, P. Mayer, « Les méthodes de la reconnaissance... », *op.cit.*, p. 550 §6 ; B. Ancel et H. Muir Watt, « Les jugements étrangers et la règle de conflit », *in, Vers de nouveaux équilibres entre ordres juridiques. Mélanges en l'honneur d'Hélène Gaudemet-Tallon*, Dalloz, 2008, p. 161.

[6] P. Mayet, V. Heuzé et B. Remy, *op.cit.*, p. 295 §416.

[7] L. Mazeaud, « De la distinction des jugements... », *op.cit.*, p. 38.

[8] P. Mayet, V. Heuzé et B. Remy, *op.cit.*, p. 241§359.

doctrine colombiennes se réfèrent à l'efficacité et à l'exécution du jugement comme des termes synonymes. Ainsi, l'interprétation large de la notion d'exécution se traduit par le fait que tout acte prenant sa source dans le jugement étranger, comme l'inscription d'un divorce, d'une nullité de mariage, ou d'un établissement de filiation, est qualifié d'acte d'exécution. À ce titre, l'action en exequatur préalable est toujours nécessaire. Cela renforce, bien entendu, l'unicité de l'efficacité en droit colombien. La seule exception concerne les divorces par consentement mutuel enregistrés au rang des minutes d'un notaire ou enregistrés par une autorité administrative. N'étant pas considérés comme des jugements, ceux-ci bénéficient, tel que nous l'avons indiqué, d'une efficacité de plein droit[1].

996. Dans le prolongement de l'opposition qui existe entre les deux droits étudiés à propos de la conception de l'efficacité, ce contraste quant à la manière de définir la notion d'exécution risque de se traduire par une application hétérogène de la Convention de La Haye de 2019. Le silence de cette dernière par rapport aux effets attribués à la distinction entre reconnaissance et exécution se prolonge, logiquement, par l'absence d'indication de tout critère pour aménager ces deux notions. Au regard du rapport explicatif, il semblerait que si la distinction entre reconnaissance et exécution pouvait déboucher sur un traitement différencié de l'efficacité, celui-ci devrait être aménagé selon le critère des actes d'exécution. En effet, ce document précise que, dans le cadre de la Convention, « la reconnaissance peut être définie comme couvrant tous les effets d'un jugement hormis ceux qui ont trait à son exécution »[2]. En ce qui concerne la définition de l'exécution, le rapport indique qu'elle « est nécessaire lorsque le jugement étranger condamne le défendeur à payer une somme d'argent (jugement pécuniaire) ou à faire ou ne pas faire quelque chose (injonction) et elle implique l'exercice des pouvoirs coercitifs de l'État pour amener le débiteur à s'exécuter »[3].

997. L'adoption d'une définition stricte de la notion, à l'image du droit français, est claire et contraste avec celle retenue par le droit colombien. Cela représente un défi important pour ce droit dans le cas d'une ratification de cette Convention. En effet, la définition colombienne actuelle de l'exécution dépasse largement celle préconisée par la Convention et peut conduire à entraver la circulation des jugements couverts par son champ d'application. C'est précisément au regard des conséquences d'une définition discordante de la notion d'exécution entre les États signataires sur l'application uniforme de la Convention qu'il aurait été opportun, selon nous, de faire apparaître cette définition au sein du texte et non du rapport explicatif.

998. En toute hypothèse, le critère fondé sur les actes d'exécution permet un aménagement plus simple de la dualité de régime. Sa portée doit être interprétée dans la perspective de favoriser la circulation des décisions étrangères.

---

[1] *v. supra* p. 369.

[2] F. Garcimartín et G. Saumier, *« Convention sur les jugements - Rapport explicatif préliminaire »*, Vingt-deuxième session 18 juin – 2 juillet 2019, p. 27 §105.

[3] *Idem.*, p. 28 §109.

2. *La portée du critère aménagée par les parties*

999. En ce qui concerne l'efficacité des jugements déclaratifs-patrimoniaux, l'adoption du critère des actes d'exécution soulève la question de savoir si le fait que les parties souhaitent la simple reconnaissance de la décision ou son exécution doit être pris en compte pour déterminer le régime d'efficacité applicable. Ayant donné lieu à certaines discussions en droit commun français (a), la possibilité pour les parties de participer à l'aménagement des deux régimes d'efficacité s'affirme de plus en plus en droit européen (b).

a. L'admission discutée en droit commun français

1000. Dans l'attendu de l'arrêt *Hainard,* la Cour de cassation indique que : « les jugements rendus par un tribunal étranger relativement à l'état et à la capacité des personnes, produisent leurs effets en France indépendamment de toute déclaration d'exequatur, sauf les cas où les jugements doivent donner lieu à des actes d'exécution matérielle sur les biens ou de coercition sur les personnes »[1]. Le fait que la Cour ait visé explicitement les décisions portant sur la capacité et l'état des personnes a donné lieu à certaines hésitations quant à la portée du critère adopté. Cet arrêt peut ainsi être l'objet d'une double lecture.

1001. Selon la première, la portée de la jurisprudence *Hainard* consiste dans une conjugaison des critères de la nature du jugement et des actes d'exécution. Ainsi, pour déterminer le régime d'efficacité applicable, il serait nécessaire de procéder en deux temps. Dans un premier temps, l'on regarde la nature du jugement : tous les jugements, sauf les déclaratifs-patrimoniaux, sont *a priori* admissibles à l'efficacité de plein droit. Dans un second temps, il faudrait regarder, parmi ces jugements « *admissibles* » à l'efficacité de plein droit, ceux qui ne prévoient aucune mesure d'exécution dans le for[2]. Seuls ces derniers peuvent bénéficier de ce régime d'efficacité.
Pensons à l'exemple d'un jugement colombien de divorce qui relâche un lien conjugal et fixe une pension alimentaire de 1 000 euros mensuels à la charge du conjoint fautif[3]. Pour déterminer le régime d'efficacité applicable à ce jugement, il faut d'abord établir la nature de la décision. En l'occurrence, il s'agit d'un jugement constitutif, mais qui déclare également une obligation patrimoniale. Du fait de sa nature, ce jugement peut *a priori* avoir une efficacité de plein droit en France. Pour le confirmer, il faut ensuite s'interroger sur les possibles actes d'exécution auxquels il peut donner lieu. Ainsi, si aucun acte d'exécution n'est demandé, le régime applicable est celui de l'efficacité de plein droit. En revanche,

---

[1] Cass. Req. 3 mars 1930 *Hainard, RCDIP* 1931.333, obs. Niboyet.

[2] Dans le même sens *v.* Cass. civ., 22 janvier 1951, *préc* ; Cass. 1ère civ., 19 février 1952, *RCDIP* 1953.806, obs. H. Batiffol ; *JDI* 1952.892, obs. Sialelli ; Cass. 1ère civ., 25 juin 2008, *Gaz.pal* 2009 somm. 2109. Contre cet avis *v.* Toulouse 10 décembre 1991, *JDI* 1992.945, obs. Jacquet ; Aix-en-Provence, 18 janvier 1996, *JDI* 1998.113, obs. Monéger.

[3] Il semble opportun de préciser à cet égard que la notion de la prestation compensatoire demeure inconnue du droit colombien. Cependant, selon l'article 411 du Code civil, il est possible d'allouer une pension alimentaire au conjoint « victime » du divorce ou de la séparation de corps, c'est-à-dire à celui qui n'a pas commis de faute ayant entraîné l'échec de l'union. Ladite prestation n'a pas, comme en France, un caractère forfaitaire, et se présente sous la forme d'une rente viagère, à moins que le débiteur ne prouve que son créancier n'est plus dans le besoin.

si le paiement des pensions arriérées est, par exemple, demandé, l'exequatur est obligatoire en dépit de la nature de la décision. Le régime de l'efficacité définitive s'impose. Une solution différente procède dans le cas d'un jugement prononçant une condamnation à des dommages et intérêts. Dans cette hypothèse, dès la première étape du raisonnement, le régime de l'efficacité définitive est le seul envisageable. En effet, la nature déclarative-patrimoniale du jugement lui ferme les portes de l'efficacité de plein droit. Le fait que les parties souhaitent demander l'exécution de la condamnation n'a pas d'importance. Ce régime est fermé aux décisions de cette nature.

1002. Selon la seconde lecture, à laquelle nous souscrivons, la portée de la jurisprudence *Hainard* est plus vaste. Cet arrêt aurait abandonné toute référence à la nature du jugement pour aménager la dualité de régime. Le régime d'efficacité serait exclusivement établi en fonction de la nécessité de procéder ou non à des actes d'exécution. L'efficacité *de plano* est alors ouverte à tous les jugements étrangers, indépendamment de leur nature, pour autant qu'aucune mesure d'exécution ne soit demandée. Dans l'exemple du divorce avec octroi d'une pension alimentaire, le juge devra uniquement se demander si les parties cherchent ou non, dans l'hypothèse d'un retard dans le paiement de la pension, le produit des mensualités arriérées. Si la réponse est négative, l'efficacité de plein droit ne rencontre aucun obstacle. En revanche, si la réponse est positive, la reconnaissance de plein droit du divorce est acceptée, mais le paiement de la pension nécessite l'exequatur.
L'avantage de cette lecture apparaît clairement au regard de l'autre exemple, c'est-à-dire le jugement de dommages et intérêts. Si l'intéressé-créancier n'envisage pas d'obtenir les montants dus, le régime de l'efficacité de plein droit reste ouvert. S'il cherche un tel paiement, l'exigence d'exequatur devient incontournable et le régime applicable est, dès lors, celui de l'efficacité définitive.

1003. En outre, supprimer toute prise en considération de la nature du jugement peut éviter que les décisions comportant plusieurs chefs mélangés - extrapatrimoniaux-déclaratifs ou constitutifs, et patrimoniaux-déclaratifs -, soient directement évincées de l'efficacité de plein droit. En effet, il est possible que, confronté à l'efficacité de telles décisions, le juge ou l'officier de l'état civil, estiment, du fait de la condamnation pécuniaire, que la nature patrimoniale-déclarative prévaut, et ce, même lorsque les parties ne cherchent pas l'efficacité de la condamnation.

1004. Pour autant, la double interprétation de l'arrêt *Hainard* montre combien la portée du critère des actes d'exécution pour aménager la dualité de régime peut s'avérer délicate au regard des jugements déclaratifs-patrimoniaux. Puisqu'ils peuvent toujours donner lieu à des actes d'exécution, la question est de savoir si l'on doit prendre en considération l'effet que les parties entendent faire produire au jugement étranger. Autrement dit, si le régime d'efficacité applicable doit dépendre du fait que l'intéressé sollicite la pratique, ou non, des actes d'exécution auxquels donne lieu la décision.

1005. Les professeurs Danièle Alexandre, Pierre Mayer, Vincent Heuzé et Benjamin Remy, entre autres, proposent d'aménager le double régime d'efficacité sur la base de l'effet que les parties souhaitent faire produire à la décision étrangère dans le for[1]. Ainsi, lorsqu'il est question d'affirmer l'efficacité substantielle et l'autorité de chose jugée du jugement étranger, le régime procédural applicable devrait être celui de l'efficacité de plein droit, et ce, indépendamment de sa nature[2]. En revanche, si l'effet cherché par les parties est de procéder à l'exécution de la décision, l'action judiciaire en exequatur est indispensable en application de la jurisprudence *Hainard*[3].

1006. Au soutien de leur position, les professeurs Mayer, Heuzé et Remy ont rappelé combien la rareté de la situation ne devait pas être une raison pour conclure à son impossibilité. Ce n'est pas parce qu'il est peu commun que l'efficacité d'un jugement déclaratif patrimonial soit réclamée en dehors de mesures d'exécution, qu'il est exact d'affirmer que cela ne doit pas être envisagé. Ainsi, l'efficacité d'un jugement étranger qui condamne un contractant à payer des dommages et intérêts en raison de la mauvaise exécution de la prestation peut, selon les trois auteurs cités, être demandée en France dans l'intention, par exemple, d'obtenir une compensation des dettes entre les mêmes parties[4]. En effet, exclure les jugements déclaratifs-patrimoniaux du régime de l'efficacité de plein droit conduit à conclure, à tort, que ces jugements ne comptent que pour leur force exécutoire. Or, l'efficacité substantielle et l'autorité de chose jugée leur appartiennent également, et ce, en dehors de toute mesure d'exécution[5].

1007. Deux autres arguments ont également été avancés pour justifier l'ouverture de l'efficacité de plein droit à tout jugement étranger. Le premier est la stabilité des situations créées par le jugement à l'étranger. En effet, si l'argument de la stabilité de l'état et de la capacité des personnes a conduit à accepter l'efficacité de plein droit des jugements extrapatrimoniaux déclaratifs, « en quoi la stabilité des situations patrimoniales serait-elle moins nécessaire ou moins souhaitable » ?[6] Dans le même sens, selon le second argument, la nature *erga omnes* des droits créés à l'étranger qui a permis d'ouvrir ce régime d'efficacité aux jugements constitutifs-patrimoniaux, peut aussi être utilisée pour généraliser ce régime d'efficacité. En effet, selon Bernard Audit et Louis d'Avout, tout jugement est, dans une certaine mesure, constitutif[7]. En effet, national ou étranger, le jugement modifie toujours une situation préexistante en en constituant une nouvelle que nul ne doit méconnaître[8].

1008. La possibilité d'ouvrir le régime de l'efficacité de plein droit aux jugements déclaratifs-patrimoniaux et de permettre, par ce moyen, aux parties de participer à l'aménagement de la dualité, n'est pas inconnue de la jurisprudence

---

[1] D. Alexandre, *op.cit.*, p. 54 ; P. Mayet, V. Heuzé et B. Remy, *op.cit.*, p. 294 §416.

[2] Y. Loussouarn, « La reconnaissance et l'exécution des jugements étrangers », *in, Rapport aux 5es journées juridiques franco-polonaises (séance du 30 octobre 1964) à la Faculté de Rennes.*

[3] B. Audit et L. d'Avout, *op.cit.*, p. 481 §577. En jurisprudence *v.* Cass. 1ère civ., 29 mars 1989, *RCDIP* 1990.352, obs. Mayer ; *JDI* 1989.1014, obs. Kessedjian ; *D.* 1990.115, obs. Bénabent.

[4] P. Mayet, V. Heuzé et B. Remy, *op.cit.*, p. 295 §417.

[5] Philippe Théry, *op.cit.*, p. 262 §280.

[6] *Idem*, p. 264 §284.

[7] B. Audit et L. d'Avout, *op.cit.*, p. 483 §581.

[8] Philippe Théry, *op.cit.*, p. 268 §287

en droit commun français. Elle a été suggérée de manière très ponctuelle par les arrêts *Locautra* de 1974[1] rendu en matière contractuelle, *Kléber* de 1986[2] dans le domaine de la faillite internationale, et *Miñera di Fragne* de 1974[3] en matière de litispendance internationale. Dans ces décisions la Cour de cassation paraît tenir compte de l'effet recherché par les parties avec le jugement.

1009. En outre, dans l'arrêt *Gibsonia* du 10 janvier 2018[4], la Cour de cassation donne une piste supplémentaire quant à l'accès des jugements déclaratifs-patrimoniaux à l'efficacité de plein droit. Il s'agissait, en l'espèce, de l'efficacité en France d'une décision de *« discharge of debtor »* prononcée par un tribunal américain de la faillite. La décision américaine avait pour effet de libérer le débiteur, décédé depuis, de ses obligations pécuniaires, notamment celle de payer une condamnation en dommages et intérêts qu'un tribunal de Montpellier avait prononcé contre lui dans le cadre d'un contentieux pour abus de confiance à l'égard de la société Air Affaire Afrique.

L'affaire comportait deux particularités. La première est que la société Air Affaire Afrique avait cédé sa créance à la société Gibsonia Invest. De ce fait, la décision de *« discharge of debtor »* avait pour effet d'annuler la créance cédée et d'empêcher ladite société de faire valoir ses droits dans la succession du *de cujus*. Or, selon l'aménagement traditionnel du double régime, la nature du jugement en cause impliquait « qu'il devait nécessairement recevoir l'exequatur pour entraîner en France l'arrêt des poursuites »[5]. C'est sur le point de la demande d'exequatur de la décision américaine que l'on voit la seconde particularité de l'affaire. En effet, M. Alexandre H, l'un des héritiers du défunt demande l'exequatur dans le cadre de la procédure d'appel portant sur le partage de la succession. Il n'avait pas assisté à la première instance de la procédure et il n'a pas eu d'avocat pour le représenter.

La Cour d'appel déclare recevable la demande d'exequatur faute d'un principe qui exclut cette possibilité. La société Gibsonia Invest fait grief à l'arrêt d'avoir déclaré recevable la demande d'exequatur formulée en appel au motif, d'une part, qu'elle ne peut pas être présentée à titre incident dans le cadre d'une procédure ayant un autre objet, mais uniquement à titre principal dans une instance d'exequatur. D'autre part, elle affirme que la demande d'exequatur constitue une nouvelle demande présentée pour la première fois en appel. La Cour de cassation rejette le pourvoi et admet que l'exequatur d'une décision peut être demandé de manière incidente. Elle affirme ainsi que : « l'exequatur aux fins de reconnaissance ou d'exécution d'un jugement étranger peut être demandé par voie incidente dans une instance qui n'a pas pour objet principal ce jugement, y

---

[1] Cass. 1ère civ., 9 décembre 1974 *Locautra, RCDIP* 1975. 504, obs. Mezger ; *JDI* 1975.534, obs. Ponsard.

[2] Cass. 1ère civ., 25 février 1986 *Kébler, RCDIP* 1987.589, obs. Synvet ; *JDI* 1988.425, obs. Jacquemont.

[3] Cass. 1ère civ., 26 novembre 1974 *Miniera di Fragne, RCDIP* 1975.491, obs. Holleaux ; *JDI* 1975.108, obs. Ponsard ; *GA* n° 54, p. 504 ; TGI Paris, 23 novembre 1984, *RCDIP* 1984.511, obs. H. Gaudemet-Tallon.

[4] Cass. 1ère civ., 10 janvier 2018 *Gibsonia, D.* 2018.966 obs. F. Jault-Seseke ; *D.* 1028.1934 obs. L. d'Avout ; *JDI* 2019.783 obs. B. Remy.

[5] F. Jault-Seseke, note sous Cass. 1ère civ., 10 janvier 2018 *Gibsonia, D.* 2018.966.

compris pour la première fois en appel lorsque la partie défenderesse n'a pas été constituée en première instance »[1].

1010. Selon Benjamin Remy, par cet arrêt, la Cour de cassation ouvre la voie du contrôle incident de régularité internationale à toutes les décisions étrangères « quel que soit le type de jugement en cause – patrimonial ou extrapatrimonial, déclaratif ou constitutif – et quel que soit le type d'effet demandé – efficacité substantielle, autorité de chose jugée ou force exécutoire »[2]. L'auteur estime que ce faisant, la Cour modifie l'aménagement de la dualité du régime procédural de l'efficacité. Elle efface tant le critère fondé sur la nature du jugement que celui fondé sur les actes d'exécution[3]. Le fait que la Cour ait formulé son attendu dans des termes généraux, sans aucune référence à la nature du jugement[4] et en indiquant expressément l'exequatur aux fins de reconnaissance et celui aux fins d'exécution[5], conduit cet auteur à estimer que l'arrêt de *Gibsonia* de 2018 remet en cause l'ensemble de la jurisprudence qui empêchait les décisions déclaratives patrimoniales de bénéficier d'une efficacité *de plano*.

1011. Nous sommes d'accord avec l'auteur lorsqu'il estime que la décision apporte un changement fondamental en admettant le contrôle incident de régularité aux fins de l'exécution de la décision. Il en va de même lorsqu'il parle de l'effacement du critère fondé sur la nature de la décision pour aménager le double régime d'efficacité en droit commun français. Cependant, contrairement au professeur Remy, nous estimons que cette décision n'entraîne pas l'abandon du critère d'aménagement fondé sur les actes d'exécution que les parties entendent faire produire à la décision étrangère. En effet, lorsque l'intention des parties est d'obtenir la force exécutoire du jugement, le contrôle préalable de régularité demeure obligatoire. Ce qui a changé, nous semble-t-il, est que, dorénavant, ce contrôle peut être demandé à titre principal dans le cadre d'une action en exequatur, ou à titre incident dans le cadre d'une autre procédure en cours.

D'ailleurs, notons que lorsque Benjamin Remy analyse les effets pratiques de la présente décision, il semble relativiser fortement la portée de l'abandon annoncé. Il précise notamment que lorsque la décision est invoquée devant des autorités françaises non-judiciaires afin de lui faire produire des effets qui ne sont pas *« aisément réversibles »*[6], comme c'est le cas pour des mesures d'exécution, alors l'huissier de justice, par exemple, « ne doit être en mesure de l'exécuter qu'à la condition que le jugement étranger ait fait l'objet d'un contrôle préalable de régularité internationale dans le cadre d'une instance en exequatur ou, de manière incidente, dans le cadre d'une instance dont l'objet principal n'était pas de déclarer exécutoire la décision étrangère. L'exigence d'un contrôle judiciaire préalable de la régularité internationale d'un jugement étranger est d'ailleurs la

---

[1] Cass. 1ère civ., 10 janvier 2018 *Gibsonia, préc.*
[2] B. Remy, note sous Cass. 1ère civ., 10 janvier 2018 *Gibsonia, JDI* 2019.783.
[3] *Idem.*
[4] *Idem.*
[5] *Idem.*
[6] *Idem.*

seule qui se dégage expressément de la lecture des articles 2412 du Code civil et 509 du Code de procédure civile »[1]. Bien entendu, lorsqu'il n'est pas question de mesures d'exécution mais des effets facilement *« réversibles »*, rien n'empêcherait le jugement étranger, selon cet arrêt, d'accéder à une efficacité de plein droit.

1012. Force est donc de constater qu'au lieu d'effacer le critère des actes d'exécution et la participation des parties dans l'aménagement du double régime d'efficacité, l'arrêt *Gibsonia* confirme, tel que nous l'avons précédemment évoqué[2], que l'arrêt *Hainard* de 1930 méritait une interprétation large limitant le contrôle de régularité aux cas dans lesquels il est question de procéder à « des mesures d'exécution sur les biens ou de coercition sur les personnes », et ce indépendamment de la nature de la décision en cause[3].

1013. Enfin, la participation des parties dans l'aménagement des deux régimes d'efficacité se perçoit également, selon nous, dans le cas où, en dépit de l'efficacité précaire accordée *de plano,* elles souhaitent saisir le juge du for pour lever tout doute sur la régularité internationale de leur décision, et obtenir une décision irrévocable d'efficacité[4]. C'est typiquement le cas des parties qui agissent en opposabilité ou en inopposabilité de la décision étrangère de nullité de mariage, ou de divorce, sachant qu'ils auraient pu l'inscrire directement devant l'officier de l'état civil grâce l'efficacité de plein droit. Dans ce contexte, il suffit que l'une des parties soulève la régularité de la décision devant le juge du for aux fins de sa confirmation ou de son refus pour que la voie judiciaire soit déclenchée et que l'efficacité accordée devienne définitive et incontestable[5]. Nous verrons plus tard combien cette dernière hypothèse d'un exequatur à toutes fins utile entraîne des nuances entre les deux régimes d'efficacité, et combien ces nuances sont utiles pour guider le droit colombien vers sa modernisation[6].

1014. Le sens de l'évolution du droit commun se confirme en droit européen où la participation des parties à l'aménagement des deux régimes d'efficacité est, dans certaines matières, très claire.

b. L'admission assumée en droit européen

1015. Si nous regardons désormais l'aménagement de la dualité en droit européen, force est de constater que le critère des actes d'exécution est également adopté et que la portée de celui-ci est large pour permettre aux parties de participer à cet aménagement. En effet, au sein de l'Union, la reconnaissance des jugements intra-européens se fait de plein droit en matière civile et commerciale[7],

---

[1] *Idem.*

[2] *v. supra* p. 383.

[3] Cass. Req., 3 mars 1930 *Hainard, préc.*

[4] La régularité est précaire selon André Huet car *« un contrôle a posteriori du jugement étranger est toujours possible, à la demande de l'une des parties, soit pour anéantir ces effets immédiats, soit pour les faire confirmer ou ratifier ».* A. Huet, « Les procédures de reconnaissance et d'exécution des jugements étrangers et des sentences arbitrales, en droit international privé français », *JDI* 1988.5, spéc., p. 8. *v.* F. Riad, *La valeur internationale des jugements…*, *op.cit.*, p. 42.

[5] B. Audit et L. d'Avout, *op.cit.*, p. 479 §575.

[6] *v. infra* p. 396.

[7] Article 36.1, Règlement (UE) n° 1215 du 12 décembre 2012 *Bruxelles I bis, préc.*

ainsi qu'en matière familiale[1], et pour les obligations alimentaires[2], les successions[3], les régimes matrimoniaux[4] et les effets patrimoniaux des partenariats enregistrés[5]. À l'instar du droit commun, il suffit que l'une des parties conteste la régularité internationale de la décision, ou souhaite dissiper tout doute sur celle-ci pour que le contrôle de régularité intervienne et que le régime de l'efficacité de plein droit laisse sa place à celui de l'efficacité définitive, bien entendu si toutes les conditions de régularité sont remplies[6]. Ainsi, en fonction de l'existence, ou de l'absence, d'un consensus entre les parties quant à la régularité internationale du jugement, la reconnaissance peut suivre le régime de l'efficacité de plein droit, ou celui de l'efficacité définitive après contrôle de régularité.

1016. En ce qui concerne l'exécution de la décision, en revanche, le droit européen a connu une évolution particulière. Il y a lieu ici de distinguer deux solutions[7]. La première solution est proche du droit commun français et consiste à conserver l'exigence d'intervention judiciaire préalable afin de revêtir la décision étrangère de la force exécutoire dans le pays d'accueil[8]. Cette solution est applicable aux décisions rendues dans la matière civile et commerciale dont l'efficacité est soumise à la Convention de Bruxelles ou au Règlement Bruxelles I[9]. Elle est également applicable à toutes les décisions rendues dans le cadre des autres Règlements européens que nous avons précédemment cités[10], à l'exception de ceux qui préconisent la seconde solution.

1017. Le double régime d'efficacité est, à l'instar du droit commun français avec l'arrêt *Hainard,* aménagé autour du critère du besoin ou non d'actes d'exécution. Cependant, certains auteurs, comme Pierre Callé, ont affirmé que, contrairement au droit commun, l'efficacité européenne *de plano* a un champ d'application plus vaste. Elle serait accessible à tous les jugements, notamment à ceux de type déclaratifs-patrimoniaux, pour lesquels le droit commun semblait conserver, avant l'arrêt *Gibsonia* de 2018, l'exigence préalable d'exequatur, même

---

[1] Article 38, Règlement (CE) n° 2201 du 27 novembre 2003 *Bruxelles II bis, préc* ; Articles 30 et 43, Règlement (UE) n° 1111 du 25 juin 2019 *Bruxelles II ter, préc.*, ; E. Gallant, « Règlement (CE) n° 2201/2003 du 27 novembre 2003 relatif à la compétence, la reconnaissance et l'exécution des décisions en matière matrimoniale et en matière de responsabilité parentale abrogeant le règlement (CE) n° 1347/2000 », *in, Droit processuel civil de l'Union européenne*, LexisNexis, 2011, p. 86 §250.

[2] Article 17 et 23.1, Règlement (CE) n° 4 du 18 décembre 2008, *préc.*

[3] Article 39.1, Règlement (UE) n° 650 du 4 juillet 2012, *préc.*

[4] Article 36, Règlement (UE) n° 1103 du 24 juin 2016, *préc.*

[5] Article 36, Règlement (UE) n° 1104 du 24 juin 2016, *préc.*

[6] Article 36, Règlement (UE) n° 1215 du 12 décembre 2012 *Bruxelles I bis, préc.*

[7] L. d'Avout, « La refonte du Règlement Bruxelles I », *D.* 2013.1014 §4.

[8] B. Audit et L. d'Avout, o*p.cit.*, p. 572 §688.

[9] Article 31, Convention de Bruxelles du 27 septembre 1968, *préc. ;* Article 38, Règlement (CE) n° 44 du 22 décembre 2000 *Bruxelles I, préc.*

[10] Sur les Règlements portant sur les régimes matrimoniaux et les partenariats enregistrés *v.* G. Payan, « La circulation transfrontière des jugements et des actes : la procédure de déclaration constatant la force exécutoire », *in, Le patrimoine des couples internationaux saisi par le droit de l'Union européenne : les Règlements européens du 24 juin 2016*, Presses Universitaires d'Aix-Marseille, 2018, p. 127 §8 ; L. Usunier, « Libre, mobile, divers : le couple au miroir du droit international privé de l'Union européenne », *RTD.civ.* 2016.806 ; S. Sana-Chainé de Néré, « Règlements européens du 24 mai 2016. La reconnaissance et l'exécution des décisions », *Dr. fam.*, 2017, dossier 34.

aux fins de reconnaissance[1]. Ainsi, si les parties ne souhaitent pas procéder à des actes d'exécution, rien n'empêche que l'efficacité du jugement, manifestée dans ce cas par sa reconnaissance seulement, opère de plein droit en Europe. Deux Règlements de 2016 relatifs aux régimes matrimoniaux et aux effets patrimoniaux des partenariats enregistrés[2] le confirment. Il est clair que les décisions concernées par ces Règlements sont une source potentielle d'actes d'exécution, mais ils commandent leur reconnaissance de plein droit. La participation des parties dans l'aménagement de la dualité de régime est claire : l'effet qu'elles songent faire produire à la décision détermine le régime à suivre.

1018. En effet, si des actes d'exécution sont envisagés, ou si l'efficacité précaire accordée ne satisfait pas l'une ou les parties, une procédure en deux étapes a été mise en place. La première étape se déroule différemment selon la normativité applicable. Sous la Convention de Bruxelles[3], et le Règlement Bruxelles II bis[4], le juge doit, à ce stade, décider si la reconnaissance ou l'exécution de la décision est accordée ou refusée après avoir opéré le contrôle de régularité[5]. En revanche, au sein de Bruxelles I[6], et des autres Règlements européens[7], le juge ne procède à ce stade qu'à un contrôle formel des pièces accompagnant la requête, sans pour autant se prononcer sur la régularité du jugement[8]. Dans les deux cas, le juge notifie aux parties sa décision d'accorder ou de refuser l'efficacité et c'est à ce moment qu'elles peuvent former un recours, ouvrant alors la seconde étape. Celle-ci est une procédure contradictoire dans laquelle les parties vont débattre de la régularité internationale de la décision[9]. En conclusion, le régime d'efficacité est susceptible de varier en fonction de l'intention de l'une des parties de s'opposer à l'efficacité de la décision dans l'État d'accueil.

1019. La seconde solution est plus libérale et consiste à accepter, outre la reconnaissance de plein droit, l'exécution également de plein droit par la

---

[1] P. Callé, *L'acte public en droit international privé*, Economica, 2004, p. 245 §475.

[2] S. Sana-Chainé de Néré, « Règlements européens… », *op.cit.*, dossier 34.

[3] M-L Niboyet, L. Sinopoli et F. de Bérard, « 1390 décisions inédites de 1999 à 2001 sur l'exequatur en France des jugements étrangers », *Gaz.pal*, 2004.4.

[4] Article 31, Règlement (CE) n° 2201 du 27 novembre 2003 *Bruxelles II bis, préc.* Notons que dans le cadre de ce règlement, les décisions pouvant donner lieu à des actes d'exécution sont celles relatives à la responsabilité parentale. Il en est ainsi car l'efficacité des décisions portant sur le relâchement du lien conjugal se manifeste par la reconnaissance et s'obtient donc de plein droit.

[5] Article 34, Convention de Bruxelles du 27 septembre 1968, *préc.*

[6] Article 41, Règlement (CE) n° 44 du 22 décembre 2000 *Bruxelles I, préc.* ; E. Jeuland et K. El Chazli, « Règlement (CE) n° 44/2001 du 22 décembre 2000 concernant la compétence judiciaire, la reconnaissance et l'exécution des décisions en matière civile et commerciale », *in, Droit processuel civil de l'Union européenne*, LexisNexis, 2011, p. 48 §138.

[7] Cette procédure est prévue, dans le cadre des décisions relatives aux obligations alimentaires, pour celles rendues dans un État non lié par le Protocole de La Haye de 2007. La disposition applicable est l'article 30 du Règlement (CE) n° 4 du 18 décembre 2008, *préc.* La même disposition se retrouve en matière successorale à l'article 40 du Règlement (UE) n° 650 du 4 juillet 2012, en matière de régimes matrimoniaux à l'article 47 du Règlement (UE) n° 1103 du 24 juin 2016, et à l'article 47 du Règlement (UE) n° 1104 du 24 juin 2016, en ce qui concerne les partenariats enregistrés.

[8] Hélène Gaudemet-Tallon et Marie-Élodie Ancel, *op.cit.*, p. 667 §485, L. d'Avout, « Faut-il supprimer l'exequatur… », *op.cit*, p. 70, M. Muller et G. Cuniberti, « Une étude empirique sur la pratique de l'exequatur dans la Grande Région », *JDI* 2013.100.

[9] G. Payan, *op.cit.*, p. 130 §15.

suppression de l'exigence préalable d'exequatur[1]. Le principe de confiance mutuelle[2], et l'objectif d'assurer une circulation plus rapide et moins entravée des jugements étrangers[3], ont motivé le législateur européen dans cette généralisation du régime de l'efficacité de plein droit. Bénéficient de cette solution les décisions rendues en matière civile et commerciale après l'entrée en vigueur du Règlement Bruxelles I bis[4], celles relatives au droit de visite et celles ordonnant le retour de l'enfant[5] dans le cadre du Règlement Bruxelles II bis[6], les décisions relatives aux obligations alimentaires ayant été rendues dans un État signataire du Protocole de La Haye de 2007[7] et, enfin, les décisions rendues en matière de responsabilité parentale qui rentrent dans le champ d'application du Règlement Bruxelles II ter[8].

1020. Cette démarche confirme, à notre sens, la participation des parties à l'aménagement de la dualité de régime. En effet, suite à la suppression du caractère obligatoire et préalable de l'instance en exequatur, toute référence aux actes d'exécution pour déterminer le régime d'efficacité a également été effacée. Les deux régimes étant ouverts à tous les jugements, il est désormais possible de procéder, en dehors de toute vérification préalable de la régularité internationale de la décision par les autorités du pays d'accueil, à des mesures d'exécution[9]. Il n'en demeure pas moins que cette reconnaissance et exécution de plein droit est précaire, c'est-à-dire susceptible d'être ultérieurement contestée[10].

1021. En détachant l'aménagement de la dualité d'un critère fondé sur les particularités du jugement étranger, il revient aux parties ou à l'une des parties, de choisir entre les deux régimes d'efficacité, celui qui s'accommode le mieux à leur relation. La différence entre ces deux régimes ne concerne plus les effets accordés à la décision étrangère mais la pérennité de l'efficacité octroyée. Prenons l'exemple d'une décision allemande qui, déclarant la mauvaise exécution d'un contrat, condamne la société française à dédommager son cocontractant. Sous l'empire de Bruxelles I, la reconnaissance de plein droit de la décision allemande peut avoir lieu mais, en vertu du critère attaché aux actes d'exécution, la société demanderesse ne peut pas obtenir les dommages et intérêts alloués. L'intervention judiciaire, même allégée et à des fins initialement formelles, est nécessaire. En revanche, selon Bruxelles I bis, tant la reconnaissance que le

---

[1] M. Muller et G. Cuniberti, *op.cit.*, p. 83 ; L. d'Avout, « L'efficacité internationale des jugements. Après la refonte du règlement « Bruxelles I bis », *Rev.int.dr.proc.* 2015.239.

[2] Sur le rôle de la confiance mutuelle dans la refonte du Règlement Bruxelles I *v.* L. d'Avout, « L'efficacité internationale des jugements … *», op.cit.* p. 245.

[3] CJCE, 4 février 1988, Aff n° 146/86 *Hoffmann c. Krieg, préc.*

[4] H. Gaudemet-Tallon et M-E. Ancel, *op.cit.*, p. 554 §383.

[5] Nous reprenons les mots d'Estelle Gallant pour préciser que *« ce ne sont pas toutes les décisions de retour de l'enfant qui sont concernées, mais seulement celles qui sont fondée sur l'article 11, §8, c'est-à-dire celles qui émanent des autorités de l'État d'origine de l'enfant et qui contrent une décision de refus de retour des autorités de l'État de refuge »*. E. Gallant, *op.cit.*, p. 91 §269.

[6] Article 41 et 42, Règlement (CE) n° 2201 du 27 novembre 2003 *Bruxelles II bis, préc ;* E. Gallant, *op.cit.*, p. 90 §268.

[7] Article 17.2, Règlement (CE) n° 4 du 18 décembre 2008, *préc.*

[8] Article 34, Règlement (UE) n° 1111 du 25 juin 2019 *Bruxelles II ter, préc.*

[9] L. d'Avout, « La refonte du Règlement Bruxelles I … », *op.cit.* §6.

[10] L. d'Avout, « L'efficacité internationale des jugements … », *op.cit.*, p. 246.

paiement des dommages et intérêts alloués peuvent être obtenus sans l'intervention préalable du juge aux fins d'exequatur.

1022. Les avantages de cette dernière solution sont remarquables, notamment du point de vue de la rapidité avec laquelle il sera mis un point final au contentieux. Cependant, et c'est là où la participation des parties dans l'aménagement de la dualité est davantage renforcée, à notre sens, il suffit désormais que la société défenderesse souhaite contester la régularité de la décision allemande pour que le contrôle de régularité soit déclenché. Dans ce cas, nous basculerons sur le régime de l'efficacité définitive, pour lequel le contrôle judiciaire de régularité doit intervenir. Plus spécifiquement, dans le cas de l'exécution d'un jugement intra-européen, c'est celui contre qui la reconnaissance ou l'exécution est envisagée qui joue un rôle décisif dans la détermination du régime d'efficacité[1]. Il peut rester inactif face aux actes de contrainte publique de l'État d'accueil à son encontre, ou bien soulever l'irrégularité de la décision et inviter le juge du for à se prononcer[2], laissant en suspens la reconnaissance ou les actes d'exécution[3]. Le risque de cette démarche se dévoile assez rapidement : une partie peut attaquer la régularité internationale de la décision étrangère dans le seul objectif d'entraver son exécution[4].

1023. **Conclusion de la section :** L'opposition actuelle entre les droits français et colombien consiste dans l'existence en France de deux régimes d'efficacité, à savoir, l'efficacité de plein droit et l'efficacité définitive et incontestable, tandis qu'en droit colombien un régime unique existe, celui de l'efficacité définitive par le biais de l'action en exequatur. Cette opposition confirme la préférence des droits étudiés pour deux conceptions différentes de l'efficacité. Cependant, la préférence pour une vision publiciste de l'efficacité se traduit par l'absence de toute systématisation des effets normatifs du jugement étranger et des manifestations de l'efficacité. L'opposition unicité/dualité n'est pas absolue pour autant. Certains signaux laissent à penser qu'une dualité procédurale n'est pas complètement ignorée en Colombie.

Conclusion du Chapitre I

1024. L'absence d'une véritable systématisation des effets normatifs de la décision étrangère empêche, en droit colombien, l'affirmation de la reconnaissance et de l'exécution comme les deux manifestations de l'efficacité des jugements étrangers. En effet, au sein de ce droit, la notion de reconnaissance est plutôt ignorée et l'efficacité est souvent traitée comme un synonyme d'exécution. Résultat de cette définition très large de la notion d'exécution, le

---

[1] Article 46, Règlement (UE) n° 1215 du 12 décembre 2012 *Bruxelles I bis, préc.* À ce propos *v.* M-L Niboyet et G. Geouffre de la Pradelle, *op.cit.,* p. 568 §824 ; S. Sana-Chainé de Néré, « Règlements européens du 24 mai 2016…3, *op.cit.,* §10.

[2] L. d'Avout, « La refonte du Règlement Bruxelles I… », *op.cit.,* §7.

[3] H. Gaudemet-Tallon et M-E. Ancel, *op.cit.,* p. 650 §473 ; L. d'Avout, « La refonte du Règlement Bruxelles I… », *Idem,* §6.

[4] H.Gaudemet-Tallon et M-E. Ancel, *op.cit.,* p. 652 §473 ; L. d'Avout, « L'efficacité internationale des jugements… », *op.cit.,* p. 250 ; M-L Niboyet, L. Sinopoli et F. de Bérard, *op.cit.,* p. 25.

droit colombien considère que tout effet que la décision étrangère déploie dans le for implique nécessairement son exécution. C'est pourquoi l'intervention judiciaire dans le cadre d'une procédure spécifique et préalable d'exequatur est toujours nécessaire. Dans ce contexte, le droit colombien ne prévoit qu'un seul et unique régime d'efficacité qui, applicable à toutes les décisions étrangères, s'inscrit dans le prolongement de sa conception publiciste de l'efficacité. Contrairement au droit français, le droit colombien refuse d'accepter que l'efficacité ne se manifeste pas de la même manière pour toutes les décisions étrangères et, qu'à ce titre, elle doit être traitée de façon diversifiée.

1025. Prendre conscience de cette différence de manifestation a permis au droit français de prévoir deux régimes d'efficacité : celui de l'efficacité de plein droit et celui de l'efficacité définitive. Le régime d'efficacité de plein droit possède, en droit français, une nature extrajudiciaire, et ce, afin de favoriser et d'accélérer la circulation des jugements étrangers.

1026. L'opposition entre les deux droits est importante, mais elle n'est pas absolue pour autant. Certains signaux identifiés au sein de la doctrine, de la loi et de la jurisprudence colombiennes mettent en lumière combien l'idée d'une dualité de régimes d'efficacité n'est pas totalement inconnue dans ce droit. En outre, ils montrent également que quelques idées afin d'aménager le double régime avaient été envisagées en Colombie, suivant de près l'expérience française. Indépendamment du fait qu'une telle dualité ne se soit pas concrétisée, nous estimons que les signaux identifiés rendent envisageable la modernisation du droit colombien.

1027. Puisque cette opposition entre l'unicité et la dualité de régime d'efficacité n'est pas exclusive du cas franco-colombien, mais peut également être celui d'autres pays éventuellement intéressés par la signature de la Convention de La Haye de 2019, elle présente un enjeu particulier dans le cadre de celle-ci. Ladite opposition peut entraîner une application hétérogène de la Convention. En effet, cette dernière différencie les notions de reconnaissance et d'exécution sans pour autant les définir, ni leur attribuer clairement des conséquences juridiques distinctes. Ainsi, une telle distinction sera ignorée au sein des futurs pays signataires qui, à l'image de la Colombie, ne connaissent qu'un seul régime d'efficacité. La mise en œuvre préalable du contrôle de régularité dans une instance judiciaire spécifique sera toujours exigée. En revanche, dans les pays qui, à l'instar de la France, mettent en place une dualité de régime, le contrôle de régularité sera uniquement réservé aux hypothèses dans lesquelles des actes d'exécution seront sollicités, la reconnaissance pouvant avoir lieu de plein droit. Ces divergences confirment combien, afin de parvenir à la simplification de la circulation des jugements étrangers, la Convention de 2019 aurait dû accompagner la formulation de règles communes, de la définition tout aussi commune de notions telles que la reconnaissance ou l'exécution. Il aurait été opportun, à notre sens, de privilégier l'inclusion de ces définitions dans le texte même de la Convention.

1028. Cependant, qu'il s'agisse du droit colombien, du droit français ou de la Convention de La Haye, notons que le contrôle de régularité opéré par le juge du for est le seul moyen permettant à une décision étrangère de parvenir à l'efficacité définitive. C'est à partir de ce point commun qu'un rapprochement entre les deux droits est, selon nous, envisageable.

Chapitre II
Les propositions pour le rapprochement des régimes d'efficacité

1029. L'unicité de régime d'efficacité qui persiste en Colombie empêche le contrôle de régularité de parvenir pleinement à ses finalités sous-jacentes. D'une part, les parties sont privées du rapport de droit décidé à l'étranger tant que l'exequatur n'est pas prononcé par le juge du for. D'autre part, ladite unicité compromet la célérité de la justice. Ce régime démontre, une nouvelle fois, le décalage entre le droit international privé colombien et la réalité de plus en plus internationale des relations privées, réalité qui concerne également la Colombie.

1030. Cependant, cet état du droit colombien n'est pas immuable et nous croyons possible sa modernisation afin, notamment, de favoriser la circulation des jugements étrangers. Cette évolution se traduira alors nécessairement par un rapprochement entre les deux droits étudiés. Notre ambition dans ce chapitre est de formuler quelques propositions pour mettre en action ce mouvement.

1031. Le rapprochement que nous prônons présente, en outre, une utilité particulière dans le cadre de la Convention de La Haye de 2019. Cette Convention confie les aspects procéduraux de l'efficacité à la loi nationale de l'État requis[1]. Or, puisque nous souhaitons que la Colombie adhère à cette Convention, il convient de simplifier et d'alléger son régime procédural actuel pour que les bienfaits qu'elle peut apporter à la circulation des décisions étrangères ne soient pas compromis, précisément à cause de l'unicité de régime. De plus, les pistes de réflexion que nous allons développer par la suite peuvent également être utiles pour d'autres futurs pays signataires qui organisent un régime procédural similaire à celui du droit colombien[2].

1032. Selon nous, deux éléments rendent possible ce rapprochement des deux droits. Le premier est l'admission en Colombie, à l'image de la France, d'un double régime d'efficacité axé sur la distinction entre le caractère contestable et le caractère définitif de l'efficacité (Section I). Le second élément consiste dans l'allégement de l'action en efficacité. Celui-ci est envisageable en droit colombien comme en droit français (Section II).

Section I : Pour l'adoption en Colombie d'une dualité de régime procédural

1033. L'expérience française est d'une grande utilité pour guider le droit colombien vers l'abandon de l'unicité du régime d'efficacité. Dans le but d'alléger la circulation des décisions étrangères, le droit français a progressivement élargi le régime de l'efficacité de plein droit. Cet élargissement a emporté avec lui une nouvelle lecture du double régime d'efficacité qui peut, selon nous, favoriser l'émergence de la dualité de régime en Colombie.

---

[1] Article 13.1, Convention de La Haye de 2019, *préc.*

[2] Nous pensons notamment au droit péruvien dont le Code civil prévoit une exigence de réciprocité et des conditions de régularité similaires à celles du droit colombien (Articles 2102 à 2104). Le Code de procédure civile bolivien suit également un système fondé sur l'exigence de réciprocité ainsi que sur des conditions de régularité comparables à celles du droit colombien (Articles 552 à 560). Dans les deux cas, l'efficacité de la décision étrangère doit être tranchée à l'occasion d'une procédure judiciaire préalable.

1034. En effet, l'élargissement de l'efficacité de plein droit en France nous apprend que la dualité de régime répond principalement à la distinction entre le caractère définitif ou précaire de l'efficacité accordée (§ 1). Or, mettre en lumière et comprendre cette différence peut conduire le droit colombien à accepter, enfin, l'idée d'un double régime d'efficacité (§ 2).

§ 1. Les enseignements du droit français

1035. L'étude de l'expérience française en la matière permet de dégager deux enseignements. D'abord, l'importance de la distinction entre la reconnaissance et l'exécution du jugement étranger semble se relativiser au sein de la dualité française. Ceci démontre qu'elle n'est pas un élément indispensable pour envisager une dualité de régime en droit colombien (A). Ensuite, cette relativisation confirme *a contrario* que l'élément indispensable au cœur de la dualité française réside dans la différence entre le caractère précaire ou définitif de l'efficacité accordée (B). C'est sur cette différence que le droit colombien doit construire son double régime.

A. *L'importance relativisée des deux manifestations de l'efficacité*

1036. Nous l'avons indiqué, la distinction entre reconnaissance et exécution a contribué à faciliter l'efficacité des jugements en droit français, rendant possible l'émergence et la consolidation des deux régimes d'efficacité[1]. Cependant, cette distinction, qui a pendant longtemps incarné le premier moyen de simplification, peut aujourd'hui apparaître, dans certains cas, comme dépassée. En effet, s'interroger sur la manifestation de l'efficacité pour déterminer le régime applicable conduit nécessairement à soumettre certains jugements étrangers à l'exigence d'intervention judiciaire préalable, alors que d'autres s'en trouvent libérées.

1037. En quête d'une circulation toujours plus allégée des jugements étrangers, l'importance jadis accordée aux manifestations de l'efficacité se réduit progressivement en droit français. Elle est de moins en moins importante au cœur des deux régimes d'efficacité sans pour autant avoir disparue, ni en droit commun, ni en droit européen. Au sein du premier, par exemple, l'arrêt *Gibsonia* de 2018 confirme que l'efficacité de la décision est différemment traitée lorsqu'il est question de son exécution dans le for. Dans ce cas, la décision étrangère est toujours soumise au contrôle de régularité préalable[2]. La distinction demeure également importante au sein de certains règlements européens qui conditionnent la pratique de toute mesure d'exécution à l'appréciation juridictionnelle préalable de la régularité internationale de la décision.

1038. Deux arguments nous permettent néanmoins d'affirmer que l'importance des manifestations de l'efficacité se relativise au cœur de la dualité française de régime et, par conséquent, que les difficultés éprouvées par le droit

---

[1] *v. supra* p. 349.
[2] *v. supra* p. 386.

colombien pour distinguer les deux ne sont pas rédhibitoires en vue de sa modernisation.

1039. Le premier argument est qu'en droit européen, cette distinction n'est plus déterminante du régime d'efficacité à suivre au sein des Règlements Bruxelles I bis[1], Bruxelles II bis et II ter[2], ainsi que du Règlement de 2009 portant sur les obligations alimentaires en ce qui concerne les décisions rendues par un État lié par le Protocole de La Haye de 2007[3]. Ces règlements prévoient, outre la reconnaissance de plein droit, la possibilité d'une exécution qui opère également *de plano*. En élargissant ce régime d'efficacité à l'exécution du jugement, le droit européen montre que la distinction entre les manifestations de l'efficacité n'a plus d'incidence sur la différenciation des deux régimes de l'efficacité.

1040. Autrement dit, contrairement à la Convention de Bruxelles, au Règlement Bruxelles I, et aux autres règlements construits sur ce modèle, il est devenu inutile, au sein des Règlements Bruxelles I bis et Bruxelles II ter, par exemple, de se référer aux actes d'exécution pour déterminer lequel des deux régimes procéduraux est applicable. Cette préoccupation est devenue inutile parce que, indépendamment de la manifestation de l'efficacité et des actes d'exécution, tous les jugements déploient de plein droit, dans tous les cas, l'ensemble de leurs effets normatifs. En pratique, l'intervention du juge n'est donc pas nécessaire, à moins que les parties ne le souhaitent[4]. Or, même dans ce dernier cas, le droit européen confirme encore une fois la relativisation des manifestations de l'efficacité : la procédure prévue est identique pour obtenir soit un refus de reconnaissance, soit un refus d'exécution[5].

1041. En ce sens, Fernando Gascón-Inchausti reconnaît que l'importance de la distinction entre reconnaissance et exécution a été minimisée avec l'entrée en vigueur du Règlement Bruxelles I bis. Selon lui, si « le législateur européen a toutefois préféré maintenir la dualité », c'est en considération des spécificités normatives qui peuvent être prévues au sein des États membres pour la procédure d'exécution et qui n'ont pas encore été l'objet d'une réglementation uniforme[6].

1042. Le second argument concerne la pluralité d'actions aux fins de l'efficacité prévue en France. Elle est, selon nous, à l'origine d'un rapprochement entre les deux régimes d'efficacité qui montre combien la distinction entre les manifestations de l'efficacité a perdu beaucoup d'importance. Remarquons d'emblée que cette pluralité contraste avec le monopole dont bénéficiait l'action en exequatur à l'époque de l'arrêt *Parker* et que nous pouvons encore retrouver

---

[1] Article 39, Règlement (UE) n° 1215 du 12 décembre 2012 *Bruxelles I bis, préc.*
[2] Article 34, Règlement (UE) n° 1111 du 25 juin 2019 *Bruxelles II ter, préc.*
[3] Article 17, Règlement (CE) n° 4 du 18 décembre 2008, *préc. v.* A. Marmisse, *La libre circulation des décisions de justice en Europe*, PULIM, 2001, p. 349 et s. §697 et s.
[4] F. Gascón-Inchausti, « La reconnaissance et l'exécution des décisions dans le Règlement Bruxelles I bis », *in*, *Le nouveau règlement Bruxelles I bis*, sous la dir., de E. Guinchard, Bruylant, 2014, p. 214 §10 ; H. Gaudemet-Tallon et M-E. Ancel, *op.cit.*, p. 650 §473.
[5] L. d'Avout, « La refonte du Règlement Bruxelles I », *D.* 2013.1014.
[6] F. Gascón-Inchausti, « La reconnaissance et l'exécution … », *op.cit.*, p. 220 §17.

au sein du droit colombien[1]. Or, à partir de l'admission d'une efficacité de plein droit, l'action en exequatur a vu réduire son champ d'application : sa recevabilité s'est révélée étroitement liée à la demande de mesures d'exécution matérielle. L'efficacité des jugements qui ne nécessitaient pas ces mesures, comme ceux relatifs à l'état et à la capacité des personnes, échappait donc *a priori* à cette action.

1043. Cependant, si les avantages pratiques de l'efficacité de plein droit sont indéniables, il est également incontestable que lorsque la décision produit ses effets selon ce régime d'efficacité, les parties sont laissées dans l'incertitude quant à la continuité de l'efficacité accordée. Francescakis reprend à ce propos la pensée de Batiffol pour affirmer, à propos de l'arrêt *Lambrino*[2], que l'autorité accordée au jugement qui bénéficie de l'efficacité de plein droit « est d'autant plus précaire [...] qu'aucune limite de temps n'est imposée à sa contestation »[3]. C'est pour répondre, précisément, à cette incertitude de l'efficacité accordée que le droit français a progressivement admis une pluralité d'actions judiciaires qui, à l'image de l'action en exequatur, commandent la mise en œuvre du contrôle de régularité afin de trancher de manière définitive l'efficacité du jugement. Nous parlons spécifiquement du contrôle de régularité par voie incidente[4], et des actions en inopposabilité[5] et en opposabilité[6] de la décision étrangère. C'est l'admission de ces deux dernières actions qui a, selon nous, contribué à relativiser l'importance des notions de reconnaissance et d'exécution.

1044. En effet, les actions en inopposabilité et en opposabilité du jugement étranger offrent aux parties la possibilité de lever tout doute sur la régularité internationale de la décision, et de fixer de manière définitive son efficacité dans le for en dehors de toute demande d'actes d'exécution[7]. En ce qui concerne l'action en inopposabilité, les arrêts *Weiller* de 1951[8] et *Bielsky* de 1971[9] ont servi à la Cour de cassation pour admettre qu'une partie puisse saisir le juge français à titre principal, afin de faire constater que la décision étrangère est atteinte d'une irrégularité internationale de nature à empêcher son efficacité dans le for. Étant une « action dénégatoire »[10], l'action en inopposabilité cherche un résultat négatif consistant à fermer les portes de l'ordre juridique français à la décision étrangère[11]. Ceci implique, tel que la jurisprudence l'a confirmé, que la déclaration d'inopposabilité empêche les parties d'agir ultérieurement en exequatur du même jugement[12].

---

[1] *v. infra* p. 423.

[2] Cass. 1ère civ., 8 janvier 1963 *Lambrino, JCP* 1964.I.1813 obs. Ph. Francescakis ; *RCDIP* 1963. 109 obs. Holleaux.

[3] *Idem.*

[4] TGI Paris, 8 décembre 1977, *RCDIP 1978.539,* obs. H. Gaudemet-Tallon.

[5] Cass. 1ère civ., 22 janvier 1951 *Weiller, GA* n° 24-25 ; *RCDIP* 1951.167 obs. Francescakis. L'action fut explicitement acceptée par Cass. 1ère civ., 10 février 1971 *Bielsky, JDI* 1972.582 obs. Ph. K ; *RCDIP* 1972.123.

[6] Cass. 1ère civ., 3 janvier 1980 *Garino, JDI* 1980.341 obs. A. Huet ; *RCDIP* 1980.597 obs. D. Holleaux.

[7] *v.* P. de Vareilles-Sommières, *Rép.dr.int.*, Dalloz, *v°* « Jugement étranger », §333 et s.

[8] Cass. 1ère civ., 22 janvier 1951 *Weiller, préc.*

[9] Cass. 1ère civ., 10 février 1971 *Bielsky, préc.*

[10] B. Ancel et Y. Lequette, note sous Cass. 1ère civ., 22 janvier 1951 *Weiller, GA* n° 24-25, p. 224 §1.

[11] *Idem,* p. 225 §2. En jurisprudence *v.* Cass. 1ère civ., 4 octobre 2005, *préc.* p. 404.

[12] Cass. 1ère civ., 2 avril 1957 *Weiller, préc.*

En revanche, l'action en exequatur est une action qui répond à un effet positif : accorder la force exécutoire à la décision pour qu'il soit procédé à son exécution forcée[1]. Néanmoins, cette distinction devient, à notre avis, très subtile, ou purement formelle, au regard de la mission confiée au juge : la mise en œuvre du contrôle de régularité[2]. C'est justement au regard de ce point commun qu'il a été affirmé qu'une « parenté étroite »[3] existe entre les deux actions.

1045. Dans un souci de symétrie, l'action en opposabilité a été ultérieurement admise par la Cour dans l'arrêt *Garino* de 1980[4]. Cet arrêt a permis la consécration d'une action en exequatur à toutes fins utiles dont la particularité est d'être détachée de toute volonté de procéder à des actes d'exécution[5]. Elle cherche à éclaircir la régularité internationale de la décision afin d'obtenir son efficacité définitive[6]. Selon Bertrand Ancel, à la suite de cet arrêt, il est nécessaire de distinguer entre l'exequatur-exécution et l'exequatur-reconnaissance[7]. Selon Holleaux, la Cour a *« banalisé »* l'action en exequatur[8]. En effet, en admettant l'exequatur à toutes fins utiles, la Cour défait le lien qui unissait traditionnellement cette action à la force exécutoire du jugement.

1046. C'est justement cette banalisation qui a, selon nous, rapproché les deux régimes d'efficacité, et contribué à relativiser l'importance des notions de reconnaissance et d'exécution. En effet, à partir du moment où l'action en exequatur est devenue une action générique, recevable lorsque des mesures d'exécution sont envisagées, mais également lorsqu'elles ne le sont pas, la manifestation de l'efficacité n'est pas à l'origine d'un traitement procédural différencié des jugements étrangers du point de vue des actions. Rompre avec le caractère attitré[9] de l'action en exequatur a entraîné une grande transformation de cette action. Accepter qu'elle soit désormais ouverte à tous ceux pouvant avoir un intérêt à ce que l'efficacité du rapport de droit décidé à l'étranger soit consacrée définitivement dans le for, implique que la finalité de l'action en exequatur réside dans la cristallisation de tous les effets normatifs de la décision étrangère, et non uniquement de la force exécutoire. Or, dans cette logique, cette action est accessible à toute décision étrangère et facilite ainsi l'établissement d'une passerelle qui fonctionne à sens unique, permettant de changer le régime

---

[1] Ce contraste a permis à Francescakis d'estimer que ces deux actions peuvent se distinguer par leur portée. L'action en exequatur aurait une portée plus restreinte en ce qu'elle n'a *« pour objet que les mesures d'exécution alors que l'action en inopposabilité viserait quant à elle à écarter tous les effets du jugement étranger, y compris les mesures d'exécution ».* Ph. Francescackis, note sous Cass. 1ère civ., 2 avril 1957 *Weiller, RCDIP* 1957.491.

[2] *c. v.* H. Péroz, *op.cit.*, p. 177 §333.

[3] H. Gaudemet-Tallon, note sous TGI Paris, 8 décembre 1977, *RCDIP* 1978.539. Dans l'arrêt *Air Afrique* de 1986, il a été considéré que les actions en exequatur et en inopposabilité constituent deux manières d'exprimer un même problème. Ce lien entre les deux justifie qu'elles soient soumises aux mêmes règles de procédure. Paris, 7 février 1986, *JDI* 1986.976, obs. P. Mayer.

[4] Cass. 1ère civ., 3 janvier 1980 *Garino, JDI* 1980.341 obs. A. Huet ; *RCDIP* 1980.597 obs. D. Holleaux.

[5] H. Muir Watt. « Remarques sur les effets… », *op.cit.* p. 306 §6.

[6] Cass. 1ère civ., 3 janvier 1980 *Garino, préc.*

[7] B. Ancel, note sous TGI Paris, 1er juillet 1987 *Simitch, RCDIP* 1988.720, spéc. 723.

[8] D. Holleaux note sous Cass. 1ère civ. 3 janvier 1980, *Garino* : RCDIP 1980.600. *v.* H. Muir Watt, « Remarques sur les effets en France… », *op.cit.* p. 306 §6.

[9] Elle ne serait attitrée que lorsqu'elle est intentée afin d'obtenir la force exécutoire de la décision. M. López de Tejada, *La disparition de l'exequatur… op.cit.* p. 90 §109.

procédural en allant de l'efficacité de plein droit vers l'efficacité judiciaire et définitive.

1047. Cette même pluralité d'actions est aussi prévue en droit européen. Elle conduit au même résultat : la relativisation de l'importance des manifestations de l'efficacité. La Convention de Bruxelles prévoyait une action classique en exequatur, destinée à octroyer la force exécutoire à la décision, ainsi qu'un contrôle incident de la régularité tel que celui prévu en droit commun français, et une action en opposabilité conçue pour intervenir lorsque, dans le cadre de la reconnaissance de plein droit, une partie avait intérêt à faire établir la régularité de la décision à titre principal[1]. La même pluralité a été reprise par le Règlement Bruxelles I en matière civile et commerciale[2], ainsi que par le Règlement Bruxelles II bis relatif à la matière familiale[3], par celui de 2009 relatif aux obligations alimentaires lorsque la décision provient d'un État non-partie au Protocole de La Haye de 2007[4], ou encore par ceux concernant la matière successorale[5], les régimes matrimoniaux[6] et les effets patrimoniaux des partenariats enregistrés[7]. Or, contrairement au droit commun, ces règlements n'ont pas expressément prévu une action en inopposabilité. Cependant, selon Hélène Gaudemet-Tallon, c'est par la voie jurisprudentielle que le verrou aurait été levé, et que la recevabilité d'une telle action en France a été admise[8]. La question paraît, cependant, avoir été clarifiée, au moins pour ce qui est de la matière civile et commerciale, ainsi que pour celle concernant les relations de famille, lorsque, à l'occasion des Règlements Bruxelles I bis[9], Bruxelles II bis[10], et Bruxelles II ter[11], le législateur européen a consacré la possibilité pour les parties de saisir le juge afin que l'irrégularité de la décision soit judiciairement déclarée.

1048. Si la confiance mutuelle qui existe entre les États membres de l'Union est très poussée, elle n'est pas pour autant aveugle. En ce sens, et selon Hélène Gaudemet-Tallon, le fait que la circulation des décisions intra-européennes soit simplifiée ne signifie pas qu'elle perde sa nature de circulation transfrontalière ni qu'elle n'implique pas une coordination des ordres juridiques[12]. C'est pour cela qu'en dépit de l'élargissement de l'efficacité de plein droit, les Règlements Bruxelles I bis et Bruxelles II bis persistent dans le maintien des actions relatives

[1] Articles 26 et 31, Convention de Bruxelles, *préc.*, Article 36.2 Règlement (UE) n° 1215 du 12 décembre 2012 *Bruxelles I bis, préc. v.* F. Cadet, « Le nouveau règlement Bruxelles I ou l'itinéraire d'un enfant gâté », *JDI* 2013.765, spéc., p. 772 ; C. Kessedjian, « Le Règlement « Bruxelles I révise » : Much ado about…What ? », *Rev. Europe*, mars 2013, étude n° 3, p. 8, §26.
[2] Articles 33 et 38, Règlement (CE) n° 44 du 22 décembre 2000 *Bruxelles I, préc*
[3] Articles 21 et 28, Règlement (CE) n° 2201 du 27 novembre 2003 *Bruxelles II bis, préc.*
[4] Articles 23 et 26, Règlement (CE) n° 4 du 18 décembre 2008, *préc.*
[5] Articles 39 et 43, Règlement (UE) n° 650 du 4 juillet 2012, *préc.*
[6] Articles 36 et 42, Règlement (UE) n° 1103 du 24 juin 2016, *préc.*
[7] Articles 36 et 42, Règlement (UE) n° 1104 du 24 juin 2016, *préc.*
[8] H. Gaudemet-Tallon, note sous TGI Paris, 10 février 1993 *Pathé, RCDIP* 1993.664. *v.* M-L Niboyet et G. de Geouffre de la Pradelle, *op.cit.*, p. 569 §826.
[9] Article 45, Règlement (UE) n° 1215 du 12 décembre 2012 *Bruxelles I bis, préc.*
[10] Article 21.3, Règlement (CE) n° 2201 du 27 novembre 2003 *Bruxelles II bis, préc.*
[11] Article 40, Règlement (UE) n° 1111 du 25 juin 2019 *Bruxelles II ter, préc.*
[12] H. Gaudemet-Tallon, note sous CJUE 26 septembre 2013, Aff. C-157/12 *Salzgitter, RCDIP* 2014.175.

à l'efficacité de la décision[1]. Le but est de permettre aux parties de mettre fin au caractère précaire de l'efficacité de plein droit, ou encore, d'échapper à une décision rendue dans des conditions de régularité suspectes. Toute personne intéressée peut ainsi saisir le juge du for pour qu'il constate que le jugement en cause n'est atteint d'aucun motif de refus d'efficacité.

1049. Or, cette pluralité d'actions confirme, à l'image du droit commun, combien l'importance des manifestations de l'efficacité s'affaiblit au cœur du double régime, surtout au sein des récents Règlements Bruxelles I bis et Bruxelles II ter. Ainsi, les actions en opposabilité et en inopposabilité sont ouvertes à toute partie intéressée et procèdent à l'égard de tous les jugements intra-communautaires. Les deux restent également conditionnées à l'initiative de l'une des parties souhaitant soumettre la régularité du jugement à l'appréciation du juge en vue d'obtenir une décision définitive d'efficacité. Entre-temps, toutes les décisions déploient leurs effets de manière extrajudiciaire, et ce parce que toute différence entre reconnaissance et exécution a été effacée.

1050. D'après l'expérience française, la distinction entre la reconnaissance et l'exécution n'est pas un élément indispensable pour le maintien du double régime. En effet, l'importance de cette distinction a été fortement relativisée pour favoriser l'évolution simplificatrice de l'efficacité, et cela n'a pas entraîné la disparition de la dualité de régime. Au regard de ceci, le fait qu'au sein du droit colombien les deux manifestations de l'efficacité ne soient affirmées que de manière embryonnaire dans quelques arrêts encore peu nombreux, n'est pas un obstacle pour envisager le double régime. À cet égard, il apparaît que, toujours selon l'expérience française, c'est la distinction entre les deux types d'efficacité, l'un à caractère contestable et l'autre à caractère définitif qui est décisive.

B. *L'importance décisive des deux types d'efficacité*

1051. Défaire le lien qui faisait dépendre le régime procédural de la manifestation de l'efficacité aurait pu entraîner le déclin du double régime en cause. Cependant, la réalité du droit français montre que le maintien de la dualité de régime est assuré, et ce tant qu'une distinction perdure entre l'efficacité à caractère contestable, accessible par la voie extrajudiciaire, et celle à caractère définitif, obtenue grâce à l'intervention du juge.

1052. Au lieu de voir dans l'assouplissement de la différence entre reconnaissance et exécution une menace pour le maintien du double régime, elle constitue, selon nous, une preuve de sa solidité ; preuve que le droit colombien doit explorer. En effet, la dualité de régime repose principalement sur l'association entre la voie de l'efficacité – judiciaire ou extrajudiciaire – et le type d'efficacité – de plein droit ou définitive. Ainsi, tant le droit commun que le droit de l'Union insistent sur le fait que l'efficacité accordée en dehors de tout contrôle

[1] F. Gascón-Inchausti, « La reconnaissance et l'exécution … », *op.cit.*, p. 210 §8.

juridictionnel de régularité demeure contestable à tout moment, par opposition à celle issue d'une instance judiciaire qui est définitivement fixée[1].

1053. Cette association confirme l'importance du contrôle de régularité. En tant qu'instrument d'efficacité, il est le seul moyen dont les parties disposent pour parvenir à une efficacité définitive et irrévocable du jugement dans le for. La mise en place des actions en opposabilité et en inopposabilité confirme cette importance. Permettant d'opérer le contrôle de régularité, ces actions cherchent, précisément, à éclaircir la régularité internationale de la décision étrangère pour que le caractère contestable de l'efficacité disparaisse au profit d'une efficacité définitive[2]. En effet, l'expérience française, surtout celle du droit européen, illustre clairement le constat suivant : admettre une reconnaissance et une exécution en dehors de tout contrôle de régularité ne revient pas à affirmer que l'efficacité accordée sans contrôle est identique à celle qui découle de l'intervention judiciaire. Si une identité existait entre les deux efficacités, les différentes actions en efficacité seraient dépourvues d'utilité.

1054. De ce fait, l'affaiblissement des manifestations de l'efficacité a permis de mettre à jour l'élément fondamental sur lequel repose les deux régimes d'efficacité, à savoir le caractère contestable ou définitif de l'efficacité accordée. De nature extra-judiciaire, l'efficacité accordée de plein droit n'emporte pas une affirmation incontestable de la régularité internationale de la décision. L'État d'accueil se réserve, même dans le cadre européen où la confiance mutuelle est renforcée, la possibilité de reconsidérer sa position, et d'examiner, au moyen du contrôle de régularité, le jugement étranger de manière plus ou moins étendue. C'est pourquoi, à moins que le contrôle de régularité ne soit supprimé, la différence entre l'efficacité définitive et celle de plein droit ne risque pas de disparaître.

1055. Cet enseignement se révèle particulièrement important pour le droit colombien, pour faciliter la transformation progressive de sa vision publiciste de l'efficacité et pour envisager l'émergence et la consolidation d'un double régime d'efficacité.

§ 2. Leur réception en droit colombien

1056. Au sein du droit colombien, la mise en place d'un seul régime d'efficacité répond, nous l'avons déjà indiqué, à la conception publiciste que ce droit privilégie de l'efficacité. L'abandon de l'unicité implique, à l'image de toutes les modifications que nous avons eu l'occasion de proposer, un changement de cette conception. Ce changement progressif pourrait être initié par l'admission d'un double régime d'efficacité. Ainsi, au regard des tentatives qui ont prôné cette dualité[3], force est de constater qu'aucune n'a été construite sur la différence entre l'efficacité accordée en dehors de l'intervention juridictionnelle et celle qui est le résultat du contrôle de régularité.

---

[1] Anne Marmisse affirme ainsi que la création d'une présomption de régularité prouve que *« la naturalisation instantanée et inconditionnelle de la décision étrangère n'existe pas »*. A. Marmisse, *La libre circulation…op.cit.,* p. 378 §764.
[2] H. Péroz, *op.cit.*, p. 181 §341.
[3] v. *supra* p. 360.

1057. C'est à ce propos que l'on mesure l'importance de nos précédents développements sur l'expérience française. Appliqués à la Colombie, les enseignements français nous permettent d'affirmer que, malgré l'inexistence d'une distinction entre les notions de reconnaissance et d'exécution, l'adoption d'un double régime d'efficacité fondé sur le caractère définitif ou contestable de l'efficacité demeure à la fois possible (A) et opportune (B).

A. *L'adoption de la distinction entre deux types d'efficacité*

1058. Le droit colombien doit suivre les enseignements français afin d'abandonner l'unicité de régime d'efficacité. Il doit accepter l'idée d'accorder un traitement différencié à l'efficacité de certains jugements étrangers. Pour ce faire, l'expérience française montre au droit colombien la voie : adopter la distinction entre le caractère contestable de l'efficacité qui serait accordée de plein droit, et le caractère définitif de celle qui résulterait de la mise en œuvre, dans une instance judiciaire, du contrôle de régularité.

1059. Au regard de l'évolution du droit colombien, la manière dont le caractère préalable de l'instance judiciaire et la mise en œuvre du contrôle de régularité sont défendus, montre que ce droit ne s'est pas, jusqu'à présent, interrogé sur la possibilité qu'un autre type d'efficacité, différent de l'efficacité définitive et irrévocable, puisse être reconnu à la décision étrangère. L'inexistence, par exemple, d'une action en inopposabilité du jugement confirme, en effet, qu'au sein de ce droit, tout effet normatif de la décision est conditionné à son intégration irrévocable à l'ordre juridique colombien. Dans ce contexte, l'on comprend, d'une part, que l'établissement de la régularité internationale, en amont, soit obligatoire et, d'autre part, qu'aucune action en dehors de celle d'exequatur ne soit prévue pour s'opposer, à titre principal, à l'efficacité d'un jugement étranger. Le fait que la décision n'ait aucune efficacité dans le for, au moins en tant qu'acte juridictionnel, avant que sa régularité internationale ne soit contrôlée, rend inutile de prévoir une action supplémentaire à celle en exequatur pour trancher l'efficacité. Ainsi, étant organisée comme une procédure contradictoire, l'instance en exequatur constitue le cadre dans lequel les parties doivent prouver, soit que la décision respecte les conditions de régularité, soit qu'elle les méconnaît. Autrement dit, la même instance peut déboucher sur une déclaration définitive d'efficacité ou sur un refus d'efficacité.

1060. Selon nous, le fait qu'en droit colombien l'efficacité de la décision étrangère soit toujours associée à un caractère définitif explique pourquoi l'idée d'une efficacité de plein droit est, à tort, interprétée par la doctrine et la jurisprudence majoritaires comme un danger pour la souveraineté colombienne. Admettre qu'une décision appartienne irrévocablement à l'ordre juridique interne, alors même que sa régularité internationale n'a pas été établie, est, en effet, dangereux pour la cohésion de celui-ci et pour les garanties procédurales des parties. L'irrévocabilité d'une intégration sans contrôle impliquerait que si la décision étrangère se révèle, par exemple, contraire à l'ordre public international colombien, les tribunaux nationaux n'auraient pas d'autre choix que d'accepter l'existence d'un rapport de droit irrégulier. En outre, l'effet définitif de chose jugée que la décision aurait également acquis sans contrôle, priverait les juges nationaux de tout pouvoir pour trancher à nouveau la question litigieuse. Autrement dit, si l'efficacité de plein droit a été jugée indésirable en droit colombien, c'est bien parce qu'elle a été analysée sous l'optique de la vision colombienne classique de l'efficacité, c'est-à-dire celle selon laquelle l'efficacité implique indiscutablement une intégration définitive de la décision étrangère[1]. Par conséquent, si l'efficacité qui est accordée *de plano* conduit la décision vers une autorité comparable à celle qui lui est accordée lorsque le jugement a été contrôlé judiciairement, nous comprenons bien la réticence du droit colombien envers l'acceptation d'un double régime. La décision étrangère deviendrait, dans les deux cas, une norme juridique du for dont le respect s'impose à toutes les autorités judiciaires, administratives, ainsi qu'aux particuliers. Son autorité s'imposerait définitivement alors même que la régularité du rapport de droit demeurerait incertaine.

1061. Néanmoins, cette analyse ne correspond pas à la portée exacte de l'efficacité de plein droit, notamment parce que, lorsqu'il est question de ce type d'efficacité, la question ne se pose pas dans les mêmes termes que ceux de l'efficacité juridictionnelle définitive. Mettre l'accent sur le fait que, contrairement à cette dernière, l'efficacité de plein droit demeure, à l'image du droit français, susceptible de contestation devant le juge, par toute personne y ayant intérêt, notamment par le Ministère public, peut contribuer à son acceptation en droit colombien.

1062. Deux raisons nous amènent à affirmer ceci. La première réside dans le fait que l'efficacité accordée de plein droit n'entraîne pas un danger démesuré pour la cohésion de l'ordre juridique d'accueil. En effet, le fait que le jugement étranger puisse déployer certains effets sans intervention judiciaire préalable n'expose pas, selon nous, de manière excessive l'homogénéité du for[2]. La raison en est que l'efficacité accordée de plein droit demeure susceptible de contestation. Ainsi, lorsqu'une décision efficace *de plano* porte atteinte à la cohésion du for, il sera toujours possible de l'exclure de l'ordre juridique colombien par le biais du contrôle judiciaire de régularité. De plus, notons qu'à l'instar de l'expérience française de droit commun, ce type d'efficacité ne permettrait pas aux particuliers de procéder à des mesures d'exécution qui resteraient uniquement réservées aux décisions internationalement régulières.

1063. La seconde raison concerne l'exclusivité du pouvoir juridictionnel des tribunaux nationaux pour administrer la justice dans le for, argument qui est souvent avancé par la doctrine et par la jurisprudence colombienne pour justifier le caractère absolu de l'exigence de l'intervention juridictionnelle préalable. En effet, tant que le juge du for n'a pas déclaré la régularité internationale de la décision, le rapport de droit décidé à l'étranger ne s'intègre pas de manière définitive à l'ordre juridique d'accueil. Rien n'empêche les autorités nationales,

---

[1] D. Rojas Tamayo, « Las deficiencias del derecho internacional privado colombiano : principios inapropiados y sus consecuencias en la eficacia de sentencias extranjeras », *AEDIP* 2016.873.

[2] R. Legendre, *Droits fondamentaux et droit international privé. Réflexion en matière personnelle et familiale*, Dalloz, 2020, p. 103 §155. *v. supra* p. 169.

ou toute personne concernée par le jugement, de signaler au juge du for l'irrégularité du jugement. Saisi de la question, le juge national décidera, grâce à la mise en œuvre du contrôle de régularité, si l'efficacité doit être confirmée ou, le cas échéant, refusée. Ce faisant, force est de constater que le risque de méconnaître ou de violer la souveraineté nationale, par l'acceptation d'une décision étrangère irrégulière, est sensiblement réduit. Par ailleurs, sachant que la décision finale sur l'efficacité revient au juge du for, l'argument tiré de l'exclusivité de l'administration de la justice se révèle inadéquat pour continuer à faire obstacle à l'admission de l'efficacité de plein droit. Dès que le juge du for dispose de la possibilité d'exclure la décision étrangère pour cause d'irrégularité internationale, ou de lui accorder définitivement l'efficacité, il demeure le seul maître de l'administration de la justice dans son for[1].

1064. En outre, il n'est pas possible, à notre avis, de conclure avec certitude que la jurisprudence colombienne soit, par principe, contre l'admission d'une distinction entre ces deux types d'efficacité. Si nous affirmons ceci c'est parce que la Cour n'a pas, pour l'instant, analysé la possibilité d'une efficacité à caractère contestable. La seule occasion où elle a été saisie de l'efficacité d'un jugement étranger en dehors de toute action en exequatur a été dans une affaire *Bulhotz* de 2017[2]. En l'espèce, la demanderesse de nationalité colombienne avait obtenu en 2013 une décision des juges américains de l'État du Texas, condamnant M. Bulhotz, ressortissant américain, au paiement de 26 000 dollars majorés par des intérêts de 6%. Au lieu de demander l'exequatur de la décision, la demanderesse a saisi directement le juge colombien de l'exécution de son lieu de domicile afin d'obtenir le paiement ordonné à l'étranger. Puisque la décision américaine n'était pas revêtue de l'exequatur, le juge de l'exécution s'est déclaré incompétent et a renvoyé l'affaire à la Cour suprême de justice. Dans l'esprit du juge d'instance, et suivant l'article 607.5 du NCGP, la Cour devait d'abord décider de l'efficacité du jugement en lui accordant l'exequatur, avant que la question des mesures d'exécution ne soit soumise au juge de l'exécution. Cependant, la Cour n'a pas saisi l'occasion de se prononcer sur l'admission, ou sur le refus, d'une efficacité de plein droit en droit colombien. Elle s'est déclarée incompétente, car la prétention de la demanderesse ne concernait pas l'exequatur de la décision, mais uniquement son exécution matérielle. Puisqu'elle est tenue par les prétentions de la demanderesse, la Cour l'a renvoyée devant le juge de l'exécution qui l'a déboutée sur le fond, faute d'un titre exécutoire remplissant les conditions du droit colombien pour être susceptible d'exécution, c'est-à-dire revêtu de l'exequatur[3].

1065. Si l'affaire *Bulhotz* nous permet d'affirmer qu'à l'image du droit commun français, aucune mesure d'exécution ne peut avoir lieu en Colombie

---

[1] D. Rojas Tamayo, « Las deficiencias del derecho internacional… », *op.cit.* p. 875.

[2] CSJC. Cass. Ch. Civ, 20 février 2017 *Bulhotz*, Magistrat Rapporteur : Luis Rico, Dossier n° 2016-03360-00.

[3] Dans le même sens, mais dans le cadre d'une action de « tutela », la Cour a estimé le 3 juillet 2018 que l'exécution en Colombie d'une obligation alimentaire fixée dans le cadre d'une procédure de divorce menée aux États-Unis, n'était pas recevable parce que le jugement étranger n'avait pas été revêtu de l'exequatur. CSJC. Cass. Ch. Civ, 3 juillet 2018, Magistrat Rapporteur : Luis Tolosa Villabona, Dossier n° 2018-00241-01.

sans que la décision étrangère n'ait obtenu l'exequatur, il n'est pas possible, selon nous, d'en dégager des conclusions certaines en ce qui concerne l'efficacité de plein droit. Puisque la demanderesse envisageait directement la pratique de mesures d'exécution, cela rendait incontestable la nature obligatoire du contrôle préalable de régularité. Il était question d'une efficacité définitive. Cependant, nous insistons sur le fait que la Cour suprême n'a jamais été confrontée à une hypothèse dans laquelle, en dehors de toute mesure d'exécution, les parties chercheraient à se prévaloir dans le for de la décision étrangère pour, par exemple, obtenir l'inscription d'un divorce, sans passer au préalable par le juge de l'exequatur[1]. Posée en ces termes, c'est-à-dire, lorsqu'il ne s'agit pas d'obtenir une efficacité définitive, l'intervention préalable du juge n'est pas, selon nous, indispensable, et le juge pourrait partager cette lecture.

1066. Nous sommes consciente que l'acceptation de deux types différents d'efficacité peut, à la fois, apparaître comme une idée peu innovante au regard de l'état de la question en droit français, et troublante au regard du droit colombien. On pourrait nous opposer que l'introduction d'un double régime fondé sur une distinction entre le caractère précaire ou définitif de l'efficacité est précipitée et inadéquate pour un droit colombien qui n'est pas véritablement familiarisé avec la distinction entre la reconnaissance et l'exécution de la décision. Nous répondons à cet argument en utilisant les enseignements tirés de l'expérience française. En effet, en dépit de l'importance que la distinction entre reconnaissance et exécution a connue lors de l'émergence du double régime, elle est aujourd'hui de plus en plus réduite au sein de ce droit. C'est pourquoi, le fait que le droit colombien soit peu familiarisé avec cette distinction demeure, certes, problématique d'un point de vue théorique, mais l'est moins d'un point de vue pratique.

1067. En outre, selon nous, l'adoption d'une dualité de régime fondée sur les deux types d'efficacité entraînera avec elle la distinction entre reconnaissance et exécution. En effet, si le droit colombien accepte que certaines décisions produisent leurs effets de plein droit et de manière contestable, encore faut-il déterminer quelles sont les décisions pouvant bénéficier de ce type d'efficacité. Il semble donc nécessaire de penser à la manière d'aménager les deux régimes procéduraux prévus, et, à ce propos, la distinction entre reconnaissance et exécution est, selon nous, inévitable. Face à l'impossibilité de parler d'une confiance mutuelle universelle très renforcée, il n'est pas envisageable en Colombie de suivre l'exemple européen et de consacrer à côté d'une reconnaissance de plein droit, une exécution qui opère de la même manière.

1068. De ce fait, la prudence voudrait que la pratique de toute mesure d'exécution matérielle sur les biens ou de coercition sur les personnes reste conditionnée à l'intervention préalable du juge de l'efficacité, comme c'est le cas

[1] La seule occasion où la Cour a été amenée à se prononcer sur le caractère obligatoire de l'intervention judiciaire préalable en matière d'efficacité de divorces étrangers a été au regard des divorces étrangers enregistrés par le notaire ou par les autorités administratives. Si la Cour a accepté qu'ils bénéficient d'une reconnaissance de plein droit en Colombie, c'est parce que, au regard de l'autorité d'enregistrement, elle ne les qualifie comme des décisions judiciaires. *v. supra* p. 27 et 369.

en droit commun français. Dès lors, l'efficacité de plein droit serait accessible toutes les fois que les parties songent à se prévaloir de la décision étrangère dans un but autre que celui de l'exécution. Autrement dit, tout ce qui ne relève pas de l'exécution, relève donc de la reconnaissance et serait possible de plein droit. Dans cette perspective, la distinction entre les deux manifestations de l'efficacité est inévitable en ce qu'elle vient à l'appui de celle établie entre les deux types d'efficacité. Elle contribue à l'aménagement du double régime, sans en être sa pièce maîtresse.

1069. Adopter un critère d'aménagement fondé sur les actes d'exécution a l'avantage d'éviter, en outre, le détour périlleux par la détermination de la nature de la décision. Le droit colombien illustre cette tendance classique, car le critère fondé sur la nature de la décision a, à l'instar du droit commun français, aussi été suggéré dans l'une des tentatives d'émergence de l'efficacité sans intervention judiciaire, celle de l'arrêt *Alfonzo-Méndez* en 1948 que nous avons étudié[1]. Or, l'ambiguïté et la difficulté que représente dans certains cas la détermination de cette nature peut, assurément, conduire le juge à limiter excessivement le champ d'application de l'efficacité de plein droit. Le risque serait d'autant plus significatif en Colombie du fait de la rigidité qui a toujours caractérisé l'efficacité des jugements dans ce droit.

1070. Ainsi, mettre fin à l'unicité du régime d'efficacité est, à notre sens, possible en droit colombien à condition que l'émergence de la dualité de régime soit axée sur la distinction entre les deux types d'efficacité. Une telle solution possède l'atout de la nouveauté. Jusqu'à présent, aucune proposition n'avait justifié l'émergence du double régime à partir des caractéristiques de l'efficacité accordée. Justifiée parce que réaliste, cette proposition que nous défendons est également, et surtout, opportune.

B. *L'opportunité de l'adoption*

1071. Accepter que l'efficacité des décisions étrangères puisse être de deux types, contestable ou définitive, selon qu'elle soit ou non précédée d'un contrôle de la régularité internationale, représenterait de nombreux avantages pour les particuliers (1), mais aussi pour l'ordre juridique colombien lui-même (2).

1. *À l'égard des particuliers*

1072. En ce qui concerne les particuliers d'abord, il est certain que l'admission d'une efficacité de plein droit, accessible à toutes les décisions étrangères à l'exception de celles alléguées à l'appui d'une mesure d'exécution, leur permettrait de bénéficier d'une efficacité de manière plus allégée et rapide. Les décisions relatives à l'état et à la capacité des personnes seraient les premières concernées. Or, sachant que la plupart des jugements étrangers dont l'efficacité est invoquée en Colombie sont rendus dans le cadre des relations de famille, notamment en matière de divorce et d'adoption, les effets positifs d'une telle solution seraient immédiatement perceptibles. En ce qui concerne, par exemple,

---

[1] *v. supra* p. 360.

la continuité du statut personnel, souvent méconnue du fait de la rigidité du droit colombien, nous estimons que la distinction entre les deux types d'efficacité créera un contexte favorable à son respect.

1073. En outre, nous avons déjà pu indiquer que le niveau d'engorgement des tribunaux nationaux est élevé en Colombie. Les particuliers doivent actuellement supporter de longs délais d'attente avant d'obtenir une décision judiciaire d'exequatur[1]. Ils assument également les risques et conséquences de l'inexistence dont est frappé le rapport de droit décidé à l'étranger tant qu'il n'est pas couvert dans le for par l'exequatur. Il est assez courant, par exemple, que malgré le divorce prononcé à l'étranger, les ex-conjoints demeurent unis par le mariage aux yeux du droit colombien[2], et ce avec les complications que cette inexactitude sur l'état civil peut entraîner sur le plan personnel et patrimonial. De ce fait, toute union matrimoniale conclue ultérieurement peut être entachée de bigamie en Colombie, et par conséquent sanctionnée par la nullité. Puis, faute d'exequatur de la décision de divorce, le régime matrimonial n'est pas dissout, du moins pour les autorités colombiennes.

1074. Cependant, ces inconvénients, ou au moins une grande partie d'entre eux, pourraient être maîtrisés si une efficacité de plein droit était ouverte. Les ex-conjoints pourraient de ce fait, obtenir l'inscription du divorce en Colombie et y être également considérés comme divorcés sans devoir saisir le juge au préalable. Ils pourront, tout de même, entamer cette procédure judiciaire dans l'intérêt de cristalliser définitivement et incontestablement leur nouvel état civil, sachant qu'entretemps, et grâce à l'efficacité de plein droit, ils sont déjà considérés comme divorcés dans le for. Dans le cas, par exemple, d'un jugement étranger limitant la capacité d'exercice d'une personne, le tuteur ou le curateur désigné à l'étranger pourrait obtenir l'inscription tant de l'incapacité déclarée comme de sa désignation, en qualité de tuteur ou curateur, sur l'extrait de naissance de la personne protégée. Grâce à ceci, il lui sera loisible d'effectuer en Colombie toutes les actions inhérentes à son office pour autant qu'aucune mesure d'exécution ne soit envisagée. Dans ce dernier cas, l'exequatur de la décision sera nécessaire.

1075. Il n'en demeure pas moins qu'à l'instar du droit français, l'officier de l'état civil pourrait, au moment de l'inscription de la décision, alerter le Ministère public d'une possible irrégularité de celle-ci. Dans ce cas, ce dernier devra saisir le juge de l'efficacité afin que le contrôle de régularité soit opéré. Dans la même logique, et suivant encore l'expérience française, le juge devant lequel la décision sera alléguée dans le cadre d'une instance judiciaire en cours, aura le devoir de contrôler directement la régularité internationale du jugement.

1076. Une précision doit, cependant, être formulée concernant le divorce prononcé à l'étranger d'un mariage conclu en Colombie. En effet, l'on pourrait opposer à notre proposition la disposition de l'article 164 du Code civil, issu de la loi n° 1 de 1976. Selon cette disposition, la loi du domicile conjugal est applicable au divorce prononcé à l'étranger à l'égard des époux mariés en

---

[1] *v. infra* p. 427.

[2] CSJC. Cass. Ch. Civ, 28 septembre 2018, *préc.*

Colombie, mais « l'effet de dissolution » du jugement est conditionné : le motif ayant permis le divorce à l'étranger doit être prévu par la loi colombienne et la notification de la procédure au conjoint défendeur doit être régulière[1]. Nous admettons qu'une interprétation stricte de cette disposition conduirait à exclure ces jugements de l'efficacité de plein droit que nous envisageons. Cette disposition pourrait être entendue comme de nature à exiger une intervention préalable et obligatoire du juge du for pour vérifier l'équivalence des motifs du divorce et les conditions de la notification du conjoint défendeur et ce, afin que lien matrimonial soit effectivement dissout en Colombie.

1077. Cependant, nous proposons deux solutions qui pourraient lever cet inconvénient, et éviter ainsi les effets nocifs de cette interprétation. La première solution est d'ordre constitutionnel : elle consiste à dire que l'interprétation stricte et exégétique de l'article 164 du Code civil accorde un traitement différencié à deux situations qui sont comparables. En effet, cette disposition conduirait à distinguer entre, d'une part, l'efficacité d'un divorce prononcé à l'étranger à l'égard d'une union conclue en Colombie, et, d'autre part, l'efficacité d'un divorce également rendu à l'étranger mais à l'égard d'une union conclue également à l'étranger. Alors que, dans ce dernier cas, les parties pourraient bénéficier de l'efficacité de plein droit que nous proposons, et procéder ainsi à la mise à jour de leur état civil sans recours à l'exequatur, dans l'autre cas, l'exigence d'exequatur préalable serait obligatoire. Or, puisque nous doutons qu'au regard de l'internationalité de plus en plus courante des relations de famille, le lieu de célébration du mariage puisse être retenu comme un motif légitime pour justifier un tel traitement différencié, l'interprétation stricte et exégétique de l'article 164 du Code civil pourrait être inconstitutionnelle car contraire au droit fondamental à l'égalité, et à l'interdiction de la discrimination[2].

L'autre solution que nous proposons est de nature interprétative et consiste à mettre l'accent sur le fait que la disposition en cause vise, certes, une vérification mais qu'elle n'indique pas quelle est l'autorité qui doit y procéder. Autrement dit, l'article 164 du Code civil n'exige pas que la vérification de l'équivalence du motif de divorce et des conditions de la notification du conjoint défendeur soit effectuée par le juge judiciaire dans le cadre d'une instance judiciaire en efficacité. Dans cette perspective, l'officier de l'état civil peut parfaitement accomplir une telle mission lorsque, dans le cadre de l'efficacité de plein droit, les parties lui demandent de procéder à l'inscription du divorce qu'elles ont obtenu à l'étranger. L'officier de l'état civil pourrait même, s'il relève une éventuelle irrégularité internationale de la décision, alerter le Ministère public qui pourrait saisir le juge du contrôle.

1078. Si nous regardons maintenant les jugements rendus dans le cadre des adoptions internationales, la situation mérite une précision particulière. Malgré la

---

[1] *v. supra* p. 309.

[2] L'article 13 de la Constitution colombienne dispose que : *« Toutes les personnes naissent libres et égales devant la loi, elles recevront la même protection et traitement de la part des autorités, jouiront des mêmes droits, libertés et opportunités sans aucune discrimination fondée sur des raisons de sexe, race, origine nationale ou familiale, langue, religion, opinion politique ou philosophique »*.

circulation simplifiée mise en place par la Convention interaméricaine de 1984[1], et par la Convention de La Haye du 29 mai 1993[2] en faveur des adoptions internationales d'enfants mineurs, toutes les deux ratifiées par la Colombie, l'efficacité de toutes les adoptions étrangères est, dans la pratique, conditionnée à l'exequatur préalable de la décision[3]. Le lien de filiation est dès lors dépourvu de toute efficacité avant ladite action judiciaire. Cependant, nous insistons sur le fait qu'en ce qui concerne les adoptions prononcées dans le cadre des traités cités, la simplification de leur efficacité ne viendra pas de l'émergence du double régime d'efficacité, mais plutôt d'une correcte application de la loi en vigueur. Autrement dit, l'émergence d'un double régime ne devrait pas, *a priori*, signifier de changement pour l'efficacité de ces décisions car, selon les dispositions qui leur sont applicables, elles bénéficient déjà d'une efficacité de plein droit. La jurisprudence colombienne qui exige le passage préalable par une instance judiciaire aux fins de toute efficacité dans le for pourrait, par conséquent, être qualifiée de *contra legem*. En ce qui concerne, en revanche, les adoptions prononcées à l'égard des personnes adultes, l'admission d'une efficacité de plein droit impliquerait, pour les parties concernées, la possibilité de profiter rapidement dans le for du lien de filiation créé. Les droits et les devoirs qui en découleraient ne seraient pas suspendus dans l'attente d'un prononcé du juge.

1079. Par ailleurs, en ce qui concerne l'ensemble des décisions étrangères, un autre avantage découle de l'adoption d'un double régime procédural fondé sur la distinction entre deux types d'efficacité. Il concerne la sécurité juridique des parties, et plus spécifiquement, le fait que le rapport de droit ne sera plus frappé d'inexistence dans le for dans l'attente d'une décision d'octroi d'exequatur, comme c'est actuellement le cas. S'agissant d'une décision de divorce, par exemple, si aucune des parties ne conteste la régularité internationale du jugement, celui-ci produirait ses effets dans le for sans que le recours à l'instance juridictionnelle ne soit aucunement obligatoire. L'instance judiciaire en efficacité deviendrait, dans le cas d'une bonne entente entre les parties, purement facultative. En outre, puisque le relâchement de l'union à l'étranger entraînerait également la rupture de l'union en Colombie, l'unité et la continuité du statut personnel seraient respectées, ce qui est plus que souhaitable.

1080. Il n'en demeure pas moins que l'on pourrait avancer, à cet égard, un contre argument selon lequel le caractère contestable de l'efficacité accordée *de plano* est également préjudiciable pour la sécurité juridique des parties. Nous acceptons cette observation. Il est indéniable qu'entre l'efficacité de plein droit et l'efficacité issue du contrôle de régularité, cette dernière est plus respectueuse de la sécurité juridique et des intérêts des parties. Cependant, si l'efficacité de

[1] *v. supra* p. 358.
[2] L'article 23 de la loi 265 de 1996 portant ratification de cette Convention dispose également que les adoptions prononcées dans le cadre de cet instrument, bénéficient d'une efficacité de plein droit dans les États signataires.
[3] En matière d'adoption d'un majeur prononcée en Espagne *v.* CSJC. Cass. Ch. Civ, 5 novembre 2013, Magistrat Rapporteur : Arturo Solarte Rodriguez, Dossier n° 2011-01830-00. En matière d'adoption d'enfant prononcée aux États-Unis dans le cadre de la Convention de La Haye de 1993 : CSJC. Cass. Ch. Civ, 21 mai 2013, Magistrat Rapporteur : Ariel Salazar, Dossier n° 2010-00028-00.

plein droit est susceptible de contestation, encore faut-il que l'irrégularité de la décision soit soulevée par l'une des parties, par un tiers ayant un intérêt légitime, ou par le Ministère public. Si le contrôle de régularité conduit le juge à confirmer que la décision est respectueuse des exigences de régularité, le résultat est que l'efficacité qui était jusque-là précaire devient définitive. Autrement dit, lorsque la régularité internationale du jugement ne soulève aucun contentieux entre les parties, la précarité de l'efficacité de plein droit ne constitue pas véritablement une menace pour elles, en comparaison notamment avec les avantages que l'efficacité de plein droit leur accorde.

2. *À l'égard de l'ordre juridique de l'État d'accueil*

1081. L'émergence d'un double régime construit autour de la distinction entre les deux types d'efficacité représente aussi des avantages pour l'ordre juridique colombien lui-même. Elle est opportune pour assurer une bonne administration de la justice, mais aussi pour favoriser une circulation véritablement simplifiée des jugements étrangers, telle que préconisée par la jurisprudence colombienne dans certains arrêts récents.

1082. Quant à la bonne administration de la justice, il est certain que l'admission d'une efficacité de plein droit favorisera le désengorgement des tribunaux nationaux. Il est indéniable que grâce à l'admission d'une efficacité de plein droit des jugements étrangers, le juge du for ne sera saisi que lorsque des mesures d'exécution seront envisagées, lorsque la régularité de la décision sera douteuse, ou lorsque les parties souhaiteront mettre fin au caractère contestable de l'efficacité accordée de plein droit.

1083. En outre, limiter l'intervention judiciaire répond très clairement à l'objectif d'assurer l'efficacité et la célérité de l'administration de la justice que le droit colombien s'est fixé avec la promulgation du NCGP, et que nous retrouvons également à l'article 13.1 de la Convention de La Haye de 2019, selon lequel « le tribunal de l'État requis agit avec célérité » dans le cadre de la procédure en efficacité[1]. En effet, force est de constater que malgré le caractère contradictoire que le législateur a attribué à la procédure d'exequatur, un nombre important des affaires relatives à l'efficacité des jugements étrangers ne se déroule pas dans une ambiance de confrontation ou de contradiction entre les parties. Ceci explique que les magistrats de la Cour colombienne appliquent, fréquemment, l'article 278 du NCGP qui impose aux juges le devoir d'accélérer la procédure lorsqu'il n'y a pas de preuve à établir et de rendre une décision anticipée sur le fond afin de trancher rapidement les prétentions des parties[2]. Au contraire, lorsque des éléments supplémentaires de preuve sont nécessaires, le juge doit respecter les délais fixés par le NCGP avant de convoquer les parties pour qu'elles s'expriment sur la régularité internationale de la décision et trancher sur le fond du litige. Dans ce cas, le juge n'est pas autorisé à rendre une décision

---

[1] Article 13.1, Convention de La Haye de 2019, *préc.*

[2] Pour un exemple de décision anticipée d'exequatur *v.* CSJC. Cass. Ch. Civ, 5 juillet 2018, Magistrat Rapporteur : Octavio Augusto Tejeiro Dique, Dossier n° 2016-00444-00.

anticipée sur le fond. En pratique, cela veut dire que dans les hypothèses où la régularité internationale n'est pas contestée par les parties, et notamment lorsqu'aucune mesure d'exécution n'est envisagée, la saisine du juge se révèle une simple formalité. Dans cette perspective, admettre l'efficacité de plein droit de la décision signifierait des économies non négligeables pour les parties mais également pour l'administration de la justice.

1084. Concernant l'objectif de favoriser une circulation raisonnablement simplifiée des décisions étrangères, l'admission d'une efficacité de plein droit à caractère contestable, par opposition à celle de caractère définitif, s'avère aussi favorable. À ce propos, nous avons indiqué dans notre étude que l'un des éléments qui revient de manière classique dans la jurisprudence colombienne est, précisément, le fait que la dynamique internationale des relations privées rend nécessaire de favoriser l'efficacité des décisions étrangères. Accepter que certains jugements puissent déployer leurs effets sans devoir être, au préalable, contrôlés par le juge du for contribuerait, effectivement, à favoriser la circulation simplifiée préconisée par la jurisprudence. Il s'agirait de regarder différemment la décision étrangère, d'y voir un instrument qui apporte une solution à un litige privé et non un mécanisme d'articulation des relations internationales, voire de politiques entre États. Ce nouveau regard permettra au juge colombien de ne plus associer le jugement étranger à une menace pour son ordre juridique. C'est seulement ainsi que la modernisation du droit international privé colombien pourra avoir lieu.

1085. **Conclusion de la section :** L'émergence d'un double régime d'efficacité en Colombie est possible et souhaitable. Les enseignements du droit français sont, à cet égard, doublement utiles pour le droit colombien. D'une part, ils permettent d'affirmer que le caractère seulement embryonnaire avec lequel la distinction entre la reconnaissance et l'exécution du jugement est abordée dans certains arrêts colombiens, ne constitue pas un obstacle pour l'émergence et la consolidation du double régime d'efficacité. D'autre part, ils confirment que la dualité de régime en droit colombien doit être construite sur la différence entre le caractère définitif de l'efficacité issue du contrôle judiciaire de régularité, et le caractère simplement précaire et contestable de l'efficacité accordée de plein droit. Insister sur cette distinction est le meilleur moyen pour que l'adoption d'une efficacité de plein droit ne soit pas considérée comme contraire à la souveraineté étatique, notamment au pouvoir juridictionnel des juges colombiens.

Section II : Pour certains aménagements de l'action en efficacité

1086. L'opposition entre la dualité française et l'unicité colombienne se matérialise également, nous l'avons vu, sur le plan des actions prévues aux fins de l'efficacité. Le monopole dont jouit actuellement l'action en exequatur en Colombie contraste avec la pluralité d'actions que le droit français met en place pour permettre au juge d'opérer le contrôle de régularité afin de trancher définitivement l'efficacité de la décision étrangère.

1087. À cet égard, nous proposons de simplifier, dans les deux droits, les actions qui donnent lieu à la mise en œuvre du contrôle de régularité (§ 1), ainsi que de modifier, en droit colombien, les règles relatives à l'autorité compétente pour trancher l'efficacité (§ 2). Ceci favoriserait un peu plus le rapprochement des deux droits étudiés.

§ 1. La simplification dans les deux droits des actions relatives à l'efficacité

1088. Si l'adoption du double régime d'efficacité que nous proposons pour le droit colombien rend nécessaire de procéder à la redéfinition de la seule action en efficacité qu'il prévoit (A), la simplification de l'efficacité qui caractérise le droit français rend envisageable la suppression de la pluralité d'actions en efficacité (B).

A. La redéfinition en Colombie de l'action en efficacité

1089. L'admission d'une efficacité de plein droit en Colombie implique d'accepter qu'une présomption de régularité[1] couvre les jugements étrangers, à l'exception des cas où leur force exécutoire est invoquée dans le for. Cette présomption de régularité emporte un assouplissement nécessaire du caractère préalable de l'action en efficacité. L'assouplissement que nous prônons ne doit pas, pour autant, être interprété comme le maillon d'une chaîne conduisant assurément vers la suppression de l'action en efficacité, ni vers celle du contrôle de régularité.

1090. Un regard vers l'expérience française, et, surtout, européenne s'impose (1) pour mieux déceler la manière dont la redéfinition de l'action en efficacité doit être opérée en droit colombien (2).

1. L'expérience française

1091. L'expérience française de droit commun et de droit européen montre que l'un des effets de la présomption de régularité qui accompagne l'efficacité de plein droit est la réduction des hypothèses dans lesquelles l'intervention du contrôle de régularité et, par conséquent, de l'action en efficacité, doit avoir lieu en amont.

1092. En droit commun, le contrôle n'intervient de manière préalable que lorsqu'il s'agit des jugements dont l'efficacité entraîne la pratique de mesures d'exécution sur les biens ou de coercition sur les personnes. Le caractère préalable de l'action judiciaire et du contrôle s'explique par la difficulté de revenir sur les actes d'exécution accomplis dans le for, dans le cas où l'irrégularité internationale de la décision serait vérifiée *a posteriori*[2]. En droit européen, la

---

[1] Cette présomption de régularité existe déjà en Colombie à l'égard des sentences arbitrales. En effet, selon l'article 108 de la loi colombienne d'arbitrage national et international, la partie qui demande l'annulation d'une sentence arbitrale étrangère doit prouver qu'elle méconnaît au moins l'une des conditions de régularité fixées par cette disposition. *v.* A. Aljure, « Exequatur de laudos arbitrales », *in*, *Teoría general del derecho internacional privado*, sous la dir. de L. García et A. Aljure, Legis, 2016, p. 444.

[2] *Idem.*, p. 23 §22. *v.* M. López de Tejada, *La disparition de l'exequatur… op.cit.*, p. 23 §23.

consécration dans certains règlements comme Bruxelles I bis et Bruxelles II ter, d'une reconnaissance et d'une exécution de plein droit a emporté la disparition du caractère préalable de l'intervention judiciaire. Le contrôle de régularité et l'action en efficacité ne sont désormais envisageables qu'*a posteriori* et sur demande des parties[1].

1093. Or, l'utilité de l'expérience française pour le droit colombien consiste, selon nous, en ce qu'elle montre combien l'assouplissement ou la suppression du caractère préalable du contrôle de régularité et de l'instance dans laquelle il est réalisé, n'entraîne pas une altération de l'instrument d'efficacité. Autrement dit, au lieu de viser l'opération de vérification en elle-même, le caractère préalable concerne les cas dans lesquels celle-ci va être effectuée. C'est pourquoi le fait de limiter les hypothèses dans lesquelles l'instance en efficacité et le contrôle interviennent en amont, ne se traduit pas par la modification des conditions de régularité, ni par un assouplissement dans leur appréciation lorsque l'instance sera susceptible d'intervenir.

1094. Le professeur Louis d'Avout remarque, à propos de l'action en exequatur, qu'elle est « d'une nature complexe et différente selon les époques »[2] et, qu'elle accompagne le mouvement actuel de simplification de la circulation des décisions étrangères. L'auteur estime également que la suppression du caractère préalable de l'instance n'est pas en soi problématique, puisqu'elle ne remet pas en cause « le monopole local des opérations d'exécution forcée matérielle »[3], ni l'importance du contrôle de régularité lui-même[4]. En effet, limiter le caractère préalable de l'instance en efficacité ne conduit pas à la disparition de toute possibilité de contrôle judiciaire de la décision dans l'État d'accueil[5].

1095. À ce propos, remarquons que la suppression du caractère préalable du contrôle a été motivée, en droit européen, par plusieurs raisons d'ordre pratique, comme la réduction des coûts occasionnés par les procédures d'efficacité et l'intérêt d'en faire des procédures plus rapides et diligentes[6]. En effet, les rapports sur l'application du Règlement Bruxelles I suggéraient d'éliminer les difficultés que rencontraient les citoyens et, surtout, les entreprises européennes, pour aboutir à l'efficacité des décisions. L'exigence préalable d'un contrôle judiciaire dans le cadre de l'action en exequatur se traduisait, souvent, par une perte de temps et par des dépenses inutiles, compte tenu du très faible nombre de

---

[1] H. Gaudemet-Tallon et M-E. Ancel, *op.cit.*, p. 587 §410 ; S. Pierre-Maurice, « La nouvelle action en refus d'exécution d'un jugement européen : entre simplicité, équilibre et stratégie », *D.* 2015.692 §19.

[2] L. d'Avout, « Faut-il supprimer l'exequatur dans le contentieux transfrontière en Europe ? Questionnement à propos des projets de révision du Règlement Bruxelles I », *in, actes du VIIIe colloque Droit et procédures, Rev. Droit et Procédures,* Novembre 2010.69.

[3] *Idem.*

[4] *Idem.*

[5] G. Cuniberti, « La réforme du règlement Bruxelles I », *Droit et procédures,* 2013.26, spéc., p. 27. Dans le même sens *v.* F. Gascón-Inchausti, « La reconnaissance et l'exécution des décisions… », *op.cit.* p. 247 §49 *;* M. López de Tejada, *La disparition de l'exequatur… op.cit.,* p. 171 §192.

[6] *v.* Cuniberti et I. Rueda, « Abolition of exequatur. Addressing the Commission's Concerns », *RabelsZ* 2001.286, spec., p. 306 ; P. Chevalier, « La nouvelle cartographie des voies… », *op.cit.,* p. 1 ; G P. Deumier, M. Laazouzi et E. Treppoz, « Le règlement Bruxelles I bis et la géométrie de l'espace », *RDC* 2013.1037 ; G. Cuniberti, « La réforme du règlement Bruxelles I », *op.cit.,* p. 28.

situations dans lesquelles l'exécution était contestée, des rares décisions refusant l'exequatur, et des faibles montants des condamnations[1]. En supprimant ce caractère préalable, l'objectif européen est de « faire de l'espace communautaire un espace judiciaire unique au sein duquel les décisions doivent être considérées comme des décisions nationales et non pas étrangères »[2]. Pour autant, et voici l'importance de l'expérience européenne pour le droit colombien, aucune des raisons ayant mené à la suppression du caractère préalable du contrôle et de l'action en exequatur ne mettait en cause, ni ne niait l'utilité du contrôle de régularité en tant qu'instrument d'efficacité.

1096. Un seul règlement est allé plus loin en supprimant, au-delà du caractère préalable de l'instance, le contrôle de régularité en lui-même. Il s'agit du règlement relatif aux obligations alimentaires de 2009. Cependant, cette démarche concerne spécifiquement les décisions rendues par un État lié par le Protocole de La Haye de 2007, sur la loi applicable à ces obligations[3]. Il s'agit donc des décisions prononcées sur le fondement des règles de conflit de juridictions et de conflit de lois communes aux États d'origine et d'accueil[4]. Or, même dans ce cadre, il est toujours possible de contester la décision. Ainsi, au lieu d'un contrôle de régularité, le règlement accorde au défendeur le droit de demander un réexamen de la décision étrangère lorsque des irrégularités concernant la notification de l'acte introductif d'instance sont intervenues dans la procédure étrangère sur le fond[5]. Si l'un des motifs de réexamen est confirmé, la décision étrangère devient nulle et non avenue[6]. Il s'agit là d'une sanction beaucoup plus sévère que celle qui suit la vérification de l'un des motifs de non-efficacité dans le cadre du contrôle de régularité. En effet, dans ce dernier cas, la décision irrégulière se retrouve privée de ses effets normatifs dans le for sans que cela n'emporte son anéantissement dans l'ordre juridique d'origine.

1097. Cependant, l'absence d'une harmonisation législative complète rend difficile d'envisager l'effacement généralisé du contrôle de régularité en droit européen et *a fortiori* en droit commun. Tant qu'une différence existera entre les décisions rendues par le juge du for et celles rendues par un juge étranger, la nécessité de maintenir le contrôle de régularité, en tant qu'instrument d'efficacité, apparaîtra comme justifiée. Ceci ne s'oppose pas néanmoins à ce que des allégements procéduraux soient prévus pour l'instance en efficacité et pour le contrôle en lui-même, à l'instar de ce que connaît le droit français. Louis d'Avout résume cette idée en affirmant que « la suppression de la formalité d'exequatur ne devrait pas s'accompagner de la suppression du contrôle associé à

---

[1] M. Muller et G. Cuniberti, « Une étude empirique sur la pratique de l'exequatur dans la Grande Région » *JDI* 2013.100. Dans le même sens *v.* L. d'Avout, « Faut-il supprimer l'exequatur… », *op.cit.*, p. 70.

[2] *Idem.* p. 124 §141. Contre cette interprétation *v.* V. Heuzé, « La reine morte : la démocratie à l'épreuve de la conception communautaire de la justice - l'abolition de la démocratie (1ère partie) », *JCP* n° 13, 28 mars 2011, doct. 359 ; H. Gaudemet-Tallon, « La refonte du Règlement Bruxelles I », *in, La justice civile européenne en marche*, sous la dir. de M. Douchy-Oudot et E. Guinchard. Dalloz. 2012, p. 27-29.

[3] F. Gascón-Inchausti, « La reconnaissance et l'exécution des décisions… », *op.cit.* p. 210.

[4] M. López de Tejada, *La disparition de l'exequatur… op.cit.* p. 214 §269.

[5] Article 19, Règlement (CE) n° 4 du 18 décembre 2008, *préc.*

[6] *Idem.* Article 19, dernier alinéa.

l'exequatur »[1]. Or, cette dernière remarque doit, à notre sens, guider la redéfinition de l'action en exequatur que nous souhaitons pour le droit colombien.

2. Les enseignements pour le droit colombien

1098. Précisons dès à présent que nous refusons toute idée de suppression du caractère préalable, comme c'est le cas dans certains règlements européens. Deux raisons l'expliquent à titre principal. La première est que, à l'heure actuelle, l'implication de la Colombie dans les mouvements d'harmonisation législative internationale, ou sud-américaine n'est pas forte. Le nombre très réduit de Conventions auxquelles participe ce pays en est l'illustration la plus éclatante. De plus, au regard des éléments que nous avons développés tout au long de notre étude, il nous a été possible de mettre en évidence combien ce droit demeure encore très attaché à l'application exclusive des lois nationales. Cela se fait au détriment parfois des lois étrangères désignées par les propres règles colombiennes de conflit, et parfois des normes contenues au sein des traités internationaux ratifiés. Il n'existe pas, contrairement au droit européen, un cadre normatif partagé assez solide entre les pays latino-américains permettant d'envisager une telle suppression.

1099. La seconde raison découle de la première. Il est impossible aujourd'hui de s'appuyer sur l'idée que la Colombie entretienne des liens de confiance mutuelle significatifs et renforcés avec d'autres États étrangers. La suppression du caractère préalable ne peut avoir lieu, à notre sens, que lorsqu'il est question, comme c'est le cas en droit de l'Union, d'une confiance mutuelle significative et grandissante entre États[2]. L'expérience du droit commun français confirme cette affirmation, car, contrairement au droit européen, un tel caractère n'a pas été abrogé et l'exécution de la décision reste soumise à l'intervention préalable du juge. Ainsi, le faible nombre de traités auxquels participe la Colombie en matière d'efficacité des jugements étrangers, et le fait que lorsqu'il est question de leur application, les juges colombiens opèrent un contrôle cumulatif excessivement rigoureux, confirment combien ce droit n'est pas encore prêt pour supprimer toute intervention préalable de l'instrument d'efficacité.

1100. Dans ce contexte, le droit colombien doit procéder, à l'image du droit commun français, à un cantonnement du caractère préalable de l'instance juridictionnelle en efficacité, ainsi que du contrôle de régularité. Notons que la dualité de régime d'efficacité que nous proposons pour le droit colombien doit être aménagée selon le critère des actes d'exécution, tel que les arrêts *Hainard* de 1930 *Gibsonia* de 2018 le prévoient en droit commun français. Ainsi, le caractère préalable du contrôle demeurera nécessaire en droit colombien toutes les fois que l'efficacité de la décision étrangère sera invoquée dans le for afin de procéder à des actes d'exécution[3]. Il s'agit, suivant toujours l'exemple du droit commun

---

[1] L. d'Avout. « Faut-il supprimer l'exequatur… », *op.cit.*, p. 69.

[2] *v.* V. Heuzé, « La reine morte : la démocratie à l'épreuve de la conception communautaire de la justice - l'abolition de la démocratie (1ère partie) », *JCP* n° 13, 28 mars 2011, doct. 359.

[3] À cet égard, *v.* M. López de Tejada, *La disparition de l'exequatur…*, *op.cit* p. 25 §24, p. 398 §487.

français, et celui de certains règlements européens, de réserver la force exécutoire aux seules décisions dont la régularité internationale a été établie[1].
En revanche, dans tous les autres cas où des actes d'exécution ne sont pas sollicités par les parties, la mise en œuvre du contrôle de régularité ne sera pas exigée de manière préalable. Le jugement pourra déployer ses effets en Colombie sans l'intervention du juge de l'efficacité, ce qui explique que cette dernière soit susceptible d'être ultérieurement contestée. Dans ce cas, l'intervention du contrôle de régularité est obligatoire mais *a posteriori*.

1101. Nous partageons à ce propos l'avis de Maria López de Tejada qui estime, outre les raisons d'opportunité, que l'exigence du contrôle préalable à l'exécution se justifie pour des raisons « d'intérêt privé »[2], notamment par le fait que « nul ne peut se faire justice à soi-même »[3]. Ainsi, lorsqu'il n'est pas question de l'exécution de la décision, le maintien du caractère préalable n'est pas indispensable. Dans le cas du droit colombien, restreindre ce caractère permettra de consolider la dualité de régime que nous proposons. Ce sera aussi un moyen d'assurer la prévisibilité de l'efficacité des décisions étrangères en Colombie, ainsi que de mettre l'instrument d'efficacité au service d'une circulation véritablement allégée des jugements.

1102. Nous sommes pourtant consciente que notre proposition pourrait être lue par certains auteurs et magistrats colombiens comme une méconnaissance de la souveraineté nationale. Cependant, rappelons, d'une part, que limiter le caractère préalable du contrôle et de l'action en efficacité n'implique pas la disparition de toute hypothèse d'intervention judiciaire, ni celle de l'instrument d'efficacité. La décision finale sur l'efficacité définitive du jugement étranger revient au juge colombien. D'autre part, notre proposition est conciliable avec l'interprétation de la notion de souveraineté qui semble se dégager de certains jugements de la Cour colombienne. Nous acceptons que, dans la ligne jurisprudentielle classique de cette Cour, la décision étrangère est vue comme une menace pour la souveraineté, entendue comme l'ensemble des intérêts étatiques de l'ordre juridique d'accueil, et qu'à ce titre, l'efficacité conserve une nature exceptionnelle. Cependant, au cours des dernières années, certaines décisions de la Cour, ainsi que la pensée de certains auteurs, témoignent d'une certaine évolution à propos de la manière de comprendre la souveraineté[4]. Cette évolution s'orienterait vers un renouveau interprétatif de la notion commandé par l'intérêt de favoriser la coordination des ordres juridiques et de mieux répondre aux exigences d'un « monde globalisé »[5]. Il s'agit donc d'une adaptation de l'interprétation de la souveraineté aux enjeux du droit international privé colombien

---

[1] Y. Loussouarn, P. Bourel et P. de Vareilles-Sommières, *op.cit.*, p. 897 §896.
[2] M. López de Tejada, *La disparition de l'exequatur… op.cit.*, p. 96 §117.
[3] *Idem.*
[4] Sur ce renouveau interprétatif *v.* A. Zapata, *Gobernabilidad monetaria y financiera internacional : contribución al estudio jurídico de los instrumentos normativos del derecho monetario internacional*, Universidad Externado de Colombia, 2012, p. 32 et s.
[5] Dans ce sens *v.* CSJC. Cass. Ch. Civ, 18 décembre 2012, Magistrat Rapporteur : Jesus Vall de Rutén, Dossier n° 2006-00775-00.

1103. Ainsi, dans un arrêt du 12 mars 2012, relatif à l'efficacité en Colombie d'un jugement allemand de divorce, la Cour a affirmé que si l'une des manifestations les plus importantes de la souveraineté des États est de se réserver l'administration de la justice sur son territoire, force est de constater que « le droit international privé a accordé à ce postulat une nouvelle dimension plus conciliante avec la croissante interrelation des peuples, le flux provoqué par le trafic mondial des biens et des services, ainsi que par le progrès continu de l'efficacité et de la rapidité des communications »[1]. En 2018, la Cour a fait appel à « l'universalisation de certaines valeurs et formes d'organisation politique et économique »[2], et à d'« autres phénomènes d'intégration »[3] pour justifier l'assouplissement de la conception de la souveraineté au sein du droit international privé colombien. Au regard de ces considérations, notre idée de limiter le caractère préalable du contrôle de régularité trouve parfaitement sa place dans cette logique de modernisation, d'assouplissement et de simplification. Le cantonnement que nous souhaitons est de nature à favoriser la coordination entre les ordres juridiques.

1104. Dès lors, les enseignements tirés de l'expérience française prennent ici toute leur place. Le cantonnement du caractère préalable de l'instance en efficacité et de l'instrument d'efficacité n'emporte pas de modifications dans les conditions de régularité de ce dernier, ni dans leur appréciation. Autrement dit, la limitation que nous proposons entraîne, assurément, un remaniement procédural quant aux hypothèses dans lesquelles l'instance judiciaire intervient en amont, mais elle ne conduit pas, pour autant, à des changements substantiels du contrôle. Puisque l'intervention juridictionnelle demeure possible, par exemple, toutes les fois qu'il est question de la force exécutoire de la décision ou de l'efficacité définitive de celle-ci, la mission du juge colombien demeure inchangée : apprécier la régularité internationale du jugement conformément à l'ensemble des exigences du for.

1105. Or, si les hypothèses de mise en œuvre préalable du contrôle de régularité doivent être limitées, encore faut-il déterminer la portée de cette limitation. Il s'agit donc de regarder l'autre aspect du problème, à savoir l'établissement du cadre juridictionnel, c'est-à-dire l'action en efficacité, à l'occasion duquel la mise en œuvre du contrôle demeure envisageable en dehors de tout caractère préalable. Sur ce point, notre étude comparée peut se révéler intéressante pour les deux droits étudiés.

B. *La mise en place d'une action unique en efficacité*

1106. Nous l'avons annoncée, l'opposition franco-colombienne se matérialise également dans le domaine des actions relatives à l'efficacité. Ainsi, contrairement à la pluralité d'actions prévues en droit français, le droit colombien n'a mis en place qu'une seule et unique action à cet effet : l'action en exequatur.

[1] CSJC. Cass. Ch. Civ, 12 mars 2012, Magistrat Rapporteur : Ruth Diaz, Dossier n° 2011-01019-00.
[2] CSJC. Cass. Ch. Civ, 6 juin 2018, Magistrat Rapporteur : Álvaro García, Dossier n° 2015-02858-00.
[3] CSJC. Cass. Ch. Civ, 2 octobre 2018, Magistrat Rapporteur : Luis Rico, Dossier n° 2016-02335-00.

1107. Or, nous estimons qu'afin d'alléger la procédure d'efficacité, il est souhaitable, tant en droit français (1) qu'en droit colombien (2), de privilégier la mise en place d'une seule action en efficacité de la décision étrangère.

1. La suppression en droit français de la pluralité d'actions

1108. Outre l'action en exequatur, et les actions en inopposabilité et en opposabilité du jugement étranger étudiées précédemment[1], le droit français prévoit également la possibilité d'un contrôle incident de la régularité internationale du jugement étranger. Ayant accompagné le double régime dès son émergence, ce contrôle incident a été prévu en droit commun avant les actions en inopposabilité et en opposabilité[2]. Dans l'arrêt *Bulkley,* l'efficacité de plein droit accordée au divorce hollandais dépendait, en effet, du fait qu'il ait été *« légalement »* obtenu à l'étranger[3]. La *légalité* du jugement était susceptible d'être étudiée par le juge du for lorsque, dans le cadre d'une instance principale initiée en France, une partie mettait en avant la décision étrangère dans l'objectif de faire obstacle à la procédure en cours[4].

1109. L'arrêt *Le Goaster*[5] de 1908 confirme le devoir du juge français de contrôler la décision étrangère de manière incidente. En l'espèce, souhaitant faire échec à la procédure française de divorce initiée par son épouse, M. Le Goaster alléguait qu'un jugement américain avait déjà dissout l'union. La décision américaine bénéficiait d'une efficacité de plein droit et l'intervention préalable du juge n'était pas nécessaire pour considérer les époux comme divorcés en France. Cependant, la décision étrangère ne pouvait pas compromettre définitivement la recevabilité de la procédure française, c'est-à-dire avoir l'autorité de chose jugée, sans que le juge du for ne vérifie au préalable sa régularité internationale. En effet, les effets que la décision efficace de plein droit est autorisée à déployer dans le for sont précaires. Or, faire échec à l'instance française de divorce amènerait le jugement, en revanche, à produire un effet de caractère définitif. C'est pourquoi, le juge de première instance, ainsi que celui d'appel, ont procédé à un examen de la décision américaine avant de décider l'effet qu'elle pouvait avoir sur le sort de la procédure française. L'efficacité définitive lui a été refusée car le divorce avait été obtenu à l'étranger grâce à des affirmations mensongères du demandeur, et sans que la défenderesse n'ait été entendue dans la procédure. La Cour de cassation rejette le pourvoi car le caractère contestable de l'efficacité accordée *de plano* tombe devant l'irrégularité de la décision étrangère, constatée judiciairement.

1110. Par la suite, et de manière progressive, la jurisprudence a confirmé que procéder au contrôle incident de la régularité internationale est un devoir[6] qui

---

[1] *v. supra* p. 397.

[2] Dans sa note sur l'arrêt *Labrino,* Francescackis fait référence au contrôle incident de régularité en termes d'*« exception d'irrégularité ».* Ph. Francescakis, note sous Cass. 1ère civ., 8 janvier 1963 *Lambrino, préc.* spéc. §14.

[3] Cass. 1ère civ., 28 février 1860, *Bulkley, préc. GA* n° 4, p. 30; *S.* 1860.I.210; *D* 1860.I.57.

[4] B. Ancel et Y. Lequette, note sous Cass. 1ère civ., 28 février 1860, *Bulkley, préc.* spéc. p. 33 §3-4.

[5] Cass. Ch. req., 11 novembre 1908, *Le Goaster, RCDIP* 1909.227; *JDI* 1909.753, obs. J.P.

[6] Cass. 1ère civ., 17 février 2004, n°02-10 755, *Gaz.pal.* 2004 n° 248, p. 34.

incombe à tout juge français devant qui, la décision étrangère est invoquée, par exemple, à l'appui d'une fin de non-recevoir[1]. Dans l'arrêt *Gibsonia* de 2018, la Cour de cassation confirme encore que le juge doit procéder au contrôle incident, même lorsque le jugement étranger est invoqué pour la première fois en appel, si « la partie défenderesse n'a pas été constituée en première instance »[2]. Ce devoir appartient également au juge français lorsqu'il statue en tant que juge de droit européen[3]. En effet, au sein du droit de l'Union, la possibilité d'un contrôle incident a été pensée et réservée, comme en droit commun, pour le cas où la décision étrangère est alléguée à l'occasion d'une instance principale dans le for[4].

1111. Bertrand Ancel affirme, à cet égard, que « le jugement étranger ne peut être utilement invoqué devant le juge français que sous réserve de la vérification de sa régularité »[5]. En effet, le contrôle incident de régularité s'impose parce que la décision ne peut pas continuer à produire ses effets de manière précaire, mais que ceux-ci doivent être fixés de manière définitive. La décision étrangère qui est avancée à l'appui d'une fin de non-recevoir, par exemple, cherche à empêcher la procédure pour laquelle le juge français a été saisi et pour laquelle il est *a priori* compétent. Cela se traduit, pour l'ordre juridique français, par une renonciation à son devoir d'administrer la justice, et par l'acceptation définitive du rapport de droit décidé à l'étranger. Pour les particuliers, cela se traduit également par la fixation définitive de leur situation juridique dans le for, c'est-à-dire par l'impossibilité de faire valoir ultérieurement, par exemple, que leur droit à la défense a été méconnu. Or, ces conséquences ne peuvent découler que d'un jugement dont la régularité internationale est établie et qui peut, par conséquent, s'intégrer définitivement et incontestablement à l'ordre juridique d'accueil.

1112. Au regard de cette pluralité d'actions et du contrôle incident, force est de constater qu'une équivalence peut être affirmée entre eux[6]. Selon Holleaux, cette équivalence est dictée par le fait que, indépendamment de leur dénomination, la mission du juge est la même et consiste dans la mise en œuvre du contrôle de régularité[7]. Ainsi, la *« parenté étroite »* qui, selon Hélène Gaudemet-Tallon, caractérise les rapports entre les actions en exequatur et en inopposabilité[8], existe également à l'égard de l'action en opposabilité[9] et du contrôle incident. Il convient, cependant, de nuancer aussitôt cette *« parenté étroite »* à l'égard de ce dernier. En effet, contrairement aux actions en exequatur, en opposabilité ou en inopposabilité de la décision étrangère, le contrôle incident n'intervient pas par voie directe, mais à l'occasion d'une action déjà intentée dans

[1] Cass. 1ère civ., 9 juillet 1991, n° 89-13940. Plus récemment *v.* Cass. 1ère civ., 10 mai 2007 n° 06-12 476 et n° 06-11 323, *D. pan.* 2007.2690, obs. M. Douchy-Oudot ; Cass. 1ère civ., 28 juin 2008 n° 07-14 342. En doctrine *v.* P. Mayer et V. Heuzé, *op.cit.*, p. 298 §420 ; M. López de Tejada, *op.cit.*, p. 90 §109.

[2] Cass. 1ère civ., 10 janvier 2018, *préc.*

[3] Cass. 1ère civ., 11 juin 2008 *Klammers, préc.*

[4] À ce propos *v.* Article 36.3, Règlement (UE) n° 1215 du 12 décembre 2012 *Bruxelles I bis, préc.* ; Article 30.5, Règlement (UE) n° 1111 du 25 juin 2019 *Bruxelles II ter, préc.*

[5] B. Ancel, note sous Cass. 1ère civ., 11 juin 2008 *Klammers, RCDIP* 2008.859 §1.

[6] D. Holleaux, note sous Cass. 1ère civ. 3 janvier 1980, *Garino, RCDIP* 1980.602.

[7] *Idem.*

[8] H. Gaudemet-Tallon, note sous TGI Paris, 8 décembre 1977, *RCDIP* 1978.539.

[9] *v.* P. de Vareilles-Sommières, *Rép.dr.int.*, Dalloz, *v°* « Jugement étranger », §325.

le for et au sein de laquelle l'efficacité du jugement étranger est soulevée. C'est pourquoi, les réflexions que nous allons développer par la suite en faveur de l'unification des actions en efficacité ne concernent pas le contrôle incident.

1113. Ceci étant dit, à partir du moment où, du point de vue de la finalité poursuivie, du juge compétent[1], et de la mission confiée à ce dernier, les trois actions partagent le même noyau, il se révèle artificiel, selon nous, de conserver une pluralité d'appellations. En effet, nous insistons sur le fait que les trois actions cherchent, toutes, à obtenir du juge une décision qui établisse, de manière définitive, la régularité internationale du jugement étranger en vue de son efficacité dans le for. Or, un tel résultat ne peut être obtenu que grâce à la mise en œuvre du contrôle de régularité[2]. Selon Holleaux, « le fond, c'est-à-dire le point de savoir si la décision remplit ou non les conditions de régularité internationale, ne varie pas avec les figures procédurales. L'action en exequatur (peu importe le terme) est une action en déclaration de régularité et d'efficacité de la décision étrangère, exerçable par toute personne intéressée et à toutes fins utiles »[3].

1114. La jurisprudence confirme cette équivalence entre les trois actions en efficacité lorsque, d'une part, elle fait souvent référence à l'action en opposabilité comme à une action en exequatur[4], et, d'autre part, lorsqu'elle affirme, pour ce qui regarde les actions en inopposabilité et en exequatur, que « le contrôle des jugements étrangers porte obligatoirement sur l'ensemble des conditions requises pour l'exequatur »[5]. Ainsi, indépendamment de sa dénomination, le fait est que dans les trois cas, la procédure « […] a précisément pour objet et pour utilité d'introduire sur le territoire national les décisions étrangères, en les rendant opposables non seulement au défendeur à l'exequatur, mais à toutes les autorités françaises, et qu'elle constitue le moyen le plus normal et le plus pratique de faire juger une fois pour toutes de la validité de ces décisions »[6].

1115. En droit européen, la situation est comparable à celle du droit commun. Qu'il s'agisse d'une action concernant la confirmation de la régularité, le refus de reconnaissance ou le refus d'exécution, le juge doit opérer le contrôle de régularité[7] pour établir la conformité internationale de la décision dans les plus

[1] Selon l'article R 212-8 du Code de l'organisation judiciaire, tel qu'issu du Décret n° 912 du 30 août 2019 portant réforme de la justice : *« Le tribunal judiciaire connaît à juge unique : […]2. Des demandes en reconnaissance et en exequatur des décisions judiciaires et actes publics étrangers ainsi que des sentences arbitrales françaises ou étrangères […] »*. *v.* M-L Niboyet et G. de Geouffre de la Pradelle, *Droit international privé*, LGDJ, 5e éd., 2015, p. 508 §760.

[2] Selon Holleaux, dans l'arrêt *Garino*, la cour de cassation confirme que *« la fonction de l'exequatur ne se réduit pas à permettre l'exécution forcée »*. D. Holleaux, note sous Cass. 1ère civ. 3 janvier 1980, *Garino*, *préc.* p. 600.

[3] *Idem.* p. 602.

[4] TGI Paris, 1er juillet 1987 *Simitch*, *RCDIP* 1988.720 obs. B. Ancel ; Pierre Mayer, Vincent Heuzé et Benjamin Remy paraissent voir non une synonymie mais l'existence d'une seule action. Pour ces auteurs, la jurisprudence a *« libéralisé les conditions de recevabilité de la demande d'exequatur »* pour admettre qu'elle soit utilisée pour consacrer la reconnaissance de la décision. P. Mayer, V. Heuzé et B. Remy, *op.cit.*, p. 296 §418.

[5] TGI Paris, 8 décembre 1977, *préc.* Dans le même sens *v.* Cass. 1ère civ., 4 juillet 2006 *Enfant Viola*, *D.* 2007.1751, obs. P. Courbe et F. Jault-Seseke ; *RCDIP* 2007.413.

[6] Seine, 21 mai 1963, *JDI* 1964.118 obs. J-B Sialelli.

[7] G. Cuniberti et I. Rueda, « Abolition of exequatur. Addressing the Commission's Concerns », *RabelsZ* 2001.286, spec., p. 303.

brefs délais[1]. L'efficacité qui sera accordée en cas de déclaration de régularité est, dans tous les cas, définitive et incontestable.

1116. Le seul élément permettant de faire une distinction entre ces actions réside dans l'intérêt à agir[2]. À ce propos, rappelons que certains auteurs avançaient, contre l'admission des actions en opposabilité et en inopposabilité, l'argument du défaut d'un intérêt né et actuel chez le demandeur[3]. Cette idée a fini par céder lorsqu'il a été admis que l'intention des parties de mettre fin au caractère contestable de l'efficacité de plein droit constitue un intérêt né et actuel qui justifie alors la recevabilité de l'action[4]. En effet, l'établissement de la régularité internationale, au moyen du contrôle judiciaire de régularité, est la seule option dont disposent les parties pour cristalliser une fois pour toutes l'efficacité, ou la non-efficacité, de la décision étrangère[5]. Pour entériner cette solution, l'arrêt *Bielsky* affirme que tout intérêt que le demandeur en inopposabilité peut avoir pour se prémunir contre la décision étrangère suffit pour que l'action soit recevable[6]. Dans le même sens, l'arrêt *Sorelec* a confirmé que l'action en opposabilité du jugement est recevable « dès lors que le demandeur justifie qu'il a intérêt à voir consacrer en France l'état de droit qui en résulte »[7].

1117. Ainsi, la différence entre les trois actions indiquées est la suivante : l'action en exequatur aux fins d'exécution est une action attitrée, c'est-à-dire réservée à celui qui peut bénéficier dans le for des mesures d'exécution ordonnées à l'étranger, contrairement à l'action en efficacité générique – en inopposabilité ou en opposabilité –, qui est ouverte à toute personne munie d'un intérêt légitime[8]. Ceci n'empêche pas que, dans tous les cas, le juge a le devoir, au stade de la recevabilité de l'action, de vérifier que le demandeur a un intérêt légitime à agir.

1118. Or, pour répondre à un souci pratique, il est souhaitable, pour le droit français commun et pour le droit européen, de parler d'une seule action en efficacité. Autrement dit, il serait opportun de faire des actions en exequatur, en opposabilité et en inopposabilité, une seule et même action en efficacité destinée à mettre en œuvre le contrôle de régularité. Francescakis proposait cette unification dès le milieu des années 1990 lorsqu'il estimait convenable de prévoir une action unique dont l'objectif serait de permette au juge français de contrôler la régularité internationale du jugement étranger, sans avoir à se soucier de la

---

[1] Néanmoins, aucune précision n'est apportée afin de délimiter ce qu'est un « bref délai » et aucune sanction n'est prévue en cas de violation de ce devoir. À ce propos *v.* H. Gaudemet-Tallon et C. Kessedjian, « La refonte du règlement Bruxelles I », *RTD. Eur* 2013.435, spéc. p. 453.

[2] F. Morisset, « Existe-t-il un effet de fait des jugements étrangers ? », *in Mélanges en l'honneur du Professeur Bertrand Ancel. Le droit à l'épreuve des siècles et des frontières.* LGDJ, 2018, p. 1217.

[3] B. Ancel et Y. Lequette, note sous Cass. 1ère civ., 22 janvier 1951 *Weiller, préc*, p. 226 §3.

[4] H. Muir Watt, note sous Cass. 1ère civ., 4 octobre 2005, *RCDIP* 2006.401, spéc., 404. L'arrêt *Bulkley* affirmait déjà que *« l'état des personnes ne peut demeurer incertain, sans qu'il en résulte un trouble profond dans les familles et une atteinte grave à l'ordre social ».* Cass. 1ère civ., 9 mai 1900 *De Wrède, préc.*

[5] B. Ancel et Y. Lequette, note sous Cass. 1ère civ., 22 janvier 1951 *Weiller, préc*, p. 237 §5.

[6] Cass. 1ère civ., 10 février 1971 *Bielsky, préc.*

[7] Paris, 23 mai 1989 *Sorelec, RCDIP* 1990.117 obs. H. Gaudemet-Tallon.

[8] *v.* P. de Vareilles-Sommières, *Rép.dr.int.*, Dalloz, *v°* « Jugement étranger », §340.

nature du jugement, de la manifestation de l'efficacité, ni de, si oui ou non les parties envisagent de procéder à des mesures d'exécution[1].

1119. En outre, puisque les conditions du contrôle de régularité sont applicables à toute décision étrangère sans distinction, et que le contrôle est, lui-même, opéré selon les mêmes prescriptions d'exigence[2], l'adoption d'une appellation commune ne rencontre pas d'obstacle majeur. La nature de cette action en efficacité serait, selon Horatia Muir Watt, déclaratoire car elle consisterait à confronter la décision étrangère aux conditions de régularité internationale applicables pour la déclarer régulière ou irrégulière[3], et ce bien sûr, sans que le juge puisse se prononcer sur le fond du litige.

1120. La comparution des parties serait alors souhaitable parce que l'instance en efficacité se déroule sous la forme d'une procédure contradictoire qui ouvre aux parties la possibilité de défendre ou d'attaquer la conformité normative du jugement[4]. Néanmoins, des exceptions à ce devoir de comparution peuvent être acceptées lorsque, tel que c'est le cas en droit colombien, la procédure à l'étranger a été de nature gracieuse[5].

1121. De cette manière, l'action en efficacité couvrirait les hypothèses dans lesquelles la régularité de la décision est contestée, celles dans lesquelles les parties, ayant un intérêt légitime, souhaitent mettre fin au caractère contestable de l'efficacité de plein droit, ou lorsque des actes d'exécution sont envisagés dans le for. En ce qui concerne cette dernière hypothèse, l'intérêt à agir pour demander les actes d'exécution est limité. Un arrêt de la Cour de cassation rendu le 26 juin 2019 a précisé à cet égard « que l'intérêt à agir existe dès lors que le demandeur à l'exequatur est la partie au procès au profit de laquelle la décision étrangère a été rendue »[6]. Ainsi, si l'action en efficacité peut être intentée par toute personne ayant un intérêt légitime né et actuel à établir de manière définitive la régularité internationale de la décision étrangère, l'exécution ne peut être demandée que par celui qui, selon le jugement étranger, bénéficie de la condamnation qu'il prononce. Le juge de l'exécution sera dès lors chargé de vérifier que celui qui demande les actes d'exécution soit bien celui à qui le jugement étranger les a accordés.

1122. Parler d'une seule action en efficacité permettrait de confirmer combien, contrairement au droit colombien, le contrôle de régularité n'est pas de

---

[1] Ph. Francescakis, « Effets en France des jugements étrangers indépendamment de l'exequatur », *TCFDIP,* 1947-1948, p. 153.

[2] C. Kessedjian, « La reconnaissance et l'exécution des jugements étrangers en France – hors les Conventions de Bruxelles et de Lugano » *in Reconnaissance et exécution des jugements étrangers hors des conventions de Bruxelles et de Lugano, Kluwer Law International,* 2000, p. 211.

[3] H. Muir Watt, « Remarques sur les effets en France des jugements étrangers indépendamment de l'exequatur », *in Mélanges dédiés à Dominique Holleaux,* Litec, 1990, p. 307 §9.

[4] M-L Niboyet et G. de Geouffre de la Pradelle, *op.cit.,* p. 507 §759 ; Th. Mastrullo, *Rép.dr.eur.,* Dalloz, *v°* « Entreprises en difficulté », §113 et s.

[5] *v. infra* p. 433.

[6] Cass. 1ère civ., 26 juin 2009, *D.* 2019. 1956 obs. L. d'Avout, S. Bollée et E. Farnoux ; *RCDIP* 2019. 295 obs. F. Marchadier.

nature préventive mais curative en droit français[1]. C'est, précisément, afin de nuancer cette nature préventive du contrôle colombien, que certains aménagements de l'action en efficacité sont, selon nous, souhaitables.

2. *Le maintien aménagé en droit colombien d'une action unique en efficacité*

1123. Afin d'accompagner l'admission d'une dualité de régimes d'efficacité en droit colombien, il est nécessaire d'apporter certains aménagements à l'action en exequatur, outre le cantonnement de son caractère préalable que nous avons déjà étudié.

1124. À ce propos, l'on aurait pu considérer que suivre l'expérience française et prévoir une pluralité d'actions relatives à l'efficacité était également souhaitable en Colombie. Cependant, si l'expérience française est souvent un exemple pour le droit colombien, nous pensons qu'en ce qui concerne les actions judiciaires, le droit colombien doit s'en écarter. En effet, l'exemple français nous montre combien prévoir une pluralité d'actions relatives à l'efficacité devient, en quelque sorte, une question de vocabulaire dès lors qu'elles servent toutes à la même fin : l'établissement de la régularité internationale de la décision étrangère au moyen de l'instrument commun d'efficacité. Selon nous, l'existence d'une action unique en efficacité n'est pas en soi problématique en droit colombien à condition, bien entendu, d'y opérer certaines modifications.

1125. La première de ces modifications consiste dans une précision de nature formelle et concerne la dénomination de l'action. Pour des raisons de cohérence avec le double régime que nous proposons, il est préférable de parler d'une action en efficacité et non d'une action en exequatur. Cette dernière dénomination suggère que l'action est limitée aux hypothèses dans lesquelles une exécution matérielle suit l'établissement de la régularité internationale de la décision étrangère[2]. Or l'objectif de l'action en efficacité, telle que nous la concevons, est de permettre au juge du for d'opérer le contrôle de régularité sans que sa recevabilité ne soit conditionnée à la demande de mesures d'exécution dans le for.

1126. Dans le prolongement de cette précision, il est nécessaire de privilégier une interprétation assez stricte de la notion d'exécution afin d'alléger et de moderniser le système actuel du droit colombien. À partir du moment où l'action en efficacité est pensée pour établir la régularité internationale de toutes les décisions étrangères, indépendamment des mesures d'exécution, l'appellation actuelle est peu opportune. Le mot « exequatur » est directement lié à la notion d'exécution de la décision[3], et si son acception peut évoluer, ce lien étymologique

[1] À l'occasion de sa note sous l'arrêt *Agrogabon* de 2009, Louis d'Avout estime qu'il est souhaitable, d'une part, que le *« [...] contrôle abstrait préventif des jugements patrimoniaux étrangers »* soit supprimé, et d'autre part, que le *« [...] contrôle concret curatif de ces jugements »* soit généralisé. Nous estimons que la mise en place d'une action unique en efficacité pourrait faciliter la généralisation de ce *« contrôle curatif »*, et garantir, en outre, qu'indépendamment de l'effet normatif prétendu par les parties, il soit toujours opéré de la même manière. L. d'Avout, note sous Cass. 1ère civ., 14 janvier 2009 *Agrogabon*, *RCDIP*. 2009.331.

[2] M. López de Tejada, *La disparition de l'exequatur... op.cit.* p. 4 §6.

[3] M-L. Niboyet et G. de Geouffre de la Pradelle, *op.cit.*, p. 494, §739.

crée une ambiguïté quant au champ d'application de l'action et, par conséquent, du contrôle de régularité. Certains pourraient ainsi considérer qu'elle n'est nécessaire que si des actes d'exécution sont envisagés alors que, selon nous, l'action en efficacité a vocation à intervenir aussi dans certains cas où il n'est pas question de la force exécutoire du jugement, comme lorsque les parties cherchent à mettre fin au caractère contestable de l'efficacité de plein droit. N'étant donc pas exclusivement réservé aux décisions donnant lieu à des mesures d'exécution, le mot « exequatur » se révèle inapproprié car il ne correspond pas véritablement à la portée de l'action.

1127. La deuxième modification que nous proposons concerne, précisément, les hypothèses couvertes par l'action en efficacité. À ce propos, nous retenons, à l'image du droit français, un champ d'application assez large. Puisque l'aménagement du double régime en droit colombien doit, à notre avis, se faire selon le critère fondé sur les actes d'exécution, l'action en efficacité et, par conséquent, la mise en œuvre du contrôle de régularité, doivent précéder toute mesure d'exécution, c'est-à-dire l'octroi de la force exécutoire. En dehors de ce cas, l'action et le contrôle interviennent de manière *a posteriori*, dans le but d'établir définitivement, dans un sens positif ou négatif, la régularité d'une décision qui bénéficie déjà d'une efficacité de plein droit. Il s'agit typiquement, dans cette dernière hypothèse, des actions en opposabilité et en inopposabilité du droit français.

1128. Une troisième modification relative à l'intérêt à agir se révèle dès lors nécessaire. Nous estimons à ce propos que les solutions du droit français sont, de manière générale, également transposables au droit colombien. Ainsi, l'action en efficacité devrait être ouverte à tous ceux ayant un intérêt légitime à ce que l'efficacité définitive du rapport de droit étranger soit établie en Colombie. Cependant, lorsqu'elle est intentée en vue de procéder à l'exécution matérielle, les mesures d'exécution ne peuvent être accordées qu'à celui en faveur de qui la décision étrangère les a prononcées. Autrement dit, toute personne ayant un intérêt légitime peut intenter l'action en efficacité afin de fixer définitivement l'efficacité substantielle et l'autorité de chose jugée de la décision étrangère, indépendamment de sa nature, mais uniquement celui qui bénéficie de la condamnation prononcée à l'étranger peut se prévaloir de la force exécutoire.

1129. Ainsi, cette différence implique, d'une part, que lorsque la force exécutoire de la décision est invoquée, la notification de celui contre qui les mesures d'exécution ont été prononcées à l'étranger est obligatoire. Il s'agit, en effet, de permettre au défendeur, le cas échéant, d'exercer ses droits de la défense en attaquant et en prouvant l'irrégularité de la décision en cause. D'autre part, toujours à propos de la force exécutoire de la décision, le juge de l'exécution ne peut être saisi, à l'issue de la procédure en efficacité, que par celui qui a obtenu les mesures d'exécution lors de la procédure étrangère. Il s'agit du seul sujet ayant un intérêt légitime à bénéficier desdites mesures d'exécution.

1130. La dernière modification que nous proposons consiste dans l'acceptation d'un contrôle incident de régularité en droit colombien. Un tel contrôle découle de l'admission de l'efficacité de plein droit que nous prônons pour le droit colombien, et se justifie pour des raisons tenant à la bonne administration de la justice et à la protection des intérêts des particuliers. En effet, notons que la possibilité d'un contrôle incident est pensée pour l'hypothèse dans laquelle l'existence d'une décision étrangère, dont l'efficacité se produit de plein droit, est soulevée devant le juge colombien qui a été directement saisi d'une action en justice relative au litige tranché à l'étranger. Dans ce contexte, permettre à ce juge de mettre en œuvre directement le contrôle de régularité, s'avère plus respectueux d'une bonne administration de la justice que de suspendre la procédure en cours pour renvoyer les parties vers le juge compétent pour opérer le contrôle de régularité.

1131. Examinons le cas d'un jugement français ayant déclaré la nullité d'un contrat conclu entre une société française et une société colombienne. Admettons que n'étant pas d'accord avec la décision française, la société colombienne décide de saisir le juge colombien afin de faire déclarer la responsabilité contractuelle de la société française en raison du retard dans l'exécution des prestations contractuelles. Dans l'état actuel du droit colombien, sans exequatur, la décision française n'aura aucune efficacité en Colombie et risquera de se heurter directement à la procédure en cours. Nous estimons que dans ce cas, la société française doit pouvoir invoquer la décision étrangère dans l'instance colombienne en cours, et que le juge qui est compétent doit contrôler directement sa régularité internationale. Si la décision respecte toutes les exigences de la loi colombienne, le juge du fond devra mettre fin à l'instance en cours et déclarer la décision française efficace afin que, si des mesures d'exécution ont été ordonnées pour assurer les restitutions mutuelles du fait de la nullité, le juge de l'exécution en soit saisi immédiatement. Si en revanche, la décision française ne remplit pas les conditions de régularité, le juge du fond doit la déclarer inefficace en Colombie et poursuivre l'instance en cours. Cette solution est bien plus adéquate et opportune, du point de vue des intérêts des parties, de la célérité et de la bonne administration de la justice, que celle consistant à envoyer la société française devant le juge du contrôle de régularité pour qu'elle obtienne la déclaration d'efficacité avant de pouvoir s'en prévaloir dans l'instance en cours.

1132. Outre la multiplication inutile d'instances judiciaires qui ne conduirait qu'à accentuer l'engorgement des tribunaux nationaux, une telle solution serait contraire à l'objectif de simplification de la circulation des jugements étrangers. Les progrès que l'acceptation de l'efficacité de plein droit entraînerait pour la rapidité et l'allégement de la circulation des décisions étrangères seraient sans doute lourdement compromis si les parties étaient privées de la possibilité de se prévaloir de la décision, dans une procédure en cours, lorsqu'elles n'ont pas agi au préalable en efficacité. Cette solution est de surcroît incompatible avec la limitation du caractère préalable que nous estimons nécessaire pour cristalliser la dualité procédurale en droit colombien.

1133. De plus, le refus du contrôle incident serait difficilement justifiable lorsque nous voyons que, au regard de l'expérience française, la décision étrangère est souvent utilisée à l'appui d'une fin de non-recevoir de l'action intentée dans le for. La décision étrangère constitue, dans un grand nombre de cas, le moyen de défense par excellence du défendeur assigné dans le for. Il s'agit de l'exemple classique d'un jugement étranger de divorce dont l'autorité de chose jugée est avancée par l'une des parties afin de mettre fin à la procédure de divorce entamée en Colombie. Grâce à l'efficacité de plein droit de la décision étrangère, cette dernière aurait relâché le lien conjugal des parties en Colombie et la procédure colombienne n'a pas, *a priori,* lieu d'être.

1134. Puisque l'efficacité de la décision demeure contestable tant que sa régularité n'a pas été contrôlée judiciairement, il est nécessaire d'établir cette régularité pour décider ensuite du sort de la procédure colombienne. Cependant, rediriger les parties vers le juge de l'efficacité aurait le double effet négatif de suspendre longuement la procédure colombienne de divorce, et de retarder l'éclaircissement de l'efficacité définitive de la décision étrangère. En outre, quel serait l'intérêt de multiplier les instances judiciaires sachant que le juge du for saisi du divorce pourrait opérer le contrôle de régularité et, s'il estime que la décision est régulière, rendre un jugement mettant fin à la procédure colombienne de divorce, tel que le lui ordonne l'article 278 du NCGP ? C'est pourquoi, la solution qui s'impose est celle d'admettre la compétence de tout juge colombien pour procéder au contrôle incident de régularité lorsque l'efficacité normative d'une décision étrangère est soulevée devant lui à l'occasion d'une instance en cours : outre le fait qu'il agit en tant que juge du fond, le juge colombien doit également le faire en tant que juge de l'efficacité.

1135. Les avantages des aménagements que nous proposons pour l'action colombienne en efficacité seront également importants dans le cadre de la Convention de La Haye de 2019, si la Colombie y adhère. L'article 13 de ce texte renvoie à la loi de l'État requis pour déterminer les règles procédurales applicables à la demande de reconnaissance et d'exécution. Dans cette perspective, l'admission d'un double régime d'efficacité et la mise en place d'une action assez souple d'efficacité correspondent mieux, selon nous, à l'intérêt de simplification de l'efficacité qui anime ladite Convention. En effet, grâce à l'admission de la dualité de régime, la Colombie sera en mesure d'accorder des effets juridiques à la distinction entre reconnaissance et exécution introduite par la Convention. Puisque l'action en efficacité, telle que nous la concevons, n'est préalable que lorsque des actes d'exécution seront demandés dans le for, la reconnaissance du jugement pourra avoir lieu de plein droit en Colombie. Cette manière d'organiser l'action en efficacité permettra de rendre plus prévisible l'efficacité des décisions étrangères en droit colombien, et garantira aux futurs pays signataires de la Convention que la réception de leurs décisions sera effectivement favorisée et facilitée.

1136. Cependant, le succès de nos propositions en droit colombien est conditionné à une autre série de modifications concernant cette fois l'autorité compétente pour connaître de l'action en efficacité.

§ 2. La modification en droit colombien de l'autorité compétente

1137. Pour que les propositions que nous avançons quant à l'émergence d'un double régime d'efficacité et quant aux aménagements de l'action en efficacité conduisent véritablement à la modernisation du droit colombien, l'autorité compétente de l'action en efficacité doit changer.

1138. En effet, le système actuel fondé sur la compétence exclusive de la Cour suprême colombienne se révèle problématique, alourdissant l'instrument d'efficacité, et entravant la circulation des décisions (A). Mettre fin à cette compétence exclusive s'avère indispensable pour démocratiser la procédure d'efficacité et dynamiser le droit international privé colombien (B).

A. *Les inconvénients du système actuel*

1139. Selon les dispositions colombiennes en vigueur, la compétence pour connaître de l'action en exequatur est attribuée exclusivement à la Cour suprême de justice[1], et ce depuis longtemps[2]. Elle était anciennement justifiée d'une part, par la rareté des demandes concernant l'efficacité en Colombie des jugements étrangers, et, d'autre part, par la croyance, en quelque sorte élitiste, selon laquelle le droit international privé est un droit savant réservé aux magistrats des hautes cours. Cependant, l'internationalisation grandissante des relations privées en droit colombien nous permet de contester ces arguments pour affirmer, au contraire, que la compétence exclusive de la Cour suprême constitue aujourd'hui une entrave à toute simplification de l'efficacité des jugements étrangers. Le maintien de cette compétence de premier et dernier ressort se révèle anachronique.

1140. Parmi les problèmes que cette compétence exclusive nous semble comporter, deux sont, à notre avis, les plus regrettables. Le premier concerne l'accès à la justice, et le second, la possibilité, ou plus exactement, l'impossibilité de formuler des recours contre la décision d'exequatur rendue.

1141. En ce qui concerne, d'abord, l'accès à la justice, il apparaît qu'au nom du caractère préalable très strict dont l'instance en efficacité est assortie en Colombie, les parties ont l'obligation de saisir la Cour suprême de justice lorsque l'efficacité normative d'un jugement étranger est invoquée en Colombie. Or, à l'instar de la Cour de cassation française, la Cour colombienne est un tribunal unique, qui est donc doté d'une compétence nationale. À ce titre, elle répond à un nombre significatif et croissant de demandes d'exequatur, auxquelles doivent se rajouter, en plus, les affaires pour lesquelles elle est également compétente dans d'autres domaines. Réserver l'action en exequatur au tribunal suprême de la juridiction civile a, sans aucun doute, un effet négatif sur la durée de la procédure, et ce alors que l'un des principes sur lesquels fut bâti le NGCP est celui de garantir

---

[1] Article 30, NCGP, *préc.*

[2] *v. supra* p. 92.

un accès efficace à la justice[1] avec l'obtention d'une décision dans des délais raisonnables.
Pour parvenir à cet objectif, l'article 121 de ce Code prévoit un délai d'un an pour les procédures qui, comme l'exequatur, n'ont pas de double instance possible, afin qu'une décision sur le fond soit rendue[2]. La méconnaissance de ce délai entraîne, pour le juge, la déchéance de sa compétence ainsi que le risque d'encourir certaines sanctions, notamment disciplinaires[3].

1142. Cependant, force est de constater que, dans la pratique, le délai prévu par le législateur est facilement dépassé dans la majorité des procédures d'exequatur. Au regard de la jurisprudence, la durée moyenne d'une telle procédure est plutôt autour de deux ans au lieu d'un, et ce même lorsque les affaires concernent l'état et la capacité des personnes. Parfois le délai est même beaucoup plus long comme dans l'arrêt *Grajales* de 2018.

1143. À cette occasion, la Cour colombienne a eu à se prononcer sur l'exequatur d'une décision espagnole ayant placé deux ressortissants colombiens, nés en Espagne, sous le régime de curatelle en raison d'une maladie mentale congénitale. Leur mère, désignée en tant que curatrice *adjointe* lors de la procédure espagnole, demandait l'exequatur de ladite décision dans l'intention d'obtenir l'inscription de la mesure de protection sur les registres colombiens de ses enfants majeurs, ainsi que de sa désignation en tant que leur curatrice *adjointe*. Si la décision espagnole a été rendue en 2010, la demande d'exequatur ne fut présentée devant la Cour qu'en 2014[4]. Or, après environ quatre ans de procédure, la Cour a rendu sa décision le 19 octobre 2018 dans un sens négatif. L'exequatur a été refusé en raison de la contrariété du jugement à l'ordre public international colombien. Cette contrariété trouve son origine dans le fait que le juge du fond espagnol, selon la règle espagnole de conflit de lois, devait appliquer la loi colombienne en tant que loi personnelle des sujets concernés mais, à cette occasion, il a appliqué les dispositions du Code civil colombien concernant l'incapacité des personnes majeures, alors qu'elles n'étaient plus en vigueur depuis une réforme intervenue dans ce domaine en 2009[5].

1144. Indépendamment de la liberté dont dispose l'ordre juridique colombien pour apprécier la régularité de la décision étrangère, et pour accepter ou refuser son efficacité dans le for, il est certain que la durée excessive de la procédure est difficilement conciliable avec les intérêts privés des parties, en tout

---

[1] L'article 2 du NCGP dispose : *« Toute personne ou groupe de personnes a le droit à la protection de ses droits et à la défense de ses intérêts dans le cadre d'une procédure équitable soumise au respect de délais raisonnables […] ».*

[2] Selon l'article 121 du NCGP : *« Sauf dans le cas d'interruption ou de suspension de la procédure pour un motif légal, le jugement qui met fin à la première instance ou à l'instance unique doit être rendu sans dépasser le délai d'un an compté à partir de la signification de la demande au défendeur […] ».*

[3] Selon les alinéas 2 et 8 de l'article 121 du NCGP, la méconnaissance du délai prévu entraîne, pour le juge saisi, la déchéance de sa compétence et le transfert du dossier à un nouveau juge. Elle est, en outre, prise en compte lors de l'évaluation des qualités professionnelles du juge.

[4] CSJC. Cass. Ch. Civ, 19 octobre 2018 *Grajales*, Magistrat Rapporteur : Octavio Augusto Tejeiro Duque, Dossier n° 2014-02271-00. Au regard de la date de l'action, le NCGP n'était pas encore entré en vigueur, raison pour laquelle elle a été soumise aux règles de l'ancien Code de procédure civile qui exige aussi la célérité dans la procédure.

[5] CSJC. Cass. Ch. Civ, 19 octobre 2018 *Grajales, préc.*

cas pour ceux qui cherchent à se prévaloir du rapport de droit dans le for. Dans des cas similaires mais à propos de la Conv. EDH, la CEDH a pu considérer, notamment dans les affaires *K. c. Italie* de 2004[1] et *Dinu c. Roumanie et France* en 2008[2], que les longues périodes d'attente avant que l'intéressé puisse obtenir dans le for une décision relative à l'exécution d'un jugement étranger, constituent une violation de l'article 6§1 de la Convention[3].

1145. Si nous revenons au droit colombien, il est certain que la longueur excessive des procédures constitue une violation du Code de procédure mais aussi de la garantie constitutionnelle prévue à l'article 23 qui consacre le droit de toute personne à saisir les tribunaux judiciaires et « à obtenir une réponse rapide » aux demandes présentées[4]. De plus, dans le cas d'une ratification de la Convention de La Haye de 2019, la durée exagérée des procédures conduirait le juge colombien à violer tout autant cet instrument car selon l'article 13.1, le juge de l'État requis est tenu par un devoir de célérité pour résoudre les demandes de reconnaissance et d'exécution des décisions étrangères. Dans ce contexte, il s'avère de manière assez claire, que continuer à confier la compétence de cette action à la Cour suprême n'est plus une solution adéquate lorsque l'objectif est d'accélérer, de simplifier et de moderniser la circulation des jugements étrangers.

1146. Pour ce qui est, ensuite, des voies de recours, le fait que la Cour suprême soit le tribunal le plus élevé dans la hiérarchie judiciaire implique, par conséquent, que la décision qui met fin à l'instance en exequatur n'est pas susceptible d'appel. La cassation n'a pas, non plus, été prévue par le législateur colombien pour les décisions relatives à l'efficacité des jugements étrangers. Puisque nous reviendrons ultérieurement sur ce point[5], nous dirons seulement à ce stade que la compétence de la Cour suprême participe du maintien d'une certaine isolation très contestable du droit international privé, au moins en ce qui concerne l'efficacité des décisions étrangères. Le fait que, depuis de nombreuses années, ce tribunal soit le seul à avoir connaissance des affaires liées aux jugements étrangers empêche, selon nous, l'épanouissement du droit international privé en Colombie. N'étant jamais confrontés à la question de l'efficacité des décisions étrangères, les autres tribunaux civils ne sont pas familiarisés avec le contrôle de régularité, ni avec sa mise en œuvre.

1147. Nous sommes consciente des risques qu'un changement de tribunal compétent pourrait entraîner au sein du droit colombien. Néanmoins, nous sommes également consciente du fait qu'une telle modification s'impose indiscutablement au regard des dimensions actuelles de l'internationalisation des

---

[1] CEDH, 20 juillet 2004, *K. c. Italie*, Req. n° 38805/97. *v.* aussi : M. López de Tejada, *La disparition de l'exequatur…*, *op.cit.*, p. 128 §146-1.

[2] CEDH, 4 novembre 2008, *Dinu c. Roumanie et France*, req. n° 6152/02, *Gaz.Pal.*, 21 février 2009, n° 52, p. 50.

[3] Cette disposition consacre, comme les articles 2 et 121 du NCGP le font en droit colombien, le devoir de célérité de la justice, c'est-à-dire le droit de toute personne à ce que sa cause soit entendue et tranchée dans un délai raisonnable par un tribunal impartial.

[4] L'article 23 de la Constitution colombienne dispose que : *« Toute personne a le droit de saisir les autorités au sujet des demandes regardant l'intérêt public ou privé et à en obtenir une réponse rapide. Le législateur peut prévoir une réglementation de l'exercice de ce droit auprès des organisations privées dans le but de garantir le respect des droits fondamentaux »*.

[5] *v. infra* p. 434.

relations privées. Pour que l'assouplissement de l'instance que nous proposons puisse aboutir, la limitation du caractère préalable de l'action en efficacité doit s'accompagner des mesures la rendant plus accessible. Autrement dit, le contexte colombien actuel exige que davantage d'efforts soient réalisés pour démocratiser l'efficacité des décisions.

1148. À cet égard, l'exemple du droit espagnol se révèle utile. Ayant connu un modèle comparable à celui du droit colombien, ce droit a modifié l'autorité compétente de l'action en efficacité dans la perspective, précisément, de *« démocratiser »* et *« flexibiliser »*[1] la procédure de contrôle de la régularité. Ainsi, initialement confiée au Tribunal suprême – équivalent de la Cour de cassation française et de la Cour suprême de justice colombienne – par la *Ley de enjuiciamiento civil* dans sa version de 1881[2], la compétence pour connaître de cette action a ensuite été transférée aux juges de première instance par loi n° 62 de 2003[3]. Cette attribution a été confirmée par la loi n° 29 du 30 juillet 2015, relative à la coopération judiciaire internationale en matière civile[4]. Plusieurs raisons ont justifié une telle modification, notamment le fait que, dans le cadre des règlements européens, le tribunal compétent pour l'efficacité n'était pas le Tribunal Suprême mais les juges de première instance. Or, étant donné que le système européen présentait plus d'avantages, notamment en ce sens qu'il était plus rapide que celui du droit commun, et dans le but d'assurer la cohérence de la question dans l'ordre juridique espagnol, il a été décidé d'aligner ce dernier sur le modèle européen[5].

1149. Cependant, en dépit des aspects positifs que cette réforme a emportés pour le droit espagnol, elle n'a pas échappé aux critiques, dont certaines peuvent être utiles pour notre intention de modernisation du droit colombien. Les reproches concernaient, principalement, la réforme de 2003 ayant modifié, pour la première fois, la compétence en matière d'efficacité des décisions étrangères. Les remarques visaient, essentiellement, l'absence d'une révision générale des dispositions applicables à la procédure de reconnaissance et d'exécution pour les adapter à la nouvelle autorité compétente. Ainsi, le régime procédural se montrait comme « fracturé » du fait que certains aspects, notamment les voies de recours, n'avaient pas été concernés par la réforme et n'avaient donc pas été ajustés à la compétence des juges de première instance. Le résultat était que la décision d'exequatur continuait, comme c'était le cas lorsque le Tribunal Suprême était compétent, à être privée de tout recours.

---

[1] J. Guayacán, « Comentarios en torno a algunos principios del proceso civil transnacional » *in XXXI Congreso colombiano de derecho procesal*, Universidad libre de Colombia, 2010, p. 168 §2.1.

[2] Article 955, Décret Royal du 3 février 1881, relatif à l'approbation du projet de réforme de la Ley de enjuiciamiento civil, publiée à la Gazette de Madrid n° 36 du 5 février 1881. *v.* J. Iglesias Buigues, *Competencia judicial, reconocimiento y ejecución de decisiones judiciales en la C.E.E y en derecho español*, Instituto de estudios administrativos, 1977, p. 155 ; M. Oña Lopez, « La modificación del artículo 955 de la Ley de enjuiciamiento civil de 1881 : La atribución de competencia para conocer del procedimiento de exequatur a los juzgados de primera instancia », *Revista electrónica de estudios internacionales*, 2004.1.

[3] M. Oña Lopez, *op.cit.*, p. 1.

[4] Article 52, Loi n° 29 du 30 juillet 2015, relative à la coopération judiciaire internationale en matière civile, Publiée au Bulletin Officiel de l'État n° 182 du 31 juillet 2015.

[5] M. Oña Lopez, *op.cit.* p, 2 §4.

1150. Les critiques ont cependant été entendues par le législateur qui, à l'occasion de la réforme de 2015, a prévu la possibilité de former appel contre la décision d'exequatur devant l' « Audiencia provincial ». De plus, outre le recours en appel, il a également été prévu que la décision d'efficacité rendue par le juge espagnol est désormais susceptible d'un recours extraordinaire pour cause d'irrégularité dans la procédure, et d'un recours en cassation devant le Tribunal Suprême, dans les conditions prévues dans la *Ley de enjuiciamiento civil*[1]. En acceptant d'assortir la décision d'efficacité des mêmes voies de recours que celles dont dispose toute décision rendue par un juge de la même hiérarchie, le législateur espagnol confirme que l'instance en efficacité est une instance comme une autre. La régularité internationale de la décision doit pouvoir être débattue dans les mêmes conditions que tout autre contentieux. Ce faisant, le législateur espagnol a démocratisé la procédure de reconnaissance et d'exécution des jugements étrangers.

1151. L'exemple espagnol montre combien il est problématique pour la circulation des jugements étrangers de confier, tel que c'est le cas aujourd'hui en Colombie, la compétence exclusive de l'action en efficacité au tribunal au sommet de la hiérarchie juridictionnelle. Or, outre le fait de mettre en évidence qu'un remaniement de ce modèle de compétence est parfaitement possible et envisageable même en Colombie, l'expérience espagnole a également le mérite de mettre en lumière que le renouveau de la compétence ne s'éteint pas avec la simple désignation d'un nouveau tribunal compétent. Une telle modification entraîne, en effet, une série de modifications accessoires et nécessaires, comme l'adaptation des voies de recours.

B. *La démocratisation de la procédure d'efficacité*

1152. Mettre fin à la traditionnelle compétence exclusive de la Cour suprême suscite, sans surprise, la question relative au tribunal à qui confier cette compétence au regard de sa capacité à répondre aux mieux aux intérêts d'accessibilité et de rapidité de la procédure (1). Une telle désignation implique de procéder à un ensemble de modifications pour adapter la procédure d'efficacité à la nouvelle autorité compétente, notamment en ce qui concerne les recours susceptibles d'être exercés contre le jugement d'efficacité (2).

1. *La compétence d'un autre tribunal*

1153. S'agissant de la détermination du tribunal qui devrait connaître de l'action en efficacité, deux options sont, à notre sens, envisageables. Rappelons que dans l'organisation colombienne actuelle de la juridiction judiciaire, la Cour suprême de justice est le tribunal le plus haut dans la hiérarchie, suivie par les Tribunaux supérieurs des districts judiciaires, qui sont eux-mêmes les supérieurs hiérarchiques des juges civils du « circuit judiciaire ». Enfin, ces derniers ont une hiérarchie supérieure à celle des juges civils municipaux, qui sont les juges du premier niveau dans l'échelle juridictionnelle.

---

[1] Article 55, Loi n° 29 du 30 juillet 2015, *préc.*

1154. La première option consiste à désigner les juges civils du « circuit » comme compétents. La compétence de ces juges comprend actuellement, entre autres, la première instance des contentieux qui selon la loi sont d'un montant élevé, et les recours en appel formés contre les décisions rendues par les juges civils municipaux[1]. L'autre option possible est d'attribuer la compétence de l'action en efficacité à la chambre civile des tribunaux supérieurs du district judiciaire. Ce tribunal connaît, entre autres, de l'appel formé contre les décisions rendues en première instance par les juges civils du circuit, ainsi que des recours en annulation formés contre les sentences arbitrales nationales[2].

1155. L'avantage de retenir la première option, c'est-à-dire la compétence des juges civils du « circuit », est, d'une part, que ces juges ont une présence importante sur tout le territoire national. Les particuliers peuvent accéder plus facilement aux juges du « circuit » qu'aux Tribunaux supérieurs du district, et *a fortiori* qu'à la Cour suprême. D'autre part, les avantages de cette option regardent les voies de recours. En effet, si la compétence de ces juges est retenue, la décision qui accorde ou qui refuse l'efficacité de la décision étrangère serait susceptible d'un recours en appel relevant de la compétence du Tribunal supérieur du district, et d'un recours en cassation devant la Cour suprême de justice.

En revanche, si nous retenons la seconde option à savoir la compétence des Tribunaux supérieurs du district, l'avantage serait d'unifier devant un même juge les litiges concernant l'efficacité des jugements étrangers et ceux regardant l'annulation des sentences arbitrales. Ce serait l'occasion d'établir une équivalence dans le traitement procédural de deux questions qui sont, en quelque sorte, comparables.

1156. Cependant, devant opérer un choix, nous estimons que pour la modernisation du droit colombien, il est impératif que ses juges se familiarisent de plus en plus avec le droit international privé. C'est pourquoi nous estimons que la compétence pour connaître de l'action en efficacité doit être attribuée aux juges civils du « circuit ».

1157. Notons à ce propos que ce ne serait pas la première fois que ces juges seraient investis de cette compétence. Tel que nous avons eu l'occasion de l'indiquer dans les premiers chapitres de notre étude[3], le Code judiciaire de l'État souverain de Cundinamarca de 1858, le Code de 1872 nommé Code judiciaire de l'Union, et le Code Judiciaire de l'État de Colombie de 1887, leur attribuaient également compétence pour connaître de l'action en exequatur. Ce n'est qu'en 1931 que la compétence fut transférée en premier et dernier ressort à la chambre civile de la Cour suprême de justice, sans que cela ait été modifié par la suite. Ce qui est paradoxal, c'est qu'à l'époque où la compétence des juges civils du circuit était retenue, les affaires concernant l'efficacité des jugements étrangers n'étaient pas nombreuses. En revanche, maintenant que les demandes à cet égard ne

[1] Les articles 19 et 20 du NCGP fixent la compétence des juges civils du circuit.
[2] Article 31.5, NCGP, *préc.*
[3] *v. supra* p. 90 et s.

cessent de se multiplier, le législateur colombien se révèle particulièrement attaché à la compétence d'un tribunal qui n'est pas le plus accessible en raison de sa situation territoriale. Dans ce contexte, il est certain que redonner compétence aux juges civils du circuit, permettra de répondre à un plus grand nombre de demandes du fait de la multiplication des juges pouvant être saisis.

1158. En outre, en ce qui concerne la détermination du juge civil du « circuit » territorialement compétent, nous ne voyons pas d'obstacle à opérer cette détermination selon les règles générales posées par le NCGP. À cet égard, l'article 28 de ce Code fixe une liste des critères territoriaux permettant de déterminer le juge à saisir. Or, parmi les critères établis, certains visent des litiges spéciaux, comme ceux portant sur la matière familiale, ou encore ceux regardant l'exercice des droits réels, ou les procédures d'exécution. Cependant, au nom de l'autonomie de l'instance en efficacité, il est important de faire abstraction du fond de la matière tranchée par la décision étrangère[1], et de définir la compétence territoriale du juge de l'efficacité en fonction du critère général indiqué au numéro 1er de cet article.

Selon celui-ci, l'action en efficacité devrait donc être portée à la connaissance du juge du circuit du domicile du défendeur, c'est-à-dire de celui contre qui l'efficacité de la décision étrangère est invoquée. Dans l'hypothèse où la décision a été rendue à l'étranger à l'encontre de plusieurs personnes, ou si le défendeur possède plusieurs domiciles en Colombie, celui qui agit en efficacité peut choisir n'importe lequel de ces lieux pour présenter son assignation. De plus, le choix du demandeur en efficacité doit respecter la bonne administration de la justice, c'est-à-dire, qu'il doit choisir l'endroit où la procédure pourra le mieux se dérouler. En revanche, si le défendeur n'a pas de domicile en Colombie, mais une résidence, le juge compétent est celui du lieu de cette dernière. Enfin, si le défendeur n'a pas de domicile ni de résidence sur le territoire national, l'action en efficacité doit être portée à la connaissance du juge du circuit du domicile, ou de la résidence, du demandeur.

1159. Il convient de préciser également que lorsque l'instance étrangère a été de nature contentieuse, l'article 607 du NCGP exige la citation et la présence de la personne à l'encontre de laquelle la décision a été rendue à l'étranger[2]. Une telle rédaction de la disposition implique *a contrario*, que cette exigence ne s'applique pas lorsque la procédure étrangère a été de nature gracieuse. La jurisprudence colombienne confirme le caractère limité de cette exigence, lorsque dans le cadre, par exemple, des jugements étrangers de divorce par consentement mutuel, la Cour affirme que la citation et la présence de l'ex-conjoint n'est pas nécessaire à l'occasion de la procédure colombienne en exequatur. Ainsi, dans une décision de 2018 relative à l'exequatur d'un jugement de divorce prononcé en Allemagne par consentement mutuel, la Cour a affirmé que la notification et la présence de l'ex-conjoint allemand dans la procédure colombienne d'exequatur

[1] Ainsi, le fait que la décision étrangère ordonne, par exemple, la restitution des biens meubles, ne fera pas du juge du lieu de situation des biens concernés, le juge compétent de l'action en efficacité.
[2] Article 607 du NCGP, *préc.*

n'était pas nécessaire car « la procédure allemande avait eu lieu de sa propre initiative et avec son consentement »[1]. Or, il n'en demeure pas moins que dans tous les cas, le Ministère public, dont l'intervention lors de l'instance en efficacité est obligatoire[2], a le devoir de signaler au juge toute irrégularité que les parties n'ont pas soulevée, ou que le juge du contrôle n'a pas relevée lui-même. Ainsi, ce n'est pas parce que l'instance étrangère a été gracieuse, ni parce que la présence des deux parties n'est pas obligatoire dans l'instance en efficacité, que le contrôle de régularité est moins exigeant.

1160. Ces solutions du droit colombien doivent être maintenues. En effet, lorsque la procédure étrangère n'a pas été contentieuse, il n'y a pas de raison pour que la procédure colombienne en efficacité prenne une telle nature. Ceci nous permet de voir combien la procédure préalable d'efficacité s'avère, dans certains cas comme celui des divorces étrangers par consentement mutuel, une formalité qui peut être excessive. Nous y voyons la confirmation de ce que l'admission d'une efficacité de plein droit est indéniablement souhaitable et opportune en droit colombien.

1161. Or, afin d'éviter des *« fractures »* qui pourraient se présenter au sein du régime procédural colombien du fait de la modification de l'autorité compétente, il est nécessaire de procéder à l'adaptation des voies de recours contre la décision d'efficacité.

2. *L'ouverture des voies de recours contre la décision d'efficacité*

1162. La désignation du juge civil du « circuit » comme juge compétent pour l'action en efficacité conduit, à notre sens, à une modification supplémentaire : celle concernant les voies de recours contre la décision d'efficacité rendue par ces juges. À ce propos, nous avons indiqué que dans la configuration actuelle de l'action en exequatur, la décision rendue par la Cour suprême de justice n'est pas susceptible de recours d'appel, ni de cassation. Néanmoins, il n'en a pas toujours été ainsi. Avant que la loi n° 105 de 1931[3] n'attribue la compétence de l'action en exequatur à la Cour suprême, l'efficacité des décisions étrangères relevait, nous l'avons dit, de la compétence des juges du circuit. En effet, selon la loi n° 90 de 1920, il était possible de former appel contre la décision par laquelle ce juge accordait ou refusait l'efficacité devant les Tribunaux Supérieurs des districts judiciaires. En outre, elle admettait aussi la possibilité d'un recours en cassation devant la Chambre civile de la Cour suprême de justice[4].

---

[1] CSJC. Cass. Ch. Civ, 9 avril 2018 octobre 2018, Magistrat Rapporteur : Aroldo Quiroz, Dossier n° 2016-02466-00.

[2] L'article 607 du NCGP dispose que lorsque la demande d'exequatur est déclarée recevable, elle doit être communiquée à l'agent délégué en matière civile du Ministère public. Celui-ci dispose d'un délai de 5 jours pour présenter au juge ses observations, notamment pour s'opposer à l'efficacité de la décision en Colombie. *v. supra* p. 100 et 346.

[3] Article 558, Loi n° 105 du 17 octobre 1931, relative à l'organisation judiciaire et la Procédure civile, publiée au Journal Officiel n° 21 823 du 24 octobre 1931.

[4] Loi n° 90 du 20 novembre 1920, portant addition et réforme des dispositions relatives au recours en cassation, publiée au Journal Officiel n° 17 428 du 24 novembre 1920. *v. supra* p. 91.

1163. Cependant, à partir de 1931, l'appel et la cassation ont été supprimés. La procédure d'exequatur est ainsi devenue à instance unique. La seule possibilité qui demeure ouverte, encore actuellement, est le recours extraordinaire en révision qui existe contre tout jugement national devenu définitif. Il s'agit d'un recours porté à la connaissance de la Cour suprême qui n'a lieu d'être que lorsque certains motifs spécifiquement déterminés par la loi se réalisent[1]. C'est le cas, par exemple, lorsque des documents qui ont été décisifs pour trancher l'affaire sur le fond sont judiciairement déclarés falsifiés, ou encore lorsque l'une des parties s'est servie de manœuvres frauduleuses dans la procédure colombienne, ayant causé des préjudices à l'autre partie. Le recours extraordinaire en révision devient ainsi la seule possibilité dont les parties disposent pour que la décision relative à l'efficacité de la décision étrangère soit réexaminée.

1164. Le fait que les motifs de recevabilité d'un tel recours soient très limités, et qu'il demeure un recours extraordinaire, expliquent que la jurisprudence colombienne ne compte pas beaucoup d'exemples de ce recours, au moins en ce qui concerne l'efficacité des décisions judiciaires. Pour ce qui est, en revanche, de l'efficacité des sentences arbitrales, l'affaire *Ross Energy-Petrotesting Colombia* de 2017, constitue l'un des rares exemples dans lesquels la Cour a déclaré recevable un tel recours[2]. Cependant, les difficultés pour prouver que l'un des motifs de révision se réalisait effectivement en l'espèce ont conduit la Cour à débouter la partie qui l'avait sollicitée. En effet, en l'espèce, le demandeur voulait profiter du recours en révision pour réouvrir, une deuxième fois, le débat sur le fond, notamment sur les arguments que le juge colombien avait avancés pour affirmer que la sentence arbitrale en cause était contraire à l'ordre public international du for. Cependant, puisque la révision de la décision ne consiste pas dans une nouvelle instance pour discuter du le fond du litige, toute intention des parties destinée à amener le juge à se prononcer sur les arguments avancés lors de la procédure d'efficacité est incompatible avec la nature du recours et le condamne à l'échec. En définitive, il est difficile, dans l'organisation actuelle de l'instance d'efficacité en droit colombien, qu'une décision d'exequatur puisse bénéficier de ce recours.

1165. Il apparaît donc que le changement d'autorité compétente devra être à l'origine de remaniements importants et opportuns en matière de voies de recours qui vont, sans doute, favoriser la démocratisation de l'instance en efficacité. En effet, le fait d'attribuer la compétence aux juges civils du « circuit » permettra de renouer avec le système qui était en vigueur en Colombie en 1920, lorsque la loi n° 90 prévoyait un recours en appel devant les tribunaux supérieurs du district, et un recours en cassation devant la Cour suprême. Nous estimons que renouer avec ce système comporte l'avantage de garantir aux parties la possibilité d'avoir un second examen de leur demande grâce à l'appel et, si les

[1] Il s'agit de neuf hypothèses indiquées à l'article 355 du NCGP. Dans l'affaire *Ross Energy-Petrotesting Colombia* de 2017, la Cour a eu l'occasion de préciser que : *« Le recours en révision a été conçu comme un mécanisme de nature exceptionnelle, extraordinaire et limitative […] »*. CSJC. Cass. Ch. Civ, 24 mai 2017 *Ross Energy-Petrotesting Colombia*, Magistrat Rapporteur : Ariel Salazar, Dossier n° 2012-02952-00.

[2] *Idem.*

conditions procédurales fixées par la loi sont remplies, d'avoir, en plus, la position finale de la Cour suprême au stade de la cassation. Il s'agit, en définitive, de faire vivre le droit international privé en le rapprochant des tribunaux judiciaires et en le rendant plus accessible aux citoyens.

1166. En outre, cette solution permettrait à la Cour suprême de mieux remplir sa fonction d'harmonisation jurisprudentielle. N'étant saisie que de manière extraordinaire, elle pourrait mieux contribuer à la modernisation du droit colombien, notamment à l'allégement du régime d'efficacité. Nous pensons ceci car familiariser les juges colombiens du fond avec les affaires relatives à l'efficacité des décisions étrangères saura mettre en lumière combien elles sont sensiblement courantes, et ne justifient pas à chaque fois l'intervention d'une Cour suprême. Il ne faut pas y voir une forme de banalisation du contrôle de régularité, ou de l'action en efficacité. Néanmoins, nous estimons que l'évolution et l'allégement tant de la procédure comme du contrôle de régularité, dont le droit colombien a besoin, sera possible, en grande partie, lorsque le législateur et les juges auront conscience, d'une part, de la fréquence avec laquelle les citoyens sont concernés par des affaires relatives à l'efficacité de décisions étrangères, et, d'autre part, et surtout, des effets nocifs que le maintien d'un régime procédural très strict signifie pour ces derniers. Cette prise de conscience de la part des juges, comme de la doctrine est fondamentale pour animer le mouvement de modernisation que nous souhaitons et qui finira, nous l'espérons, par attirer l'attention du législateur.

1167. **Conclusion de la section :** Le double régime d'efficacité que nous proposons pour le droit colombien entraîne plusieurs aménagements de l'action en efficacité. L'assouplissement de son caractère préalable, le changement de l'autorité compétente, l'admission d'un contrôle incident de régularité, et l'ouverture des voies de recours contre la décision d'efficacité sont, assurément, nécessaires afin de moderniser ce droit. Dans cette perspective, l'efficacité de plein droit serait alors réservée aux jugements pour lesquels les parties souhaitent uniquement la reconnaissance, sans être inquiétées par le caractère contestable de ce type d'efficacité. La rapidité de ce régime d'efficacité, la bonne entente entre les parties, ou le fait qu'aucune mesure d'exécution ne soit envisagée, expliquent, par exemple, l'utilité de l'efficacité de plein droit. La simplification de l'action en efficacité peut également être envisagée en droit français avec la suppression de la distinction entre les actions en exequatur, en opposabilité et en inopposabilité de la décision étrangère. Consistant, toutes les trois, dans la mise en œuvre du contrôle de régularité, il conviendrait de ne garder qu'une action unique en efficacité.

Conclusion du Chapitre II

1168. Pour contribuer à la modernisation du droit international privé colombien, les propositions avancées cherchent à simplifier l'efficacité des décisions étrangères et à familiariser l'ensemble des juges avec les litiges regardant cette matière. L'expérience française est utile à cet égard afin de guider le droit colombien vers son renouvellement.

1169. L'adoption de deux régimes d'efficacité fondés sur la distinction entre le caractère définitif ou précaire de l'efficacité accordée est la voie que doit suivre la Colombie. Le choix de la dualité devra être accompagné de plusieurs aménagements concernant la procédure d'efficacité. Privilégier une définition restreinte de l'exécution, assouplir le caractère préalable de l'action en efficacité, supprimer la compétence exclusive de la Cour suprême de justice colombienne, désigner un nouveau juge compétent, et ouvrir l'appel et la cassation contre la décision d'efficacité, sont les modifications que nous proposons pour que la dualité de régime conduise le droit colombien vers une véritable simplification de l'efficacité. En droit français, la démarche simplificatrice devrait continuer, selon nous, par la suppression de la pluralité d'actions prévues aux fins de l'efficacité. Cette unification a le mérite de mettre l'accent sur la mission accordée au juge, ainsi que de favoriser l'évolution harmonieuse du contrôle de régularité.

1170. L'étude comparée menée et les propositions avancées confirment combien la nature adaptable du contrôle de régularité peut favoriser le rapprochement des ordres juridiques. En effet, l'allégement des aspects procéduraux du contrôle que nous proposons permettent de réduire les oppositions qui existent entre les droits français et colombien en avançant, au sein des deux droits, vers la simplification de l'efficacité. Les fruits de ce rapprochement seront importants dans le cadre des relations bilatérales, plus spécifiquement pour améliorer la réception des décisions françaises en Colombie. Ils seront également indéniables et importants au cœur du contexte multilatéral qui, à l'image de la Convention de La Haye de 2019, cherche à favoriser la circulation des décisions étrangères à l'échelle mondiale. Les modifications que nous proposons peuvent dépasser les frontières de la comparaison franco-colombienne pour profiter à d'autres pays dont le régime procédural de l'efficacité fait écho à ceux prévus dans les deux droits étudiés.

1171. Ainsi, les aménagements avancés contribuent à réduire les divergences les plus pesantes entre les ordres juridiques, favorisant la réalisation des objectifs poursuivis par la Convention de 2019. En effet, si l'existence d'une dualité de régime d'efficacité est généralement partagée entre les futurs pays signataires, l'on pourrait assurer plus facilement l'interprétation et l'application uniformes de ce texte. Nous pensons notamment à la distinction entre reconnaissance et exécution qui, employée par la Convention de 2019, n'a pas été assortie de conséquences concrètes sur le plan de la procédure de contrôle de la régularité. Or, si la plupart des pays signataires accepte une reconnaissance qui opère de plein droit et un contrôle de régularité uniquement préalable à l'exécution, les règles uniformes applicables à l'efficacité prévues par le texte conduiront, assurément, à une circulation véritablement favorisée des jugements étrangers rentrant dans le champ d'application de la Convention.

Conclusion du Titre II

1172. L'étude des aspects proceduraux du contrôle de régularité illustre combien le même instrument d'efficacité est différemment mis en œuvre en droit français et en droit colombien. La divergence entre les deux droits quant à la conception de l'efficacité y est pour beaucoup. À plusieurs reprises, le droit colombien rappelle l'état du droit français du XIXe siècle. Or, si ce décalage surprend, notamment au regard de l'internationalité de plus en plus courante des relations privées en Colombie, il confirme l'utilité de notre démarche comparée. En effet, l'étude de l'expérience française montre, d'une part, qu'une évolution est possible pour le droit colombien, et signale, d'autre part, le chemin que celui-ci doit emprunter vers sa modernisation.

1173. L'opposition qui existe entre les deux droits à propos de la procédure de contrôle de la régularité est importante et contribue à expliquer les résultats divergents de l'instrument commun d'efficacité de chaque côté de l'Atlantique. L'existence, en France, et l'inexistence, en Colombie, d'un double régime d'efficacité témoigne ainsi de la réticence colombienne envers la réception des décisions étrangères. La rigidité avec laquelle l'instrument d'efficacité est organisé et mis en œuvre entrave la circulation des décisions étrangères et entretient l'inadéquation des réponses que le droit international privé colombien offre aux relations rentrant dans son domaine. L'opposition identifiée risque d'avoir des conséquences négatives au cœur du contexte multilatéral, notamment compromettre l'objectif simplificateur de la Convention de La Haye de 2019.

1174. Or, l'étude de l'opposition identifiée a permis de voir qu'elle n'est pas insurmontable. Elle a révélé certaines tentatives colombiennes qui plaident pour un renouveau de ce droit et qui confirment la possibilité, l'utilité, et l'opportunité d'une démarche simplificatrice de l'efficacité. Les aménagements proposés cherchent à alléger le contrôle de régularité et à parvenir, de ce fait, à un rapprochement des ordres juridiques étudiés. Ils reposent sur l'existence d'un double régime d'efficacité dont l'effet est d'apporter une nouvelle définition de la manière dont le contrôle de régularité doit intervenir. Réduire les hypothèses dans lesquelles il doit être opéré de manière préalable, facilite la réception des décisions étrangères, et permet d'adapter l'instrument d'efficacité à une circulation favorisée des décisions étrangères.

1175. La procédure de contrôle de la régularité doit faire vivre l'instrument d'efficacité et doit contribuer à dynamiser le droit international privé colombien. Elle doit, en effet, permettre de familiariser les juges colombiens avec les litiges internationaux. Cette manière de concevoir et de mettre en œuvre l'instrument d'efficacité permettra à la Colombie d'envisager des simplifications progressives du contrôle. Dans le cadre de la Convention de La Haye, il est certain que si les pays signataires partagent un cadre procédural plus ou moins similaire, les dispositions uniformes formulées pourront parvenir, plus facilement, à atténuer l'hétérogénéité avec laquelle la circulation des décisions étrangères est abordée au sein de ceux-ci.

Conclusion de la Seconde partie

1176. L'appréciation de la régularité internationale de la décision étrangère, comme les aspects procéduraux du contrôle de la régularité, prouvent que l'instrument d'efficacité est différemment mis en œuvre en droit français et en droit colombien. Sans compromettre son caractère commun, ces divergences illustrent et confirment la nature flexible du contrôle de régularité internationale. Grâce à celle-ci, l'instrument d'efficacité s'accorde avec les conceptions française et colombienne de l'efficacité et répond aux particularités des droits internationaux privés français et colombien.

1177. Notre analyse comparée franco-colombienne a révélé qu'une divergence importante existe entre ces droits par rapport à la prévisibilité de l'appréciation de la régularité internationale du jugement étranger. Alors que les conditions de régularité sont, pour la plupart, partagées par les deux droits, leur vérification en droit colombien est variable et imprévisible. L'absence de critères d'appréciation clairement définis l'explique. De plus, le contrôle colombien est incertain. Très rigoureux sur certains aspects, il est, en même temps, très léger sur d'autres points. La rigidité avec laquelle ce droit vérifie, par exemple, la conformité de la décision à l'ordre public international, contraste avec la légèreté souvent excessive avec laquelle la conformité procédurale du jugement étranger est contrôlée. À l'inverse, la régularité internationale de la décision est analysée avec souplesse et prévisibilité en droit français, au regard de critères d'appréciation clairement définis. L'objectif dans ce droit est de favoriser l'efficacité de la décision étrangère et de n'empêcher la réception que des seules décisions s'avérant irrémédiablement insupportables pour le for.

1178. L'appréciation excessivement exigeante ou excessivement souple de la régularité empêche l'instrument commun d'efficacité d'atteindre ses finalités sous-jacentes. C'est pourquoi, nous proposons certaines modifications au sein des droits français et colombien. Pour ce dernier, la suppression de l'exigence de réciprocité, ainsi que la requalification des «*fausses*» conditions de régularité comme des conditions de recevabilité de la demande s'avèrent nécessaires. De plus, des critères d'appréciation clairs et favorables à la réception des jugements étrangers doivent être formulés à l'égard de l'ensemble des conditions de régularité. En outre, à propos de la condition relative à la conformité de la décision avec l'ordre public international colombien, sa redéfinition s'impose. Elle sera l'occasion d'un remaniement ayant une large portée dans d'autres domaines de la théorie générale du droit international privé colombien. En effet, cette condition ne doit plus consister dans un contrôle de la loi appliquée au fond. Ce raccourci, qui rapproche le contrôle de régularité de la révision au fond de l'affaire, risque de conduire le juge à refuser une décision qui, hormis la disparité législative, peut être conforme à l'ordre public international colombien. *A contrario*, il pourrait amener le juge à considérer qu'une décision est internationalement régulière parce qu'elle a été rendue en application de la loi colombien ou selon une loi équivalente, alors qu'elle porte atteinte, par exemple, aux droits fondamentaux des parties. Dans cette perspective, la redéfinition que nous proposons consiste, d'une part, à indiquer avec clarté que l'ordre public au regard duquel la décision doit être appréciée est l'ordre public international et non interne. D'autre part, elle consiste à définir, progressivement, grâce au travail de la jurisprudence et de la doctrine principalement, le contenu de l'ordre public international colombien, c'est-à-dire les éléments que la décision étrangère doit nécessairement respecter pour être efficace dans le for.

1179. En ce qui concerne le droit français, notre proposition concerne le contrôle de la compétence indirecte du juge étranger, plus précisément l'établissement du lien caractérisé entre l'affaire et le juge d'origine. Apprécier son existence sans prendre en considération les liens que l'affaire pouvait aussi entretenir avec le for peut s'avérer excessivement souple. Le juge pourrait être conduit à admettre la régularité internationale d'une décision rendue à propos d'un contentieux relevant de la compétence directe du tribunal français en raison de liens manifestement plus étroits. Il est ainsi plus opportun, à notre sens, de privilégier une appréciation de la compétence étrangère qui prenne en considération les éventuels liens les plus caractérisés que la décision peut avoir avec le for d'accueil. La liste des chefs de compétence indirecte formulée par la Convention de La Haye de 2019 peut, assurément, guider le juge français dans cette appréciation.

1180. Dans le prolongement des divergences franco-colombiennes, notre analyse comparée a conduit à identifier une opposition importante à propos des aspects procéduraux du contrôle de régularité. La préférence colombienne pour un seul et unique régime d'efficacité, celui de l'efficacité définitive, contraste avec la préférence française pour deux régimes procéduraux, à savoir celui de l'efficacité de plein droit et celui de l'efficacité définitive. Cette opposition montre que malgré le fait d'être commun, le contrôle de régularité peut être utilisée soit comme un instrument de défense de l'ordre juridique d'accueil, soit comme un instrument de coordination et de coopération entre ordres juridiques. Au cœur de cette divergence, la démarche comparée qui est la nôtre a mis en lumière que l'unicité de régime est problématique et inadéquate pour répondre à l'enjeu d'une efficacité simplifiée des jugements étrangers, en même temps qu'elle a permis d'identifier les correctifs à suivre pour son abandon progressif. L'utilité de l'expérience française à cet égard est indéniable : elle guide le droit colombien vers sa modernisation.

1181. Ainsi, alors que l'adoption du contrôle de régularité symbolise la volonté des droits français et colombien d'admettre l'efficacité des décisions étrangères, accepter de réduire le nombre des cas dans lesquels son intervention est obligatoire constitue, paradoxalement, le moyen d'affirmer ladite volonté. C'est pourquoi, la simplification du droit colombien sera possible, selon nous, grâce à l'admission d'une efficacité de plein droit, de nature extrajudiciaire et à caractère précaire, destinée à s'ajouter à l'efficacité définitive qui est obtenue dans le cadre d'une action judiciaire en efficacité et qui possède un caractère définitif. Cette dualité de régime ne fait que confirmer la nécessité et l'utilité du contrôle de régularité : il est le seul moyen dont les parties disposent pour parvenir à l'efficacité définitive de la décision étrangère dans le for. Pour autant, cette qualification ne signifie aucunement que le respect du contrôle de régularité empêche toute simplification des aspects procéduraux de l'efficacité, ni *a contrario* que leur simplification conduise nécessairement à la disparition de l'instrument d'efficacité.

1182. Dans ce contexte, la dualité procédurale confirme l'importance de procéder à certaines modifications procédurales afin d'avancer dans la simplification de l'efficacité. En droit français, le cap à suivre se situe dans la suppression de la pluralité d'actions en efficacité au profit d'une seule et unique action. En droit colombien, il est question de démocratiser l'action en efficacité. En ce sens, nous préconisons le changement de l'autorité compétente pour opérer le contrôle en droit colombien et l'ouverture de voies de recours contre la décision d'efficacité. Rendre l'instance en efficacité facilement accessible aux parties, grâce à la désignation d'un juge présent sur l'ensemble du territoire national, favorisera la célérité de la justice et aura, nous l'espérons, un effet stimulant sur le droit international privé colombien. En effet, familiariser l'ensemble des juges avec les litiges relatifs aux relations privées internationales leur fera prendre conscience de la nécessité, de l'opportunité et de l'urgence avec lesquelles une démarche simplificatrice et modernisatrice s'impose.

CONCLUSION GÉNÉRALE

1183. L'internationalité des relations privées s'intensifie au sein des sociétés française et colombienne. Alors que ce mouvement exige des solutions spécifiques de la part des ordres juridiques, notre analyse comparée franco-colombienne a montré combien ces deux droits répondent différemment à cette exigence, à l'image du traitement que chacun réserve à l'efficacité des jugements étrangers. En effet, si les frontières entre la France et la Colombie s'estompent peu à peu pour toujours plus faciliter les échanges, elles ne disparaissent pas pour autant et réapparaissent clairement lorsqu'il s'agit d'accorder des effets normatifs aux décisions judiciaires qui, rendues à l'étranger, tranchent les litiges suscités par ces échanges. Or, les conséquences de cette extranéité varient entre les deux pays, révélant ainsi la manière dont l'efficacité des décisions étrangères, et plus largement le droit international privé, sont appréhendés de chaque côté de l'Atlantique.

1184. Confrontés à l'efficacité des décisions étrangères, les deux droits étudiés acceptent de l'admettre et adoptent à cette fin un même instrument juridique : le contrôle de la régularité internationale de la décision étrangère. Organisé de manière comparable et poursuivant les mêmes finalités, cet instrument d'efficacité constitue une convergence indéniable entre les deux droits étudiés. Cependant, le choix d'un même instrument d'efficacité ne traduit pas une circulation pareillement simplifiée des décisions étrangères dans les deux pays. En effet, la convergence franco-colombienne s'épanouit au cœur d'une évolution asymétrique de l'efficacité des décisions étrangères et, par conséquent, de l'instrument d'efficacité. Constante tout au long de notre comparaison, ladite asymétrie est le résultat d'une série d'oppositions qui, sans remettre en cause le caractère commun du contrôle de régularité, l'individualisent en France et en Colombie. Ces oppositions ont été mises à jour au moyen d'une démarche de déconstruction comparée des deux droits. Présentes dans l'organisation de l'instrument commun d'efficacité, elles se matérialisent encore davantage dans la mise en œuvre de celui-ci, notamment au sein de l'appréciation de la régularité internationale du jugement étranger, ainsi que dans les aspects procéduraux dans lesquels s'inscrit cette appréciation.

1185. Afin de comprendre la source de ces oppositions, d'analyser leurs particularités, et de déterminer leurs effets sur la circulation des décisions étrangères, et sur le droit international privé, nous avons réalisé une appréciation comparée des droits français et colombien. Cette démarche nous a permis d'identifier la nature flexible qui caractérise le contrôle de régularité et qui lui permet de s'accommoder aussi bien de la conception publiciste de l'efficacité qui prévaut en droit colombien, que de la conception plus privatiste qui est retenue en droit commun français et en droit européen. La nature adaptable de l'instrument d'efficacité explique que, malgré son caractère commun, les résultats auxquels celui-ci conduit soient aussi contrastés en droit français et en droit colombien ; l'efficacité étant plus simplifiée et favorisée au sein du premier.

1186. L'instrument d'efficacité est donc appréhendé selon deux conceptions différentes de l'efficacité. Notre appréciation comparée des deux droits a montré qu'il s'agit là d'une conséquence d'une opposition plus profonde encore entre les deux droits et qui concerne la conception que chacun retient du droit international privé lui-même. L'analyse du contrôle de régularité a dès lors été le moyen de démontrer combien la conception publiciste colombienne est problématique. Fondée sur une vision souverainiste, réductrice et dépassée du droit international privé, cette conception empêche ce droit d'évoluer et de répondre correctement aux enjeux de l'internationalité effervescente des relations privées, que cela soit sur le plan du conflit de lois comme sur celui du conflit de juridictions.

1187. Les effets négatifs de la vision colombienne entravent la circulation des décisions étrangères entre les deux droits étudiés. La réception en Colombie des jugements français, et finalement celle de l'ensemble des jugements étrangers, se révèle imprévisible. En outre, au-delà du cadre bilatéral, l'existence de cette divergence dans la conception de l'efficacité, et du droit international privé, est à l'origine de conséquences également regrettables au sein du contexte multilatéral, à l'image de la Convention de La Haye de 2019 sur la reconnaissance et l'exécution des décisions étrangères rendues en matière civile ou commerciale. Puisque le cas des droits français et colombien trouve, assurément, un écho dans d'autres futurs pays signataires de cette Convention, celle-ci a représenté pour nous un cadre idéal afin de compléter notre analyse comparée en étudiant les implications pratiques de l'opposition franco-colombienne et pour apprécier le système d'efficacité que cette Convention propose, système qui repose sur une logique de rapprochement entre les pays signataires en faveur d'un instrument conventionnel commun.

1188. C'est justement cette dynamique de rapprochement qui a guidé notre étude comparée des droits français et colombien. Selon nous, avancer vers une circulation simplifiée des jugements étrangers commande l'abandon de toute conception publiciste de l'efficacité. Or, une telle modification est indissociable d'un mouvement général de refonte du droit international privé colombien. Dans cette perspective de rénovation, l'ensemble des propositions avancées à l'égard de l'instrument d'efficacité et de la circulation des jugements étrangers puisent leur force dans le pouvoir normatif de la jurisprudence. Nous sommes convaincue, et l'expérience française nous encourage à l'être, que c'est dans l'interprétation et dans l'adaptation de la loi par le juge que la modernisation du droit international privé colombien est possible.

1189. C'est pourquoi il est fondamental de familiariser l'ensemble de l'appareil judiciaire avec les litiges relatifs au droit international privé. « Faire vivre » le droit international privé en confrontant le juge à l'internationalité courante des relations privées est, selon nous, le cap à suivre afin de le dynamiser et de le faire évoluer. Bien entendu, une telle ambition suppose la mise à disposition des moyens nécessaires pour la formation judiciaire. Elle implique, en outre, d'être pensée dans un temps long pour qu'émerge une véritable transformation des analyses des juges et une rénovation du droit international privé. Mais, là encore, un regard vers l'expérience française est éclairant pour le droit colombien. Résultat de la maturation progressive et continue des positions jurisprudentielles et des idées de la doctrine, l'évolution française a été longue et se poursuit encore aujourd'hui. Le droit colombien devra arpenter le même chemin.

1190. Le droit international privé comparé est un moyen de rapprochement entre les ordres juridiques en ce qu'il permet d'identifier les convergences et les divergences, de comprendre ces dynamiques et d'envisager leurs évolutions. C'est le sens de notre démarche : comparer pour apprécier, d'abord, comparer pour déconstruire, ensuite, et, comparer pour avancer, enfin. Pour autant, précisons qu'un tel procédé ne poursuit pas l'anéantissement total des différences entre les ordres juridiques. La « différence » est à la source même du droit international privé comparé et traduit la pluralité, et donc la richesse, des ordres juridiques. Si le droit international privé comparé cherche, certes, à rapprocher les ordres juridiques pour satisfaire des objectifs déterminés, un tel mouvement n'implique aucune idée de fusion et d'altération. Notre étude comparée en droit international privé français et colombien l'illustre.

1191. De plus, s'il est souvent considéré comme une branche du droit purement théorique, pour ne pas dire pédagogique, simplement utilisé pour mettre en exergue quelques cas d'école, le droit international privé comparé n'en possède pas moins des implications pratiques indéniables[1]. Il ne peut être réduit à un voyage à la découverte de l'« exotisme » des droits étrangers qui s'épuiserait dans le simple constat des divergences et des convergences. Il ne trouve pas, non plus, sa raison d'être dans l'affirmation de la supériorité d'un droit par rapport à un autre. Non. Le droit international privé comparé implique une prise de hauteur pour apprécier la pluralité des expériences. Il commande une remise en question permanente des notions considérées comme acquises pour explorer la diversité du droit. Cette diversité qui attire le comparatiste et l'encourage à partir à la découverte, lui impose également la responsabilité de savoir l'exploiter, et ce, en la mettant au service d'une amélioration du droit. Celle-ci doit intéresser l'ensemble des droits étudiés. Le droit comparé en général, et le droit international privé comparé en particulier, doivent s'inscrire dans cette logique d'utilité réciproque.

1192. Une telle affirmation ne doit pas être lue comme une simple déclaration d'intention ; ce serait d'ailleurs incohérent de notre part que de la formuler dans des propos conclusifs. Nous croyons fermement à l'utilité générale du droit international privé comparé qui offre, pour chacun des droits étudiés, à la fois un moyen d'ouverture sur l'extérieur et un temps d'introspection. Nous espérons que la résolution de ce qui peut apparaître comme un paradoxe est illustrée par notre étude. En ce sens, même si la comparaison fait émerger un décalage important, et même si un droit apparaît comme un exemple à suivre, cela ne

---

[1] En ce sens *v.* S. Besson, « L'autorité du droit international comparé : Quelques réflexions autour du *monde* et du *droit des gens* de Vico », *in, Concerter les civilisations, Mélanges en l'honneur d'Alain Supiot*, sous la dir. de S. Besson et S. Jubé, Seuil, 2020, p. 54.

signifie aucunement que le travail de comparaison n'intéresse finalement qu'un seul des deux droits étudiés. En outre, une telle dynamique comporte un risque, celui qui réside dans la tentation d'enjoliver la situation du droit présenté comme un modèle pour un autre. Cependant, il est désamorcé dès lors que la comparaison est entreprise de manière objective. L'analyse de l'instrument d'efficacité en droit colombien et en droit français le démontre. Si nous assumons le choix de présenter l'instrument français comme un exemple à suivre pour l'instrument colombien, le travail de comparaison mené a également permis de mettre en lumière toute l'importance dudit instrument dans les deux droits et de rappeler les dangers qui guettent le système français confronté à un mouvement de libéralisation toujours plus important.

1193. Nous arrivons à la fin de ce travail que nous avons commencé en relevant l'importance des frontières juridiques dans notre monde, l'importance de ces lignes rouges sur les cartes qui délimitent le territoire de chaque État. Or, parce que la carte n'est pas le territoire, nous avons rappelé combien il était possible de franchir les frontières, franchir ces lignes rouges, sans même sans rendre compte. Nous pensions alors, par exemple, à celui qui, dans la forêt amazonienne, pouvait franchir les frontières colombiennes, franchir celles du Brésil, franchir celles de la Guyane française, et ce sans s'apercevoir qu'en restant toujours dans ce même monde amazonien, il avait traversé trois mondes juridiques bien distincts. Une carte permet de se déplacer sur le territoire, elle permet de savoir où sont les lignes rouges, mais encore faut-il pouvoir l'exploiter. Sans boussole, le voyageur n'a que faire de la carte. Le contrôle de régularité est cette boussole qui permet à la décision étrangère de circuler et ainsi traverser ces lignes rouges.

BIBLIOGRAPHIE

I. Bibliographie en langue française

A. Ouvrages généraux (manuels et traités)

AUDIT (Bernard) et AVOUT (Louis d'), *Droit international privé*, LGDJ, 8ème éd., 2018.

BARTIN (Etienne),

- *Principes de Droit International Privé*, Éditions Domat-Montchrestien, 1930.
- *Répétitions écrites de droit international privé*, Paris, 1930-1931.

BATIFFOL (Henri),

- *Droit International Privé*, LGDJ, 4e éd., 1967.
- *Aspects philosophiques du droit international privé*, Dalloz, 2002.

BATIFFOL (Henri) et LAGARDE (Paul), *Droit international privé*, LGDJ, T. II, 7e éd., 1983.

BLANQUET (Marc), *Droit général de l'Union Européenne*, Sirey Université, 11ème éd., 2018.

BUREAU (Dominique) et MUIR WATT (Horatia), *Droit international privé. Partie générale*, Themis droit PUF, 4ème éd., 2017.

CUNIBERTI (Gilles), NORMAND (Clotilde) et CORNETTE (Fanny), *Droit international de l'exécution. Recouvrement des créances civiles et commerciales*, LGDJ, 2011.

DAVID (René), JAUFFRET-SPINOSI (Camille) et GORÉ (Marie), *Les grands systèmes de droit contemporains*, Dalloz, 12ème éd., 2016.

DEUMIER (Pascale), *Introduction générale au droit*, LGDJ, 5e éd., 2019.

FOELIX (Jean-Jacques),

- *Traité du droit international privé*, Marescq Aîné, Libraire-Éditeur, 4e éd, T. I, 1866.
- *Traité du droit international privé*, Marescq Aîné, Libraire-Éditeur, 4e éd., T. II, 1866.

GAUDEMET-TALLON (Hélène) et ANCEL (Marie-Élodie), *Compétence et exécution des jugements étrangers. Règlements 44/2001 et 1215/2012, Conventions de Bruxelles (1968) et de Lugano (1998 et2007)*, LGDJ, 6ème éd., 2018.

GUINCHARD (Serge), FERRAND (Frédérique), CHAINAIS (Cécile) et MAYER (Lucie), *Procédure civile*, Dalloz, 34ème éd., 2018.

HOLLEAUX (Dominique), FOYER (Jacques) et GEOUFFRE DE LA PRADELLE (Géraud de), *Droit International Privé*, Masson, 1987.

LIBCHABER (Remy), *L'ordre juridique et le discours du droit. Essai sur les limites de la connaissance du droit*, LGDJ, 2013.

LOUSSOUARN (Yvon), BOUREL (Pierre) et VAREILLES-SOMMIÈRES (Pascal de), *Droit International Privé*, Dalloz, 10ème éd., 2013.

MAYER (Pierre), HEUZÉ (Vincent) et REMY (Benjamin), *Droit international privé*, LGDJ, 12ème éd., 2019.

NIBOYET (Marie-Laure) et GEOUFFRE DE LA PRADELLE (Géraud de), *Droit international privé*, LGDJ, 7ème éd., 2020.

NIBOYET (Jean-Paulin), *Traité de droit international privé français*, Sirey, T. VI (fin), 1950.

PILLET (Antoine), *Traité pratique de droit international privé*, Sirey, T. II, 1924.

B. Monographies (thèses et ouvrages spécialisés)

ANCEL (Bertrand) et LEQUETTE (Yves), *Les grands arrêts de la jurisprudence française de droit international privé*, Dalloz, 5e éd., 2006.

ALEXANDRE (Danièle), *Les pouvoirs du juge de l'exequatur*, LGDJ, 1970.

AVOUT (Louis d'), *Sur les solutions du conflit de lois en droit des biens*, Economica, 2006.
BLÉRY (Corine), *L'efficacité substantielle des jugements civils*, LGDJ, 2000.
BODEN (Didier), *L'ordre public : limite et condition de la tolérance. Recherches sur le pluralisme juridique,* thèse Paris I Panthéon-Sorbonne, 2002.
BUCHER (Andreas), *La dimension sociale du droit international privé*, Adi-Poche, 2011.
CALLÉ (Pierre), *L'acte public en droit international privé*, Economica, 2004.
CHAUVEAU (Pierre), *La notion de droit internationalement acquis et le rôle du tribunal d'exequatur*, Alger, Baconnier Frères, 1926.
CORNELOUP (Sabine), *La publicité des situations juridiques. Une appréciation franco-allemande du droit interne et du droit international privé,* LGDJ, 2003.
DELPECH (Florence), *Le rôle de la règle de conflit de lois dans l'efficacité des décisions étrangères,* thèse Paris I Panthéon-Sorbonne, 1999.
DROZ (George), *Compétence judiciaire et effets des jugements dans le marché commun (Étude de la Convention de Bruxelles du 27 septembre 1968*, Dalloz, 1972.
FULLI-LEMAIRE (Samuel), *Le droit international privé de la famille à l'épreuve de l'impératif de reconnaissance des situations,* LGDJ, 2022.
FOHRER-DEDEURWAERDER (Estelle), *La prise en considération des normes étrangères,* LGDJ, 2008.
GARCIMARTÍN (Francisco) et SAUMIER (Géneviève), *« Convention sur les jugements - Rapport explicatif préliminaire »*, Vingt-deuxième session 18 juin – 2 juillet 2019, p. 4, § 1,
HOLLEAUX (Dominique), *Compétence du juge étranger et reconnaissance des jugements*, Dalloz, 1970.
JEAUNEAU (Adéline), *L'ordre public en droit national et en droit de l'Union européenne,* LGDJ, 2018.
JOUBERT (Nathalie), *La notion de liens suffisants avec l'ordre juridique (inlandsbeziehung) en droit international privé*, Litec, 2007.
KESSEDJIAN (Catherine), *La reconnaissance et l'exécution des jugements en droit international privé aux États-Unis,* Economica, 1987.
LEGENDRE (Rebecca), *Droits fondamentaux et droit international privé. Réflexion en matière personnelle et familiale,* Dalloz, 2020.
LÓPEZ DE TEJADA (María), *La disparition de l'exequatur dans l'espace judiciaire européen,* LGDJ, 2013.
LUCAS (Henri-Jacques), *L'office du juge de l'exequatur,* thèse Université de Poitiers, 1966.
MARMISSE (Anne), *La libre circulation des décisions de justice en Europe,* PULIM, 2000.
MAYER (Pierre), *La distinction entre règles et décisions et le droit international privé,* Dalloz, 1973.
MEHTIYEVA (Kamalia), *La notion de coopération judiciaire,* LGDJ, 2020.
NIBOYET-HOEGY (Marie-Laure), *L'action en justice dans les rapports internationaux de droit privé*, Economica, 1986.
PATAUT (Étienne), *Principe de souveraineté et conflit des juridictions : Étude de droit international privé*, LGDJ, 1999.
PÉROZ (Hélène), *La réception des jugements étrangers dans l'ordre juridique français,* LGDJ, 2005.
ROJAS (Daniel), *Le droit applicable au contrat en droit international privé colombien : Étude comparée, critique et prospective,* thèse Paris II Panthéon-Assas, 2017.
THÉRY (Philippe), *Pourvoir juridictionnel et compétence. Étude de droit international privé*, thèse Paris II Panthéon-Assas, 1981.
USUNIER (Laurence), *La régulation de la compétence juridictionnelle en droit international privé,* Economica, 2008.

VAREILLES-SOMMIÈRES (Pascal de), *La compétence internationale de l'état en matière de droit privé : Droit international public et droit international privé*, LGDJ, 1997.

C. Articles doctrinaux (ouvrages collectifs et revues)

ANCEL (Bertrand), « Loi appliquée et effets en France des décisions étrangères », *TCFDIP*, 1986-1987, p. 25.
ANCEL (Bertrand) et MUIR WATT (Horatia), « Les jugements étrangers et la règle de conflit des lois : Chronique d'une séparation », *in, Vers de nouveaux équilibres entre ordres juridiques. Mélanges en l'honneur à Hélène Gaudemet-Tallon*, Dalloz, 2008, p. 135.
AUDIT (Mathias), « L'interprétation autonome du droit international privé communautaire », *JDI* 2004, p. 789.
AVOUT (Louis d'),
- « La circulation automatique des titres exécutoires imposée par le règlement 805/2004 du 21 avril 2004 », *RCDIP* 2006, p. 1.
- « Faut-il supprimer l'exequatur dans le contentieux transfrontière en Europe ? Questionnement à propos des projets de révision du Règlement Bruxelles I » *in*, Actes du VIIIe colloque Droit et procédures, *Revue Droit et Procédures*, novembre 2010, p. 68.
- « L'exequatur en droit prospectif européen », *RDAI* 2012, p. 568.
- « La refonte du Règlement Bruxelles I », *D.* 2013, chron., p. 1014.
- « L'efficacité internationale des jugements. Après la refonte du règlement « Bruxelles I bis », *Rev. Int. Dr. Processuel*, 2015, p. 239.
AVOUT (Louis d') et BOLLÉE (Sylvain), « L'abandon du contrôle de la loi appliquée par les jugements étrangers », *D* 2007, p. 1115.
BARTIN (Étienne), « Le jugement étranger considéré comme un fait », *JDI* 1924, p. 857.
BATIFFOL (Henri), « Principes de droit international privé », *RCADI*, Martinus Nijhoff Publishers, 1959, Vol. 97, p. 435.
BLANC (Nathalie), « Mondialisation du rôle du juge français : quels enjeux ? », *D.* 2018, p. 840.
BLÉRY (Corine), « Les effets du jugement : perspectives en droit interne », *in, Les nouvelles formes de coordination des justices étatiques*, sous la dir. d'E. Pataut, S. Bollée, L. Cadet et E. Jeuland, IRJS éditions, 2013, p. 171.
BOLLÉE (Sylvain),
- « L'extension du domaine de la méthode de reconnaissance unilatérale », *RCDIP* 2007, p. 307.
- « Les effets des jugements étrangers », *in, Les nouvelles formes de coordination des justices étatiques*, sous la dir. d'E. Pataut, S. Bollée, L. Cadet et E. Jeuland, IRJS éditions, 2013, p. 157.
CHEVALIER (Pierre), « La nouvelle cartographie des voies ouvertes pour la reconnaissance ou l'exécution en France des décisions étrangères », *RCDIP* 20014, p. 1.
CLAVEL (Sandrine), « La place de la fraude en droit international privé comparé », *TCFDIP*, 2010-2012, p. 255.
CLAVEL (Sandrine) et JAULT-SESEKE (Fabienne), « La Convention de La Haye du 2 juillet 2019 sur la reconnaissance et l'exécution des jugements étrangers en matière civile et commerciale : Que peut-on en attendre ? », *Comité français de DIP*, séance d'actualité du 4 juillet 2010, p. 2.
COCK (Henry de), « Effets et exécution des jugements étrangers », *RCADI*, 1925, Vol. 10, p. 523.
CUNIBERTI (Gilles),

- « La réforme du règlement Bruxelles I », *Droit et procédures*, 2013, p. 26.
- « Le fondement de l'effet des jugements étrangers », *RCADI*, 2018, Vol. 394, p. 101.

DEUMIER (Pascal), LAAZOUZI (Malik) et TREPPOZ (Édouard), « Le règlement Bruxelles I bis et la géométrie de l'espace », *RDC* 2013, p. 1037.

FRANCESCAKIS (Phocion),

- « Effets en France des jugements étrangers indépendamment de l'exequatur », *TCFDIP*, 1947-1948, p. 129.
- « Remarques sur la reconnaissance et l'exécution des jugements étrangers à l'occasion de l'arrêt Lambrino de la Chambre Civile », *JCP* 1964.I.1813.

GALLANT (Estelle),

- « Le nouveau Règlement 'Bruxelles II ter' », *AJ fam.* 2019, p. 401.
- « Règlement (CE) n° 2201/2003 du 27 novembre 2003 relatif à la compétence, la reconnaissance et l'exécution des décisions en matière matrimoniale et en matière de responsabilité parentale abrogeant le règlement (CE) n° 1347/2000 », *in, Droit processuel civil de l'Union européenne*, LexisNexis, 2011, p. 59.

GANNAGÉ (Léna),

- « L'ordre public international à l'épreuve du relativisme des valeurs », *TCDIP*, 2006-2008, p. 205.
- « Les méthodes du droit international privé à l'épreuve des conflits des cultures », *RCADI*, 2013, Vol. 357, p. 227.

GARCIMARTIN (Francisco) SAUMIER (Géneviève), « Convention sur les jugements : Rapport explicatif préliminaire révisé », 2018.

GASCÓN-INCHAUSTI (Fernando), « La reconnaissance et l'exécution des décisions dans le Règlement Bruxelles I bis », *in, Le nouveau règlement Bruxelles I bis,* sous la dir., de E. Guinchard, Bruylant, 2014, p. 205.

GAUDEMET-TALLON (Hélène),

- « La reconnaissance des jugements étrangers portant sur une somme d'argent, en matière civile et commerciale », *RIDC* 1986, p. 487.
- « De quelques raisons de la difficulté d'une entente au niveau mondial sur les règles de compétence judiciaire internationale directe », *in, Law and justice in a multistate world, Essays in honor of Arthur T. von Mehren,* sous la dir. de J.A.R Nafziger et S. Symeonides, Ardsley Transnational publishers, 2002, p. 55.
- « Un trio d'inséparables droit comparé, droit international privé, droit de l'Union européenne », *in, Mélanges en l'honneur de Camille Jauffret-Spinosi,* Dalloz, 2013, p. 431
- « La refonte du Règlement Bruxelles I », *in La justice civile européenne en marche,* sous la dir. de M. Douchy-Oudot et E. Guinchard, Dalloz, 2012, p. 21.
- « L'irrésistible ascension des conflits de juridictions », *in, Mélanges en l'honneur du Professeur Bertrand Ancel. Le droit à l'épreuve des siècles et des frontières,* LGDJ, 2018, p. 735.

GAUDEMET-TALLON (Hélène) et KESSEDJIAN (Catherine), « La refonte du règlement Bruxelles I », *RTD. Eur.* 2013.435.

GODECHOT-PATRIS (Sara),

- « Le droit international privé comme vecteur d'influence pour le droit comparé : alliance ou mésalliance ? », *in, Mélanges en l'honneur de Camille Jauffret-Spinosi,* Dalloz, 2013, p. 501.
- « De quelques enseignements concernant le nouveau règlement Bruxelles II ter… », *D.* 2019, p. 1824.

GORÉ (Marie),

- « L'acte authentique en droit international privé », *TCFDIP*, 1998-2000, p. 23.
- « La langue », *in, Hommage à Georges Rouhette*, Dalloz, 2013, p. 71.
- « Un seul lit pour deux rêves : la codification du droit international privé dans les Caraïbes », *in Mélanges en l'honneur du Professeur Bertrand Ancel. Le droit à l'épreuve des siècles et des frontières*. LGDJ, 2018, p. 793.

GOTHOT (Pierre) et HOLLEAUX (Dominique),
- « La Convention entre les États membres de la Communauté Économique Européenne sur la compétence judiciaire et l'exécution des décisions en matière civile et commerciale », *JDI* 1971, p. 747.
- *La convention de Bruxelles du 27 septembre 1968 : Compétence judiciaire et effets des jugements dans la CEE*, Jupiter, 1985.

GUILLAUMÉ (Johanna), « Ordre public plein, ordre public atténué, ordre public de proximité : quelle rationalité dans le choix du juge ? » *in, Le droit entre tradition et modernité : Mélanges à la mémoire de Patrick Courbe*, Dalloz, 2012, p. 295.

HEUZÉ (Vincent), « La reine morte : la démocratie à l'épreuve de la conception communautaire de la justice - l'abolition de la démocratie (1ère partie) », *JCP* n° 13, p. 603.

HOLLEAUX (Dominique),
- « Remarques sur l'évolution de la jurisprudence en matière de reconnaissance des décisions étrangères d'état et de capacité », *TCFDIP*, Pedone, 1948-1952, p. 179.
- « Les conséquences de la prohibition de la révision », *TCFDIP*, Pedone, 1980-1981, p. 53.

HUET (André),
- « Les procédures de reconnaissance et d'exécution des jugements étrangers et des sentences arbitrales, en droit international privé français », *JDI* 1988, p. 5.
- « L'autorité (négative) de chose jugée des jugements étrangers : Réflexions sur le droit international privé commun français », *in, Mélanges en l'honneur du Doyen Georges Wiederkehr*, Dalloz, 2009, p. 397.

JAULT-SESEKE (Fabienne), « Une nouvelle Convention de La Haye en matière de reconnaissance et d'exécution des jugements étrangers », *D.* 2019, p. 1928.

KERAMEUS (Konstantinos), « La convention de Bruxelles et l'harmonisation par la jurisprudence en Europe », *in Vers de nouveaux équilibres entre ordres juridiques. Mélanges en l'honneur de Hélène Gaudemet-Tallon*, Dalloz, 2008, p. 335.

KESSEDJIAN (Catherine),
- « La reconnaissance et l'exécution des jugements étrangers en France – hors les Conventions de Bruxelles et de Lugano », *in Reconnaissance et exécution des jugements étrangers hors des conventions de Bruxelles et de Lugano*, sous la dir. de W. Gerhard et S. Baumgartner, Kluwer Law International, 2000, p. 191.
- « Le Règlement « Bruxelles I révise » : Much ado about…What ? », *Rev. Europe*, mars 2013, étude n° 3, p. 5.

KINSCH (Patrick) « Droits de l'homme, droits fondamentaux et droit international privé », *RCADI*, 2005, Vol. 318, p. 19.

LAGARDE (Paul),
- « La réciprocité en droit international privé », *RCADI*, 1977, Vol. 154, p. 111.
- « Le principe de proximité dans le droit international privé contemporain », *RCADI*, 1986 ; Vol. 196, p. 25.
- « Sur la vulnérabilité des situations juridiques », *in, Mélanges en l'honneur du Professeur Pierre Mayer*, LDGJ, 2015.

LEQUETTE (Yves), « Les mutations du droit international privé : vers un changement de paradigme ?, *RCADI*, 2017, Vol. 387, p. 13.

LOUSSOUARN (Yvon), « La reconnaissance et l'exécution des jugements étrangers », *in Rapport aux 5e journées juridiques franco-polonaises (séance du 30 octobre 1964) à la Faculté de Rennes.*
LUCAS (Henri-Jacques), « L'efficacité juridictionnelle des décisions étrangères », *in, Mélanges offerts à Pierre Hébraud*, Université de sciences sociales de Toulouse, 1981, p. 531.
MAYER (Pierre),
- « Le rôle du droit public en droit international privé », *RIDC* 1986, p. 467.
- « Les méthodes de la reconnaissance en droit international privé » *in Mélanges en l'honneur de Paul Lagarde, Le droit international privé : esprit et méthodes*, Dalloz, 2005, p. 547.
- « Le phénomène de la coordination des ordres juridiques étatiques en droit privé », *RCADI,* 2007, Vol. 327, p. 9.
- « La notion de coordination et le conflit de juridictions », *in, Les nouvelles formes de coordination des justices étatiques*, sous la dir. d'E. Pataut, S. Bollée, L. Cadet et E. Jeuland, IRJS éditions, 2013, p. 3.
MONÉGER (François) et PLUYETTE (Gérard), « Exequatur et principes essentiels du droit français » *in, Le droit entre tradition et modernité : Mélanges à la mémoire de Patrick Courbe*, Dalloz, 2012, p. 447.
NIBOYET (Jean-Paulin),
- « Le rôle de la justice internationale en droit international privé : conflit des lois », *RCADI*, 1932, Vol. 040, p. 157.
- « La notion de réciprocité dans les traités diplomatiques de droit international privé », *RCADI,* 1935, Vol. 052, p. 259.
NIBOYET (Marie-Laure),
- « Les conflits de procédures », *TCFDIP,* 1995-1996, p. 71.
- « La globalisation du procès civil international dans l'espace judiciaire européen et mondial », *JDI* 2006, p. 937.
- « L'européanisation du droit international privé des conflits de juridictions. Les frontières de l'espace européen de justice », *in Union Européenne et droit international, en l'honneur de Patrick Daillier*, Pedone, 2012, p. 815.
NIBOYET (Marie-Laure), SINOPOLI (Laurence) et BÉRARD (François de), « 1390 décisions inédites de 1999 à 2001 sur l'exequatur en France des jugements étrangers », *Gaz. Pal.* 2004, p. 4.
NOURISSAT (Cyril), « Festival estival pour la circulation internationale des jugements, des actes authentiques ou des accords de médiation », *Procédures,* 2019, n° 10, Alertes n° 12.
OREJUDO PRIETO DE LOS MOZOS (Patricia), « Le droit international privé colombien et le projet de loi modèle de l'OHADAC » *in, L'harmonisation du droit international privé dans le Caraïbe*, sous la dir. de J. Fernandez Rozas, Iprolex, 2015, p. 119.
PATAUT (Étienne), « Le renouveau de la théorie des droits acquis », *TCFDIP*, 2006-2008, p. 71.
PEREZNIETO CASTRO (Leonel), « La tradition territorialiste en droit international privé dans les pays de l'Amérique Latine », *RCADIP*, Martinus Nijhoff Publishers, 1985, Vol. 190, p. 279.
PÉROZ (Hélène), « Le Règlement CE 805/2004 du 21 avril 2004 portant création d'un titre exécutoire européen pour les créances incontestées », *JDI* 2005, p. 637.
PICONE (Paolo), « Les méthodes de coordination entre ordres juridiques en droit international privé, 1999, Vol. 276, p. 9.
REVILLARD (Mariel), « La légalisation des actes », *RCDIP* 1992, p. 549.

SINDRES (David), « Vers la disparition de l'ordre public de proximité ? », *JDI* 2012, p. 887.
USUNIER (Laurence),
- « Libre, mobile, divers : le couple au miroir du droit international privé de l'Union européenne », *RTD.civ.* 2016, p. 806
- « Observations sur la nature des règles de compétence judiciaire internationale », *in Mélanges en l'honneur du Professeur Bertrand Ancel. Le droit à l'épreuve des siècles et des frontières.* LGDJ, 2018, p. 1524.

VAN LOON (Hans), « Le Brexit et les Convention de La Haye », *RCDIP,* 2019, p. 353.
VAREILLES-SOMMIÈRES (Pascal de),
- « Conclusions d'un internationaliste », *in, Les nouvelles formes de coordination des justices étatiques*, sous la dir. d'E. Pataut, S. Bollée, L. Cadet et E. Jeuland, IRJS éditions, 2013, p. 189.
- « Exception d'ordre public et régularité de la loi étrangère », *RCADI*, Martinus Nijhoff Publishers, 2015, Vol. 371, p. 165.

D. Principales décisions de jurisprudence citées

1. Jurisprudence française

- Cass. 1ère civ., 19 avril 1819 *Parker, GA* n° 2 ; *S.* 1819. I. 129.
- Cass. 1ère civ., 28 février 1860 *Bulkley, S.* 1860. 1. 210 ; *D.* 1860. 1. 57 ; *GA* n° 4, p 30.
- Cass. 1ère civ., 9 mai 1900 *De Wrède, JDI* 1900. 613 ; *S.* 1901. 1. 185 obs. E. A. ; *D.* 1905. 1. 101 obs. L. S ; *GA* n° 10, p. 79.
- Ch. Req. 11 novembre 1908 *Le Goaster, RCDIP* 1909.227; *JDI* 1909.753, obs. J.P.
- Cass. 1ère civ., 30 mars 1930 *Hainard, S.* 30. 1. 377 obs. Niboyet ; *D* 1930. 981.
- Cass. 1re civ., 11 avril 1945 *Bach* et Cass., 1re civ. 1er mai 1945 *Schabel, JDI* 1940-1945 obs. R. Tanger ; *D.* 1945.245 obs. P. Lerebours-Pigeonnière.
- Cass. 1ère civ., 25 mai 1948, *Lautour, GA* n° 19, p. 164
- Cass. 1ère civ., 22 janvier 1951 *Weiller, GA* n° 24-25 ; *RCDIP* 1951.167 obs. Francescakis.
- Cass. 1ère civ., 17 avril 1953 *Rivière, GA* n° 26, p. 232 ; *RCDIP* 1953. 412 obs. H. Batiffol ; *JDI* 1953. 860 obs. Plaisant ; *JCP* 1953. II. 7863 obs. Buchet ; *Rabels Zeitschrift* 1955.520 obs. Ph. Francescakis.
- Paris, 21 octobre 1955 *Charr, RCDIP* 1955.769 obs. H. Batiffol ; *JDI* 1956.164 obs. Sialelli ; *D* 1956.61 obs. Ph. Francescakis.
- Cass. 1ère civ., 8 janvier 1963 *Hohenzollern- Lambrino, RCDIP* 1963.109 obs. G. Holleaux.
- Cass. 1ère civ. 15 mai 1963 *Patiño, GA* n° 38-39, p. 338.
- Cass. 1ère civ. 4 janvier 1964 *Munzer, GA* n° 41 ; *RCDIP* 1964. 344 obs. H. Batiffol ; *JDI* 1964. 302 obs. Goldman; *JCP* 1964. II. 13590 obs. B. Ancel.
- Paris, 18 juin 1964 *Gunzbourg, RCDIP* 1967.340 obs. Déprez ; *JDI* 1964.810 obs. Bredin.
- Cass. 1ère civ., 24 novembre 1965 *Loesch, RCDIP* 1966.289 obs. P. Lagarde.
- Cass. 1re civ. 6 juin 1967 *Schapiro, JDI* 1967.890, obs. J-D Bredin ; *RCDIP* 1969.75, obs. Déprez.

- Cass. 1ère civ., 4 octobre 1967 *Bachir, GA* n° 45 ; *RCDIP* 1968.98 obs. P. Lagarde ; *JDI* 1969.102 obs. Goldman ; *D* 1968.95 obs. Mezger.
- Cass. 1ère civ., 10 février 1971 *Bielsky, JDI* 1972.582 obs. Ph. K ; *RCDIP* 1972.123.
- Cass. 1ère civ., 9 novembre 1971 *Camus, RCDIP* 1972.314 obs. D. Holleaux.
- Cass. 1ère civ. 19 décembre 1972 *Guarte, RCDIP* 1975. 83 obs. D. Holleaux.
- Cass. 1ère civ., 26 novembre 1974 *Miniera di Fragne, RCDIP* 1975.491, obs. Holleaux ; *JDI* 1975.108, obs. Ponsard ; *GA* n° 54, p. 504
- Cass. 1ère civ., 9 décembre 1974 *Locautra, RCDIP* 1975. 504, obs. Mezger ; *JDI* 1975.534, obs. Ponsard.
- Cass. 1ère civ., 3 janvier 1980 *Garino, JDI* 1980.341 obs. A. Huet ; *RCDIP* 1980.597 obs. D. Holleaux.
- Cass. 1ère civ., 17 mai 1983 *Lafarge, RCDIP* 1985.346 obs. B. Ancel.
- Cass. 1ère civ., 3 novembre 1983 *Hermann/Lounsberry, JDI* 1985.115 obs. B Ancel.
- Cass. 1ère civ. 6 février 1985 *Simitch, GA* n° 70 ; *RCDIP* 1985.369 ; *RCDIP* 1985.243 obs. Ph. Francescakis ; *JDI* 1985.460 obs. A. Huet.
- Paris, 23 mai 1989 *Compagnie de signaux et d'entreprises électriques c. Sorelec, RCDIP* 1990.117 obs. H. Gaudemet-Tallon.
- Cass. 1ère civ., 23 mai 2006 *Prieur, GA* n° 87, p. 755 ; *D.* 2006.1846 obs. Audit.
- Cass. 1ère civ. 4 juillet 2006 *Enfant Viola, D.* 2007.1751 obs. P. Courbe et F. Jault-Seseke.
- CE 24 novembre 2006 *Bellounis*, Req. n° 275527.
- Cass. 1ère civ., 20 février 2007 *Cornelissen, D* 2007.1115 obs. L. d'Avout et S. Bolée ; *D* 2007.891 obs. P. Chauvin ; *RCDIP* 2007.420 obs. B. Ancet et H. Muir Watt.
- Cass. 1ère civ. 22 mai 2007 *Fercometal, RCDIP* 2007.610 obs. H. Gaudemet-Tallon ; *D. chron.* 2007.2548 obs. Audit ; *JDI* 2007.956 obs. Ancel et H. Muir Watt.
- Cass. 1ère civ., 19 septembre 2007 *Bureau Veritas, JDI* 2008.153 obs. Chalas ; *RCDIP* 2008.617 obs. Pataut ; *D. Pand.* 2008.1517 obs. Jault-Seseke.
- Cass. 1ère civ., 11 juin 2008 *Klammers, RCDIP* 2008.859 obs. B. Ancel.
- Cass. 1ère civ., 22 octobre 2008 *Monster Cable, JCP* 2008. II. 10187 obs. L. d'Avout ; *RCDIP* 2009.1 obs. D. Bureau et H. Muir Watt.
- Cass. 1ère civ. 13 janvier 2009 *Agrogabon, RCDIP* 2009.331 obs. L. d'Avout.
- Cass. 1ère civ., 1er décembre 2010 *Société Fountaine Pajot, D.* 2011.423 obs. I. Gallmeister.
- Cass. 1ère civ., 30 janvier 2013 *Gazprombank, D* 2013.1503 obs. F. Jaul-Seseke ; *D* 2013. 2293 obs. S. Bollée; *JCP* 2013. 165 obs. D. Akchoti.
- Cass. Civ. Ch. Civ., 27 septembre 2017, *Defrénois* 2017.23 obs. M. Goré.
- Cass. 1ère civ., 10 janvier 2018 *Gibsonia, D.* 2018. 966 obs. F. Jault-Seseke ; *D.* 1028. 1934 obs. L. d'Avout ; *JDI* 2019. 783 obs. B. Remy.
- Cass. 1ère civ., 24 mai 2018 *Société Fountaine Pajot II* n° 16-26012.
- Cass. 1ère civ., 26 juin 2019, *D.* 2019. 1956 obs. L. d'Avout, S. Bollée et E. Farnoux ; *D.* 2019. 1956 obs. L. d'Avout, S. Bollée et E. Farnoux ; *RCDIP* 2019. 295 obs. F. Marchadier.
- Cass. 1ère civ., 15 janvier 2020, *JCP. 2020. II. 428* obs. M. Farge *; Dr.Fam.* 2020 comm. 63 obs. A. Devers.

2. *Jurisprudence européenne*

- CJCE, 14 octobre 1976, Aff. C-29/76 *Eruocontrol*, *RCDIP* 1977.772 obs. Droz ; *JDI* 1977.707 obs. A. Huet.
- CJCE, 21 mai 1980, Aff. C-125/1979 *Denilauler*, *RCDIP* 1980.787 obs. Mezger ; *JDI* 1980.939 obs. A. Huet ; *D*. 1981.IR.158 obs. Audit.
- CJCE, 16 décembre 1980, Aff. C-814/79 *Rüffer*, *JDI* 1982.463 obs. Bischoff.
- CJCE, 16 juin 1981, Aff. C-166/80 *Klomps*.
- CJCE, 15 juillet 1982, Aff. C-228/82 *Pendy Plastics Products*, *JDI* 1982.966 obs. A.H.; *RCDIP* 1983.521 obs. G. Droz.
- CJCE, 4 février 1988, Aff. C- 145/86 *Hoffmann c. Krieg*, *RCDIP* 1988.605 obs. H. Gaudemet-Tallon ; *JDI* 1989.449 obs. A. Huet.
- CJCE, 4 octobre 1991, Aff. C-183/90 *Van Loon*, *JDI* 1992.499 obs. A. Huet ; *RCDIP* 1992.128 obs. H. Gaudemet-Tallon.
- CJCE, 2 juin 1994, Aff. C-414/92 *Solo Kleinmotoren GmbH*, *JDI* 1995.466 obs. A. Huet.
- CJCE, 11 mars 2000, Aff. C-38/98 *Renault c. Maxicar*.
- CJCE, 28 mars 2000, Aff. C-7/98 *Krombach*, *JDI* 2001.690; *RCDIP* 2000.481 obs. H. Muir Watt; *JCP* 2001. I.342 ; *JCP* 2001.II.10608.
- CJCE, 6 juin 2002, Aff. C- 80/00 *Italian Leather*, *RCDIP* 2002.704 obs. H. Muir Watt ; *JDI* 2003.671 obs. A. Huet ; *RTD com*. 2002.591 obs. A. Marmissa.
- CJCE, 2 avril 2009, Aff. C-394/2007 *Gambazzi*, *D*. 2010.1587 obs. Courbe et Jault-Seseke ; *RCDIP* 2009.785 spéc. §29 à 34 obs. Cuniberti ; *Gaz.Pal*. 28 novembre 2009, obs. Nioche et Sinopoli.
- CJCE, 28 avril 2009, Aff. C-420/07 *Apostolides*, *RCDIP* 2010.377 obs. Pataut.
- CJUE, 13 octobre 2011, Aff. C-139/10 *Prism Investments*.
- CJUE, 6 septembre 2012, Aff. C-619/10 *Trade Agency*, *D*. 2012.2181; *Europe* 2012 comm. 469 obs. L. Idot.
- CJUE, 15 novembre 2012, Aff. C-456/2011 *Gothaer*, *RCDIP* 2013.686 obs. Nioche.
- CJCE, 13 novembre 2013, Aff. C-645/11 *Land Berlin*, *RCDIP* 2014.110 obs. M. Laazouzi; *D*. 2013.1010; *D*. 2014.1059 obs. H. Gaudemet-Tallon et F. Jault-Seseke.
- CJCE, 13 mars 2014, Aff. C-548/12 *Brogsitter*, *RTD. com*. 2014.446 obs. A. Marmisse-d'Abadie d'Arrast.
- CJUE, 16 juillet 2015, Aff. C-681/13 *Diageo Brands*, *JDI* 2016.155 obs. J. Heymann ; *RTD Eur*. 2015.872 obs. É. Treppoz, *Europe* 2015.46 obs. L. Idot,
- CJUE, 15 mai 2016, Aff. C-559/14 *Rüdolfs Meroni*, *Procédures* 2016.23 obs. Cyril Nourissat.
- CJUE, 20 décembre 2017, Aff. C-372/16 *Sahyouni*, *D*. 2018.966 obs. S. Clavel et F. Jault-Seseke ; *AJ Fam*. 2018.119 obs. A Bioché ; *JCP* 2018, doctr. 228 n° 10 obs. M. Farge.

- CEDH, 20 juillet 2001 *Pellegrini*, *RCDIP* 2001.1 obs. Ch. Louis-Léon.
- CEDH, 6 mai 2004 *Hussin c. Belgique*, Req. n° 370807/01.
- CEDH, 20 juillet 2004, *K. c. Italie*, Req. n° 38805/97.
- CEDH, 28 juin 2007, Req., n°76240/01 *Wagner*, *D*. 2007.2700 obs. F. Marchadier ; *RCDIP* 2007.807 obs. Kinsch ; *JDI* 2008.183 obs. L. d'Avout.
- CEDH, 29 avril 2008 *Mc Donald c. France*, Requête n° 18648/04.
- CEDH, 4 novembre 2008, *Dinu c. Roumanie et France*, req. n° 6152/02, *Gaz.Pal.*, 21 février 2009, n° 52, p. 50.

- CEDH 13 octobre 2009, Req., n° 39523/09 *Selin Asli Ozturk contre Turquie*, *RCDIP* 2010.498 obs. F. Marchadier
- CEDH, 3 mai 2011, Req., n°56759/08 *Négrépontis*, *RCDIP* 2011.817 obs. Kinsch ; *D* 2012.1228 obs. H. Gaudemet-Tallon et F. Jault-Seseke.

E. Dispositions législatives

- Convention de Bruxelles, 27 septembre 1968, concernant la compétence judiciaire et l'exécution des décisions en matière civile et commerciale, *JOUE* n° L 299 du 31 décembre 1972, p. 32.
- Décret n° 92-1213, 12 novembre 1992, portant publication de la Convention de coopération judiciaire entre le Gouvernement de la République française et le Gouvernement de la République d'Argentine, signée à Paris le 2 juillet 1991, *RCDIP* 1993.90.
- Décret n° 99-663, 28 juillet 1999, portant publication de la Convention d'entraide judiciaire en matière civile et commerciale entre le Gouvernement de la République française et le Gouvernement de la République orientale de l'Uruguay, signée à Montevideo le 16 septembre 1991, JORF n° 175 du 31 juillet 1999, p. 11471, *RCDIP* 1999. 844.
- Décret n° 2000-940, 18 septembre 2000, portant publication de la Convention d'entraide judiciaire en matière civile entre le Gouvernement de la République française et le Gouvernement de la République fédérative du Brésil, signée à Paris le 28 mai 1996, JORF n° 223 du 26 septembre 2000, p. 15158.
- Règlement (CE) n° 44 du 22 décembre 2000 *Bruxelles I*, concernant la compétence judiciaire, la reconnaissance et l'exécution des décisions, *JOUE* n° L 012 du 16 janvier 2001, p. 1.
- Règlement (CE) n° 2201 du 27 novembre 2003 *Bruxelles II bis*, relatif à la compétence, la reconnaissance et l'exécution des décisions en matière matrimoniale et en matière de responsabilité parentale abrogeant le règlement (CE) n° 1347/200, *JOUE* n° L 338, 23 décembre 2003, p. 1.
- Règlement Européen (CE) n° 805 du 21 avril 2004, portant création d'un titre exécutoire européen pour les créances incontestées, *JOUE* n° L 143 du 30 avril 2004, p. 15.
- Règlement Européen (CE) n° 1896 du 12 décembre 2006, instituant une injonction européenne de payer, *JOUE* n° L 399 du 30 décembre 2006, p. 1.
- Règlement (CE) n° 861 du 11 juillet 2007, instituant une procédure européenne de règlement des petits litiges, *JOUE* n° L 199 du 31 juillet 2007, p. 1
- Règlement (CE) n° 4 du 18 décembre 2008, relatif à la compétence, à la loi applicable, la reconnaissance et l'exécution des décisions et la coopération en matière des obligations alimentaires, *JOUE* n° L 7, 10 janvier 2009, p. 1.
- Règlement (UE) n° 650 du 4 juillet 2012, relatif à la compétence, à la loi applicable, la reconnaissance et l'exécution des décisions et à l'acceptation et l'exécution des actes authentiques en matière de successions et à la création d'un certificat successoral européen, *JOUE* n° L 201, 27 juillet 2012, p. 107.
- Règlement (UE) n° 1215 du 12 décembre 2012 *Bruxelles I bis*, concernant la compétence judiciaire, la reconnaissance et l'exécution des décisions en matière civile et commerciale, *JOUE* n° L 351, 20 décembre 2012, p. 1.
- Règlement (UE) n° 848 20 mai 2015, relatif aux procédures d'insolvabilité *refonte*, *JOUE* n° L 141, 5 juin 2015, p. 1.

- Règlement (UE) n° 1103 du 24 juin 2016, mettant en œuvre une coopération renforcée dans le domaine de la compétence, de la loi applicable, de la reconnaissance et de l'exécution des décisions en matière de régimes matrimoniaux, *JOUE* n° L 183, 8 juillet 2016, p. 1.
- Règlement (UE) n° 1104 du 24 juin 2016, mettant en œuvre une coopération renforcée dans le domaine de la compétence, de la loi applicable, de la reconnaissance et de l'exécution des décisions en matière d'effets patrimoniaux des partenariats enregistrés, *JOUE* n° L 183, 8 juillet 2016, p. 30.
- Règlement (UE) n° 1111 du 25 juin 2019 *Bruxelles II ter*, relatif à la compétence, la reconnaissance et l'exécution des décisions en matière matrimoniale et en matière de responsabilité parentale, ainsi qu'à l'enlèvement international d'enfants, *JOUE* n° L 178, 2 juillet 2019, p. 1 ;
- Convention de La Haye du 2 juillet 2019, portant sur la reconnaissance et l'exécution des jugements étrangers en matière civile et commerciale.

II. **Bibliographie en langue espagnole**

A. Ouvrages généraux (manuels et traités)

ALSINA (Hugo), *Tratado Teórico-Práctico de Derecho Procesal Civil y Comercial*, Editar S.A, 2ème éd., T. V, 1962.

ÁLVAREZ LONDOÑO (Luis Fernando) et GALÁN BARRERA (Diego Ricardo), *Derecho internacional privado. Parte general*, Pontificia Universidad Javeriana, 2001.

ARELLANO GARCÍA (Carlos), *Derecho internacional privado*, Editorial Porrúa, 9ème éd., 1989.

AZULA CAMACHO (Jaime), *Manual de derecho procesal*, ABC editorial, 2e éd., T. I, 1982.

BALESTRA (Ricardo), *Derecho internacional privado*, LexisNexis, 3ème éd., 2006.

BASADRE AYULO (Jorge), *Tratado de derecho internacional privado*, Jurista editores, 2003.

BOGGIANO (Antonio), *Derecho internacional privado*, LexisNexis, 5e éd., T. I, 2006.

CAICEDO CASTILLA (José Joaquín), *Derecho internacional privado*, Temis, 5e éd., 1960.

CALVO CARAVACA (Alfonso Luís) et CARRASCOSA GONZALEZ (Javier), *Derecho internacional privado*, Editorial Comares, Vol. I, 2e éd, 2000.

CANOSA TORRADO (Fernando), *Procesos de ejecución de providencias judiciales*, Ediciones doctrina y ley, 2e éd., 2004.

CARDONA GALEANO (Pedro Pablo), *Manual de derecho procesal*, Leyer, T. II, 5e éd., 2003.

COCK (Alfredo), *Tratado de derecho internacional privado*, Ediciones de la Universidad de Antioquia, 1935.

DEVIS ECHANDÍA (Hernando), *Nociones generales de derecho procesal civil*, Temis, 2e éd., 2009.

FERNÁNDEZ ROZAS (José Carlos) et SÁNCHEZ LORENZO (Sixto), *Derecho internacional privado*, Thomson Civiltas, 4e éd., 2007.

GONZÁLEZ CAMPOS (Julio) et RECONDO PORRÚA (Rodrigo), *Lecciones de derecho procesal civil internacional*, Publicaciones de la Universidad de Deusto, 1ère éd., 1981.

GUZMÁN LATORRE (Diego), *Tratado de derecho internacional privado*, Editorial Jurídica de Chile, 3ème éd., 1997.

HERRAN MEDINA (Álvaro), *Compendio de derecho internacional privado*, Temis, 1959.

LÓPEZ BLANCO (Hernán Fabio),

- *Instituciones de derecho procesal colombiano. Parte general,* Dupre editores, 7ème éd., T. I, 1997.
- *Instituciones de derecho procesal colombiano. Parte especial.* Dupre ediciones, 8ème éd., T. II, 2004.

MARÍN FUENTES (José Luís), *Derecho international privado*, Universidad de Medellin, 2014.

MARÍN LÓPEZ (Antonio), *Derecho internacional privado español. Parte especial,* Édition El auteur, 1983.

MONROY CABRA (Marco Gerardo),

- *Tratado de derecho internacional privado*, Temis, 4e éd., 1995.
- *Derecho procesal civil internacional,* Ediciones Libreria el profesional, 2000.

MORALES MOLINA (Hernando), *Curso de derecho procesal civil,* Lerner, 5e éd., 1965.

PARDO (Antonio), *Tratado de derecho procesal civil,* Editorial Universidad de Antioquia, T.II, 1956.

PARRA QUIJANO (Jairo), *Derecho procesal civil. Partie générale,* Temis, T. I, 1992.

PEREZNIETO CASTRO (Leonel), *Derecho internacional privado*, Oxford University Press, 7e éd., 1999.

ROCCO (Ugo), *Tratado de Derecho Procesal Civil,* Editorial Temis - Bogotá et Dipalma -, Buenos Aires, T. VI, 1981.

ROJAS (Miguel), *Lecciones de derecho procesal,* Esaju, 6ème éd., T. II, 2017.

SAMTLEBEN (Jürgen), *Derecho internacional privado en América Latina. Teoría y práctica del Código Bustamante, Parte General,* Ediciones Depalma, Vol. 1, 1983.

WOLFF (Martín), *Derecho Internacional Privado*, Bosch Casa Editorial, 1958.

B. Monographies (thèses et ouvrages spécialisés)

FIORE (Pasquale) et GARCÍA MORENO (Alejo), *Ejecución de las sentencias extranjeras,* Centro Editorial de Góngora, 1896.

HOYOS MUÑOZ (José), *La Sentencia Extranjera: El exequatur,* Señal Editora, 1998.

IGLESIAS BUIGUES (José), *Competencia judicial, reconocimiento y ejecución de decisiones judiciales en la C.E.E y en derecho español*, Instituto de estudios administrativos, 1977.

REMIRO BROTONS (Antonio), *Ejecución de sentencias extranjeras en España*, Editorial Tecnos, 1974.

ROJAS (Daniel), *El derecho aplicable al contrato, Estudio comparado, crítico y prospectivo en Derecho Internacional Privado colombiano,* Universidad Externado de Colombia, 2018.

SENTIS MELENDO (Santiago), *La sentencia extranjera*, Ediciones Jurídicas Europa-América, 1958.

ZAPATA (Adriana), *Gobernabilidad monetaria y financiera internacional : contribución al estudio jurídico de los instrumentos normativos del derecho monetario internacional*, Universidad Externado de Colombia, 2012.

C. Articles doctrinaux (ouvrages collectifs et revues)

ALJURE (Antoio),

- « Exequatur de providencias judiciales », *in, Teoría general del derecho internacional privado,* sous la dir. de L. García et A. Aljure, Legis, 2016, p. 419.
- « Exequatur de laudos arbitrales », *in, Teoría general del derecho internacional privado,* sous la dir. de L. García et A. Aljure, Legis, 2016, p. 443.

BORRÁS (Alegría),

- « El *judgements project* de la conferencia de La Haya de derecho internacional privado : lecciones del pasado y desafíos para el futuro », *AEDIP*, 2013, p. 922.
- « La utilización de medios diversos para ayudar a la interpretación y aplicación de los instrumentos convencionales y de la Unión Europea », *in, Le droit à l'épreuve des siècles et des frontières, Mélanges en l'honneur du Professeur Bertrand Ancel*, LGDJ, 2018, p. 243.

BUENO GUZMÁN (Carlos), « El derecho internacional privado interno en Colombia. Comentarios de derecho comparado», *Rev. Universitas,* Pontificia Universidad Javeriana, 1977, p. 162.

EL BALTI (Béligh), « Armonización espontánea de los requisitos para el reconocimiento y ejecución de decisiones judiciales extranjeras y la necesidad de un convenio global sobre decisiones judiciales », *AEDIP*, 2011, p. 229.

GARCÍA MATAMOROS (Laura Victoria),
- « Estatuto personal. Los aspectos relacionados con el estatuto individual », *in, Teoría general del derecho internacional privado,* sous la dir. de L. García et A. Aljure, Legis, 2016, p. 267.
- « Estatuto personal. Los aspectos relativos a las relaciones de familia », *in, Teoría general del derecho internacional privado,* sous la dir. de L. García et A. Aljure, Legis, 2016, p. 285.

GARAU SOBRINO (Federico), « La declaración de ejecutividad automática: ¿hacia una nueva teoría general del exequátur? », *AEDIP* 2004, p. 91.

GUERRA HERNANDEZ (Víctor Hugo), « Conflictos de jurisdicción y competencia en el derecho internacional privado », *in, Teoría general del derecho internacional privado,* sous la dir. de L. García et A. Aljure, Legis, 2016, p. 349.

GUERRERO VALLE (Juan Carlos), «El análisis del elemento competencia al momento de la ejecución de una sentencia extranjera», *in, Derecho internacional privado*, Editorial Porrua et Centro de investigación e informática jurídica, 2012, p. 332.

MANRIQUE GARCIA (Johann), « La prueba de la ley extranjera en Colombia : análisis comparado », *Rev.colom.der.int.*, janvier – juin, 2012, n° 20, p. 51.

MARÍN FUENTES (José Luís),
- « La aplicación de la ley extranjera en Colombia », *Red de revistas científicas de América Latina, el Caribe, España y Portugal*, n° 2, Vol. 4, juillet – décembre, 2007, p. 71.
- « Caractéres generales del sistema colombiano de derecho internacional privado colombiano », *in, L'harmonisation du droit international privé dans le Caraïbe*, sous la dir. de J. Fernandez Rozas, Iprolex, 2015.
- « La competencia judicial en Colombia, una mirada desde el derecho internacional privado », *Revista de derecho privado,* Universidad autónoma de México, 2016, p. 195.

MONROY CABRA (Marco Gerardo), « Conceptos fundamentales y fuentes del derecho internacional privado », *in, Teoría general del derecho internacional privado,* sous la dir. de L. García et A. Aljure, Legis, 2016, p. 17.

OÑA LOPEZ (Mar), « La modificación del artículo 955 de la Ley de enjuiciamiento civil de 1881 : La atribución de competencia para conocer del procedimiento de exequatur a los juzgados de primera instancia », *Revista electrónica de estudios internacionales,* 2004, p. 1.

PINILLA PLAZAZ (Luis Alfredo), « Cooperación judicial internacional », *in, Teoría general del derecho internacional privado,* sous la dir. de L. García et A. Aljure, Legis, 2016, p. 397.

ROMERO SEGUEL (Alejandro), « La sentencia judicial como medio de prueba », *Rev. chil. der.*, 2012, n° 2, Vol. 39, p. 251.

ROJAS (Daniel), « Las deficiencias del derecho internacional privado colombiano : principios inapropiados y sus consecuencias en la eficacia de sentencias extranjeras », *AEDIP* 2016, p. 876.
ROLDAN PARDO (Juan Felipe), « El estado del arte del concepto de órden público internacional en el ámbito del derecho internacional privado y el arbitraje internacional », *Rev.der.priv.*, Universidad de los Andes, juillet-décembre 2010, n° 44, p. 7.
SÁNCHEZ (Hernando), « La aplicación y la prueba del derecho extranjero », *in, Teoría general del derecho internacional privado,* sous la dir. de L. García et A. Aljure, Legis, 2016, p. 95.
SAMTLEBEN (Jürgen), « Métodos de armonización del derecho internacional privado en América latina, Roma e América. Diritto Romano Comune», *Revista de derecho de la integración y unificación del derecho en Europa y América Latina*, Universidad Externado de Colombia, 2010, n° 30.
VIÑAS FARRÉ (Ramón), « El reconocimiento y la ejecución de decisiones extranjeras en Latinoamérica », *in La idea de América en el pensamiento ius naturalista del siglo XXI,* Institución Fernando el Católico-Collección Actas, 2010.
ZAPATA (Adriana),
- « La internacionalización del derecho y el orden jurídico internacional – aproximación doctrinaria- », *in, Derecho internacional de los negocios. Alcances,* Universidad Externado de Colombia, 2005, T. II, p. 17.
- « La ley aplicable al contrato internacional », *in, Teoría general del derecho internacional privado,* sous la dir. de L. García et A. Aljure, Legis, 2016, p. 189.

D. <u>Dispositions législatives</u>

- Loi n° 57 de 1887, publiée au Journal Officiel n° 7151 et 7152 du 28 août 1888.
- Loi n° 13 du 8 avril 1905, portant promulgation du Traité de droit international privé entre les Républiques de l'Équateur et de la Colombie, publiée au Journal Officiel n° 12 327 du 14 avril 1905.
- Loi n° 7 du 13 août 1908, portant promulgation du Traité entre l'Espagne et la Colombie, publiée au Journal Officiel n° 13 366 du 19 août 1908 et 13 744 du 27 juillet 1909.
- Loi n° 16 du 1er octobre 1913, sur l'adoption du Traité relatif à l'exécution d'actes étrangers, publiée au Journal Officiel n° 15 013 du 7 octobre 1913.
- Loi n° 68 du 11 novembre 1920, sur l'adoption du Traité sur le droit de la procédure adopté au Congrès national sud-américain de Montevideo, publiée au Journal Officiel n° 17 406 du 11 novembre 1920.
- Décret n° 1400 du 6 août 1970, promulguant le Code de Procédure Civile, publié au Journal Officiel n° 33 150 du 21 septembre 1970.
- Loi 1ère du 19 janvier 1976, relative à l'établissement du divorce du mariage civil, à la régulation de la séparation de corps et de biens dans le mariage civil et canonique, Publiée au Journal Officiel n° 34 492 du 18 février 1976.
- Loi n° 37 du 6 juillet 1979, sur l'adoption de la Convention de la Conférence des Nations Unies sur la reconnaissance et l'exécution des sentences arbitrales étrangères, Publiée au Journal Officiel n° 35 317 du 30 juillet 1979.
- Loi n° 16 du 22 janvier 1981, sur l'adoption de la Convention interaméricaine sur l'efficacité extraterritoriale des jugements et sentences arbitrales, publiée au Journal Officiel n° 35 711 du 27 février 1981.

- Loi n° 47 du 3 décembre 1987 relative à l'adoption de la Convention interaméricaine relative aux conflits de lois en matière d'adoption de mineurs, publiée au Journal Officiel n° 38 142 du 4 décembre 1987.
- Loi n° 33 du 30 décembre 1991, sur l'adoption du Traité de droit civil et de droit civil commercial signé à Montevideo, Publiée au Journal Officiel n° 40 705 du 31 décembre 1992.
- Loi n° 265 du 25 janvier 1996, sur l'adoption de la Convention de La Haye sur la protection des enfants et la coopération en matière d'adoption internationale, publiée au Journal Officiel n° 42 703 du 30 janvier 1996.
- Loi n° 455 du 4 août 1998, sur l'adoption de la Convention de La Haye sur l'abolition de l'exigence de légalisation des documents étrangers, publiée au Journal Officiel n° 43 360 du 11 août 1998.
- Loi n° 1098 du 8 novembre 2006, promulguant le Code de l'enfance et de l'adolescence, Publiée au Journal officiel n° 46 446 du 8 novembre 2006.
- Loi n° 1116 du 27 décembre 2006 relative au régime d'insolvabilité des entreprises, publiée au Journal Officiel n° 46 494 du 27 décembre 2006.
- Loi n° 1563 du 12 juillet 2012, relative à l'adoption d'un statut d'arbitrage national et international, publiée au Journal Officiel n° 48489 du 12 juillet 2012.
- Loi n° 1564 du 12 juillet 2012, relative à l'adoption du Code général de la procédure, publiée au Journal Officiel n° 48489 du 12 juillet 2012.
- Loi espagnole n° 29 du 30 juillet 2015, portant sur la coopération juridique internationale en matière civile. Publiée au BOE n° 182 du 31 juillet 2015.

E. Principales décisions de Jurisprudence citées

- CSJC. Cass. Ch. Civ., 30 novembre 1948 *Alfonzo-Méndez*, Magistrat Rapporteur : Álvaro Leal, Dossier n° 417 697.
- CSJC. Cass. Ch. Civ., 27 mars 1950 *Gutierrez*. Magistrat Rapporteur : Arturo Silva.
- CSJC. Cass. Ch. Civ., 7 juin 1952 *Aljure*, Magistrat Rapporteur : Álvaro Leal, Dossier n° 417 697.
- CSJC. Cass. Ch. Civ., 17 mai 1978 *De Narvaez-Steuer*, Magistrat Rapporteur : Humberto Murcia.
- CSJC. Cass. Ch. Civ., 19 juillet 1994 *Duque Peña*, Magistrat Rapporteur : Carlos Jaramillo, Dossier n° 3894.
- CSJC. Cass. Ch. Civ., 1er décembre 1995 *Holland*, Magistrat Rapporteur : Carlos Esteban Jaramillo, Dossier n° 5302.
- CSJC. Cass. Ch. Civ., 11 décembre 1995 *Marquez López*. Magistrat Rapporteur: Pedro Lafont Pianetta. Dossier n° 5382.
- CSJC. Cass. Ch. Civ., 17 mai 1996 *FAI Insurances Limited contre Compañía Agrícola de Seguros*, Magistrat Rapporteur : Nicolás Bechara Simancas, Dossier n° 3626.
- CSJC. Cass. Ch. Civ., 5 novembre 1996 *Woods*, Magistrat Rapporteur : Carlos Esteban Jaramillo, Dossier n° 6130.
- CSJC. Cass. Ch. Civ., 22 septembre 1999 *Micheli*, Magistrat Rapporteur : Jorge Santos, Dossier n° 6702.
- CSJC. Cass. Ch. Civ., 4 décembre 2000 *Bolsterli*, Magistrat Rapporteur : Jorge Santos, Dossier n° 7647.
- CSJC. Cass. Ch. Civ., 13 décembre 2001 *Kumagai*, Magistrat Rapporteur : Manuel Ardila, Dossier n° 0224-01.

- CSJC. Cass. Ch. Civ., 30 janvier 2004 *World Fuel Services*, Magistrat Rapporteur : José Fernando Ramirez Gomez, Dossier n° 0008-01.
- CSJC. Cass. Ch. Civ., 13 février 2004 *Onose*, Magistrat Rapporteur : Pedro Munar, Dossier n° 0198-01
- CSJC. Cass. Ch. Civ., 25 février 2004 *Robles*, Magistrat Rapporteur : Mauel Ardila, Dossier n° 0140-01.
- CSJC. Cass. Ch. Civ., 6 août 2004 *Prodeco*, Magistrat Rapporteur : Edgardo Villamil, Dossier n° 0190-01.
- CSJC. Cass. Ch. Civ., 27 novembre 2007 *Bonilla*, Magistrat Rapporteur : Pedro Munar, Dossier n° 0373-00.
- CSJC. Cass. Ch. Civ., 29 juillet 2009 *Builes*, Magistrat Rapporteur : Ruth Diaz, Dossier n° 01704-00.
- CSJC. Cass. Ch. Civ., 25 juin 2010 *Pérez Ghisays*, Magistrat Rapporteur : Edgardo Villamil, Dossier n° 01066-00.
- CSJC. Cass. Ch. Civ., 8 novembre 2011 *Venema Rodriguez*, Magistrat Rapporteur : William Namén, Dossier n° 0219-00.
- CSJC. Cass. Ch. Civ., 5 août 2015 *Grajales-Jaramillo*, Magistrat Rapporteur : Margarita Cabello, Dossier n° 0988-00.
- Cass. Civ. Ch. Civ., 10 septembre 2015 *Pereira-Amaya*, Magistrat Rapporteur : Fernando Giraldo, Dossier n° 01802-00.
- CSJC. Cass. Ch. Civ., 8 mars 2016 *Neves Barata*, Magistrat Rapporteur : Ariel Salazar, Dossier n° 00342-00.
- CSJC. Cass. Ch. Civ., 20 février 2017 *Bulhotz*, Magistrat Rapporteur : Luis Rico, Dossier n° 03360-00.
- CSJC. Cass. Ch. Civ., 24 mai 2017 *Ross Energy-Petrotesting Colombia*, Magistrat Rapporteur : Ariel Salazar, Dossier n° 02952-00.
- CSJC. Cass. Ch. Civ., 15 août 2017 *Cruz*, Magistrat Rapporteur : Luis Rico, Dossier n° 3591.
- CSJC. Cass. Ch. Civ., 19 octobre 2018 *Grajales*, Magistrat Rapporteur : Octavio Augusto Tejeiro Duque, Dossier n° 02271-00.
- CSJC. Cass. Ch. Civ., 20 septembre 2019, Magistrat Rapporteur : Aroldo Quiroz, Dossier n° 0256-00.
- CSJC. Cass. Ch. Civ., 11 février 2020, Magistrat Rapporteur : Ariel Salazar, Dossier n° 03592-00.

III. Bibliographie en d'autres langues

BEAUMONT (Paul), « Judgements Convention : Application to Governments », *Netherlands International Law Review*, n° 67, 2020, p. 121.

BONOMI (Andrea), « Courage or caution? a critical overview of The Hague preliminary draft on judgements», *in, Yearbook of private international law*, Ottoschmidt, 2015-2016, Vol. 17, p. 4.

BONOMI (Andrea) et Mariottini (Cristina), « A game changer in international litigation ? Roadmap to the 2019 Hague Jugdments Convention », Yearbook of Private international law, Ottoschmidt, 2018-2019, Vol. 20, p. 537.

BRAND (Ronald), « Jurisdiction developments and the new Hague judgments project », *in, Un engagement au service du droit international privé. Mélanges en l'honneur de Hans van Loon*, Intersentia, 2013, p. 90.

DE ARAUJO (Nadia) et DE NARDI (Marcelo), « 22ª sessão diplomática da conferência da Haia e a Convenção sobre sentenças estrangeiras : primeiras reflexões sobre as ventagens para o brasil da sua adoção », *Revista de la secretaria del Tribunal permanente de revisión,* 2019, p. 202.
DOTTA SALGUEIRO (Marcos), « Article 14 of the Judgments Convention: The Essential Reaffirmation of the Non-discrimination Principle in a Globalized Twenty-First Century», *Netherlands International Law Review*, n° 67, 2020, p. 114.
DOUGLAS (Michael), KEYES (Mary), MCKIBBIN (Sarah) et MORTENSEN (Reid), « The Hague Judgments Convention in Australian Law», *Federal Law Review 420,* 2019, n° 3.
COCO (Sarah), « The value of a new judgments convention for U.S litigants », *New York University Law review,* n° 94, 2019, p. 1235.
CUNIBERTI (Gilles),
- « The liberalization of the French law of foreign judgements », *International and comparative law quarterly*, Cambridge university press - British Institute of international and comparative law, n° 4, Vol. 56, octobre 2007, p. 931.
- « Signalling the enforceability of the forum's judgements abroad », *Law working paper-series,* n° 2020-011, Université de Luxembourg, p. 3.
GARCIMARTIN (Fracisco), « The Judgments Convention : Some open questions », *Netherlands International Law Revieuw,* 2020, n° 67, p. 19.
GODDARD (David), « The fruits of the Judgments project », *in, Un engagement au service du droit international privé. Mélanges en l'honneur de Hans van Loon,* Intersentia, 2013, p. 195.
HAMMJE (Petra), « Article 3, Definitions », *in « Chapter 1: Scope, relation with regulation (EC) n° 2201/2003, definitions and universal application », in, The Rome III regulation, a commentary on the law applicable to divorce and legal separation,* sous la dir. de S. Corneloup, Edward Elgar Publishig, 2020, p. 49.
KERAMEUS (Konstantinos), « Enforcement in the international context », *RCADI,* 1997, Vol. 264, p. 197.
MIELE (Alberto), *La cosa giudicata straniera. Esecusione et riconoscimiento delle sentenza nel diritto comune europeo*, Cedam, 1989.
NIELSEN (Peter), « The Hague 2019 judgments convention – from failure to succes ?», *Journal of private international law,* Mai 2020, p. 7.
NORTH (Cara), « The 2019 HCCH Judgements Convention: A Common Law Perspective », *Iprax,* 2020, n° 3, p. 202.
OESTREICHER (Yoav), « "We're on road to nowhere" – Reasons for the continuing failure to regulate recognition and enforcement of foreign judgements », *The international lawyer,* 2008, Vol. 42, n° 1, p. 59.
SAUMIER (Géneviève), « Sumbissmion as a Jurisdictional Basis on the HCCH 2019 Judgements Convention », *Netherlands International Law Review,* 2020, n° 67, p. 49.
VAN LOON (Hans),
- « Towards a global Hague Convention on the recognition and enforcement of Judgments in civil or commercial matters », *Collection of Papers of the Faculty of Law of Niš,* n° 82, année 17.
- « Le Brexit et les Convention de La Haye », *RCDIP,* 2019, p. 353.
VAN MIERLO (A.I.M) et HOEBEKE (B.R.D), *The Netherlands, Enforcement of Money Judgments*, L. W. Newman éd, Juris, 2010, p. NET-6.

INDEX THÉMATIQUE

Les chiffres indiqués renvoient aux numéros de paragraphes

TABLES DES MATIÈRES

Structures éditoriales du groupe L'Harmattan

L'Harmattan Italie
Via degli Artisti, 15
10124 Torino
harmattan.italia@gmail.com

L'Harmattan Hongrie
Kossuth l. u. 14-16.
1053 Budapest
harmattan@harmattan.hu

L'Harmattan Sénégal
10 VDN en face Mermoz
BP 45034 Dakar-Fann
senharmattan@gmail.com

L'Harmattan Cameroun
TSINGA/FECAFOOT
BP 11486 Yaoundé
inkoukam@gmail.com

L'Harmattan Burkina Faso
Achille Somé – tengnule@hotmail.fr

L'Harmattan Guinée
Almamya, rue KA 028 OKB Agency
BP 3470 Conakry
harmattanguinee@yahoo.fr

L'Harmattan RDC
185, avenue Nyangwe
Commune de Lingwala – Kinshasa
matangilamusadila@yahoo.fr

L'Harmattan Congo
219, avenue Nelson Mandela
BP 2874 Brazzaville
harmattan.congo@yahoo.fr

L'Harmattan Mali
ACI 2000 - Immeuble Mgr Jean Marie Cisse
Bureau 10
BP 145 Bamako-Mali
mali@harmattan.fr

L'Harmattan Togo
Djidjole – Lomé
Maison Amela
face EPP BATOME
ddamela@aol.com

L'Harmattan Côte d'Ivoire
Résidence Karl – Cité des Arts
Abidjan-Cocody
03 BP 1588 Abidjan
espace_harmattan.ci@hotmail.fr

Nos librairies en France

Librairie internationale
16, rue des Écoles
75005 Paris
librairie.internationale@harmattan.fr
01 40 46 79 11
www.librairieharmattan.com

Librairie des savoirs
21, rue des Écoles
75005 Paris
librairie.sh@harmattan.fr
01 46 34 13 71
www.librairieharmattansh.com

Librairie Le Lucernaire
53, rue Notre-Dame-des-Champs
75006 Paris
librairie@lucernaire.fr
01 42 22 67 13

www.ingramcontent.com/pod-product-compliance
Lightning Source LLC
LaVergne TN
LVHW021140061026
849535LV00002B/309